DICCIONARIO ETIMOLÓGICO DE SINÓNIMOS CASTELLANOS

**ADAPTADO
A LA PREDICACIÓN
Y LA
LITERATURA EVANGÉLICA**

Samuel Vila

DICCIONARIO ETIMOLÓGICO DE SINÓNIMOS CASTELLANOS

ADAPTADO A LA PREDICACIÓN Y LA LITERATURA EVANGÉLICA

Libros CLIE
Galvani, 113
TERRASSA (Barcelona)

DICCIONARIO ETIMOLÓGICO
DE SINÓNIMOS CASTELLANOS
(Adaptado a la Predicación y la Literatura Evangélica)

Depósito Legal: B. 44.320-1986
ISBN 84-7645-158-X

Impreso en los Talleres Gráficos de la M.C.E. Horeb,
E.R. nº 265 S.G.- Polígono Industrial Can Trias,
calles 5 y 8 - VILADECAVALLS (Barcelona)

Printed in Spain

Prólogo

La mayoría de las palabras de las lenguas modernas, incluido nuestro castellano, tienen más de un significado, como puede verse consultando cualquier diccionario. Además, una gran cantidad de ellas poseen significados que se superponen a los de otras palabras de la misma lengua. Ello se explica por la introducción en toda lengua, en el curso de los siglos, de palabras procedentes de otras (clásicas o contemporáneas), por motivos en extremo diversos y que no intentamos analizar aquí. El resultado ha sido que estas palabras introducidas, en su evolución semántica, han adquirido matices muy variados, a veces muy alejados del significado inicial, y que pueden resultar idénticos o parecidos en grados de semejanza a otras palabras de origen completamente distinto. Por ejemplo: lecho, que significa también cama, perro que puede expresarse también por can, asno que tiene el mismo significado que jumento, onda en vez de ola, etc.

Estos hechos básicos dan lugar a que el que habla o escribe una lengua, al echar mano de palabras para expresar sus ideas, puede usar palabras de sentido muy general, desperdiciando así la riqueza y potencial de nuestro idioma, para transmitir una idea con mayor exactitud, como al decir pedir, cuando se podría usar más propiamente la palabra solicitar, o, pretender, etc., o bien decir simplemente alegría, cuando, para ser más concretos, también puede usarse la expresión alborozo, gozo, júbilo, etc.

Al hacer uso de un vocabulario escaso, la imagen que se da en pláticas o escritos es limitada y su presentación es pobre, por prescindir de vocablos que no sólo darían al mensaje más exactitud, sino también más color. Por el contrario existe otra posibilidad, y es que utilice el predicador o escritor vocablos cuyo significado, en aquel contexto dado, es impropio, por usarse en un matiz inadecuado; como sería un uso indiscriminado de las palabras, razón, motivo, causa, origen, etc.

Un tercer modo de usar palabras de modo deficiente es darles un sentido que no tienen, por desconocimiento o ignorancia, de su significado básico. Esto suele ocurrir con términos eruditos o científicos, como por ejemplo dilema, paradoja, sensitivo, percepción, hiperbólico, etc.

Es evidente que el tener a mano un diccionario etimológico y de sinónimos como el presente, que aclara las semejanzas y diferencias que guardan entre sí ciertas palabras, permitiéndonos de este modo distinguir el cómo y el porqué de sus diferentes matices, es de extremo valor para todo el que hace uso público de la lengua y desea hablar con corrección.

El estudio de un diccionario de sinónimos no hará del que lo estudia un buen predicador, o un buen escritor, si esta persona carece del talento natural para llegar a serlo, pero sí será el equivalente de sus herramientas adecuadas a un profesional mecánico, o de buenos pinceles a un pintor.

Para ayudar a nuestros hermanos a poder expresarse con fluidez y exactitud, nos hemos decidido a publicar este diccionario etimológico de sinónimos, especialmente preparado para el uso de predicadores o escritores evangélicos de España y América Latina, en el cual, cada palabra, es explicada en su origen y su diferencia con otros vocablos similares.

Existen muchos diccionarios de sinónimos que sólo citan las palabras afines, pero dejan al lector en completa ignorancia acerca del porqué de las diversas voces sinónimas; y su sequedad priva al estudiante de aquella ayuda que provee al explicarles el origen y significado de cada una de ellas. El usuario necesita conocer el porqué y el alcance de tales diferencias, ilustrado con algún ejemplo de cómo puede y debe usarse cada palabra, según los casos. Ésta es la principal ventaja de este diccionario.

Naturalmente, un diccionario no es un libro para ser leído de un tirón, sino una obra de consulta para tener en la Biblioteca, y hacer uso del mismo cada vez que existan dudas acerca de la palabra más adecuada, y en este propósito, sabemos que la presente obra será de inapreciable valor a nuestros amigos predicadores, o incipientes escritores, sobre todo aquellos que no han tenido la oportunidad de ampliar y refinar su vocabulario por años de estudio en universidades, u otros centros docentes.

El predicador del Evangelio, dedicado a expresar el más alto y más precioso mensaje de Dios a los hombres, es exhortado a hacerlo del modo más claro y expresivo posible. En tiempos del despertamiento espiritual, que tuvo lugar con motivo del retorno de los judíos de Babilonia a Jerusalén, se nos dice que los levitas que leían la Ley de Dios al Pueblo «leían claramente y ponían el sentido de modo que las gentes del pueblo entendieran la lectura» (Nehemías 8:8). Ellos no podían hacerlo más que en el tono de voz, ya que las palabras que leían eran exclusivamente en hebreo primitivo, muy corto en palabras. El apóstol

Pablo, acostumbrado a llevar el mensaje de Dios a los pueblos de Europa, dice: «Ciertamente las cosas inanimadas que producen sonidos como la flauta o la cítara si no dan distinción de notas, ¿cómo se sabrá lo que se toca con la flauta o con la cítara? Y si la trompeta da un sonido confuso, ¿quién se preparará para la batalla? Así también vosotros si por la lengua no dais palabra bien comprensible, ¿cómo se entenderá lo que decís? Porque hablaréis al aire.

»Tantas clases de lenguas hay seguramente en el mundo, y ninguna de ellas carece de significado, pero si yo ignoro el valor de las palabras, seré como extranjero para el que habla, y el que habla será como extranjero para mí», y añade en el verso 19: «Pero en la Iglesia, prefiero hablar cinco palabras con mi entendimiento, para instruir también a otros que de mil palabras en lengua desconocida» (1.ª Corintios 14:7-12).

A los predicadores modernos, ya sea en grandes congregaciones o en los más sencillos grupos, les es necesario hablar, no sólo con una entonación adecuada, como los escribas del tiempo de Esdras, sino escogiendo en su mente las palabras más adecuadas, dentro de la gran variedad de vocablos que existen en la lengua hispana, usando en cada momento la más expresiva y exacta, para manifestar con claridad su pensamiento.

De ahí la necesidad de preparar los predicadores sus mensajes, en su estudio privado, en la presencia de Dios y con oración, antes de presentarse ante un público cada día más culto, y más exigente, pues la educación y cultura de los pueblos está avanzando a pasos agigantados.

Es cierto que Jesucristo promete la divina ayuda de su Santo Espíritu a los que explican su Palabra, pero ello no hace innecesario el estudio, ni la selección de palabras adecuadas. Muchos predicadores citan Mateo 10:19-20, pero sin fijarse que Jesús estaba refiriéndose a circunstancias de persecución, y no a simple exposición del Evangelio.

Acerca de la influencia del Espíritu Santo en las mentes de los propagadores de la Buena Nueva en general, Jesús dice, en Juan 14:26: «Mas el Consolador, el Espíritu Santo, a quien el Padre enviará en mi nombre, Él os enseñará todas las cosas y os recordará todo lo que yo os he dicho.» Todos los predicadores del Evangelio tenemos experiencias de cómo el Espíritu Santo nos ha ayudado, facilitando palabras expresivas, cuando hemos tenido que hablar de improviso, y aun hemos escuchado a veces admirables discursos de creyentes muy sencillos que apenas saben leer o son analfabetos absolutos, pero han estado atentos a las predicaciones de otras personas más cultas. Fijémonos en la palabra «os *recordará* todas las cosas». La mente es un maravilloso depósito que la ciencia divina ha construido. Mientras estemos en el cuerpo tenemos que usar esta maravillosísima computadora de carne y llenarla de buenas ideas, así como de palabras apropiadas a las necesidades que tendrá que suplir nuestra mente según el Señor nos conduzca en oportunidades de testimonio privado o público.

Para ello es necesario conocer, de nuestra vastísima lengua hispana, las palabras más adecuadas que es necesario usar en cada caso, y tener al alcance de nuestra memoria más de una palabra; de ahí la necesidad de diversos sinónimos para tener una expresión fluida y elegante, y no hacer pesado el discurso repitiendo en cada párrafo las mismas palabras.

El Diccionario Etimológico de Sinónimos ofrece esta variedad y permite conocer muchas veces el porqué de cada sinónimo y su diferencia de matiz comparándolos con otras palabras semejantes.

Para esto aconsejamos en nuestros libros de homilética que el predicador escriba el sermón palabra por palabra, pero no para leerlo en el púlpito, sino para llevar en la memoria una idea clara de su contenido y en el púlpito usar tan sólo un bosquejo de sus principales puntos, para no vagar de un lado a otro del discurso.

Es en su despacho particular que el predicador debe consultar este diccionario, y extraer, para cada párrafo de sus argumentos o exhortaciones, las palabras más adecuadas.

Nos hemos servido para esta producción literaria de diversos diccionarios de sinónimos, pero sobre todo del que redactó el ilustre catedrático Roque Barcia, que es el que estudiamos en nuestra juventud, al cual hemos adaptado un espíritu cristiano evangélico, ya que, como es natural, él lo redactó según las doctrinas de la Iglesia Católica Romana, a la cual pertenecía.

Pedimos a Dios utilice este nuevo instrumento de trabajo que ponemos en las manos de todos los predicadores evangélicos de habla hispana para que la exposición de sus mensajes honren la doctrina evangélica, pero sobre todo contribuyan a hacerlo eficaz para la salvación y edificación de muchas almas.

Tarrasa, octubre de 1986 						SAMUEL VILA

Abdomen, vientre

Abdomen viene del latín *abdere*, que significa *encerrar*, y de *omen*, que significó *vientre*, de donde procede nuestra voz *omento*, que equivale a redaño.

Ateniéndonos a la etimología, *abdomen* es la caja exterior que cubre el *vientre*, en donde el vientre está *encerrado*.

Vientre, venter en latín, *enteron* en griego, es la cavidad en donde se contienen los intestinos y el estómago, los intestinos especialmente, porque esta palabra tiene casi un mismo significado que el *enteron* griego. Así *enteron* como *intestino* expresan la idea de *interioridad*.

De modo que *abdomen* viene a ser el dibujo exterior del vientre, su parte visible.

Vientre es el interior orgánico que encierra las vísceras mencionadas.

Abdomen es una apariencia, una forma, un contorno.

Vientre es un órgano, una sustancia.

Abecedario, alfabeto

Ambas voces significan lo mismo, si atendemos a los elementos que las componen; pero el *abecedario*, hecho por el bajo latín, es un nombre vulgar, mientras que el *alfabeto*, que nos trae a la memoria el clasicismo ático, ha penetrado en el lenguaje culto. Así decimos: «el *abecedario* de la cartilla, el *alfabeto* del sánscrito», siendo absurdo decir: «el *abecedario* del sánscrito, el *alfabeto* de la cartilla.»

El *abecedario* pertenece a las escuelas rudimentarias; el *alfabeto* pertenece a la erudición.

Un ignorante aprende el *abecedario*; un sabio estudia la filosofía del *alfabeto*.

Aberración, error

Nuestra lengua dice: *error* lleno de buena fe, *error* magnánimo, *error* generoso.

Nada más absurdo que decir: *aberración* magnánima, *aberración* generosa, *aberración* llena de buena fe.

El *error* es falibilidad; la *aberración* es casi apostasía.

El *error* se equivoca; la *aberración* quiere equivocarse.

Todo entendimiento tiene sus *errores*; todo delirio tiene su *aberración*.

El *error* es casi un achaque de las ideas;

la *aberración* es casi una dolencia del espíritu.

Abertura, apertura

Ambas palabras se originan del latín *aperio*, abrir.
Por la *abertura* del zapato me entra el agua.
Hoy se celebra la *apertura* de la Universidad, del ferrocarril, de las Cortes.
La *abertura* es un intersticio.
La *apertura* es un festejo.
La *abertura* es abrir.
La *apertura* es inaugurar.

Abogado, letrado, jurisconsulto, jurista

Abogado, el hombre llamado para un asunto, *advocatus*, quiere decir patrono, defensor; *letrado*, hombre de ciencia; *jurisconsulto*, hombre de consejo; esto es, de *consulta*; *jurista*, hombre versado en la erudición del derecho y en la crítica de los códigos, según los principios de la filosofía, de la moral y de la religión.
Quiero que vuelvan por mi causa, y acudo al *abogado*; quiero que me instruyan en un asunto que no comprendo, y acudo al *letrado*; quiero que me dirijan en la defensa de mi derecho, y me voy al *jurisconsulto*; quiero que me hagan la historia de una ley, que la desentrañen, que la analicen, que la comenten, dándome a conocer su espíritu, sus tendencias, su fin, y acudo al *jurista*.
El *abogado* debe ser probo, diligente, entusiasta; el *letrado*, estudioso; el *jurisconsulto*, prudente; el *jurista*, erudito.
Hay muchos *abogados*; no hay tantos *letrados*; hay muy pocos jurisconsultos; es muy raro encontrar un *jurista*.

Abolir, anular

Abolir se compone del prefijo latino *ab* y del verbo *olere*, *ab-olere*, borrar el olor.
Anular se deriva de *nullus*, *nulla*, *nullum*, de la raíz *nihil* (*nec-hilum*, ni hilo, ni pizca, ni gota, ni rastro, nada).
Abolir es hacer que la cosa no rija, que no gobierne.
Anular es hacer que la cosa no valga, que sea *nula*.
Lo *abolido* deja de tener fuerza y vigor.
Lo *anulado* deja de servir, de ser útil.
Derogar una ley es *abolirla*.
Hacerme esclavo es *anularme*.
Por la *abolición* se pierde la fuerza de la ley.
Por la *nulidad* se pierde el ser.
En una palabra, la *abolición* deroga.
La *nulidad* aniquila.

Abominable, execrable, detestable

Detestable es lo que merece condena o censura.
Execrable lo que merece maldición.
Abominable lo que nos causa escándalo.
La primera palabra tiene un uso frecuente y general en nuestra lengua.
Todo lo que se hace mal es *detestable*. Supongamos que alguno no es feliz en el ejercicio de la palabra: tiene una *detestable* conversación.
Otro aproxima mucho su semblante al nuestro para hablarnos: tiene una *detestable* costumbre.
Se habla del orgullo, de la necedad, de la embriaguez, de la murmuración: todos esos son vicios *detestables*.
Execrable se aplica únicamente a hechos del orden moral, dominando la idea

de una perversidad sin límite, perversidad tan grande que, no teniendo entre los hombres castigo que baste, merece ser *maldita*. La crueldad de Fayel, que presenta a Gabriela de Vergy el corazón del valiente Couci, es una crueldad *execrable*.

Abominable se refiere a todo atentado cometido contra la idea de Dios, de sus templos o de sus ministros.

Abominación, en el lenguaje de la Santa Biblia, quiere decir *ídolo*. De manera que, propiamente hablando, *abominación* es idolatría; esto es, adoración a una falsa divinidad. Por extensión se llama *abominable* todo lo que es *impío*.

En Asia, y aun en Grecia, se celebraban todos los años ciertas solemnidades en que se convertía la deshonestidad más escandalosa en honor divino. Tales fiestas eran otras tantas *abominaciones*.

Lo detestable puede consistir en un defecto, en un mal hábito, en una manía, en cualquier capricho.

Lo *execrable* supone un gran crimen, una espantosa depravación del sentimiento.

Lo *abominable*, una gran impiedad, una espantosa depravación de la creencia.

Lo *detestable* puede hacer reír.

Lo *execrable* hace palidecer.

Lo *abominable* nos hace invocar la gracia de Dios.

Es *detestable* un hablador.

Es *execrable* un asesino, un parricida.

Es *abominable* un sacrílego, o un criminal empedernido.

Aborrecer, odiar

El *odio* es la ira inveterada, un enojo antiguo, convertido en costumbre, casi en pasión; y así decimos: *odio de raza*.

El *aborrecimiento* consiste en una aversión insuperable, en una repugnancia invencible que no nos permite deliberar, decidir o querer.

El *odio* medita, el *aborrecimiento* tiembla.

El *odio* nos separa, el *aborrecimiento* nos separa con horror.

El *odio* se hereda, el *aborrecimiento* se siente.

Se *odia* al enemigo personal; se *aborrece* al facineroso, al asesino, al incendiario, al envenenador; en fin, al enemigo de todo el mundo.

Odia el que ama, *aborrece* el que no puede amar.

Abrigo, resguardo

Abrigo, voz derivada del término *África*, significa que está expuesto al sol, que allí no hace frío. *África* quiere decir caliente.

Resguardo es uno de los muchos derivados del árabe *huarid*, que significa amparo o defensa.

El *abrigo* calienta.

El *resguardo* nos guarda.

Una mampara nos *resguarda* del viento: es un *resguardo*.

Pero no hace que estemos al sol, no nos calienta, no nos *abriga*: no es *abrigo*.

Absolución, perdón, indulto, redención, remisión

El *perdón* supone un agravio inferido de individuo a individuo. La acción que se *perdona* no es un delito, sino una falta que no merece el castigo de la ley; pero puede ser objeto de la misericordia del amor y del perdón de parte del ofendido.

La *absolución* supone acusación ante algún poder del Estado. No puede *absolverse* sino a la persona que ha sido acusada, como no puede perdonarse sino al que ha cometido alguna ofensa. Dios perdona al pecador arrepentido y lo absuelve de sus culpas.

El *indulto* no es otra cosa que el perdón real, una verdadera *indulgencia* civil, el jubileo de Moisés convertido en potestad política. Generalmente es otorgado con motivo de un suceso solemne.

La *redención*, en el sentido que aquí se toma, supone la existencia de cargas feudales. Viene a significar casi lo mismo que la abolición.

La *remisión* es el perdón o indulto de Dios; supone pecado.

El *perdón* es moral.

La *absolución* judicial.

El *indulto* real, o civil.

La *redención* es civil cuando se refiere a una deuda.

La *remisión* dogmática cuando se refiere a Dios.

Se *perdona* una injuria.

Se *absuelve* al acusado.

Se *indulta* al delincuente.

Se *redime* un censo. En la ley de Moisés se aplicaba esta palabra en las cosas consagradas a Dios, y significaba el pago de la deuda moral contraída con Dios.

Se *remite* al culpable.

Absolutismo, despotismo, tiranía

Acerca de la voz *tiranía* tenemos que decir dos palabras.

Entre los antiguos, como dice san Isidoro en sus *Orígenes*, los términos ley y *tirano* significaban una misma idea. Después la palabra *tirano* fue el calificativo de los malos reyes.

Hecha esta advertencia, la distinción de los vocablos de este artículo es una tarea sumamente fácil.

La *tiranía* se apropia poderes ajenos.

El *despotismo* usa del poder violentamente.

El *absolutismo* lo vincula en sus manos.

Tendremos, pues, que la *tiranía* es la usurpación de la autoridad.

El *despotismo* su violencia.

El *absolutismo* su monopolio.

Napoleón, usurpando una dinastía, fue *tirano*.

Enviando fuerza armada a un cuerpo colegislador, inviolable por la ley, fue *déspota*.

Declarándose emperador, vinculando en su autoridad todos los poderes del Estado, fue *absoluto*.

La *tiranía* es injusta, porque es usurpadora; pero admite grandes ambiciones y grandes hechos.

El *despotismo* es siempre ruin, porque es siempre opresor y cruel.

El *absolutismo* ha gobernado y gobierna aún hoy muchos pueblos dentro de sus leyes.

La *tiranía* es un delito.

El *despotismo* un atentado a los derechos humanos.

El *absolutismo* un sistema de gobierno.

Abstenerse, privarse

Cuando nos *privamos* de beber, de ir a la tertulia, de asistir al teatro, podemos hacerlo por mandato del médico, por falta de recursos, por la voluntad de nuestros padres; cuando nos *abstenemos* cumplimos un propósito de nuestra conciencia, por amor a Dios.

Al *privarnos* de un goce, obramos por necesidad: hay sacrificio; al *abstenernos*, obramos por abnegación: hay virtud.

La *privación* está en relación con la penuria; la *abstinencia* con la parquedad.

Los pobres tienen que *privarse* de muchas cosas; los ricos deben *abstenerse* de muchas cosas más, lo cual hace evidente que la *abstinencia* es más acaudalada que la *privación*.

El que *se priva* sufre, el que *se abstiene* triunfa.

Aburrirse, hastiarse, fastidiarse

El que no hace nada o está solo, *se aburre*.
El que hace siempre una misma cosa *se hastía*.
El que hace lo que le repugna se *fastidia*.
Se *aburre* el que está preso.
Se *hastía* el que oye siempre una misma tocata en un piano.
Se *fastidia* el que oye las sandeces de un necio. Es el achaque más general en este siglo.
Contra el *aburrimiento* la ocupación.
Contra el *hastío* la variedad.
Contra el *fastidio* mudar de puesto.
Un serrano andaluz decía que contra el *aburrimiento*, contar onzas de oro.
Contra el *hastío*, mudar de novia cada semana.
Contra el *fastidio*, no tener suegra.

Academia, ateneo, gimnasio, aula, cátedra, universidad

Si estas palabras fueran seres vivientes, habría que enviarlas al cuartel de inválidos, o bien al hospital. ¡Tan lisiadas y tan roídas están las pobres!

Y esto no sucede solamente en España, sino en los países más adelantados. Parece imposible que hasta tal punto se descuide la crítica de la palabra, que es la crítica del pensamiento, porque *hablar no es otra cosa que pensar*.

El ser que piensa, habla; el ser que no habla, no piensa.

Por eso no hablan los que no tienen el don sublime del pensamiento, lo cual significa que por eso no *piensan* los que no tienen el don sublime de la palabra. El humo anuncia el fuego, como el fuego produce el humo. La campana suena como el badajo da.

Academia de artesanos; *Ateneo* industrial.

Academia viene del nombre propio *Academus*, Academo en castellano, pues así se llamaba el dueño de un jardín, próximo a la célebre Atenas, en cuyo jardín enseñó Platón la filosofía a sus discípulos.

De modo que *Academia* es el lugar en que se enseña filosofía, en que un sabio explica su doctrina a la juventud que sigue su escuela. ¿Puede haber *Academia* de artesanos? No. Lo que enseñó Platón a la juventud ateniense en los jardines de *Academo* no tiene que ver, ni por asomos, con las cosas de artes mecánicas y de oficios.

¿Puede haber *Academia* de literatura? Tampoco. Platón no ilustró a los jóvenes griegos con enseñanzas literarias, sino filosóficas. No se trataba allí de la forma, sino del discurso. No hablaban de gusto, de belleza, de crítica, sino de tesis, de proposiciones, de verdad.

Decir *Academia* de literatos es casi tan absurdo como decir *Academia* de obreros.

Ateneo viene de *Atenas*, cuya etimología es muy curiosa, tan curiosa como discorde. Las que trae Monlau, en su precioso *Diccionario etimológico*, nos parecen muy aceptables.

«Los turcos, dice este ilustrado y celoso autor, la llaman *Athiah* o *Setines*. Viene de *Athēnē*, nombre griego de Minerva, del cual da Platón dos etimologías: primera, de *ê-theo-noê*, la que conoce las cosas de Dios o divinas; segunda, *êtho-noê*, costumbre o noción, o inteligencia.

»Otros derivan *Athēnē* de *apo tou athrein*, ver, discernir. Mitologistas hubo, por fin, que fundados en que Minerva nació armada, dijeron que esta diosa no necesitó nodriza, y que por ende fue llamada *Athēnē*, por *Athēlē*, compuesta del alfa (*a* privativa de los griegos) y del verbo *thēlazeim*, criar, amamantar; esto es, la *no amamantada*.

»*Atenas*, como Ampurias, Londres, París y otros nombres geográficos, tienen terminación plural, por constar dicha ciudad de dos partes principales, el *acrópolis*, o ciudad alta, elevada, y el *catápolis*, o ciudad baja, separada una de otra por una muralla, así como otras ciudades se hallan divididas por un río. Atenas podría suponerse, pues, también compuesto de la *a* privativa, y del verbo *teinō*, yo tiendo o pongo tenso; esto es, *no tensa*, no corrida, sino cortada o partida.»

Ahora bien; de este origen viene *Ateneo*. ¿Cuáles son las ideas que se deben atribuir a esa palabra, considerada como instituto en que se enseña? Las ideas que se deben atribuir a la voz *ateneo* son las mismas que el estudio de la antigüedad atribuye a la civilización ateniense. Y ¿cuáles son esas ideas?

El arte es todo en el pueblo griego. Arte era la filosofía, arte la ciencia, arte la historia, arte la religión. Atenas es el pueblo poeta, el pueblo artista, el pueblo de la imagen y de la forma.

He aquí las ideas que debemos atribuir a la voz *ateneo*, si hemos de hacer una personificación racional e histórica.

¿Puede decirse *ateneo* industrial? De ningún modo. Es tan absurdo y tan ridículo como decir poeta menestral, o menestral poeta; es juntar a Fidias con un albañil, o a un albañil con Fidias.

¿Puede decirse *ateneo* científico? Tampoco, si hemos de dar a la palabra su sentido castizo y puro. Atenas tuvo sabios, filósofos, historiadores, críticos, retóricos, eruditos, poetas, oradores, artistas, héroes, legisladores, capitanes; hombres de ciencia, lo que se llama hombres científicos; exhortamos al más entusiasta a que nos cite muchos. La capital del Ática, la nobilísima y gloriosa ciudad del Partenón, no es el pueblo del raciocinio, sino de la belleza; no es el recuerdo de muchos siglos de reflexión, sino el deslumbrador paganismo de la forma. Baste decir que esa célebre Atenas no es tan famosa por sus verdades, como por su fábula.

Las palabras *ateneo científico* contradicen las verdaderas tradiciones de aquella raza ilustre.

Aula viene del griego *aulé*, que equivale a palacio o corte de algún príncipe. Conservando en la traslación su sentido jerárquico, significa el salón de la universidad, o establecimiento de estudios, en donde se explica alguna facultad o ciencia.

Cátedra viene de *cathedralis*, derivado del griego *kathedra*, que quiere decir *cadira*, silla o asiento, ya porque las catedrales se considerasen como el *asiento* de la fe, ya porque en los tiempos primitivos se predicara estando el orador sentado en una *silla*. Sea de esto lo que quiera, lo indudable es que la *silla* pasó a ser dogmática, y así decimos la *silla* de San Pedro, la *silla* pontificia, la santa *sede*. La expresión adverbial *excátedra*, aplicada al Papa de Roma, es una prueba más de lo que aquí sentamos. *Excátedra* quiere decir, sentado en la *silla* del apóstol, revestido de su carácter pontificial, de sus atributos teológicos.

Hay otra razón para suponer que el púlpito sucedió a la antigua *cadira*, y es la de que el púlpito se llama *cátedra* del Espíritu Santo, porque se suponía que la predicación evangélica es el fundamento del dogma y que éste se daba en las catedrales.

Después, notándose que los maestros

se sentaban en una *silla* (*cadira*) para enseñar a sus discípulos, se les aplicó por extensión la noble y honrosa palabra de *catedráticos*.

Universidad, según la palabra lo está diciendo, viene de universo, y significa naturalmente la idea de conjunto, de unidad, la unidad que es propia del todo, por lo cual se empleaba en lo antiguo como voz sinónima de pueblo. Según podemos ver en varios documentos históricos, por *universidad* se entendía el Estado llano; es decir, toda la sociedad, menos los nobles y los gobernantes; y así es que la *universidad* de Mallorca, por ejemplo, levantaba causa contra el rey don Juan por faltas contra los empleados y los nobles.

La palabra latina *universitis, universitatès*, de donde se deriva inmediatamente nuestra voz *universidad*, significaba cuerpo, asamblea, cuya significación concreta y oficial no tuvo nunca entre nosotros. Hoy la palabra *universidad* significa casi exclusivamente la idea colectiva de los cuerpos enseñantes de una nación. Todas las facultades, todos los estudios, todos los ramos de la enseñanza pública, aun cuando se hallen establecidos en cien edificios separados, constituyen la *universidad*.

De estos antecedentes sacaremos en limpio lo que sigue:

La *academia* es filosófica.
El *ateneo* artístico y literario.
El *gimnasio* científico.
El *aula* titular, facultativa.
La *cátedra* teológica.
La *universidad* colectiva.

Acaso, casualidad

Ambas palabras vienen del latín *cado, cadis, cadere, cecidi, casum*, que equivale a *caer*. Lo que acaece es un hecho que *cae* al paso, que sale de la norma de los sucesos, que no está dentro de la experiencia de la vida.

El *acaso* es la estrella, la fortuna, el hado, el destino, casi una deidad; la deidad de nuestras locuras, de nuestros vicios, de nuestra ignorancia. Cometemos un disparate, no hacemos lo que deberíamos hacer, y se lo achacamos al sino.

La *casualidad* es un evento.

El *acaso* es una verdadera tradición del fatalismo de los gentiles.

La *casualidad* es el juego vario, múltiple, caprichoso, infinito de las cosas del mundo.

Accidente, incidente

Accidente viene del latín *accido*, que significa acontecer.

Incidente viene de *incido*, que significa acaecer; es decir, suceder por acaso.

Accidente es todo lo que nos acontece; y como en los acontecimientos de la vida son tan frecuentes las desgracias, la palabra accidente ha venido a significar suceso desgraciado.

Incidente es todo lo que ocurre de un modo imprevisto, por cuya razón toda aventura es un *incidente*.

Supongamos que caminando hacia Aranjuez en un carruaje, dimos un vuelco, del cual resultó que uno de los viajeros se dislocó un brazo. En esto pasa el rey con su comitiva, en carruajes también, y nos ayudaron a salir de aquella apretura.

El vuelco de nuestro carruaje es un *accidente*.

El encuentro del rey un *incidente*.

El *accidente* es desdicha.

El *incidente* lance que puede ser feliz o desafortunado.

Acedar, acidular

Acedar es una operación de la naturaleza.

Acidular es una operación de la química.
La comida se *aceda* en el estómago.
El farmacéutico *acidula* un líquido.

Acelerar, apresurar

Acelerar indica ligereza en los movimientos.
Apresurar supone prisa, aprieto, apremio; es decir, *premura*.
Acelero el paso a fin de *apresurar* la marcha.
No podría decirse con igual propiedad y fuerza: *apresuro* el paso a fin de *acelerar* la marcha. ¿Por qué? Porque en el avance de los *pies*, en la acción que se llama *paso*, no hay más que movimiento, ligereza, *celeridad*, mientras que en la *marcha*, en el *viaje*, en llegar antes o después a un sitio dado, puede haber razones, secretos e intereses que me den *prisa*, que me *apresuren*, que me pongan en un *aprieto*, en la necesidad de marchar con *premura*; o lo que es lo mismo, que me obliguen a que yo *apresure* mi viaje. El movimiento, la *celeridad* está en el paso; la *premura* está en la marcha, y por esta razón no puede decirse que doy *celeridad* a la marcha y *premura* al paso, porque esto sería decir las cosas al revés; sino que *acelero* el paso y *apresuro* la marcha. Un hombre está ausente de su familia, y sabe que su esposa se halla en cama, gravemente enferma. Un amigo le escribe: me *apresuro* a poner en su noticia que la enferma está fuera de cuidado.
¿Podría decirse: me *acelero* a poner en su noticia? No. ¿Por qué? Porque en *acelerar* no hay más que movimiento, rapidez, prontitud, y en la interesante noticia que transmite al ausente hay más que movimiento mecánico, hay más que prontitud y rapidez: hay la obligación y el deseo de hacer que el amigo no viva intranquilo

y ansioso; hay aquel deseo de la amistad y aquella obligación de la conciencia que le aguijan, que le apremian, que le *apresuran*.
Acelerar es dar rapidez.
Apresurar es dar *premura*, prisa.
Acelerar es físico.
Apresurar es realmente moral, aunque no lo parece.
La *celeridad* no nos *apresura*.
La *premura* es la que siempre nos *acelera*.
Para que se comprenda mejor, deberemos decir que se *acelera* el cuerpo, se *apresura* el alma.
La *celeridad* no nos *apresura*.
La *premura* es la que siempre nos *acelera*.
Para que se comprenda mejor, deberemos decir que se *acelera* el cuerpo, se *apresura* el alma.

Acento, tono

Acento es un derivado de *canto*: ad cantum.
Tono viene de *tensum*, del verbo *tendo*, tender. Significa la idea de *tensión*, de donde viene la palabra *tónico*.
El *acento* es modulación.
El *tono* es energía, *tonicidad*, *tensión*, como la del arco.
El *acento* marca la música de la voz y de la palabra.
El *tono* marca el vigor de la voz y del escrito.
Así decimos: *acento francés, acento español*, para significar el dejo de la pronunciación francesa y española, esa especie de melodía o de compás con que habla cada país.
Nada más fuera de sentido que decir: el *tono* francés, el *tono* español, porque esto se referiría a la *entonación* o a la fuerza

que se da al *acento* para expresar los afectos del ánimo.

También decimos: me habló con un *tono* imperioso, con *tono* desabrido, con *tono* áspero.

El lector comprende que no expresaríamos la misma idea diciendo: me habló con *acento* desabrido, con *acento* áspero, porque aquí no tratamos de la música de la palabra, sino de las disposiciones del espíritu, reveladas por la *entonación*, por lo *tónico*, por lo enérgico de la pronunciación.

El *acento* expresa.
El *tono* manda.
El *acento* hiere el oído.
El *tono* hiere el ánimo.

En una palabra, el *acento* es articulación, organismo.

El *tono* es conciencia, y para que el lector comprenda esto con más lucidez, debe advertir que *tono* e *intento* tienen una misma etimología.

«El *acento* suena y el *tono* envenena», dice el adagio.

Acento, voz

La *voz* es facultad, naturaleza; el *acento* es modulación, tono, timbre, prosodia, canto.

La *voz* anuncia al hombre; el *acento* anuncia al español, al italiano, al árabe, al griego, al orador, al cómico, al hombre educado.

La *voz* nace; el *acento* se hace.

Nada más fácil que emitir la *voz*: nada más difícil que aprender un *acento*.

Aceptar, admitir

Aceptar se origina de *capere*, captar.
Admitir, de *admittere*, dar acceso.
El que *acepta*, capta, acaricia.

El que *admite* recibe.
Admitir es un hecho.
Aceptar es un propósito.

Aceptar, recibir

Quien *recibe*, toma; quien *acepta*, agradece.

Lo *recibido* llega, lo *aceptado* se aguarda.

Se *recibe* una mala noticia; se *acepta* un presente, un honor, un empleo, un convite.

Esto significa que *aceptar* es *recibir* con gusto, con empeño, hasta con aplauso; y este sentido está en su propia composición, puesto que *aceptar* representa la forma intensiva de *recibir*.

Acertar, adivinar

Para *acertar* basta tener malicia: puede ser un rudo.

Para *adivinar* hay que tener inspiración: ha de ser profeta.

Se *acierta* muchas veces por casualidad, y aun por sandez.

Se *adivina* siempre con la maravillosa intuición de un alma elevada.

El que más *acierta* en unas cosas, suele ser el que en otras *adivina* menos; así como aquel que más *adivina* en cosas grandes suele ser el que *acierta* menos en cosas pequeñas.

Todos *aciertan*, como todos yerran.

Sólo ciertos espíritus tienen el don sublime de *adivinar*.

Ácido, agrio

Ácido significa una cualidad elemental de los cuerpos. Así se dice: *los ácidos del estómago; el ácido cólico*, etc.

Lo que es hoy *ácido* lo ha sido ayer, y lo será mañana, porque la *acidez* va en la misma sustancia de la cosa, es una propiedad de ella, y las sustancias no pierden nunca sus propiedades. En la naturaleza se pierde todo menos la naturaleza.

El jugo de la guinda es *ácido*. Es ácido ahora como lo fue al principio de la creación, como lo será en el día del juicio. El jugo del limón es *ácido* también.

Por el contrario, cuando se habla de *agrio*, concebimos la idea de una cosa que no era *agria*, pero que ha llegado a serlo por efecto de una alteración accidental.

El vino se tuerce y es *agrio*, pero antes era dulce.

La leche se corta y es *agria*, pero hace un momento no lo era.

Las relaciones de ambas palabras son evidentísimas.

El *ácido* expresa una cualidad sustancial.

Lo *agrio* un estado.

El *ácido* es naturalmente inalterable.

Lo *agrio* supone necesariamente una alteración.

La primera de estas dos voces es palabra química.

La segunda es castiza, popular, usada con suma propiedad y gracejo en sentido figurado.

Respuestas agrias, *agrias palabras*, gesto agrio. Al decir *gesto agrio*, parece que vemos una cara haciendo mohínes, como si el hombre que los hace tomara vinagre o comiera un limón.

Nada más contrario a la índole de nuestra lengua que decir: *respuestas ácidas, ácidas palabras, gesto ácido*.

Ambas palabras se originan de la voz latina *ācer*, derivada de una voz griega que significa *punta*, cuya etimología es notable por lo ingeniosa. En efecto, cuando bebemos una cosa *agria* parece que nos *punzan*.

De la misma raíz vienen *acerbo*, *acre*, *acritud* y *acrimonia*, de que hablaremos en los respectivos artículos, porque no se debe atender tanto a la raíz etimológica como al sentido filosófico y actual de las palabras.

Acobardarse, acoquinarse

Acobardarse es perder el valor, caer de ánimo.

Acoquinarse es más bien perder la diligencia, la actividad, o como se suele decir, emperezarse.

Este verbo viene de la voz cocina, *coquina* en latín, nombre derivado de *coquo*, *coquis*, que equivale a cocer, cuyo frecuentativo es *coquinare*, que significa cocinar.

Acoquinarse, pues, es arrimarse a la cocina, a la lumbre, casi holgazanear.

El que se *acobarda* pierde el instinto de la defensa, pierde el corazón.

El que se *acoquina* pierde el instinto del trabajo.

La *cobardía* se envilece.

El *acoquinamiento* se apoltrona.

Acometer, arremeter

El que *acomete* anda.

El que *arremete* corre.

El que *acomete* lleva su plan.

El que *arremete* no ha pensado en nada.

Se *acomete* al enemigo.

Se *arremete* a un ladrón.

Acometimiento, acometida

No deben confundirse *acometimiento* y *acometida*.

El *acometimiento* es la acción y efectos de acometer; la *acometida* añade la idea de una acción rápida, ejecutada sin deliberación ni examen.

El *acometimiento* hostiliza; la *acometida* descompone.

El *acometimiento* se parece al ataque; la *acometida* se inclina a la sorpresa.

Todo *acometimiento* es arrojado; toda *acometida* es impetuosa.

Acontecer, suceder, ocurrir, acaecer

Acontecer tiene cierta solemnidad, cierta pompa, cierto sentido histórico.

El *acontecimiento* es un suceso que forma época, que no se olvida.

Así decimos: la venida del Salvador es el gran *acontecimiento* de la historia.

La representación de un drama discreto en nuestro siglo es un verdadero *acontecimiento* literario.

Acontecimientos del 7 de octubre, del 15 de julio.

En ninguno de los casos anteriores podría usarse con igual propiedad de las palabras *suceder*, *acaecer* y *ocurrir*.

Suceder significa serie, encadenamiento, *sucesión*. Es el enlace progresivo, vario y múltiple de las cosas del mundo. Y como la desgracia es la mercancía más corriente en el comercio de la vida, de aquí viene que la palabra *suceder* expresa la idea de desventura.

Por esto vemos que nunca se dice: me ha *ocurrido* una desgracia o un percance, sino que decimos constantemente me ha *sucedido* tal o cual percance, tal o cual desgracia.

Ocurrir se compone de *currere*, infinitivo del verbo *curro*, que equivale a correr, y de la partícula adversativa *ob*. Por lo tanto, expresa la idea de una cosa que sale a nuestro encuentro para estorbarnos, como si dijéramos para *obstruirnos* el camino.

Ocurrencia tiene algo de *obstáculo* o de *óbice*.

Así es que cuando hablamos de un suceso que impide o embaraza, no empleamos jamás las palabras *acontecer*, *suceder*, *acaecer*, sino que nos valemos de *ocurrir*.

Supongamos que se rompió el eje de una diligencia, y que con tal motivo se detuvieron los pasajeros algunos días. Al hablar después a un amigo de aquel fracaso, no le diremos: ya habrá sabido usted el *acontecimiento*, el *acaecimiento* o el *suceso*, sino que le diremos seguramente: ya habrá sabido usted la *ocurrencia*.

Acaecer, según la palabra lo dice, viene de *acaso*. De modo que esta voz significa siempre la idea de aventura, de azar.

Hablemos de una cosa rara, de una circunstancia peregrina, de un suceso imprevisto, y la persona que conozca el castellano no dirá nunca: ha *acontecido*, ha *sucedido*, ha *ocurrido* tal o cual accidente, tal o cual lance; sino que dirá: ha *acaecido* tal o cual lance, tal o cual accidente.

Pondremos un ejemplo, para que se comprenda con más facilidad el valor propio de cada palabra.

Veamos qué quieren decir las frases siguientes:

Aconteció la muerte del padre.
Sucedió la muerte del padre.
Ocurrió la muerte del padre.
Acaeció la muerte del padre.

Aconteció la muerte del padre, quiere decir que esta muerte es un hecho grave, trascendental, que deja memoria, que forma época en la existencia de aquella familia. La muerte del padre se presenta aquí como un hecho solemne, capital, histórico.

Sucedió la muerte del padre, significa que ha tenido lugar una desgracia; que sobre la familia en cuestión ha caído una desventura, un perjuicio, un descalabro.

Ocurrió la muerte del padre, da a entender que esta muerte es un *óbice*, un *obstáculo*, un impedimento para que marchen los asuntos de la casa. *Ocurrir* una muerte es ponerse en medio una dificultad que todo lo embaraza.

Acaeció la muerte del padre, quiere decir que el padre estaba bueno y sano, que no había circunstancia alguna que hiciera presumible su muerte, y que, por lo tanto, esta desgracia es un hecho imprevisto, un accidente inesperado, una combinación azarosa.

Los hechos históricos *acontecen*.
Las desdichas *suceden*.
Las casualidades *acaecen*.
Las dificultades *ocurren*.

Acopio, provisión

Acopio es un derivado de *copia*, nombre tomado literalmente del latín, y que significa abundancia. De este origen proceden copiosidad, copioso, copiosamente, acopiar, acopiado, etc.

Esto explica el uso que llama *copia* al trasunto de un original. En efecto, aquel trasunto es una verdadera *copia*, puesto que aumenta el objeto copiado; es decir, hace que haya *abundancia* de él.

Provisión viene de *providere*, verbo latino que se compone del prefijo *pro*, delante, y de *videre*, ver. Significa, pues, ver delante, enfrente, prevenir lo futuro. De manera que *provisión* y *previsión* son palabras casi sinónimas, etimológicamente hablando.

El *acopio* acumula.
La *provisión* reserva.
El *acopio* junta para hoy.
La *provisión* junta para mañana.
El *acopio* es aglomeración.
La *provisión* prudencia.

Acordarse, recordar

Acordar significa una acción espontánea de la memoria.

Recordar supone propósito, intención, esfuerzo.

Nos *acordamos* de lo que menos interesa.

Muchas veces no conseguimos *recordar* lo que más nos importa.

El hombre dichoso no se *acuerda* de nada. Tiene harto con el presente.

El que cae en la desgracia lo *recuerda* todo. Su vida es el pasado.

Acorralar, arrollar

Acorralar viene de *corral*, *corral* de *corro*, *corro* de circo, *circus* en latín, de donde nacen ciclo, círculo, cerca, cercano, cercanía, circuito, circunferencia, circular, circulación, etc.

El *circus* latino corresponde al *kiklos* griego, de cuyo origen se derivan cíclope, encíclica, enciclopedia. *Cíclope* se compone de *kiklos*, y de *ops*, ojo: gigante que tenía en la frente un ojo redondo; es decir, *circular*. *Encíclica* quiere decir carta *circular*, esférica; esto es, católica o universal. *Enciclopedia* se compone de tres términos griegos; *eg* o *eu*, que significa en; *kiklos*, círculo, y *pedeia*, enseñanza: enseñanza que abraza todo el *círculo* o toda la esfera del espíritu humano.

Arrollar se deriva de *rollo*, y *rollo* de *rueda*, porque en forma de *rueda* se pone todo lo que se *arrolla*. De este origen proceden nuestras voces desarrollar, desenrollar, enrodar, redondel, redondear, redondo, rodaje, rodar, rotar, rodilla, rol, ronda, rondar, rotundo, rodeo, rodear, rodete, rodillo, rodezno, ruedo, etc.

Acorralar es obligar a que se forme *corro* como para buscar amparo en las fuerzas comunes.

Arrollar es hacer un *rollo*, dar la forma de *rueda al objeto arrollado*.

Un individuo no puede formar *corro*, no puede formar *círculo*: es parcial, no esférico. Por consecuencia, un individuo no puede ser *acorralado*.

De un individuo puede hacerse un *rollo*, es decir, a un individuo se le puede dar la forma de *rueda*, estropeándolo y oprimiéndolo. Por consecuencia, un individuo puede ser *arrollado*.

Se *acorrala* a una multitud, a una turba.
Se *arrolla* un obstáculo.
Un ejército *acorrala* a otro ejército.
La catarata *arrolla* cuanto se opone a su corriente.
El que nos *acorrala* nos acobarda, nos intimida, nos estrecha.
El que nos *arrolla* nos descoyunta, nos estropea, nos arrebata.

Lo dicho demuestra el lastimoso abuso que se hace de estos vocablos al intercambiarlos, lo que es muy frecuente en personas de mediana cultura.

Acortar, achicar

Se *acorta* lo largo.
Se *achica* lo grande.
Acorto una escalera.
Achico un vestido.

Acostarse, echarse

Echar viene de *iacio, iacis*, que quiere decir lanzar, tirar, arrojar con desprecio.
Acostarse es ponerse de *costado*, sobre las *costillas*.
Se *echa* el animal.
Se *acuesta* el hombre.
El que se *echa* busca descanso.
El que se *acuesta* busca comodidad.
Echarse significa abyección.
Acostarse significa lecho.
Nos *echamos* en un rincón.
Nos *acostamos* en la cama.

Acostumbrarse, avezarse

Acostumbrarse es hacer que un hábito llegue a ser *costumbre*.
Avezarse es hacer una cosa muchas *veces*.
La *costumbre* es moralidad.
La *vez* es turno.
Se *acostumbra* el hombre.
Se *aveza* el animal.
El hombre se *acostumbra* a sufrir.
El animal se *aveza* a llevar la carga.

Acre, acerbo

Acre se usa en estilo propio y en el figurado.
Humores *acres*; aquí está usado en sentido recto.
Genio *acre*; aquí está usado en sentido metafórico.
Nada más absurdo que decir genio *acerbo*, *acerbos* humores.
Acerbo no se aplica más que con relación a la sensibilidad interna. Dolor *acerbo*, *acerbo* pesar.
La primera de estas dos voces es palabra química, palabra moderna.
La segunda es antiquísima, castiza, popular, usada con suma propiedad y gracejo en sentido figurado.
Respuestas agrias, agrias palabras, gesto agrio. Al decir *gesto agrio*, parece que vemos una cara haciendo mohínes, como si el hombre que los hace tomara vinagre o comiera un limón.
Nada más contrario a la índole de nuestra lengua que decir: *respuestas ácidas, ácidas palabras, gesto ácido*.
Ambas palabras se derivan de la voz latina *acer*, derivada de una voz griega que significa *punta*, cuya etimología es notable por lo ingeniosa. En efecto, cuando bebemos una cosa *agria*, parece que nos *punzan*, como indicamos en su lugar.

De la misma raíz vienen *acerbo*, *acre*, *acritud* y *acrimonia*, de que hablaremos en los respectivos artículos, porque no se debe atender tanto a la raíz etimológica como al sentido filosófico y actual de las palabras.

Acreditar, justificar

Acreditar viene de *crédito*.
Justificar del *ius* latino, derecho o ley.
Acreditamos las cosas ante el crédito o la opinión de los hombres: *acreditar* es hacer creer, inspirar creencia.
Justificamos los hechos ante la justicia; *justificar* es hacer que las cosas aparezcan o sean conformes a derecho, a *ius*.
Acredito mi nombre a un comerciante para que me pague una letra.
Justifico mi nombre a los tribunales para demostrar que no llevo un nombre usurpado.
Si no *acredito* mi nombre al comerciante no me paga.
Si no *justifico* mi nombre a los tribunales pueden confundirme con un acusado y castigarme.
Acreditar es un hecho privado: creencia.
Justificar es un hecho público: ley.

Acritud, acrimonia

Un padre ve a su hijo en el camino de la perdición, y le habla con *acritud* para rescatarle de aquel cautiverio. El hombre envidioso de la fama de su enemigo le habla con *acrimonia* para lastimar su reputación.
La *acritud* significa dureza: es un hecho.
La *acrimonia* encono: es una intención.
El que se expresa con *acritud* ofende.
El que se expresa con *acrimonia* se ensaña.

La *acritud* puede ser la palabra severa de la verdad.
La *acrimonia* es siempre la palabra maligna del odio.
El hombre honrado, el padre celoso, el amigo leal, hablan muchas veces con *acritud*.
Un hombre de buenos sentimientos no habla nunca con *acrimonia*.

Actividad, diligencia, eficacia, solicitud

Actividad significa acción, movimiento.
Diligencia cuidado, esmero, atención.
Eficacia insistencia, gestión perseverante.
Solicitud empeño.
La *actividad* se mueve mucho.
La *diligencia* se sabe mover.
La *solicitud* se mueve gustosa.
El *activo* corre.
El *diligente* mira y elige.
El *eficaz* insiste.
El *solícito* ruega.
Un agente de negocios es *activo*.
Un amigo celoso y discreto es *diligente*.
El pretendiente es *eficaz*.
Un amante es *solícito*.
Para la *actividad* se necesita organización.
Para la *diligencia* entendimiento.
Para la *eficacia* interés.
Para la *solicitud* cariño.

Acusar, denunciar

Acusar es alegar *causa*.
Denunciar es anunciar antes.
Cuando un mal está hecho, se *acusa*; la *causa* existe.
Cuando un mal se prevé, se *denuncia*; existe la probabilidad.

La *acusación* es un proceso.
La *denuncia* es más bien un presagio.
Se *acusa* un robo cometido.
Se *denuncia* una casa ruinosa.

Adagio, refrán, proverbio

La voz humana, aplicada a la enunciación de nuestras facultades superiores, deja de ser voz para convertirse en instrumento lógico de las ideas. Esto quiere decir que, bajo el punto de vista psicológico, cada vocablo representa su porción de juicio, su cantidad de pensamiento, su matiz intelectual, como bajo el punto de vista prosódico representa su porción de sonido, su cantidad de acento, su cantidad de música, el matiz propio de su articulación, como bajo el punto de vista estético representa su porción de cadencia, su cantidad armónica, su matiz de belleza o de arte. Circunscribiéndonos aquí al valor lógico de los vocablos que encabezan el presente artículo, podemos afirmar que no conocemos un solo literato que, al hacer uso de dichas palabras en la práctica de la lengua, les atribuya su porción de juicio, su cantidad de pensamiento, su matiz intelectual, según la suprema razón de su origen, sin la cual no es posible la filosofía del lenguaje. Si el literato escribe en verso, se plega a la necesidad del consonante, y quien manda es la rima. Si escribe en prosa, se ajusta a la primera indicación de su entendimiento, de su imaginación o de su oído, y quien manda es la discreción indeliberada de aquel instante.

Para el uso de nuestro siglo, el *adagio* vale tanto como el *refrán*, o el *refrán* vale tanto como el *adagio*, y el *adagio* y el *refrán* valen tanto como el *proverbio*, cuya confusión puede llegar a ser un galimatías, no un idioma, no una serie de palabras discretas, no un sistema de voces humanas. Si el *refrán* significa lo que el *adagio*; si el *adagio* y el *refrán* significan lo que el *proverbio*, ¿para qué existen los vocablos *proverbio*, *adagio* y *refrán*?

El *refrán* (contracción de *referirán*) es un dicho agudo, discreto, famoso, que debe pasar de padres a hijos, que no debe olvidarse; en una palabra, que debe *referirse*.

¿Tiene aplicación a la fe, a la conciencia, a la filosofía, al arte, a la industria, al oficio? No importa; basta que deba *referirse* para que sea *refrán*.

El *proverbio* (*pro*, delante, y *verbum*, palabra; palabra general, pública, notoria, solemne) es una sentencia que ha pasado al dominio de todo el mundo, como si fuese la lengua propia de cada cual.

¿Es religiosa, científica, artística, moral, histórica? No importa el género; si la frase ha pasado al dominio de todo el mundo, es una frase proverbial. El *proverbio* consiste en una noción de sentimiento, casi de instinto, filosofía manual, casera, práctica, viva, palpitante, la cual se acomoda a todas las inteligencias, a todos los gustos, a todos los geniales y condiciones, como los alimentos que se acomodan a todos los estómagos.

El *adagio* puede olvidarse, puede no *referirse*, y en esto se distingue del *refrán*, porque el *refrán* se ha de referir.

El *refrán* puede ser un dicho notable, digno de entrar en la erudición de una lengua; pero puede no trascender a la idea de conducta, y en esto se distingue del *adagio*, porque el *adagio* ha de tener aplicación a las costumbres.

El *refrán* y el *adagio* pueden no salir de ciertas esferas; pueden tener vida dentro del círculo de ciertas clases más o menos letradas, y en esto se distinguen del *proverbio*, porque el *proverbio* ha de matricularse en todas las casas, como si se tratase de un individuo de cada familia.

> *Quien comienza en juventud*
> *a bien obrar,*
> *señal es de no errar*
> *en senectud.*

Esta sentencia es un *proverbio*, puesto que podemos aplicarla como una regla de conducta, casi como un precepto en materia de buenas costumbres. *Adagio* es «sentencia propia para obrar»; no es *proverbio*, porque no tiene la notoriedad de las expresiones proverbiales.

> *No sé qué te diga Antón;*
> *el hocico traes untado*
> *y a mí me falta un lechón.*

Este es un dicho agudo, discreto, ingenioso, digno de conservarse en la memoria; esto es, digno de *referirse*; he aquí el *refrán*; pero no es de uso general u obligado.

«Fulano es un Séneca; Zutano no inventó la pólvora»; estas expresiones son frases *proverbiales*, porque no hay un solo español que no las comprenda y que no las emplee.

> *«Verdad de Pero Grullo,*
> *que a la mano cerrada*
> *llamaba puño.»*

Pero Grullo pasó a ser *proverbio*, bajo la forma de sus verdades.

Pero Illán se hizo *proverbial* por su malicia o por su rareza, y pasó al pleno dominio del idioma bajo el nombre de *Perillán*. Este vocablo *perillán* es un verdadero *proverbio*, como *proverbio* pasó a ser el *Cid* bajo la forma de sus proezas; como *proverbio* pasó a ser *Cacaseno* bajo la forma de sus sandeces; como *proverbio* pasó a ser *la madre Celestina* bajo la forma de sus supuestos polvos que daban amor; como *proverbio* pasó a ser *Don Quijote* bajo la forma de sus extravagancias; como *proverbio* pasó a ser *Sancho Panza* bajo la forma de sus bellaquerías.

Después de lo dicho, la clasificación de las voces propuestas no puede ofrecer dificultad alguna; el *adagio* es moral; el *refrán*, sentencioso; el *proverbio*, público.

El villano tiene *refranes*; la familia, *adagios*; el vulgo, *proverbios*.

Este gran género de literatura es ciertamente una de las primeras glorias de la erudición nacional. No se sabe quién fue el ingenioso; pero ahí está su ingenio; no se sabe quién fue el prudente; pero ahí está su prudencia; no se sabe tampoco quién fue el sabio; pero ahí está su sabiduría.

Adalid, caudillo

Adalid, addalil en árabe, era el que iba delante de un ejército, mostrándole el camino, lo que hoy llamamos guía.

Caudillo viene de *caput, capitis*, la cabeza.

El *adalid* va al frente, encamina, conduce.

El *caudillo* dispone, manda, gobierna.

Supongamos que un rey, un sultán, un emperador, se pone al frente de un ejército en una guerra comprometida, llevando un jefe para que organice, para que dirija, para que mande.

El emperador es el *adalid*.

El jefe es el *caudillo*.

El *adalid* hace las veces de enseña o estandarte.

El *caudillo* representa el valor, la prudencia y la pericia.

Adeudar, deber

Adeudar no expresa más que el hecho de la deuda.

Deber lleva en sí la idea de obligación.

El que *adeuda* tiene acreedores, nada más.

El que *debe* está obligado a satisfacer.
Deber injustamente; es decir, *deber sin querer pagar*, eso es *deuda material y moral*.
Adeudar justamente, o lo que es lo mismo, teniendo obligación de cumplir, eso es *deber*.
El *adeudar* es una cifra.
El *deber* es un caso de conciencia.
Muchos *adeudan* que no *deben*.
Otros muchos *deben* que no *adeudan*.
Medite el lector sobre el anterior acertijo, y comprenderá que quiere decir una verdad no despreciable.
En fin, no todos los hombres tienen *deudas*.
Todos tenemos *débitos*, porque todos *debemos* la vida y el alma a Dios, y un comportamiento honesto a nuestros semejantes.

Adivinación, horóscopo

La *adivinación* consiste en ver el porvenir con los ojos del alma.
Horóscopo se compone de *hora* y del griego *skōpeo*, inspeccionar. Significa, pues, literalmente, *inspección de la hora* en que nacemos. El fin de este prodigio era augurar acerca del sino de la criatura nacida, según la influencia de las estrellas.
La *adivinación* es gracia sobrenatural, o una inspiración del sublime misterio que piensa en el hombre, supone la idea de Dios.
El *horóscopo* es magia egipcia: la idolatría de los astros.

Adjetivo, calificativo, epíteto

Adjetivo y *epíteto* tienen una etimología muy análoga.
Adjetivo se compone de *ad* y de *iacio, iacis*, que quiere decir lanzar o arrojar.

De modo que el nombre *adjetivo* es una voz que se arroja o se echa junto al sustantivo para atribuirle su manera propia de ser.
De *epi*, que significa sobre, y del verbo *tithēmi*, que quiere decir colocar, formaron los griegos la palabra *ephithētos*, que equivale a junto o añadido, porque el *epíteto* va como añadido al nombre que expresa la sustancia.
Nada diremos de la etimología de calificativo, puesto que harto dice esta palabra que viene de *clase*.
Veamos ahora las diferencias que el uso atribuye a las tres voces que nos ocupan.
El *adjetivo* se refiere directamente al sustantivo, como la cualidad se refiere directamente a la sustancia, o como el modo se refiere inmediatamente a la esencia.
El *adjetivo* es físico cuando expresa atributos materiales, como blanco, terrestre, profundo; y metafísico cuando significa cualidades interiores, dependientes de la opinión, de la moral y del juicio de los hombres, como útil, justo, bello.
El *adjetivo* es siempre escuela, estudio. Fuera de aquí no tiene significación de ninguna especie.
Ni el *calificativo* ni el *epíteto* se refieren al nombre sustantivo, ni admiten la significación física y metafísica que es propia de aquella palabra.
El *calificativo* se refiere a la fama, al decoro, a la dignidad de la persona. Es como el *adjetivo* con que la sociedad atribuye a cada individuo sus maneras características de ser. El *calificativo* viene a ser el jurado recíproco en que todos los hombres sentencian y son sentenciados alternativamente.
El *epíteto* no se refiere a las sustancias, como el *adjetivo*, ni a la fama de la persona, como el *calificativo*, sino a la propiedad de la palabra, a la armonía de la frase, al ornato de la dicción; es decir, al arte de la lengua, al arte del gusto literario.

El *adjetivo* significa cualidad.
El *calificativo* significa opinión.
El *epíteto* significa belleza.
El *adjetivo* es gramática.
El *calificativo* moral.
El *epíteto* retórica.

Admiración, asombro, entusiasmo

Admirar es *mirar* por excelencia, o lo que a ello equivale, *mirar* con encanto, con deleite.
Asombrarse añade la idea de inquietud o miedo.
Entusiasmarse expresa arrobamiento espiritual, lo cual hace que la voz *entusiasmo* sea uno de los términos más nobles del lenguaje. Se compone de *en* y *theos*, y quiere decir inspiración interior de Dios.
Lo hermoso, o jamás visto, se *admira*.
Lo muy hermoso, o muy extraño, *asombra*.
Lo muy bello o muy raro, *entusiasma*.
Se *admira* el niño.
Se *asombra* el caballo del campo al ver un automóvil.
Se *entusiasma* el hombre, no puede hacerlo el animal.
La *admiración* es afectiva.
El *asombro* casi animal.
El *entusiasmo* artístico.
Quien dice *admiración* dice maravilla.
Quien dice *asombro* dice sorpresa.
Quien dice *entusiasmo* dice exaltación, propia tan sólo de seres que tienen alma.

Aduar, horda, tribu

Llamamos *aduares* a esas rancherías ambulantes o volanderas de los gitanos.
Hordas son las tribus nómadas de la Tartaria. A Capmany debemos la introducción de este vocablo, del cual se abusa a más y mejor.

La *tribu* es patriarcal e israelita. Antes que la idea de *rancho*, conviene a dicha voz la idea de familia, de raza, de lengua, de dogma. La *tribu* es la infancia del pueblo, el anuncio de la nación, el instinto social que se agrupa en cada descendencia, en cada rama, en cada linaje; es una política infantil e inocente.
No es andar a la ventura, como el *aduar*.
No es una vida bárbara, como la *horda*.
Es correr el mundo como un peregrino.
La *tribu* es la choza del padre y del anciano, el tugurio de la familia, de donde salieron después los palacios de pontífices y de reyes.
La palabra *tribu* debe su origen a Sem, Cam y Jafet, hijos de Noé, de donde procede el género humano.
«Fueron, pues, los hijos de Noé que salieron del arca, Sem, Cam y Jafet. Estos *tres* son los hijos de Noé, y de éstos se propagó el linaje de los hombres sobre la tierra.» (*Génesis*, cap. IX, versículos 18 y 19.)
Y en otro lugar: «Estas las familias de Noé conforme a sus pueblos y naciones. De éstos fueron divididas las gentes de la tierra, después del diluvio.» (Cap. X, vers. 32.)
A cada pueblo o nación de los *tres* patriarcas, a cada división de aquellas gente, se le dio la denominación de *tribu*.
El *aduar* es bohemio.
La *horda* tártara.
La *tribu* hebrea.
El *aduar* es vagabundo.
La *horda* salvaje.
La *tribu* religiosa y política.

Afectivo, afectuoso

Afectivo es lo que pertenece a la sensibilidad interior. Así se dice: *orden afecti-*

vo, como se dice orden intelectual, orden moral, orden físico, orden dogmático. Nada más extraño que decir: orden *afectuoso*.

Afectuoso es lo que demuestra mucho *afecto*. Así decimos: sonrisa *afectuosa*, hombre *afectuoso*. Nada más extraño también que decir: sonrisa *afectiva*, hombre *afectivo*.

Afectivo es el signo de una facultad.

Afectuoso es el signo de una emoción.

Todo hombre es un ser *afectivo* por naturaleza, como es inteligente o religioso.

No todas las personas son *afectuosas*, porque en esto influyen el temperamento, y el carácter, y la educación.

Afilar, aguzar

No deben confundirse los verbos *aguzar* y *afilar*.

Se *afila* lo que corta, se *aguza* lo que punza.

Se *afila* un cuchillo, se *aguza* una daga. Esta última palabra se usa también en sentido figurado, *aguzar el oído* significa estar muy atento.

Aforismo, apotegma

En *aforismo* domina la idea de concisión, expresada por la voz griega *oros*, que significa límite, y que entra en *aforismo* convertida en *oris*.

En *apotegma* domina la idea de bondad, expresada por el prefijo *apo*, que significa *bien*.

De modo que *aforismo* es un dicho breve.

Apotegma un dicho bueno.

El *aforismo* es una sentencia.

El *apotegma* una máxima.

Esto quiere decir que el *aforismo* es filosófico o científico y que el *apotegma* es moral, y es una expresión arcaica fuera de uso actual.

Afrenta, agravio

Corresponde también a este análisis la distinción que hace Cervantes de estas dos voces.

«Entre el *agravio* y la *afrenta* hay esta diferencia (dice Don Quijote hablando del religioso de la casa del duque, que acaba de injuriarle públicamente). La *afrenta* viene de parte de quien la puede hacer, y la hace y la sustenta; el agravio puede venir de cualquier parte sin que afrente. Sea ejemplo: está uno en la calle descuidado, llegan diez con mano armada, y dándole de palos, pone mano a la espada y hace su deber; pero la muchedumbre de los contrarios se le opone y no le deja salir con su intención, que es de vengarse; este tal queda *agraviado*, pero no *afrentado*, y lo mismo confirmará otro ejemplo: está uno vuelto de espaldas, llega otro y dale de palos, y en dándoselos huye y no espera, y el otro le sigue y no le alcanza; este que recibió los palos recibió *agravio*, mas no *afrenta*, porque la *afrenta* ha de ser sustentada. Si el que le dio los palos, aunque se los dio a hurta cordel, pusiera mano a su espada y se estuviera quedo haciendo rostro a su enemigo, quedará el apaleado *agraviado* y *afrentado* juntamente: *agraviado*, porque le dieron a traición; *afrentado*, porque el que le dio sustentó lo que había hecho, sin volver las espaldas y a pie quedo; y así, según las leyes del maldito duelo, yo puedo estar *agraviado*, mas no *afrentado*.»

Agareno, árabe, mahometano, sarraceno, ismaelita

Agareno viene de *Agar*, nombre de la sierva egipcia de Abraham, de quien tuvo este patriarca a Ismael, como se refiere en el capítulo 16 del Génesis.

Árabe significa morador de la tierra occidental, porque la Arabia ocupa las regiones más occidentales del Asia.

Mahometano es el descendiente de *Mahoma* (o que profesa la religión que este inició).

Sarraceno, el descendiente de *Sara*, mujer de Abraham.

Ismaelita, el descendiente de *Ismael*, hijo de *Agar*, como queda dicho.

Ismael quiere decir *la vida de Dios*, porque Dios escuchó los ruegos de Agar egipcia, para que le diese posteridad. «Éste (Ismael) será un hombre fiero; las manos de él contra todos, y las manos de todos contra él; y frente a frente de sus hermanos plantará sus tiendas» (Génesis, capítulo 16, versículo 12). Esto quiere decir que Ismael formaría nación aparte entre la Judea, la Idumea, los moabitas y amonitas, pueblos hermanos, puesto que procedían de un mismo origen. En efecto, toda la Arabia fue ocupada por dos naciones: los scenitas y los ismaelitas. Los scenitas ocupaban la parte oriental, y los ismaelitas la Arabia Pétrea y la Feliz.

Agasajar, obsequiar, halagar

Agasajar supone aprecio personal o sentimiento filantrópico.

Obsequiar supone galantería.

Halagar indica cariño, y no pocas veces interés.

Se *agasaja* al amigo y al huésped.

Se *obsequia* a una dama.

Una madre *halaga* a su hijo. Se *halaga* también al enemigo, para que no haga mal; se *halaga* al poderoso para que haga bien; el lisonjero *halaga* para hacerse amo de su señor. El *halago* es uno de los grandes comercios de la vida humana.

El *agasajo* es siempre noble, hospitalario, liberal.

El *obsequio* es siempre hidalgo y caballeroso.

El *halago* puede ser ficcioso, astuto, hipócrita.

El *agasajo* se parece a cariño.

El *obsequio* a fineza. Deseo de ser bien considerado.

El *halago* a caricia y lisonja, caricia en la madre, lisonja en el cortesano negociador.

Una mujer muy célebre decía: quiero que me *agasajen* a mí, que *obsequien* a mi hija, que *halaguen* a mi nuera.

Agenciar, adquirir

Para *adquirir* basta el derecho.

Para *agenciar* es necesaria la diligencia.

Un heredero recibe los bienes que le han legado, y *adquiere*.

Un hombre que vive de su industria gana un duro y *agencia*.

Entrar a poseer legítimamente, eso es *adquirir*.

Conseguir provechos con su trabajo, eso es *agenciar*.

Adquiere el que compra.

Agencia el que trabaja.

Agenciar significa *ser ágil*, lo cual explica el hecho de que los romanos llamasen *Agerōna* a la diosa de la actividad.

Ágil, dispuesto

Ágil se refiere al cuerpo, a la organización.

Dispuesto, a la conciencia y a la voluntad.

Hombre *ágil* quiere decir: hombre que se mueve con soltura y diligencia.

Hombre *dispuesto* significa: hombre de chispa, resuelto o decidido.

Así decimos: Fulano es materia *dispuesta* para tal o cual cosa.
Nada más absurdo que decir: es materia *ágil*.
Fulana es una vieja *ágil* todavía.
No puede decirse para expresar el mismo pensamiento: es una vieja *dispuesta* todavía.
La expresión es una vieja *dispuesta* significaría que era una vieja apta o capaz para el desempeño de su obligación, o que aún tenía bríos interiores para andar con amores y galanteos.
Etimológicamente hablando, *ágil* es la persona que hace las cosas en el *acto*, puesto que tanto *acto* como *ágil* vienen de *agere*, lo mismo que *actual, actuación, actividad* y otras muchas voces.
Agilidad, pues, es movimiento.
Disposición es aptitud.

Agitación, conmoción

Agitar es como si dijéramos *agilitar* o hacer que una cosa sea más *ágil*. La *agitación* pertenece al orden orgánico, es material.
Por el contrario, la *conmoción* es un fenómeno de la sensibilidad interior, es afectiva.
Una carrera *agita*.
Una palabra nos *conmueve*.
Se *agita* la respiración, o sea los pulmones y el corazón al correr.
Se *conmueve* el alma al escuchar un buen sermón.

Agonizar, expirar

No deben confundirse estos dos verbos.
Agonizar es combatir con las angustias de la muerte; *expirar* significa exhalar el último aliento; esto es, el espíritu.
El que *agoniza* está para morir.

El que *expira* muere. *Ex* significa *salida*, y en este caso es *salida del espíritu* (Ecles. 12:7).

Agrandar, engrandecer

Una nación puede *engrandecerse* achicándose.
Puede engrandecerse (achicándose en sentido material o de territorio) si lo cede generosamente para evitar una guerra.
Se *agranda* conquistando territorio.
Se *engrandece* ilustrándose y enriqueciéndose, y adquiriendo buena fama.
Agrandar es ganar extensión.
Engrandecerse es ganar cultura, generosidad, fama, gloria.
El globo terrestre no se puede *agrandar*, pero se puede *engrandecer*.
El globo que no puede *agrandarse* es una esfera fría.
El globo puede *engrandecerse* en ciencia y progreso, en un arte, una moral, un dogma, una política, un derecho.
Agrandar el espíritu, eso es *engrandecerse*.
Engrandecer la forma, eso es *agrandar*.
Quiero que mi patria sea *grande*; pero sobre todo, que se *engrandezca*.

Agregar, añadir

Las cosas que se *agregan* son capaces de voluntad y de entendimiento. Agregar es formar *grey*.
Las cosas que se añaden son puramente físicas.
Hallé a unos cazadores en el monte, y me *agregué* a ellos. Nada más absurdo que decir: y me *añadí* a ellos.
La cuerda era corta y le *añadí* un pedazo. No puede decirse propiamente y le *agregué* un pedazo.
En *agregación* entra la idea de comuni-

dad, de asociación, de vínculo, de estatuto, de pacto, hasta de esperanza y de fe.
En *añadidura* no entra otra idea que la de un hecho material.
Agregado de embajada, *agregado* a una universidad.
Nada más extraño ni más repugnante al sentido de nuestra lengua que decir: *añadido* de embajada; *añadido* a una universidad.

Aguantar, resistir

Aguantar supone albedrío.
Resistir supone potencia.
El animal *resiste* lo que puede.
El hombre *aguanta* lo que juzga oportuno.
La fuerza *resiste*; es un hecho mecánico.
La conciencia *aguanta*; es un hecho moral.
Todo lo que se *aguanta* a pura fuerza no es *aguantar* sino *resistir*.
Quiero que me *aguanten*, no que me *resistan*.

Aguardar, esperar

Aguardar es un hecho, una ocupación.
Esperar es una suprema virtud.
Se *aguarda* al que ha de venir.
Se *espera* lo que nadie puede saber.
El amigo *aguarda* al amigo; el hombre *espera* en Dios.
No todos *aguardan*; todos *esperan*.

Aguijar, estimular, incitar

El que *aguija* espolea un buey o un caballo, pero también puede usarse en sentido moral.
El que *estimula* anima.
El que *incita* provoca.

Se *estimula* al desalentado.
Se *incita* al cobarde.
Aguijamos para que se trabaje.
Estimulamos para que se emprenda.
Incitamos para que se riña.
Aguijar e *incitar* son cosas muy frecuentes.
Estimular es una cosa noble, una obra de caridad.
Aguijar supone acicate, espuela, aguijón.
Estimular, aliento o recompensa.
Incitar, provocación para una riña o una guerra.

Ahitar, empachar

Empacho viene de nuestro antiguo *pacho*, derivado del latín *pastu*, a cuya raíz pertenecen pan, pasto, pacer, apacentar, gazpacho, empacho y otras varias voces. Esto explica que llamemos *pachorra* a la persona cachazuda, gorda y bien cebada, como dice el doctor Rosal. Etimológicamente hablando, *pachorra* vale tanto como decir que come mucho *pacho*; esto es, mucho pan. De este mismo origen proceden los apellidos de *Pacharros* y *Pachecos*, que vienen a significar señores de labranza, que es como si dijéramos que cogen mucho *pan*.
Ahitar se deriva de *hita*, voz hebrea que significa pan o trigo.
De modo que, si atendiéramos únicamente a la etimología, sería punto menos que imposible encontrar diferencia en las dos palabras del artículo. Sin embargo, el uso las distingue con tal precisión, que basta el buen sentido para comprender en qué se diferencian.
Tener un *empacho* equivale casi a tener una indigestión.
Ahitarse es más bien hartarse o hastiarse.
El *empacho* es asiento, dolencia.

La *ahitera* es saciedad, exceso.
El *empachado* puede morir.
El *ahíto* quiere reposar.

Ahíto, repleto

Repleto quiere decir que se ha comido tanto, que no cabe más en el vientre.
Ahíto significa que se ha comido con tal demasía, que se está incómodo, casi enfermo. *Ahitera* significa empacho.
Repleto se aproxima más a la idea de *lleno*.
Ahíto a la idea de *harto*.
Este mismo sentido conservan en el lenguaje figurado.
Tiene el arca *repleta* de onzas de oro. Esto quiere decir que la tiene *llena*, que no caben más onzas.
Mi alma está *ahíta* de tantos placeres. Esto quiere decir que está *harta*.
Llenar mucho; eso es lo *repleto*.
Saciarse; eso es lo *ahíto*, y satisfecho en el terreno moral.
El uso no deja lugar a la duda. Claro es que no puede decirse: tiene el arca *ahíta* de onzas de oro; mi alma está *repleta* de tantos placeres.

Ahogar, sofocar, asfixiar

No deben confundirse estos tres verbos.
El agua nos *ahoga*, el calor nos *sofoca*, la falta de respiración nos *asfixia*. No se puede decir asfixiar en vez de ahogar, pues la asfixia es el resultado último de ahogarse en agua, o por obstrucción de la garganta.

Ajuar, menaje

Ajuar viene del árabe *axxuar axxauar*.
Menaje se deriva de *menagium*, nombre de la baja latinidad que significa casa, vivienda, de donde los italianos sacaron *menare*, que quiere decir llevar de un lado a otro, mover, sacudir, que es lo que se hace con el *menaje*. Así dice Rosal que *menaje* es como si dijéramos *maneaje*, haciéndola que se *menea* o se mueva; esto es *mueble*.
Las dos palabras del artículo se distinguen en que *ajuar* expresa la idea de ornamento, de belleza, de galanura, mientras que *menaje* no significa sino el utensilio de la casa que se limpia, que se sacude, que se *menea* o manea, que se mueve con la *mano*.
En *ajuar* entra todo lo que adorna la habitación, todo lo que la hace vistosa y bella.
Menaje no comprende sino aquello que se *maneja*.
De modo que el *ajuar* es ornato, compostura, aderezo.
Menaje es la reunión de los muebles.

Alba, aurora

Alba viene de *albor*, que equivale a blancura.
Aurora viene de dos palabras, *áurea* y *hora*, hora áurea, o bien *áurea hora*.
El *alba* es blanca.
La *aurora* es dorada.
Los poetas que llaman blanca a la *aurora* y rosada al *alba* dicen las cosas al revés, pero se expresan en hipérbole.

Albarda, aparejo

El árabe llamó a la mano *huad*, del hebreo *iad*, de donde nosotros sacamos *guante* (vante en lengua goda), que es lo que resguarda la *mano*; *guedeja*, porción de pelo que se coge de una vez con la *mano*; *guiar*, llevar por la *mano*; *guinda*, fruta que se coge a *mano*; *guindarse*, colgarse de las *manos*; *guirnalda*, adorno que se hace *a mano*; *guita*, cordel *manual*; guión, raya hecha con la *mano*; *guisa*, modo o *manera*.

De *huad* sacó el árabe *huarid*, que significa amparo, de donde procede nuestra voz *guarida*; y de *guarida* salieron *guarda*, *guardar*, *guarecer*, *guarnecer*, *guarnición* de espada y *guarnición* de guerra, *guarnir*, *guarnicionero*, *guarnicionar*, etc.

Y antes que añadiéramos la *g* para buena y fácil sonancia, dice el doctor Rosal, decíamos *uarda*, haciendo la *u* vocal y la palabra de tres sílabas, y después se hizo consonante hiriendo a la *a*, y dijimos *varda* al *valladar*, y el godo llamó así a la *guarda*, porque guarda la tierra, huerta o heredad; y es conforme al hebreo, que al cercar con *varda* o *valladar* dice *gadar*.

Y de allí dijimos *alvarda* con artículo arábigo, *al-varda*, que es como si dijéramos la *guarda*, porque *guarda* la espalda de la bestia de la aspereza de la carga.

He aquí la etimología de *albarda*, según la trae el doctor cordobés, a quien tanto debe la lengua española y que es tan poco conocido y apreciado en España.

Aparejo viene a significar *aparato*; y así decimos *aparejar* un buque, *aparejar* la mesa, *aparejar* la comida, como con suma propiedad se decía en lo antiguo, lo cual equivale a si dijéramos *aparar* o *preparar* la mesa, *aparar* o *preparar* un buque.

De modo que la *albarda* es amparo, lo que *guarece* el lomo de la bestia.

Aparejo es preparativo.

Echar la *albarda* a un animal es defenderlo.

Echarle el *aparejo* es aviarlo.

Alcanzar, dar alcance

Alcanzar supone que la persona a quien se alcanza va caminando naturalmente. Vi que salía de su casa, apreté el paso y le *alcancé*.

Dar alcance supone fuga en el sujeto a quien pretendemos *alcanzar*. Mucho corría, pero no le valió; al fin le di *alcance*.

El que quiere *alcanzar* a otro intenta reunirse a él.

El que pretende darle *alcance* le persigue.

Un arriero aguija su caballería y *alcanza* al compañero que va delante.

El galgo da *alcance* a la liebre. Ambas expresiones pueden usarse en un sentido figurado o moral. (Filip. 3:13-14)

Alcanzar, obtener, recabar, lograr, conseguir

Alcanzar supone gestión y mérito. El caudillo *alcanza* una victoria, el héroe *alcanza* el triunfo, el creyente fiel *alcanza* la gloria eterna.

Obtener supone favor. Se *obtiene* una gracia, una merced. Se *obtiene* la sonrisa de una dama, a cuya amorosa correspondencia no nos conceptuamos acreedores. Se *obtiene* una cruz, un diploma, un honor cualquiera, para el cual no nos reputamos con bastante merecimiento.

Recabar supone una gestión perseverante, hasta terca. Se *recaba* una palabra que no se nos quería dar. Se *recaba* una promesa que no quería empeñársenos.

Lograr supone fortuna. *Logramos* en virtud de circunstancias personales que no se pueden definir, tales como el don de gentes, cierto espíritu de generosidad y galantería, un despejo y una gracia, que son secretos de la naturaleza.

Un caballero *logra* el favor de las damas. A despecho de las prevenciones desfavorables que embargaban el ánimo del rey, *logré* que me oyera con agrado. *Lograr* una cosa equivale casi a disfrutarla.

Quien dice *logro* dice *goce*.
Conseguir supone servicios y solicitud. *Conseguimos* lo que nos toca de derecho, previa instancia por nuestra parte. Se *consigue* un empleo, una reposición, una jubilación.

Consultemos el uso, y veamos si él justifica el vario sentido que hemos señalado a cada una de las palabras anteriores.

El caudillo alcanzó la victoria. Esto significa que obró con tal pericia, con tal estrategia, con tal valor, que *mereció* vencer a su enemigo.

El héroe *alcanza* el triunfo. Es decir, las hazañas del héroe le hicieron digno de semejante honra.

De donde debe inferirse que en *alcanzar* entra, como idea capital, la de *merecimiento*. Si en vez de *alcanzar* usamos cualquiera de las otras palabras de este artículo, veremos que el sentido de la frase varía.

El caudillo consiguió la victoria, quiere decir que dirigió el ataque con tal solicitud, que guerreó con tal instancia, que pretendió la victoria con tanto ahínco, que al cabo pudo *conseguirla*. Aquí no hay pericia, ni estrategia, ni valor, ni entusiasmo; hay porfía, hay gestión, la gestión activa y casi maquinal del pretendiente. No ganó la batalla por genio, sino por oficio.

El héroe consiguió entrar en triunfo. Esto quiere decir que el triunfo no fue el premio de sus hazañas, sino el resultado de su astuta solicitud. Hay orgullo, no hay proeza; hay intriga, no heroicidad. El que *consigue* entrar en triunfo es un hombre, no un héroe.

Los creyentes no *consiguen*. Los creyentes *alcanzan*, porque Dios les ha dado el privilegio de que alcancen la gloria por la buena voluntad de Dios que proveyó salvación a los que hacen caso de su oferta de salvación por Cristo, no como pago, sino como don. (Rom. 6:23 y Efes. 2:8-10)

El santo consigue la gloria eterna. Mirada esta frase a la luz de la razón, es un absurdo. El que así se expresara daría claras muestras de desconocer completamente, no tan sólo la filosofía de nuestro idioma, sino también los principios básicos de la religión cristiana.

La gloria eterna no se *consigue*, no puede *conseguirse*, porque las recompensas divinas no son objetos que pueden pretenderse; pero se alcanza porque a la promesa de Jesucristo se aplica la fe y la perseverancia en cumplir la voluntad de Dios. (Véase 2.ª Cor. 8:5 y Apoc. 2:10.)

Hagan los lectores la experiencia con los demás verbos, y tal vez se convencerán de que el uso corriente y sensato está de nuestra parte.

El que *merece* alcanza.
El protegido *obtiene*.
El perseverante *recaba*.
El afortunado *logra*.
El porfiado *consigue*.

Alcázar, palacio

Alcázar viene de la palabra árabe *alcazaba*, que quiere decir *castillo* o *fortaleza*.

Sin embargo, la idea de grandeza y de dignidad es anterior, en la palabra *alcázar*, a la idea de fortificación. Claro es que en aquellos tiempos belicosos, la necesidad de defenderse y encastillarse estaba en proporción directa de la importancia del personaje. Así es que los grandes dignatarios, los representantes del poder social, tenían que morar en casas defendidas; esto es, en *alcazabas*. Estas *alcazabas* no eran simplemente baluartes, meras fortalezas, meros castillos, sino la morada feudal de los señores de aquel tiempo. De aquí viene que *alcázar* conserva un algo aristocrático y señorial, que lo distingue de *palacio*, que es más aristocrático y suntuoso.

Un *palacio* es toda casa suntuosa, en cuya fábrica están guardadas las condiciones arquitectónicas propias del género. Se refiere a la estructura del edificio, no a la jerarquía de la persona que vive en él.

Así sucede que un *palacio* puede ser la casa de un título, de un cardenal, de un banquero, de cualquier magnate del Estado o de la Iglesia. *Palacio* de Medinaceli, de Osuna, de Liria, de Salamanca; *palacio* del Congreso, del Senado. No puede decirse: *alcázar* de Medinaceli, del Senado, del Congreso.

El *alcázar*, sea cual fuere su magnificencia, es precisamente la morada del señor feudal.

Puede usarse también en sentido figurado o poético, como por ejemplo en el himno:

¡Oh quién en ti morara,
la celestial *Sion,*
del redimido patria
y alcázar de mi Dios!
Allí, sin inquietudes,
sería mi canción
un aleluya eterno
al Rey mi Salvador.

Alcides, Hércules

Hércules es el nombre de un héroe mitológico que se supone haber nacido en Beocia por los años mil trescientos ochenta y dos antes de la era cristiana.

Hércules se compone de *hēra, hēras*, que significa Juno, y de *kleos*, que equivale a gloria.

Este mismo *Hércules* fue (según la leyenda) hijo de Júpiter y de Alcmena, mujer de Anfitrión, hijo de *Alceo*, y de aquí tomó el nombre de *Alcides*, que quiere decir fuerza.

Hércules significa gloria de Juno.
Alcides significa el fuerte.

Alcoba, dormitorio

Alcoba, del árabe *gobba*, significa bóveda, cúpula, arco, porque antiguamente buscaban los lugares más seguros para dormir.

Dormitorio se deriva del latín *dormitorium*.

La alcoba es el lugar más interior del dormitorio. Una habitación más reservada.

Al *dormitorio* se le llama cuarto o habitación de dormir.

La *alcoba* es el lugar reservado al matrimonio. Cuando se dice que la hizo entrar en la alcoba, se entiende que se refiere al acto sexual.

Nada más fuera de sentido que decir: El cementerio es la última alcoba, mientras que no es impropio decir: El cementerio es el último dormitorio, o, el dormitorio eterno.

Aliento, esfuerzo

El hombre creyó que el aire que arrojaba por la boca era la esencia de la vida, el principio que le hacía mover y pensar, y de aquí viene que la palabra *aliento* significaba, en la infancia del mundo, una cosa muy parecida a soplo vital, exhalación, lo que hoy entendemos por alma. El mismo sentido tuvieron las voces *aspirar* y *respirar*, puesto que *aspirar* no es otra cosa que tomar *espíritu*, y *respirar* echarlo fuera.

Espíritu y *aliento* eran dos términos sinónimos en la edad primitiva.

El *esfuerzo*, por el contrario, es una acción gobernada por el espíritu, una fuerza dirigida por la razón, una fuerza heroica, si se nos permite este modo de hablar, pero es fuerza.

Así es que Don Quijote habla del *esfuerzo* de su brazo, y luego dijo: «con debilitado *aliento*, lo mismo que dicen decía el herido caballero del bosque.» De modo que el brazo tiene *esfuerzo* y el *aliento* debilidad.

¿Podemos hablar del *aliento* de nuestro brazo? De ninguna manera. ¿Por qué? Porque el *aliento* es alma, es espíritu, y el brazo no es una sustancia espiritual.

¿Podemos hablar de un *esfuerzo* debilitado? Tampoco. ¿Por qué? Porque el *esfuerzo* no puede ser débil, como la valentía no puede ser cobarde. El valiente que tuviera cobardía no sería valiente, como el *esforzado* que tuviera debilidad no sería *esforzado*.

Aliento quiere decir ánimo.

Esfuerzo quiere decir brío.

Alma, ánimo, mente, espíritu

Alma. Hay ciertos casos en que *alma* tiene un significado esencialísimo, en relación directa con las ideas metafísicas y dogmáticas, como cuando decimos: «las *almas* o las *ánimas*».

En esta acepción, *alma* y *espíritu* tienen grandes puntos de contacto, y así decimos correctamente: «*alma* inmortal, *espíritu* inmortal», en tanto que no puede decirse con igual sentido: *ánimo inmortal, mente inmortal*. Sin embargo, la diversidad entre *alma* y *espíritu* es incontestable en otras acepciones, como en las dos que anotaremos a continuación.

El *alma* existe en todos los objetos animados, puesto que animación y alma representan el mismo vocablo de origen; y así se dice: «el *alma* es la fuerza motriz del cuerpo», lo cual no pudiera decirse del ánimo, de la mente ni del espíritu, estableciéndose desde luego una distinción marcadísima.

De un hombre fogoso decimos que tiene *alma de fuego*.

No podríamos decir *ánimo, mente, espíritu de fuego*.

«No tengo más amparo que *las buenas almas*.»

No podría decirse tampoco: no tengo más amparo que *los buenos espíritus, los buenos ánimos, las buenas mentes*.

«Las metáforas más vulgares son *el alma de la conversación*.»

No puede decirse: son el espíritu, la mente, el ánimo de la conversación.

«Padre de mi *alma*, amigo de mi *alma*.»

No puede decirse *padre de mi ánimo, de mi espíritu, de mi mente*; ni a una mujer amada diremos: *mente mía, ánimo mío, espíritu mío*. Sin embargo, podemos decirle con suma propiedad y gracia: *alma mía*.

De manera que hemos encontrado muchos casos en que usamos con propiedad de la palabra *alma*, mientras que no podríamos usar de las palabras *ánimo, mente* y *espíritu* sin trastornar completamente el uso y la psicología de la lengua.

Ánimo. El *ánimo*, variante de *ánima*, está en relación con los grandes afectos, como la virtud, la abnegación, la generosidad, el heroísmo; y así se dice: «*ánimo* esforzado, *ánimo* brioso». Es evidente que no puede decirse: «*alma* esforzada, *mente* esforzada, *espíritu* esforzado.»

La expresión «no caer de *ánimo*», vale tanto como decir: «no perder aliento, conservar el vigor, no desconcertarse la voluntad, tener un corazón entero y firme.» Apliquemos esta expresión a las demás voces del artículo, y resultará un despropósito: «no caer de *espíritu*, no caer de *mente*, no caer de *alma*», cuyas locuciones carecen de sentido en nuestra lengua.

Familiarmente decimos a un amigo: ¿*cómo van esos ánimos*? Y difícilmente habrá una locución más graciosa, más natural, más expresiva, y al mismo tiempo más metafísica y más sabia.

Claro es que no puede decirse: ¿cómo van esas *almas*, esas *mentes*, esos *espíritus*?

Llegó el momento; ¡ea!, ¡buen ánimo! Nada más extraño que decir ¡ea!, ¡buen *alma*!, ¡buen *espíritu*!, ¡buena *mente*!

El triunfar en las luchas del mundo es una gloria reservada por Dios a los *ánimos* decididos y rectos. Nada más fuera de propósito que hablar de *mentes* decididas y de rectos *espíritus*.

Hallamos también que hay diferentes acepciones en que podemos emplear de un modo castizo la palabra *ánimo*, mientras que fuera inadmisible y hasta repugnante el empleo de las otras voces.

Mente. El vocablo *mente*, del sánscrito *man*, pensar; copto (dialecto egipcio) *mēn*, cálculo, cómputo; griego μένος (*ménos*); latín *mens, mentis*, está en relación con la memoria, con la *membranza*, como si fuese el memorando de la vida. Cuando decimos: «no nos ha pasado por la *mente*», queremos expresar: «no nos ha pasado por la memoria; no lo hemos recordado»; esto es, «no lo hemos *mentado*», porque también puede decirse así, sin violentar en lo más mínimo el genio de la lengua. Apliquemos estos modos de hablar a los demás términos en cuestión, y resultarán frases inusitadas en nuestro idioma: «no me ha pasado por el *espíritu*, no me ha pasado por el *ánimo*, no me ha pasado por el *alma*.» Si un español dijese: «no me ha pasado por el *alma*», no sabríamos seguramente lo que había querido significar.

La expresión «*parar mientes*», quiere decir: «fijar la atención, consultar la memoria, procurar conciliar algún recuerdo», y es una frase tan castiza como airosa y galana, mientras que nadie nos comprendería si dijéramos: «parar *almas*, parar *ánimos*, parar *espíritus*.» Si algún español inventase este raro modo de hablar, parecería decir que detenía materialmente los *espíritus*, las *almas*, los *ánimos*.

La *mente* significa también la idea colectiva de las funciones del entendimiento; y así se dice: «la facultad *mental* o las facultades *mentales*», cuya idea cabal no expresaríamos diciendo: «facultades *anímicas*» o «facultades *espirituales*».

No expresaríamos el mismo grado de pensamiento al decir: facultades *anímicas*, porque esas facultades se refieren a funciones orgánicas, puesto que el alma es el motor del cuerpo, y estas relaciones sensibles no convienen a un conjunto intelectual como la *mente*.

Tampoco expresaríamos la misma cantidad de idea diciendo: facultades *espirituales*, porque estas facultades están en relación con el sentido íntimo, cuya trascendencia no existe en lo que llamamos *facultad mental*.

La expresión facultades *anímicas* expresa poco; la expresión facultades *espirituales* expresa mucho. *La facultad mental* está entre ambas, como la percepción está entre las sensaciones simples y lo que llamamos conciencia refleja.

Es curioso notar que el griego *ménos*, raíz del latín *mens*, mente, significa esfuerzo, fortaleza, brío, *ardor de la vida*, idea capital expresada por nuestro *ánimo*. Esto demuestra que la *mente* de los antiguos griegos penetró en el sentido del *ánimo* español.

Tan cierto es que las ideas y las palabras se repiten incesantemente en la humanidad, como símbolo eterno.

Espíritu. *Espíritu* viene del latín *spiritus*, soplo, forma sustantiva de *spirāre*, soplar. Tal fue la significación originaria de este vocablo, con la cual entró en los verbos siguientes: *aspirar, espirar, respirar*, que vale tanto como si dijéramos: *aspiritar, espiritar, respiritar*, tomar y exhalar los *espíritus*; esto es, el soplo vital, el alma.

Posteriormente, aun dentro del propio gentilismo, esta palabra se fue depurando de sus relaciones materiales, hasta que las civilizaciones hebrea y cristiana le dieron el sentido de sustancia incorpórea, casi dogmática, con la que usamos actualmente.

El *espíritu* se considera muchas veces como el sujeto que resume todas las aptitudes, en cuya virtud pensamos, queremos y sentimos; y así se dice: «El *espíritu* de un filósofo, de una familia, de un idioma, de una raza, de un pueblo, de un siglo, de una escuela.» Claro es que no puede decirse, para expresar la misma gradación del pensamiento: «el *alma*, el ánimo, la *mente* de un pueblo, de una escuela, de una raza, de un siglo.»

En el propio sentido solemos decir: «*espíritu* profundo, *espíritu* analítico, *espíritu* sintético, *espíritu* ecléctico, *espíritu* metafísico, *espíritu* abstracto». Nada más extraño al genio de la lengua que aplicar estas locuciones a las demás voces del artículo.

Pero el vocablo de que se trata tiene otra acepción, en donde se refleja su sentido más trascendente. El *espíritu*, considerado en su última significación, expresa el concepto absoluto de nuestras facultades superiores, la esencia de la razón humana en último contacto con la idea simple, que es la idea de ser, el primer pensamiento del orden metafísico aplicable únicamente al Soberano Autor de todo lo criado, y así decimos: el *espíritu universal*.

Si en vez de *espíritu universal* dijéramos: *ánimo universal, mente universal*, querríamos significar que se trataba del conjunto de todas las mentes y de todos los *ánimos*, pero no expresaríamos la idea de un concepto sumo que ordena y rige todo el universo, idea significada por los dos vocablos *espíritu universal*.

Sentados estos antecedentes, creemos que no debe ofrecer muchas dificultades el deslindar las diferentes relaciones de las palabras en cuestión.

En nosotros existe una fuerza oculta, en cuya virtud nos movemos, queremos, imaginamos, pensamos y sentimos. Esa fuerza interior y sobrehumana es lo que llamamos *alma, ánimo, mente* y *espíritu*.

Si consideramos aquella fuerza como agente motriz; esto es, como principio que anima la materia, se denomina *alma*.

Si la consideramos como principio de donde vienen los grandes afectos de que el hombre es capaz, se denomina *ánimo*.

Si como el origen de raciocinio, *mente*.

Si como idea esencial que nos separa del orden físico, y nos refiere a la causa suprema, *espíritu*. Si pudiéramos comunicarnos materialmente con la divinidad, el espíritu fuera el alambre eléctrico.

La sensibilidad toca al *alma*.
Las virtudes heroicas, al *ánimo*.
La verdad, a la *mente*.
La unidad, al *espíritu*.
El *alma* nos mueve.
El *ánimo* nos alienta.
La *mente* nos conoce.

El *espíritu* nos diviniza, dice el catedrático Roque Barcia. Nosotros añadimos: así es, porque por la fe nos hace participantes de la naturaleza divina, como declara San Pedro en 2.ª Pedro 1:4.

Almanaque, calendario

La voz *almanaque* se compone del artículo árabe *al* y del nombre *manah*, que quiere decir cómputo o cuenta, porque el *almanaque* es realmente la cuenta del tiempo.

Calendario viene de calendas, *calendae* en latín, que era el primer día de cada mes.

Calendae es un derivado de *calare, kalein* en griego, que equivale a llamar, porque uno de los pontífices menores juntaba en tal día al pueblo en el Capitolio y le enteraba de las fiestas y de los sacrificios que debían celebrarse durante el mes, y le decía los días que habían de transcurrir hasta las nonas, repitiendo en alta voz la pala-

bra *calo, kaló* (yo llamo) tantas veces cuantos eran aquellos días.
De manera que la palabra *calendario* significa más bien la idea de solemnidad o de ceremonia.
Almanaque expresa más directamente la idea de cómputo astronómico.
Calendario es rito.
Almanaque es ciencia.

Almirante, comandante

Almirante, viene del árabe *amir* o *emir*, caudillo, del verbo *amara*, mandar, de donde sacaron los griegos *amiras*, jefe de escuadra o flota.
Comandante es el que manda en unión de otros; no es el jefe supremo.
Cada buque tiene un *comandante*.
Todos los buques de una escuadra, aunque sean mil, no tienen más que un *almirante*.
La voz *comandante* se aplica también a los jefes de fuerza campal.
La voz *almirante* no se aplica sino al jefe supremo de fuerzas navales.

Almuerzo, desayuno

Almuerzo viene de *mordo, mordis, mordere, morsi, morsum*, que significa en latín morder, y del artículo árabe *al*, que equivale a *el*. La palabra en cuestión quiere decir literalmente: *el morsus*, el mordisco, el bocado, el bocado por excelencia, el primero. Es lo primero que se *muerde*, lo primero que entra por la boca.
Desayuno se compone del prefijo *de*, que significa negación, y del nombre latino *ientaculum*, de donde procede nuestro verbo *yantar*, (palabra del viejo castellano); desayunar es perder el *ayuno*, dejar de estar en *ayunas*.
El *almuerzo* es acción.

El *desayuno* es consecuencia. Claro es que quien *muerde*, quien come, ha dejado de estar en *ayunas*.

Alterado, revuelto, empañado

Alterar, supone mixtura.
Revolver, movimiento, agitación.
Empañar, falta de transparencia.
Se *altera* el vino echándole agua.
La borrasca *revuelve* los mares.
El aliento *empaña* el cristal. Ciertas enfermedades *empañan* el cutis.
Lo contrario de *alterado* es puro.
Lo contrario de *revuelto* sentado.
Lo contrario de *empañado* transparente.

Alterar, cambiar

Alterar, significa más que *cambiar*.
Se *cambia* de vino bebiendo Jerez por Madera; se *altera* el vino echándole agua.
El *cambio* es mutación; la *alteración* es bastardía.
Se cambia la forma; se *altera* la sustancia.

Alumbrar, iluminar

Alumbrar no es más que hacer luz, a fin de que no caminemos entre tinieblas.
Iluminar es alumbrar con profusión.
El *alumbrado* corresponde a una necesidad.
La *iluminación* a una fiesta.
Alumbrando damos claridad.
Iluminando damos brillo.
Se *alumbra* una casa, un pasillo, una ciudad.
Se *ilumina* un palacio: se *ilumina* el salón de un banquete o de un baile.
El sol *alumbra*.

Una aurora boreal *ilumina*.
La misma diferencia se advierte en el sentido figurado.

Ambición, avaricia, codicia

La *ambición* busca el mando, el poder, los honores, el aura pública.
La *avaricia* busca dinero, monedas de oro. *Avaro* viene del verbo *aveo*, desear, y de *aes, aeris*, bronce, plata, moneda.
La *codicia* querría ser propietaria de toda la tierra.
El *ambicioso* se extasía viendo a un rey sentado en su trono.
El *avaro* suspende el aliento y aplica la oreja cuando oye ruido de metal.
El *codicioso* tiene la vista como derramada, porque va mirando a todas partes. Quiere ver todo aquello de que podría ser amo.
El *ambicioso* sueña en un cetro.
El *avaro* en un arca.
El *codicioso* en ser dueño de una ciudad.
La *ambición* puede ser capaz de grandes ideas y de grandes hechos.
La *avaricia* es siempre cruel, estrecha, ruin.
La *codicia* es siempre egoísta y envidiosa.
La *ambición*, encaminada a buenos fines, puede llegar a ser una virtud heroica, una inmensa virtud social.
La *avaricia* y la *codicia* serán siempre dos vicios degradantes.

Amonestar, exhortar

La diferencia entre *exhortar* y *amonestar* no puede ser más terminante.
Hortamus impulsû; monemus consiliû: «exhortamos con el impulso; amonestamos con el consejo»; esto es, *exhortamos* para mover; *amonestamos* para hacer pensar.
El que *exhorta* da aliento; el que *amonesta* da cordura.
Exhortamos enardeciendo; *amonestamos* recordando.
La *exhortación* va dirigida al sentimiento para que el individuo obre; la *amonestación* se dirige al entendimiento y a la conciencia para que el individuo recapacite.
Se *exhorta* al cobarde; se *amonesta* al valiente.

Amor, caridad, piedad

El *amor* consiste en un sentimiento; la *caridad* en una obligación; la *piedad* en una creencia.
El *amor* es afectivo; la *caridad* moral; la *piedad* religiosa.
El *amor* nos lleva a la familia, la *caridad* al prójimo, la *piedad* a Dios.

Amputar, cortar

Cortar, según queda dicho, viene de *curto*, de donde salió *culter*, cuchillo. *Cuchillo* y *cortar* tienen una misma etimología.
Amputar viene de *putare*, podar, y del prefijo *amb,* que significa alrededor, en torno, circularmente. Y como el círculo es lo más completo, lo que nos suministra la idea más perfecta del *todo*, pues todo lo abraza la redondez, de aquí proviene que el prefijo *amb* significa una idea total, generalísima, según puede verse en todas las palabras que proceden de aquella raíz. En efecto, *amb*age significa rodeo, vuelta, torno; el que anda con *amb*ages, anda alrededor del asunto, lo va circuyendo, va describiendo el círculo. El *ámb*ar se deno-

mina así, porque su aroma inunda a los alrededores, está en torno suyo, lo cerca. *Amb*ición significa que está en todas partes, que lo invade todo, que todo lo abarca. *Amb*o comprende la idea de pluralidad, de más de uno; es lo que nos circuye por dos lados. En el mismo caso se halla *amb*idextro, diestro de las dos manos, de *amb*as. *Amb*iguo es lo que hace a dos caras, que tiene una doble significación o un doble sexo, un sexo *amb*o, por decirlo así. *Ámb*ito es el espacio elemental que nos rodea, la tierra y la atmósfera que necesitamos para vernos en todos sentidos. *Amb*iente es el aire vital, el aire que circula en todas partes, en todos los *ámb*itos. *Amb*ulante es el que vaga por la tierra, el que respira todos los *amb*ientes.

Hecha la antecedente aclaración, las dos palabras del artículo no pueden confundirse.

Cortar es hacer cortaduras.

Amputar es cortar en redondo.

Análisis, síntesis

Por el *análisis* conocemos el individuo; por la *síntesis* conocemos el género.

El *análisis* es el procedimiento que busca la unidad; la *síntesis* viene a ser el método que busca la serie; el sistema.

El fundamento de la *síntesis* es el análisis; el complemento del *análisis* es la síntesis.

Propiamente hablando, por el *análisis* distinguimos; por la *síntesis* conocemos.

El *análisis* de nuestros tiempos es algo más que el de los antiguos. Por *análisis* se entiende hoy la descomposición metódica de un todo en sus partes, ora sea directamente, ora por extensión, subiendo de los efectos a las causas, las cuales son consideradas como partes constitutivas de los efectos mismos. Por consiguiente, el *análisis* significa una operación, así física como moral, de donde resultan las nociones verdaderamente demostradas y completas.

Analogía, etimología

Analogía se compone de dos voces griegas: *ana*, que significa entre, y *lógos*, que equivale a razón. Es la razón que existe entre las cosas, ese algo universal que las relaciona, uniéndolas a las grandes leyes del sistema del mundo.

Etimología, del mismo origen, se compone también de dos palabras: *etymos*, verdadero, y *lógos*, nombre. Significa, pues, nombre o palabra verdadera, conforme a su raíz.

De modo que la idea dominante en *analogía* es la de relación.

En *etimología* la de verdad.

Por la *etimología* conocemos.

Por la *analogía* distinguimos.

La *etimología* enseña, expone.

La *analogía* compara, critica.

Análogo, homogéneo

Analogía viene del verbo griego *analogizomai*; compuesto de *ana*, que significa entre, y de *lógos*, que significa *proporción*, y consecuentemente semejanza.

Analogía, pues, significa la relación que hay entre las cosas.

Homogéneo viene de *género*, derivado del latino *genere*, a que corresponde el griego *geinō*, que significa *generar* o *engendrar*. Del griego *geinō* se derivó el nombre *genos*, que quiere decir raza o familia.

Así es que en *género* entran las ideas de casta o *progenie*, lo que es propio de una raíz, o de una naturaleza, de una sangre, y de este origen saca su sentido la palabra *homogéneo*.

Homogéneo es lo que pertenece a un *género*, como si dijéramos a una *genealogía*; y de aquí viene el significar hechos de una misma índole, puesto que cada *género* tiene su índole particular.

Pondremos un ejemplo para que se comprenda más fácilmente la diferencia de estas voces:

Impuesto e *impostura* tienen un origen. Ambas palabras se derivan del verbo *poner*. La *analogía* consiste en las varias relaciones que los hechos tienen entre sí; la mancomunidad de origen es una relación que existe entre *impuesto* e *impostura*; luego entre estos dos vocablos hay *analogía*.

Sin embargo, nada más repugnante al sentido de nuestra lengua que el decir que entre aquellas palabras hay *homogeneidad*.

Supongamos que queremos comprar una partida de treinta caballos, otra de ciento y otra de mil. Luego decimos que estas tres cantidades son *homogéneas*. ¿Por qué? Porque las unidades que entran a formarlas son de una misma índole, todas son caballos.

Nada más distante de expresar la misma idea que el decir que son cantidades *análogas*.

La *analogía* se aplica a significar las relaciones.

La *homogeneidad* se refiere a la naturaleza.

La *analogía* expresa cualidades.

La *homogeneidad* expresa sustancias.

Lo *análogo* es parecido.

Lo *homogéneo* es idéntico.

Anatema, excomunión

Anatema viene del griego *anathēma*, voz derivada de *anatithēmi*, que significa consagrar. Los antiguos griegos dieron el nombre de *anatemas* a lo que nuestros antepasados llamaron presentallas, denominando también *anatema* a la víctima expiatoria, puesto que era considerada como un objeto consagrado. Notándose después que el abuso se había introducido en las cosas que se consagraban, la palabra *anatema* vino a significar la idea contraria de consagración, es decir, vino a significar la idea de execración o profanación, en cuyo sentido usó de dicho nombre la Iglesia católica.

Excomunión se compone de *ex*, que significa alejamiento, y de *comunión*, voz derivada de la latina *comes*, que significa compañero. Expresa, pues, la idea negativa de compañía o de comunidad.

La relación de las dos palabras del artículo no puede ser más evidente.

La *excomunión* separa.

El *anatema* execra.

La *excomunión* aleja.

El *anatema* maldice.

El que es objeto de un *anatema* se ve condenado.

Anatomía, disección

La *disección* corta; la *anatomía* analiza.

La *disección* es una operación quirúrgica; la *anatomía* es una gran ciencia.

El *disecador* es un oficial; el *anatómico* es un sabio en la ciencia del cuerpo humano.

Anciano, viejo

Viejo se refiere a la edad.

Anciano, a las cualidades del espíritu.

El *viejo* tiene achaques.

El *anciano*, experiencia.

El *viejo* es raro, extravagante, gruñón, egoísta.

El *anciano* es discreto, prudente, previsor, resignado.

La *vejez* se teme.

La *ancianidad* se venera.

La Sagrada Escritura nos habla de consejos de ancianos en el Antiguo Testamento. Éstos eran los que se sentaban a la puerta de las ciudades amuralladas, ejercían juicio, dirimían pleitos, igual que hacen ahora nuestros juzgados.

En el Nuevo Testamento hallamos que el apóstol Pablo, nombraba consejos de ancianos para dirigir los grupos de creyentes que se formaban en las ciudades evangelizadas por el apóstol, o por sus compañeros. Estos consejos eran elegidos entre personas cristianas de experiencia, sin importar la edad. Los grupos o congregaciones de cristianos que son conocidos bajo el nombre de «Hermanos», siguen la misma costumbre; y la ancianidad es referida, tan sólo, a experiencia, a conocimiento espiritual.

La palabra anciano viene de la preposición *ante*; es el que ha vivido antes que nosotros, por tanto, tiene más experiencia. De ahí la costumbre paulina sin referencia a la edad.

Viejo viene del griego *Vios*, *vita* en latín, es el que ha vivido muchos años, tanto si es un hombre de sensata experiencia como si es un individuo ignorante.

El *viejo* es el censor constante de la juventud.

El *anciano* es su guía, su maestro.

Así decimos: las canas venerables del *anciano*, no del *viejo*.

Los achaques de la *vejez*, no de la *ancianidad*.

La *vejez* se teme.

La *ancianidad* se venera.

Un *viejo* puede ser ruin, criminal, impío, perverso.

El *anciano* es siempre virtuoso, siempre bueno, siempre sagrado para la moral y la religión.

Supongamos que dos hombres de edad caminan juntos: el uno comete un delito; el otro le aconseja y le exhorta.

El *viejo* es quien delinque.

El *anciano* es quien aconseja.

La Sagrada Escritura nos habla de consejos de *ancianos*. Nadie nos habla de consejos de *viejos* ni tales consejos pueden existir, dando a la voz *viejo* su sentido lógico y natural.

Ancla, áncora

Ambos términos significan el instrumento de hierro, armado de ganchos, con el objeto de que se haga firme en el fondo del mar o del río, y que, por medio de una cuerda, tiene al buque como amarrado.

Pero el *ancla* no se refiere más que a la nave; es material.

El *áncora* se aplica a nuestros afectos, a nuestras ideas, a nuestras imágenes. Es una figura, una poesía.

Así decimos: *áncora* de salvación. Nada más grotesco que decir: *ancla* de salvación.

Anécdota, cuento

Anécdota viene del griego *anekdota*, voz compuesta de *a*, que equivale a *sin*, y de *ekdotos*, que significa dado a luz. De modo que quiere decir: cosa no dada a luz, una historia nueva o desconocida.

Cuento, por el contrario, es todo aquello que se refiere sin otra medida que la intervención de nuestro capricho. Es un manjar de la fantasía que nuestro gusto adoba con todas las salsas que nos pone delante el ingenio. En fin, el *cuento* es casi una charada de la imaginación.

La *anécdota* tiene algo de historia, de aventura, de revelación.

El *cuento* tiene algo de fábula, de refrán, de consejo, de chiste, de burla.

Referir un *cuento* es contar un relato imaginario.

Referir una *anécdota* es explicar un suceso ilustrativo, que puede ser verdadero.

Anegar, inundar

Lo que se *anega* se sumerge en el agua; lo que se *inunda* está debajo de ella.

Se *anega* un buque, se *inunda* un terreno.

Angelical, angélico

Angelical es lo que participa de la naturaleza del ángel.

Angélico lo que al ángel conviene.

Así decimos: rostro *angelical*, coro *angélico*.

Al decir rostro *angelical*, queremos decir que la persona que tiene aquel rostro es un ángel, a juzgar por su fisonomía.

Diciendo coro *angélico*, expresamos simplemente la cualidad que tiene aquel coro de estar formado por ángeles.

Ángel viene del griego *aggelos*, *angelus* en latín, que significa mensajero; del verbo *aggellō*, yo anuncio.

Angosto, estrecho

El cañón regular de una escopeta es un objeto naturalmente *angosto*. Pero si lo quisiéramos hacer servir para alfiletero de mujer, no podríamos decir que era *estrecho*, sino que diríamos acertadamente que era muy *ancho*. De modo que una cosa puede ser *angosta* sin ser *estrecha*.

Vamos al caso opuesto. Un camino que tuviera la latitud que los caminos suelen tener, no sería un camino *angosto*, puesto que tenía la anchura regular, y lo que es regularmente *ancho* no puede ser *angosto*.

Pero supongamos que por ese camino debe pasar un objeto de tal magnitud que no hay arte humano que lo haga caber. Entonces diremos que aquel camino que no es *angosto* es muy *estrecho* para la operación de que se trata. De manera que, abrazando el ejemplo anterior, las cosas pueden ser *angostas* sin ser *estrechas*, así como *estrechas* sin ser *angostas*. Por consecuencia, estas dos voces son distintas, necesariamente distintas.

Pero, ¿en qué consiste la distinción? La distinción consiste en que *angosto* hace relación a las propiedades elementales de las cosas, mientras que *estrecho* se refiere a las necesidades del uso, a los accidentes de la opinión, a las alternativas de gusto, de capricho, de tiempo, de país, lo cual abraza un gran cúmulo de alternativas.

Lo *angosto* viene de una ley; todo tubo es un calibre *angosto*. Todas las gargantas de los montes son *angostas*; ayer como hoy, aquí lo mismo que en el polo Norte.

Lo *estrecho* es una aplicación, una variedad, tal vez una rareza, quizá una extravagancia. Todo tubo es *angosto*; pero si de este tubo queremos hacer un instrumento para chupar, a guisa de barquillo, o tiene que ser aquel tubo muy *angosto*, o bien resultará que no es lo bastante *estrecho* para el oficio extravagante a que lo destina nuestro antojo.

Lo *angosto* está en la naturaleza.

Lo *estrecho* está en el uso.

Lo contrario de *angosto* es *ancho*.

Lo contrario de *estrecho* es *holgado*.

Estas dos palabras han sido uno de los asuntos que más han calentado la cabeza a los filólogos, por no haber distinguido lo artificial de lo natural.

Dios ha hecho lo *angosto*.

El hombre hace lo *estrecho*.

Y por esto sucede que *estrecho* tiene aplicación en el sentido metafórico, que es un sentido artificial. Hombre *estrecho*, vida *estrecha*, vivir con *estrechez*. Claro que cometeríamos un absurdo si dijéramos: vida *angosta*, hombre *angosto*, vivir con *angostura*, porque lo *angosto*, no está en las invenciones del artificio, sino en la realidad de la naturaleza.

Animado, animoso

Animado es lo que se mueve y se reproduce.
Animoso es lo que tiene aliento, brío, gallardía, valor.
Animado viene de *animación*.
Animoso viene de *ánimo*.
La *animación* es el alma particular de los animales.
El *ánimo* es el alma inmortal del hombre.

Animal, animado

Animal es lo que se mueve y se reproduce.
Animado es lo que tiene animación. Se cree que uno ha muerto; se le observa, se le toca, se le halla calor, y decimos: aún está *animado*. No puede decirse: aún es *animal*, o aún existe el *animal*, porque el sujeto *animado* puede ser un hombre.
Para ser *animal* hay que tener materia organizada.
Para estar *animado* hay que estar vivo.
Lo contrario de lo *animal* es lo racional, porque lo contrario de cuerpo es el alma.
Lo contrario de lo *animado* es lo inerte, lo muerto.

Animal, bruto, fiera

Una tórtola es un *animal*. No es bruto ni fiera.
Un caballo es *animal* y *bruto*. No es fiera tampoco.
Un león es *animal, bruto* y *fiera*.

El león es *animal*, porque está *animado*; o lo que a ello equivale, porque es capaz de movimiento y reproducción, como sucede a la tórtola y al caballo.
Es *bruto*, porque está dotado de una gran fuerza material; es decir, fuerza no gobernada por un pensamiento, que es lo que llamamos *fuerza bruta*, lo cual acontece al caballo, no a la tórtola. La tórtola es un animal débil, apacible, amoroso.
TTiene voracidad, lo cual no conviene ni a la tórtola ni al caballo.
El *animal* se mueve; el *bruto* atropella; la *fiera* devora.

Animal, viviente

El *animal* no puede tener más que sensibilidad exterior, como materia organizada.
El *viviente* abraza la idea de materia y de espíritu, porque la *vida* no es otra cosa que el consorcio del alma y del cuerpo.
El *animal* no pasa del hoyo en donde lo entierran.
Para los *vivientes* hay un estado futuro de premios y castigos, el más allá, sde la muerte.
El *animal* se mueve.
El *viviente* piensa.

Aniquilar, anonadar

El enemigo a quien se persigue y se mata se *aniquila*.
Al que se le vence y se le desconcierta se le *anonada*.
El hombre puede morir de dos maneras: como materia organizada y como opinión, como influjo, como conducta, como carácter, como poder; más claro, puede morir en su organización y en su espíritu.
Morir en su organización es *aniquilarse*.
Morir en su espíritu es *anonadarse*.

Aniquilarse es la nada física.
Anonadarse, la nada moral.
Preferimos que nos *aniquilen* a que nos *anonaden*.

Ano, orificio

Ano es un derivado de *annus*, que significa anillo, círculo, redondez.

Orificio viene de *os, oris*, que significa boca, embocadura, entrada, salida, de donde se originan orilla, orillar, orillo, oración, oratoria, orar, oratorio, orla, orlar, orladura, orlo (instrumento músico de boca), etc.

Llámase *ano* al orificio posterior de nuestro cuerpo porque es *anular*, porque tiene la forma de *anillo*.

Llámase *orificio* porque es la salida de los excrementos, o como si dijéramos, la *orilla* del tubo intestinal.

Anormal, anómalo

Anormal es lo contrario de regla, de *norma*; esto es, de lo que sucede en circunstancias ordinarias.

Anómalo es lo contrario de *analogía*, de semejanza.

Anormal es como decir excepcional.

Anómalo equivale a irregular.

Circunstancias *anormales*. Sería un despropósito decir: circunstancias *anómalas*.

Hechos *anómalos*. Sería absurdo también decir hechos *anormales*.

Antídoto, triaca

Antídoto se compone de *anti*, contra, y de *didōmai*, dar; significa literalmente: dado en contra.

Triaca, en griego *theriaca*, se deriva de *thēr, thērion*, que quiere decir fiera.

Todo lo que se da para neutralizar los efectos de lo que se ha tomado se llama *antídoto*. Así decimos, por ejemplo: el té es el *antídoto* de la pulsatilla.

Nada más contrario al buen lenguaje que decir: el té es la *triaca* de la pulsatilla, porque la pulsatilla no es veneno; más claro, no es la mordedura o la picadura de un insecto nocivo, de una fiera.

De manera que la *triaca* es el *antídoto* particular contra la acción de todo veneno.

El antídoto es una medicina vulgar, casera, de que usamos frecuentemente.

La *triaca* es facultativa.

Apacentar, pacer

Apacentar se refiere más bien a la custodia del pastor: es guardar el rebaño.

Pacer se refiere a la grey: es comer pastos, o *pastar*.

Ambas expresiones pueden tener un sentido físico material, tratándose del oficio de pastor de ovejas o cabras; o también un sentido espiritual cuando se trata de personas; así la Sagrada Escritura exhorta a los ancianos, o pastores de las iglesias: «Apacentad la grey, cuidando de ella, no como forzados, o interesadamente, por justificar un sueldo, sino voluntariamente, no por la ganancia material, sino por una buena voluntad espiritual, básicamente dirigida o dedicada a Dios y también a los creyentes que están entre vosotros, necesitados de alimento espiritual», o sea de comentarios edificantes basados en la Sagrada Escritura, que es el alimento sin igual para las almas nacidas de nuevo.

Esta exhortación tiene una preciosa promesa: «Y cuando aparezca el príncipe de los pastores, recibiréis la corona de gloria.» (1ª Pedro 5: 2-4)

Apaciguar, sosegar, mitigar, moderar, templar, aplacar, calmar

Apaciguar supone sedición.
Sosegar, falta de reposo.
Mitigar, dolores.
Moderar, exaltación.
Templar, arrebato.
Aplacar, furia.
Calmar, zozobra, agitación.

Se *apacigua* un tumulto.
Se *sosiega* una inquietud.
Se *mitiga* una calentura.
Se *moderan* las opiniones.
Se *templa* un carácter díscolo y fogoso.
Se *aplaca* al colérico.
Se *calma* al agitado.

Una arenga, una oferta, un abrazo, basta muchas veces para *apaciguar* a todo un pueblo.

Una reflexión oportuna puede *sosegar* nuestras inquietudes.

Un consuelo amigo *mitiga* siempre nuestras penas.

La experiencia, los desengaños, quizás el interés, *moderan* nuestras convicciones. La necesidad *modera* los deseos más impacientes. El respeto que nos inspira una persona, nos obliga a *moderar* nuestras palabras.

La edad es la que más *templa* nuestros espíritus.

La sumisión y la humildad *aplacan* la furia en todo ánimo generoso. (Proverbios 25:15.)

La amistad, el amor, la esperanza, *calman* las tempestades de nuestro espíritu.

Aparentar, disimular

Aparentar es presentar el *aparato* de las cosas, la *apariencia*, lo que *aparece*, para hacer concebir una idea exagerada de su realidad o de su fondo.

Disimular es un derivado de *símil*, que significa semejante, lo cual explica que llamemos *símil* a la comparación, puesto que la comparación no es otra cosa que una semejanza poética; es decir, una semejanza que adorna y embellece. *Disimular* es como fingir que no se finge, *simular* que no se *simula*. Se compone de *simular*, representar lo que no es, y del prefijo negativo *di*, *di-simular*, hacer ver que no se anda con engañifas, que se va con el corazón en la mano.

Un comerciante que se ve amenazado de una bancarrota *aparenta* tener cuantiosos capitales y muchos negocios para conseguir que le den créditos.

El traidor que quiere vender una causa *disimula* sus odios y su mala intención, con el fin de llevar sus planes a seguro término.

La *apariencia* se propone seducir.
La *simulación* ocultar.
::En lo primero se muestra.
En lo segundo se esconde.

El pobre que intenta alucinar a los padres de una novia rica *aparenta* boato para que no se vea que es pobre.

El avaro *disimula* que es rico para que no le roben, o no le pidan.

Aparentar es forma.
Disimular es resolución.

La *apariencia* se ve, porque quiere ser vista; es un alarde.

La *simulación* hay que adivinarla, porque se recoge en la conciencia; es un misterio.

Tenemos una máscara para disfrazarnos por fuera; he aquí la *apariencia*.

Tenemos otra máscara para disfrazarnos por dentro; he aquí la *simulación*.

En último término hallaremos que la *apariencia* viene a ser una necesidad, casi un recurso, una especie de arte social con que procuramos embellecer las muchas cosas feas que tenemos. Si la *apariencia* es un prestigio, todos los hombres, punto más, punto menos, somos prestidigitadores. Desembócese el mundo por un momento de sus *apariencias*, aparezca en su escueta y desnuda realidad, y tendremos que llevarnos las manos a los ojos pidiendo a Dios que nos mande otra vez las *apariencias* para que poetice un poco tanta prosa.

La *apariencia*, cuando no se propone hacer daño al prójimo, es una especie de poesía con que engalanamos nuestras miserias. Es la comedia que más entretiene y que se representa más en este mundo. Todos somos actores y público a la vez.

La *simulación* es astuta y traidora.

Aquello es una gala.

Esto es un vicio.

Apartar, alejar

Se *aparta* lo que nos estorba presentemente; es un obstáculo.

Se *aleja* lo que puede dañarnos en el porvenir; es un peligro.

Aparto una piedra que me impide marchar.

Alejo un pomo de veneno que pudiera quebrarse y causarme la muerte.

Aparto una silla.

Alejo a mi contrario.

Apartar es un hecho inocente, casi una conducta doméstica.

Alejar es frecuentemente una política.

Ambas expresiones sinónimas pueden tener, como muchas otras, un sentido material o físico, y otro espiritual.

En el sentido espiritual equivale, no sólo a poner lejos, sino separar.

Los justos deben apartarse del mal, o sea de los malos; Dios no solamente apartará a los justos de los pecadores en el día del juicio, sino que alejará a estos últimos de su presencia, o de la compañía de los justos, por la eternidad.

Apatía, indiferencia, escepticismo, indolencia, insensibilidad, impasibilidad

El hombre puede dejar de impresionarse por varias causas, tan varias como son diferentes sus facultades y relaciones.

Primera: por influencias materiales, como el temperamento o el clima; he aquí la *apatía*.

Segunda: por escarmientos y amarguras; he aquí la *indiferencia*.

Tercera: por estudio; he aquí el *escepticismo*.

Cuarta: por grandes dolores y trastornos; he aquí la *indolencia*.

Quinta: por egoísmo; he aquí la *insensibilidad*.

Sexta: por superioridad de sentimiento; he aquí la *impasibilidad*.

Según esto, el *impasible* es magnánimo.

El *insensible*, cruel.

El *indolente*, casi imbécil.

El *indiferente*, escarmentado.

El *escéptico*, filósofo, que duda.

El *apático*, tardío.

De modo que la *apatía* es naturaleza.

El *escepticismo*, sistema (modo de pensar o suponer).

La *indiferencia*, conducta.

La *indolencia*, achaque.

La *insensibilidad*, egoísmo.

La *impasibilidad*, abnegación.

Refiramos estas palabras al orden a que pertenecen, y la relación propia de cada una aparecerá de una manera más terminante.

La *apatía* es fisiológica: temperamento.

La *indiferencia*, social: desengaño.

El *escepticismo*, intelectual: escuela de pensamiento.

La *indolencia*, patológica: enfermedad.

La *insensibilidad*, moral: vicio.

La *impasibilidad*, heroica: fortaleza.

El *impasible* dice: aquí estoy.

El *insensible*: ¡paciencia!
El *indolente*: ¡bueno!
El *escéptico*: ¡quién sabe!
El *indiferente*: ¿qué me importa?
El *apático*: ¿para qué?
Lo contrario de la *apatía* es la pasión.
Lo contrario de la *indiferencia* el interés.
Lo contrario del *escepticismo* es fe, o sea creencia, bien fundada en razones de peso.
Lo contrario de la *indolencia* es el sentimiento.
Lo contrario de la *insensibilidad* es la filantropía.

Apego, afición

Cobramos *apego* a los objetos de nuestro uso, como la silla en que escribimos, la mesa en que comemos, hasta la habitación en que nos casamos.
El perro toma *apego* a su amo.
El pájaro cautivo llega a tomar *apego* a la jaula.
El gato toma *apego* a las paredes.
En el *apego* entran dos cosas: el instinto y el trato.
La *afición* está más arriba en la difícil y dilatada gradación de nuestras facultades.
Nos *aficionamos* a la caza, a la pesca, al teatro, a la poesía, a la pintura, al baile, a las mujeres, al dinero, a los toros, a los tumultos.
En la *afición* entran los placeres, los gustos, las ideas, las creencias, los sentimientos, las desgracias, los lances, los peligros, las opiniones, todo. Esta palabra tiene la universalidad del verbo *hacer*, de donde se deriva.
El *apego* es casi animal, casi mecánico.
La *afición* es humana.
El *apego* es un uso, casi una costumbre.
La *afición*, un afecto.
El novio que dijo que tenía un grandísimo *apego* a su novia, podía no ser muy sinonimista; pero en cambio no debía ser muy tonto.

Aplaudir, elogiar

Se *aplaude* con las manos.
Se *elogia* con el pensamiento.
Aplaude el público.
Elogia el crítico, porque *elogio* viene de *lógica*.
Muchos *aplausos* no son dignos de elogio.
Más de un *elogio* no es digno de *aplauso*.

Apócrifo, falso

Apócrifo, derivado de las voces griegas *apo* y *kriptō*, significa una cosa que se esconde, que esquiva el que la vean.
Falso viene del latín *fallo, fefelli, falsum*, que significa la idea de fraude, engaño, dolo.
Apócrifo se usa especialmente con relación a escritos y códices.
Falso se aplica a todos los órdenes posibles en donde entre más o menos la idea de moralidad.
Así decimos noticia *falsa*, escritura *falsa*, *falsa* sonrisa, *falsa* ciencia, hombre *falso*.
Nada más extraño ni más repugnante que decir: noticia *apócrifa*, escritura *apócrifa*, *apócrifa* sonrisa, *apócrifa* ciencia, hombre *apócrifo*.
Documento *apócrifo* quiere decir que no es auténtico, que no es autorizado, que no hay razón para que se crea.
Documento *falso* quiere decir que se ha hecho contra ley, que es una infracción del derecho, contra la cual debe reclamar la justicia.
Lo *apócrifo* es contra autoridad histórica.

Lo *falso* es contra autoridad civil.
Aquello no se cree.
Esto se castiga.

Apólogo, fábula

Apólogo viene del griego *apologos*, compuesto de *apo*, más allá, y de *logos*, palabra o discurso. Significa literalmente: palabra que está más allá del sentido recto, que tiene una acepción intencional, y que es otra cosa de lo que suena y de lo que parece.

Fábula se deriva de *for, faris*, hablar. Significa literalmente: serie de palabras.

En el *apólogo* entran los animales, las plantas, los montes, los ríos, los mares, los cielos, las estrellas, las sombras, todos los objetos de la naturaleza, para venir a corregirnos con una sentencia provechosa.

En la *fábula* entra la ficción.

El *apólogo* busca la virtud, siempre tiene una intención o propósito moralizador.

La *fábula* busca la belleza.

El *apólogo* es moral.

La *fábula* es arte, o simple literatura.

Apostura, gallardía

Las Partidas dicen: «que el rey debe vestir muy *apuestamente*, porque las vestiduras hacen conocer a los hombres por nobles o por viles, y en esta razón se fundaron indudablemente los sabios antiguos cuando establecieron que los reyes vistiesen paños de seda con oro y piedras preciosas.»

Luego encargan al rey que tenga buenos modos y costumbres, porque aunque fuese *apuesto en su continente y en sus vestiduras*, si las costumbres y las maneras eran malas, habría grande discordancia en sus hechos, porque menguaría mucho en su nobleza y su apostura.

Con dificultad cabe hacer un retrato más parecido de esta palabra.

La *apostura* consiste en el continente y en los vestidos: donaire y ornato.

«Todas las doncellas allí presentes quedaron prendadas de la *gallardía* del doncel.»

Esto quiere decir que se prendaron de su garbo, de su donosura, de su gracia, no de su aliño.

De un animal que se mueve bien, solemos decir que es muy *gallardo*.

Nada más risible que decir que es muy *apuesto*.

¿Por qué es *gallardo*? Porque en sus movimientos, en su *continente*, hay desenvoltura, facilidad, casi bizarría.

¿Por qué no es *apuesto*? Porque no tiene *vestiduras*, porque no viste paños de seda con oro y con piedras preciosas.

En los manuscritos de un cura gallego, poeta célebre, se habla de dos novias, y dice el poeta que la una iba muy *gallarda*, muy *apuesta* la otra. Esto quiere decir que una iba con mucho *garbo*, la otra, con mucho *aderezo*.

La naturaleza nos da la *gallardía*.

El artificio nos da una gran parte de la *apostura*.

«La *gallardía* nace; la *apostura* se hace.»

Este adagio dice más que todo.

Apoyo, sostén

Apoyo es un derivado de *pie*: es lo que nos sirve como de *pedestal*. Según esta etimología, la tierra es el primero y el más universal de todos los *apoyos* posibles.

Sostén se compone de *sos*, corrupción de *sub*, y del verbo latino *tenere*. Significa literalmente *tener debajo*; es decir, tener una base, un fundamento.

Supongamos que tengo un protector, y que este protector me ha empleado. Si falta él, falta mi empleo.

Supongamos también que en la práctica de mi destino surgen dificultades, y que un compañero de oficina me auxilia con sus luces, que habla bien de mí, que por mí aboga.

¿Quién es mi *sostén*? ¿Quién es mi *apoyo*?

El que me dio el empleo es quien me *sostiene*: él es el fundamento que yo tengo *debajo*, el cimiento sobre que edifico.

El que me auxilia y me defiende es quien me *apoya*.

Nos *apoyamos* en un bastón para caminar con más facilidad o con menos pena.

Nos *sostenemos* en un bastón para mantenernos derechos.

Nos *apoyamos* para andar.

Nos *sostenemos* para no caer.

El *apoyo* es ayuda temporal.

El *sostén* es la ayuda fundamental y constante.

Apto, idóneo

Un hombre tiene facultades naturales para ser testigo de un testamento, aun cuando sea menor de edad, aunque sea vecino de otro pueblo, aunque esté encausado; es *apto*.

Pero si es menor de edad, si está encausado o es vecino de otro pueblo, no es *idóneo* para votar o para ser testigo en un juicio.

De aquí resulta que todo hombre de claro entendimiento, de buena memoria y recto sentir, es *apto* para ser testigo; pero si aquel hombre, que es *apto*, porque tiene razón bastante, no reúne las condiciones que la ley exige a los testigos, no será *idóneo*.

La *aptitud* es naturaleza, temperamente, estudio; la *idoneidad* es opinión, costumbre, ley.

La *aptitud* es capacidad; la *idoneidad*, fórmula.

Hombre *apto*; testigo *idóneo*.

Apurar, depurar, purificar

Todos estos nombres traen su origen de la voz griega *pyr, pyros*, o *pur, puros*, que significa *fuego* y que equivale al *fre* de los egipcios.

En el fuego vio la antigüedad asiática, inclusa la judea, un emblema sagrado de purificación, y por esto nos habla la historia de muchos sacrificios, los cuales consistían en pasar por las llamas a los niños recién nacidos con el objeto de que quedaran purificados. Y aún para el pueblo indio de nuestros días es una costumbre religiosa el quemar a los muertos y arrojar sus cenizas al Ganges. Pero el Egipto llevó las cosas más allá. No sólo vio en el *fuego* un emblema sagrado de purificación, sino que adoró en él una causa suprema, dando lugar al período religioso que la historia conoce con el nombre de sabeísmo. Muchos portentos se han contado de esta idolatría de los egipcios, presentándola casi como un dogma espiritualista; muchos milagros nos han referido de aquel *Amon-Kunfis*, espíritu increado, alma universal de donde se deriva la vida eterna; pero las imaginaciones fantasmagóricas que han querido divinizar el reinado de una materia oscura y fanática, no han visto sin duda que aquel espíritu increado era *macho* y *hembra*, sexos representados por *Mithra* y *Anaitis*, diosa adorada desde la Persia hasta las regiones del Cáucaso.

Los griegos, aun los sabios griegos, pagaron tributo a estas idolatrías orientales, dando a la idea del *fuego* su teología poética, como nos lo indica la palabra *empíreo*, formada de *en* y de *pyros*, que es como si dijéramos en el *fuego*, en la luz, en el éter, y por extensión, en la gloria o bienaventuranza.

Los tres vocablos de este artículo son oriundos de esas mitologías orientales y griegas, aunque adaptados a nuestra manera de pensar, de creer y sentir.

Apurar es hacer con las cosas lo que hace el *fuego* con los combustibles. El fuego *consume* todo lo que quema, y de aquí viene la idea general de encarecimiento, que tiene en nuestra lengua la palabra *puro* en muchas locuciones adverbiales, como a *puro* querer, a *puro* andar, a *puro* no dormir. Estos modos de hablar significan literalmente: *consumiendo* mi vida en no dormir, en andar, en querer; apurando así mi existencia, como *apura* el fuego todo lo que devora. Una explicación parecida tienen todas las frases del verbo *apurar* en sentido recto. Siempre encontraremos que significa consumir; *apurar* la botella de vino; *apurar* la punta de un cigarro; *apurar* el agua del pozo; *apurar* los recursos.

Traslademos esta significación al sentido moral, y encontraremos explicadas las locuciones de *apurar* al amigo, *apurar* la paciencia, *apurar* la copa de la amargura, *apurar* la verdad del caso y todas las frases análogas.

Apurar, *cielos, pretendo*
por qué me tratáis así.

—¿Qué significa el verbo *apurar* en estos verso de Calderón? —nos preguntaba un estudiante de Sevilla, compañero nuestro. Nosotros no pudimos contestarle entonces. Si vive aún, aquí hallará, tal vez, la respuesta que no supimos darle. El *apurar* de los versos de Calderón es buscar la parte más íntima de los hechos; esa parte escondida, impalpable, esplendorosa; es buscar la esencia, el misterio de aquella duda; una exhalación que es respecto del hecho material lo que es la llama respecto de los combustibles que consume. *Apurar* el por qué el cielo prueba nuestra alma, quiere decir: arrancar la verdad, arrancar la mente divina de las cosas del mundo, como el fuego arranca la luz de la materia. Es llegar al fondo, a lo más sutil, a lo más espiritual, a lo más *puro* de la vida.

Depurar no expresa la idea de consumir, sino la idea de descartar la parte grosera, la parte leñosa, si así puede decirse.

Purificar es quitar lo mezclado o lo infecto.

Lo que se *apura* queda agotado.
Lo que se *depura,* espirituoso.
Lo que se *purifica*, limpio.
Se *apura* una botella, no queda nada.
Se *depura* un licor, pierde la hez.
Se *purifica* el aire, pierde la mezcla de gases nocivos.

Esta última palabra es la única de los referidos sinónimos que puede usarse en sentido espiritual y la hallamos con frecuencia en la Sagrada Escritura, pues significa separar lo bueno de lo malo.

Árabe, arábigo

Árabe es el hijo de la Arabia.
Arábigo es todo lo perteneciente a dicho país.
Árabe es el hombre, la raza, la persona.
Lo *arábigo* comprende la idea de toda cosa *arábiga*.

Una diferencia semejante hay entre todos los nombres análogos, que son muchísimos. Sirvan de ejemplo los siguientes:

Español, hispano.
Inglés, británico.
Italiano, itálico.
Germano, germánico.
Griego, helénico.
Indio, indiano.
Egipcio, egipciaco.

Asirio, siriaco.
Chino, chinesco.
Hebreo, hebraico.
Judío, judaico.
Babilonio, babilónico.
Árabe significa morador de la tierra Occidental, porque la Arabia ocupa las regiones occidentales de Europa que cocan con Asia.
Mahometano es el que profesa la religión de Mahoma.
Sarraceno, el descendiente de *Sara*, mujer de Abraham.
Ismaelita, el descendiente de *Ismael*, hijo de *Agar*, como queda dicho. *Ismael* quiere decir *la vida de Dios*, porque Dios escuchó los ruegos de Agar egipcia, para que preservase al niño que moría de sed.
«Este (Ismael) será un hombre fiero; las manos de él contra todos, y las manos de todos contra él; y frente a frente a sus hermanos plantará sus tiendas» (Génesis, cap. 16, vers. 12.)
Esto quiere decir que *Ismael* formaría nación aparte, entre la Judea, la Idumea, los moabitas y amonitas, pueblos hermanos, puesto que procedían de un mismo origen. En efecto, toda la Arabia fue ocupada por dos naciones: los scenitas y los ismaelitas. Los scenitas ocupaban la parte oriental y los ismaelitas la Arabia Pétrea y la Feliz.

Arar, labrar

Arar viene de *área*, como arado, arena, árido, erial.
De modo que *arar* es romper los *eriales*.
Labrar se origina de *labor*, que significa trabajo, faena. *Labrar* quiere decir *laborear*, por cuya razón llamamos *labores* a las operaciones del campo.
Arar es abrir surcos.
Labrar es cultivar, beneficiar las tierras, granjearlas.

El que cava no *ara*, porque no hace surcos con el *arado*; pero *labra*, porque *laborea*, porque beneficia.
De modo que podemos *labrar* sin *arar*.
El que *ara* se llama jornalero, mozo, gañán.
El que *labra* se llama labrador, agrícola.
Arar es una operación, un oficio.
Labrar es una industria, una industria fecunda y noble.

Arca, cofre, baúl

Arca como *arcano*, viene del griego *arkeō*, que significa guardar, esconder.
Cofre se deriva del latín *conferre*, llevar con; es decir, llevar más de un objeto, llenando un espacio con varias cosas.
Baúl procede del griego *bados*, que equivale a camino; de donde se originan probablemente nuestras voces *vado* y *vadear*.
En el *arca* escondemos.
En el *cofre* conducimos.
Con el *baúl* viajamos.

Arcano, secreto

Arcano, como *arca*, viene del griego *arkeō*, ocultar, guardar.
Secreto se deriva del verbo latino *secernere*, cuyo participio es *secretum*, que significa separar, poner aparte, porque, en efecto, las cosas secretas están como apartadas de las otras.
El *arcano* se adivina.
El *secreto* se revela.
El *arcano* está en la naturaleza y en Dios.
El *secreto* pertenece más bien a la vida, a la humanidad.
El *arcano* oculta la ciencia del misterio.

El *secreto* oculta muchas veces la malicia del vicio.
El *arcano* es siempre adorable.
El *secreto* es siempre temible por el peligro de que sea descubierto.

Ardid, treta

Un jugador de cartas maneja los naipes de cierto modo y, merced a sus ocultas evoluciones, consigue desplumar a sus clientes. Ese oculto manejo del jugador es una *treta*.
El *ardid* tiene ingenio; es un arte.
La *treta*, picardía; es una industria.
El *ardid* es del caballero.
La *treta* del tahúr.
El *ardid* sale siempre airoso.
La *treta* sale alguna vez descalabrada.
El hombre rudo no tiene *ardides*.
El hombre sencillo no tiene *tretas*.

Ardite, bledo

Ardite, antes *hardite*, se deriva del inglés *fartting*, fardín, que equivale a cinco céntimos.
Bledo se origina del latín *blitum*, especie de berro silvestre, muy insípido, cuyo color participaba de blanco y rojo.
Decir no me importa un *ardite* es como decir: no me importa un céntimo.
Decir no me importa un *bledo*, es como decir: no me importa un berro silvestre.

Arena, liza, palenque

Estas tres voces significan el lugar en que se verifica un combate público.
Llámase *arena*, porque de *arena* se cubría, para que el huello fuese más cómodo y seguro.
Llámase *liza*, porque es una *lid*; *liz* era el vocablo antiguo que pronuncian, aunque no lo escriben, los andaluces.
Llámase *palenque*, porque se ponía alrededor una línea o barrera de *palancas*.
La *arena* es festejo.
La *liza*, lucha.
El *palenque*, valla.

Arenisco, arenoso

Arenisco es lo que participa de la naturaleza o de las cualidades de la arena: *arenoso* es lo que tiene arena en abundancia.
Arenisco significa substancia, propiedad; *arenoso* significa número, multitud de granos.
Terreno *arenisco*; playa *arenosa*.

Argucia, sofisma

Un deudor conviene con su acreedor en que asistirá a tal o cual café con el objeto de pagarle. Llega la hora señalada, el deudor observa que el cielo se nubla y no acude a la cita. El acreedor le busca y se le queja. El deudor responde: «el tiempo amenazaba lluvia, y como usted está delicado supuse que no iría al café.» Esta manera de *argüir* es una *argucia*.
Las bestias andan, es así que el hombre anda también, luego el hombre es bestia. Esta manera de raciocinar es un *sofisma*.
La *argucia* es una disposición del entendimiento.
El *sofisma* es un abuso del raciocinio.
La *argucia* es una sutileza.
El *sofisma* es una falsedad.
Los hombres más rústicos suelen tener grandes *argucias*.
Sólo el hombre de cierta instrucción puede valerse de los *sofismas*.
La *argucia* es familiar.
El *sofisma*, escolástico.

Argüir, argumentar

Argüir vale tanto como aplicar con habilidad y con agudeza, añadiendo cierta malicia indefinible que va con la argucia; *argumentar* es exponer hechos y dar razones.

Para *argüir* basta la travesura del ingenio; para *argumentar* hay que tener instrucción y prudencia.

Arguye el astuto; *argumenta* el sabio.

Nada más fácil que *argüir*; nada más difícil que *argumentar*.

Argumento, argumentación

Ambas palabras se componen de *ad* y de *gruo, gruis, gruere* (¡etimología estupenda!) que significa la voz o el ruido que hacen las grullas. *Argüir* no es otra cosa que hacer *gru, gru*, como *gruñir*. De modo que el *gru gru* de las *grullas* pasó a ser el signo de la razón humana, un emblema de nuestro espíritu; es decir, un emblema de lo más grande y de lo más alto que existe en el mundo, porque emblemas de nuestra alma son los *argumentos*.

Las dos palabras del artículo se diferencian en que *argumento* expresa el hecho, la cosa, la sustancia; en tanto que *argumentación* expresa la acción de *argumentar*.

Haciendo *argumentos* argüimos.

Haciendo *argumentaciones* elaboramos *argumentos*, por decirlo así.

La *argumentación* es la acción y efecto de argumentar, como la frotación es la acción y efecto de dar frotes.

El *argumento* es la *argumentación* realizada, como el *frote* es la práctica de la *frotación*, o sea la *frotación* reducida a hecho.

En el mismo caso se encuentran multitud de palabras que se reputan como sinónimas. Anotaremos a continuación las que se nos ocurran en el momento, con el fin de que estas meras indicaciones sirvan de norte a la juventud estudiosa.

Concepto, concepción.
Deleite, delectación.
Dicho, dicción.
Escrito, inscripción.
Lamento, lamentación.
Duda, dubitación.
Instituto, institución.
Invento, invención.
Entredicho, interdicción.
Plantío, plantación.
Ornamento, ornamentación.
Alimento, alimentación.
Imagen, imaginación.
Régimen, regimentación.
Gobierno, gobernación.
Flujo, fluxión.
Fomento, fomentación.
Fermento, fermentación.
Intento, intención.
Frote, frotación.
Unto, untura, unción.
Contento, contentamiento, contentación, etc., etc.

Árido, estéril

Árido viene de *área*, como era, erial, arena, arar, ermita.

La *ermita* es un santuario edificado en un *erio, eremus* en latín, de donde viene la voz *ermitaño*, sinónima de solitario o de anacoreta.

Estéril es lo que no produce: significa infecundo.

Lo contrario de *árido* es jugoso.

Lo contrario de *estéril*, fértil.

Un arenal es *árido*, pero si produce no es *estéril*.

La tierra que no se cultiva es *estéril*; pero si tiene jugo o substancia no es *árida*.

De modo que un terreno puede ser *ári-*

do sin ser *estéril*, así como *estéril* sin ser *árido*.

Arisco, esquivo

Arisco no se dijo privativamente sino hablándose de animales. Después se aplicó a las personas, para dar a entender que tenían la fiereza o incultura propia del animal.

Esquivo no se dice más que del ente dotado de razón, del ser moral. Decir gato *esquivo*, por ejemplo, fuera decir un disparateo, porque sería suponer que el gato tiene estímulos de fuero interno; es decir, conciencia.

Doncella *arisca*, doncella *esquiva*.

¿Qué quiere decir doncella *arisca*? Quiere decir que es brusca, rústica, insociable, aviesa, como la piel que no admite adobo.

¿Qué quiere decir doncella *esquiva*? Quiere decir que huye, que se vela, que se esconde, que se recata; quiere decir que tiene pudor, honestidad, virtud. La *esquivez* en una doncella es al mismo tiempo una grande arma, un grande encanto y una gran belleza. La *esquivez* educada en las mujeres es tan idealista y tan poderosa como el misterio, ese misterio que es la bella arte de la mujer, la que da el último quilate, el último hechizo a la hermosura.

Lo *arisco* está en relación con lo fiero.

Lo *esquivo* está en relación con lo decoroso.

Lo *arisco* es intratable.

Lo *esquivo* es invencible.

Nadie debe en realidad ser *arisco*, porque nadie debe ser rústico.

Todos, hombres y mujeres, cuando llega la hora en que debamos tener vergüenza, debemos ser *esquivos*, porque debemos ser decentes, reparados, prudentes.

El vocablo *esquivo* (¡quién lo había de decir!) se deriva de *esquife*. Uno huyó de otro en un *esquife* o barca, y esto fue bastante para que dijeran que se *esquivó*. En adelante sucedió que todo el que huía se *esquivaba*.

De modo que *esquivar* equivale a *esquifar*.

Aristócrata, magnate

Aristócrata se compone de *aristos*, óptimo, superior, y de *krateia*, poder: significa poder óptimo, sin igual, supremo.

Magnate se deriva del latín *magnus*, grande.

Hay un príncipe y muchos nobles dignatarios.

El príncipe es el *aristócrata*.

Los nobles dignatarios son los *magnates*. El uso, empero, ha trastocado los términos. Pero en correcta etimología es así.

Armonía, cadencia

Armonía viene del griego *harmonía*, que significa acuerdo.

Cadencia se deriva del latín *cadere*, caer, y expresa también la idea de un efecto agradable.

Se distinguen estas dos voces en que la *armonía* es el acuerdo de los sonidos, mientras que para producir la *cadencia* basta el murmullo.

Los trinos de los pájaros forman *armonías*.

El agua que *cae* de una fuente tiene su *cadencia*.

La *armonía* es concierto, unión de melodías.

La *cadencia* es sonoridad agradable.

Arrepentimiento, compunción

El *arrepentimiento* es moral.

La *compunción* es religiosa.

Se *arrepienten* el padre, el hijo, el amigo, el abogado, el médico, el rey.
Se *compungen* los pecadores.
Para *arrepentirse* basta sentir *pena*.
Para *compungirse* es indispensable sentir que se ha ofendido a Dios.

Arrodillarse, hincarse de rodillas

Nos *arrodillamos* para dirigirnos a Dios. Los católicos, que veneran imágenes, de Jesucristo o de santos, se *arrodillan* delante de la imagen de su veneración.
Hincarse de rodillas supone obsequio, rendimiento, súplica, homenaje.
Don Quijote quería que un gigante se *hincara de rodillas* ante Dulcinea.
El mismo Don Quijote se *hinca de rodillas* ante el amo de la venta para suplicarle que le arme caballero.
Arrodillarse significa fe, veneración.
Hincarse de rodillas, supone homenaje u obsequio.
Una madre se *hinca de rodillas* ante el juez que tiene en su mano la vida de su hijo, para expresar lo vivo o vehemente de su súplica.
Para Dios no tiene importancia la actitud del cuerpo sino del alma que a El se dirige; sin embargo, nos *arrodillamos*, aun cuando es en nuestra habitación secreta, cuando deseamos expresar lo vehemente de nuestra súplica ante Aquel a quien no podemos ver, pero creemos que nos ve.

Arrogancia, bizarría

Arrogante es el que no *ruega*, el que no suplica, el que no se baja.
Bizarro, el que no teme, el que no huye, el que no vuelve cara atrás.

Arrogancia significa altivez, soberbia, cierta altanería: la altanería del que cree que se basta a sí mismo.
Bizarría significa valor.
El *arrogante* se mantiene firme.
El *bizarro* sigue adelante.
Damos el nombre de *arrogante* a un caballo brioso. ¿Por qué? Porque no cede al freno que le gobierna; porque es soberbio; porque no se humilla, si así puede decirse. Es *arrogante* porque es altivo.
Y ¿podremos decir que el caballo *arrogante* es *bizarro*? De ninguna manera. ¿Por qué? Porque no es valeroso. Y ¿por qué razón no es valeroso? Porque en el valor entra el convencimiento, entra el raciocinio, y un caballo no raciocina ni se convence.
El que pelea *bizarramente* por una causa, se infamaría huyendo antes que pelear por la causa del enemigo. Aquí hay albedrío, elección, conciencia, responsabilidad, y el caballo no es un ser responsable, porque no es un ser libre.
La *arrogancia* es un sentimiento, un hecho afectivo.
La *bizarría* es una convicción, un hecho moral.
Mozo *arrogante*; militar *bizarro*.
Cervantes pone en boca de Sancho, cuando éste cree que su amo está muerto a consecuencia de la refriega con los disciplinantes: «¡oh, humilde con los soberbios y *arrogante* con los humildes!»
Moratín el padre dice:

> *Suspenso el concurso entero*
> *entre dudas se embaraza,*
> *cuando en un potro ligero*
> *vieron entrar en la plaza*
> *un* bizarro *caballero.*

El *arrogante*, de Sancho, quiere decir altivo.
El *bizarro*, de Moratín, quiere decir valeroso.

Arrojarse a, arrojarse en

Arrojarse a, expresa violencia, temeridad, despecho.
Arrojarse al mar, al abismo, a la perdición; *arrojar* los platos *a* la cabeza; *arrojar* el guante *a* la cara.
Arrojarse en, expresa confianza y decisión: *arrojarse en* brazos de la fortuna, del acaso, de la Providencia.

Arte, artificio

El *arte, ars, artis* en latín, viene del verbo griego *aïrein,* que significa principiar a obrar, y de *arthron,* que quiere decir miembro, y que corresponde al *artus* de los latinos. El *Arte* primitivo no expresaba otra cosa que la acción de los miembros, de donde vienen *articulación,* en equivalencia de coyuntura, *articular,* que no es otra cosa que un preludio de la palabra, empezar a obrar el órgano de la voz, e *inerte,* que era el individuo que no tenía *articulaciones,* que no se movía, que no obraba, es decir, que no tenía *arte.* ¡Quién había de decir al que inventó la palabra *arte* que de un origen tan humilde debía brotar el genio que ha llenado tantas veces al mundo de grandezas y de maravillas! Veamos la significación que tiene en nuestro siglo.
El *arte* crea.
El *artificio* dispone.
El que escribe el Quijote tiene *arte.*
El que combina una charada tiene *artificio.*
El *arte* es la copia de la naturaleza del hombre y de Dios.
El *artificio* es la copia del arte.
El *arte* es el genio, lo que el alma obra.
El *artificio* es el ingenio, lo que el alma imita.
Tipo, creación; ese es el *arte.*
Modelo, tarea; ese es el *artificio.*

Artífice, artista, artesano

Artífice es la palabra más noble, porque conviene a Dios. El Supremo *Artífice.* Sería absurdo decir: el Supremo *Artista,* y mucho más aún, el Supremo *artesano.*
Artista es el que tiene genio para sobresalir en una bella arte, como la poesía, la pintura, la escultura, la música, la declamación.
Artesano es el que ejerce uno de esos artes mecánicos que se llaman *oficios,* por cuya razón lleva en varios casos el nombre de *oficial.* Oficial de sastre, de zapatero, de albañil. Claro es que no puede decirse *oficial* de poeta, de pintor, de escultor, de músico.
El *artífice* domina la idea de poder.
El *artista,* la de belleza.
El *artesano,* la de acción.
El *artífice* hace.
El *artista* crea.
El *artesano* elabora.
Dios *hizo* el mundo.
El *artista* crea un cuadro o una estatua.
El *artesano* trabaja en un taller.

Artificial, artificioso

Artificial viene de arte.
Artificioso de artificio.
Lo *artificial* es lo contrario de lo natural.
Lo *artificioso* es lo contrario de lo sencillo, de lo ingenuo.
Las cosas *artificiales* pueden revelar, y revelan frecuentemente, ingenio y gusto.
Los hechos *artificiosos* revelan siempre una intención determinada que puede ser falsa o engañosa.
Flores *artificiales.*
Artificiosas contestaciones.
Claro es que no puede decirse flores *artificiosas,* o contestaciones *artificiales.*

Asceta, anacoreta, cenobita

Asceta se deriva del verbo griego *askein*, que quiere decir *ejercitarse*.
Anacoreta viene también del griego *anachoreō*, que significa ir hacia atrás, retirarse, esconderse.
Cenobita viene de *koinos* y de *bios*, palabras griegas que quieren decir *vida común*, lo cual explica el uso antiguo que dio a los monasterios el nombre de *cenobios*.
Koinos significa entre los griegos *cena*, y la voz *cena* expresaba la idea de reunión o comunidad, porque al *cenar* se reunían a la mesa todos los individuos de la casa, como nos acontece actualmente con la comida. La hora de comer es para nosotros la hora *cenobial* o conventual de la familia, si así puede decirse.
De modo que la relación particular de cada uno de los vocablos de este artículo es evidentísima.
Asceta es el que practica ejercicios de piedad; ayuna, hace penitencia, viste cilicio.
Cenobita, el que vive en unión de otros, bajo una regla.
Anacoreta, el que huye del comercio de gentes, que se retira, que se esconde.
Vida austera; *asceta*.
Vida común; *cenobita*.
Vida solitaria; *anacoreta*.

Asear, limpiar

¿Puede decirse *limpiar* los cristales? Sin duda: *limpiar* los cristales es dejarlos claros, transparentes.
¿Puede decirse *asear* los cristales? De ninguna manera. ¿Por qué? Porque el *aseo* es personal, y los cristales no son personas.
¿Puede decirse la madre *asea* al hijo? No sólo se puede decir, sino que es hablar muy propiamente. ¿Por qué? Porque cuando decimos que la madre *asea* al hijo significamos que le quita lo sucio que el hijo tiene, y lo contrario de lo sucio es *aseado*.
¿Puede decirse, para expresar la misma idea, la madre *limpia* al hijo? No. ¿Por qué? Porque *limpiar* al hijo significa que se le deja puro, sin manchas, neto, y no está manchado, sino sucio.
Decimos con mucha propiedad *limpieza* de sangre, *limpieza* de conducta. Nada más risible que decir: *aseo* de conducta, *aseo* de sangre.
¿Por qué puede decirse *limpieza* de sangre? Porque queremos expresar que una sangre pura, de buena familia, de buenos padres, de buena ley.
¿Por qué no se puede decir *aseo* de conducta? Porque con esto se significaría que la conducta tenía suciedad, cuando lo que puede tener es manchas o defectos.
De modo que el *aseo* quita lo sucio.
La *limpieza* quita lo manchado.
Lo que se *asea* queda curioso.
Lo que se *limpia* queda puro, claro, transparente.
El cuerpo se *asea*.
La casa se *limpia*. Se *limpia* la ciudad de malhechores.
Nada más ridículo que decir que la ciudad se *asea* de malhechores.

Asemejarse, asimilarse

Ambas palabras se derivan de *símil*, semejanza, cuya voz se origina de *simul*, adverbio latino que significa al mismo tiempo, *simultáneamente*, porque las cosas *simultáneas* tienen la *semejanza* natural e inevitable del lugar, del tiempo y de la acción. Ambas palabras, pues, implican la idea de dos o más cosas que se parecen o que se *semejan*; esto es, que son semejantes, porque entre ellas puede establecerse comparación o *símil*. Pero aparte esta relación substancial, las dos palabras del artículo son completamente distintas y aun opuestas.

Asemejarse es parecerse; me *asemejo* a Fulano, se *asemeja* a una mona. No puede decirse: me *asimilo* a Fulano, se *asimila* a una mona, porque esto significaría que yo cobraba la naturaleza o modo de ser de Fulano y que el otro se revestía del modo de ser de la mona.

Asimilarse envuelve la idea de transformación, de tal manera, que perdemos la substancia y la forma que teníamos para ser parte de otra substancia y de otra forma. No perdemos nuestro principio, porque los principios no se pueden perder; pero los adherimos a un principio ajeno, y quedamos sin el carácter o representación que nos comunica el principio propio.

Me *asimilo* a Fulano quiere decir que me fundo en él, que adhiero mi existencia a la suya; de modo que él es su existencia y la mía. No soy naturaleza propia, sino naturaleza *asimilada*.

Los alimentos se *asimilan* en el estómago. Esto quiere decir que se convierten en jugos gástricos, en substancias de nutrición; es decir, en quilo, en sangre, en vida. Ya no son alimentos nuestros aquellos alimentos que nosotros pudimos tomar o no tomar. Ahora son organismo, naturaleza, leyes fisiológicas. Aquellos alimentos no se han perdido, pero se han transformado. Aquellas substancias existen, pero existen unidas a otras, y bajo otras formas.

La *semejanza* es parecido.

El físico busca las *asimilaciones*.

Los individuos, las especies, los géneros, se *asemejan*.

La naturaleza y el hombre *asimilan*.

Asilo, refugio, albergue

Asilo viene de la palabra latina *asylum*, derivada del griego *ásylon*; voz compuesta de la *a* privativa y de *sylaō*, cuyo verbo significa extraer, arrebatar. Por *asilo* se entiende la inmunidad religiosa de que gozaban ciertos lugares para amparar al criminal contra la justicia. Lograr *asilo* se llamaba en España *ganar iglesia*.

Este derecho de *asilo* fue indudablemente una costumbre de los primitivos tiempos asiáticos, puesto que en el Antiguo Testamento se nos habla de muchos puntos y ciudades que gozaban de aquella inmunidad, en la cual se veía, no un simple privilegio civil, sino una institución sagrada. El *asilo* representaba el derecho de Dios sobre el derecho de los hombres. Así es que la historia nos presenta infinitos ejemplos en que la Iglesia ha defendido aquella alta prerrogativa contra la autoridad de grandes príncipes, considerándola como un artículo de dogma. No hace muchos siglos, un criminal francés buscó en un templo de París la inmunidad dogmática de que hablamos. El príncipe que a la sazón reinaba extrajo al delincuente de Santiago de la Gifería y le ahorcó. El arzobispo de París mandó cerrar el templo, y no lo abrió a la veneración de los fieles hasta que el monarca le dio satisfacción pública y solemne de la violación sometida.

En Francia existe hoy aquel derecho, pero únicamente con relación a los deudores. El palacio real en París, para todas las clases, y las universidades para los que cursan en ellas, son lugares inmunes. De modo que, en tanto que los estudiantes deudores no dejan las paredes de la universidad en que se hallan matriculados, están a salvo del poder de las leyes civiles. Los acreedores no deben estar muy conformes con estos fueros escolásticos.

La palabra *asilo* se aplicó después a toda idea de hospitalidad y de buena acogida.

Refugio significa también inmunidad, como lo prueba el hecho incontestable de hallarse empleados indiferentemente los dos términos para significar la misma idea: lugar de *asilo*, lugar de *refugio*.

Pero esta última palabra se diferencia de la otra en que expresa tribulación, angustia, zozobra, conflicto.

En el que busca *asilo* no se ve más que el crimen.

En el que busca *refugio* se ve la aflicción.

Así es (y el uso lo demuestra con testimonios evidentes), que *refugio* se aplica a toda situación en que el hombre debe estar acongojado.

«Me vi solo, entre tinieblas, cercado de abismos, la tempestad rugía sobre mí, cuando encontré *refugio* en la cabaña de unos pastores.»

Si dijéramos «cuando encontré *asilo* en la cabaña de unos pastores», quitaríamos toda la fuerza y toda la verdad a la anterior frase. En la cabaña de los pastores no hallé *asilo*, porque ni había cometido ningún crimen ni una cabaña tiene el derecho de inmunidad. No hallé *asilo*, porque no se quiere significar que me dieron una acogida hospitalaria; tal vez me recibieron con gestos muy agrios y palabras muy toscas. Lo que hallé fue un *refugio* contra la tempestad, contra las tinieblas, contra los abismos; hallé *refugio*, porque me veía desamparado, errante, perdido; porque mi alma estaba afligida.

Inmunidad u hospitalidad, *asilo*.
Inmunidad o amparo, *refugio*.

Albergue significa más bien alojamiento, hospedaje. Así es que los franceses llaman *albergue* a lo que nosotros llamamos hostería o mesón. La analogía entre *auberge* y *albergue* no admite disputa, aunque se diferencia en que nuestra voz es más hidalga, más liberal, más afectuosa, porque no supone la necesidad de la paga.

El *auberge* francés es un oficio.
El *albergue* español es una liberalidad, un agasajo, un afecto.

La idea de *albergue*, considerado como amparo material, como vivienda, por decirlo así, no supone otra idea que la de techo o cobertizo. Es el lugar en que uno se abriga o se resguarda. Las ramas de un árbol me dieron *albergue* contra la lluvia.

El *asilo* es sagrado.
El *refugio*, caritativo.
El *albergue*, afectuoso.
Damos *asilo* al criminal, al extranjero.
Refugio al afligido.
Albergue al transeúnte.

Asistir, concurrir

Asistir viene de *estar*, en latín *stare*, en griego *staō*, *stō*, que quiere decir permanente, morar, como si el que mora o permanece en un punto fuese de aquella casa o de aquella familia. *Estar* participa mucho de *ser*, lo cual tiene una lógica admirable, una verdadera y profunda sabiduría, porque no podemos *estar* en ninguna parte sin *existir*, que es como si dijéramos sin *ser*. Para que *estemos* en un paraje, es absolutamente necesario que *estemos con nosotros mismos*; es decir, que *seamos* en aquel paraje, que *existamos* allí. Tan filosófica y trascendental es la razón, porque el verbo griego *staō*, *stō*, que significa estar, se deriva de *eō*, *eime*, que equivale a *yo soy*.

Asistir, si vale juzgar por su sentido etimológico, significa *estar* de *asiento*; y por extensión, permanecer.

Concurrir no tiene un origen tan sabio. Viene de *concurrere*, formado de *currere*, infinitivo del verbo *curro*, que significa *correr*, y de la partícula *con*, término colectivo. Significa *correr* con otro, lo cual expresa bien la agitación, la prisa que se echa de ver en toda *concurrencia*, por la idea de espectáculo o de solemnidad que supone.

El que *asiste* está.

El que *concurre* va con otros.
El que *asiste* puede estar solo.
El que *concurre* está precisamente acompañado.

Aspecto, aire

Estas dos palabras convienen en que se usan indiferentemente en varias frases.
Tiene *aspecto* de hombre distinguido.
Tiene *aire* de hombre distinguido.
Aspecto noble, *aspecto* marcial.
Aire noble, *aire* marcial.
Pero luego decimos: hombre de buen *aspecto*, de mal *aspecto*, y no podría decirse, queriendo expresar el mismo sentido: hombre de buen *aire*, de mal *aire*. Estas locuciones tienen una significación absolutamente distinta.
Hombre de buen aspecto quiere decir hombre cuya *presencia* nos revela cualidades morales, cuya fisonomía y cuyas maneras nos dicen que es bueno. *Aspecto*, en este caso, es una palabra moral.
Hombre de buen aire significa que aquel hombre se mueve con expedición y con gracia, que es airoso. *Aire*, en este caso, expresa un hecho del orden físico.
«Fulano tiene *aire* de bolero, de espadachín, de cómico, de mayordomo.» No puede decirse: «tiene *aspecto* de espadachín, de mayordomo, de bolero.»
La razón ideológica de esta diferencia consiste en lo siguiente: la palabra *aspecto* no se refiere más que a la presencia del individuo, en cuanto esta presencia nos indica cualidades del ánimo o circunstancias de apostura y de nacimiento. Por esto no se toma en mal sentido, y de aquí viene el que no se pueda decir *aspecto de bolero o de espadachín*.
La palabra *aire*, por el contrario, se refiere a todo accidente que pueda caracterizar al sujeto en buena o mala parte, por cuya razón saca partido de la voz, del gesto, del ademán, del oficio, de la dignidad, del movimiento, del traje, de las inclinaciones, de los hábitos, en una palabra, de todo. Lo mismo se puede decir: *aire de doctor o de príncipe*, que *aire de idiota o de payaso*.
Aire es una de esas voces picarescas que dan un sabor tan original a nuestro rico y hermoso idioma.
Aspecto viene del verbo inusitado *spĭcio*, *spĭcĕre*, que significa *presentar*. El *aspecto* es lo que las personas *presentan* a la vista, lo que aparecen.
La etimología de *aire* no es tan evidente. Se cree que siendo el aire (el fluido atmosférico) una de las cosas más leves y rápidas, se dio el nombre de *airoso* a todo movimiento ejecutado con rapidez y donosura; y por esta razón decimos que una bailarina que se mueve con suma presteza tiene pies *aéreos*.
Esta explicación podrá no ser exacta, pero es muy práctica y muy racional. Para nosotros tiene tanta verdad como la etimología griega del más limpio origen.

Aspecto, presencia

Aspecto se deriva del griego *skopeō*, de donde procede el latín *spicere*, origen inmediato de nuestro *inspeccionar*. Todas estas tres palabras significan la idea de *inspección*, mirada atenta y escrupulosa.
Presencia se deriva de *presente*, y *presente* se compone del prefijo *pre*, que vale tanto como decir delante, y de *ens*, *entis*, ente o ser. Significa al pie de la letra: *ser o ente que está delante*.
El *aspecto* es lo que se ve, lo que se mira, lo que se *inspecciona*.
La *presencia* es un ser que está delante de nosotros.
El *aspecto* de un hombre es su cara, su aire, su ademán.
La *presencia* de un hombre puede ser la

señal de que ha llegado para nosotros la hora de morir.
El *aspecto* es forma.
La *presencia*, entidad.
El *aspecto* agrada o repugna.
La *presencia* espanta o regocija.

Asustar, asombrar

Asustar significa temor.
Asombro expresa más bien maravilla.
¡*Qué susto!* quiere decir: ¡qué miedo!
¡*Qué asombro!* quiere decir: ¡qué admiración!

Atalaya, vigía

Atalaya es hoy la torre o la garita que se hace en un punto elevado generalmente en las inmediaciones de una plaza fortificada para dominar todas las avenidas y estar en acecho, en *vigilancia* de lo que ocurre.
Pero la garita no es la que *vigila*, la que acecha, y esto denota la diferencia evidentísima que hay actualmente entre *vigía* y *atalaya*.
La *atalaya* es el edificio, el torreón.
El *vigía* es el hombre, porque sólo el hombre es el que puede *vigilar*.

Atar, ligar

Atar expresa un hecho externo.
Ligar significa un hecho interior.
Se *ata* a un hombre con cuerdas.
Se le *liga* con amistad, con palabras, con razones, con cariño, con juramentos, con amor.
Ligar el cuerpo es atar.
Atar el alma es ligar.
El hombre a quien se *liga* queda, moralmente, más sujeto que el hombre a quien se *ata*.
Los vínculos son más sagrados y más poderosos que los cordeles y las cadenas.

Atender, tener atención

Atender es volver la cabeza para oír.
Tener atención es fijarse.
El que *atiende*, escucha.
El que *tiene atención*, escucha y medita.
Todos los hombres son capaces de *atender*.
No todos los espíritus son capaces de *tener atención*.
En menos términos, *atender* es una cortesía. *Atiendo* para oír.
Tener atención es una función intelectual; pongo *atención* para comprender.

Atento, cortés, urbano, galán, obsequioso

Diremos dos palabras sobre la etimología de estas voces, para que se comprenda más fácilmente en qué se distinguen.
Atención viene del verbo griego *teineīn*, en latín *tendere*, que significa tender, porque cuando *atendemos*, estamos pendientes de las palabras del que habla, y nuestra organización está como *tensa*.
Cortesía viene de *corte*, según la palabra lo dice, y primitivamente no se aplicó sino a la *reverencia* que se hacía cuando se saludaba. Después pasó a significar todas las acciones que tienen relación al trato civil.
Urbanidad viene de *urbs, urbis*, la ciudad, por antonomasia. El modo correcto de portarse en presencia de muchas personas.
Galán y *galante* vienen de *gala*. «Y de aquí gallardo y gallardía, como dice el

doctor cordobés Rosal, que por ser vocablos propios de amores parecen dicho de *gallo*, ave tan leal y *galán* con sus gallinas.»

Obsequio viene de *sequor*, que equivale a *seguir*, ir detrás, de donde vienen *exequias*, que es el cortejo que *sigue* al ataúd. La palabra *obsequio* expresa muy bien la idea de agasajo, puesto que el *seguir* a una persona es darle claro testimonio de adhesión y de buen deseo.

Veamos ahora en qué se diferencian.

Un hombre oye con afabilidad a todo el que le habla. Se inclina y saluda; es *cortés*.

Entra descubierto en casa ajena, no se sienta hasta que no se lo mandan, se sienta con decoro, mira a quien le habla, escucha lo que dicen sin afectación y sin desdén, está de visita el tiempo preciso; en una palabra, no hace nada de lo que haría un rústico, como desperezarse, estirar las piernas, rascarse, morderse las uñas, interrumpir a quien está hablando: aquel hombre guarda las reglas del trato civil, como persona de buena crianza; es *urbano*.

Celebra cuanto dicen las damas, les da una flor, se sienta a su lado, las llama discretas y hermosas, que es cuanto puede llamarlas; es *galán*.

Desea complacerlas, las pregunta si quieren algo, si algo necesitan, adivina sus gustos; es *obsequioso*.

El *atento* oye; es decir, *atiende*.

El *cortés* se inclina; hace *cortesías*.

El *urbano* no falta; tiene el trato propio de la *ciudad*.

El *galán* festeja; tiene la finura del enamorado y del caballero.

El *obsequioso* agasaja; tiene la liberalidad del que hace regalos.

La *atención* es respetuosa.

La *cortesía*, ligera.

La *urbanidad*, comedida.

La *galantería*, hidalga.

El *obsequio*, casi amoroso.

Atenuar, mitigar

Atenuar es hacer que una cosa se vuelva *tenue*, de donde viene *extenuar*, que equivale casi a consumir.

Mitigar es hacer que no esté exacerbada; significa calmar.

Se *atenúa* un delito.

Se *mitiga* un dolor, una pena.

Lo que se *atenúa*, aprovecha a nuestra libertad y a nuestra honra.

Lo que se *mitiga*, aprovecha a nuestra salud y a nuestro sosiego.

Ateo, ateísta

Ateo es el que niega a Dios por sentimiento, por instinto o por depravación de su voluntad.

Ateísta es el que lo niega por raciocinio.

El *ateo* no cree.

El *ateísta* explica a su modo el fundamento de su incredulidad.

El *ateo* niega a Dios en Dios. Le repugna esa augusta idea, y la expulsa de sí.

El *ateísta* niega a Dios en la creación, en el sistema del Universo. Su razón ciega no halla un principio sumo en lo que ese mismo principio ha creado, y niega una cosa que no encuentra.

El *ateo* es un incrédulo que calla.

El *ateísta* es un incrédulo que disputa.

Si la sabiduría pudiera caber en la negación (que no cabe), podría decirse que el *ateísta* es un ateo sabio.

Una diferencia semejante distingue a todas las palabras del mismo origen o de la misma formación.

Puro, purista; racional, racionalista; humano, humanista; jurídico, jurista; rentero, rentista; económico, economista; preceptor, preceptista; clásico, clasicista.

Ateo es modo de *pensar*, convicción.

Ateísta, es modo de *actuar*, o sea, acción.

Atleta, gigante

Atleta, en latín *athleta*, en griego *athlētēs*, expresa la idea de combatiente o luchador, como formado de *aethlos*, *athlos*, que significa combate.
Gigante viene del griego *gē*, que equivale a tierra, y del verbo *gaō*, que significa venir al mundo.
Por lo tanto, la voz *gigante* significa nacido de la tierra. Es una especie de creación mitológica.
El *atleta* representa lucha.
El *gigante* representa monstruosidad.
El *atleta* es fuerte.
El *gigante* es bárbaro.

Atmósfera, horizonte

Atmósfera se compone de dos vocablos griegos: *atmós*, vapor, y *sphaira*, esfera. Quiere decir, pues, esfera del aire, de los vapores, de los fluidos.
Horizonte viene de la raíz griega *oros*, que significa límite; de donde procede la voz *aforismo*, sentencia breve; es decir, limitada. Así es que llamamos *horizonte* terrestre o geográfico a la parte de espacio que nuestra vista alcanza, que sirve de *límite* a nuestros ojos. La palabra *horizonte* equivale a *limitador*, porque en efecto limita la esfera, puesto que la divide en dos partes: la visible y la invisible, o sea la sensible y la racional.
La *atmósfera* tiene miasmas.
El *horizonte* tiene polos, o sea extremos finales.
La *atmósfera* es seca o húmeda, clara o nebulosa.
El *horizonte* es más o menos dilatado, más o menos extenso, más o menos majestuoso. Expresa una aspiración al más allá de lo que la visión puede alcanzar.

Atraer, catequizar

Atraer viene del latín *trahere*, traer hacia sí.
Catequizar viene del griego *katechēzein*, enseñar, hablar al oído, instruir de viva voz.
Se *atrae* con dádivas, con promesas, con halagos.
Se *catequiza* con discursos, con ciencia, con doctrina.
Atraer es una intención.
Catequizar es una enseñanza.

Auge, apogeo

Auge viene del latín *augeo*, *auges*, que quiere decir aumentar.
Apogeo se compone del griego *gē*, que significa tierra, y del prefijo *apo*, que equivale a lejos.
Por lo tanto, *auge* significa aumento, crecimiento.
Apogeo significa lejos de la tierra; es decir, eminencia; altura.
Tal nación está en el *apogeo* de su poder, quiere decir que está en la *cumbre* de su grandeza y de su gloria.
Tal cosa está en todo su *auge*, quiere decir que su fortuna no puede *aumentar*, que ha crecido cuanto podía crecer.
Después del *apogeo* viene el descender.
Después del *auge* viene el menguar.

Augurar, presagiar, presentir, vaticinar, adivinar

Augurar era el oficio del *augur*, magistrado gentil que examinaba los pájaros y el cielo para buscar señales que le revelaran lo futuro.
Presagiar viene de *praesagire*, derivado de *sagax*, *sagacis*. «*Sagire*, dice Cicerón,

es sentir de un modo penetrante. Y así decimos que quien prevé un acontecimiento *presagia*; es decir, siente el porvenir.»

Presentir viene de *praesentire*. «Hay en el fondo de nuestras almas, dice el mismo autor, a modo de un oráculo secreto que nos da el sentimiento de lo futuro, o lo que es lo mismo, el *presentimiento*.»

Vaticinar viene de *vaticināri*, que es como si dijéramos *faticinari* o *canere fata*, que quiere decir cantar el hado, anunciar el destino; pero no como dicen las gitanas la buenaventura, porque en *canere* entra el *carmen*, que en latín significa verso; es decir, entra la poesía. «Mi voz, dice Ovidio, es la voz de un Dios; Dios está en mi alma; él es quien me inspira lo que yo anuncio y vaticino.»

Adivinar viene de *divinare*, y supone recursos sobrehumanos. «Así Epicuro, dice Cicerón, después de haber negado a los dioses tiene por fuerza que negar la adivinación.»

Veamos ahora la diferencia que distingue a cada palabra.

El hombre puede apoderarse del porvenir de varias maneras, y cada manera dará un carácter particular a esa especie de profecía.

Realmente, el hombre puede ser profeta por la gracia de Dios, y esto se llama *adivinar*.

Puede serlo por inteligencia, por la lucidez de su mente, por *sagacidad*, y eso es *presagiar*.

Puede serlo por una inspiración del sentimiento, por cierto fluido del corazón, y eso es *presentir*.

Puede llegar a lo futuro ayudado del arte, arrebatado por la imaginación, y eso es *vaticinar*. *Vaticinar* es la ciencia sublime del *vate*, un misterio sagrado o de la imaginación del hombre.

Puede figurarse que se apodera del porvenir por medio de señales supersticiosas, como si pudiera existir una magia interior,

una materia espiritualista o dogmática, y eso es *augurar*.

De modo que para *adivinar* se necesita gracia divina.

Para *presagiar*, pensamiento.
Para *presentir*, sensibilidad.
Para *vaticinar*, genio o inspiración.
Para *augurar*, superstición.
El santo *adivina*.
El sabio *presagia*.
La madre *presiente*.
El profeta *vaticina*.
El zahorí *augura*.
Por tanto, la *adivinación* es teológica.
El *presagio*, mental.
El *presentimiento*, afectivo.
El *vaticinio*, una forma poética de referirse al porvenir.
El *agüero*, una superstición fantástica.

Aura, céfiro

Aura es nombre puramente latino.

Céfiro se compone de dos voces griegas: *zoē*, que significa vida, y *pherō*, llevar. Significa literalmente aire que lleva la vida.

Céfiro es palabra de la poesía.

Aura es voz poética y social; así decimos: *aura* pública, como si dijéramos: aplauso público. Nada más absurdo que decir: *céfiro* público.

Del *céfiro* se habla.
El *aura* se busca.
El *céfiro* tiene melodías y amores.
El *aura* tiene grandes virtudes y grandes crímenes, cuando se refiere a la fama que buscan los hombres.

En el arte religioso ha venido a llamarse *aura* el círculo luminoso que se pinta alrededor de la cabeza de los santos, lo que tiene, sin duda, referencia a la fama obtenida ante Dios en el mundo espiritual. Es una imaginación artística, pero que puede tener referencia a Daniel 12:3 y a las palabras de Jesús: «Los justos resplandecerán como el sol en el Reino de su Padre» (Mateo 13:43).

Auricular, exterior, meñique

Con todas estas denominaciones designamos el dedo más pequeño de la mano del hombre.

Llámase *auricular* porque es el dedo que introducimos en la oreja, llamada *auricula* en latín.

Llámase *exterior* porque es el último, la parte externa de la mano.

Llámase *meñique* porque es el *menor*, el más *menudo*. Desde que existe la comunicación telefónica o radiofónica, se llama auricular al utensilio que se aplica al oído para escuchar la voz que se transmite por el hilo, o la vibración que reproduce la onda radial.

Auspicio, protección

Auspicio se deriva de *arúspice*, y *arúspice* se compone de dos voces latinas: *ara* y *spicere*, cuyo verbo significa inspeccionar: equivale a *inspeccionador del ara*. El *arúspice*, como el *augur*, era un magistrado gentil que cuidaba de los agüeros. Sin embargo de que no dudamos de la verdad de esta etimología, debemos notar que en *auspicio* no entra el vocablo *ara*, como en *arúspice*, sino el vocablo *avis*, que significa ave. *Auspicio* equivale a los dos términos siguientes: *avis-spicere*, *inspeccionar las aves*.

En estos agüeros dominó la idea de favor o prosperidad, y he aquí explicado el que la voz *auspicio* pasase a ser sinónima de protección, amparo, ayuda.

Protección se compone también de dos voces latinas: *pro*, que equivale a delante, y del verbo *tego*, *tegis*, *tegere*, *texi*, *tectum*, que significa cubrir, *techar*. Habiéndose notado que el *techo* era el resguardo de la casa, se aplicó esta idea al orden moral, y expresó amparo, ayuda, auxilio. La *protección* viene a ser un *techo* que nos cubre, que nos guarece, que nos *cobija*.

La diferencia que distingue a las dos palabras de que nos ocupamos no puede ser más terminante.

Auspicio es una palabra escogida, casi técnica, puesto que expresa un rito o ceremonia de los gentiles.

Protección es una palabra de estado llano.

Nos ponemos bajo los *auspicios* de los príncipes, de los dignatarios, de los grandes.

Acudimos a la *protección* de todo el que puede favorecernos.

Austero, severo, rígido, recto, riguroso

La *austeridad* expresa relación al género de vida que seguimos.

Es cuestión de vocación y hábito. Para los latinos, *austero* significaba amargo.

La *severidad* se refiere a las ideas morales que profesamos. En cuestión de principios, de estudio, de escuela.

La *rigidez* tiene lugar en el desempeño de la pública obligación. Es cuestión de celo y de autoridad.

La *rectitud* consiste en el deseo de obrar con arreglo a justicia. Es cuestión de conciencia.

El *rigor* es siempre un vicio de la educación, una acrimonia de temperamento, una exacerbación de carácter, cuando no es un abuso de posición, de fuerza, de categoría o de mando.

El *austero* es duro consigo mismo; calla.

El *severo*, con todos los hombres; censura.

El *rígido*, con los subordinados; no se doblega.

El *recto*, con los que delinquen; no se tuerce.
El *riguroso*, con todo el mundo; no disimula.
El que hace penitencia debe ser *austero*.
El que preceptúa, *severo*.
El que organiza, *rígido*.
El que sentencia, *recto*.
El criado que se hace amo, suele ser *riguroso*.
La *austeridad* puede llegar a ser incivil.
La *severidad*, casi escéptica.
La *rigidez*, tiránica.
La *rectitud*, cruel.
El *rigor*, insufrible.
De modo que la *austeridad* debe hacerse sociable.
La *severidad*, transigente.
La *rigidez*, considerada.
La *rectitud*, equitativa.
El *rigor*, humano.

Autor, factor

Autor viene de *augeo*, aumentar.
Factor, de *facio*, hacer.
El *autor* aumenta el caudal de la vida con las tareas de su trabajo y de su ingenio. Es una sabia y admirable etimología.
El *factor* se mueve para el cumplimiento de su oficio.
El *autor* crea.
El *factor* hace.
Así decimos *autor* de un libro, de un proyecto, de una invención.
Factor de una casa de comercio.
El *autor* puede ser un sabio.
El *factor* no puede pasar de ser un agente.

Austro, ábrego

Austro viene del griego *auō*, seco.
Ábrego, como abrigo y aprisco, se deriva de *África*, ardiente.
El *ábrego* calienta.
El *austro* abrasa.

Auxilio, socorro

Auxilio viene del latín *augere*, que significa aumentar.
Socorro se origina de *socorrere*, acorrer o amparar.
El objeto que recibe *auxilio* tiene cierto contingente de fuerza, puesto que el *auxilio* no consiste sino en *aumentar* aquel contingente.
El objeto que recibe *socorro* no tiene nada, puesto que se halla desamparado.
Una plaza no cuenta con fuerza bastante para sostenerse, y se la envía un refuerzo: ese refuerzo es un *auxilio*.
La misma plaza no tiene víveres y perecerá si no se la ayuda; esta ayuda será un *socorro*.
Necesitaba que sus fuerzas se *aumentaran* para la resistencia, y se le aumentaron; he aquí el *auxilio*.
Iba a perecer si no la proveían de víveres, y la proveyeron; he aquí el *socorro*.
Una nave dispara el cañonazo que llaman de *socorro* y de *auxilio*.
Al decir cañonazo de *auxilio*, significamos que la nave resiste, pero que no resiste lo necesario para llegar a puerto. Necesita un *aumento* de fuerza.
Al decir cañonazo de *socorro*, significamos que la nave está desamparada, y que los tripulantes van a sucumbir.
De modo que se *auxilia* la plaza para que no se rinda.
Se la *socorre* para que no perezca.
Se *auxilia* al buque para que no zozobre.
Se le *socorre* para que no se pierda.
Diremos, pues, con seguridad que se *auxilia* al débil.
Se *socorre* al desvalido.

Avaricia, codicia, ambición

El *avaro* busca riquezas; el *ambicioso*, honores; el *codicioso*, todo.

La *avaricia* es estrecha y ruin; la *ambición*, inquieta, impaciente, tenaz; la *codicia*, devoradora.

El *avaro* es un hombre vulgar; el *codicioso*, un mártir de sí mismo; el *ambicioso* puede ser un héroe, puesto que no ha existido, ni puede existir, ningún grande hombre sin la ambición propia de su genio; esto es, la ambición de su gloria.

La *avaricia* debe hacernos huir; la *codicia*, palidecer; la *ambición*, crear. Lo que más hace falta a muchos hombres de gran mérito es un poquito de *ambición*.

Aviar, preparar

Preparar es *parar* una cosa antes de tiempo, disponerla anticipadamente, prevenirla.

Aviar es disponer un objeto para la *vía*, para el camino.

Se *avía* el caballo; se *avían* las alforjas.

Se *prepara* un baile, una fiesta, un escarmiento al criminal.

Nos *aviamos* para partir.

Nos *preparamos* para dar un convite, para recibir una visita, para sufrir exámenes, para pronunciar un discurso.

Decir *avío* es decir marcha.

Decir *preparativo* es decir empeño.

Axioma, máxima, sentencia, apotegma y aforismo

Axioma es una verdad que convence por su propia evidencia.

Máxima, una instrucción o consejo importante que sirve de regla de conducta.

Sentencia, enseñanza corta, que aconseja lo que se ha de hacer.

Apotegma, rasgo notable de un hombre importante, que causa viva impresión.

Aforismo, enseñanza doctrinal que resume en pocas palabras lo que se trata de enseñar; la substancia, la esencia de una doctrina.

Ayuntamiento, cabildo

Ayuntamiento viene de *yunta*, junta, a cuya raíz pertenece *yugo*, que es el aparato con que se *ayunta* o *unce*.

Cabildo se deriva de *caput*, cabeza.

El *ayuntamiento* es asamblea, congreso, reunión, lo que los griegos llamaban *iglesia*, los hebreos sinagoga, concilio de latinos, etc. El *ayuntamiento* es la iglesia política de los pueblos.

El *cabildo* es el *cabeza*, el jefe de la localidad. Es palabra anticuada, que ha sido sustituida normalmente por la de *alcalde*.

El *ayuntamiento* delibera.

El *cabildo* o alcalde manda.

Azar, acaso

Acaso viene de *cado*, que equivale a *caer*, así como ocasión, caso, casualidad, cadáver.

Azar se origina del árabe *zar* o *tzard*, que significa adverso, apretado, fatal; de donde proceden nuestras voces aciago, azarar, azorar, azaroso, azorado, zozobra, etc.

Acaso es todo aquello que *acaece*, todo lo que *cae* al paso, sin regla ni norma.

Azar es un *acaso* que nos tiene intranquilos, que nos amenaza, que nos aprieta, que nos aflige.

Vivir al *acaso* significa que vivimos sin norte.

Vivir al *azar* significa que vivimos entre peligros.

El *acaso* puede ser feliz, puesto que puede *acaecernos* una ventura.

El *azar* tiene que ser *aciago*.
El que no tiene oficio ni beneficio vive al *acaso*.
El delincuente fugitivo vive al *azar*.
Muchos creyentes llaman *providencia* a lo que los mundanos llaman *azar*, porque creen en un poder divino que preside los acontecimientos o sucesos de la vida humana y del mundo.

B

Baile, danza

Se ha dicho por persona muy autorizada que «*la danza* expresa más que el *baile* e indica más artificio, complicación, cultura, delicadeza, riqueza y lujo».

Mucho nos duele tener que objetar a escritores muy respetables, pero la verdad y la lengua están ante todo. Aquella opinión es contraria, evidentemente contraria a la filosofía, a la historia y al lenguaje.

El *baile*, no la *danza*, es lo que siempre ha figurado como una bella arte, al lado de la poesía, de la elocuencia, de la declamación, de la pintura, de la escultura y de la pantomima. El *baile*, no la *danza*, es el que expresa las afecciones del corazón, valiéndose del movimiento como se vale la pantomima del lenguaje de la sensibilidad, como se vale la pintura de los colores, del buril la escultura y de la palabra la poesía y la elocuencia. Detrás del *baile* vienen los varios géneros de *danzas*, como detrás de la retórica vienen los varios géneros de discursos, como detrás de la escultura pueden venir millares de estatuas, así como detrás de la pantomima pueden venir millares y millares de gestos y actitudes. Los *bailes* no han constituido jamás, ni constituyen hoy, la *danza*, como la pantomima no constituye una actitud, ni la poesía constituye una oda, ni la elocuencia constituye un tropo, ni la escultura constituye un mármol modelado, del mismo modo y por la misma ley que la pintura no constituye un lienzo, sino que todas las *danzas* posibles entran en el *baile* como todos los lienzos entran en la pintura, y todas las piedras modeladas en la escultura, y todos los tropos en la elocuencia, y todos los poemas en la poesía, y todos los gestos y actitudes en el lenguaje mímico. Decir que la *danza* es más que el *baile* es decir que la especie es más que el género, que la parte es más que el conjunto; lo cual equivaldría a decir que un sermón es más que la homilía, o que un edificio era más que la arquitectura, sentado lo cual no es posible ningún pensamiento ni ningún sistema. Todos los edificios, estén en donde estén, constituyen la arquitectura; todos los sermones, sean como fueren, constituyen la homilía; todas las partes, signifiquen lo que signifiquen, constituyen el todo; lo mismo que todas las especies de un género, vayan adonde vayan, vengan de donde vengan, constituyen el género común; lo mismo que todas las *danzas* que puedan existir, sea una, sean millones, en la aldea, en la ciudad, en una cabaña, en un palacio, constituyen el *baile*, porque el *baile* es la *danza* universal, la *danza* como idea, como principio, como unidad, como bella arte; más claro, el *baile* es la reunión de todas las *danzas*, lo mismo que el género es la reunión de todas las especies; lo mismo que el todo es la reunión de todas las partes; lo propio que la arquitectura es la reunión de todos y de cada uno de los edificios; lo propio, en fin, que la homilía es la reunión de todos y cada uno de los sermones.

A nadie se oculta que una *danza* pueda tener, y tenga en efecto, más «artificio, complicación, cultura, delicadeza, riqueza y lujo» que otra *danza*, como un edificio puede ser más suntuoso que otro edificio, como un sermón puede ser más sabio que otro sermón, como un poema puede ser más grande que otro poema, lo mismo que un cuadro puede tener más mérito que otro cuadro, lo mismo que una estatua puede valer más que otra estatua; pero ¿debe inferirse de esto que una estatua sea más que la escultura, que un poema sea más que la poesía, que un cuadro sea más que el arte del pintor?

Dice el autor citado que «entre los antiguos se distinguían muy bien las *danzas* de los *bailes*.» Nosotros contestamos que eso no puede ser, y que si los antiguos lo hicieron, hicieron mal, aunque no lo hicieron realmente. Las *danzas* no pueden distinguirse de los *bailes*, porque no hay muchos *bailes*, como no hay muchas arquitecturas, ni muchas retóricas, ni muchas poesías. El *baile* es uno; no hay más que un *baile*, como no hay más que una poesía, y una retórica, y una arquitectura; como no hay más que un arte y una ciencia, porque no hay más que un pensamiento y una imaginación. Lo que hay es variedad de *danzas*, como hay variedad de poemas, de discursos, de lienzos y edificios.

Aunque ambos sinónimos pueden usarse indistintamente, lo más propio y común es que el *baile* se refiere a un individuo, y la *danza* a un conjunto de bailadores concertados para un baile especial. Por ejemplo: la sardana es llamada a veces *baile*, pero más propiamente es una *danza*, lo mismo puede decirse de la jota aragonesa cuando es practicada por un conjunto de bailadores.

En la fábula del oso, de la mona y del cerdo, dice Iriarte:

> *Un oso, con que la vida*
> *ganaba un piamontés,*
> *la no muy bien aprendida*
> *danza ensayaba en dos pies.*
> *Estaba el cerdo presente,*
> *y dijo: ¡Bravo, bien va!*
> *Bailarín más excelente*
> *no se ha visto ni verá.*

¿Por qué dice Iriarte la no muy aprendida *danza*, y no el no muy aprendido *baile*? Porque se trata de un *baile* especial, el *baile* que sabía el oso, un *baile* aprendido, una *danza*.

No se trata del *baile* como principio, como arte humano; no se trata del *baile* universal. ¿Y por qué dice luego *bailarín* más excelente, y no *danzarín* más excelente?

Porque no se trata de un *baile* especial, determinado, que se llama *danza*, sino de la presteza de las actitudes, de la agilidad del movimiento; lo cual se llama *baile*, porque moverse con cierta medida es *bailar*.

En el mismo caso está el adagio que dice:

> *Hombre chiquitín*
> *embustero y bailarín.*

Si se tratara de una especie de *baile*, hubiera dicho *danzarín;* pero no se trata de una *danza* particular, y por eso dice *bailarín*.

Bajo, ruin

Bajo quiere decir servil, indigno.
Ruin quiere decir mezquino, pobre.
Pretensión *baja*. ¿Podría decirse, para expresar la misma idea, pretensión *ruin?* De ningún modo. Pretensión *ruin* es una pretensión pobre, pequeña, mezquina. Pretensión *baja* es una pretensión deshonrosa, inmoral, denigrante.
Cálculos *ruines*. ¿Podrá decirse equivalentemente cálculos *bajos?* El lector conoce cuán equivocado sería semejante modo de hablar. Cálculos *bajos* quiere decir que no son altos o subidos, mientras que cálculos *ruines* nos dan la idea clara y definida de un cálculo estrecho, miserable, de poca monta, de poca cuantía.
En *bajo* no entra tanto la cantidad como la cualidad.
En *ruin* no entra tanto la cualidad como la cantidad.
Lo *bajo* deshonra: es afrentoso.
Lo *ruin* empequeñece; es escaso.
Se conoce el hombre *bajo* en que es el que más se arrastra y adula.
Se conoce el hombre *ruin* en que es quien más trastorna y chilla.

Baldado, paralítico

Baldado se aplica al que no está *válido* para el trabajo, así como un terreno *baldío* no puede aprovecharse para dar frutos. Trasladando el sentido físico al orden moral, podría decirse que el *baldado* es un hombre *baldío*. Este hombre vaga, como el terreno que no produce, lo cual quiere significar que la vida lo tiene de *balde*.

Parálisis viene de *análisis,* voz derivada del verbo griego *analyo,* que significa descomponer, desleír nuevamente, como si las cosas volvieran a la nada. En efecto, el *paralítico,* antes que hombre, parece una estatua. La *parálisis* lo descompone, lo deslíe, lo vuelve a la nada de donde salió.
Baldado se refiere al efecto.
Paralítico, a la causa.
El *baldado* se queja de su desdicha.
El *paralítico,* de su enfermedad.
El baldado no gana, no produce.
El paralítico no se mueve.

Baldón, oprobio

Oprobio se compone de *ob* (perdida la *b*) que es partícula adversativa, y de *probidad,* en latín *probitas,* que significa integridad, rectitud, honradez.
Baldón se deriva de *baldío,* de poco precio; es decir, *dono balde,* doy de balde, muy barato.
Baldío se origina del latín *validus,* válido, sano, que sirve, que *vale,* que puede moverse y trabajar. *Válidos* llamaban los antiguos a los pordioseros que, *valiendo* para el trabajo, se daban a la pereza. De *válido* salió *baldío*. De modo que *baldón* no significa primitivamente otra cosa que la repulsa que se daba a los pordioseros *baldíos* o *válidos* que no querían trabajar.
El *aprobio* es contrario a nuestra honradez, a nuestra rectitud, a nuestra *probidad*.
El *baldón* es contrario a nuestro carácter, a nuestro decoro, a nuestra condición, a nuestra jerarquía.
El *oprobio* nos llama deshonrados.
El baldón nos llama mendigos, holgazanes, vagabundos.
El *oprobio* infama.
El *baldón* afrenta.
El *oprobio* desconceptúa.
El *baldón* denigra.

A duras penas se soporta el *oprobio*.
Se necesita ser más o menos hombre, para soportar el *baldón*.

Bando, bandería

Ambas palabras vienen del sajón *ban*, que significa liga, vínculo, alianza.
Bando es un partido.
Bandería, una parcialidad.
Un *bando* puede ser poderoso.
Una *bandería* puede estar formada por muchas o pocas personas disconformes con la jefatura del grupo.

Bandolero, bandido, atracador

Estas palabras tienen la misma etimología que *bando*, *bandería* y *bandera*.
Bandolero es el que capitanea la partida; es decir, la *bandería* que le sigue.
Bandido es el proscrito por un *bando*, lo que se llama pregonado.
Bandolero es jefe.
Bandido es un salteador de caminos en tiempos antiguos.
Al cambiar las costumbres viajeras y las armas modernas, se llama a los individuos dispuestos a practicar el mismo oficio, «atracadores», de personas particulares, de establecimientos públicos o de bancos, que es el atraco más frecuente y más productivo, pero también el más arriesgado, para tales malhechores.

Barbarie, barbaridad

Ambas palabras tienen por origen la armonía imitativa. Ambas expresan el *bar bar* que pronuncia el que chapurrea o farfulla un idioma, y esto explica el por qué Grecia y Roma llamaban *bárbaros* a los extranjeros. Pero considerándose Grecia y Roma como el emporio de la civilización del antiguo mundo, la palabra *bárbaro* vino a significar bien pronto, no la idea de extranjero en tal o cual país, sino la idea de extranjero en la vida civilizada, en el pueblo de la cultura; en ese pueblo que, desde los primeros días de la creación, se viene elaborando misteriosamente en la historia.

De modo que la palabra *bárbaro* significó al principio el que balbuceaba un idioma, el que hacía *bar, bar*. Después significó el que no vivía en la *ciudad*, que es como si dijéramos en la civilidad o civilización, expresando el grado de cultura que media entre el hombre civil (el ciudadano) y el salvaje.

Veamos ahora la diferencia con que hoy distinguimos los vocablos *barbarie* y *barbaridad*.

La *barbaridad* se refiere a lo que ese *bárbaro* hace.

Los antropófagos, por ejemplo, viven en la *barbarie*, no en la *barbaridad*.

Viven en la *barbarie*, porque la *barbarie* es su estado o su condición natural; así existen, así son.

No puede decirse que viven en la *barbaridad*, porque la *barbaridad* es un hecho *bárbaro*, y muchas veces viven sin ejecutar acciones *bárbaras*, como cuando duermen, aman o creen.

Siempre viven en aquel estado salvaje, en aquella vida brutal, y por esta razón viven constantemente en la *barbarie*.

Pero no siempre hacen cosas *bárbaras*, y por esto no viven en la *barbaridad*.

La *barbarie* es estado, condición, índole, casi naturaleza.

La *barbaridad* es conducta, acción, hecho.

La *barbarie* toca a la historia.
La *barbaridad* a las leyes, a la moral.

Barrabasada, tropelía

Barrabasada viene de Barrabás; es temeridad.
Tropelía, de tropel; es desafuero.
Un imprudente comete una *barrabasada*.
Un juez comete una *tropelía*.
La *barrabasada* es contra prudencia.
La *tropelía* es contra derecho.

Barrenar, atropellar, traspasar

En sentido propio, *barrenar* significa dar barreno. Dar barreno a un buque es echarlo a pique.
Conservando el mismo sentido en el lenguaje figurado, significa una infracción completa del mandamiento público.
Atropellar supone la idea de desafuero, cometido precisamente con una persona. Aquel hombre me *atropelló*. No puede decirse *atropelló* mi casa, mi dinero, mi cofre, mis papeles.
Traspasar indica que nos excedemos de lo que debemos hacer o en el ejercicio de las funciones públicas que nos están encomendadas. Tiene aplicación en sentido moral, en el trato doméstico, en el orden civil y en el político.
Se *barrena* una ley.
Se *atropella* una autoridad.
Se *traspasa* el límite de las atribuciones, de lo lícito, de lo decente, de lo justo.
El que *barrena* comete una infracción.
El que *atropella* comete un desacato.
El que *traspasa* comete usurpación de fuero.
Barrenar es un crimen de Estado, aunque rara vez se castiga si la revolución tiene éxito.
Atropellar, un delito común; casi siempre se le forma causa.
Traspasar, una licencia; muchas veces esta licencia equivale a una verdadera heroicidad. El general Ney, *traspasando* lo que expresamente le había mandado Napoleón, salvó al ejército francés cerca del monte de San Bernardo. Cuando estas licencias heroicas salen bien, se galardona al vencedor; cuando salían mal, se ahorcaba al héroe desgraciado.

Barullo

Barullo, como *garullo*, es una garullada, un continuo *gruir* de gente. Es el *bar bar* o el *bor bor* que hace lo que hierve, como borboja o burbuja, borbotón, borbollón, etc. *Barullo* no tiene otro origen que la armonía imitativa.

Basca, náusea

La *basca* significa asco del estómago.
La *náusea* quiere decir mareo, porque se deriva de *nave*.
Una indigestión nos produce *bascas*.
El malestar que sentimos en una *nave* nos produce *náuseas*.
La *basca* es dolencia.
La *náusea*, accidente.

Bastardo, espurio

Basta que las cosas no sean propias de una semilla, de una prole, de una casta, de un origen, para que sean *espurias*.
Basta que degeneren, que hagan que los hechos pierdan su virtud, su índole primera, su expresión genuina para que sean *bastardas*.
Lo *espurio* es extraño.
Lo *bastardo* es impuro.
Lo *espurio* deshonra.
Lo *bastardo* relaja.
Lo *espurio* tiene relación con la moral y la conciencia.
Lo *bastardo* se refiere más bien a la vida.

Bastardo es voz italiana, y acerca de su etimología hay tres opiniones diferentes. El padre Guadix la deriva del arábigo *baxtaridú*, que significa el *que quisieres;* esto es, hijo de padres desconocidos. Otros etimologistas la traen del alemán *boes-art*, de mala sangre o de mala ralea. Otros la sacan del latín *burdus,* el hijo de caballo y borrica, de donde se dijo *bustardo* y después *burro*. Nos parece que esta última etimología es la que presenta más visos de ser conforme a la verdad.

Espurio, en latín *spurius,* se compone de dos voces griegas: *apo* y *spora. Apo* significa contrariedad o negación, y *spora* equivale a semilla o prole, como formada del verbo *speirō,* que quiere decir: yo disemino o siembro. *Espurio* significa mal sembrado.

Antiguamente se llamaban bastardos a los hijos nacidos fuera del matrimonio, así como también hijos de padres desconocidos, y eran mirados con recelo, como si ellos tuvieran la culpa por las circunstancias de su nacimiento. En las genealogías bíblicas descubrimos que la Providencia Divina no lo consideraba así, sino que se anticipa a lo que hoy se llama derechos humanos, pues para Dios no hay castas ni diferencias entre los seres humanos, hasta el punto que incluso algunos bastardos fueron honrados con el privilegio de figurar entre los antecesores de nuestro Señor Jesucristo.

Bastón

Bastón, de batir. Llámase *bastón* porque con él se bate o se sacude.

Bautizar, cristianar

Bautizar significa inmergir, poner bajo el agua.

Cristianar es ungir, porque el nombre *Cristo,* de donde procede *cristianar,* se deriva del griego *chrisma,* unción, como voz originada del verbo *chrīō,* ungir.

En la práctica del bautismo católico-romano, hay dos operaciones esenciales: ungir esto es, *crismar,* y echar agua al que recibe el sacramento.

Echar agua es *bautizar*.

Crismar o ungir es *cristianar,* para los que practican el bautismo infantil por aspersión.

Esto es lo que dice Roque Barcia, un catedrático universitario del siglo pasado, católico-romano por tradición, aunque de amplias miras y sentimientos muy cristianos. Pero los cristianos evangélicos, de todas las denominaciones protestantes, decimos unánimemente, que bautizar, tanto si es por aspersión como por inmersión, a niños o a adultos, no es *cristianar,* o sea hacer cristianos, pues la condición de cristianos no se aplica, ni se impone por ninguna ceremonia externa, sino por la conversión a Dios y el nuevo nacimiento, que sucede por el poder y la virtud del Espíritu Santo.

La teología católica se está inclinando ya teóricamente a esta teoría bíblica, porque no se puede borrar del Nuevo Testamento la solemne declaración de Jesús a Nicodemo: «De cierto, de cierto te digo, que el que no nace de nuevo no puede ver el Reino de Dios» (Juan 3:3). Pero ocurre que una cosa es la teoría y otra la práctica y la comprensión popular de este secreto y misterio espiritual. Es mucho más fácil interpretarlo desde el punto de vista material. La mayoría de los llamados católicos mantienen este concepto de que un rito humano es capaz de cristianizar a las personas, y la jerarquía católica romana sostiene que el bautismo imprime carácter; por consiguiente, son católicos todos los bautizados, sean o no buenos católicos, como nos decían los obispos en la época de la intolerancia religiosa, cuando, en virtud de haber sido bautizados en su infancia, se negaban a permitir que los miembros de la Iglesia Católica fueran sepultados, pudieran contraer matrimonio, e incluso trataran de reunirse libremente en algún local o capilla evangélica no católica, durante el gobierno dictatorial del general Franco en España.

Beatificación, canonización

En la *beatificación,* el sumo pontífice no decide sino como persona privada. En la *canonización,* establece y decide como juez y después de un examen jurídico.

La *canonización* es declarar santa de un modo absoluto a una persona, lo que se llama también elevarla a los altares.

Esta es otra definición de origen católico-romano, que es necesario consignar en este volumen destinado a los creyentes evangélicos, porque fácilmente encontrarán tales sinónimos en la literatura secular o de origen católico-romano. Pero también es necesario hacer constar que la doctrina genuinamente evangélica no hace tal distinción. La palabra *beato,* es devoto o piadoso, en todo el lenguaje bíblico.

En cuanto a la palabra *santo* sabemos que lo son todos los creyentes en Jesucristo. Así los llama el apóstol Pablo en la introducción de muchas de sus epístolas y ello no por mérito propio, sino por la justicia de Cristo que les es aplicada cuando han aceptado, creído y obedecido el Evangelio con sinceridad. *Santos,* en el sentido de perfectos, no lo son, ni lo han sido, los hombres mientras han estado en la Tierra, pero Dios los considera así a través de Cristo, el hombre-Dios perfecto que se entregó por todos nosotros. Lo que ha habido y hay en este mundo son creyentes más o menos fieles, más o menos santificados, más o menos agradables al Señor (2.ª Corintios 5:9).

Por otra parte, ninguna persona del pasado, ni del presente, es digna de veneración ni de culto, ni pueden dirigírsele oraciones o peticiones; en primer lugar porque ninguno ha recibido el don de la omnipresencia y omnisciencia, atributos que sólo pertenecen a Dios, y por tanto los creyentes fallecidos no son capaces de escucharnos ni de concedernos favores de gracia, porque la Sagrada Escritura afirma: «Y en ningún otro hay salvación; porque no hay otro nombre bajo el cielo dado a los hombres en que podamos ser salvos»; «Porque hay un solo Dios y un solo mediador entre Dios y los hombres, Jesucristo hombre, el cual se dio a sí mismo en precio del rescate por todos» (1.ª Timoteo 2:5-6).

La respuesta que suelen dar a los cristianos evangélicos los que practican la oración a los santos es, que Dios, que es espíritu infinito, es quien las recibe y comunica a los santos a los cuales las dirigimos; pero la contrarrespuesta a tal supuesto es que en semejante caso, oramos a los santos por medio de Dios, más bien que a Dios por medio de los santos; cuando la Biblia nos revela, por palabra de Jesús como de los apóstoles, que debemos dirigirnos directamente a Dios (Mateo 7:11; 16:3-15. Juan 16:25-29. Romanos 8:15).

Bellaco, villano

Del verbo latino *vehere,* cargar, viene *vellaco,* hoy *bellaco,* como de *vara* viene *vergante,* y de *verga* verdugo.

Villano viene de *villa.*

El *bellaco* es grosero, ignorante, bribón, holgazán.

El *villano* es rústico, agudo, malicioso.

El *bellaco* es el ganapán de las ciudades.

El *villano* es el hombre de las aldeas.

Beneficio, favor, gracia, merced

El *beneficio* socorre una necesidad; el *favor* hace un servicio; la *gracia* confiere un don gratuito; la *merced* comprende las tres significaciones, y, en algunos casos, envuelve la idea de remuneración, como el *merces* de los latinos. El *beneficio* supone poder en el que lo hace; la *gracia,* autoridad y elevada categoría; el *favor* puede hacerse entre iguales. El hombre rico que funda un hospital, hace un *beneficio.* El soberano que confiere una condecoración, dispensa una *gracia.* El amigo que presta dinero a otro, le hace un *favor.* Todas estas son *mercedes.*

Beneficio, provecho

Beneficio se compone del adverbio *bene* y del verbo *facio.* Es como si dijéramos *benefactus,* bien hecho, hecho virtuoso.

Provecho viene de *profectus,* participio pasivo de *proficere,* como si dijéramos *profacere. Provecho* es *profacio: hago pro.*

Cuando nos invitan a comer, decimos: buen *provecho,* no buen *beneficio.*

¿Por qué decimos buen *provecho?* Porque queremos significar que la comida les siente bien, que con ella medren y engorden: es una relación material.

¿Por qué no podemos decir buen *beneficio?*

No puede decirse buen *beneficio* porque no hay *beneficios malos,* y porque hablando de *beneficio* significaríamos la idea del bien moral, cuyo bien moral, que es una afección del espíritu, no tiene que ver con el bien físico de la comida. Por esta razón no puede usarse la voz *provecho* en equivalencia de *beneficio,* ni la voz *beneficio* en equivalencia de *provecho.*

Nada más común ni más corriente que decir: joven *aprovechado.*

Nada más absurdo que decir en equivalencia: joven *benéfico.*

¿Por qué? Porque joven *aprovechado* es aquel que sirve, que es útil, que aventaja a otros, que medra, por decirlo así, en el ramo a que se dedica: tiene aplicación y talento.

Joven *benéfico* es aquel que hace obras de *beneficencia,* que socorre al prójimo, que es caritativo: tiene conciencia y buen corazón.

El *beneficio* es virtud, conducta, moral.

El *provecho* es utilidad, ventaja, medro, lucro.

El *provecho* es un personaje que llena al mundo.

El *beneficio* anda como Dios quiere.

Benemérito, digno

Benemérito quiere decir que merece una recompensa por sus servicios.

Digno significa que merece honra por su probidad, por su talento, por su abnegación, por su infortunio.

Lo *benemérito* es un título para obtener.

Lo *digno* es un título para ser mirado con veneración.

Lo *benemérito* pertenece a un país.

Lo *digno* pertenece a la historia.

Un general que sirve mucho y que sufre, que calla, que invoca en su alma el juicio de la posteridad, es *digno.*

Por último, el *benemérito* representa un servicio.

El *digno* representa una virtud.

El *benemérito* reclama.

El *digno* espera.

Esta misma diferencia, poco más o menos, existe en latín entre *merēre* o *merēri,* merecer, y *dignum esse,* ser digno.

Benigno, benévolo

Benigno se compone del adverbio latino *bene*, que equivale a bien, y del verbo *genere*, que significa procrear o engendrar. Vale tanto como si dijéramos *bien nacido, bien engendrado*, de buena sangre.
Benévolo se compone del mismo adverbio y del verbo *volere*, que equivale a querer. Significa la idea de una persona que tiene buena voluntad.
El hombre puede inclinarse al bien, ora por herencia de familia, por casta, ora por propia deliberación.
La palabra *benigno* expresa lo primero.
La voz *benévolo* expresa lo segundo.
El *benigno* no castiga.
El *benévolo* disculpa y ampara.
Lo contrario de *benigno* es maligno.
Lo contrario de *benévolo*, malévolo.
Para que se entienda mejor, añadiremos que la *benignidad* es una cualidad del carácter, en que influye el temperamento.
La *benevolencia* es una cualidad de la conducta, en que influye la educación.
De modo que la *benignidad* es casi fisiológica: un instinto.
La *benevolencia* es moral: una virtud.
Obrando sin rigor, somos *benignos*.
Obrando con deseo caritativo, somos *benévolos*.
Creemos, pues, que la *benevolencia* es más virtuosa, porque entra en ella mucho más la deliberación, el deseo, el trabajo, la lucha del hombre. La *benevolencia* es superior, porque es una bondad más probada.

Beso, ósculo

Beso no tiene otra etimología que la armonía imitativa que los griegos llamaron onomatopeya.
Ósculo viene de *os, oris*, que quiere decir boca. De manera que *ósculo* significa literalmente movimiento de boca.
El *beso* es palabra común.
El *ósculo* es palabra poética.
El mundo da *besos*.
La poesía da *ósculos*.
El *beso* puede ser lascivo.
El *ósculo* es siempre puro y tierno.

Biblioteca, librería

Biblioteca se compone de *biblios, biblion*, libro, y de *thēkē*, caja o depósito.
Esta palabra expresa, pues, la idea de custodia.
Librería no significa otro pensamiento que el de una colección de libros, ora para la venta, ora para instrucción de los particulares.
La *biblioteca* es siempre un establecimiento, casi una institución.
La *librería* puede dar lugar a un comercio.
Así decimos: *biblioteca* nacional.
Nada más absurdo que decir *librería* nacional.
Así se dice del mismo modo: comercio de *librería*.
Nada más absurdo que decir comercio de *biblioteca*.

Bienhechor, benéfico

Bienhechor supone voluntad.
Benéfico supone virtud.
El que ejecuta el bien deliberadamente, con propósito, con deseo de ejecutarlo, se llama *bienhechor*. Todo lo que produce un bien, no por virtud de nuestra abnegación o de nuestro albedrío, sino por la cualidad natural de la cosa, se llama *benéfico*.
Hombre *bienhechor*.
Acción *benéfica*.

Todo lo que es *bienhechor* es *benéfico*, puesto que hace un bien.

No todo aquello que es *benéfico* es *bienhechor*, puesto que no todo lo que produce bienes tiene la conciencia del bien que hace.

Una planta medicinal es *benéfica*; pero no comprendería el castellano quien la denominara *bienhechora*.

Es *benéfica* porque cura.

No es *bienhechora* porque no tiene el pensamiento de curar, ni la intención que se regocija curando.

Lo *bienhechor* es ciencia y conciencia.

Lo *benéfico* es un resultado.

Lo contrario de *bienhechor* es *malhechor*.

Lo contrario de *benéfico*, maléfico.

Bobo, bodoque, bolo, bolonio, lelo, memo

Bobo viene de *baba*. Es el *imbécil* a quien cae flema de la boca.

Bodoque se deriva del griego *balló*, que quiere decir arrojar, de donde vienen nuestras voces *bala, ballesta, embalar* (que es lo que se empaqueta para enviarlo lejos), Baleares, por la habilidad de sus primitivos moradores en *arrojar* piedras con la honda.

Bodoque significa pelota de barro, cosa a propósito para ser *arrojada*. Después pasó a significar el hombre estúpido, tan estúpido como una pelota de tierra.

Bolo, derivado de *bola*, es un individuo redondo, parejo, que rueda por los cuatro costados.

Bolonio viene de que los primeros estudiantes que salieron del colegio español de Bolonia no fueron tenidos en concepto de personas muy eruditas. *Bolonio* es el sujeto que todo lo confunde y lo trabuca.

Lelo no tiene otra etimología que la onomatopeya. Es el *le, le* con que siempre principia la conversación el que no sabe lo que va a decir. Damos este nombre al sujeto que, por enfermedad o por un trastorno cualquiera, ha perdido el uso de sus facultades mentales. El *lelo* es un *bobo* artificial, un loco sin arranques frenéticos de locura.

Memo, de *mente*, es el que ha perdido la *memoria*. Para él no hay nada *memorable, memorando*, ni digno de *mención* ni de *mérito*. La huella del pasado está borrada en su inteligencia.

El *bobo* abre la boca.

El *bodoque* no piensa.

El *bolo* no discurre.

El *bolonio* no juzga.

El *lelo* no habla.

El *memo* no recuerda.

Bondad, virtud

Bondad es la excelencia substancial que la Causa Suprema quiso dar a todas las cosas que creó, como si participaran de su sabiduría, de su perfección y de su poder. «Dios, dice el Génesis, vio separadamente las cosas de la creación, y le parecieron *buenas;* las vio en conjunto, y le parecieron muy *buenas*». (*Génesis 1:25 y 31.*) No podría decirse que le parecieron muy *virtuosas*, porque Dios no atendió al efecto de ellas, sino a sus condiciones esenciales.

Cuando experimentamos que algo es *bueno* para producir algún efecto, decimos que tiene tal o cual *virtud*, no tal o cual *bondad*, porque en este caso no atendemos a la disposición intrínseca, a esa esencia moral que hace *bueno* al objeto de que se trata, sino a la experiencia que nos lo acredita. Esta experiencia, esta práctica de la *bondad*, se llama *virtud*.

De manera que la *virtud* no es otra cosa que la misma *bondad* en cuanto se ejecuta y se acrisola, la *bondad probada*.

Nos concretaremos al orden moral, que

da a estas palabras su sentido más trascendente.

La *bondad* consiste en inclinaciones, la *virtud* en hábitos; la *bondad* existe en nosotros, la *virtud* lucha y se fortalece en el mundo; Dios es *bueno*, el hombre puede ser *virtuoso*.

Bondadoso, afable

Bondadoso viene del latín *bonitas*.
Afable de *for, faris*, hablar.

Hombre *bondadoso* quiere decir hombre de buenos sentimientos, que tiene paciencia, caridad, continente templado.

Hombre *afable* quiere decir que es persona de buenas palabras.

Un hombre *afable* puede tener mala intención, dado lo cual no será *bondadoso*.

Un hombre realmente *bondadoso* puede ser austero en las palabras, dado lo cual no será *afable*.

De modo que podemos ser *bondadosos* sin ser *afables*, así como *afables* sin ser *bondadosos*.

La *afabilidad* es frase.
La *bondad* es conciencia.
La *afabilidad* se revela en un dicho.
La *bondad* se revela en el amor al prójimo.

Borceguí, zapato

Zapato se deriva del latín vulgar *sabata*, diminutivo de *sapa*, que quería decir lámina, plancha, la *suela*.

Borceguí se deriva de *borde,* porque era un calzado alto, que también se llama *coturno*, con el cual representaban las tragedias.

Las relaciones no pueden ser más claras y distintas.

Borde, *borceguí*.
Suela, *zapato*.

Borracho, ebrio

El humo nos marea, y decimos: el humo nos ha *emborrachado*.

Comemos madroños, experimentamos que nuestra cabeza no está segura, y decimos: los madroños nos han puesto *borrachos*.

Fumamos un puro, sentimos trastorno, y decimos de nuevo: tenemos una *borrachera* de tabaco.

No puede decirse: tenemos una *embriaguez* de tabaco, de madroños, de humo.

Hallamos, pues, que hay casos en que usamos con propiedad de la palabra *borrachera*, mientras que destrozaríamos el idioma si empleásemos la voz *embriaguez*.

Luego decimos: *ebrio* de alegría, de felicidad; *ebrio* de amor; *ebrio* de venganza, de sangre, de placeres, de mando.

Nada más absurdo que decir: *borracho* de placeres, de mando, de sangre, de venganza, de amor, de felicidad, de alegría.

Hallamos, pues, que hay otros casos en que empleamos con mucha propiedad y elegancia el adjetivo *ebrio,* mientras que caeríamos en el despropósito y en la ridiculez empleando la palabra *borracho*.

Borracho designa el efecto de toda substancia material que puede adormecer o narcotizar nuestro cerebro, en tanto que *ebrio* no se aplica sino a la influencia de las bebidas espirituosas o alcohólicas, y por extensión a las pasiones de nuestro ánimo.

Por esto se dice *borracho* de humo, de tabaco, de madroños; no *ebrio* de madroños, de tabaco, de humo.

Por esto se dice, figuradamente, *ebrio* de amor y de alegría, *ebrio* de sangre y de venganza, no *borracho* de venganza y de sangre, de alegría y de amor.

Borracho es una palabra vulgar, y expresa un hecho.

Ebrio una palabra culta, y expresa una tendencia.

El *borracho* no sale del orden doméstico y limitado de unas horas.
El *ebrio* influye en la política, en la moral y hasta en la religión.
El *borracho* causa trastornos en la casa.
El *ebrio* origina graves daños en la sociedad.
La *borrachera* es acaso un descuido, una ignorancia, quizá un desahogo, tal vez una costumbre, lo más un vicio.
La *embriaguez* de mando, de venganza, de deleites, de sangre, es al mismo tiempo una gran maldad, un gran delito y un gran pecado.

Borrón, tacha

Borrón es la raya de tinta que se echa sobre un escrito para borrarlo o cancelarlo.
Tacha expresa la misma idea general, pero es muy distinta la intención y el espíritu de esta palabra.
Tachar viene del latín *taxo,* que significa censurar, tasar o reprender. Propiamente hablando, *tachar* a uno cualquiera acción no es otra cosa que *tasarle* cómo ha de obrar, obligarle a que su conducta reconozca una *tasa,* una regla moral, una medida. La *tacha* es tasa, y por esta razón se deriva del verbo *taxare,* que equivale a *tasar.*
Esto nos demuestra que la *tacha* no es el *borrón* materialmente considerado, no es la tinta que *borra,* sino la censura que manda *borrar,* porque lo escrito estaba mal escrito; es la *tacha,* la tasa, el criterio que *borra* o cancela lo que no se ha debido escribir.
Cuando tachamos o *borramos* un escrito suceden dos hechos: el juicio, la *tasa* mental que nos dice que aquello no ha debido escribirse, y la mano que coge la pluma y *borra* la palabra con tinta.
La *tasa* mental es la *tacha.*

La *tinta* es el *borrón.*
La *tacha* es crítica.
El *borrón* es mancha.

Botar, varar

Ambos términos son nauticos y significa, el primero lanzar al agua el buque que ha sido construido en un lugar seco llamado dique, lo que se hacía en antiguos tiempos arrastrándolo con cuerdas que eran tiradas desde un gran número de botes.
Varar es absolutamente lo contrario, o sea dirigir el barco desde el mar a un varadero de tierra.
Su origen etimológico es probablemente del latín *varare* que significaba hacer una medición de terrenos a través de un río. La misma palabra se emplea tanto para hacer entrar el buque en un dique como para encallar la embarcación en una costa o en las peñas o en un banco de arena. En el sentido figurado significa quedar parado o detenido un asunto o negocio.

Bravo y bravío

Bravo quiere decir valiente, capaz de llevar a cabo hazañas dignas.
Bravío significa, en cambio, cosa rara, chistosa, peregrina, extravagante o exagerada.

Breve, ligero

Breve, del latín *brevis,* se refiere al tiempo.
Ligero, como aligero, se refiere a la acción.
Anda *breve* quiere decir: no tardes.
Anda *ligero* quiere decir: muévete aprisa.

En sentido metafórico, *breve* equivale a conciso.
Ligero, a precipitado.
La *brevedad* puede ser obscura.
La *ligereza* puede ser liviana.
Así decimos: mujer *ligera*, a la que es capaz de cometer una *ligereza*.
Nada más absurdo que decir mujer *breve*, a la que comete un desliz moral.
EJERCICIO.— Seré *breve*, seré *ligero*. Veamos qué quieren decir estas dos frases.

Seré *breve* quiere decir que hablaré poco, que diré las menos palabras posibles, las precisas.

Seré *ligero*, aun cuando esta expresión fuera propia para expresar la misma idea, significaría que intentaba hablar velozmente, con rapidez, durante poco tiempo, aunque en ese tiempo pronunciase muchas palabras, sentado lo cual no sería *breve*. De modo que no sería *breve*, sin embargo de haber sido *ligero*.

Esto explica que el vocablo *ligero* tiene un sabor moral que no conviene al otro término del artículo. Mujer *ligera*, o de cascos *ligeros*, es una mujer casi licenciosa, que se precipita, que obra demasiado rápidamente.

Nada más absurdo que decir mujer de *breves* cascos, porque esto, si algo significara, significaría que los cascos de aquella mujer eran muy pequeños, muy reducidos, muy menudos.

Esto explica también que *breve* es capaz de cierto sentido poético que no se ajusta a la otra palabra. La poesía dice *breve* pie, labio *breve*, para significar pequeño.

Nada más absurdo que decir, para significar la misma idea, *ligero* pie, labio *ligero*, porque decir *ligero* pie significaría que andaba mucho, que se movía con presteza, como decir labio *ligero* significaría que hablaba sin prudencia, sin reposo, sin el necesario continente.

Lo *breve* se refiere a la cantidad.
Lo *ligero*, a la acción.
Lo *breve* es conciso.
Lo *ligero* es veloz.
Lo *breve* puede ser obscuro.
Lo *ligero*, liviano.

Bruto, estúpido. Bribón

Festo dice que para los antiguos eran términos equivalentes *pesado* y *bruto*. «*Brutum antiqui pro gravem dicebant.*» Nonio Marcelo dice también que se daba el nombre de *bruto* a todo lo obtuso, rudo, grosero. «*Brutum dicitur hebes et obtusum.*»

Es indudable que en la formación de la lengua latina, en aquellos tiempos en que cada palabra tenía su nombre genuino, natural, inocente, por decirlo así; es indudable, repetimos, que decir *bruto* era decir obtuso, tardío, pesado. Y esta es la verdadera significación del vocablo que nos ocupa, lo mismo hoy que entonces, por más que quiera estirarse el asunto. Nuestra lengua nos ofrece mil testimonios en abono de la mencionada etimología. *Peso en bruto* quiere decir peso total; más claro quiere expresar la idea del mayor peso posible, porque cuanto más pese el objeto más *bruto* será. Por consecuencia, *bruto* significa pesado. Materia *bruta* quiere decir que no se ha trabajado, que no se ha pulido, que no se la ha quitado nada, que conserva todo su volumen, su grosería, su rusticidad, su peso *bruto*. Por esto mismo llamamos *abrutado* al sujeto que tiene maneras abotagadas, que tiene un movimiento tardío, embarazoso; que tiene una fisonomía obtusa, roma. Esta misma razón debió tener Plinio para llamar *brutos* a los animales. Los llamó *brutos* porque eran corpulentos, pesados, tardíos, groseros, feroces.

Apliquemos esa rusticidad, esa pereza, ese abotargamiento, ese algo *obtuso* de que habla el gramático Nonio; apliquemos esa pesadez de los cuerpos a las disposiciones del ánimo, y dígase de buena fe si puede concebirse una definición más propia de lo que hoy se entiende por *brutalidad*. El hombre *bruto* es una inteligencia obtusa, una mente pesada, un espíritu perezoso, un raciocinio abotargado.

Estúpido viene de *stupere*, de donde se origina la palabra *estupor*, del mismo modo que la de *estupefacto*. Realmente, el *estúpido* es un hombre *estupefacto* del entendimiento.

El *bruto* es pesado, tardío, obtuso, en sus concepciones y en sus maneras.

El *estúpido* es torpe, como si estuviera entumecido.

La *brutalidad* es constitucional, orgánica, fisiológica; el que *bruto* entra, *bruto* se ausenta, dice el adagio. Si así puede decirse, es una enfermedad natural.

Por el contrario, la *estupidez* es ocasional, exterior. Un susto, una sorpresa, cualquier hecho *estupendo*, cualquier *estupor*, puede hacernos *estúpidos*.

Bribón, de *briba*. Ser *bribón* es andar a *la briba*, sin oficio ni beneficio. Del *bribón* salen generalmente los ladrones, los asesinos, los facinerosos. Contra estos males no hay más que un remedio: tomar oficio, trabajar, ser útil. ¿Saben nuestros lectores lo que significa trabajar? Trabajar significa amar nuestra vida y la de nuestros semejantes. El que trabaja está ligado a su persona, a la sociedad y a la naturaleza: ligado a Dios y al hombre. Trabajar: he aquí la riqueza, la fortuna, la virtud, la gloria y la dicha del mundo.

Bueno, útil

Bueno se deriva del latín *bonus*.
Útil, del verbo *utor, uteris*, que significa *usar*, porque lo *útil* no es otra cosa que lo que se *usa*, lo que admite *uso*.

Libro *bueno*, libro *útil*.
Veamos qué quieren decir estas dos frases.

Tengo en mi casa un libro *bueno*; pero mañana me sepultan en la obscuridad de un calabozo, y el libro *bueno* me es allí *inútil*.

Pero sin embargo de serme *inútil*, el libro *bueno* será *bueno* en el calabozo como en mi casa, al sol como a la sombra.

¿Por qué es *bueno* el libro? Es *bueno* porque contiene una doctrina sana; es *bueno* en virtud de cualidades necesarias que le acompañan siempre, que van con él a todas partes, que durarán tanto como el libro, ora esté yo en el calabozo, ora esté en un palacio.

¿Por qué este libro *bueno* me es *inútil* entre las tinieblas de una prisión? Porque no habiendo luz allí, no puedo leerle; no pudiendo leerle, no puedo *usarle*; no pudiendo *usarle*, no me es *útil*, y no siéndome *útil* tiene que serme *inútil*.

Otro ejemplo nos hará comprender este punto con más evidencia.

Tenemos una capa *mala*; pero esta capa *mala* nos guarda del frío: la capa *mala* nos es *útil*.

Tenemos una capa *buena*, porque es de *buen* paño y es hecha con maestría; pero nos vamos a la Senegambia, y la capa *buena* nos será *inútil*, y no sólo *inútil*, sino perjudicial, porque en aquella zona nos ahogaría.

Hemos visto que lo malo puede ser *útil*, así como lo *bueno* puede ser *inútil*, de lo cual debemos inferir que lo *útil* y lo *bueno* son ideas distintas, y que, por lo tanto, distintas han de ser las palabras que significan aquellas ideas.

Lo *bueno* es intrínseco, inmutable; lo *bueno* tiene una significación absoluta, un sentido perfecto, universal; lo *bueno* es la verdad, la belleza y la virtud; lo *bueno* es la moral, una moral tan acabada y tan eterna como el pensamiento de Dios.

Lo *útil* es externo, perfectible, casi accidental. Lo *útil* varía según los usos, las costumbres, las ideas, los pareceres, las opiniones, los pueblos, los siglos y los climas.

Para que una cosa sea *útil*, mucho se tiene adelantado con que sea *buena*.

Busquemos lo *bueno* aunque nos sea *inútil*.

No busquemos lo malo aunque nos sea *útil* en esta vida, pues según el dicho de Jesús, sabemos que nos será inútil, y aun perjudicial en la eternidad (Mateo 16:26).

Bula, breve

Bula, bulla en latín, viene de *bullire*. La *bula* o bola es la burbuja que el agua levanta cuando bulle.

Los romanos, para acreditar la autenticidad de ciertos documentos, les ponían una bola (bulla) de metal. Con el mismo fin las cartas apóstolicas antiguas llevan sellos de plomo, a imitación de las bulas romanas seculares.

Ésta es una definición católico-romana. Nosotros debemos añadir que, cuando dicen cartas apostólicas antiguas, no se refieren a las que tenemos en el Nuevo Testamento, sino a las de los primeros obispos de Roma llamados papas, pues las copias más antiguas que se han conservado del Nuevo Testamento son de los siglos IV y V, por tanto no podemos saber si las cartas originales de las epístolas llevaban o no una bola de plomo fundido como sello de autenticidad. No es nada probable que las de San Pablo pudieran llevarla, ya que fueron mandadas como documentos clandestinos desde las prisiones romanas de Cesarea y de Roma.

Es triste saber que en los siglos del oscurantismo medieval se consideraba a las cartas del obispo de Roma documentos de salvación, válidas para el perdón de los pecados, y se compraban a cambio de dinero de la época como mercadería común, contradiciendo así la declaración del apóstol San Pedro en Hechos 8:20-21 y 1.ª Epístola de Pedro 1:18.

C

Cabal, acabado, entero, completo, perfecto

Cabal es aquello que tiene lo que debe tener por su naturaleza.
Acabado es lo bien concluido.
Entero, lo que conserva la integridad de sus partes, o sea, lo contrario de *roto*.
Completo, lo que forma un todo en su línea; nada le falta para ser lo que debe ser.
Perfecto, lo que no puede mejorarse.
Moneda *cabal*; hombre *cabal*; cuentas *cabales*.
Obra *acabada*.
Libro *entero*.
Tratado *completo*.
Virtud *perfecta*.

Cábala, complot, conspiración, conjuración

La *cábala* es la intriga de un partido o de una fracción formada a fin de trabajar y conseguir un fin determinado por medios ocultos en los sucesos de las cosas.
El *complot* es la resolución de obrar, arreglada y concertada, entre dos o más personas, con el fin de cometer un atentado.
La *conspiración* es una trama sorda para abatir algún poder odioso, a veces por intereses particulares.
La *conjuración* es una asociación o confederación de ciudadanos o personas poderosas para realizar por medios violentos una revolución en la cosa pública.
La *cábala* es dirigir una intriga.
El *complot*, disponer un golpe.
La *conspiración*, preparar un suceso.
La *conjuración*, conducir una empresa a través de grandes obstáculos.
La *cábala* ha de ser secreta; el *complot*, astuto; la *conspiración*, atrevida; la *conjuración*, poderosa.

Cábala, intriga

Cábala se deriva del hebreo *kabalah*, formado del verbo *kibbel*, que significa recibir, porque la *cábala* consistía primitivamente en saber una cosa por tradición, *recibirla* de padres a hijos secretamente, con misterio, por lo cual vino a significar *intriga*, manejo oculto, casi maquinación.

Intriga significa enredo, procedimiento cauteloso, *intrincado*, porque parece que la *intriga* tiene algo del vocablo vulgar *intríngulis*. Toda *intriga* tiene su *intríngulis*; es decir, su parte picaresca, su fraude, su malicia, su dolo.

La *cábala* está en relación con las creencias.

La *intriga* con las opiniones.

La *cábala* busca su alimento en la superstición.

La *intriga* pide ayuda al instinto de las riquezas, de la fortuna, de los honores, de la fama, del amor.

No hay juego de guarismo que no tenga combinaciones *cabalísticas*.

No hay corte alguna en que no hagan suerte ciertas *intrigas* palaciegas.

Lo *intrigante* es casi aventurero.

Hacer *cábalas* significa hacer suposiciones atrevidas. La célebre cábala de Maimónides fue recibida por los judíos casi como una revelación interpretativa de la revelación divina.

Cable, cuerda

Cable viene del latín *capio*, coger, pues para ser cogido sirve el *cable*.

Cuerda viene de *acorde* o de *acordar*, porque las primeras *cuerdas* que se conocieron fueron las de los instrumentos músicos, y necesitaban *acordarse* para que produjeran la armonía.

Después la voz *cuerda* se aplicó a otros órdenes de cosas, y hoy es infinitamente más general que *cable*.

Así, decimos *cuerda* de guitarra, de arpa, de violín, del pozo, del buque, de la maroma, de pita, de esparto, de cáñamo, etc.

Fuera absurdo decir *cable* del violín, del arpa, de la guitarra, del pozo, de la maroma.

Cable significa la idea de resistencia, por cuya razón llamamos *cables* a las *cuerdas* que entran en el arbolado de los buques mayores.

Así decimos: se rompió el *cable* de la fragata. No usaríamos con propiedad de la palabra *cuerda*, porque la *cuerda* puede ser delgada, mientras que el *cable* que sujeta a la fragata tiene que ser grueso.

Una *cuerda* basta para sujetar un esquife.

Se necesita un *cable* para sujetar un navío.

Cabo, extremo, extremidad

Cabo expresa absolutamente la idea de fin; es el término por donde las cosas *acaban*. *Cabo* de Finisterre. No podría decirse *extremo* ni *extremidad* de Finisterre.

Extremo significa el término *último*, pero con relación al *primero*. La vida tiene dos *extremos*: la cuna y el sepulcro. No puede decirse la vida tiene dos *cabos*, porque esto significaría que tiene dos *fines*, lo cual es absurdo. No puede decirse tampoco la vida tiene dos *extremidades*, porque esto significaría que tiene dos términos *últimos*, lo cual es absurdo, pues no tiene relación con el primero.

Extremidad supone lejanía, término remoto. Le seguiré a la *extremidad* de la tierra. No puede decirse con la misma eficacia: le seguiré al *cabo* de la tierra, porque aquí no se trata del fin descubierto y conocido, del término por donde el globo *acaba*, sino del último pedazo de tierra posible, del último rincón del mundo, aunque este rincón sea una anomalía del sistema de la creación. En la frase anterior no domina la idea genérica de fin, sino la idea de lo distante; es decir, la idea necesaria de un fin lejano, ignorado, oculto, misterioso, lleno quizá de pruebas, de calamidades y peligros. No podría decirse tampoco: le seguiré al *extremo* de la tierra, porque la tierra no tiene solamente un *extremo*, sino cuatro, y no se expresa a qué *extremo* le seguiría. Para significar de un modo aproximado el mismo pensamiento, sería necesario decir: le seguiré al último *extremo* de la tierra.

Cabo significa fin. Le vi al *cabo*.

Extremo une a la idea de fin la de principio. Amo a la hija, odio a la madre, y estoy luchando entre estos *extremos*.

Extremidad es el *extremo* último.

Las *extremidades* del cuerpo son cabeza y pies, pero considerado en su totalidad el cuerpo tiene cuatro, ya que se le añaden los brazos y al *cabo* de ellos los dedos.

Cabo, mango

Cabo, de *caput*, cabeza, significa extremo, porque la cabeza es una extremidad del cuerpo.

Mango es un derivado de *mano*. Expresa lo que con la *mano* se coge.

Decimos: iré al *cabo* del mundo.

Nada más absurdo que decir: iré al *mango* del mundo.

Cachaza, pachorra

La *cachaza* puede ser efecto de discreción y de prudencia. Así es que decimos ¡*cachaza*! cuando aconsejamos circunspección y aplomo.

Nada más absurdo que decir: ¡*pachorra*!

La *pachorra* viene de *pacho*, como si dijéramos *pan*, de donde proceden *empacho*, *gazpacho*, etc. La *pachorra* es gordura, embargo, *panza*, como si consistiese en un *empacho* de la inteligencia y del sentimiento.

La *cachaza* se parece a calma.

La *pachorra* parece inclinarse a poltronería.

La *cachaza* de un hombre puede salvar a una nación.

La *pachorra*, esté donde quiera que esté, no puede hacer más que embarazar todo lo que toque.

Seamos *cachazudos* en ciertos casos.

No seamos nunca *pachorrudos*.

Cadáver, muerto, difunto

Cadáver viene de *caer*. Basta que una persona caiga exánime para que sea *cadáver*.

Muerto expresa la simple negación de la vida.

Difunto es el hombre que ha exhalado el último aliento, cuyo espíritu se ha *difundido*.

De modo que cadáver carece de movimiento.

El *muerto*, de existencia.

El *difunto*, de espíritu.

Cálculo, cómputo

Se *calculan* el número y la extensión.

Se *computa* el tiempo.

El *cálculo* es matemático.

El *cómputo* es cronológico.

Cálculo diferencial. No puede decirse: *cómputo* diferencial.

Cómputo eclesiástico. No puede decirse: *cálculo* eclesiástico.

La palabra *cómputo* se usa principalmente para los años, tiempos y edades. Se *computan* los años de servicio en un cuerpo militar. Se *computaron* las festividades del calendario, *calculando* los datos que se poseían de los Evangelios y de los anales de Roma.

Caliente, cálido

Caliente es un hecho accidental. Pongo frío a la lumbre y se vuelve *caliente*. La aparto después, y el agua *caliente* se vuelve fría. Bajo un sol de agosto, la tierra está *caliente*. La cubrimos de nieve en aquel momento y se enfría.

Lo *cálido* está en la substancia de las cosas, en las leyes de la naturaleza. El clima que es *cálido*, lo mismo es *cálido* de día que de noche, haciendo calor que haciendo frío, aquí como en el último confín del mundo. Es *cálido* en virtud de leyes generales, de un algo intrínseco, de un algo esencial.

Los dátiles, por ejemplo, son y serán siempre una substancia *cálida*, mientras que no muden su manera elemental de ser, en cuyo caso mudarían de naturaleza, dejando de ser dátiles.

Cálido expresa causa.
Caliente es un efecto.
Lo *caliente* varía.
Lo *cálido* no muda.

Ambas voces vienen de *caleo*, que significa *calentar*.

Calificado, noble

Calificado viene de *clase*. Quiere decir que pertenece a una *clase* elevada, que es de origen ilustre, o como se suele decir, de clara estirpe.

Noble viene de *nosco*, y significa digno de *conocerse* o *conocible*, *noscibilis* en latín o *nobilis*, adjetivo formado del pretérito *nobi*, de donde nace inmediatamente nuestra voz *noble*.

De modo que en *calificado* domina la idea de origen, de sangre, de familia.

En *noble* domina más bien la idea de mérito, de hazaña; la idea de una virtud que nos hace dignos de que se nos *conozca*, de que se nos dé *nombre*.

A juzgar por la etimología, *calificado* viene a significar bien nacido.

Noble quiere decir *notable*, héroe, excelente.

Lo *calificado* es una herencia, una casta, un azar, muchas veces, aunque otras puede significar habilidad o conocimientos que hacen a uno hábil o capacitado para llevar a cabo ciertas empresas.

Lo *noble* es siempre una virtud, una fortuna, un mérito.

Calma, bonanza

La *calma* existe en los elementos, en la atmósfera, en la naturaleza, tanto en tierra como por mar.

La *bonanza* existe en los mares, solamente.

Después de la tormenta, viene la *calma*.

Después de la borrasca, viene la *bonanza*.

De modo que lo contrario de la *calma* es la tormenta o la tempestad.

Lo contrario de la *bonanza*, la borrasca.

Calórico, calor

Calórico es el calor elemental; es decir, el calor creado por la causa suprema para que entrase como elemento interior de vida en los objetos de la creación. Es esa especie de llama sutil e imperceptible, ese rescoldo leve y vital que nace con nosotros, que existe en nosotros, como la circulación de la sangre, como la sensibilidad de los nervios, como los jugos de la digestión. Eso está en nosotros, como está la luz en los astros y la fluidez en el aire.

Dios se ha reservado muchas cosas en el gobierno de este mundo. El *calórico* es una de esas cosas elementales que tocan al gobierno de nuestro Hacedor.

El *calor* es un calórico, ora natural, ora artificial, que viene siempre de fuera, y que nos impresiona más o menos, según mil circunstancias accidentales.

Una hoguera nos da *calor*: he aquí un *calor* artificial.

La luz del sol nos da *calor*: he aquí un *calor* natural; pero tanto el *calor* del sol como el de la hoguera puede impresionarnos más o menos, según mil accidentes distintos.

El sol me abrasa en julio; busco el abrigo de una cueva, y ya el sol no me da *calor*.

El *calor* del clima me sofoca aquí; me voy al Norte, y en vez de *calor*, siento frío.

Se dice: la electricidad es *calórica*, o productora de calor.

No puede decirse: la electricidad es el *calor*. *Calor* es el que da una hoguera, y, sin embargo, ese calor artificial no desarrolla el fluido eléctrico.

Decimos: frotemos dos palos y se producirá en ellos el *calórico*. No podríamos decir que se producirá el *calor*, porque no se trata de un fuego externo, sino de ese foco constitucional, por decirlo así, que el Hacedor ha dado a la materia.

Cama, lecho, tálamo

Cama es una palabra vulgar.
Lecho, una palabra culta.
Tálamo, una palabra poética.

Cama equivale a utensilio, como silla o mesa.

Lecho significa placer o dolor, y es la palabra que ha de usarse al referirnos a alguna enfermedad, como el lecho del dolor o de la muerte.

Tálamo es una imagen, una fantasía.
Se duerme en la *cama*.
Se expira en el *lecho*.
Detrás de una boda aguarda un *tálamo*.

> Mis arreos son las armas,
> mi descanso el pelear,
> mi cama las duras peñas,
> mi dormir siempre velar.

No podría decir *tálamos* ni *lechos*, en lugar de *cama*, porque no se conocen lechos ni tálamos de duras peñas.

Gerardo Lobo dice:

> Con vanidades de lecho,
> sobre un corcho requemado
> —ético y extenuado—
> un débil colchón se hilvana,
> que algún tiempo fue por lana
> y se vino trasquilado.

No decir con vanidades de *cama*, porque la cama es un lecho humilde, y lo humilde no puede tener vanidades.

Cambio libre, libre cambio

Cambio libre se refiere a un cambio privado; es decir, al cambio particular que se verifica en un punto o con alguna mercancía determinada.

Libre cambio significa todo un régimen, el régimen de la libertad de comercio, que es el contrario del régimen proteccionista.

En un puerto franco, por ejemplo, hay *cambio libre*, no *libre cambio*, porque es una excepción, un privilegio, un accidente de localidad, no una organización económica, no un orden administrativo.

En los Estados Unidos del Norte de América, tratándose de ciertos artículos, hay *libre cambio*, no *cambio libre*, porque no se trata de una medida excepcional, de una gracia mós o menos extensa, sino de un estatuto económico, de una organización constitucional fija, permanente.

El *cambio libre* es una operación mercantil.

El *libre cambio* un sistema económico.

El *cambio libre* es un punto, una mercancía.

El *libre cambio* es la nación, la ley.

Cambio, mudanza

Cambiar supone que se da un objeto y se recibe otro en equivalencia. Cuando *cambiamos* una onza en duros, damos oro y tomamos plata.

Nada más extraño que *mudar* una onza.

La *mudanza* supone alteración en la figura, en el modo de ser y de obrar. *Mudarse* el vestido es dejar el vestido que se lleva y ponerse otro diferente, pero perteneciente a la misma persona, o de un género similar.

No podría decirse, para expresar la misma idea, *cambiar* de vestido, porque con esto daríamos a entender que habíamos tomado el vestido de otro en lugar de tomar el nuestro; daríamos a entender que se había verificado un trueque, o un cambio ostensible de forma o de calidad.

El *cambio* trueca.
La *mudanza* transforma.
Muda el tiempo, no *cambia*.
El comercio *cambia*, no *muda*.

Se llama también *mudanza* al cambio de casa, o sea, de domicilio.

Cambio, trueque, permuta, canjeo

El *cambio* es mercantil. El comercio, en todas sus esferas, no es más que un *cambio* repetido. Así, decimos: libre *cambio*, *cambio* universal, *cambio* de monedas. Sería absurdo decir: *trueque* de monedas, *trueque* universal, libre *trueque*. En el *cambio* el dinero es la primera mercancía, porque es la que sirve de pauta a todas las otras.

El *trueque* es doméstico, y el dinero no entra en este *cambio* particular. Una alhaja se *trueca* por otra alhaja.

La *permuta* es oficial.
El *canjeo*, militar.

Así pues, se *cambian* los frutos, los artefactos, los animales.

Se *truecan* las navajas, los sombreros, las cosas de gusto y de capricho.

Se *permutan* los empleos, las cátedras.

Se *canjean* los prisioneros de guerra.

El teatro del *cambio* es el mundo.
El del *trueque*, la familia.
El de la *permuta*, una oficina.
El del *canjeo*, una tienda de campaña.

Can, perro

Can, canis en latín; *kyon, kynos* en griego, es el nombre propio del animal.

Perro, cuya etimología ignoro, es más bien palabra de desprecio y de insulto.

Así, se decía en la Edad Media, y también durante el período de la persecución nazi en Alemania, «*perro* judío», por atribuir a los descendientes de esta nación la culpa de la muerte de Jesucristo, cuando sabemos que la culpa de haber tenido que sufrir Jesús la muerte por todos, es a causa de los pecados de todos los hombres, como dijo el poeta:

> *Muere, gemid, humanos.*
> *Todos en él pusisteis*
> *vuestras manos.*

Sería un despropósito en aquellos tiempos y siempre decir: «*can* judío».

De *perro* se derivan las voces *perrera, perrería, perrada, perruno, perruna, perramente, aperrearse*, etc.

Así, decimos: me ha hecho una *perrada*.

Nada más extraño ni más absurdo que decir: me ha hecho una *caninada*.

De *can* proceden las voces cultas *canino, canina, cínico, cínica, cínicamente, cinismo*.

Así, decimos: dientes *caninos*.

Nada más raro que decir: dientes *perrunos*.

También decimos: conducta *cínica*; es decir, propia de un *can, kynos* en griego.
Claro es que cometeríamos un disparate diciendo: conducta *perruna*.
Can es una voz literario-poética.
Perro es un término vulgar.

Canonical, canónico

Ambas palabras vienen de *canon, kānon* en griego, que significa regla o ley. *Canon*, lo mismo que cañón y carabina, procede de *caña*, porque la caña hubo de servir primitivamente de regla o de norma para medir, como lo demuestra también la *cana* de los catalanes, que positivamente no tiene otro origen. La *cana* significa vara o metro; es un *canon* o regla de la medida.

La expresión *canónico* o *canónicos* se usa para designar los libros de la Biblia aceptados por los judíos y por las primeras iglesias cristianas como libros inspirados, y como apócrifos los no reconocidos por unos ni por otros, a pesar de que algunos de ellos fueron aceptados por el Concilio de Trento en el siglo XVI.

Cansancio, fatiga

El *cansancio* es el resultado del movimiento.
La *fatiga* es el resultado del trabajo, de la acción.
Un soldado que no puede seguir la marcha de un batallón, se rinde de *cansancio*.
Un obrero que no puede dar remate a su obra, queda rendido de *fatiga*. Quien dice *fatiga* dice agitación, pues ambos nombres tienen el mismo origen etimológico, como derivados de *ago, agis, agere*, hacer, ejecutar.
Cansancio, de *escanciar*. Escanciar es verter, vaciar, dejar desocupado, porque cuando *escanciamos* el licor de una botella, la botella queda vacía. Éste es el sentido de *cansancio*. El hombre que se *cansa* queda como vacío de fuerza, de brío, de aliento. Decir *cansado* es como decir *escanciado*. De aquí proceden descansar, descanso, descansadamente, sobre cuyas palabras se ha disputado tanto sin ningún provecho.

Cantador, cantante, cantor

Cantador es todo el que canta.
Cantante es el que canta con gusto y con conocimiento, por serlo de oficio.
Cantor se refiere más bien al poeta. Se le llama *cantor*, porque canta figuradamente la gloria de los héroes, y así decimos que Homero es el *cantor* de Aquiles y Ulises; o que Virgilio es el *cantor* de Eneas.
Para el *cantador* no es el canto más que una afición, un solaz.
Para el *cantante* es una bella arte y un oficio.
Para el *cantor* es una necesidad de su genio.

Cantidad, cuantía

La *cantidad* es suma, número, importe.
La *cuantía* es importancia, valor.
La *cantidad* es compañera de la extensión y de la medida.
La *cuantía* es compañera del valimiento y de la distinción.
Compraré una casa por tal *cantidad*.
Claro es que no puede decirse: compraré una casa por tal *cuantía*.
Se trata de un asunto o de una persona de *cuantía*, o sea, de valor.
Nada más despropositado que decir: se trata de un asunto o de una persona de *cantidad*.

La *cantidad* es matemática.
La *cuantía* es social.

Capcioso, falaz, falso, felón

Capcioso viene de *captare*, captar.
Falaz, falso y *felón* vienen de *fallo, fallere, fefelli, falsum*; de donde proceden falsía, fallido, fullero y otras muchas palabras de nuestra lengua.

Amigo *capcioso*, amigo *falaz*, amigo *falso*, amigo *felón*.

Veamos qué significan las anteriores frases.

Amigo *capcioso* es aquel que obra con segunda intención, que nos dispone una emboscada, que nos atrae simuladamente para sus fines particulares.

Amigo *falaz* es el que nos miente.
Amigo *falso* el que nos engaña.
Amigo *felón* el que nos vende.

De modo que la *capciosidad* es asechanza.

La *falacia*, embuste.
La *falsedad*, dolo, hipocresía.
La *felonía*, traición.

Debemos temer la *capciosidad*: es peligrosa.
Despreciar la *falacia*: es necia.
Odiar la *falsedad*: es infame.
Abominar la *felonía*: es traidora.

Capcioso, insidioso

Capcioso es el que lleva segunda intención.
Insidioso el que lleva intención hostil.
El *capcioso* nos oculta sus planes.
El *insidioso* nos espera en una emboscada.
El *capcioso* nos atrae, nos contenta; nos *capta* para engañarnos.
El *insidioso* nos acecha para perdernos.
Nótese que la palabra *capcioso* tiene el mismo origen etimológico que la voz *cautivo*. *Capcioso* es el que quiere *cautivarnos*, a fin de mandar en nosotros y hacernos su presa.

Cárcel, prisión

Cárcel se deriva del hebreo *carcer (zarcer)*; de donde el latino dijo *carcer, carceris*, y *cárcel* nosotros. El *carcer* hebreo significa cadena.

Prisión viene del latín *prehendere*, prender, apoderarse del que debe estar *preso*.

Encarcelado significa literalmente encadenado, aunque hoy día no se encadena ya a los presos que se hallan en una prisión, solamente se les ponen esposas mientras se hallan fuera de la cárcel para disminuir sus posibilidades de fuga.

Preso significa cogido.
El que anda suelto está en la *prisión*, no en la *cárcel*.
Aquel a quien se tiene sujeto con grillos, está en la *cárcel*, no en la *prisión*.

Prisión es encierro;
Cárcel es hierro.

El que inventó este adagio estaba al corriente de las verdaderas etimologías.

Lo expuesto hará ver cuánto se malversa, aun por personas eruditas, el sentido de las dos voces en cuestión.

Caro, costoso

Caro se refiere al precio.
Costoso, a la fatiga.
Nada es *caro* para el muy rico.
Todo es *costoso* para quien vive de su trabajo.
Si lo *caro* se pusiese en lugar de lo *costoso*, y lo *costoso* en lugar de lo *caro*, se transformaría el mundo.

Carroño, tacaño

El *tacaño* es el hombre que, teniendo haberes, va roto, sucio, lleno de *tacas* o de manchas.
Carroño es el hombre que aprovecha hasta la *carroña*; es decir, la *carne* podrida.
Carroño significa más que *tacaño*, porque ir sucio no expresa tanto como aprovechar lo podrido.

Carruaje, vehículo

Se cree que *carruaje* viene de *rueda*, como rodar. Ir en *carruaje* es ir sobre *ruedas*.
Vehículo se deriva de *vehere*, llevar, derivado de *vía*.
El *carruaje* rueda.
El *vehículo* nos conduce.
El *carruaje* marcha sobre tierra firme.
Una embarcación es un verdadero *vehículo*.

Casa, domicilio

Casa viene de *caja*, porque, como la caja o como el arca, es el secreto de la familia.
Domicilio viene de *domus*, casa o habitación entre los latinos. Es muy probable que de *domus* se origine la palabra latina *dominus*, señor, porque el amo de la casa era el *señor* de la mujer, de los hijos y de los criados. La *casa*, el *domus*, fue el primer *dominio* del hombre.
La *casa* es un secreto, una interioridad, un arcano.
El *domicilio* es un señorío, un *dominio*, una autoridad.
Nadie tiene el derecho de averiguar la historia secreta de una *casa*.
Nadie tiene el derecho de allanar un *domicilio*.

Catecúmeno, neófito

Catecúmeno viene del griego *katechēzein*, instruir de viva voz.
Neófito se compone de dos voces griegas: *neos*, que significa nuevo, y *phiō*, nacer. Es el que nace nuevamente, el que nace otra vez, puesto que nace para la vida espiritual (Juan 3:3).
Catecúmeno es el que se prepara para recibir el bautismo.
Neófito es el recién bautizado.
El *catecúmeno* es instrucción.
El *neófito* una fe reciente.

Causa, causalidad

Fulano fue la *causa* de mi perdición. *Causa* significa aquí culpa.
Le formaron *causa* por tal fechoría. *Causa* significa ahora proceso.
Por esta *causa* lo depusieron del destino. *Causa* significa en este caso razón.
Por la misma *causa* marchó al extranjero. *Causa* quiere decir en este sentido hecho, circunstancia, accidente, motivo, móvil.
En París le dijeron que tenía una *causa* en el estómago. *Causa* quiere decir enfermedad, dolencia interior.
De modo que *causa* significa motivo, razón, principio, origen.
Causalidad es la cualidad general, indefinida, abstracta, que tienen las cosas de ser *causales*, como actividad es la cualidad general que tienen las cosas de ser activas.
La *causa* es el hecho.
La *causalidad* es la abstracción.
Causa eterna, *causalidad* eterna.
¿Puede decirse *causa* eterna? Indudablemente. Dios no es otra cosa que la *causa* eterna de todo lo creado. Decir *causa* eterna es tan lógico y tan natural como decir principio eterno.
¿Puede decirse *causalidad* eterna? De

ningún modo. La *causalidad* es una cualidad sustantiva, un ente de razón, un ser metafísico que nosotros hemos formado, una relación que nuestro entendimiento ha concebido, y no le puede convenir la calificación de eterno, porque no es eterna una cualidad, una relación, sino que lo son las sustancias, las causas, las esencias, los principios.

La *causa* está en las leyes elementales.
La *causalidad* está en la relación de nuestras ideas.
La *causa* es natural.
La *causalidad*, lógica.
La *causa* es de Dios: obra en el universo.
La *causalidad* es del hombre: obra en la vida.
Todo el mundo habla de *causas*.
El filósofo habla de *causalidades*.

Causa, motivo

La *causa* se aplica en todos los sentidos, desde Dios, *causa suprema* de todo lo creado, hasta la última sustancia capaz de producir un efecto.

El *motivo* se aplica especialmente a las cosas humanas, por cuya razón no podríamos llamar a Dios *el motivo supremo* de todo lo creado.

Pedro está enojado conmigo. Yo creo que no le he dado *motivo* de enojo. No puede decirse: yo creo que no le he dado *causa* de enojo.

Luisa no se casa ya con Vicente. Ella deberá tener sus *motivos*. No puede decirse que deberá tener sus *causas*.

Motivo es la razón concreta y particularísima que nos impulsa y acaso nos obliga a obrar de cierto modo.

Es una *causa* humana, moral, que equivale casi a *razón*.

De modo que el sabio investiga *las causas* de todos los *efectos*.

El moralista busca el *motivo* de las *acciones*.

Cuando un juez sentencia, no atiende a las *causas* ni a los efectos, sino a los *motivos* que le revelan la intención del causante, o el acusado.

La *causa* es universal.
El *motivo* es humano.
La *causa* viene de la esencia.
El *motivo* viene de la voluntad.

No obstante, en el uso se emplean apenas sin distinguir ambas palabras.

Cáustico, acre

Cáustico se deriva del griego *kaustikos*, formado del verbo *kaiō*, *uro* en latín, que significa quema, de donde proceden nuestras voces cauterio, causticidad, holocausto (todo quemado, del griego *holos*, todo, y *haiō*, quemar).

Acre, como ácido y acero, viene de *akē*, *akis*, que en griego significa punta, corte. De este origen nacen nuestras voces acedar, acedera, acerilla, acedia, acedo, acidez, acidular, acerbo, acrimonia, acritud, agrio, agriar, agriamente, avinagrar, vinagre, vinajera, acero, acerado, aceramente, etc.

Lo *cáustico* quema.
Lo *acre* excita.
Lo *cáustico* es ardiente.
Lo *acre* es áspero.
Lo *cáustico* pertenece a la medicina.
Lo *acre* no sale del uso ordinario de la vida.

Una diferencia semejante conservan ambas voces en sentido figurado.

Discurso *cáustico*, discurso *acre*.

Discurso *cáustico* quiere decir que es un discurso lleno de ironía, de odio, de hiel; un discurso que quema, que abrasa, que devora el alma del contrario, como el *cauterio* material devoraría sus carnes.

Discurso *acre* quiere decir que es áspero, duro, rasposo, como si tuviera puntas de vidrio; un discurso lleno de vinagre, por decirlo así.

El que siente lo *acre* hace gestos.
El que siente lo *cáustico* da gritos.

Cegar, obstruir

Se *ciega* echando tierra.
Se *obstruye* poniendo un *obstáculo*.
Se *ciega* un pozo, una cueva, un abismo.
Se *obstruye* un camino, un sendero, una vía.
En lo que se *ciega* no hay claridad.
En lo que se *obstruye* no hay paso franco.

Celeste, celestial, célico

Celeste se refiere a la esfera en que están los astros. Bóveda *celeste*, cuerpo *celeste*. No puede decirse cuerpo *celestial*; y no sería menos absurdo decir bóveda *célica*.

Celestial se refiere al cielo, considerado como lugar de la bienaventuranza. Gloria *celestial*; éxtasis *celestiales*.

Célico es palabra de la poesía, en sentido de *celestial*, no de *celeste*. Rostro *célico*, *célica* beldad, *célicas* flores. No puede decirse cuerpos *célicos*, *célica* techumbre.

La palabra cuerpo *celestial* no puede aplicarse a ningún cuerpo visible sino tan solamente a los cuerpos resucitados en la venida del Señor.

¿Por qué puede decirse bóveda *celeste*? Porque *celeste* significa materia, hecho físico, y materia es la bóveda en que alumbran los astros.

¿Por qué puede decirse gloria *celestial*? Porque *celestial* expresa ideas metafísicas, hechos teológicos, y una idea metafísica y teológica es la eterna bienaventuranza con que Dios premia al justo.

¿Por qué puede decirse rostro *célico*, o *célicas* flores? Porque lo *célico* anuncia una gloria poética, una bienaventuranza ideal, y el rostro de una dama, un rostro hermoso, puro, dolorido, es una idealidad y una poesía. Podemos decir en poesía del mismo modo *célicas* flores, porque al hablar así, nos referimos a las flores de la inocencia; hablamos del candor y de la virtud, que son flores del alma, flores del cielo.

¿Por qué no se puede decir cuerpo *celestial* o bóveda *célica* para referirse a un cuerpo humano muy hermoso? Porque lo *célico* es una belleza, una candidez, y la bóveda del cielo material no es una candidez, ni una belleza. No puede decirse tampoco cuerpo *celestial* al cuerpo bello de una dama, si no es en un sentido claramente figurado, y aun así, sería una irreverencia, porque lo *celestial* pertenece a la esfera superior del espíritu. Llamar *celestial* a un cuerpo sería tan anómalo como denominarlo espiritual o divino.

Entre *celestial* y *célico* hay la misma diferencia que entre las palabras siguientes y otras infinitas que omitimos en gracia de la brevedad, y porque las copiadas bastan para ejemplo.

Transparente, *diáfano*.
Fulgente, *fúlgido*.
Limpio, *límpido*.
Hermosura, *beldad*.
Cueva, *antro*.
Aire, *céfiro*.
Infierno, *báratro*.
Medida, *ritmo*.
Matrimonio, *himeneo*.
Lecho, *tálamo*.
Cielo, *éter*.
Dorado, *áureo*.
Blanco, *nítido*.

Hagamos que un criado nos diga que ha dejado *diáfanos* los cristales, que el *éter* está *límpido*, que le ha deslumbrado un *relámpago*, que su novia es una *beldad*, que la ha regalado una *áurea* sortija, que tiene un cutis *nítido* y una mirada *célica*, que están encendidas las hachas de *Himeneo*, que le aguarda el *tálamo*, que le molesta el *céfiro*, que ha bajado al *antro*, y seguramente nos parecerá que nos habla otro hombre, o bien que se expresa en un idioma del otro mundo.

Célibe, soltero

Soltero se deriva de *solo*. El soltero es un hombre que vive aislado; es el *solitario* de la familia.

Célibe viene de *cielo*, *koilon* en griego, que quiere decir cóncavo, vacío. El *célibe* es un hombre vacío, incompleto, puesto que le falta la plenitud y el complemento de la mujer.

Ignoramos si el venir *célibe* de *cielo* fue parte para que se aplicara el nombre *celibato* a significar el estado del que profesa la vida religiosa, haciendo voto de castidad.

Esta es la idea que prevaleció en el principio de la Edad Media, en los días del papa Gregorio VII, quien expidió la bula que prohibía el matrimonio de los eclesiásticos, lo que trajo muchas protestas, a causa de que en el Evangelio no figura semejante orden, antes al contrario (véanse 1.ª Timoteo, cap. 3, vers. 4 y Hebreos 13:4); pero la etimología de «celibato» indica estado de los que viven para el cielo.

La *soltería* es soledad, desamparo, abandono.

El *celibato* puede ser virtud, y hasta un sublime sacrificio, aunque a veces ha resultado una medida contraproducente.

Cementerio, camposanto

Camposanto quiere decir campo bendito, campo consagrado por la religión para que sea el albergue de nuestras cenizas, y, para decirlo propiamente, es el campo que ha recibido la bendición de la Iglesia.

Cementerio viene de la voz griega *koimētērium*, *coemeterium* en latín, que significa *dormitorio*, dando a entender que es el *dormitorio* de la muerte, un *dormitorio* del que vamos a despertar en el cielo.

Todos los lugares pueden ser *cementerios*, porque en todo lugar podemos abrir una huesa, o sea una fosa para sepultar los huesos, y toda huesa es un *dormitorio* de nuestros restos mortales, pero lo principal es que hayamos dormido en el Señor (Apocalipsis 14:13).

Censo, catastro

Censo se deriva del latín *censo*, juzgar, de donde proceden los vocablos *censor*, *censura*, etc.

Catastro es uno de los muchos derivados de *caput*, cabeza, porque es el alistamiento de las *cabezas* o individuos de una población.

El *censo* lleva en sí la idea de pesquisa, de juicio, de *censura*.

Quien dice *catastro* dice encabezamiento.

El *censo* es como una función de la inteligencia, la obra del *censor*.

El *catastro* es un libro, un apunte, un padrón general.

Lo primero es una operación.

Lo segundo es una maniobra.

Cercano, próximo

Cercano, derivado de *círculo*, es lo que nos rodea, lo que nos *cerca*, lo que nos *circuye*.

Próximo viene de *propior*, cuyo superlativo es *proximus* en latín. Lo *próximo* nos toca, nos es propio, es un deudo nuestro, por cuya razón significaba entre los latinos el pariente más cercano, y hoy significa entre nosotros semejante, allegado, *prójimo*.

El *prójimo* es nuestro hermano de caridad.

Lo *cercano* se refiere al tiempo, que es el gran *círculo* de la existencia universal.

Lo *próximo* nos toca a nosotros, porque está en relación con las pasiones, con los sentimientos, con los instintos, con los deberes y aun con los pactos de la vida humana.

Lo *cercano* es fecha o paraje.

Lo *próximo* es afinidad.

Lo que está *cercano* nos circuye.

Lo que está *próximo* nos interesa.

Nos *acercamos* a una ciudad indiferente.

Se *aproxima* un ejército aliado.

Se *acerca* un día festivo.

Se *aproxima* el día de la prueba, de una revolución, de un casamiento, de una fiesta.

Lo repetimos: *cercano* significa tiempo y espacio.

Próximo significa humanidad.

Cerraja, cerradura

Ambas voces vienen del latín *sera*, que significa tranca. Se diferencia en que *cerraja* significa el aparato o instrumento que *cierra*, mientras que *cerradura* expresa en cierto modo la acción de *cerrar*.

Más claro: la *cerraja* es la destinada a cerrar, como el *cerrojo*.

La *cerradura* es la que ejecuta la acción; la *cerradura* es la que *cierra*.

La *cerraja* es.

La *cerradura* sirve.

Cerrar, encerrar

Ambas voces vienen del latín *sera*, tranca.

Cerrar es dar vuelta a la llave en la *cerradura*.

Encerrar es prender.

Se *cierra* la puerta.

Se *encierra* a un criminal.

Lo que ahora se *cierra*, se *abre* luego.

Lo que se *encierra* ahora, se suelta después.

De modo que lo contrario de *encerrar*, o el término que más se le aproxima, es soltar.

Lo contrario de *cerrar* es abrir.

Cimiento, base

Se cava la tierra para echar un *cimiento*.

Basta una superficie para colocar una *base*.

Se ponen *cimientos* a un edificio.

Se pone *base* a una columna.

Separar a un edificio de sus *cimientos* fuera destruirlo.

Una columna se separa de su *base* sin que sufra el menor quebranto.

El pedestal es la *base* de la estatua.

La obra que hay debajo de la estatua para afirmar el monumento es el *cimiento* de la *base*.

De modo que la *base* puede tener *cimiento*, mientras que el *cimiento* no puede tener *base*.

Se diferencian además estas palabras en que *base* tiene un uso frecuente en sentido metafórico.

Se necesitan veinte mil duros para acometer una empresa. De los veinte mil duros que se necesitan hay reunidos ocho mil. Estos ocho mil duros son una buena *base* de la negociación.

Bases de un contrato, *bases* de una escritura. Claro es que no puede decirse: *ci-*

mientos de un contrato o *cimientos* de una escritura.

Cinta, ribete

Cinta se deriva de *ceñir*, como *ceñidor*, *cinto*, *cíngulo*, etc.

Ribete viene de *ribera*, que es la orilla o margen del río. Significa, pues, orilla, extremo.

Cualquier franja de tela con que nos *ciñamos* la *cintura*, es real y verdaderamente una *cinta*.

Nada más absurdo que decir que es un *ribete*, puesto que la *cintura* no es extremo, no es orilla, no es *ribera*.

Supongamos que guarnecemos las orillas de un traje con piel de ante, de gamuza, de cabrito. Aquello será indudablemente un *ribete* de piel.

Nada más absurdo que decir que aquel *ribete* es una *cinta*.

La *cinta* sirve para ceñir.
El *ribete* sirve para orlar.
La *cinta* es ornato.
El *ribete* es refuerzo.

Ceñimos el talle para que aparezca esbelto y donoso.

Ribeteamos una tela para que no se deshilache.

Clandestino, subrepticio

Clandestino es lo oculto o ilegal.
Subrepticio es lo ilegítimo.

Lo contrario de *clandestino* es lo notorio o lo autorizado por la ley.

Lo contrario de *subrepticio* es lo verdadero.

El que se esconde de la justicia obra *clandestinamente*.

El que pretende sorprenderla con datos falsos obra *subrepticiamente*.

Clase, calidad, cualidad

La *clase* significa el rango social de cada uno. Es tan varia como son varios los estados de que el hombre es capaz, por razón de su nacimiento, de su oficio, de su importancia, de su virtud, de sus posibles, de su talento, de su valía o de su fortuna.

La *clase* es alta, baja, noble, plebeya, rica, pobre, civil, militar, oficial, eclesiástica.

Calidad expresa la idea de distinción. Hombre de *calidad* quiere decir: hombre de buen origen, *calificado*, que pertenece a la *clase* elevada, que es noble. Esta voz no significa graduación como la *clase*, sino estirpe; no categoría, sino jerarquía. Esto explica que no puede decirse: *calidad* noble, *calidad* plebeya, *calidad* pobre, *calidad* rica, *calidad* civil, *calidad* eclesiástica.

Cualidad expresa la idea de virtud o de vicio. Es la *calidad* de la conciencia, la *clase* moral, la noble alcurnia de la bondad y del talento.

Hombre de *cualidades* quiere decir: hombre de prendas, de valor, de importancia intrínseca.

Por lo tanto, la *clase* es social.
La *calidad*, jerárquica.
La *cualidad*, moral.

La democracia creó un derecho para cada clase. Según las *cualidades* de los ciudadanos. El mismo régimen promueve la *calidad* mediante la instrucción.

El mundo cristiano creó la base de los «derechos humanos», según los mandatos y enseñanzas de Cristo acerca de la vida presente.

La *calidad* es un recuerdo del pasado en el sentido intrínseco y social.

Las *cualidades* son la nueva jerarquía de la humanidad.

En las dictaduras, las jerarquías son impuestas por la voluntad indiscutible del dictador.

Claustro, clausura

Ambas palabras se derivan de *clavis*, que significa llave, expresando la idea de incomunicación.

Se diferencia en que *claustro* es el monasterio y clausura es la vida que en el monasterio se lleva.

El *claustro* es la causa.
Clausura es el efecto.
Dicho de otro modo: el *claustro* es la cosa.
La *clausura* es el estado.

Cláusula, período

Cláusula viene de *clavis*.
Período, del griego *hodos*, que vale tanto como camino: *per-hodos*, por varios caminos.

La *cláusula* es forense: viene a ser la *llave* de las condiciones, como la *cerradura de los contratos*.

El *período* es gramatical: viene a ser el camino por donde llegamos a completar las frases para la cabal expresión de los conceptos.

Cláusulas legales.
Períodos armoniosos.
No expresaríamos las mismas ideas diciendo: *períodos* legales, *cláusulas* armoniosas.

Clavo, tachuela

Clavo viene de *clavis*, llave.
Tachuela, por *chatuela*, viene del griego *plax*, *platos*, de donde proceden plataforma, plano, planicie, playa, plaza y otras muchas voces castellanas.

Llámase *clavo*, porque como la *llave*, clava o cierra una caja de madera o una puerta.

Llámase *tachuela*, por *chatuela*, porque es chata.

Clima, temperatura

La *temperatura* puede ser, y es frecuentemente, *artificial*.

El *clima* no deja en ningún caso de ser natural.

La *temperatura* consiste en el grado presente de calor o de frío.

El *clima* consiste en las disposiciones generales de la atmósfera.

A cada momento estamos mudando de *temperatura*.

Mientras que permanecemos en un punto, no podemos mudar de *clima*.

Las *temperaturas* son varias durante el día, porque varios son los grados de calor que experimentamos.

El *clima* es el mismo, porque una misma es la constitución *atmosférica*.

Así decimos: la *temperatura* del café, del teatro, de la alcoba.

Nada más absurdo que decir: el *clima* de la alcoba, del teatro, del café, porque ni el café, ni el teatro, ni la alcoba, son regiones geográficas, en donde podemos sentir las variaciones naturales del calórico elemental.

La *temperatura* es doméstica.
El *clima* es a condición natural del país o lugar donde vivimos.

Coartar, cohibir

Coartar es restringir.
Cohibir, amedrentar.
Limitando se *coarta*.
Amenazando se *cohíbe*.
Todo el mundo puede ser *coartado*.
Un ánimo valiente no se ve nunca *cohibido*.

Cobijar, cubrir, tapar

Cobijar supone techo, amparo.
Cubrir significa simplemente echar algo

encima, de tal modo que no se vea lo que se cubre.

Tapar supone algo interior, cosa secreta, de donde vienen las palabras *tapada* y *tapujo*.

Un árbol nos *cobija*.
Una colcha *cubre* la cama.
El manto *tapa* el rostro de la que no quiere ser conocida. Se *tapa* una botella de licor para que no pierda el espíritu.
Lo que *cobija* es hospitalario.
Lo que *cubre* es vistoso.
Lo que *tapa* encierra misterio.

Colección, reunión

Colección se compone del prefijo *con*, que significa compañía, y de *lección*, del latín *legere*, elegir o escoger.

Reunión se compone de *re*, partícula reiterativa, y de *unión*, palabra derivada de *uno*.

Coleccionar es elegir.
Unir es juntar.
La *colección* supone espíritu.
Para la *unión* basta tener materia.
Quien dice *colección* dice orden y raciocinio.
Quien dice *reunión* dice concurso, cúmulo, número, fuerza.
Se *coleccionan* obras, tratados, leyes; no se *reúnen*.
Se *reúnen* los cabellos para formar la trenza; no se *coleccionan*.
Más claro: la *colección* es crítica.
La *reunión* es mecánica.

Cólera, soberbia

Cólera viene del griego *cholē*, que quiere decir *bilis*, y de *rheō*, fluir. Significa literalmente: *flujo o fluxión de bilis*, de cuyo origen debe proceder la palabra *cólico*.

Soberbia se deriva del latín *superbia*, y *super* significa *sobre*. La *soberbia*, pues, tiende a *sobreponerse* a los demás hombres, a *superar* en brillo, en fortuna, en poder, en honores.

La *cólera* depende en cierto modo de la organización. Hay temperamentos *coléricos*, como hay temperamentos *biliosos*.

La *soberbia* depende de la educación, del carácter, del instinto.

La *cólera* es una enfermedad del ánimo, porque indudablemente influyen la voluntad y las pasiones.

No hay hombre en el mundo que no sea capaz de un movimiento de *cólera*.

Hay algunos hombres que no son capaces de *soberbia*.

El *colérico* hiere.
El *soberbio* domina.
La *cólera* es un rapto.
La *soberbia* es una especie de ambición.

Color, colorido

El *color* es una cualidad de los cuerpos. Se cuenta entre las ideas simples, las cuales se distinguen en que no puede darse noticia de ellas al que no tenga naturalmente noción de tales hechos. Al sordo, por ejemplo, no se le podrá comunicar de ninguna manera la idea del sonido.

Así como la solidez toca al tacto, el olor al olfato, el sabor al paladar y el sonido al oído, el *color* toca al órgano de la vista.

Color del cielo, de la tierra, del mar, de la luna, del sol, de las estrellas, del faro; los *colores* del arco iris; el *color* de las razas, de los individuos. En todo vemos un *color*, aunque nada veamos. Cuando nada vemos, decimos que vemos tinieblas, y las tinieblas son el *color* negro.

El *colorido*, por el contario, es el resultado de la combinación de *colores* artificiales para producir el efecto del color natural.

El *colorido* de Murillo, de Rafael, de Rubens, de Velázquez.

Este *colorido* es el color de la pintura, un color artístico, un color que no es tanto un color como una belleza.

La misma acepción conserva en sentido figurado.

Cervantes tuvo el gran talento de dar *colorido* a las ideas; es decir, ese *color* poético que tienen las ideas expresadas por Cervantes, un *color* que Cervantes creó en su fantasía.

De modo que el *color* es una cualidad.

El *colorido*, un arte.

Colorado, encarnado, rojo

Llámase *colorado* porque tiene *color*; es decir, un color subido, que hiere la vista, el color bermejo.

Llámase *encarnado* porque tiene color de *carne*.

Llámase *rojo* porque tiene color rosado o rubio, de un modo intenso.

De manera que lo que tiene un color rubio, subido, es *rojo*.

Lo que tiene un color de carne es *encarnado*.

Lo que tiene color bermejo es *colorado*.

Es *rojo* el sol.

Es *encarnada* una mejilla saludable.

Es *colorado* el bermellón.

Comarca, región

Comarca es territorio que linda con la *marca* o frontera de otra jurisdicción.

Región, voz derivada de *regir*, expresa la idea de un territorio sometido a un *rey*.

La *comarca* es territorio.

La *región* es dominio.

Así decimos: la *región* del poder.

Nada más absurdo que decir: la *comarca* del poder.

La *comarca* se posee.

La *región* se gobierna.

Combatir, rebatir

Se *combate* al enemigo en el campo.

Se le *rebate* en un congreso.

Se le *combate* peleando.

Se le *rebate* arguyendo.

Comer, manducar

Comer se refiere al acto de alimentarse. Quien dice comida dice alimento.

Manducar no se refiere sino a la operación de llevarse la comida a la boca. Se compone de *mănus* y de *ducĕre*, cuyo verbo significa *guiar*, *conducir*: de *manu ducere*, *llevar con la mano*, se formó *manducar*. De manera que uno que *manduca* puede muy bien morirse de hambre, porque pudiera ser condenado a llevarse el alimento a la boca, obligándole a que lo arrojara después.

Comer es alimentarse.

Manducar es llevarse las manos a la boca; y por extensión, mover las mandíbulas.

Comicio, reunión

Comicio viene de *comes*, compañero.

Reunión, de *uno*. Reunir no es más que juntar *unos*.

La *reunión* es un hecho; los enemigos pueden *reunirse*.

El *comicio* es una comunión, una liga; los *compañeros* deben quererse.

Cómico, comediante

El actor que ejecuta bien la comedia se llama *cómico*.

El cómico de la lengua se llama *comediante*.
El *cómico* es un artista.
El *comediante* es el jornalero del teatro.
En dondequiera se puede hallar un *comediante*.
¡Es tan difícil y tan raro encontrar un *cómico*! Esto quiere decir: ¡es tan difícil y tan raro encontrar un genio! Y hablamos del genio, porque el *cómico* es el genio de la comedia.

Comisión

Comisión, de *con* y *millere*, enviar, cuyo participio es *missum*, que quiere decir enviado: con-missum, con-misio, *comisión*. *Comisión* es la *misión* que confiamos a cualquiera. *Comisionado* quiere decir *co-enviado*, enviado.

Se llama «Gran *Comisión*» al encargo que Jesús dio a sus discípulos al ausentarse de este mundo. La *comisión* puede ser accidental o permanente. Es accidental cuando se trata de un encargo que termina una vez cumplido, pero la de Jesús era de tal envergadura que no podría terminar en días de los apóstoles, pero el encargo es el mismo: «Predicad el Evangelio a toda criatura». Y es permanente porque la *misión* no pudo quedar terminada en una sola generación.

Esta continuidad de semejante *misión* queda confirmada por la petición que hizo Jesús en su oración pontifical: «Mas no ruego solamente por éstos, sino por los que han de creer en mí por la palabra de ellos» (Juan 17:20).

Comitiva, séquito

La *comitiva* acompaña.
El *séquito* sigue.
La *comitiva* es una honra.
El *séquito* es un homenaje.
La grandeza forma la *comitiva* de un rey.
La servidumbre puede formar el *séquito*.

Para que esto se comprenda mejor, debemos decir que *comitiva* viene de *comes*, compañero. *Séquito*, de *sequor*, seguir.

Compaginar, coordinar, arreglar

Compaginar es buscar la numeración.
Coordinar, ordenar las cosas entre sí.
Arreglar, dar al todo su ajuste, su medida, su *regla*.

Se *compagina* un libro disponiéndolo por folios.

Se *coordina*, disponiendo los capítulos o materias en el orden sucesivo en que deben estar.

Se *arregla*, dando a todo el libro el ajuste interior y exterior que debe tener. Una vez que se *compaginan* los folios y que se *coordinan* las materias, el libro está *arreglado*.

Por manera, que *arreglar* no expresa una operación de detalle, sino que es más bien el resultado de las operaciones anteriores.

Se *compagina* lo de fuera.
Se *coordina* lo de dentro.
Se *arregla* el conjunto.

Completar

Los latinos tienen el verbo *pleo*, *plere*, que equivale a *llenar*, y de aquí vienen nuestras palabras *pleno*, *plenitud*. De *plere* se formó *complere*, que significa *llenar hasta arriba*, de donde vienen nuestras voces *cumplir*, *cumplimiento*. *Cumplir* es llenar completamente. *Cumplo* mi obligación es como si dijera: *cumplo* mi obligación del todo, hasta arriba.

El verbo *compleo*, *complere* hace *completum*, y de aquí sacamos nosotros el verbo *completar*, que es dar a las cosas toda su *plenitud*, su *complemento*; es decir, su *cumplimiento* último. De modo que así como *cumplir* significa más que llenar, *completar* significa más que *cumplir*.
   Se *llena* un vacío.
   Se *cumple* una misión.
   Se *completa* una obra.
   La muerte es el *complemento* de la vida.
   Nada más absurdo que decir que la muerte es el *lleno* o el *cumplimiento* de la vida.

Complicidad, connivencia

Complicidad viene del latín *plicare*, plegar, como *cómplice*, *aplicación*, *implícito*.
   Connivencia se origina de *conniveo*, que en latín significa cerrar los ojos, guiñarlos, dar señales de inteligencia o de asentimiento.
   Complicidad quiere dar a entender que estamos envueltos en los *pliegues* de alguna trama, de algún plan oculto.
   Connivencia quiere decir que consentimos y ayudamos con nuestra autoridad aquel plan fraudulento.
   La *complicidad* puede tener lugar de inferior a superior; un verdugo puede ser *cómplice* de un rey, porque para que haya *complicidad* basta que estemos *complicados* en el asunto.
   La *connivencia* no tiene lugar sino de superior a inferior; un verdugo no puede estar en *connivencia* con un rey, sino que el rey es quien ha de estarlo con el verdugo, porque para que haya *connivencia* ha de haber sanción, consentimiento, investidura, autoridad.
   La *complicidad* es participación.
   La *connivencia* es disimulo.
   La *complicidad* contribuye.
   La *connivencia* se disfraza y protege.
   La *complicidad* es un hecho, casi una empresa.
   La *connivencia* es un engaño, una traición, un crimen.

Componer, aderezar

Don Quijote no pudo componer la celada de encaje (que era un morrión simple), por cuya razón siempre la denomina *la mal compuesta celada*, sin embargo, de que *aderezó* todas sus armas, tomadas de orín.
   Esto quiere decir que bruñó las armas y que no arregló la celada de encaje.
   De manera que *componer* es arreglar, *poner* una cosa con otra, guardando medida; es decir, guardando concierto.
   Aderezar es engalanar o pulir, hacer que las cosas agraden a nuestros sentidos.

Comprender, penetrar

Estudio una tesis cualquiera; mi entendimiento busca las ideas que contiene; percibo las varias relaciones que entre ellas existen; mi raciocinio abraza, por fin, el todo filosófico, moral, religioso o político que hay en aquel estudio. Ahora puedo decir que *comprendo* la tesis.
   Después acudo a mi intención, a mi sentimiento, a mi fantasía; hago valer recuerdos, indicios, sospechas, todo, y *penetro* al cabo la intención oculta que se propuso el autor de la tesis cuyo sentido lógico *comprendí*.
   Una hija cuenta a su padre la historia de un amor que tiene.
   El padre oye y *comprende* la historia.
   Viene el novio, la mira y *penetra* con una ojeada el secreto de su corazón.
   En la *comprensión* suele no entrar más que la parte de raciocinio, el sentido ideológico de la cosa que se *comprende*. Es un estado del entendimiento.

En la *penetración* así entra el raciocinio como la voluntad, como el ingenio, como la astucia, como el ardid, hasta la malicia. La *penetración* no se contenta con la fórmula intelectual, con lo que la cosa significa psicológicamente considerada, sino que quiere descubrir la parte de intención, el espíritu que se oculta muchas veces detrás del raciocinio.

El que desea *comprender* observa y estudia.

El que desea *penetrar* está impaciente.

En muchos casos, para *comprender* basta oír.

Para *penetrar* no basta a veces *comprender*.

Se *comprende* un sistema.

Se *penetra* un misterio.

El hombre *comprende*.

La mujer *penetra*.

Comprimir, reprimir

Comprimir es físico; consiste en echar peso encima.

Reprimir es moral; consiste en refrenar o contener.

Se *comprime* la uva para que suelte el mosto.

Se *comprime* también la aceituna para que dé aceite.

Un padre *reprime* a su hijo a fin de evitar que haga calaveradas.

Un gobierno *reprime* a los descontentos con el fin de evitar tumultos.

La *compresión* es un procedimiento físico.

La *represión* es, en muchos países, un desgraciado sistema político.

Común, general

Común viene de *comes*, compañero.

General se deriva de género, *genus* en latín, *genos* en griego, que significa raza, casta, prole, familia.

Común es lo que toca a una comunidad, a un grupo de personas por igual.

General es lo que toca a un principio, a un origen, a una razón, porque toda razón es *generadora*, es decir, toda razón lleva en sí un *género*, el *género* racional.

Por esto sucede que lo *general* abraza un sistema, una serie mucho más extensa que lo *común*.

Los frailes de una orden hacen vida *común*, porque son compañeros, porque *comen* juntos; no hacen vida *general*, porque el género, la raza, la casta o la familia de los frailes tiene otros conventos, los cuales no entran en aquella *comunidad*, por lo tanto, no hacen con ella vida *común*, no *comen* juntos, no son compañeros.

Decimos que la humanidad es el *género* humano.

Nada más absurdo que decir que es el género *común*.

De modo que una cosa puede ser *general* sin ser *común*, así como *común* sin ser *general*.

De lo dicho resulta que lo *común* es una liga.

Lo *general* es una ley de la naturaleza.

Conceder, otorgar

Yo *cedo* algo a uno.

Este uno me *cede* algo a mí.

Esta *cesión* mutua, este cambio social, este comercio de la vida humana, es la *concesión*.

Conceder, pues, lleva en sí la idea de dos o más personas que *ceden* de un modo recíproco.

Otorgar viene de *auctoriare*, que significa estipular o *conceder* con investidura oficial, porque *auctoriare* viene del latín *autoritas*, autoridad, y esta voz se origina

de *augere*, aumentar, porque la *autoridad* aumenta el orden público.
Conceder es privado.
Otorgar es público.
Todos los hombres pueden *conceder*.
Sólo la autoridad puede *otorgar*.
Más claro, *conceder* es del hombre.
Otorgar es del rey, del juez, del gobierno.

Concepción, concepto

Concepción es la acción y efecto de concebir.
Concepto es la cosa concebida.
Concepción es una voz abstracta.
Concepto, una voz concreta.
La *concepción*, como término general, pertenece más bien a la psicología.
El *concepto*, como término individual o analítico, pertenece más bien a la lógica.
De manera que la *concepción* se aproxima a la idea de facultad.
El *concepto* se refiere directamente a la idea de hecho.
Así decimos: las *concepciones* del espíritu humano. No podría decirse equivalentemente: los *conceptos* del espíritu humano, porque aquí no se trata de ciertas y determinadas ideas concebidas, en cuyo caso tendría lugar la palabra *conceptos*, sino que queremos significar la acción y el efecto indefinidos de *concebir* ideas, como aptitud intelectual que distingue al hombre de los demás seres.
De un escrito o discurso decimos que tiene los *conceptos* equivocados.
No puede decirse que tiene equivocadas las *concepciones*, porque aquí no se trata de la acción y efecto de *concebir*, no se trata de esa potencia inteligente en cuya virtud verificamos las *concepciones*, sino que se trata de *concepciones* verificadas ya, de *concepciones* prácticas, reales, concretas; de ideas *concebidas* y determinadas; es decir, de *conceptos*.

De modo que el *concepto* es la *concepción* como hecho.
La *concepción* es el *concepto* como acción.
El *concepto* es la práctica de la *concepción*, como la *concepción* es la práctica de la facultad de *concebir*.
Este fenómeno del lenguaje tiene una teoría sumamente fácil y natural.
El espíritu humano *concibe*.
La función por medio de la cual realiza la aptitud que tiene de *concebir* es la *concepción*.
El resultado de dicha función; más claro, la cosa *concebida*, aquella tarea ejecutada, es el *concepto*.
Hay millares de voces en nuestra lengua que se hallan en un caso parecido. Sirvan de ejemplo las siguientes:
Alimentación, alimento.
Contentamiento, contento.
Defraudación, fraude.
Emplazamiento, plazo.
Delectación, deleite.
Fomentación, fomento.
Fermentación, fermento.
Frotación, frote.
Hay otro significado para las palabras *concebir* y *concepción* que tiene que ver no con las ideas sino con un aspecto físico.
La mujer *concibe* en su seno a un nuevo ser. La *concepción* moral es creación de ideas.
La *concepción* de cuerpos físicos es un milagro del Creador por medios tangibles y humanos, el hombre y la mujer. Es otra forma de *concepción*, pero es también una creación, ya que el hombre fue creado a imagen y semejanza del Creador.

Concluir, acabar

Examinemos el sentido de las dos locuciones siguientes:
Se *concluyeron* todos los recursos; se *acabaron* todos los recursos.

Se *concluyeron* todos los recursos quiere decir que se han agotado todos los recursos de hoy, pero recursos nuevos pueden venir mañana.

Se *acabaron* todos los recursos significa que se han agotado todos los arbitrios de que se podía disponer.

Obra *concluida*, obra *acabada*.

Obra *concluida* quiere decir que se ha hecho en ella cuanto se debía hacer para que no esté incompleta.

Obra *acabada* significa que en ella se ha hecho cuanto la ciencia y el ingenio pueden pedir.

El jornalero debe trabajar de sol a sol; ve que el sol se pone, y exclama: jornal *concluido*.

El pintor da el último contorno a un cuadro maestro, lo mira, lo estudia, y después dice: obra *acabada*.

Del que ha espirado solemos decir: ya *acabó*; esto es, ya llegó al *cabo* de su vida, al término de su carrera.

Del moribundo decimos: está *acabando*. No puede decirse ya *concluyó*, está *concluyendo*, porque esto significaría que había espirado o que estaba espirando en aquel momento, pero que después podría volver a la existencia. Lo que hace el que muere es *acabar*, no *concluir*, porque detrás de la vida presente no nos espera ninguna otra vida temporal.

Una mujer pierde a su esposo, una madre pierde a su hijo, y exclama: todo *acabó* en el mundo para mí. No diría con la misma propiedad y eficacia: todo *concluyó* en el mundo para mí; porque con esto daría a entender que renunciaba a los goces del mundo por entonces, no para siempre.

Concluir expresa hechos condicionales, periódicos.

Acabar, hechos definitivos, absolutos.

Por lo tanto, *acabar* es más trascendental y decisivo que *concluir*.

Muchos *concluyen* sus quehaceres.

Pocos, muy pocos, *acaban* sus obras.

Concluir es la tarea del hombre.

Acabar es la tarea del genio.

Concluir, terminar

Conclusión es un derivado del latín *clavis*, llave. *Concluir* significa literalmente: *echar la llave*.

Término, como templo y tiempo, es un derivado del griego *temnō*, que significa dividir. Significa literalmente *división*.

Así decimos: tal ciudad tiene mucho *término*, lo cual quiere decir que la *división* territorial de aquel punto comprende mucho territorio.

El lector comprende cuán disparatado fuera decir: tal ciudad tiene mucha *conclusión*.

De esto resulta que debemos emplear el verbo *concluir* tratándose de cosas que admitan la idea de cerrar.

Debemos acudir al verbo *terminar*, cuando medien cosas que admitan la idea de *división* territorial, de espacio, de acción, de movimiento.

Se *concluye* un discurso. El orador echó la *llave* a su inteligencia, cierra sus labios con el candado del silencio: eso es *concluir*.

Se *concluye* con una sentencia, con un raciocinio, con una evidente demostración. La demostración, el raciocinio, la evidencia, *echan la llave* a toda disputa, a toda controversia, a toda plática. Después de *concluir*, no hay más que callar.

Se *termina* una marcha, una expedición, un viaje. Estoy en el punto, en la *división*, en la linde, en la raya o límite en que debía estar; he corrido el espacio que debía correr; he ido adonde tenía que ir: eso es *terminar*.

El artista *concluye* su obra.

El arriero *termina* su jornada.

Condensarse, espesarse, aglomerarse

Condensarse es hacerse sólido un fluido.
Espesarse es trabarse: ir perdiendo su forma líquida.
Aglomerarse supone grupo, montón, apiñamiento.
Se *condensa* el aire.
Se *espesa* el almíbar.
Se *aglomeran* los pobres a la puerta del que da limosna.
Lo contrario de *aglomerarse* es diseminarse o desunirse.
Lo contrario de *espesarse*, aclararse.
Lo contrario de *condensarse*, enrarecerse.
Lo que se *condensa*, resiste.
Lo que se *espesa*, se bate con dificultad.
En lo que se *aglomera* no hay orden.

Confirmar, corroborar

Confirmar es firmar lo firmado antes. Es ratificarse en la palabra o en el compromiso anterior.
Corroborar es un derivado del latín *robur*, que significa encina, de donde viene nuestro vocablo *roble*. Es dar a la palabra, a la promesa o a la obligación contraída la fuerza del *roble*.
En el que se *confirma* hay seguridad, convencimiento.
En quien se *corrobora* hay una profunda decisión.
La *confirmación* es una garantía, casi una fórmula, casi un trámite.
La *corroboración* es un propósito.

Conforme, acorde

La voz *conforme* se aplicó primitivamente a los objetos que tenían una misma *forma*, como término contrario de *disforme*, que se aplicaba a lo que no tenía *formas* iguales. Después se trasladó a significar hechos morales, y expresa igualdad o paridad en nuestras voluntades y pareceres.

Acorde viene de *cor, cordis*, que en latín significa corazón, porque al corazón atribuyeron los gentiles todas las cualidades del espíritu, por lo cual aquella palabra era sinónima entre los latinos, rigurosamente sinónima de ánimo. Daban al corazón discurso, prudencia y consejo, de donde viene la locución de *benecordatus*, aplicada al hombre de recto juicio; la de *cor habere*, saber una cosa, tener convencimiento de ella; así como las palabras *excors, vecors*, que equivalen a si dijéramos *estar fuera de nosotros mismos*, estar enajenados o locos. También le atribuyeron voluntad, de donde procede la frase adverbial *mihi cordi est*, que significa: he resuelto, he deliberado hacer tal o cual cosa. También le atribuyeron memoria y hasta conciencia, de donde viene la expresión *cordi habere*, que es como decir: no poder olvidar una cosa, tomarla *a pecho, tenerla sobre el corazón*, cuyos modos de hablar hemos heredado nosotros del gentilismo. Por último, dieron al órgano de que hablamos la facultad del sentimiento; es decir, el amor, el miedo, la angustia, y de aquí nace la locución *cor phumbeum*, de que usa Suetonio. De un origen tan evidente vienen nuestras voces *acorde, acuerdo, acordar, concordar, concordante, concordato, concordancia, concordia, acordemente*, acordadamente, *concordable, desacuerdo, desacordar, discordar, discordancia, discordia, discordante, discordemente, desacordadamente*, etc.

La diferencia que existe actualmente entre *conforme* y *acorde* es la que vamos a notar.

Estar *conformes* significa querer lo mismo.

Estar *acordes* significa opinar de la misma manera.

Conforme se refiere a la voluntad; es no oponerse, consentir, darlo por hecho.

Acorde se refiere a la inteligencia: es estar unánimes, convencidos, juzgar de un modo, darlo por bien pensado.

Para estar *conformes* basta que no haya repugnancia en los instintos y en los intereses.

Para estar *acordes* es necesario que concurra una completa identidad en las opiniones, en las creencias y en los juicios.

Me proponen ir a una feria, por ejemplo, y estoy *conforme*: no niego.

Me hablan de la escuela de Descartes, de Pascal, de Bacón; me hablan del cristianismo, de los apóstoles, del Evangelio, y en esto estoy *acorde*, afirmo que es verdad.

Pero ¿de dónde vienen estas prácticas del lenguaje? Vienen del mismo origen de estas voces; vienen de cierto espíritu matemático que hay en toda genealogía, en toda progenie; vienen de una ciencia muy grande; vienen de la razón humana; esta razón, que es un destello de la mente divina. El *acuerdo* es más interior, más profundo, más trascendente que la *conformidad*, como el *corazón* es más trascendente, más profundo, más interior que la *forma*, porque la *forma* no es más que una simple manifestación exterior de los seres, mientras que el corazón (que ya no queremos significar la víscera de carne que empuja la sangre del cuerpo) se considera como los sentimientos de nuestra conciencia.

Lo *conforme* se refiere a la voluntad, a la fuerza motriz, al movimiento, a la naturaleza física; es decir, a la forma.

Lo *acorde* se refiere al pensamiento, a la conciencia, a la fe, a la esperanza; es decir, a la naturaleza espiritual.

Se *conforman* los ignorantes a la opinión ajena.

Se ponen de *acuerdo* los sabios, los empresarios o los gobernantes.

Conminación, amenaza

Conminación es apercibimiento.

Amenaza es amago, advertencia de violencia.

El juez *conmina* al litigante: le previene.

El padre *amenaza* a su hijo: le levanta la *mano*.

La *conminación* es forense.

La *amenaza* es realmente física, por lo menos, en su origen etimológico, aunque después ha derivado a un significado moral.

Conocer

De *con* y *noscere*, formado de *scire*, saber: *con-scire*, *cog-noscere*, conocer: *saber con*; es decir, saber varias cosas, un orden de hechos, un sistema o serie de noticias.

Se *sabe* lo simple.

Se *conoce* lo combinado o lo compuesto.

Sabemos que hay Dios.

Conocemos las leyes que gobiernan el mundo.

Se *sabe* la causa.

Se *conoce* el efecto.

Saber es más elemental, más trascendente.

Conocer es más cuantitativo, más numérico.

Los antiguos, obrando con más rigor etimológico, escribieron *conoscer*: *conscire*, *con-escere*, *con-oscer*, *conoscer*.

«Duenna syn piedad é syn buen *conoscer*,
De faser byen ó mal, tú tienes el poder.»

Conocer, saber

Primer ejercicio. — *Conocer* se refiere a las circunstancias generales de la cosa que se *conoce*.

Saber es elevarse a la metafísica de los principios, a la razón fundamental y fija de las cosas; a ese algo oculto, de donde proceden los fenómenos sensibles, como la luz procede del astro, como la claridad procede de la luz.

Conocer un idioma significa que se tienen noticias generales de su etimología, de su construcción, de su riqueza, de su filosofía, de su genio.

Saber un idioma es entenderlo, hablarlo, traducirlo y aun escribirlo.

Para *conocer* basta tener un buen criterio, analizar, observar, inquirir.

Para *saber* no basta tener el talento de la observación y del estudio; no basta reunir el don de la ciencia; es necesario poseer altísimas virtudes de conciencia, de ánimo y de pensamiento; la tranquilidad, la abnegación y la paciencia que son menester para pasar toda la vida arrancando secretos al hombre, al mundo, a la historia, a la naturaleza y a Dios.

El *conocimiento* es un estado de la inteligencia.

La *sabiduría* es una alteza del espíritu.

Hay muchos hombres *conocedores*.

No respondemos de que en el mundo exista un verdadero *sabio*.

Segundo ejercicio. — Se *sabe* lo simple: se *conoce* lo combinado o lo compuesto.

Se *sabe* que hay Dios: porque se *conocen* las leyes que gobiernan el mundo (Rom. 1:20).

Se *sabe* la causa porque se *conoce* el efecto.

Se *sabe* que el sol saldrá mañana: porque se *conocen* las leyes físicas de la gravitación universal, pero se ignora el porqué de ellas.

En resumen, se *sabe* la esencia, lo absoluto: se *conoce* el modo, lo relativo.

La humanidad *conoce*; Dios *sabe*.

Consejo, amonestación

El *consejo* se propone ordinariamente hacer un bien.

La *amonestación* no atiende nunca sino a evitar un mal.

El *consejo* supone experiencia, madurez, cariño; el hermano *aconseja* al hermano; el amigo, al amigo; el anciano, al joven.

La *amonestación* lleva en sí la idea de superioridad: el padre *amonesta* a su hijo; el amo, al criado; el pastor a los fieles.

El *consejo* es una regla de conducta.

La *amonestación* es un aviso, casi un mandato.

Se da el *consejo* para que se siga.

Se hace la *amonestación* para que obligue.

El que olvida un *consejo* saludable, es un ingrato o un necio.

El que olvida una *amonestación*, es casi un rebelde.

El *consejo* tiene algo de amor.

La *amonestación*, algo de reprimenda.

Basta la autoridad para corregir con *amonestaciones*.

¡Cuánta prudencia, cuánta abnegación, cuánta voluntad, cuánto heroísmo es necesario para dar un *consejo*! Tener ciencia y virtud para *aconsejar* es seguramente una de las empresas más grandes y difíciles de la vida.

Consideración, reflexión

La *reflexión* busca la verdad; la *consideración* busca la virtud y la fe.

El hombre *reflexivo* es sabio; la persona *considerada* es una especie de apóstol.

Se *reflexiona* para comprender y explicar.

Se *considera* para adivinar y sentir.
La *reflexión* es entendimiento; la *consideración* es conciencia.

Consideración, respeto, acatamiento, reverencia, veneración

La *consideración* supone aprecio, miramiento, deseo de honrar.
El *respeto*, obediencia.
El *acatamiento*, sumisión.
La *reverencia*, atención religiosa.
La *veneración*, fe.
Se *considera* al hombre de mérito.
Se *respeta* al hombre de virtudes, al padre, al anciano, a todo el que sufre un gran dolor o una gran desgracia.
Se *acata* al superior.
Se *reverencia* a Dios.
La *consideración* es social.
El *respeto*, moral.
El *acatamiento*, político.
La *reverencia*, religiosa.
La *veneración*, divina.
La *consideración* nos lleva al mundo.
El *respeto*, a una casa.
El *acatamiento*, a un palacio.
La *reverencia*, a una iglesia.
La *veneración* viaja más; nos pone muy cerca del cielo.

Consolar, aliviar

Consolar es estar al lado de un hombre que se encuentra *solo*. Etimológicamente mirado, no expresa otra idea que la de acompañar, y esto fue lo que significó en los primeros tiempos. Luego se advirtió que quien busca la soledad está ordinariamente triste, y el acompañar al que está solo; es decir, el *consolar*, significó asistir al afligido.
Aliviar es hacer que las cosas pesadas se tornen *leves*, o como antes se decía, *livianas*. De modo que *aliviar* no es en realidad otra cosa que descargar o quitar peso; y así decimos que a un animal se *alivia* quitándole carga.

Después se aplicó a los hechos morales, y expresó una idea muy parecida a la de mitigar; pero sin perder el sentido de su origen, que es *quitar peso*.
Se *consuela* a los afligidos.
Se *alivia* a las almas agobiadas.

Constancia, perseverancia

Estas palabras significan dos de las más nobles y altas virtudes que pueden honrar al ser inteligente. Sin las dos palabras que van al frente de este artículo, no hubiera visto la luz del día ninguna de esas grandes creaciones que se han perpetuado en la veneración de la posteridad, y en que se han admirado otros tantos prodigios del hombre. A esas dos virtudes acontece lo que a la fe: para ellas no hay nada imposible.

Si cualquiera viniese a consultarnos sobre lo que podría necesitar para acometer una grande empresa, nosotros le contestaríamos: necesitas tres cosas.
—¿Cuáles son?
—La primera es tener *constancia*.
—¿Y la segunda? —*Constancia*.
—¿Y la tercera? —*Constancia*.

Joven que vienes a la vida; tú que tienes el pie suspendido para entrar en los desengaños, en las luchas y en los dolores; si palpita en tu corazón una idea extensa y generosa; si Dios te concede el privilegio de querer dejar un gran bien a este mundo, saluda humilde y fervoroso a esos dos huéspedes ilustres de la conciencia humana; destócate, como si fueses a entrar en una iglesia, y pide ayuda a esos dos incansables obreros de un inmenso taller: el taller del espíritu.

La *constancia* es la verdadera fortaleza

del ánimo; la heroicidad de un deseo virtuoso.

La *constancia* es el cumplimiento de la palabra, es la firmeza en la conducta, la consecuencia en la amistad, la lealtad en las opiniones, el estudio en la ciencia, la fe en la religión, la creadora de toda maravilla en el mundo. Con ella y la ayuda de Dios (que siempre ayuda a un ánimo constante) se tiene todo. Sin ella, no se tiene nada. Sin *constancia*, sin esa gota del alma del hombre que cae un día y otro día, todas las otras dotes, todas las otras prendas, son fuegos fatuos. Alumbran un momento, y cuando más falta nos hace la luz entonces se apagan.

La *perseverancia* es la misma *constancia*, convertida en costumbre, elevada a sistema de vida, a pasión.

La *constancia* es una preciosísima virtud.

La *perseverancia* es una vocación, casi un genio.

La *constancia* es una verdadera alteza del hombre.

La *perseverancia* es el patrimonio del santo, del apóstol, del mártir, del sabio, del héroe.

En la empresa de los malvados hay temeridad, arrojo, impaciencia; hay la tenacidad atentadora del egoísmo y de las ambiciones; *constancia*, no; *perseverancia*, menos.

El pensamiento que gobierna al mundo (o sea, Dios) no ha concedido esas dos altísimas dotes sino al genio de la virtud, de la sabiduría, de la belleza, del valor y de la santidad.

Constante, firme, inquebrantable, inflexible

Lo *constante* no muda; lo *firme* no falta; lo *inquebrantable* no cede; lo *inflexible* no se doblega.

El hombre de bien es *constante* con el amigo; *firme*, en la adversidad; *inquebrantable*, ante las amenazas, en casos de justicia y de honra; *inflexible* tanto a las súplics como a las amenazas.

Constitución, complexión

Un hombre nace bien formado; es decir, bien *constituido*. Podemos decir que tiene una buena *constitución*.

Pero este hombre que tiene una buena *constitución*, porque su organismo está perfectamente desarrollado, puede ser propenso a padecer ciertas enfermedades, sin que la ciencia alcance a darse cuenta de tal fenómeno. En este caso, podremos decir que aquel hombre tiene una *complexión* particular.

Esto prueba que podemos nacer con una *constitución* inmejorable y una particular *complexión*.

La *constitución* se refiere al desarrollo físico, a los órganos que *constituyen* nuestro cuerpo.

La *complexión* se refiere a los órganos y al principio vital, a la naturaleza física y moral como seres *complexos*; esto es, como seres que nos componemos de materia y de espíritu.

De modo que en la *constitución* entra el cuerpo.

En la *complexión* entran cuerpo y alma.

La *constitución* quiere decir *organización*.

La *complexión* quiere decir *temperamento*.

Para ejercicios que reclamen agilidad y fuerza, buscamos la *constitución* del individuo.

Para curar una dolencia, el médico prudente estudia con cuidado la *complexión* particular del enfermo.

Diciéndolo en términos de escuela, la *constitución* es física.

La *complexión* es fisiológica.

Construir, edificar

Construir se compone de *con*, que expresa compañía, y de *struere*, de donde procede la palabra *estructura*. El *struere* de los latinos significa la idea de dar *estructura* a las cosas. *Construir* significa la misma idea, asociando la de correlación, orden, simetría. *Construir* es formar un conjunto o serie de *estructuras*, de formas, de contornos.

Por el contrario, *edificar* tiene un sentido menos extenso, menos indefinido. Se compone de *aedes*, que significa casa o vivienda, y del verbo *facere*; *aedes-facere*. De *aedes-facere* sacamos nosotros *edificar*, *edificare* los italianos, *édifier* los franceses.

La diferencia de estas voces no puede ser más evidente.

Construir abraza conjunto.

Edificar se refiere a un objeto.

Se *construye* un templo, una ciudad, un palacio, un alcázar.

Se *edifica* una habitación.

La *construcción* es todo un plan.

El *edificio* es una morada.

Consumir, consumar

Consumar, de *con* y *sumo*. *Consumar* es llegar a lo sumo, a lo último, a lo supremo. Cuando un hecho se ha *consumado*, sólo Dios puede volverlo atrás. La *consumación* de los siglos es el postrer instante de la existencia universal. Es, por decirlo así, el *consumo* absoluto y total del tiempo.

Consumir, de *con* y *sumo*. *Consumir*, como si dijéramos *con-sumar*, es apurar completamente, no dejar gota, llegar a lo que está más arriba, a lo *sumo*.

Consume quien agota; *consuma* quien acaba.

Consumir es la necesidad de la materia; *consumar* es la grande empresa del espíritu.

Todos *consumen*; poquísimos *consuman*.

El verdadero *consumador* es el soberano Hacedor del universo.

Contaminar, contagiar

De *tago*, tocar, se formó *tango*, palpar, porque tocando se palpa, y de aquí viene nuestra voz *tacto*: de *tango* se forma *tamino*, manchar, porque tocando se mancha: de *tamino* se formó *contamino*, *contaminare*, y de aquí viene nuestro *contaminar*, que significa dañar con el roce, con el *contacto*, infestar, corromper. De modo que *contaminar* y *contagiar* tienen la misma etimología. Sin embargo, se diferencian en que *contagiar* se aplica en sentido propio, mientras que *contaminar* no tiene empleo más que en sentido figurado.

El cólera-morbo *contagia*.

Un mal ejemplo *contamina*.

Se *contagia* el cuerpo.

Se *contamina* la conciencia.

Contemplar, meditar

En *meditar* entra la mente. Es la más sabia y la más pura de las funciones intelectuales. Más allá de la *meditación* no hay espacio alguno para el pensamiento del hombre.

Contemplar es mirar con deleite, con entusiasmo, con maravilla.

Meditar se refiere a la esencia de las cosas.

Contemplar, a las formas del universo, a las bellezas de la creación.

La *meditación* piensa continua y apasionadamente sobre los arcanos de la naturaleza; y como el primero de todos los arcanos es la idea de un ente supremo, no se concibe que puede *meditarse* sin que entre en esta elevadísima función el pensamiento de un ser divino.

Contemplar no se fija en el misterio de las cosas; no intenta penetrar esa segunda vida que buscamos por la *meditación*. La *contemplación* no es tan mental, tan interior, tan sabia, tan espiritualista; en cambio, es más poética, más expansiva, más espléndida, más ideal. No baja la cabeza para sondear las profundidades del espíritu, sino que levanta los ojos para deleitarse en el concierto de lo creado, en esa forma liberal y grandiosa del universo que parece ser el ropaje con que la Omnipotencia se oculta a nuestra vista.

El que *medita* piensa, comprende y adora comprendiendo.

El que *contempla* ve, admira y adora admirando.

En el ánimo *meditabundo* no puede caber la soberbia.

En un ánimo *contemplativo* no puede caber la ruindad.

Por la *meditación* penetramos la miseria del hombre.

Por la *contemplación* sentimos la grandeza de Dios.

Ambas encuentran el pensamiento de un supremo artífice: la *meditación*, por el estudio; la *contemplación*, por el entusiasmo.

En una palabra; la *meditación* llega a Dios pasando por el hombre; la *contemplación* llega a Dios pasando por el universo.

Hacía un año que teníamos escrito el artículo que antecede, cuando quisimos escribirlo de nuevo, sin ver el trabajo anterior, como para certificarnos de si había o no había unidad en el modo de estimar las ideas del presente sinónimo. El segundo artículo es el que sigue, y nos parece que hay entre ambos la unidad necesaria.

La *meditación* pertenece a los actos mentales. Es una función psicológica.

En la *contemplación* entran a un mismo tiempo el sentimiento y la fantasía, la creencia y la fe. Es imaginativa y dogmática, o bien estética y religiosa.

El sabio *medita* la doctrina de Platón para comprender un sistema filosófico.

El creyente *contempla* la bóveda del cielo, sembrada de estrellas, para levantarse al sublime pensamiento de un Dios.

El que *medita* apoya la cabeza en la mano.

El que *contempla* mira al cielo.

El que *medita* busca la verdad.

El que *contempla* busca un goce estético.

La *meditación* no se separa del raciocinio: el sabio *medita*.

La *contemplación* puede llevarnos hasta el éxtasis: el santo *contempla* y *medita* a la vez.

Contento, plácido

Ambos términos tienen una etimología tan extraña como curiosa, tan curiosa como eficaz, tan eficaz como averiguada y verdadera. El que no conozca el origen de estas voces, entenderá sin duda que desde luego significaron afecciones de nuestra alma. Esto no es así. Ni *contento* ni *plácido* expresaron primitivamente hechos anteriores, según podemos deducirlo de su etimología.

Los latinos formaron su verbo *tenere*, *tenui*, *tentum*, tener, del griego *tennein*, que equivale al *tendere* de los latinos e italianos, al *tendre* de los franceses y al *tender* de los españoles. Los latinos consideraron como correlativas las ideas de *tender* y *tener*, porque cuando una cosa se *tiene* (se *sostiene*), ha de haber *tensión* en los músculos, la *tensión* que produce el peso de lo que *tenemos* o *sostenemos*. Esto nos demuestra de paso que la primera significación de *tener* no fue la de ser propio, poseer, adquirir, sino la de *tener* un objeto en la mano, por cuya razón nuestra mano había de estar *tendida*. Lo que significó primero no fue poseer, haber, sino aguantar, mostrar una cosa *suspendida* del suelo, lo cual nos probará la íntima analogía de *tener* y *tender*, *tenere* y *tennein*.

Contento se compone de *con*, que significa compañía, y de *tentum*: *contentum*, contento, cosa que se *tiene con* otro. De modo que el *contento* es una mutua satisfacción, un gozo recíproco. Un gozo que se disfruta con otras personas es un gozo mayor, más satisfactorio, más sublime, de ahí que en la Sagrada Escritura se recomienda tanto el reunirse los creyentes para compartir los privilegios espirituales. Nadie debería sentirse plenamente contento si no es en compañía con otros.

Plácido, ¡quién se lo había de imaginar!, viene de *plano*. Así lo demuestra el alemán Daederlein, que es sin disputa el más sabio erudito del siglo XX. Lo *plácido* era en un principio lo desembarazado, lo que no ofrecía obstáculos a la vista, la extensión por donde los ojos podían *explayarse* o *explanarse*. En una palabra, lo *plácido* era el sentimiento de desahogo que se apodera de nuestro espíritu cuando vemos una *explanada*, una *planicie*. Y de aquí vienen indudablemente los dos verbos citados *explanar* y *explayar*, aplicados a significar hechos morales. ¿Qué es, en efecto, *explanar* un asunto sino buscarle un *plano* mayor, una *planta* más extendida, más desahogada, más libre? ¿Qué es *explayar* el ánimo sino buscarle nuevas *playas* por donde se pueda extender y franquear? Pues bien, *playa*, *planta* y *plano* se derivan del *platos* griego; de donde nacen *latitud*, *lato*, etc. Explicado esto así, comprenderemos sin dificultad que de *plano* procedan los vocablos *placer*, *plácido*, *complacer*, *complacencia*, *placentero*, lo mismo que *plaza*, *placenta*, *plato*, *plata*, *plasta*, *aplastar*, *achatar*, *chato*, *prado*, *pradera*. La *pradera* o el *prado* es un espacio *plano*, equivalente al *pratum*, latino, que es como si dijéramos *platum*.

Diremos, pues, que *plácido* nos da una idea de la emoción que siente el hombre cuando su ánimo se *explaya* o se *explana*, cuando el espíritu parece libertarse, girando en nuevos horizontes. El sentimiento de lo *plácido* es el sentimiento de una extensión *plana*, como la *planicie* del mar, del cielo, de los arenales, de las *playas*, de las *praderas*. Cuando contemplamos las *praderas*, las *playas*, los arenales, la mar, el cielo; cuando nuestros ojos se dilatan sobre una gran *planicie*, sobre una inmensa *plataforma*, nos parece en aquel instante que crecemos, que nos agrandamos, que somos mayores, y nuestra alma siente la rica maravilla de un arte que es mayor que el mundo, y la emoción de aquel arte inmenso viene a pintarse en nuestros ojos y en nuestra frente. El sentimiento que entonces se apodera de nuestra alma es el *placer*; la expresión que se pinta en nuestro semblante es una expresión *plácida*.

El *contento* es una alegría que se *tiene con* otro: es un gozo de la sociedad, como la *satisfacción* es un gozo de la conciencia, como el *gusto* es el gozo de los sentidos y de la fantasía, como el *regocijo* es el gozo de los pueblos, como el *júbilo* es el gozo del perdón, como la *alegría* es el gozo del alma.

Por el contrario, lo *plácido* es el gozo que recibimos de la naturaleza, de la forma, de la extensión. Cuando decimos *noche plácida*, *plácida luz de las estrellas*, no queremos decir que la luz y la noche sean cosas buenas o cosas malas; no queremos decir que estén tristes o alegres, sino que se presentan de un modo tranquilo, en un espacio desembarazado, extenso, libre; queremos decir que nuestra vida corre sin estorbo; queremos decir que nada desnivela la inmensa *explanada* del espacio y del cielo.

Claro que no puede decirse: noche *contenta*, *contenta* luz.
El *contento* es un gozo moral.
Lo *plácido* es un gozo natural.
El *contento* nos liga a una persona: estoy *contento* con mi criado; vivo *contento* con mi mujer; la amistad de Fulano me *contenta* mucho.
Es evidente que no puede decirse: estoy *plácido* con mi criado; vivo *plácido* con mi mujer.
El *contento* es vida.
Lo *plácido* es espacio.

Contexto, sentido

Contexto viene del latín *texto*, *texis*, *texere*, *texi*, *textum*, tejer. De modo que el *contexto* es el que resulta de la *tela* o del *tejido* de las palabras.
Sentido viene de *sensus*.
El *contexto* se refiere a la frase, a la urdimbre de los vocablos.
El *sentido* se refiere al discurso, al pensamiento.
Para averiguar el *contexto* de una ley, nos atenemos a su letra.
Para averiguar su *sentido*, nos elevamos a sondar la mente del legislador.
El *contexto* es gramatical.
El *sentido* es lógico.

Contrario, antagonista

Sin embargo de que en el artículo *enemigo* hacemos ver la diferencia que el uso atribuye a las dos palabras que van al frente, conceptuamos necesario anticipar estas aclaraciones.
Si miramos en la igualdad y en el privilegio dos hechos sociales, dos simples manifestaciones, diremos que son cosas *contrarias*; pero si hallamos en las palabras anteriores una razón fundamental de donde nacen dos sistemas distintos, dos distintos modos de gobernar, no hablaremos de *contrariedad*, sino de *antagonismo*. Así diremos que el privilegio y la igualdad son dos principios políticos *antagonistas*.
Todos los ejemplos que citáramos no harían otra cosa que confirmar con nuevos datos esta teoría. Por ejemplo (y será el último): considerados el partido de la tradición y el del libre examen como dos antecedentes históricos, o como dos banderías sociales, por decirlo así, diremos que son dos partidos *contrarios*, no *antagonistas*; pero si en aquellas banderías vemos dos órdenes esenciales de ideas, dos leyes generales, dos grandes sistemas; es decir, dos *principios*, deberemos decir que aquellos dos partidos son *antagonistas*, no *contrarios*. De manera que son *contrarios* y *antagonistas* a la vez: *contrarios*, en lo que manifiestan; *antagonistas*, en lo que ocultan; *contrarios*, en lo que obran; *antagonistas*, en lo que son.
Creemos, pues, haber encontrado una regla infalible para distinguir lo *contrario* de lo *antagonista* y lo *antagonista* de lo *contrario*.
Lo *contrario* está en los efectos.
Lo *antagonista*, en las causas.
Lo *contrario* es un hecho.
Lo *antagonista*, un principio.

Contravención, infracción

Contravenir no es más que volver donde se ha *venido*: desandar lo andado, deshacer lo hecho.
La ley me manda vigilar; pero a mí me da sueño, y me pongo a dormir. Ésta es la *contravención*.
Infringir es hacer pedazos, romper, *fracturar*, porque de *fractura* viene *infracción*. *Infracción*, vertida esta palabra al sentido recto, a su significado etimológico, quiere decir: *fractura* del mandamiento público, *fractura* de una ley.

Un montañés viene a la ciudad, ignora una regla de buen gobierno, obra *contra* ella, la contradice: puede decirse que la *contraviene*.

Un delegado del gobierno recibe una orden, la estudia, la comprende; pero, ora por traición, ora por rebeldía, ora por interés, salta por ella, la quebranta, la rompe: esta es la *infracción*.

El que *contraviene* puede ser inocente y honrado.

El que *infringe* es violento, agresivo, rebelde, traidor.

La *contravención* es un desafuero, que puede ser inocente.

La *infracción* es una falta.

Las *contravenciones* se castigan con la enseñanza y se reparan con mayor exactitud.

Las grandes *infracciones* suelen quedar impunes alguna vez.

Contrición, remordimiento, arrepentimiento

La *contrición* es hija de un pecado: la inspira la fe.

El *remordimiento* es hijo de un crimen: lo inspira la conciencia.

El *arrepentimiento* puede venir de un juicio más deliberado, de una reflexión más dura, de una convicción más ilustrada: lo inspira la razón.

La *contrición* dice: «soy impío»; el *remordimiento* murmura: «soy un delincuente o un desgraciado»; el *arrepentimiento* exclama: «aún no es tarde, puedo cambiar».

La *contrición* reza; el *remordimiento* suspira; el *arrepentimiento* compara.

La contrición es religiosa; el *remordimiento*, moral; el *arrepentimiento*, lógico, cuando no es cobarde. Si el hombre se arrepiente con conciencia valerosa y honrada, el *arrepentimiento* está comprendido en la sentencia del Evangelio, y particularmente del apóstol Pedro en Pentecostés: «Arrepentíos y convertíos, para que sean borrados vuestros pecados.» (Hechos de los apóstoles 2:38.)

Convencer, persuadir

Se *convence* el entendimiento, se *persuade* la voluntad.

El *convencido* cede a la fuerza del discurso o del argumento; el *persuadido* cede a la fuerza de la verdad o de la inclinación.

Un sofisma tal vez *convence*, pero rara vez *persuade*; el atractivo que inclina al vicio, *persuade*, pero no *convence*; por eso para atropellar la razón o la justicia, procura inútilmente la voluntad deslumbrar al entendimiento; esto es, no están de acuerdo el *convencimiento* y la *persuasión*.

Convencimiento, convicción, persuasión

Muchos creen que la *convicción* y el *convencimiento* son dos operaciones de la inteligencia. Esto no es así. En la psicología de nuestro espíritu no hay actos que se llamen *convencimiento* y *convicción*, como no hay actos que se llamen *conocimiento* y *demostración*, por ejemplo. No son actos, no son funciones, sino el resultado de muchas funciones anteriores; un estado de nuestra alma.

Así sucede que no puede decirse: *soy* convencido de tal verdad, sino *estoy* convencido, porque no se trata de una cualidad o de un hecho, sino de *un estado*.

Por la misma razón, las dos palabras anteriores no son sustantivos concretos, sino expresiones abstractas que significan la acción y efecto de *convencerse*.

Tanto en la *convicción* como en el *con-*

vencimiento entra siempre la reflexión. ¿Por qué? Porque sin reflexión no puede adquirirse la nueva conciencia de que pensamos o creemos bien o mal, y sin esta segunda conciencia, sin ese algo reflexivo, no es posible el *convencimiento*. Si adquirimos nueva conciencia de que pensamos o creemos bien, nos *convencemos* de una verdad. Si la adquirimos de que pensamos o creemos mal, nos *convencemos* de un error.

De modo que la *convicción* y el *convencimiento* no son otra cosa que un *estado* de nuestro espíritu, producido siempre por lo que se llama sentido íntimo o conciencia refleja.

Así se explica que ningún animal puede *convencerse*, porque no se *convence* quien no reflexiona, y los animales no son capaces de reflexión, o sea de la alta facultad de generalizar las ideas.

Veamos ahora la diferencia que el uso establece entre los tres vocablos del artículo.

El *convencimiento* se refiere con especialidad a los actos mentales; es más bien un hecho de inteligencia.

La *convicción* se roza con el sentimiento social, con el trato de gentes, con los sistemas, con las creencias, con las opiniones; es decir, con ese algo movible, impaciente y revuelto que entra en el modo de ser del mundo.

El *convencimiento* se inclina hacia la lógica. Hay *convencimiento* donde hay demostración.

La *convicción* busca con preferencia ese orden de cosas que pudiera llamarse conducta social. Hay *convicciones* donde hay pareceres, partidos, discusiones, luchas.

Por esta razón no puede decirse: *convencimientos* religiosos; *convencimientos* filosóficos, morales, políticos; mientras que podemos decir: *convicciones* políticas, religiosas, filosóficas o morales.

La *persuasión* se diferencia de las palabras anteriores en que se refiere particularmente a la sensibilidad interior. La *persuasión* es más afecto que juicio y creencia.

Vamos a poner un ejemplo:

Al fijarse el *convencimiento* en la idea de una suprema causa, busca una razón.

La *convicción* busca un motivo de conducta, de garantía, de derecho.

La *persuasión* no busca más que el consuelo tranquilo y amoroso de una esperanza.

El *convencimiento* busca raciocinios, verdades, conclusiones.

La *convicción* busca disputas, opiniones, sistemas.

La *persuasión*, más grande, más universal, más generosa, y al mismo tiempo más humilde, se contenta con el calor templado y apacible de un sentimiento.

El sabio, el político, el filósofo, nos *convencen*.

El padre, la madre, el hermano, la mujer, el amigo, nos *persuaden*.

El juez *convence* a un reo de su delito.

El capellán o el pastor le *persuade* de que debe reconciliarse con el mundo y con Dios.

El que se *convence*, obra, se mueve, busca algo fuera de sí mismo.

El que se *persuade*, suele reclinar la cabeza, sentir, creer y llorar.

Por lo tanto, el *convencimiento* es ideológico: opera la razón, el juicio, etc.

La *convicción* es social: bajo el dictado de la conciencia.

La *persuasión*, moral, afectiva y religiosa: un dolor o un consuelo.

Vamos a concluir con una imagen muy atrevida, pero que expresa bien lo que pensamos:

El *convencimiento* es un atleta griego.

La *convicción* es una matrona judía.

La *persuasión* una virgen cristiana.

Convenir, avenir, acordar, asentir

Convenir significa llegar con otro a un mismo punto. Expresa la idea de buena inteligencia, de compañerismo.

Avenir equivale a reconciliar.

Acordar es hacer que dos o más personas tengan un mismo parecer.

Asentir es estar unidos en opiniones generales; es decir, en juicios acerca del mundo, de la moral, del hombre, de Dios. En el *asentimiento* entran el carácter, la educación, las religiones, los estudios. No se refiere a nada definido, a nada formulado, a nada concreto, sino que abraza esa filosofía general, varia, flexible, armoniosa, en que nos sirve de raciocinio el sentimiento de la vida, la emoción vaga del universo, hasta el instinto de lo maravilloso. ¿Cuántos hombres no *asienten* y se identifican por tener una misma imaginación o una misma creencia supersticiosa?

Los autores que circunscriben la significación de *asentir* a expresar la conformidad en el sentimiento, han achicado lastimosamente esta palabra, despojándola de la riqueza que le da el uso. *Asentir* no significa sólo la conveniencia en el sentimiento, sino en las opiniones, en las creencias y aun en la fantasía.

Convienen los estipulantes.
Se *acuerdan* los contendientes.
Se *avienen* los contrarios.
Asienten los amigos.

Convento, comunidad

Convento se compone de *con*, que significa compañía, y de *ventum*, supino de *venire*, venir. Significa literalmente *venido con otro*, reunirse, asociarse.

Comunidad se deriva del latín *comes*, que quiere decir compañero.

De modo que *convento* significa congreso, junta, asamblea, lo que los latinos llamaban concilio, lo que los hebreos llamaban *iglesia* o congregación.

Comunidad es vivir en *común*.

Dos compañeros hacen de sus cosas bienes *comunes*, viven *comunalmente*; es decir, en *comunidad*.

Dos individuos no formarán nunca un *convento*.

Conversación, plática, coloquio

Todo lo que se habla por dos o más personas en la vida doméstica y en el trato civil toma el nombre de *conversación*. La conversación es la palabra de la familia y de la sociedad.

Toda *conversación* embellecida por algún sentimiento bueno, como la de dos amigos de la niñez después de una ausencia de muchos años, se denomina *plática*. La plática es la conversación de la amistad.

La *plática* de los amantes se llama *coloquio*. El coloquio es la retórica del amor.

La *conversación* puede ser general, particular, reservada, franca, maliciosa, pesada, amena, picaresca, satírica, aguda.

La *plática* es sabrosa, agradable, expansiva, leal, casi poética.

El *coloquio* es apasionado.

De modo que la *conversación* habla.

La *plática*, recuerda.

El *coloquio*, suspira.

La *conversación* nos trae a la memoria una sala.

La *plática*, la sombra de un árbol.

El *coloquio*, la favorable oscuridad de una celosía o de un portal.

Coquetería, coquetismo

La *coquetería* consiste en el deseo de atraer agradando, según la definición de

Littré: el *coquetismo* es la *coquetería* convertida en costumbre, tal vez en pasión; en fin, el sistema de la *coquetería*.

La *coquetería* es una graciosa flaqueza, mientras que el *coquetismo* puede llegar a ser una peligrosa enfermedad moral.

De esta enfermedad mueren tantas mujeres como de la tisis: es la tisis de la mente y del orgullo.

Cordura, sensatez

Cordura viene del latín *cor, cordis*, corazón, porque al corazón, es decir, a la sangre, atribuyeron los antiguos la potencia espiritual de pensar y querer. El corazón de los gentiles era inteligente y moral.

Sensatez viene probablemente de *sensus*, que equivale a sentido, de donde se origina nuestra voz *sensorio*.

La *cordura* equivale a juicio. *Cuerdo* es lo contrario de loco.

Sensatez expresa la idea de reflexión, de aplomo, de examen. El hombre *sensato* no se impacienta ni se precipita.

El joven es más *cuerdo* que *sensato*.

El viejo es más *sensato* que *cuerdo*.

Para la *cordura* es necesaria la razón de los años.

La *cordura* es una facultad del discurso.

La *sensatez* es una virtud del entendimiento y de la conciencia.

El *cuerdo* acierta muchas veces.

El *sensato* se equivoca rara vez.

La voz latina *senex*, que significa anciano, tiene el mismo origen que *sensatez*, aunque sólo los ancianos muy inteligentes suelen ser sensatos.

Correo, estafeta

Correo viene de *correr*, porque su oficio es correr con las cartas.

Estafeta se origina del nombre italiano *staffa*, que equivale a estribo; del latín *stapes*, cuya palabra se compone del verbo *stare* y de *pes, pedis*, y significa que delante de la oficina correspondiente aguardamos de pie, con el uso esta palabra se generalizó y fue aplicada casi exclusivamente a las oficinas del servicio de correos.

El *correo* es la administración, la renta, el Estado.

La *estafeta* es una dependencia de esta organización.

Cortar, cercenar

Cortar viene del latín *curto*, de donde se originan *cuchillo, cuchilla, cuchillada*, etc.

Cercenar viene de *círculo*, como *cerco, cerca, cercar, cercano*, etc.

Cortar es separar una cosa de otra. Quiero separar una rama del árbol, quiero que esté apartada de su tronco, y *corto* aquella rama.

Cercenar es hacer que las cosas no sean *circulares*, redondas, completas, porque lo más completo es el *círculo*.

Un cirujano *corta* la excrecencia de un cuerpo, y el cuerpo queda bien, mejor que antes, porque aquella excrecencia era un mal.

Cerceno una hoja de un libro, y este libro queda incompleto.

Puede *cortarse* lo que sobra.

No puede *cercenarse* sino lo que hace falta, lo que constituye la integridad, la perfección, la redondez, la esfera del objeto.

El que *corta*, divide.

El que *cercena*, menoscaba.

Corte, capital

Corte (de cortar) tiene la misma etimología que *cuchillo*.

Capital, de *caput*, cabeza, significa una idea semejante a la de *cabildo*, *capítulo*, *caporal*. La *capital* hace con los pueblos de su jurisdicción lo que hace el *capitán* con los soldados: los guía, los conduce, los *acaudilla*, los *capitanea*.

Corte (como residencia del soberano) significa que es la ciudad *cortada*, separada, puesta aparte; la ciudad distinguida, porque es la que no se confunde o se mezcla con las demás que son lo común, lo ordinario, lo vulgar del país. La *corte* es lo *acortado*, como si dijésemos lo *acotado*, el *coto* de toda la nación, puesto que es el asiento del monarca; es decir, el asiento del primer sujeto nacional. Esto explica el que llamemos *corte* a los reyes y a su servidumbre.

Ningún pueblo político, por pequeño que sea, dejará de tener varias *capitales*. *Capitales* son todas las *cabezas* de provincia. *Capitales* son del mismo modo todas las *cabezas* de partido, puesto que una *cabeza* de partido judicial no es otra cosa que la *capital* del distrito sometido a la autoridad del juzgado.

No hay ninguna nación, cualquiera que sea su importancia, que tenga al mismo tiempo más de una *corte*, porque no hay nación alguna que tenga al mismo tiempo más de un soberano.

Capital es *cabeza* de territorio.

Corte es cabeza de la nación, la familia reinante, porque donde va la familia reinante va la *corte*.

Costa, coste, costo

Costa significa lo que se hace a expensas nuestras. Así decimos: han hecho el viaje a mi *costa*. Me han cargado las *costas* del proceso.

Coste significa la idea de importe o de valor. La casa que acabo de hacer, me tiene de *coste* tanto o cuanto.

Costo expresa la idea de sacrificio.
Costa es carga.
Coste, precio.
Costo, gasto.

Más de un prójimo suele campar a nuestra *costa*.

Casi nunca compramos un objeto por su real y verdadero *coste*.

Apenas hay capricho que no nos tenga mucho *costo*.

Creación, orbe, mundo, universo, naturaleza

El hombre pudo, y no sólo pudo, sino que debió considerar de varias maneras el espectáculo portentoso que le circuía por todas partes.

Era natural que lo refiriese ante todo a la causa suprema que lo había creado, y lo denominó *creación*. Así decimos: ¿qué hombre no baja la cabeza ante los inefables misterios de la *creación*? No podría decirse ante los inefables misterios del *orbe*, del *mundo*, del *universo*, de la *naturaleza*. Este sabio uso del lenguaje nos indica que las palabras *naturaleza*, *universo*, *mundo* y *orbe*, no se refieren, como la palabra *creación*, al pensamiento de una causa creadora, de un poder divino, y claro está que sin el pensamiento de aquel poder no se conciben misterios inefables.

Pudo luego considerar la *creación* como conjunto material, capaz de movimiento y de armonía; como sistema físico, y la llamó *orbe*.

Así se dice: Galileo, Copérnico y Newton nos explicaron las leyes del *orbe*.

No sería tan propio decir que nos explicaron las leyes *de la creación*, *del mundo*, *del universo*, *de la naturaleza*.

Quien quiera asegurarse más en el significado atribuido a la palabra *orbe*, note que esta palabra quiere decir: *globo*, *redondez*, *esfera*: tierra, cielo, atmósfera.

Pudo después considerar el *orbe* con relación a las ideas de bien y de mal, de verdad y de error, de libertad y de esclavitud, de estado presente y estado venidero; pudo considerar el conjunto de seres físicos con relación al orden humano, y lo llamó *mundo*, palabra originada de un nombre griego que significa *colección, serie, ornato, galanura*.

Así decimos: *el mundo responderá ante Dios de sus pecados*.

Claro que no puede decirse: *la creación, el orbe, la naturaleza, el universo* responderán a Dios de sus pecados, porque no teniendo albedrío no pueden responder.

El mundo antiguo, el mundo moderno; el viejo mundo, el mundo nuevo; este mundo, el otro mundo; pluralidad de mundos.

Nada más repugnante que decir: esta *creación*, la otra *creación*; el *orbe* moderno, el *orbe* antiguo; la nueva y la vieja *naturaleza*, pluralidad de *universos*, pues el prefijo *uni* excluye el plural.

Pudo también considerar la creación física de un modo absoluto, como conjunto acabado en sí mismo, como concierto general, como unidad indivisible; una unidad en que debían entrar formas tan *diversas*, e inventó la palabra *universo*. Planetas, satélites, astros, atmósfera, elementos, fenómenos, leyes; cuanto existió, cuanto hoy existe, cuanto puede existir, cuanto la fantasía puede inventar; todo ocupa su puesto, todo revela un orden en ese gran bazar de la Providencia, en esa confusión sublime en donde Dios ha establecido el eterno reinado de la armonía.

Pudo, por fin, el hombre considerar todo lo creado como un sistema en donde se le ofrecen tantos y tan maravillosos modelos de sabiduría, de belleza, de variedad, de fecundidad, de previsión; pudo considerarlo como la espléndida manifestación de la Omnipotencia divina, y significó esta nueva relación con la palabra *naturaleza*.

Así decimos: la sabia, la previsora, la rica, la varia, la fértil *naturaleza*, mientras que cometeríamos mil despropósitos si dijéramos: *el sabio orbe, la previsora creación, el rico mundo, el fértil universo*.

La *naturaleza* es el arte de Dios, así como el mundo es el arte del hombre.

Referencia a un Hacedor Supremo: *creación*.

Referencia al sistema físico, como esfera: *orbe*.

Referencia al orden humano, como orden científico, moral, social y religioso: *mundo*.

Referencia a un sistema físico completo, sin relación ni dependencia: *universo*.

Referencia a la creación, considerada bajo la relación de forma que nos hiere, que se pone en comunicación con nosotros, como si el universo se avecindara entre los hombres: *naturaleza*.

Tierra, cielo, mares, luz, sombra, éter, brisas, árboles, flores, selvas, perfumes, murmullos, cantos, aves, ideas, virtudes, esperanzas, dolores, alegrías, lágrimas, crímenes, portentos; esa es la *naturaleza*, una gran pintura, el primero de todos los retratos, porque es el retrato del primero de todos los seres.

Los libros sagrados nos hablan de la *creación*.

La geología, la física y la astronomía nos hablan particularmente del *orbe*.

Todas las ciencias físico-matemáticas pretenden explicar el sistema del *universo*.

La ciencia, la filosofía, la religión, la moral y la historia tienden a descifrar los arcanos *del mundo*.

El arte imita a la *naturaleza*, del propio modo que la *naturaleza* imita a Dios.

Crear, criar

No deben confundirse *crear* y *criar*.
Quien *crea* inventa.

Quien *cría* mantiene.
Dios *creó* el mundo.
La madre *cría* a su hijo.

Crear, formar

Forma se deriva del griego *morpha*, en virtud de un trastorno de letras que se llama metátesis.

Crear tiene un origen muy extraño, muy significativo, muy sabio y muy bello. Tanto nuestro *crear* como el *creare* de los latinos e italianos, y el *creer* de los franceses, se derivan de una radical del idioma sánscrito, la radical *kri*, que es la misma que entra en *crecer*, cuyos dos verbos *crecer* y *crear* son etimológicamente sinónimos. Parece que la vida, al salir del caos, hace cierto rumor, y que este ruido está expresado por la radical *kri*, como en *criatura*. Esta preciosa etimología, preciosa por lo muy poética, es una gala verdaderamente admirable de la fecunda imaginación oriental. Parece que el *cri* que entra en *criatura* es un *grito* de la existencia.

Una vida asoma: esto es *crear*. La misma vida avanza: esto es *crecer*.

La luz vivísima que derrama sobre el sentido de esta voz la mencionada etimología nos da el presente sinónimo.

Formar no es más que reunir *formas*, darlas unidad, fuerza, cohesión; ponerlas en sistema o en serie.

Crear es sacar de la nada; *cavar dal nulla*, como dicen gallardamente los italianos.

El hombre *forma*.
Dios *crea*.
Un comerciante *forma* una sociedad.
Cervantes *crea* el Quijote.
Dios es el *creador* desde la eternidad.
El genio del hombre es el *creador* de cosas pasajeras.

Una facultad que no poseen los animales, ya que ellos pueden, sí, hacer cosas admirables, pero siempre por instinto, repitiendo las mismas cosas de generación en generación. En cambio, el hombre está *creando* en cada generación nuevas obras de arte y de ingenio mecánico, con la construcción de nuevas máquinas, todas ellas inventadas y formadas primero en las mentes humanas, antes de ser convertidas en objetos tangibles, en los cuales siempre brilla una nueva idea.

El *crear* es muy raro.

El *formar*, muy común, sumamente común, pues apenas hay criatura que no *forme* su castillo en el aire.

Crecer, acrecentar

Las cosas *crecen* en virtud de un principio que existe en ellas. Supone movimiento, reproducción, organismo, vida.

Crece la planta, *crece* el arbusto, *crece* el niño. No puede decirse: se *acrecenta* la planta, se *acrecenta* el arbusto, se *acrecenta* el niño.

Acrecentar consiste en añadir nuevas unidades a la cantidad que ya existía. Es una operación aritmética, casi mecánica.

El que *crece* se desarrolla.
El que *acrecenta* añade.
Crecen los vicios de la administración.
Se *acrecentan* los males públicos.

Cristiandad, cristianismo

La *cristiandad* es la grey cristiana.
El *cristianismo* el dogma cristiano.
La *cristiandad* profesa el *cristianismo*.
El *cristianismo* dio origen a la *cristiandad*.

En el mismo caso se encuentran otros muchos vocablos, como gentilidad y gentilismo, feudalidad y feudalismo, etc.

El confundir estas dos palabras ha sido la desgracia mayor que cayó sobre el *cris-*

tianismo desde la época de Constantino, pues se consideraron cristianos todos los individuos que por una razón u otra, o muchas veces de pura conveniencia, aceptaron figurar como cristianos.

La *cristiandad* la forman los hombres.

El *cristianismo* lo fundó Jesucristo y es un verdadero don de Dios en todos aquellos que tienen una fe sincera en las declaraciones de Cristo y de sus primeros apóstoles.

Crítica, censura

Crítica viene de *crisis*, que significa cambio o mudanza. Y como la mudanza o la diferencia que hay en las cosas es la que hace que podamos juzgarlas y distinguirlas, de aquí viene que la palabra *crisis* signifique en último término distinción, juicio, lucha espiritual. Y así nos lo prueba la voz *discreto*, derivada de *crisis*. *Discreto* es el hombre que distingue, que juzga, que ve las *crisis* o los cambios que se operan en los objetos; más claro, *discreto* es el que piensa con *criterio*, que tiene *crítica*.

Esto nos hará comprender la admirable sabiduría de la voz griega *krisis*, de donde se origina el *crisis* latino y el nuestro. La palabra *krisis* quería decir entre los griegos combate, lucha, esfuerzo, juicio, como derivada de *krinō*, que equivalía a juzgar o distinguir.

Del griego *krinō* formaron los latinos su verbo *cerno, cernere, crevi, cretum*, de donde procede el verbo castellano *discernir*, que es separar unos juicios de otros, analizarlos, para ver con los ojos del espíritu las *crisis* o mudanzas de las ideas, pudiendo percibirlas con toda distinción. Del *cerno, crevi, cretum* de los latinos se originan también nuestras voces *concreto*, que es lo particular, lo *distinto*, lo *crítico*; *secreto*, que es lo *diferente* de lo demás, lo que se debe distinguir de las cosas comunes, lo que está aparte; *decreto*, que es lo que forma serie separada, lo que no se debe confundir con las demás leyes o disposiciones, y otras muchas palabras de nuestro sabio y desconocido idioma.

Censura viene del latín *censeo, censes*, que primitivamente significó juzgar, opinar, decir su parecer; pero el juicio, es decir, la *censura* primitiva, se convirtió bien pronto en prohibición y vituperio, y el *censurar* dejó de ser una tarea benigna.

El que *critica* obra con criterio: busca la verdad.

El que *censura* es incisivo: busca la mentira.

Criticar es un noble y elevado oficio, un ministerio casi.

Censurar es casi siempre fiscalía, orgullo o venganza.

Crónico, inveterado

Crónico, como crónica y cronología, viene del griego *chronos*, que significa tiempo.

Inveterado viene de vida.

Decimos achaques *crónicos*, vicios *inveterados*.

¿Por qué decimos achaques *crónicos*? Porque en los achaques antiguos no entra más que el tiempo: son *crónicos*.

En los vicios entran las costumbres, la conducta, la parte moral de la vida: son *inveterados*.

Lo *crónico* es físico, porque la *cronología*, como todo cómputo o cálculo, pertenece verdaderamente a las matemáticas.

Lo *inveterado* es moral, porque en la vida humana, como en todo hecho de conciencia, dominan las ideas de virtud y de vicio.

Los achaques *crónicos* duran en la persona que los padece.

Los vicios *inveterados* viven con el hombre a quien malean.

Cruento, cruel

Ambas voces vienen del latín *crudus*, *crudo*, que es lo áspero, lo verde, lo acre, lo que no tiene punto y sazón. Hoy se aplica a las carnes que no han cocido lo suficiente. Con respecto a las carnes, es *crudo* lo que con respecto a las frutas es verde.

Extensivamente se llama *crudo* a todo lo violento, lo que sale de temple y de regla.

De *crudo* se derivó *cruento*, que significó la idea de *crudeza*, de aspereza, de rudez, de acritud, y por extensión la idea de *sangre*, porque lo *cruento* es tan costoso que la sangre brota, por cuya razón vino a ser sinónimo de sangriento. Entre los latinos *cruentare* era matar, como nos lo prueban mil pasajes de aquellos escritores: *vigiles cruentant*, dice Virgilio: matan o degüellan a los vigilantes; es decir, a los centinelas. Pero repito que esta idea de sangre vino después; es una significación trasladada o metafórica, porque la recta y primitiva fue la de *crudeza*, la de acritud. La cosa más *cruenta* que podemos hacer con nuestros semejantes es matarlos o degollarlos; por consecuencia, nada más natural que el que lo *cruento* viniese a expresar las ideas de degüello, de muerte, de sangre, de suplicio. He aquí por qué nosotros entendemos que de *crudo* o *cruento* viene el vocablo latino *crux, crucis*, cruz en castellano, y que significa tormento, suplicio, patíbulo, y también, en el sentido moral, todo lo que causa pena.

De *cruento* se derivó *cruel*, que no es otra cosa que lo *cruento* aplicado a cosas morales.

Trabajos *cruentos*, trabajos *crueles*.

¿Significan lo mismo estas dos frases? De ninguna manera, no sólo no expresan lo mismo, sino que significan ideas contrarias, según vamos a ver.

Trabajos *cruentos* quiere decir que son trabajos duros, violentos, terribles.

Trabajos *crueles* quiere decir que son trabajos inhumanos, bárbaros, impíos. Si algún hombre nos impusiera la obligación de cargar con ellos, aquel hombre sería un homicida o un perverso, un malvado.

Los trabajos *cruentos* se refieren a la fatiga, al movimiento, a la fuerza, a la acción: son materia.

Los trabajos *crueles* se refieren a las ideas morales, a la conciencia, al sentimiento, al rescoldo interior que calienta las fuerzas ocultas de la vida: son espíritu.

Lo *cruento* nos extenúa: es una carga.

Lo *cruel* nos indigna: es una impiedad.

Pondremos un ejemplo que abra nuevas calles a la inteligencia del lector:

Hay dos condenados a galeras; dos galeotes.

El uno está allí porque mató alevosamente, por crimen; es un malvado.

El otro está allí por causa de su fe; es un mártir de la intolerancia; es un inocente, es un hombre digno, es un hombre honrado.

Los trabajos del galeote criminal son *cruentos*.

Los trabajos del galeote virtuoso son *crueles* y además injustos.

Los del galeote criminal son trabajos de cuerpo.

Los del galeote inocente son trabajos de cuerpo y alma.

El primer galeote sabe que lo merece, y cae aniquilado por la fatiga; esto es lo *cruento*.

El otro galeote sabe que es víctima de un poderoso, sabe que aquello es una injusticia, que allí lo tiene una falta de rectitud y de caridad, y cae aniquilado por el despecho; esto es lo *cruel*.

Lo *cruento* significa costoso, duro.

Lo *cruel* significa desapiadado, feroz, brutal.

Sacamos en limpio que lo *crudo*, lo *cruento* y lo *cruel* corresponden a tres distintos hechos de la vida.

Lo *crudo* se refiere a la sazón.
Lo *cruento*, a la faena.
Lo *cruel*, al espíritu.
Crudo significa no sazonado.
Cruento, penoso.
Cruel, empedernido, injusto.
Lo *crudo* no se puede comer.
Lo *cruento* no se puede aguantar.
Lo *cruel* no se puede sufrir.

Cualidad, calidad

La *cualidad* está en relación con el atributo; es virtud.
La *calidad*, con el concepto público; es condición.
Cualidad significa naturaleza.
Calidad, jerarquía o condición si se trata de objetos materiales.
La *cualidad* se perfecciona por la educación.
La *calidad* se hereda.
Al decir que un hombre es persona de *cualidades*, queremos decir que tiene prendas.
Al decir que es persona de *calidad*, expresamos la idea de que viene de buen linaje.
La *cualidad* ayuda.
La *calidad* honra.
La *cualidad* lo agranda todo.
La *calidad* agranda a una familia.
La prudencia busca *cualidades*.
La fama busca *calidad*.
Traducidos estos dos vocablos al lenguaje del mundo, puede decirse: por la *cualidad* somos y por la *calidad* valemos. (Véanse: clase, calidad, cualidad.)

Cualidad, propiedad

Cuando una cosa existe, de alguna manera ha de existir. Esas maneras de existir o de ser, que la naturaleza da a todas las cosas, se llaman *cualidades*.

Cuando las *cualidades* caracterizan al sujeto, cuando lo distinguen de todos los demás, las *cualidades* toman el nombre de *propiedades*.
Por ejemplo, el caballo tiene crines y orejas. He aquí dos modos de ser del caballo; pero como hay otros animales que tienen orejas y crines, como aquellos modos de ser no lo distinguen, no lo individualizan, diremos que el tener orejas es una *cualidad*, no una *propiedad*, del caballo. Pero notamos que el caballo relincha; observamos la voz de los demás animales, y vemos que el buey muge, que el perro ladra, que el lobo aúlla, que ruge el león, que bala la oveja; no oímos que ningún animal relinche, sino el caballo. He aquí una *cualidad* que lo caracteriza, que lo distingue de todos los demás animales de la creación. Esta *cualidad* distintiva, esta *cualidad* elemental, se llama *propiedad*. Así diremos: el relincho es una *propiedad*, no una *cualidad*, del caballo.
De esto resulta que las *cualidades* tienen por objeto distinguir unos modos de ser de otros modos de ser, mientras que las *propiedades* distinguen un ser de los demás seres.
Faltándonos una de nuestras *cualidades* podríamos existir sin dejar de ser lo que somos. Sin la *cualidad* de tener crines, por ejemplo, el caballo no dejaría de ser caballo.
Faltándonos alguna de nuestras *propiedades* perderíamos el ser que debemos a la causa hacedora. El caballo que balase o rugiese no sería caballo, sino oveja o león, o bien un monstruo de la naturaleza.
Esto quiere decir que dejaría de ser caballo para tornarse en monstruo.

Cuerpo, corporación

Por *cuerpo* se entiende un gran número de personas constituidas en sociedad con un pensamiento político, y gobernada por disposiciones generales, fijas, solemnes, obligatorias.

Corporación es una junta o comunidad menos numerosa, establecida para fines locales y gobernada por condiciones que no obligan hasta el punto de ser *delincuente* el que falte a ellas.

Así decimos: *cuerpo* de un estado, de una nación; el *cuerpo* diplomático, administrativo, judicial; los *cuerpos* colegisladores; el alto *cuerpo* colegislativo.

No puede decirse: la *corporación* de una nación o estado; la *corporación* diplomática; las *corporaciones* colegisladoras. Esto fuera absurdo, según el pensamiento de cada una de aquellas palabras, porque sería contener lo universal en lo particular, el género en la especie, el todo en la parte.

También decimos: *corporación* municipal; *corporación* de sabios, de artistas, de comerciantes o de obreros.

No puede decirse propiamente: *cuerpo* municipal; *cuerpo* de sabios o de artistas.

La *corporación* está gobernada por estatutos, reglamentos, ordenanzas.

El *cuerpo*, por leyes.

Nada más frecuente que hacer la contra a una *corporación*; nada más raro ni peligroso que hacer la contra a un *cuerpo* físico o a varios, porque puede engendrar una pelea.

El atentado contra una *corporación* se calificaría de delito común.

El atentado contra un *cuerpo* se calificaría de delito de estado.

En una aldea puede haber *corporaciones*.

Sólo en una nación puede haber *cuerpos*.

Culto, instruido, ilustrado

Culto viene del latín *colo, colis, colere, colui, cultum*, que significa cultivar, de donde proceden nuestras voces como *colono, colonia, cultivo, cultura*.

Instruido se compone de *in*, que expresa interioridad, y del latín *struere*, que significa edificar. Equivale, pues, a *edificar* dentro o por dentro, de cuyo mismo origen viene *industria*.

Ilustrado se deriva de *luz*, como lucir, luciente, lucerna, Lucifer, iluminar, luminoso, luminaria, luzco, ilustrar, ilustre, etc.

El que *cultiva* su inteligencia es *culto*.

El que estudia y trabaja para adquirir las posibles noticias y logra ser versado en varios ramos de la erudición, es *instruido*, ha *edificado* en su inteligencia, ha laboreado en su espíritu.

El que tiene un entendimiento luminoso, lleno de *luz*, es *ilustrado*.

El *culto* se pule; no es rústico, agreste.

El *instruido* sabe de qué habla; no es ignorante.

El *ilustrado* explica, aclara, eleva y ennoblece un asunto, lo *ilustra*; es un hombre *ilustre* en la línea del pensamiento.

La *cultura* es educación.

La *instrucción*, estudio.

La *ilustración*, talento.

La historia conoce seis términos o grados de progreso intelectual: el salvaje, el bárbaro, el civilizado, el *culto*, el *instruido* y el *ilustrado*.

Cumplimiento, ceremonia

El *cumplimiento* es urbano.

La *ceremonia* es oficial.

El *cumplimiento* es cortesía.

La *ceremonia* es un acto.

Hay maestro de *ceremonias*.

No hay maestro de *cumplimientos*.

No falta quien dice que el *cumplimiento* se compone de dos palabras: *cumplo* y *miento*. Esta explicación no es etimológica, pero en infinitos casos es verdadera.

Cumplir, llenar

Cumplir significa más que *llenar*, de la propia manera que *completar* significa más que *cumplir*.

Se *llena* la vasija; se *cumple* una palabra; se *completa* una obra.

Llenar es un hecho; *cumplir*, una virtud; *completar*, una empresa, casi una hazaña, casi una maravilla.

Muchos *llenan*; algunos *cumplen*; pocos *completan*.

Y no nos debemos quejar, porque si *completasen* todos los que *llenan*, el genio del hombre dejaría de ser un arcano de Dios.

Curvo, torcido

Curvo es palabra geométrica.
Torcido es palabra vulgar.
Línea *curva*. No puede decirse línea *torcida*.
Palo *torcido*. No puede decirse palo *curvo*.

Curvo no tiene aplicación fuera del orden físico, mientras que *torcido* tiene frecuentes y graciosísimas acepciones en sentido metafórico.

Me *torció* el gesto. Claro es que no puede decirse me puso un gesto *curvo*.

Este asunto se me ha *torcido*.

Fulano obra con *torcida* intención. Nada más risible que decir Fulano obra con *curva* intención o con intención *curva*.

CH

Chisme, trasto, baratija, cascajo, bagatela, chuchería

La etimología conocida de *chisme* es tan remota como extraña. Viene de *cisma*, que primitivamente se llamó *schisma*, nombre giriego que quiere decir corte, rotura, división, porque los cismáticos *rompían*, en efecto, la unidad de dogma admitido.

Habiéndose observado que muchos *cismas* se fundaban en ideas falsas, la voz *schisma* llegó a significar con el tiempo la idea de mentira, de embuste, lo que hoy se entiende con la palabra *chismosear*.

He aquí el significado primero de la palabra *chisme*, derivada del antiguo *schisma*.

Traída después al orden físico, la aplicamos a significar todo objeto que ya no sirve para lo que servía, que no es lo que era, que ha perdido su realidad práctica, su verdad, porque una cosa inútil es realmente una mentira. He aquí su segundo significado.

Llamamos *chisme* a un objeto que para nada sirve, del mismo modo que de un hombre pequeño y ruin solemos decir que es un *embuste*, de la misma manera que llamamos *embustes* a los dijes de las mujeres.

Esta etimología es muy rara, pero es tan rara como discreta.

Un *chisme* es todo objeto que no tiene uso ni aplicación, como si dijéramos: un *embuste* de la casa.

Trasto es un mueble viejo, medio destruido, que se hace pedazos. Así decimos de un hombre despreciable que es un *trastuelo*. Los *trastos*, no sólo no sirven, sino que embarazan.

Baratija es la prenda falsa que anda dando vuelta por los *baratillos*.

Cascajo es lo *cascado*, lo último, el desperdicio de una cosa.

Bagatela viene del nombre italiano *bagatella*, derivado de *vagatino*, moneda de ínfimo valor. Eso no vale una *bagatela* equivale a decir: eso no vale una blanca, un ardite, un cornado.

Chuchería es todo manjar insustancial, como piñones, altramuces, anises; y de aquí vino a significar la idea de *fruslería*, cosa de poca monta o de poca sustancia.

El *chisme* no sirve.
El *trasto* se apolilla.
La *baratija* engaña.
El *cascajo* sobra.
La *bagatela* no vale.
La *chuchería* no aprovecha.

Chocho, caduco

Chocho no tiene otra etimología que la armonía imitativa. *Chocho* es el remedo exacto del *cho, cho* que hace el viejo cuando balbucea lo que quiere pronunciar.

Caduco viene de *cadere*, caer, como decadencia.

El *chocho* supone debilidad más bien de juicio.

El *caduco*, debilidad de organización.

El *chocho* no puede discurrir: *chochea*.

El *caduco* no puede andar: se *cae*.

D

Dádiva, regalo, presente

Dádiva, como el nombre lo dice, viene de *dar*, lo propio que *don, donación, donativo, donaire, donoso*, etc.
Regalo viene de *real* o de *regio*, como si dijéramos dádiva *real* o digna de un *rey*.
Presente se compone de *prae*, delante, y *ens, entis*, ente. Significa *ente* que está *delante*.
La *dádiva* es graciosa.
El *regalo*, espléndido.
El *presente*, afectuoso.
La *dádiva* obliga.
El *regalo* agasaja.
El *presente* recuerda.
Por lo tanto, quien dice *presente* dice memoria.
Quien dice *regalo* dice obsequio.
Quien dice *dádiva* dice donación.

Deber, obligación

El *deber* indica alguna cosa más imperiosa para la conciencia que la *obligación*, y como procedente de la ley, la virtud nos conduce a su cumplimiento.
La obligación indica alguna cosa más absoluta para la práctica; y el buen parecer, el qué dirán y los respetos humanos exigen su cumplimiento.
El *deber* de un abogado o de un juez, asistir al tribunal a cumplir con su cargo, y es *obligación* suya asistir revestido de toga.
Se dispensa fácilmente de una *obligación*, se falta a un *deber*.
A los políticos cuesta menos ser negligentes en su *deber* que olvidar la menor de sus *obligaciones*.
Resumen: El *deber* nos pone en relación con Dios, con el prójimo y con nosotros mismos; la *obligación* nos pone en relación con las instituciones del pueblo en que se vive.
Faltar a los *deberes* es un vicio; faltar a las *obligaciones* es una infracción de lo mandado.
La norma del *deber* es la conciencia; la norma de la *obligación* es el derecho.
En una palabrea, el *deber* político se llama *obligación*; la *obligación* moral se llama *deber*.
El círculo de nuestros *deberes* es inmensamente mayor que el de nuestras *obliga-*

ciones, puesto que Dios, el género humano y nosotros mismos somos más extensos que el mandamiento de una sociedad o de unas leyes humanas.

Débil, inhábil

Débil se compone de la partícula negativa *de* y del verbo latino *habeo*, haber o tener.

Inhábil tiene exactamente el mismo origen.

De manera que si no atendiéramos más que a la etimología, las dos palabras del artículo serían idénticas. Así *débil* como *inhábil* nos dan la idea de una cosa que no puede *haberse*, que no sirve, que no vale, que no obra.

Sin embargo, el uso, con ese instinto maravilloso que es la primera de todas las ciencias humanas, ha distinguido las voces en cuestión con relaciones que no pueden equivocarse.

Débil se aplica al orden físico; *inhábil*, no.

Así decimos: la enfermedad me ha dejado *débil*.

Sería absurdo decir, para significar la misma idea: la enfermedad me ha dejado *inhábil*, porque con esto significaríamos que la enfermedad había atacado nuestro cerebro, trastornando nuestra inteligencia.

En sentido trasladado, la palabra *débil* conserva la significación que tiene en sentido recto: falta de firmeza, de energía, de virilidad, de carácter.

Inhábil significa falta de idoneidad, de disposición, de aptitud.

Lo *débil* no obra porque no puede.
Lo *inhábil* no obra porque no sabe.
Aquello es falta de fuerza.
Esto es falta de entendimiento.
Un hombre *débil* es una nulidad en punto a conducta.

Un hombre *inhábil* es una nulidad en todo.
Un hombre *débil* puede ser un sabio.
Un hombre *inhábil* no puede ser nada, si lo es, no en un sentido u oficio, sino en todo.

Decaimiento, abatimiento

El *decaimiento* supone edad, naturaleza; decae el viejo.

El *abatimiento*, como si dijéramos abajamiento, supone pesares, infortunios, pasiones; se *abate* el vencido.

Decaemos por enfermedades.
Nos *abatimos* por dolores.
Quien *decae* desfallece.
Quien se *abate* se humilla.
Caer de fuerzas materiales, eso es *decaer*.
Caer de ánimo, eso es *abatirse*.
El *decaimiento* es una ley de la naturaleza.

El *abatimiento* es una pobreza del hombre, y suele tener una razón moral o una enfermedad psicológica.

Decepción, apostasía

Decepción viene de *decipio*, verbo latino que envuelve la idea de falsedad, de fraude.

Apostatar es negar la fe.
Obrar dolosamente, esa es la *decepción*.
Renegar, esa es la *apostasía*.
Quien comete una *decepción*, engaña.
Quien comete una *apostasía*, abjura.

Decidirse, resolverse

El jefe de una escuadra náutica observa el cielo, mira las nubes, consulta el calendario, oye a su gente, y, por fin, *se resuelve* a dejar el puerto. Halla después en alta mar la escuadra enemiga, y sin contar los buques del contrario, se *decide* a entrar en batalla.

Para *resolvernos* necesitamos consultar nuestra conciencia.

Para *decidirnos* basta consultar nuestro corazón.

No es posible que *nos resolvamos* sin que hayamos deliberado con nosotros mismos.

Para *decidirnos* tenemos muchas veces bastante con una voz, con una señal, con un gesto.

Hombre *resuelto* es aquel que cree tener motivos para obrar. Su *resolución* le justifica.

Hombre *decidido* es el que obra, aunque en ello le vaya su fortuna y su vida. Su *decisión* le arrastra.

La *resolución* supone necesariamente la idea del deber.

La *decisión* envuelve la idea del sacrificio.

El uso del lenguaje es tan evidente, que no dará lugar a la menor duda.

«La *decisión* de nuestros soldados salvó la jornada.» No puede decirse: la *resolución* de nuestros soldados, porque no se trata de una deliberación concienzuda, sino de un acto valeroso. El que *se resuelve* ha de ser prudente; el que *se decide* ha de ser bizarro, y de bizarría se habla aquí.

«Juan *se resuelve* a entrar en un convento.» Esto significa que lo ha acordado así con su conciencia, que tiene motivos morales que han debido inclinarle a tomar ese estado religioso; pero asociemos la idea de sacrificio, y ya no podrá *resolverse*, sino que tendrá que *decidirse*. Si al entrar en el claustro debe renunciar a su fortuna, a sus esperanzas, a sus amores, a la felicidad de toda su vida, no diremos con propiedad que *se resuelve* a entrar en un convento; en este caso *se decide*, puesto que no se trata de un simple acuerdo con la conciencia, sino de una heroica abnegación del sentimiento. *Se decide* a sacrificarse, como el capitán esforzado *se decide* a morir en campaña.

Resolverse es deliberar.

Decidirse es sentir y hacer.

La *resolución* es grave y debe ser considerada durante horas, días o semanas. Pertenece a la voluntad.

La *decisión* es entusiasta, impetuosa. Es casi una pasión del ánimo.

La *resolución* obra en nosotros.

La *decisión* no puede contenerse, y va adonde la llaman.

Una *resolución* puede ser un misterio.

Una *decisión* no puede ser sino una evidencia.

Para *decidirse* con razón, conviene *resolverse* con juicio.

Deducir, inferir

Deducir viene de *ducere*, cuyo sustantivo es *dux, ducis*, que significa jefe, caudillo, capitán, de donde procede nuestro antiguo *duque. Duque* se llamó primitivamente al general de todo ejército, por ser el que lo dirigía, el que lo llevaba: *ducebat* en latín. *Deducere*, pues, significa sacar una cosa de la parte superior, de arriba, de la alcurnia más alta, representada por la palabra *duque*.

Inferir expresa lo contrario. Es arrancar de lo *inferior* para llegar a lo superior.

Deducir, parte de la cabeza para llegar a los pies. Arranca del todo para llegar a la parte.

Inferir, arranca de la parte para llegar al todo, o de los pies para llegar a la cabeza.

Supuesta la existencia de un Dios creador, llegamos al conocimiento de que no puede menos de existir una creación universal. Esto es *deducir*; el *deducir*, parte del Creador para llegar a la criatura.

Supuesta la existencia de una creación universal, nada más lógico que suponer que existe un universal e inmenso poder. Esto es *inferir*; el *inferir*, parte de la criatura para llegar al Creador.

Defecto, imperfección

El *defecto* consiste en la falta o carencia de lo que conviene al concepto o al molde de la cosa, puesto que lo *defectuoso* es aquello que no reúne lo que debiera reunir, que no tiene lo que debería tener, según esa sabia medida que el Supremo Hacedor ha dado a los originales que nos ofrece la naturaleza.

La *imperfección* consiste, no en la falta de hechos, no en la carencia de la acción, sino en un vicio del pensamiento o de la obra, el cual contradice ese tipo de suma verdad, de suma virtud o de suma belleza que da su perfección a las creaciones.

Imperfecto, im-per-fec-to es lo que no se ha hecho con corrección, *perfectamente*, de un modo acabado.

Defecto, de-fec-to, es lo que no se ha hecho, ni bien ni mal.

Un discurso mal combinado, mal concluido, en fin, mal *hecho*, es *imperfecto*.

Un discurso al cual falta una prueba, un argumento, una de sus partes constitutivas, ora se refiera a la letra, ora al espíritu, es *defectuoso*.

Repetimos la primera idea, porque viene derechamente del origen de estos vocablos: la *imperfección* está en aquello que no se sabe hacer; el *defecto* consiste en lo que no se hace.

Por consiguiente, la *imperfección* es fealdad; el *defecto*, falta.

Definir, descifrar

Definir es exponer el *fin*, hacer que las cosas no aparezcan como sin *fin*, o sea, sin propósito.

Descifrar es aclarar lo enigmático.
Se *define* un vocablo, una idea.
Se *descifra* un emblema, una sentencia, un jeroglífico.
Definir determina: es limitación.
Descifrar aclara: es casi acertijo.

Degradante, humillante, difamante, infamante

Degradante es lo que nos rebaja en dignidad, en categoría; es decir, en *graduación*. Un sacerdote comete un delito, y se le *degrada*; es decir, se borra el carácter sagrado que tenía antes, se le quita el ser sacerdote y queda el criminal.

Humillante es lo que rebaja nuestro orgullo. Vino con muchos humos, pero salió bien *humillado*.

Lo *difamante* es lo que nos quita nombre, crédito, reputación. A un literato se le *difama* diciendo que es un necio.

Infamante es aquello que nos inhabilita ante la ley, que nos priva de los derechos que corresponden al hombre asociado. Se *infama* a un hombre llamándole ladrón, por ejemplo, porque el ser ladrón lleva consigo el ir a la cárcel.

El despojo de nuestra investidura social *degrada*.

Una demostración, una palabra, un ademán, *humilla*.

Una murmuración *difama*.
Una sentencia del juez, *infama*.
Degradación significa despojo.
Humillación, afrenta.
Difamación, descrédito.
Infamación, deshonra.

Deísta, teísta

Deísta es el que cree en Dios.
Teísta es el que discurre sobre el siste-

ma metafísico, como aspirando a poseer el secreto de la esencia divina.
El *deísta* tiene bastante con el hecho.
El *teísta* busca la razón.
El *deísta* ve una maravilla, y adora.
El *teísta* ve un sistema, y estudia.
Deísta es el creyente.
Teísta es el filósofo.
Lo contrario de *deísta* es *ateo*.
Lo contrario de *teísta*, *ateísta*.

Deleitable, delicioso

El sufijo *able* significa facultad, acción, energía; el sufijo *oso* significa copia.
Deleitable quiere decir que tiene virtud para producir el *deleite*; *delicioso* quiere decir que abunda en *delicias*.
Delicioso significa más que *deleitable*.

Deleite, placer

El *placer* se parece al gozo; el *deleite*, a la sensualidad.
El *placer*, lo mismo que el dolor, toca al secreto de la existencia, como todas las leyes del Hacedor Supremo; el *deleite* está en relación con nuestras pasiones, con nuestros caprichos, con nuestra vanidad; huésped ingrato que devora el alma y el cuerpo del desdichado que le da albergue.
Todos los hombres buscan el *placer*; muchos héroes han perecido y muchos laureles se han marchitado en las horas perdidas del *deleite*.
El *placer* es un sentimiento de la vida, una necesidad de la naturaleza, una grande armonía de la creación; el *deleite* es un escarmiento de la excesiva prosperidad, un peligro de la riqueza, una amenaza de la gloria, la debilidad de los poderosos, la desgracia de los agraciados que os lleva al lujo del vicio y al fausto del remordimiento. ¡Terrible fausto!

Un sabio dijo: «He de combatir a mi enemigo el *deleite*.» ¡Qué sabio era!

Delgado, flaco

Llámase hombre *delgado* al enjuto de carnes.
Llámase hombre *flaco* al que las ha perdido.
Adelgazamos cuando crecemos.
Nos *enflaquecemos* cuando enfermamos.
El *delgado* puede *enflaquecer*.
El *flaco* no puede *adelgazar*.
Cintura *delgada*. No puede decirse: cintura *flaca*. La dolencia lo ha dejado tan *flaco*, que más que una criatura humana parece un esqueleto. No podría usarse con igual propiedad de la voz *delgado*, porque una persona delgada, por delgada que esté, no deja de ser un hecho natural, corriente, que se ve a cada paso, y una cosa común no puede parecerse a un esqueleto. Para que concibamos esta idea, es indispensable que acuda la imaginación, y la imaginación no puede acudir sino viendo un hecho que sale de la regla, que participa de lo maravilloso, como un hombre sumamente *flaco*, que es como si dijéramos casi un cadáver.
Lo contrario de *delgado* es gordo.
Lo contrario de *flaco* es grueso.
Se diferencian también estas voces en el sentido figurado, de conformidad con las ideas que hemos expuesto.
«Me hicieron un *flaco* servicio.» Nada más absurdo que decir: «me hicieron un *delgado* servicio.»
«Aquí se hila muy *delgado*»; nada más fuera de propósito que decir: «aquí se hila muy *flaco*.»

Delicia, deleite

No deben confundirse las palabras *delicia* y *deleite*.

Las galas de la voluptuosidad nos inspiran la idea del *deleite*; una brisa pura y suave en medio de los ardores del estío, un grupo de palmeras verdes en los arenales del desierto, un valle florido entre montañas escarpadas, nos dan la idea de la *delicia*.

El *deleite* consume; la *delicia* recrea.

Alejandro acabó en el *deleite*; Anacreonte fue la *delicia* de su siglo.

Delirio, frenesí

Delirio se compone del prefijo *de*, que significa alejamiento, y del nombre latino *lira*, que significa raya, *línea* o surco. Propiamente hablando, la *lira* latina no era la raya, la hondura abierta por el arado, sino la pequeña prominencia que queda entre surco y surco, que nosotros llamamos *loba* o *lomo*, nombres derivados probablemente de *lira* o de *línea*. De modo que *delirio* significa literalmente: alejamiento del surco, desviación, extravío. Tan filosófica y tan sabia es la razón que tiene el uso para decir *extravío* mental, *extravíos* morales. ¿Qué es el *delirio* sino un verdadero *extravío* del cerebro, del corazón y de la conciencia?

Frenesí se deriva del griego *phrēn* (*fren*), que significa espíritu, de donde se origina la palabra moderna *frenología*, que quiere decir ciencia del *espíritu* explicada por medio de los órganos cerebrales.

Todo lo que sea desviarse del surco, de la línea, de lo recto, se llama *delirio*. Así decimos ¡qué *delirio*!, como quien dice: ¡qué disparate!

Todo lo que sea una pasión profunda, pasión del ánimo; todo lo que sea un grande trabajo del alma, se llama *frenesí*. Tan filosófica y tan discreta es la razón del uso que aplica el *frenesí* a todas las pasiones que se apoderan de nuestro ánimo, lo mismo al amor que al aborrecimiento o que a la furia. Así decimos con la más perfecta propiedad: ama con *frenesí*; estaba *frenético* de cólera.

La calentura tiene *delirios*, no *frenesí*.

Ciertas locuras tienen *frenesí*, no *delirios*.

El *delirio* separa al hombre de la inteligencia.

El *frenesí* lo aparta del acuerdo.

El *delirio* es yerro.

El *frenesí* es pasión.

El *delirio* se inclina a desvarío.

El *frenesí*, a locura.

En una palabra, el *delirio* es mental: entendimiento.

El *frenesí* es espíritu, razón. El *frenesí* es casi enfermedad como la locura. Así decimos: loco *frenético*.

Nada más absurdo que decir loco *delirante*, puesto que no hay un loco que no *delire*; es decir, que no se desvíe de lo recto, porque si de lo recto no se desviara no estaría loco.

Departir, conversar

Conversar se compone de *con*, que significa compañía, y de *verto*, verter. Significa literalmente: verter o derramar la palabra con otro.

Departir significa ir por *partes*.

Los que *conversan* hablan; vierten vocablos.

Los que *departen* analizan; buscan ideas.

Los hombres del común del pueblo *conversan*.

Los hombres muy curiosos o excepcionalmente inteligentes, *departen* ocupándose de un arte o de un asunto de mutuo interés.

Deponer, destituir, exonerar, relevar, separar

Para que el hombre desempeñe un destino público, es indispensable que se le eleve a una categoría, que se le sitúe en cierto paraje político, en un *puesto*. Cuando se le elevó, se le *puso* allí; cuando se le hizo descender se le *depuso*. He aquí *deponer*.

Al verse revestido de un carácter público; al tener una investidura social, entra a ser parte de las *instituciones* de aquel país; está allí *instituido* como órgano de gobierno y de ley. Para que deje de estar *instituido* es necesario que se le *destituya*. He aquí *destituir*.

El que ejerce un público cargo, claro es que acepta una responsabilidad equivalente a los goces que aquel cargo le proporciona. Por lo menos, tiene la obligación de cumplir, lleva cierto *peso*, cierto algo *oneroso*. Para hacer de manera que deje de llevar aquel *peso oneroso*, no hay otro recurso que *exonerarle*. He aquí *exonerar*.

Hay empleos que no pueden desempeñarse sin que el empleado haga protesta de fidelidad, de adhesión, sin que preste como un juramento político.

Hacer que el empleado cese en el ejercicio de aquel empleo es declararle libre de aquella especie de juramento, es *relevarle* de los compromisos de aquella fe pública. He aquí *relevar*.

Es imposible entrar en la jerarquía de empleado público sin pertenecer a esa jerarquía, a esa clase, a esa comunidad. El empleado es el fraile de un convento, en que el Estado hace las veces de guardián o de prior. Cuando deja el destino, claro es que se *separa* de aquella jerarquía, como cuando el fraile deja de ser fraile ha de *separarse* de su convento. He aquí *separar*.

De lo dicho resulta que el uso ordinario, el uso ignorante, aun el uso de personas muy ilustradas, comete un sin cuento de despropósitos al valerse de las palabras anteriores.

Hoy se *exonera* a un meritorio que no tiene *carga* ninguna; es decir, ninguna responsabilidad; que no lleva el *peso* de la oficina.

Mañana se *destituye* a un infeliz portero que no pertenece a la *institución*; es decir, al régimen constitucional de la cosa pública.

Ayer se *relevó* del cargo a un simple oficial de aduanas.

Otro día se *separa* a un coronel o general del mando que le estaba sometido.

Otro día se *depone* a un ministro.

El uso propio lo diría de un modo diferente.

Se *depone* a un portero, a un meritorio.

Se *separa* a un empleado impuro.

Se *destituye* a un embajador, a un ministro.

Se *exonera* a un magistrado.

Se *releva* a un coronel, a un general.

Deponer significa quitar.

Separar, alejar, desunir.

Destituir, abolir o anular.

Exonerar, descargar.

Relevar, eximir.

Derecho, justicia, equidad

Acerca de la voz *equidad* tenemos que decir dos palabras para que los lectores adquieran noticia de una curiosidad que no deja de ser notable.

Todos los términos castellanos en cuyo principio se halla el sonido *equi* significan la idea de *igualdad*, acaso porque se notó que la letra *equis* (x) constaba de dos rasgos *iguales*.

Lo cierto es que este fenómeno existe en las lenguas derivadas del latín, y no fuera juicioso atribuirlo a un mero acaso, porque hechos constantes no pueden tener por razón la casualidad.

Citaremos algunas voces, a fin de que pueda tenerse conciencia segura, conocimiento real y práctico de la curiosidad mencionada:

*Equi*ángulo: figura de ángulos *iguales*.

*Equi*distante: distante *igualmente*.
*Equi*látero, *equi*lateral: figura que consta de lados *iguales*.
*Equi*librar, *equi*librio: *igualdad* de peso o de fuerza.
*Equi*noccio: tiempo en que los días son *iguales* a las noches.
*Equi*paje, *equi*po: traje cortado a una medida *igual*.
*Equi*parar: *igualar* dos o más cosas por la comparación.
*Equi*ponderante: lo que tiene *igual* peso.
*Equi*valer: valer *igualmente*.
*Equi*vocar, *equí*voco: tomar una cosa por otra *igual*.
Después de estos ejemplos se comprenderá perfectamente que la voz *equidad* signifique *igualdad*.
Veamos ahora la diferencia que la razón y el uso han asignado a las tres palabras de este artículo:
El *derecho* es una ciencia.
La *justicia*, una virtud.
La *equidad*, un hecho.
El hombre que conoce el *derecho* es letrado.
El que desea hacer *justicia* es probo.
El que practica la *equidad* es recto.
De modo que el *derecho* toca al raciocinio.
La *justicia*, a la conciencia.
La *equidad*, a la conducta.
Esto quiere decir que el *derecho* es intelectual.
La *justicia*, moral.
La *equidad*, civil.
Si ahora subimos un poco más en la gradación de las ideas, encontraremos una teoría muy luminosa.
El hombre viene al mundo con ciertas facultades originales que le ha dado Dios: he aquí la naturaleza social del hombre.
Esta naturaleza humana, de origen divino, halla luego una fórmula científica: he aquí el *derecho*.

Este *derecho* encuentra luego una fórmula moral, interior, inviolable; una fórmula de conciencia: he aquí la *justicia*.
Esta *justicia* encuentra, por fin, una fórmula práctica, presente, social, ejecutora: he aquí la *equidad*.
En último término se hallará que la *equidad* no es otra cosa que la realización de la *justicia*, como la *justicia* no es otra cosa que la realización del *derecho*, como el *derecho* no es más ni menos que la realización de la naturaleza social del hombre.
Hecho natural: *facultades*.
Hecho inteligente: *derecho*.
Hecho moral: *justicia*.
Hecho práctico: *equidad*.
Dicho de otro modo: la *facultad* se tiene.
El *derecho* se sabe.
La *justicia* se siente.
La *equidad* se practica.

Desafío, duelo

Desafiar es retirar la *fe*, dejar de tener *confianza*, de donde vino la idea de agravio, y consecuentemente la de pugna.
Duelo es un derivado del numeral *dos*, porque es la pugna en que *dos* pelean. Esta etimología explica también el significado de *duelo* como cuita o dolor: es una desdicha de que *dos* personas se *duelen* por espada o pistola.
Mil hombres, un millón de hombres, pueden presentar un *desafío* a otro millón.
No pueden presentar un *duelo*, porque no es *duelo* pasando de *dos* las personas *desafiadas*. Por lo tanto, puede haber *desafío* sin haber *duelo*.

Desastre, desgracia

La *desgracia* es una negación de la *gracia*.

El *desastre* es un resultado, por lo menos así lo creyeron los supersticiosos antiguos y así siguen creyéndolo los supersticiosos modernos, que los males son resultado de la adversa influencia de los *astros*, *astron* en griego, porque de *astro* viene la palabra *desastre*.

Siendo la *gracia* un espíritu o un don que concede Dios a cada criatura, la voz *desgracia* tiene un sentido personal, y entra en este nombre el pensamiento de la Providencia.

Siendo el *desastre* un resultado de hechos físicos, porque hechos físicos son los *astros*, la palabra en cuestión se refiere más bien a hechos materiales, significando trastorno en las formas.

Una epidemia invade un vecindario; los vecinos huyen, abandonan sus casas, y todo queda en el mayor desorden. Ahora puede decirse que la epidemia causó en aquella población un *desastre*.

Sería absurdo decir que causó una *desgracia*, porque siendo la *desgracia* un hecho personal, habrá tantas *desgracias* como desventuras personales, y éstas han sido muchas.

De modo que en aquel vecindario no ha ocurrido más que un *desastre*, mientras que han tenido lugar muchas *desgracias*.

Vamos por la calle, cae una teja y nos lastima. Esto es una *desgracia*, porque supone que hay falta de *gracia* en nosotros, falta de auxilio providencial, falta de don divino. No es un *desastre*, porque no hay desarreglo de formas, o porque la idea de desarreglo no es la que domina.

Llámase hombre *desastrado* al que no tiene orden, sazón ni concierto en sus vestidos, en su conducta, en sus negocios.

Llámase hombre *desgraciado* al que no es dichoso, al que no es feliz, aunque vista con la más perfecta compostura, y aun cuando obre en todas sus cosas con el mayor escrúpulo, porque es la voluntad de Dios someterles a prueba retirando de ellos lo que Calvino llamaba la «gracia natural», o sea, el favor que Dios dispensa a todas sus criaturas, aunque muchas veces esta supresión momentánea de su gracia redunde al final en un mayor beneficio para sus criaturas más amadas, en muchos casos en esta misma vida y a todos ellos en el más allá de la muerte, o sea, de la eternidad. El apóstol Pablo decía: «Porque esta leve tribulación momentánea nos produce, en una medida que sobrepasa toda medida, un eterno peso de gloria.» (2.ª Cor. 4:17.)

Hallamos, pues, que puede haber *desastre* sin haber *desgracia*, del mismo modo que puede haber *desgracia* sin haber *desastre*.

El *desastre* es trastorno, desarreglo.
La *desgracia*, infortunio.
En el *desastre* entra la materia.
En la *desgracia* entra el espíritu.
Desastre es palabra gentil.
Desgracia es voz cristiana.

Desatar, soltar

Desatar no es más que quitar las ataduras.

Soltar es dejar libre.

La persona a quien se *desatara* podría quedar presa en un calabozo. Estaría *desatada*, no *suelta*.

La persona a quien se *soltara* debería salir a la calle.

Desatino, disparate

Cervantes dice que Don Quijote «olvidó casi de todo punto el ejercicio de la caza, y aun la administración de su hacienda, y que llegó a tanto su curiosidad y *desatino en esto*, que vendió muchas hanegas de tierra de sembradura para comprar libros de caballería que leer».

La expresión su *desatino en esto*, manifiesta que el *desatino* de Don Quijote era un error parcial, una manía.

Luego añade: «Llenósele la fantasía de todo aquello que leía en los libros, así de encantamientos como de pendencias, batallas, desafíos, heridas, requiebros, amores, tormentas y *disparates imposibles*.»

La expresión *disparates imposibles* pone de manifiesto que se trata de necedades que no caben en un entendimiento sano. Ya no se trata de la manía; es decir, del *desatino* de Don Quijote, sino de los encantamientos y locuras de la caballería andante; es decir, de *disparates imposibles*.

La suma discreción con que nuestro Cervantes emplea las dos palabras de este artículo dice más que pudiera decir la disertación más erudita.

Desatino equivale a desacuerdo.
Disparate equivale a sandez.
Un sabio obcecado *desatina*.
Un necio *disparata*.
Lo contrario de *desatino* es el acierto.
Lo contrario de *disparate* es el juicio.
Apenas hay un hombre docto que no haya cometido más de un *desatino*.
No puede haber tonto que no haya dicho y hecho muchos *disparates*.

«*Aquí yace Casanate
debajo de aquesta losa,
que en su vida dijo cosa
que no fuese un* disparate.»

Esto quiere decir que el cuitado poeta sobre cuyas cenizas se escribieron los versos anteriores, era un necio de capirote, o que, como suele decirse, no tenía todo lo de Salomón.

En fin, el *desatino* tiene remedio. El hombre que hoy cierra los ojos puede abrirlos mañana y ver la luz. El *disparate* es incurable. Para aquel que no tiene vista no hay astros en el cielo.

Desbandarse, desertar

Desbandarse es un derivado del sajón *ban*, liga, pregón, como bando, bandería, bandolero y bandido.

Desertar viene del verbo latino *deserere*.

Desbandarse es dejar de ser *bando*; abandonar el ejército, las *banderas*.

Desertar es ir por los *desiertos*, huir por los lugares no *sembrados*; es decir, por lugares retirados y ocultos.

Desbandarse viene a ser desunirse.
Desertar es fugarse.

Descubrir, inventar

Para *descubrir* una cosa es indispensable que la cosa exista.

Para *inventarla*, es condición indispensable que no haya existido nunca.

Descubrir es hallar lo que no se había visto, lo que aún no se conocía.

Inventar es hacer lo que no podía verse ni conocerse, puesto que no existía antes.

Se *descubre* un planeta.
Se *descubren* señales en la luna.
Colón *descubre* el Nuevo Mundo.
Galileo *descubre* que la tierra se mueve.
Newton *descubre* la propiedad general de los cuerpos llamada gravitación universal.

Nada de eso se *inventa*, puesto que todas esas cosas existían antes de que se *descubriesen*, ni los hombres pueden *inventar* lo que está ya *inventado* por Dios, como la atracción de los cuerpos, como el Nuevo Mundo, como las señales de la luna, como un planeta.

Se *inventa* un arado, un aparato químico, un método, un sistema, un género de historia.

Se *inventa* un colorido, una fábula, una teoría.

Se *inventa* una moda, un calzado, un dije, un capricho.

Leibnitz *inventó* un sistema filosófico.
Guttenberg *inventó* la imprenta.
Los árabes *inventaron* la brújula.
Las cosas naturales se *descubren*.
Las cosas artificiales se *inventan*.
Se *descubre* la electricidad.
Se *inventa* el aparato eléctrico.
Para *descubrir*, bastan el estudio, la observación y, muchas veces, el acaso.
Para *inventar*, se necesita ciencia, ingenio, fantasía, gusto.
La física, la química, la astronomía, se *descubren*.
Los oficios, la industria, las artes y la filosofía *inventan*.

Descuidado, negligente

Descuidar es como si dijéramos *descurar*, no tener cura, cuita, cuidado.
Ser *negligente* es como si dijéramos *neolegere*, no coger, no elegir.
Lo *descuidado* se refiere al sentimiento.
Lo *negligente* a la acción.
El *descuidado* no se impresiona.
El *negligente* no se fatiga.
Ser *descuidado* es mucho peor que ser *negligente*.

Desear, anhelar

Deseamos el bien, la felicidad, la realización de nuestros planes, de nuestras esperanzas, de nuestras ilusiones.
Cuando el deseo se convierte en pasión, es decir, cuando se exalta por el hábito, se llama *anhelo*.
De modo que el *anhelo* no es un afecto constitucional, por decirlo así, una emoción distinta, sino que es el mismo deseo elevado a pasión.
El hombre *desea*.
El amante *anhela*.

Desecho, desperdicio

Desecho es lo que se *echa*, lo que se arroja, lo que se tira.
Desperdicio es lo que se *pierde*.
El *desecho* estorba.
El *desperdicio* no aprovecha.
La ropa vieja que no usamos es un *desecho*.
La migaja de pan que cae al suelo y que nadie utiliza es un *desperdicio*.
El *desecho* depende de las opiniones, de la edad, de la clase, de la fortuna. Puede decirse que es tan variable como el uso.
El *desperdicio* es una ley universal y necesaria, porque es una ley de la humana limitación.
Hay cosas que no tienen *desecho*. Son tan preciosas, que no se pueden *desechar*.
No hay nada en el mundo que no tenga su *desperdicio*.

Deshacer, desbaratar

Deshacer es llevar las cosas a su ser primero.
Desbaratar es trastornarlas.
Hago una silla ahora; luego la *deshago*. Esto quiere decir que repito el procedimiento de una manera negativa. El palo que antes ponía, ahora lo quito, pero sigo la misma marcha.
Di un golpe a la silla y la *desbaraté*. Esto quiere decir que cada parte salta por su lado.
Deshacer indica negación.
Desbaratar, trastorno.
Lo que se *deshace* puede volver a hacerse con facilidad.
Lo que se *desbarata* necesita arreglarse y disponerse para hacerse de nuevo.
Muchas cosas se *deshacen* en este mundo. Más, muchas más se *desbaratan*.

Desierto, inhabitado, solitario

Desierto significa inculto; *inhabitado*, que no hay gente; *solitario*, que no hay compañía.

1. Los beduinos viven en el *desierto*. Por consiguiente, ese *desierto* no es un lugar *inhabitado*, puesto que le habitan los beduinos. Tampoco es paraje *solitario*, puesto que el beduino no vive solo, estando en compañía de otras familias de su raza.

Encontramos, pues, que un paraje *desierto*, porque está inculto, no es un lugar *inhabitado* ni *solitario*.

2. Los vecinos de un pueblo huyen, lo desamparan, y aquel pueblo queda *inhabitado*, puesto que se han ido los habitantes. Pero este pueblo *inhabitado* no es un *desierto*, porque no se le puede aplicar la idea de un terreno inculto. Tampoco es un sitio *solitario*, porque en la soledad no hay casas, ni templos, ni talleres, ni fábricas, todo lo cual nos anuncia el régimen de la sociedad y de la cultura.

Hallamos, pues, que un punto *inhabitado*, porque no hay nadie actualmente, no es un *desierto*, porque no es tierra inculta; no una *soledad*, porque hay mil vestigios que anuncian la vida de la civilización, del trato de gentes, del comercio humano.

3. Supongamos ahora que uno de los vecinos que desampararon el pueblo vuelve a la población desamparada. Este vecino vivirá allí *solitariamente*, será un verdadero *solitario*, puesto que está *solo*; mas no podrá decirse que aquella población está *inhabitada* en absoluto, puesto que ya tiene un habitante. Tampoco se podrá decir que es un *desierto*, porque *desierto* es un terreno que no se siembra, y una población no es una tierra de pan llevar.

Hallamos, pues, que cierto paraje puede ser *solitario* sin que deba llamarse *inhabitado* y sin estar *desierto*.

Deslealtad, felonía

La palabra *leal* viene del mismo origen que *legal* y *legítimo*.

Para que cometamos una *deslealtad*, basta que faltemos a lo que se reputa *legítimo* en el orden de la conciencia y de la opinión; basta que faltemos a las leyes de la consecuencia, de la rectitud y de la dignidad.

La voz *felonía* viene del sajón *fello*, que significa traidor, pérfido, o bien del latín *fallo, fefelli, falsum*, derivado del griego *sphallō, phellō*, que equivale a engañar.

Para que cometamos una *felonía* es necesario que nos envilezcamos con una traición, que hagamos una venta de nuestra fe, de nuestra palabra, de nuestra honra.

Un amigo no aboga por mí en ausencia mía, cuando mi conducta merece defensa: he aquí lo *desleal*.

Otro vende el secreto que le fié: he aquí lo *felón*.

La *deslealtad* es una falta; una falta que merece cierta disculpa, porque es la falta de una virtud heroica, y a pocos hombres da el cielo la alteza de un corazón heroico. El heroísmo del sentimiento no es un patrimonio del mundo, sino un privilegio de Dios.

Repetimos que la *deslealtad*, antes que vicio, es falta, negación de una gran virtud.

La *felonía* es más que vicio, es una maldad.

La *deslealtad* es el hombre común.
La *felonía* es un pecado.
El *desleal* es un alma estrecha y ruin.
El *felón* es un alma perversa.

Desleír, diluir

Se *deslíe* lo que está trabado: lo sólido.
Se *diluye* lo que está suelto: lo líquido.

Se *deslíe* el ungüento en aceite o agua.
Se *dilúen* los humores en el cuerpo.
Lo que se *deslíe* se disuelve.
Lo que se *dilúe* se descompone.

Desmandarse, descomedirse

Desmandarse es un derivado de *mano*. Significa que el objeto se aleja, que no lo tenemos a *mano*, que sale de nuestra autoridad, de nuestro dominio, de nuestro poder.

Descomedirse es un derivado de *medida*, del *modius* latino, de donde se originan las voces mesura, moral, modo, molde, modelo, moderación y otras. *Descomedirse* es salirse de la *medida*, de la *moral*, de los buenos *modos*.

El que se insubordina es *desmandado*.
El que se insolenta es *descomedido*.
La idea de orden y de autoridad entra en el *desmán*.
La idea de moralidad y de educación entra en el *descomedimiento*.
De modo que el *desmán* es político, público.
El *descomedimiento* es civil, privado.

Despoblado, desierto

Despoblado viene del latín *depopulare* o *depopulari*, que significa no habitar, no frecuentar.
En el *despoblado* no hay hombres.
En el *desierto* no hay plantas.

Despreciar, menospreciar

Despreciar es negar todo *precio* a la cosa.
Menospreciar es no darla el *precio* que realmente tiene.
El *desprecio* equivale a un ultraje.
El *menosprecio*, a una injusticia.
El que me *desprecia* me insulta.
El que me *menosprecia* me rebaja.
El autor que ha dicho que *menospreciar* tiene una significación más hostil que *despreciar*, está evidentemente en un error.
El *menosprecio* es relativo.
El *desprecio*, absoluto.
El que *menosprecia* no *aprecia* en la medida en que debe hacerlo.
El que *desprecia* no *aprecia* nada de lo que debiera apreciar.

Destino, suerte

La *suerte* que nos sonríe hoy nos vuelve la espalda mañana; la *suerte* es voluble.
El hombre viene al mundo con un *destino*; ese *destino* es inmutable.
La *suerte* está en relación con los sucesos contingentes del mundo.
El *destino* se relaciona con los designios necesarios de la Providencia.
Cuando no podemos con las flaquezas merecidas de nuestra propia indiscreción; cuando nos agobiamos bajo el peso de nuestras desventuras, que es casi siempre el peso de nuestros errores y de nuestros vicios, arrojamos la carga sobre los hombros de la *suerte*: es la encubridora de nuestros yerros.
Cuando ya no podemos con ciertas desdichas incomprensibles, ocultas en el espíritu universal, como la palma de los mártires, invocamos el favor del *destino*: es la esperanza de nuestros dolores.
La *suerte* tiene algo de superstición, como las brujas.
El *destino* algo de sistema, como la razón; algo de dogma, como la fe.
La *suerte* es un atributo humano.
El *destino* fue un dios gentil. Hoy se le llama casualidad.

Desvío, desdén

Desvío se compone del prefijo *de*, que expresa alejamiento, y de *vía*. Significa literalmente: alejarse del camino, de la *vía*, rehuir o esquivar.

Desdén significa despego.

El *desvío* se esconde.

El *desdén* mira de soslayo.

El *desvío* puede ser rubor, acaso candidez.

El *desdén* puede ser enojo, tal vez habilidad.

Para el *desvío*, constancia.

Para el *desdén*, galantería.

Para no verse en tales lances, no hay mejor remedio que no mezclarse en cosas de amor.

Detener, paralizar

Se *detiene* una cosa para que no se mueva.

Se *paraliza* con el fin de que no se pueda mover.

El que está *detenido* no anda.

El que está *paralizado* no puede andar.

En infinitas ocasiones *detenerse* es salvarse.

Paralizarse, en todos los casos, significa darse la muerte.

Detener, retener

Se *detiene* un objeto para que no pase adelante.

Se *retiene* para que no salga de nuestro poder.

El jinete *detiene* al caballo.

El acreedor *retiene* una prenda de sus deudores.

Detener es un hecho.

Retener es un fin.

Detestable, execrable, abominable

Detestable es lo que merece condena o censura.

Execrable, lo que merece maldición.

Abominable, lo que nos causa escándalo.

La primera palabra tiene un uso frecuente y general en nuestra lengua.

Todo lo que se hace mal es *detestable*. Supongamos que alguno no es feliz en el ejercicio de la palabra: tiene una *detestable* conversación.

Otro aproxima mucho su semblante al nuestro para hablarnos: tiene una *detestable* costumbre.

Se habla del orgullo, de la necedad, de la embriaguez, de la murmuración: todos esos son vicios *detestables*.

Execrable se aplica únicamente a hechos del orden moral, dominando la idea de una perversidad sin límite, perversidad tan grande, que no teniendo entre los hombres castigo que baste, merece ser *maldita*. La crueldad de Fayel, que presenta a Gabriela de Vergy el corazón del valiente Couci, es una crueldad *execrable*.

Abominable se refiere a todo atentado cometido contra la idea de Dios, de sus templos, de sus servidores.

Abominación, en el lenguaje de la Santa Biblia, quiere decir *ídolo*. De manera que, propiamente hablando, *abominación* es idolatría; esto es, adoración a una falsa divinidad. Por extensión, se llama *abominable* todo lo que es *impío*.

En Asia, y aun en Grecia, se celebraban todos los años ciertas solemnidades en que se convertía la deshonestidad más escandalosa en honor divino. Tales fiestas eran otras tantas *abominaciones*.

Lo *detestable* puede consistir en un defecto, en un mal hábito, en una manía, en cualquier capricho.

Lo *execrable* supone un gran crimen, una espantosa depravación del sentimiento.

Lo *abominable* una gran impiedad, una espantosa depravación de las creencias.

Lo *detestable* puede hacer reír.

Lo *execrable* hace palidecer.

Lo abominable nos incita a orar por los desgraciados que insultan a Dios con sus prácticas profanas y muchas veces crueles y a apartarnos con desdén y repulsa.

El culto a Moloc era una *abominación*.
Es *detestable* un necio que habla sandeces.
Es *execrable* un asesino, un parricida.
Es *abominable* un sacrílego.

Devolver, reintegrar

Se puede *devolver* todo aquello que se recibe. Cualquiera me da un alfiler, y yo se lo *devuelvo*. No puede decirse que yo le he *reintegrado* el alfiler.

Se *reintegra* aquello que desmembra la hacienda o el caudal de la persona que lo ha dado. Uno me presta dos mil reales; esta cantidad es parte integrante del dinero que tiene; hecho aquel préstamo, su dinero ha perdido su *integridad*, queda fraccionado. Al volvérselo yo, hago que aquel hombre tenga *íntegro* el dinero que antes tenía; le *reintegro* aquella suma: esto es *reintegrar*.

Se *devuelve* un sombrero, una escopeta, un cortaplumas.

Se *reintegran* capitales.

Devolver, restituir

Se *devuelve* lo que se ha recibido.
Se *restituye* lo que se ha hurtado.
Devolver supone préstamo.
Restituir, ocultación.
Devuelvo lo que me han entregado.
Restituyo lo que no es mío.
Todo el mundo habla de la *devolución*.
El jurista diserta sobre la índole y el procedimiento de las *restituciones*.
La *devolución* toca a la familia.
La *restitución* toca al derecho.

Diablo, demonio

Diablo se deriva del griego *diabolos*, de *diabollō*, que significa maldecir, causar daño.

Demonio, del griego *dāimon*, equivale a dios, genio.

Después esta palabra se tomó en mal sentido, y significa mucho más que *diablo*.

El *diablo* es como el hechicero del mundo.

El *demonio* es como el espíritu obscuro del infierno.

Cuando un mal instinto nos ciega, cuando alguna pasión vulgar nos ofusca, podemos decir que nos tienta el *diablo*.

Cuando se apodera de nuestra alma un espíritu tenebroso, una inteligencia maligna, un genio infernal, puede decirse que el *demonio* nos alucina.

El *diablo* es malicia.
El *demonio* es entendimiento.
El *diablo* tienta, incita, seduce.
El *demonio* inspira, alienta, arrastra.
El *diablo* es un peligro: el peligro de nuestras pasiones.
El *demonio* es un genio: el genio del mal.

Diadema, corona

Convienen *diadema* y *corona* en que ambas voces significan la *insignia* de los que ejercen el sumo gobierno de un país, como la tiara es la insignia de los soberanos pontífices, el capelo la de los cardenales, la mitra la de los obispos, la toga la de los magistrados, la borla la de los doctores, la espada la de los militares, y así en otros órdenes; pero aparte esto, las dos palabras en cuestión ofrecen diferencias tan marcadas, que no es posible confundirlas.

Diadema viene del griego *diadēma*, voz compuesta de *día*, que significa alrededor, en torno, y del verbo *deō*, que equivale a ligar. Significa literalmente, lo que liga en torno, alrededor; lo que abarca o ciñe, aludiendo a que la *diadema* ciñe la frente.

La *diadema* antigua era una cinta o tira de lana, de seda o de hilo, blanca y lisa, que ceñía la frente de los reyes y soberanos.

La *diadema* es la *corona* más antigua que conoce la historia. Es la *corona* tradicional; la *corona* clásica.

Corona significa círculo y complemento; es decir, superioridad, porque el complemento es la parte superior de las cosas, la que las concluye, la que las comunica su última grandeza.

Así decimos: el fin *corona* la obra. El fin es la parte superior, el complemento de la obra.

No puede decirse: el fin es la *diadema* de la obra.

El capitel *corona* el edificio; es la parte más alta.

Tampoco se puede decir: el capitel es la *diadema* del edificio.

Corona se llama también al afeitado en la parte superior de la cabeza de los sacerdotes católico-romanos.

Bailar de *coronilla* quiere decir que lo que está arriba vendrá a estar abajo.

Nada más fuera de sentido que la expresión: bailar de *diadema*.

Damos *diademas* a los emperadores, a los reyes. Así decimos: *diadema* imperial, la real *diadema*.

Damos *coronas* a los emperadores, a los reyes, a los duques, a los condes, a los héroes, a los sabios, a los poetas, a los muertos.

Así decimos: la *corona* imperial, real, ducal, condal, triunfal, fúnebre.

La *diadema* es una dignidad.

La *corona* es memoria, tributo, entusiasmo, homenaje. La *corona* es la ofrenda de nuestros dolores, de nuestro cariño, de nuestra conciencia y de nuestro amor.

La *diadema* es blasón.
La *corona* es lenguaje.
La *diadema* nos habla de los príncipes.
La *corona* nos habla de los hombres; de hombres muy queridos, de hombres sagrados, porque han muerto.
La *diadema* es imperio.
La *corona* es religión.
Hay *diademas* preferibles a ciertas *coronas*.
Hay muchas *coronas* preferibles a todas las *diademas*.

Diario, cotidiano

Diario, como el nombre lo dice, viene de *día*.

Cotidiano se compone de *día* y de *quot*, todos los días.

Ir *diariamente* a una casa significa que se va con suma frecuencia.

Ir *cotidianamente* significa que se va todos los días sin falta alguna.

Así decimos: pan *cotidiano*, que no puede faltar; no pan *diario*, porque lo *diario* expresa período, no exactitud o precisión.

Lo *diario* entra en la semana, como la semana en la década, y la década en la quincena, la quincena en el mes, y así en lo demás.

Lo *cotidiano* entra en el *día*.
De modo que lo *diario* es tiempo.
Lo *cotidiano* es plazo.

Dicterio, insulto

Dicterio se deriva del latín *dicere*, decir, como dictar, dictamen, dictado, dicción, diccionario.

De *salire*, que significa saltar, se formó *saltare*, que significa bailar; y del verbo *saltare* se formó *insultare*, que significa lanzarse sobre alguno, echarse encima de alguna cosa; y del latín *insultare* viene nuestra palabra *insulto*. Así es que los latinos, para significar que daban con el pie sobre una puerta, se valían de la frase siguiente: *insultare fores calcibus*. El *insulto* era material en los primeros tiempos, pues para *insultar* a cualquiera bastaba que se echasen encima de él; *insaltare*, bailar sobre. Después se aplicó a los hechos morales, y adquirió el sentido que hoy tiene; pero sin perder la significación agresiva, violenta, bárbara de su origen.

La diferencia de las dos voces del artículo no puede ser más terminante.

El *dicterio* consiste en dichos.

El *insulto* consiste en acciones.

El *dicterio* no puede pasar de las palabras.

El *insulto* comprende necesariamente la idea de la amenaza, y puede llegar a las vías de hecho.

El *dicterio* es el arma del hombre ofendido.

El *insulto* viene a ser la venganza del hombre violento y salvaje.

Dicterio se parece a insolencia.

Insulto tiene algo de atropello.

Dicha, fortuna

Dicha viene de *dicho*. Es el bien que se *dice*, que se anuncia.

La *fortuna*, como *fortuito*, supone evento.

La *dicha* es un presagio, una agorería.

La *fortuna* es acaso.

Para ser *dichoso* hay que tener el don de agradar.

Para ser *afortunado* hay que ser diligente, discreto, y además de todo, nacer con *fortuna*.

Fortuna te dé Dios, hijo,
que el saber poco te vale.

Esto no es verdad, y sin embargo no es del todo mentira.

Dieta, estipendio

Dieta es el sueldo que se devenga *diariamente*.

Estipendio es el sueldo que se estipula.

La *dieta* es arancel.

El *estipendio* es trato. Esto decía Roque Barcia, pero el desarrollo del comercio y la industria que ha tenido lugar en el último siglo, ha creado la necesidad de muchos obreros viajantes, que perciben un sueldo fijo y cobran además dietas para cubrir los gastos de viajes y manutención.

Diferente, diverso, vario, distinto

Diferencia es aquella parte, cualidad o circunstancia en que dos cosas no convienen entre sí, o por decirlo de otro modo, es lo que a una cosa le falta o sobra para ser igual a otra.

Diversidad es la negación de la identidad; de modo que todo lo *diferente* ha de ser *diverso*; pero puede una cosa ser *diversa* de otra sin que podamos señalar su verdadera *diferencia*. La blancura, la dulzura y la fetidez son tres cosas *diversas*; pero no podemos decir en qué se *diferencian*, ni cuál es más *diferente*; de aquí se infiere que una cosa puede ser más o menos *diferente* de otra; pero no más o menos *diversa*.

Variedad es la *diversidad* con respecto a la mudanza y a la novedad. La *diversidad* de objetos consiste en que éstos sean *diferentes*; *variedad*, en que tengan poca relación entre sí; esto es, que sean muy *diferentes*. Una huerta en que se cultiva una infinidad de verduras y legumbres *diferentes*, presenta mucha *diversidad* de objetos; una fortaleza antigua en lo alto de una colina bañada por las aguas del mar, en cuya falda se ven algunas casas de campo, y a lo lejos una frondosa arboleda, una vista semejante, hablando propiamente, presenta menos *diversidad*, pero más *variedad* de objetos.

Adviértase que *mucha diversidad* quiere decir muchos objetos *diferentes*, y *mucha variedad* quiere decir objetos *muy diferentes*, o entre quienes hay muy poca semejanza.

Dos cosas son *distintas* cuando la una no es la otra, aunque sean idénticas. Así esta voz sólo tiene uso relativamente a las ideas o a las cosas representadas con palabras; pues cuando las cosas están presentes, a nadie se le ocurre preguntar si dos de ellas son una misma. Un triángulo equiángulo no es *distinto* de un triángulo equilátero, porque estas dos ideas representan una sola y misma cosa.

Lo opuesto a *diferente* es *semejante*.

Difícil, dificultoso, arduo

Lo *difícil* se aplica a lo esencial de una empresa o negocio.

Lo *dificultoso* a los pormenores, a las pequeñeces, a los obstáculos más incómodos que graves.

Para lo *difícil* se necesitan poder y resolución.

Para lo *dificultoso* paciencia y tacto.

Es *difícil* vadear un río caudaloso.

Es *dificultoso* un camino sembrado de hendiduras y de piedras.

Lo *arduo* es lo muy *difícil*, lo que necesita más poder y más tiempo que lo *difícil*.

Dificultad, impedimento

Dificultad se compone del prefijo *di*, que significa negación, y del verbo *facio*, hacer. Significa literalmente no *facilidad*.

Impedimento se compone también del prefijo negativo *in*, y de *pie*. Significa literalmente *no expedición, no expedito*, que no marcha, que no camina, que no se desenvuelve.

Dificultar es hacer las cosas difíciles.

Impedir es hacer que no podamos menear el *pie*.

Las *dificultades* se vencen y dan nuevo realce al mérito de nuestras obras.

Ciertos *impedimentos* no se superan.

De *dificultar* sale *dificultoso*.

De *impedir, impedido*.

Lo *dificultoso* busca una solución.

Lo *impedido* no puede buscar. El inválido tiene bastante con su invalidez.

De esto debe inferirse que *impedir* significa más que *dificultar*, y me parece que los autores que han dicho lo contrario no pusieron mientes ni en la etimología ni en el uso.

Quien *dificulta* nuestras cosas nos prueba.

Quien las *impide* nos imposibilita de llevarlas a cabo, por lo menos momentáneamente.

La *dificultad* puede ser vencida por el empeño.

El *impedimento* no es una dificultad insuperable.

Para llevar a cabo empresas grandes, debemos buscar y hacer frente a las dificultades. Cuando queremos evitar lo malo, debemos buscar impedimentos que lo hagan difícil a nosotros mismos y disuadan a los que nos tientan para el mal.

Dirigir, enderezar

Ambas palabras vienen del latín *rego, regis, regere*; pero se diferencian en que *dirigir* se aplica a hechos morales, mientras que *enderezar* se refiere particularmente a hechos físicos.

En *dirigir* entran la ciencia, la moral, el cariño, la razón.

En *enderezar* entra el hecho.
Se *dirige* lo que va descaminado.
Se *endereza* lo que está torcido.
Se *dirige* al hombre. Se *dirige* un asunto.
Se *endereza* una planta. Se *endereza* un carro.
Para *enderezar* basta fuerza.
Para *dirigir* es menester juicio.
Muchos *enderezan*.
Pocos *dirigen*.
Muchos necesitan ser *enderezados*.
Todos necesitamos ser *dirigidos*.

Discutir, debatir, controvertir

La *discusión* es académica.
El *debate*, parlamentario.
La *controversia*, filosófica.
El que *discute*, habla con reposo.
El que *debate*, habla con pasión.
El que *controvierte*, disputa.
Dos amigos *discuten*.
Una asamblea *debate*.
Dos escuelas científicas *controvierten*.
Se *discute* para dilucidar un punto.
Se *debate* para echar abajo una ley.
Se *controvierte* para vencer al enemigo.
La ambición, el odio y la envidia pueden entrar en el *debate*.
El sofisma y la argucia pueden entrar en la *controversia*.
El amor a lo bello, a lo verdadero y a lo justo, es el alma de la *discusión*.

Disforme, enorme

Disforme es lo que carece de *forma*. Y como la *forma* es una cualidad inherente a todo lo que existe, claro es que la negación de esa cualidad necesaria constituye una verdadera monstruosidad. En efecto, un ser sin *forma* sería tan monstruoso como un cuerpo sin apariencia, sin contorno, sin exterioridad; es decir, sin materia, porque toda materia ha de ocupar espacio, todo lo que ocupa espacio tiene que presentar su faz exterior, y esta faz exterior es *forma*.

Esto explica la razón del uso, que considera como términos casi sinónimos lo *disforme* y lo *monstruoso*.

Enorme, por el contrario, no expresa la idea de monstruosidad, sino de magnitud. Una cosa *enorme* es la que sale de la regla común, de la ley general; más claro, de la *norma*.

Lo *disforme* repugna.
Lo *enorme* asombra.
Lo *disforme* es una aberración, una anomalía, una fealdad.
Lo *enorme* es una maravilla, un prodigio.

Cara *disforme* quiere decir que es una cara que no tiene fisonomía, o que es una fisonomía que no tiene facciones. Nos da la idea de una cara fenomenal, extraña, repugnante.

Cara *enorme* quiere decir que es una cara tan excesivamente grande, que no puede menos de admirar.

Disforme, informe

Lo *informe* (*in-forme*, sin forma) consiste en la ausencia o falta de formación; lo *disforme*, por el contrario, significa exceso de forma.

Un feto sin pies o sin cabeza es una criatura *informe*; un feto con cuerpo de niño, cabeza de buey y cola de serpiente, por ejemplo, nos daría la idea de la *disformidad*.

Disformidad quiere decir sobra, amalgama de naturalezas distintas, fealdad, monstruo.

Lo *informe* da lástima; lo *disforme* inspira terror.

Disfrutar, gozar

Disfrutar no se aplica más que a tres órdenes de cosas.
Disfrutar aires puros, *disfrutar* una finca, una herencia. Aquí significa hechos materiales.
Disfrutar un sueldo, una cesantía, una pensión. Aquí expresa hechos del orden civil.
Disfrutar la dicha de abrazar a sus hijos, a su esposo, a su padre. Aquí expresa un hecho de sentimiento.
Esta palabra no tiene en rigor otras aplicaciones.
Gozar, por el contrario, es una de las voces más universales que conocen los idiomas.
Gozar las delicias del campo.
Gozar los placeres del entendimiento, de la imaginación, de la conciencia.
Gozar los placeres de la familia.
Gozar de un gran concepto.
Gozar de los derechos de ciudadano.
Gozar la privanza del monarca.
Gozar del favor público.
Gozar de tal o cual prerrogativa.
Gozar la gloria eterna.
Goces de la vida, *goces* del amor.
Por último, para que no faltase nada a este nombre, ha sido el creador de varias escuelas filosóficas, a cuya cabeza figura Epicuro. Según este filósofo, el fin de la vida es *gozar*.
Orden físico, intelectual, moral, religioso, político, fantástico, filosófico, todo se refleja en aquella palabra. Quien fuera capaz de retratarla, necesitaría un lienzo tan grande como el universo.
Disfrutar es lo contrario de *carecer*.
Gozar es lo contrario de *sufrir*.
Sin tener cuerpo, no podríamos *disfrutar* de los placeres que ofrecen los sentidos.
Para *gozar*, basta el espíritu; el ángel *goza*.
Muchas veces sucede que los hombres que *disfrutan* más son los que *gozan* menos.
No *disfrutan* los miserables.
No *gozan* los malvados.
Para *gozar* es necesario no *disfrutar* más de la cuenta.

Disminuir, achicar, reducir, acortar

Disminuir es perder en número y en intensidad.
Achicar, perder en magnitud.
Reducir, en espacio.
Acortar, en longitud.
Lo que está muy aumentado se *disminuye*.
Lo que está muy grande se *achica*.
Lo que está demasiado largo se *acorta*.
Se *disminuye* una suma, un dolor, una fiebre.
Se *achica* un traje.
Se *reduce* un montón de lana.
Se *acorta* una escalera.

Disposición, capacidad

Disposición es la aptitud que debemos a la naturaleza.
La *capacidad* supone discurso, casi talento, porque viene de *caput, capitis*, que significa *cabeza*.
La *disposición* nace.
La *capacidad* aprende y se forma.
El hombre *dispuesto* tiene instintos, barruntos, como llamamientos interiores.
El hombre *capaz* tiene ideas definidas, nociones claras; es decir, tiene *conocimientos*.
La *disposición* es el talento de llegar a ser.
La *capacidad* es el talento de organizar y de discurrir.

Disposición, decreto

Disposición se compone del prefijo *dis*, que significa separación, y del verbo *poner*, en latín *ponere*. Significa literalmente lo que se pone aparte, en lugar propio, sin confundirlo con las demás cosas.

Decreto es un derivado de *crisis*, o sea *krisis*, en griego, que significaba esfuerzo, combate, juicio, como voz formada del verbo *krino*, que equivalía a *juzgar, separar* o *combatir*.

Del *krino* de los griegos sacaron los latinos la palabra *cerno, cernis, cernere*, que significa *apartar*, ver distintamente, de una manera separada, las cosas que se parecen pero que son diferentes una de otra. *Cernir* es separar la harina del salvado.

Cribar es separar el grano de la paja.

Del *cerno, cernis* de los latinos sacan su origen muchas voces de nuestro idioma como acribillar, cedazo, cedacero, concerniente, concernir, concreto, concretar, criba, cribar.

Y de aquí muchas palabras que del hecho o acto material de cribar pasan al sentido moral, como: criterio, crítica, criticar, criticón, criticastro; y también en el sentido positivo: decretar, discreto, discrepar, secreto, secretario o secretaria.

Decreto significa, pues, lo que ha sido impuesto por la autoridad después de discutir y separar el pro del contra.

De modo que las dos voces del artículo, etimológicamente consideradas como opuestas, son perfectamente sinónimas.

Ambas significan una diferenciación de lo restante.

El uso, que es más sabio que la etimología, porque tiene la ciencia de la etimología y la de todas las edades, ha establecido entre aquellas dos voces diferencias marcadas e inequívocas.

Dispone el monarca, *dispone* el papa de Roma, *dispone* el gobierno, *dispone* el general, *disponen* el padre, el maestro, el amo.

Decreta el papa, *decreta* el rey, *decreta* el pueblo en todo país democrático.

La *disposición* es arreglo.

El *decreto* es sanción.

Disponemos las cosas para que cada cual ocupe su serie, para que estén con la distinción con que deben estar, para que lo bueno no esté mezclado con lo malo; *disponemos* para separar, para *discernir*, logrando que las cosas estén en orden, que sirvan, que sean aptas, que sean idóneas, más claro, que sean *dispuestas*.

Decretamos para mandar, para que se cumpla lo que *decretamos*, para que cada cosa tenga su ley, su ajuste, su medida, su *criterio*; es decir, su *crisis*, su especialidad, su mudanza, su diferencia.

Disponemos para ordenar.

Decretamos para regir.

La *disposición* es diligencia.

El *decreto* es gobierno.

Menos *decretar* y más *disponer*; esa es la ciencia de los Estados.

Disputa, altercado

Disputa se compone del prefijo *dis*, y del verbo *puto, putas*, que equivale a juzgar, de donde procede nuestra voz *putativo*. Hijo *putativo* quiere decir que no es realmente hijo, sino que se le juzga o se le *reputa* como tal.

Altercado viene de *alter*, que significa otro, un tercero.

La *disputa* supone serie de juicios, en que a cada cosa se atribuye lo que significa; es decir, su *reputación*.

El *altercado* es la cuestión que se traba con otro, en que habla el resentimiento o el amor propio, no el raciocinio.

La *disputa* discute, dilucida, fija, ilustra los hechos.

El *altercado* se acalora y todo lo confunde.

Disputando nos hacemos sabios.
Altercando nos hacemos tercos.
La *disputa* es científica.
El *altercado* es rústico.
Nada más elevado que una verdadera *disputa*.
Nada más temible que un *altercado*.

Disputa, altercado, contestación, debate

La *disputa* suele ocurrir en la familia, el *altercado* entre enemigos; la *contestación* en los tribunales; el *debate* en los parlamentos.
Una *disputa* puede ilustrar un asunto.
Un *altercado* puede llegar al crimen.
Una *contestación* gana muchas veces un pleito. Un *debate* puede salvar una nación.
La *disputa* suele ser acalorada; el *altercado*, furibundo; la *contestación*, hábil; el *debate*, agitado, tumultuoso; pero aun en medio de sus tumultos, conserva el carácter solemne de lo grave y trascendental, pues es lo que se practica mayormente en los parlamentos.

Disputa, controversia

La *disputa* es semejante a la querella; la *controversia*, al razonamiento.
Se *controvierte* una proposición; se *disputa* una propiedad.
Quien *controvierte*, ilustra; quien *disputa*, riñe.
Debemos *controvertir* mucho; *disputar* poco.
En resumen: el docto *controvierte*, el villano *disputa*.
De aquí se deduce que la *controversia* es erudita; la *disputa*, ruin, descontentadiza, sañuda, mal criada.

Divergir, disentir

Divergir no es otra cosa que apartarse. *Divergen* dos opiniones que se *separan*, como dos líneas que están van apartándose, hasta llegar a estar muy distantes.
Disentir supone discordancia en la manera de sentir, de creer, de pensar.
Divergir expresa una forma, una apariencia.
Discutir expresa un sentimiento, una persuasión, una fe, una esperanza.
Hechas algunas pequeñas concesiones, los *divergentes* pueden avenirse.
Para que los *disidentes* se avengan, tienen que mudar de conciencia, de fe y de razón.
Divergen los cálculos, las opiniones, los placeres, las ideas.
Disienten las opiniones, las creencias, los sentimientos.
En una palabra, la *divergencia* no supone más que lejanía, separación.
La *disensión* supone necesariamente antagonismo, lucha, discordia.

Diversidad, diferencia, distinción

En las cosas hay propiedades, cualidades y accidentes.
Estas propiedades, cualidades y accidentes que el Creador ha dado a las cosas, no pueden ser perfecta y rigurosamente iguales, porque de otro modo no conoceríamos más que un objeto: el objeto a que conviniesen esos atributos idénticos.
Era, pues, necesario inventar palabras que significasen la disparidad de propiedades, de cualidades y de accidentes, para ponernos en relación con Dios, con la naturaleza y con el hombre.

Las voces inventadas al efecto fueron las siguientes:

Disparidad en las propiedades; he aquí la *diversidad*.

En las cualidades; he aquí la *diferencia*.

En los accidentes; he aquí la *distinción*.

La *diversidad* se inclina al género.

La *diferencia*, a la especie.

La *distinción*, al individuo.

Supongamos que vemos dos árboles, de los cuales el uno produce naranjas y el otro guindas. Las guindas y las naranjas no son frutos idénticos; esta falta de identidad en los frutos de aquellos árboles debe venir de una falta de identidad en sus propiedades. Esta falta de identidad en las propiedades es lo que se llama *diversidad*. Por consecuencia, el naranjo y el guindo son árboles *diversos*.

Supongamos ahora que vemos un naranjo pequeño y otro naranjo grande. Las propiedades son las mismas, ambos árboles dan naranjas; pero el uno tiene la *cualidad* de ser grande, mientras que el otro tiene la *cualidad* de ser pequeño. No hay entre ellos semejanza en la magnitud; lo contrario de la semejanza es la *diferencia*: luego hay diferencia entre la magnitud del naranjo pequeño y la del grande. Luego el naranjo pequeño y el grande son *diferentes en tamaño*.

Entre las *diversas* religiones que dividen la creencia de Europa, aun entre las *diferentes* sectas cristianas, no se hallarán dos opiniones que no sean *distintas*.

Diversas religiones quiere decir: aquellas religiones cuyas verdades fundamentales, cuyos dogmas no son idénticos. El judaísmo y el cristianismo, el uno negando el advenimiento del Mesías, y el otro estableciéndolo y venerándolo como artículo de fe, son *religiones diversas*.

Sectas diferentes quiere decir que todas ellas reconocen un fondo de doctrina, un dogma único, una creencia sustancial; pero que difieren en ciertas verdades secundarias, lo cual basta para que no exista en ellas una semejanza perfecta, una entera conformidad.

Los católicos y los protestantes son *sectas diferentes*, no *religiones* diferentes.

Los evangélicos puros y los reformados son sectas *diferentes* también, aunque menos separadas una de otra.

Opiniones *distintas* quiere decir que no puede haber entre ellas una igualdad tan absoluta que se debieran confundir ante el análisis concienzudo de un sabio observador. En ideología hay acaso más variedad que en la naturaleza exterior, y no se comprende que haya dos opiniones que no se pudieran distinguir, como no se comprende que haya dos árboles, dos frutos, dos hojas que la experiencia del botánico no pudiera clasificar.

Lo contrario de *diversidad* es *identidad*.

Lo contrario de *diferencia*, *semejanza*.

Lo contrario de *distinción*, *confusión*.

Se *diversifican* las propiedades de las cosas.

Se *diferencian* las cualidades.

Dividir, cortar

Dividir, como divisa, es un derivado del número cardinal *dos*.

Cortar viene de *culter, cultri*, que en latín significa cuchillo.

Dos hombres luchaban, y los *dividí*. Cuando peleaban, formaban un grupo; ahora de aquel grupo hago *dos* partes: lo *divido*.

No puede decirse que los *corté*, porque esto significaría que los hiciste pedazos.

Dividir es una operación aritmética.

Cortar es una operación mecánica; hay fuerza.

Divido las cosas para repartirlas.

Las *corto* para hacerlas trozos, o en el sentido moral para evitar que empeoren.

Corté la conversación (la hice cesar) para que no llegaran a las manos.

Divisa, enseña

Divisa es un derivado del número cardinal *dos*.
Enseña se origina de *signo*, así como señal e insignia.
Llámase *enseña*, porque efectivamente *enseña* a los hombres la bandera bajo que militan.
Llámase *divisa*, porque *divide* a unos hombres de los hombres de otras parcialidades.
Se *distinguen* los accidentes.
Por esto dijimos que la *diversidad* se refiere al género.
La *diferencia*, a la especie.
La *distinción*, al individuo.

Doblar, doblegar

Ambas palabras se originan del numeral *dos*.
Doblar es poner un *doble*.
Así decimos: *doblar* el mantel, *doblar* la levita.
No podría decirse equivalentemente: *doblegar* el mantel, *doblegar* la levita.
Así se dice del mismo modo: le di un palo que lo *doblé*; es decir, que lo puse en *doble*, que lo *dividí*, que lo hice *dos*.
No podría decirse tampoco: le di un palo que lo *doblegué*.
Doblegar se aplica a cosas flexibles: equivale a balancear o ceder.
Así decimos: con el peso del pájaro se *doblegó* la rama.
No podría decirse se *dobló* la rama, porque la rama no se puso en *doble*, no se hizo *dos*.
Se diferencian además estas palabras en que *doblar* no ha pasado al sentido metafórico, mientras que *doblegar* tiene en dicho sentido un uso muy propio y muy frecuente.
Así decimos: ni honores, ni súplicas, ni oro, son bastantes a *doblegar* un ánimo recto.
Nada más absurdo que decir: no son bastantes a *doblar* un ánimo recto, porque los ánimos no se *dividen en dos*.

Doble, duplicado

Uno dice: este asunto tiene una *doble fase*. Claro es que no puede decirse: tiene una *fase duplicada*.
¿Por qué? Porque esa *doble fase* que ve el entendimiento en el asunto de que se trata, forma una unidad intelectual, un todo ideológico. Nuestra alma no ve dos hechos diferentes, sino un hecho *doble*, una unidad compleja; es decir, dos cosas análogas que constituyen una sola e inseparable relación, una identidad metafísica. Luego que esta relación, esta *doble* unidad desapareciera, desaparecería la *doble fase* del asunto, y desapareciendo la *doble fase* que nuestro entendimiento vio, nuestro entendimiento se quedaría a oscuras; no habría juicio posible, porque nuestra alma caería en la nulidad.
Repetimos, pues, que en la *doble fase* del asunto, nuestro pensamiento no ha visto dos cosas, sino una *doble*, un conjunto lógico, un grupo compuesto de dos ideas, un foco compuesto de dos luces.
Otro dice: puse en *doble* la cuerda. No puede decirse: puse la cuerda en *duplicado*.
¿Por qué? Porque una cuerda no es una cosa separada de la cuerda misma, sino íntimamente unida a ella, tan unida que forma un todo indivisible, doblar en este caso significa poner una cuerda junto a otra.
Al cortar la tela, la *doblé*, y así no tuve que hacer dos cortes. No puede decirse: la *dupliqué*, porque esto significaría que había añadido una tela extraña; que había cortado dos telas distintas.
Número veinte *duplicado*. No puede

decirse número veinte *doble*. La razón es la misma. Si se dijera número veinte *doble*, se daría a entender que se trataba de dos cifras unidas, amalgamadas, constituyendo un todo íntegro, perfecto, y esto no sería verdad. El número *duplicado* es un número diferente del otro; ambos están completamente separados, y no hay entre ellos más que una relación aritmética.

Si se borra el número *duplicado*, no se borra el número simple; como si se inutiliza el *duplicado* de un recibo, no se alterará en nada el recibo que se dio primero.

Por el contrario, si se corta el *doblez* de la cuerda que se puso en *doble*, se romperá la cuerda. El objeto pierde su integridad, su ser primitivo. No es una cuerda, sino una cuerda rota, y lo mismo debe decirse de la tela y de todas las cosas que son capaces de ser puestas en *doble*.

En *doble* domina la idea de *unidad*.
En *duplicado*, la idea de separación.
Se *doblan* los objetos flexibles.
Se *duplican* los documentos.
Lo contrario de *duplicado* es sencillo.
Lo contrario de *doble* es simple.

Docilidad, dulzura

La *docilidad* se diferencia de la *dulzura* en que la primera tiene su asiento en la voluntad, mientras que la segunda estriba en el carácter.

La *docilidad* es pasiva: se contenta con someterse.

La *dulzura* es activa: halla sus consuelos en la *docilidad* de la sumisión.

Docto, doctor

Es *docto* el que ha aprendido mucho.
Es *doctor* el que ha tomado la investidura.
El *docto* tiene ciencia.

El *doctor* tiene por lo menos una borla.

No es cosa muy rara hallar hombres *doctos* que no son *doctores*, y hallar *doctores* que no son hombres *doctos*.

Más de un hombre científico necesita la borla para dar a entender que tiene ciencia, como cierto pintor tuvo que escribir al pie de su pintura el nombre y apellido del personaje que había retratado, porque de otro modo nadie hubiera caído en que era él. De estos ahuecados y vacíos doctores ha dicho el escritor Iglesias:

> ¿Veis aquel señor graduado,
> roja borla, blanco guante,
> *que* nemine discrepante
> *fue* en Salamanca aprobado?
> Pues con su borla, su grado,
> cátedra, renta y dinero,
> es un grande majadero.

Docto, sabio, erudito

Docto es el hombre que ha aprendido mucha doctrina.

Sabio es el que la tiene, no sólo por estudio, sino por propia observación y por propio talento.

Erudito es el que reúne una gran variedad de noticias, pero sin encadenamiento filosófico; esto es, sin sistema.

La tarea del *docto* consiste en aprender.
La tarea del *sabio* consiste en ordenar.
La tarea del *erudito*, en averiguar y leer.
El *docto* entiende un libro.
El *sabio* lo demuestra con argumentos.
El *erudito* ve el título, el autor, la edición y la fecha, pues posee una gran memoria.
El *docto* enseña.
El *sabio* escribe.
El *erudito* cita.
El *erudito* ve el hecho.
El *docto* ve la serie.

El *sabio* comprende la razón de la serie y del hecho.
Lo contrario de *docto* es indocto.
Lo contrario de *sabio*, ignorante.
Lo contrario de *erudito*, rudo o paleto.

Doliente, dolorido, doloroso

Doliente es lo que se lastima, lo que se querella.
Dolorido, lo que manifiesta dolor.
Doloroso, lo que nos hace sentir ese dolor.
Lo *doliente* nos llama la atención.
Lo *dolorido* nos mueve a lástima.
Lo *doloroso* nos hace llorar.
Más de una mujer nos habla con acento *doliente*, y nos pone rostro *dolorido* para hacerse la *dolorosa*. ¡Ah! Estos achaques vienen de fuera.

Don, donación

Ambas voces comprenden la idea de dádiva, pero las relaciones son evidentemente distintas.
No puede decirse: *escritura de don*.
Se dice con suma propiedad: *escritura de donación*.
Esto procede de que el *don* consiste en la misma cosa que se da: una finca, un tesoro, una joya; mientras que la *donación* se refiere a la forma con que debe darse para que valga legalmente.
El *don* expresa la idea de goce: toma eso para que lo disfrutes.
La *donación* expresa la idea de propiedad: toma eso con la solemnidad debida para que puedas disfrutarlo.
El *don* es más o menos importante, más o menos cuantioso, más o menos rico.
La *donación* es nula o válida.
De modo que la *donación* es el *don* legal.

El *don*, la *donación* real.
Esto explica que la palabra *don* se convirtiese luego en título jerárquico; es decir, en un tratamiento social, puesto que se advirtió que las personas calificadas, las gentes principales, eran las que hacían *dones* o *donativos*. Y no solamente se aplicó a las personas, sino que entró en la formación de muchas palabras, como en *don-aire*. El *donaire* no es otra cosa que un aire que *da* gracia y distinción al sujeto, un aire hidalgo, principal, caballeresco, por decirlo así. Dando a la palabra su sentido propio, *donaire* es un aire que tiene *don*, jerarquía, nobleza.

Duda, incertidumbre

No sé cómo comprender una frase; tengo *dudas*. Aquí esta palabra expresa un estado del entendimiento; es intelectual.
No puede decirse: no sé cómo comprender esta frase, y tengo *incertidumbres*. Por consecuencia, esta palabra no expresa hechos del raciocinio; no es intelectual como la *duda*.
Mi amigo no viene con los 5.000 duros que le di para que me los trajera a este sitio. Acaso llegue luego; mas mi conciencia *duda* de su probidad. Aquí la *duda* significa un hecho de conciencia; es moral.
No puede decirse: mi conciencia tiene la *incertidumbre* de su probidad. De modo que esta voz no expresa tampoco relaciones de fuero interno; no es moral.
Mi amada no acude a la cita; mi rival debe de estar a su lado; ayer la vi pálida; no quiso explicarse. ¿La obligarán sus padres a que se una a mi enemigo? ¿Qué sucederá? Yo no puedo vivir en esta horrible *incertidumbre*.
La *incertidumbre* expresa en este caso un movimiento del corazón y de la fantasía. El amante no discurre ni delibera; imagina y siente. *Incertidumbre* es una palabra de la imaginación y del sentimiento.

No se dirá con igual fuerza y propiedad: no puedo vivir en esta horrible *duda*. La palabra *duda* despierta en nosotros la idea de conciencia y de entendimiento; y el amante no vive en su entendimiento ni en su conciencia, sino en su fantasía y en su corazón. Lo que el amante tiene, esa ofuscación con que lucha, es *incertidumbre*. Entra la *duda* en aquel movimiento; él no sabe indudablemente lo que pasa; pero más poderosa que la *duda* es la impaciencia, y más poderosa que la impaciencia es acaso la presunción.

Más ignorancia y más sospecha que impaciencia y que presunción, ésa es la *duda*.

Más presunción y más impaciencia que sospecha e ignorancia, ésa es la *incertidumbre*.

No sé lo que pienso, lo que calculo, lo que malicio: *duda*.

No sé lo que siento, lo que preveo, lo que imagino: *incertidumbre*.

En resumen, la *duda* expresa hechos del entendimiento y de la conciencia; es intelectual y moral.

La *incertidumbre* expresa hechos del corazón y de la fantasía; es afectiva e imaginativa.

Duda, irresolución

Abro un libro, leo una frase, pero no la comprendo bien; vuelvo a leerla, y no la comprendo tampoco distintamente. No tengo conciencia de la certeza de mi juicio. No estar cierto es estar dudoso: he aquí la *duda*.

Dejo el libro, me siento, reflexiono, me acude una idea, me levanto a coger el libro para ver los términos de la frase, cuando oigo que me llaman con urgencia desde dentro. Yo quisiera coger el libro, quisiera también prestar atención a la persona que me llama; hay un instante en que no obro, en que no delibero, en que estoy inmóvil: he aquí la *irresolución*.

La *duda* toca al entendimiento.
La *irresolución*, a la voluntad.
El que *duda*, no sabe qué hacer.
El que está *irresoluto*, no osa moverse.
La *duda* necesita comprender.
La *irresolución* necesita deliberar.
El ignorante está siempre *dudoso*.
El hombre más sabio tiene momentos en que está *irresoluto*.

Dueño, amo, señor

Dueño significa la idea de propiedad, aplicada a objeto no animado; es decir, a cosas. El *dueño* de tal granja, de tales acciones, de tal palacio. No podría decirse: el *señor* de tal granja, el *amo* de tales acciones.

También se diferencia esta palabra de las otras dos en que expresa la idea de albedrío. Yo soy *dueño* de obrar como me parezca oportuno. Cada cual es *dueño* de opinar como mejor lo estime.

No podría decirse: cada cual es *señor* de opinar como mejor lo estime. Yo soy *amo* de obrar como me parezca oportuno. En esta acepción, la palabra *dueño* es enteramente moral, puesto que significa un hecho de conciencia.

Amo significa dos relaciones: una de autoridad, tratándose de personas; otra de propiedad, respecto de animales.

Antonio es *amo* de Jacinto. Juan es *amo* de ese caballo o de ese perro.

La palabra *señor* envuelve la idea de una propiedad ilimitada, de un derecho absoluto, tanto a propósito de personas como de cosas. *Señor* de vidas y haciendas, *señor* de tal lugar, *señor* de tal feudo.

No podría decirse: *dueño* de tal villa o lugar, *amo* de vidas y haciendas.

El *dueño* lo es en virtud de escritura o de costumbre.

El *amo*, en virtud de un contrato doméstico.
En el *señor* entra la idea de un derecho tradicional, la idea de jerarquía, de casta.
El *señorío* es una especie de reinado particular.
El *dueño* disfruta.
El *amo* manda.
El *señor* impera, tiraniza, si quiere.
A la idea de *dueño* va unida la de posesión.
A la de *amo*, la de sirviente.
A la de *señor*, la de esclavo.
El *dueño* vende su heredad.
El *amo* despide a su criado.
El *señor* liberta a su esclavo.

EJERCICIO SOBRE ESTE ARTÍCULO:

1.º ¿Por qué razón no admite el uso que se diga *señor de tal granja*? Porque en la palabra *señor* va envuelto un sentido político, una idea de autoridad y de homenaje que no puede convenir a una granja. Claro es que una granja no puede ser *esclava de nadie*, no puede rendir vasallaje a su señor.

2.º ¿Por qué razón no puede decirse el *amo de tales acciones*? Porque a la idea de *amo* va asociada la de mando doméstico, la de una autoridad privada, y claro es que las acciones en cuestión no reconocen esa autoridad. Una acción de banco o de minas no puede someterse, no puede obedecer como el criado, como el caballo, como el perro. En las acciones de que hablamos, no domina la idea de autoridad, sino de propiedad, y por esta razón puede decirse: *el propietario de tales acciones*.

3.º ¿Por qué razón no puede decirse *el amo* o *dueño* de vidas y haciendas? Porque *amo* no supone más que autoridad doméstica; *dueño* no expresa otra cosa que un título de posesión civil, y ni la autoridad privada del *amo*, ni el título civil del *dueño*, pueden convenir a la alta inmunidad política, al derecho absoluto y tradicional que va asociado a la palabra *señorío*.

4.º ¿Por qué razón podía decirse en los tiempos en que dominaba el feudalismo: *«señor de tal feudo»*? Porque por feudo se entendía no tan sólo la tierra feudal, sino también las personas, es decir, los vasallos, que debían obsequio personal a su señor.

5.º ¿Por qué razón no puede decirse yo *soy señor* o *amo* de obrar como me parezca oportuno? Porque la autoridad política que supone la palabra *señor*, y el mando doméstico que significa la palabra *amo*, no son aplicables al sentido moral, a la inmunidad del albedrío, al hecho de conciencia que corresponde en este caso a la palabra *dueño*.

No hay *dueño* sin títulos.
No hay *amo* sin autoridad.
No hay *señor* sin mando absoluto.

E

Economizar, ahorrar

Economía viene de *oikos*, que significa casa, y de *nomía*, que quiere decir *tasa*, regla, ley; de modo que equivale a *ley* o *regla de la casa*.

La voz *ahorro* tiene otra historia. Emancipar o manumitir se llamó *ahorrar*, y como para reunir la suma necesaria era indispensable que el esclavo se restringiese y se estrechase en todo lo posible, la idea de *ahorro* vino a significar luego la de *economía*, y desde entonces corren como sinónimas estas dos palabras.

Atendidos su origen y sus relaciones, no es posible que un buen discurso las confunda.

El *ahorro* es guardar lo que no gastamos. Puede ser prudente o exagerado.

La *economía* es distribuir con juicio.

El *ahorro* es necesidad.

La *economía* es virtud.

El mayor malvado puede tener *ahorros*.

Sólo el hombre de buenas costumbres y de buenas ideas puede tener *economías*.

El *ahorro* es muchas veces el resultado de un acaso, una fortuna que viene a nuestras manos.

La *economía* es siempre un sistema, una conducta, un orden.

Una casa con muchos *ahorros* puede ser pobre, porque puede no haber en ella razón y concierto, y la falta de concierto y razón en la familia es una verdadera y grande pobreza.

Una casa *económica* tendrá siempre algo rico y próspero, porque la medida es una gran riqueza y una envidiable prosperidad.

Se diferencian además estas dos voces en que el *ahorro* es un hecho privado, mientras que la *economía* es una ciencia pública, de reconocida importancia y trascendencia. Así como no puede haber familia sin *economía* doméstica, no puede haber pueblo sin *economía* social. En este sentido decimos: *economía* política. Nada más absurdo que decir: *ahorro* político.

Echar, arrojar, lanzar

Echar es una acción menos violenta que *arrojar* y *lanzar*. Se *echa*, y no se *arroja* ni se *lanza* agua en el vaso, dinero en el bolsillo, trigo en el costal. *Arrojar* y *lanzar* son sinónimos, y suponen esfuerzo y violencia. Usados estos verbos como recíprocos, conservan la misma diferencia. No se *echa* uno en un precipio, sino que se *arroja* o se *lanza*. *Echarse* en la cama no es lo mismo que *lanzarse* o *arrojarse* a la cama. En el primer caso se expresa una acción ordinaria y tranquila; en el segundo, la de un hombre agitado por la pasión u oprimido por el cansancio.

Echar, despedir

Echar, viene de *iacio*, como arrojar.
Despedir es un derivado de *pie*. Significa dar con el *pie*.
Actualmente, *echar* es más que *despedir*.
Despedir supone conveniencia o enojo.
Echar, desprecio.
Al que se *despide* se le ajusta su cuenta.
Al que se le *echa* no se le mira.

Edad, época

Edad viene del latín *aetas, etatis*.
Época, de *epochē*, nombre derivado del verbo *epochein*, que en griego significa detenerse, porque ante una *época* parece que la historia se para con el fin de contemplar y medir la extensión del acontecimiento.
La *edad* es tiempo. Así decimos: ¿qué *edad* tiene usted? Esto vale tanto como si dijéramos: ¿qué tiempo tiene usted?
Nada más absurdo que decir: ¿qué *época* tiene usted?
La época es un tiempo memorable, famoso. Así decimos: la *época* del año doce; la *época* del año veinte; la *época* franquista.
Nada más extraño a nuestro idioma que decir: la *edad* del año veintitrés, del año veinte; en cambio, podemos decir la *época* de Franco, porque fue un tiempo diferente en muchos sentidos.
Las *edades* tienen *épocas*.
Las *épocas* no tienen *edades*.
La *edad* pasa.
La *época* se nota.
La *edad* pertenece hasta cierto punto a la cronología: es duración.
La *época* pertenece de lleno a la historia: es suceso.

Efecto, producto

El *efecto* viene de una causa.
El *producto* viene de un poder dado por Dios a las cosas.
El *producto* se crea.
La chispa es un *efecto* del choque.
El trigo es un *producto* de la tierra.
El libro es un *producto* del talento.
La riqueza bien adquirida debe ser *producto* del trabajo.
Los objetos fabriles son el *producto* de la industria.
El *efecto* pertenece a las leyes fundamentales de la creación, porque Dios es la causa suprema.
El *producto* es un verdadero problema para la economía política.
La naturaleza está llena de *efectos*.
Todo el trabajo de la humanidad no consiste sino en elaborar los *productos*.
En una palabra, el *efecto* del hombre se llama *producto*.
El *producto* de Dios se llama *efecto*.

Egoísmo, exclusivismo

El *egoísmo* es el vicio más general del hombre.

Aplicado al dinero, se llama *avaricia*.
Aplicado a todo lo que puede ser objeto de propiedad, se llama *codicia*.
Aplicado a las dignidades y honores, se llama *ambición*.
Si lo referimos a los manjares, toma el nombre de *gula*.
Si a los instintos sensuales, toma la nueva denominación de *lascivia, lujuria, concupiscencia*.
El *egoísmo* lo quiere todo para sí. Es la doctrina del *yo, ego* en latín, y *egō* en griego, de donde vienen *egoísmo* y *egoísta*.
El *exclusivismo* mira con ojeriza el que tengan algo los demás.
El *egoísmo* es insaciable.
El *exclusivismo*, ruin.
El *egoísta* mira lo suyo.
El *exclusivista* envidia lo ajeno.
Quien dice *egoísmo* dice ansia.
Quien dice *exclusivismo* dice envidia.

Ejercitar, ejercer

Ejercitar no envuelve otra idea que la de repetir hechos análogos con el fin de adquirir destreza. El *ejercicio* saca al maestro.
Ejercer supone investidura pública, carácter social, título político y título académico.
Se *ejercita* la escritura. No hay responsabilidad.
Se *ejerce* el mando. La ley obliga a responder.
Se *ejerce* la industria, la medicina, la abogacía, el comercio. La moral obliga a responder también.
Ejercita el cuerpo.
Ejerce el alma.

Ejército, hueste

Ejército, en latín *exercitus*, supone la idea de función, de movimiento, de aprendizaje. Llámase *ejército* porque el soldado no entra en él, no puede formar sin aprender el *ejercicio*. El *ejército*, pues, no es otra cosa que la reunión de los que se *ejercitan* en el arte de hacer la guerra.
Hueste viene de *hostes*, voz latina que se aplicaba únicamente al que era enemigo en campaña.
La relación que distingue a estas dos voces no puede ser más terminante: en *ejército*, la de actividad; en *hueste*, la de bando enemigo.
El *ejército* puede ser nuestro o de nuestro aliado.
La *hueste* tiene que ser contraria.
Esto demuestra el torpe abuso con que malversamos y despilfarramos nuestro hermoso idioma. Se dice por algunos *entendimientos ásperos* que la lengua española es poco sabia. ¿Cómo ha de ser sabia, cuando los españoles, con nuestra falta de saber, destruimos la sabiduría de nuestra lengua? ¿Cómo ha de ser sabia una lengua hablada por hombres ignorantes?
Nuestras *huestes* llegaron a tal hora a tal o cual punto. Esto dicen en castellano literatos y aun generales nacidos en Castilla. Es un craso error gramatical.

Elocuente, elegante

Elocuente viene del latín *loquor, loqui*, en griego *legō, legein*, que significa hablar, de donde proceden nuestras voces locuaz, locuacidad, locución, elocución, secuela y otras muchas.
Elegante viene de *eligere*, que equivale a elegir o escoger.
De modo que *elegancia* significa elección.
Elocuencia significa oratoria, palabra.
Es *elegante* el que elige o escoge los términos de un discurso o de un escrito.
Es *elocuente* el que habla con gusto, con propiedad y con pasión.
Nuestro insigne Huerta, al tratar este

artículo, dice: «Cicerón es *elegante* en sus epístolas y *elocuente* en sus discursos.»

Este parecer es contrario a la etimología y al uso discreto y filosófico de aquellos vocablos.

Cicerón es *elegante* en sus epístolas como en sus discursos. (Lo mismo puede decirse del apóstol Pablo.)

Es *elocuente* en sus discursos como en sus epístolas, porque la *elocuencia* tiene lugar en la *locución*, y la locución tiene dos formas: la pronunciación y la escritura; la lengua y el libro.

Cicerón es *elegante* en sus epístolas como en sus discursos, porque en sus discursos, como en sus epístolas, *escoge* o *elige* los vocablos con lógica y con arte.

Es *elocuente* en sus discursos como en sus epístolas, porque en sus epístolas, como en sus discursos, habla con gusto, con propiedad, con inspiración y con galanura.

Elegir expresiones y giros naturales, eficaces, graciosos, oportunos; valerse de términos *selectos*, escogidos, ésa es la *elegancia*.

Expresarse con corrección, con fantasía y con sentimiento, ésa es la *elocuencia*.

Embajador, legado

Se cree que *embajador* viene de *bajá*. Es el dignatario que el príncipe emplea para sus mensajes respecto de otro príncipe.

Legado es un derivado de *legere*, elegir o escoger, como *selecto*.

El *embajador* es un magnate.
El *legado* es un escogido.
El *embajador* es autoridad.
El *legado* es inteligencia.

Embalar, empaquetar

Se *empaqueta* una cosa para que no se deteriore.

Se *embala* un objeto con el fin de enviarlo a otro punto.

El *paquete* es comodidad y resguardo.
La *bala* es remesa. Se deriva del griego *balló*, arrojar, enviar a lo lejos, de cuyo origen nacen ballesta, *bala* de cañón, etc.

Embargo, ejecución

Embargo viene de *embarazo*, y *embarazo* procede de *barar*. Los bienes que se *embargan* quedan sujetos a la ley, no pueden moverse, por decirlo así, como la mujer que está *embarazada*, o como el buque que ha *varado*. *Embargar* quiere decir *inamovilizar*.

Ejecución se origina del latín *exsequor*, formado de *sequor*, que vale tanto como seguir. En efecto, la *ejecución sigue* al mandato, como la palabra sigue a la idea, como la idea sigue al pensamiento. *Ejecutar* no es más que *seguir* lo que se dispone, lo que se preceptúa, lo que se ordena.

Ambas voces expresan la idea general de un acto público, en que la justicia se incauta de nuestros bienes para afectarlos a otros fines que los de nuestra voluntad; *embargo* significa, pues, impedimento; *ejecución*, mandato y acción.

El que *embarga*, sujeta.
El que *ejecuta*, cumple.
Embargando nos imposibilitan.
Ejecutando obedecen el auto del juez.
El *embargo* se refiere a los bienes.
La *ejecución*, a la sentencia.

Embolismo, embrollo

Es muy probable que ambas palabras traigan su origen del latín *emblema*, derivado del griego *emballō*, y que en castellano significa una figura que representa un sentido moral, como cuando decimos que la paloma es el *emblema* del Espíritu Santo. Así es que las dos palabras del artículo *embolismo* y *embrollo* expresan la dificultad y la confusión propias de todo jeroglífico, de todo símbolo, de todo enigma; es decir, de toda figura *emblemática*; pero se diferencian en que su grado de expresión es distinto.

El *embolismo* es complicado; hay en él artificio, ingenio.

El *embrollo* es revuelto y confuso; hay en él desorden.

Una charada que no se acierta, un jeroglífico que no se adivina, una sentencia que no se comprende, son verdaderos *embolismos*.

Unas cuentas desarregladas, sin pies ni cabeza, son un *embrollo*.

Embolismo es palabra culta.

Embrollo es expresión vulgar.

Embrión, feto

El *embrión* no tiene forma ni carácter alguno que le comunique el aspecto de criatura; el *feto* presenta la forma y el carácter de un ser viviente.

El *embrión* quiere decir la cosa fecundada; el *feto*, la cosa producida.

Circunscribiéndonos a la mujer, el *embrión* es la substancia de la concepción, considerada hasta el segundo mes de su desarrollo; el *feto* es esa misma substancia desarrollada desde el segundo mes hasta el instante mismo del parto.

En términos más claros: se aborta el *embrión*; se pare el *feto*. El uso abusivo de estos términos ha hecho que se llame aborto al parto de *fetos* no destinados a vivir.

Empeño, porfía, ahínco, tesón

Empeño quiere decir empresa.

Porfía, terquedad.

Ahínco, anhelo.

Tesón, energía.

En el *empeño* entra la honra.

En la *porfía*, el temperamento o la mala crianza.

En el *ahínco*, el deseo.

En el *tesón*, la rectitud.

Busco con *empeño* al que me agravia.

Insisto en la réplica con *porfía*.

Procuro con *ahínco* ver a mi hermano.

Llevo la contra a toda la asamblea con *tesón*.

Muchos quieren salir airosos en su *empeño*.

Muchos insisten con *porfía*.

Muchos desean con *ahínco*.

No todos son capaces del sacrificio, de la fortaleza y de la lealtad que se necesitan para obrar con *tesón*.

De manera que el *empeño* es caballeresco.

La *porfía*, rústica, ignorante.

El *ahínco*, impaciente.

El *tesón*, honrado.

Los temperamentos apáticos, las complexiones linfáticas, los hombres descreídos, las conciencias sin fe, no tienen *empeños*.

No hay villano que no sea dado a la *porfía*, como si la *porfía* fuese una mezcla de malicia, de astucia y de ignorancia.

No hay amante que no procure con *ahínco* la correspondencia de su amada.

No hay un noble carácter sin una conducta inspirada por el *tesón*.

Demos el *tesón* a los gobernantes, a los jueces, a los preceptores, a los padres, y no decimos a las madres, porque apenas hay madre que lo pueda tener.

Demos el *empeño* a los conquistadores, a los navegantes, a los viajeros, a los empresarios, a los artistas.

Demos la *porfía* a los pajes.

Demos el *ahínco* a los enamorados, y además del *ahínco*, un poco de seso.

Emperador, monarca, rey, príncipe

Emperador viene de *imperator*: es el que ejerce el *imperio*; esto es, el mando.

Monarca se compone de dos palabras griegas: *monos*, que significa único, y *arché*, que equivale a gobierno. Es una potestad que gobierna por sí sola.

Rey viene de *rex, regis*, el que *rige* el Estado, el que organiza los intereses públicos, que los latinos llamaban *re-pública*.

Príncipe viene de *princeps*, cosa primera o principal.

De modo que en la autoridad política pueden considerarse:

1.º El poder, el arbitrio, el *yo quiero*: he aquí el *emperador*.

2.º Una potestad absoluta: he aquí el *monarca*.

3.º El gobierno práctico, el *régimen*: he aquí el *rey*.

4.º La dignidad, la supremacía, el carácter jerárquico: he aquí el *príncipe*.

Príncipe significa el primero.

Rey el que organiza.

Emperador, el que manda.

Monarca, el que gobierna solo. A los reyes constitucionales no se les debe llamar jamás monarcas. El llamarles así por escrito, podría considerarse como un insulto, pues no gobiernan solos, sino asesorados por el Gobierno, las Cortes y la Constitución, a la cual el *rey* se debe, pues no gobernaría sin haber jurado cumplirla y hacerla cumplir.

Emplazar, aplazar

Emplazar es desafiar.

Aplazar es marcar el plazo.

El gran maestre de los templarios *emplazó* a Felipe *el Hermoso*, rey de Francia, ante la justicia de Dios.

El ministro *aplaza* la cuestión sobre que le interpelan.

Aplazo a mi acreedor para que en cierto día venga a cobrar.

Emplazo a mi enemigo para que en cierto tiempo venga a responder.

Émulo, emulador

El *émulo* representa una idea, un propósito, una condición, una necesidad de la vida, una fantasía del genio, casi una naturaleza.

El *emulador* representa un hecho, una acción, un movimiento inconsiderado que lo descubre, una agitación que lo ridiculiza.

El *émulo* es constante, silencioso, intencionado, inexorable, verdaderamente temible.

El *emulador* es voluble, revuelto, trivial, despreciable.

El *émulo* viene a ser el artista, el sabio, el héroe de la *emulación*.

El *emulador* es el industrial o el artesano de la envidia.

Hay pocos *émulos*, como hay pocos héroes, pocos sabios y pocos artistas.

Hay en dondequiera muchos *emuladores*, como en todas partes hay necios, envidiosos y descontentos de sí mismos, que es el último descontento.

Enajenación, alienación, locura, idiotismo, imbecilidad, demencia, manía, monomanía

La ciencia moderna, al calificar estas diferentes afecciones mentales, ve en la *locura* la idea genérica o universal, y simples especies o modos de *locura* en la *enajenación*, en la *alienación*, en el *idiotismo*, en la *imbecilidad*, en la *demencia*, en la *manía* y en la *monomanía*. De modo que, así como la idea general del cuerpo humano, por ejemplo, referida a la parte superior del mismo cuerpo, se llama cabeza, referida al órgano de la visión se llama ojos, referida al órgano de la olfación se llama nariz, del mismo modo la idea general de *locura*, referida a distintas afecciones mentales, va tomando los nombres de *monomanía*, de *manía*, de *demencia*, de *imbecilidad*, de *idiotismo*, de *enajenación*. La clasificación científica ve en todo *locura*, distintamente considerada, como toda parte de nuestro cuerpo es cuerpo humano, considerado y referido a diferentes relaciones.

La *locura* tiene un carácter propio, distintivo, que no se puede confundir con ninguna otra alteración mental, y que, por lo tanto, no debe ser considerada como idea genérica. Nada más común, ni más castizo, ni más verdadero que decir *loco* frenético, *loco* furioso. ¿Puede decirse, para significar la misma relación, *idiota* furioso, *imbécil* furioso, *demente* furioso, *enajenado* furioso, *maniático* o *monomaníaco* frenético? No. Semejantes calificativos serían impropios para el idioma y para la ciencia, porque ninguna de aquellas afecciones mentales reconoce por causa una enfermedad del espíritu, del *phren* griego (*fren*), por cuya razón no se debe aplicar a ellas la idea de *frenesí*, de enfermedad *espiritual*, que no puede aplicarse a la *manía*, a la *demencia*, a la *imbecilidad*, a la *enajenación* y al *idiotismo*, puede aplicarse propiamente a *locura*. ¿Qué prueba esto? Prueba que la *locura* está en relación con el espíritu, con el *fren* de los griegos, con la razón humana. Prueba que la *locura* se refiere a la mente, al alma, al juicio, no a la organización, no a la materia, no a los sentidos corporales. He aquí la significación propia, el carácter particular y distintivo de esta palabra, lo cual hace que no la debamos emplear como idea genérica o indefinida. Si está definida, ¿por qué hemos de considerarla como si estuviera por definir?

Nosotros, llevados de nuestro fervoroso deseo (a veces el fervor se parece al orgullo, pero no lo es), vamos a partir de un método distinto, que juzgamos más filosófico, más natural, más fácil.

Cuando la alteración mental tiene por causa la influencia de las pasiones, toma el nombre de *enajenación*, no de *alienación*, ni de *locura*, ni de *idiotismo*, ni de *imbecilidad*, ni de *demencia*, ni de *manía*. Así decimos: el odio le *enajena*, le *enajenan* la cólera, el amor, los celos, la envidia. *Enajenan* también el dolor, el delirio, la calentura. En una palabra, todo lo que nos hace extraños a nosotros mismos, todo lo que hace que perdamos nuestro continente, nuestra mesura, la conciencia de nuestras acciones; todo lo que hace que salgamos de quicio, como vulgarmente se dice, nos *enajena*. De manera que, procediendo con sinceridad, será lo mejor que corrijamos estos estudios, y que establezcamos que entre las voces del presente sinónimo, no hay ninguna palabra genérica. Por lo tanto, analizaremos las palabras en cuestión, siguiendo el orden en que están anotadas al frente de este artículo.

1. Las alteraciones, trastornos o imperfecciones mentales, pueden proceder de varias causas. Las causas principales son las siguientes: influencia de las pasiones, trastorno del juicio, exaltación de facultades, impotencia o imperfección de órganos, decaimiento, inanición o pérdida de las fuerzas intelectuales, como si cesara la actividad de aquellas fuerzas; y últimamente, extravío o aberración del principio que piensa, que quiere y que siente en nosotros. Seis son las causas principales que impiden al hombre el ejercicio regular de su entendimiento o de su razón: pasiones, trastorno, exaltación o frenesí, imperfección orgánica, anonadamiento, extravío.

2. Las pasiones producen la *enajenación*.

3. El trastorno del juicio produce la *alienación*.

4. La exaltación o el frenesí caracteriza la *locura*.

5. La imperfección, la impotencia o la

falta de desarrollo en los órganos cerebrales, porque parece que el cerebro es la oficina del raciocinio, el aposento de nuestra alma, produce el *idiotismo*.

6. La misma imperfección o impotencia, menos negativa, menos completa, produce la imbecilidad. El *idiotismo* es una *imbecilidad* absoluta. La *imbecilidad* es un *idiotismo* que camina hacia la razón; es una noche que recibe alguna claridad del día.

El *idiota* no piensa.
El *imbécil* no entiende.
El *idiota* es una negación.
El *imbécil* es una nulidad.

7. El anonadamiento o la pérdida de las facultades mentales produce la *demencia*. La demencia es la atonía de la mente, el sueño del pensamiento, el olvido de la inteligencia del hombre. El *demente* es capaz de ciertos oficios manuales. El *loco*, no. El *demente* no daña. El *loco*, sí. El *demente* es pacífico. El *loco* puede ser furioso. El *demente* puede ser responsable en ciertos casos, porque si ha perdido el entendimiento, no ha perdido el sentimiento del bien y del mal, o sea, la conciencia. El *loco* no es responsable nunca, porque la locura no consiste en la pérdida de una facultad, sino en la pérdida de toda la razón; es decir, en la perversión del juicio, de la imaginación, del sentimiento, de la conciencia, del albedrío, de todo.

8. El extravío o la aberración del entendimiento produce la *manía*.

9. Esta *manía*, referida a una serie de ideas, toma el nombre de *monomanía*, que no es otra cosa que una *manía* parcial.

Las varias relaciones por que se distinguen las voces del sinónimo, no pueden ser más terminantes.

Pasiones: *enajenación*.
Trastorno del juicio: *alienación*.
Rapto o frenesí: *locura*.
Imperfección orgánica: *idiotismo* e *imbecilidad*.

Inanición de las fuerzas mentales: *demencia*.
Extravío o aberración de las mismas fuerzas: *manía*.
Manía parcial: *monomanía*.

Encarecer, encargar

Encarecer viene de *cariño*.
Encargar viene del latín *caricare*, que significa la idea de *carga*.
Un padre *encarece* al maestro que enseñe bien al hijo.
Un gobierno *encarga* a un funcionario que desempeñe tal o cual comisión.
El *encargo* es peso.
El *encarecimiento* es estima.

Encerrar, guardar, custodiar

Encerrar viene del latín *serare*, verbo derivado de *sera*, que significa tranca, de cuyo origen nacen probablemente nuestras voces cerrojo y cerradura.
Guardar viene del árabe *huarid*, que significa amparo o defensa, de donde vienen nuestras palabras guarda, guardián, garantía, guarecer, guarida y otras muchas.
Custodiar se origina del latín *custos*, *custodis*, el custodio, el protector.
El que *encierra*, aprisiona.
El que *guarda*, defiende.
El que *custodia*, patrocina.
El *encierro* es incomunicación.
La *guarda*, garantía.
La *custodia*, homenaje.

Encinta, embarazada, preñada

Encinta quiere decir que va desceñida, y es el modo más culto y disimulado de expresar la idea de embarazo o preñez.

Embarazada quiere decir que se mueve con pena, con dificultad; embarazo, es una frase que se usa también en buena sociedad.

Preñada significa que su vientre abulta mucho, y es la forma más ruda o vulgar.

Encinta significa desaliño, y es una expresión antigua, pues en muchos casos, la mujer en tal estado puede ir muy elegante y bien compuesta. Se trata, pues, de una figura no del todo apropiada.

Embarazada expresa obstáculo.

Preñada se refiere a volumen, y, como hemos expresado, es una palabra vulgar que la usa más bien la gente rústica e ineducada.

Encoger, contraer, replegar

Las cosas se *encogen* para reducirse.
Se *contraen* para concentrarse.
Se *replegan* para fortalecerse.
Se *encoge* un gusano.
Se *contrae* un miembro.
Se *replega* un ala de ejército.
Lo contrario de *encogerse* es estirarse.
De *contraerse*, dilatarse.
De *replegarse*, desunirse.

Encubrir, ocultar, esconder, celar

Se *encubre* lo que merecería un castigo, si se supiera que existía.

Se *oculta* lo que sería robado, si se encontrara.

Se *esconde* lo que sería cogido, si fuese hallado.

Se *cela* lo que no estaría con la necesaria veneración, si se expusiera a la vista de todos.

El cómplice *encubre* a los reos.
El avaro *oculta* su tesoro.

La esposa *esconde* los papeles que anuncian su infidelidad.

Un velo misterioso *cela* el semblante de la virgen.

Enemigo, contrario, adversario, antagonista, rival, émulo, contrincante, contendiente, competidor, concurrente

El *enemigo* está en la casa. Marco Antonio fue *enemigo* de Cicerón. Queremos decir que es un hecho privado.

Lo *contrario* está en los elementos, en los bandos, en los litigios. Viento *contrario*, partidos *contrarios*, parte *contraria*.

Adversario es el que se *vuelve* en contra nuestra. Un padre, un hermano, el amigo más íntimo, puede ser *adversario* nuestro en cualquier cuestión, pues basta para ello que se *torne* contra nosotros. Fuera de la cuestión de que se trata, seremos amigos; pero en aquel punto somos *adversarios*.

Lo *antagonista* está en los principios de las cosas, en los sistemas filosóficos, en las escuelas y trabajos científicos; la unidad y la dualidad son principios *antagonistas*. La escuela aristotélica y la cartesiana son *antagonistas* también. Para ciertos filósofos hay *antagonismo* entre el espíritu y la materia.

Lo *rival* puede tener lugar en talento, en valor, en privanza, en honores, en mando, en fortuna, en nobleza, en amores, en gallardía. César fue *rival* de Alejandro; Napoleón, de César. España es la grande *rival* de Italia en pintura y en poesía.

Lo *émulo* consiste en el sentimiento de la gloria. Se *emula* el genio, la sabiduría, la heroicidad. Virgilio fue el *émulo* de Homero; el Dante, de Virgilio.

Contrincante es el que *argumenta*, porque se refiere a las *trincas* de las oposiciones literarias. Mi *contricante* quiere decir: mi *opositor*.

Contendiente es el que sostiene un altercado; y por extensión, cualquier lucha moral. Dos candidatos que se presentan en un mismo distrito son los *contendientes* en aquella elección, porque una elección no es otra cosa que una *contienda* electoral, una lucha política.

Lo *competidor* está en las galas, en el boato, en la hermosura. El baile de la baronesa de A. *compite* en esplendor con el de la duquesa de U. La madre *compite* en belleza con la hija.

La *concurrencia* está en las empresas, en las manufacturas, en las tarifas; es una *competencia* mercantil. La libre *concurrencia* equivale al libre comercio.

El *enemigo* insulta.
El *contrario* maquina.
El *adversario* rebate.
El *antagonista* objeta.
El *rival* no duerme.
El *émulo* imita.
El *contrincante* arguye.
El *contendiente* disputa.
El *competidor* estimula.
El *concurrente* abarata.

Adversario se compone de la preposición latina *ad*, cerca, y de *versus*, participio de *verto*, *vertis*. De modo que *adversario* significa *mudado*, *vuelto* contra alguno, de donde nace la relación de contrariedad que tiene esta palabra, y que ha pasado a las voces *adverso*, *adversidad*, *adversamente*.

Antagonista viene de la partícula *anti*, contra, y del verbo griego *agonimai*, yo peleo, yo combato. En Grecia se llamaban *antagonistas* a los que se presentaban armados y en disposición de pelear. Después se aplicó el *antagonismo* a las lides de la inteligencia, y conserva el sentido sabio y profundo que hemos asignado a dicha palabra. El *antagonismo* es la lucha de grandes virtudes y de grandes escuelas.

Rivales llamó el pueblo latino a los labradores que tomaban agua de una misma ribera (*rivus*) para regar sus campos. Después se aplicó la *rivalidad* a toda creación del ingenio, a todos los caprichos de la fortuna, a todos los vaivenes de la privanza; y muy especialmente, a las galanterías del amor. Los siguientes ejemplos acabarán de dar una idea clara del sentido especial de cada vocablo.

En el *enemigo* obra el odio.
En el *contrario*, el interés.
En el *antagonista*, el convencimiento.
En el *adversario*, la opinión.
En el *rival*, las pasiones.
En el *émulo*, el deseo.
En el *contrincante*, la profesión.
En el *competidor*, el orgullo.
En el *concurrente*, la ganancia.

De modo que el *concurrente* es comercial.

El *competidor*, fastuoso.
El *contrincante*, escolástico.
El *contendiente*, contumaz.
El *émulo*, ardiente.
El *rival*, celoso.
El *adversario*, político.
El *antagonista*, filósofo.
El *enemigo*, personal.

Esto significa que el hombre vulgar tiene *enemigos*.

El hombre de escuela, *antagonistas*.
El hombre de academias y parlamentos, *adversarios*.
El favorito, el amante y el artista, *rivales*.
La gloria, la virtud y el genio, *émulos*.
El que alterca, *contendientes*.
La belleza, el lujo y la pompa, *competidores*.
El comercio, la industria y los oficios, *concurrentes*.

Energía, eficacia

Energía viene del griego *energeō*, que significa obrar, llevar a cabo.

Eficacia es un derivado del latín *efficio*, nacido de *facio*, que significa efectuar, hacer.
Remedio *enérgico* es el que *obra* activamente.
Remedio *eficaz* es el que *efectúa* lo que se deseaba.
La *energía* se refiere a la acción: es actividad.
La *eficacia* se refiere al efecto: es virtud.
Lo *enérgico* obra.
Lo *eficaz* cura.

Enfadar, enojar

Enfadar significa *en-faz-dar*: dar en la faz, o como si dijéramos, dar en rostro, echar en cara.
Enojar es *en-ojo-dar*: dar en ojo, causar celos o envidias, ya que la envidia entra por los ojos; de ahí la declaración de Jesús, en Mateo 6:22-23.
Algunos etimologistas se van por esos mundos de Dios a caza de orígenes y sutilezas, a fin de explicarnos la genealogía de las dos palabras de este artículo. Nosotros nos damos por contentos y satisfechos, muy satisfechos y muy contentos con esas ingenuas, castellanas y naturales etimologías del castizo español.
Un amo nota la torpeza de su criado y se *enfada* con él. ¿Qué hace este amo cuando se *enfada* con su sirviente, sino darle en rostro con su torpeza, echársela en cara? Y ¿qué es en castellano echar en cara o dar en rostro sino *dar en faz*, o *en-faz-dar*?
Vamos a la otra palabra. Una mujer quiere vengarse de su amante, y en presencia suya y hace demostraciones amorosas al rival del hombre que ama. ¿Qué es esto sino *dar en ojo* al amante con aquellos amores que le impacientan? ¿Qué definición más exacta, más ingeniosa, más viva y más bella puede darse del verbo *enojar* que decir: *dar-en-ojo*? No sólo no tenemos inconveniente en admitir las etimologías mencionadas, sino que las consideramos como dos bellezas de nuestro idioma. Serán dos bellezas de estado llano; dos bellezas vestidas a la usanza de nuestro país; sin grandes atavíos, ni flores, ni guirnaldas; pero tratándose de la lengua española, no nos parece violento que busquemos la lengua que se estila en España.
El *enfado* es doméstico.
El *enojo* es más bien amoroso.
El *enfado* se parece a la riña.
El *enojo* se parece al desdén.
Quien no cumple, *enfada*.
Quien da celos, *enoja*.
Nos *enfadamos* por una torpeza.
Nos *enojamos* por un desaire.
El *enfado* pone una palabra en la boca.
El *enojo* graba una huella en el corazón.
Un amo se *enfada* con su criado; una mujer se *enoja* con su amante.

Enfermedad, dolencia

Enfermedad es una corrupción de las dos palabras de su origen. En vez de decir *in*, que significa negación, dijimos *en*; y en lugar de decir *firme* dijimos *ferme*. De modo que formamos la palabra *enfermedad* en vez de haber formado *infirmedad*, casi copiando las *infirmitas* de los latinos. Decir *enfermo* es como si dijéramos *in-firme*, no firme; es un fallo de firmeza física.
Excusado es decir que *dolencia* viene de *doler*.
La diferencia de estas dos voces no puede ser más clara y definida.
La *enfermedad* es infirmeza.
La *dolencia* es dolor.

Engendrar, producir, originar

Engendrar supone movimiento y reproducción; es decir, materia organizada. El padre *engendra* al hijo.

Producir supone fecundidad. La tierra *produce* las plantas.
Originar supone la idea de derivación. De la disolución de Roma, más que de la invasión de los bárbaros, se *originó* la total caída del famoso imperio de Occidente.
Sin organismo no hay *engendro*.
Sin substancia no hay *producción*.
Sin un agente o causa anterior no hay *origen*.

Enmienda, corrección

La *enmienda* puede ser material. Se *enmienda* una palabra equivocada, un nombre mal escrito por distracción.

La *corrección* se aplica siempre a las cualidades literarias, o a las tendencias filosóficas de lo que se *corrige*. Cuando *corregimos* modificamos necesariamente la literatura o la ciencia que hay en la cosa corregida. Había *error* en la idea o en la forma.

Cualquier ignorante puede *enmendar* algo al hombre más sabio de este mundo.

Si al escribir el sabio la palabra hombre escribió equivocadamente *humbre*, la persona más ruda *enmendará* aquella palabra, poniendo una *o* en lugar de una *u*.

Ningún ignorante puede *corregir* a un hombre versado en la literatura y en la ciencia. Si le *corrigiese*, sería más literato y más científico que él.

Enmendar es una operación.
Corregir es un magisterio.
Enmendar, lo puede hacer un ignorante.
Corregir, tan sólo un docto.

Ensanchar, agrandar, dilatar, estirar, extender

Ensanchar es dar espacio a lo que era *estrecho*.

Agrandar, dar magnitud a lo que era *pequeño*.

Dilatar, dar soltura a lo que estaba *contraído*.

Estirar, dar superficie a lo *arrugado*.

Extender, dar desahogo a lo *reducido*.
Se *ensancha* un traje.
Se *agranda* un edificio.
Se *dilata* un pulmón.
Se *estira* un pañuelo.
Se *extiende* una manta.

Ensayo, prueba

Ensayo viene del godo *saio*, que significa explorador. Era el que registraba las mercancías y denunciaba los abusos. *Ensayar*, pues, no es otra cosa que explorar si un objeto aprovecha para la función a que se le destina.

Probar es ver si el objeto tiene las cualidades que en él se buscan.

Cuando *ensayamos* una cosa nos proponemos examinar si sirve.

Cuando la *probamos* nos dirigimos a examinar si es buena.

Se *ensaya* un mineral, un invento.
Se *prueba* la verdad, la virtud, el entusiasmo, la constancia, el amor, la fe, el heroísmo.

En *ensayo* entra la idea de utilidad.
En *prueba* entra la idea de convencimiento.

El *ensayo* se dirige a la naturaleza.
La *prueba* se dirige más bien a la vida.
En una palabra, el *ensayo* es materia.
La *prueba* es espíritu.

Bien mirada la diferencia de estas voces, hallaremos que su única y verdadera distinción consiste en que pertenecen a distinto orden de hechos: *ensayo* pertenece a la física, mientras que *prueba* pertenece a la moral.

Enseñanza, educación

De *signo*, como insignia y enseña, se deriva la voz *enseñanza*, que es instruir por *signos*.

Educación, lo propio que conducta, viene de *ducere*, conducir.

La *enseñanza* nos lleva a la erudición.

La *educación*, a la cultura y a la virtud.

Cuando queremos que nos *enseñen*, acudimos a una universidad.

Cuando queremos que nos *eduquen*, acudimos a un preceptor.

De modo que la *enseñanza* es facultativa.

La *educación*, moral.

El maestro *enseña*.

El padre *educa*.

Ente, ser

El *ser* significa substancia; el *ente*, acción.

La esencia es un principio; la *entidad*, un agente.

SER deriva *de razón*, ENTE procede igualmente *de razón*; examinemos qué quieren decir estas dos palabras.

SER *de razón* quiere decir que la razón está en aquel *ser*; que la razón constituye su índole; que es esencialmente racional.

ENTE *de razón* quiere decir que la razón lo ha hecho, que es obra suya.

El hombre es un SER *de razón*, porque así nace, en virtud de las leyes de su principio, que son las leyes necesarias y eternas de su substancia: no es un ENTE *de razón*, porque la razón no lo ha creado.

La paloma, considerada como un símbolo del Espíritu Santo, emblema de nuestra fantasía, imagen que nuestro espíritu elabora, es un ENTE *de razón*, no un SER *de razón*, porque la paloma no nace siendo una figura del Espíritu Santo; y nuestro pensamiento no puede darle el *ser* primordial de las cosas.

Dios representa el *ser*: el hombre crea el *ente*.

El *ser* equivale al *ente* absoluto, necesario, perfecto, no analizado ni definido.

El *ente* equivale al *ser* que se manifiesta, que obra, que se comunica, que muda según las opiniones, las escuelas, los pueblos, los siglos, porque nosotros lo revestimos de forma y color.

En una palabra, el *ser* está hecho; el *ente* se hace.

El *ser* representa un arcano que, envuelto en la noción sublime de la Divinidad, llena todos los ámbitos del universo; mientras que el *ente* toca a una parte de la metafísica que denominamos *ontología*.

Entender, comprender

Entender es la operación elemental del entendimiento.

Comprender es una elevada aptitud del pensamiento humano.

Se *entiende* un hecho, una relación, una palabra.

Se *comprende* una serie, un sistema, un plan.

«Se *entiende* un libro» significa que se sabe lo que quiere expresar, según el sentido corriente de las palabras que en él se emplean.

«Se *comprende* un libro» significa que se penetra su intención, sus tendencias, su espíritu, un espíritu que el autor ha querido esconder detrás del sentido ordinario de la frase.

Para *entender* se necesita luz natural.

Para *comprender* se necesita tener talento.

Entendemos por medio del análisis.

Comprendemos abrazando la síntesis.

Entender es lógico: *parcial*.

Comprender es psicológico: *total*.

Según estas definiciones, se *entienden* los métodos y se *comprenden* los sistemas.

Entereza, firmeza, energía

Examinemos el sentido de estas tres frases: habló con *entereza*; habló con *firmeza*; habló con *energía*.

Hablar con *entereza* quiere decir que habló a un rey, a un poderoso, a una asamblea, a todo un pueblo, con la frente erguida, con grave mirada, con noble y honrada altivez. Así dice Rioja:

> «Un corazón *entero* y generoso
> al hado adverso inclinará la frente
> antes que la rodilla al poderoso.»

Hablar con *firmeza* quiere decir que no titubeó, que pronunció perfectamente las palabras; que habló con aplomo, con cabal posesión de sí mismo.

Hablar con *energía* quiere decir que habló con fuego, con valor, tal vez con algo de aspereza, quizá con cierto espíritu de intolerancia.

La *entereza* es la virtud del corazón: un sentimiento.

La *firmeza* es la virtud de la conciencia: una resolución.

La *energía* es la gran virtud del carácter: una conducta.

Lo contrario de la *entereza* es la humillación.

Lo contrario de la *firmeza*, la vacilación.

Lo contrario de la *energía*, la debilidad.

La *entereza* representa al hombre valeroso.

La *firmeza*, al hombre moral.

La *energía*, al hombre político.

El peligro de la *entereza* es la altanería.

El de la *firmeza*, la terquedad.

El de la *energía*, el despotismo.

Dignidad alentada y grave: *entereza*.

Seguridad y aplomo: *firmeza*.

Movimiento rápido y nervioso: *energía*.

Entero, íntegro

Ambas palabras se componen de *in*, partícula negativa, y de *tangere*, tocar; significan, pues, no tocado, intacto.

Pero *entero* se refiere a la constitución de las cosas, y así decimos: cuerpo *entero*, pan *entero*, semana *entera*. Esto quiere decir que la semana, el pan y el cuerpo están constituidos de manera que no les falta nada para ser lo que realmente son.

Íntegro se refiere, no a la constitución, sino al saneamiento de los objetos: suma *íntegra*. Esto quiere decir que aquella suma ha sido conservada religiosamente, que se ha saneado a toda costa.

Por esta razón, trasladados ambos vocablos al sentido metafórico, *entereza* significa fuerza, energía, poder, mientras que *integridad* lleva en sí la idea de probidad o rectitud.

Para conservar las cosas *enteras* no se necesita más que cuidado; para conservarlas *íntegras* se necesita cuidado y virtud.

La *entereza* es virtud política.

La *integridad* es virtud moral.

Hombre *entero* es un hombre fuerte.

Hombre *íntegro* es un hombre honrado.

Enterrar, inhumar

Inhumar se deriva de *humus*, tierra, de donde viene la palabra *hombre*, porque de *tierra* fue formado.

Se *entierra* un tesoro, un objeto hurtado, un animal.

Se *inhuma* el cadáver del hombre.

Se *entierra* para que el objeto enterrado esté seguro.

Se *inhuma* para tributar un obsequio al hombre *inhumado*.

Enterrar es una operación.

Inhumar es un homenaje y una fe.

Entretenerse, divertirse

El que se *entretiene*, pasa el tiempo.

El que se *divierte*, se explaya y se ríe.

Entretenerse equivale a ocuparse.
Divertirse, a distraerse.
Entretiene un juego inocente.
Divierte una comedia.
Es muy fácil *entretenerse*.
Conviene saber *divertirse*, para no llegar a fastidiarse.

Envejecerse, aviejarse

Envejecer es hacerse viejo; *aviejarse* es hacerse viejo antes de llegar a la vejez.
Envejecen los hombres; se *avieja* el disoluto, el vicioso, el tacaño.
Nos *envejece* el tiempo; nos *aviejamos* nosotros mismos, cuando no nos *aviejan* los demás con preocupaciones y problemas.
Es natural *envejecerse*. ¡Qué malo y qué terrible es *aviejarse*!

Enviar, remesar, expedir

Se *envía* un presente.
Se *remesa* un fardo.
Se *expide* un pasaporte.
El *envío* es social.
La *remesa* es mercantil.
La *expedición* es pública, y en ciertos casos política.

Enviar, remitir

Enviar se deriva de *vía*.
Remitir se compone de *re*, partícula reiterativa, y de *mito*, verbo latino que quiere decir *enviar*.
De modo que *enviar* significa literalmente mandar por la *vía*.
Remitir significa *enviar* nuevamente, hacer un *envío* reiterado.
La *remesa*, pues, no es otra cosa que la expresión reiterada o repetida del envío.

En la costumbre se alternan ambos sinónimos indistintamente, y son muchos los que escriben *remitir* en vez de *enviar*, pero las personas más cultas en gramática suelen hacer la distinción entre ambos vocablos.

Envidiar, tener envidia

Envidiar significa más bien tener deseos de poseer el objeto que se envidia. Se *envidia* la salud, el talento, la paciencia, la hermosura, la renta, el garbo.
Tener envidia es sentir zozobra de que otra persona posea lo que uno solo quisiera poseer.
El que *envidia*, imita y trabaja.
El que *tiene envidia*, se impacienta y odia.
Envidiar es una emulación.
Tener envidia es un egoísmo.
Envidiar es muchas veces una virtud.
Tener envidia es siempre un vicio y un pecado. Y este pecado no puede compararse con otro alguno, porque más que pecado, es una especie de demonio. Si cobrara forma material y apareciese en medio de la tierra, el mundo entero arrojaría un grito de espanto.

Epidemia, contagio

Epidemia se compone de *epi*, más allá, y del nombre *dēmos*, que significa pueblo; es voz griega.
Contagio se compone del prefijo *con* y del verbo *tangere*, tocar. Significa *tocar una cosa con otra*; es voz latina.
El *contagio* puede ser enfermedad del país; puede aclimatarse y hacerse endémico, como las viruelas, la escarlatina, el venéreo y otros males.
La *epidemia* ha de venir de lejos, *de más allá*, que es lo que significa *epi*, porque tan

pronto como se hiciera *endémica* (propia del país), vendría a ser lo contrario de *epidémica*.

Resulta, pues, que un mal puede ser *contagioso*, como la escarlatina, sin ser *epidémico*, como el cólera morbo asiático, o el paludismo africano.

Epístola, carta

Epístola viene del griego *stellō*, enviar; de donde se origina *apóstol*, enviado.

Carta, del latín *charta*, significó lámina o plancha de papel. Después se dio la misma denominación al papel escrito, así como *libro* (*liber* en latín) fue primitivamente la corteza interior de los árboles en que se escribía y después se dio el mismo nombre al libro impreso.

Epístola quiere decir misiva.
Carta significa documento.
Así decimos: las *epístolas* de San Pablo.
Aunque a veces se dice: las *cartas* de San Pablo, para evitar repeticiones.
Decimos también: *carta* dotal.
Nada más absurdo que decir: *epístola* dotal.

Epíteto, adjetivo

Hay *adjetivos físicos*, cuando expresan efectos materiales de la substancia, como frío, negro; y *metafísicos*, cuando expresan efectos y atributos dependientes de la opinión, de las costumbres, de las épocas, de los climas, como útil, honesto, gracioso.

Hay *epítetos característicos*, cuando atribuyen al objeto sus propiedades distintivas; *ociosos*, cuando nada dicen; *contradictorios*, cuando el orador o el escritor dicen lo contrario de lo que deberían decir.

Por consiguiente, el *adjetivo* es gramatical.

El *epíteto*, retórico.

Es posible que la gente vulgar hable de *adjetivos*, pero no hablará de *epítetos* más que un orador muy culto.

Por otra parte, el *epíteto* se suele tomar en mala parte con mucha más frecuencia que el *adjetivo*; y así se dice: ¡basta de *epítetos*!; como si dijéramos ¡basta de calificaciones afrentosas!, ¡basta de injurias! No expresaríamos aquella idea con el mismo grado de firmeza diciendo: ¡basta de *adjetivos*!

Equilibrar, nivelar

Equilibrar se compone de *equi*, igual, y de *libra*, que equivale a peso. Significa literalmente poner el peso igual.

Nivelar no se refiere al peso, sino a la situación.

Equilibrar una balanza es poner peso igual en ambos lados.

Nivelarla es hacer que el fiel esté en el centro.

Así decimos: tal monte está mil pies sobre el *nivel* del mar, lo cual vale tanto como si se dijera que está mil pies sobre la *situación* del mar.

Nada más absurdo ni más repugnante que decir: tal monte está mil pies sobre el *equilibrio* del mar, puesto que no hay *libra*, no hay peso para que el mar pueda *equilibrarse*.

Equilibrio es igualdad de fuerza.
Nivel es igualdad de posición.

Error, yerro

El *error* toca al entendimiento; el que fuera infalible no caería en ningún *error*.

El *yerro* toca a la conciencia; el que fuera acabadamente virtuoso no tendría que echarse en cara ningún *yerro*.

Por consiguiente, el *error* es intelectual.

El *yerro*, moral.
Hay *errores* sabios, como las paradojas de Platón.
Hay *yerros* que se tornan en aciertos sublimes, como los de Santa Teresa de Jesús.
No todos son capaces de grandes *errores*, porque no todos están dotados de un gran pensamiento.
Todos somos capaces de *yerros* lastimosos, porque todos podemos ser reos en el juicio del fuero interior.
Esto quiere decir que la moral tiene un círculo mucho más extenso que la ciencia; y así se ve que la familia de los buenos es infinitamente más numerosa que la familia de los sabios.
Esta observación nos da la clave de las palabras que se examinan.
El *yerro* es vicio o pecado.
El *error* es ignorancia.
Decimos a Dios, perdona mis *yerros*, queriendo significar mis pecados, aquello que te ofende y es contrario a tu voluntad.
Decimos al maestro, corrija los *errores* que he cometido en este escrito.

Escasez, carestía

Hagamos que no quede más que un diamante en toda la tierra. ¿Será aquel diamante mejor por el hecho de quedar solo? No. Semejante accidente no le puede dar nuevos quilates, no le puede dar una bondad que no tiene. Pero aquel diamante, que es en la actualidad lo que era anteriormente, ¿valdrá lo mismo ahora, que es único en la tierra, que cuando tenía millares y millares de compañeros? De ninguna manera; ahora valdrá más, mucho más. ¿Por qué? Porque las cosas no se *encarecen* sino a medida que *escasean*, lo cual quiere decir que no se abaratan sino en la proporción en que abundan. Hagamos que haya tantos diamantes como guijarros, y los diamantes perderán su valor.

He aquí explicado el presente sinónimo.
La *escasez* es un hecho, una causa.
La *carestía* es un resultado de la *escasez*, como la baratura es un resultado de la abundancia.
La *escasez* se refiere a la cosa.
La *carestía*, al precio.
Escasez de trigo quiere decir que hay poco trigo.
Carestía de trigo quiere decir que se ha puesto *caro*.
De modo que lo contrario de la *escasez* es la abundancia.
Lo contrario de la *carestía*, la baratura.

Escaso, falto

Lo *falto* consiste en no tener.
Lo *escaso*, en no tener lo suficiente.
Un pan *escaso* en la sopa es el que no tiene lo necesario para ser espesa.
Un pan *falto* es el que carece absolutamente del peso legal. No es un pan para la ley.
Al decir *hombre escaso* de entendimiento, expresamos la idea de un hombre que no tiene gran lucidez mental, que no tiene toda la inteligencia necesaria para una cabal comprensión.
Al decir *hombre falto* de entendimiento, expresamos la idea de que aquel hombre es medio idiota o medio loco.

Esclavitud, cautiverio

Esclavitud es un derivado de *clavis*, llave.
La palabra *esclavo* quiere decir literalmente encerrado, preso, bajo *llave*.
Cautivo viene de *captare*, captar, aumentativo de *capio*, coger, de donde vienen nuestras voces capturar, cautividad, cautiverio.

Cautivo significa capturado.
El *cautiverio* es una violencia, una *captura*.
La *esclavitud* es una perversa institución.
Ninguna ley autoriza o sanciona que haya *cautivos*.
La ley de algunos pueblos muy atrasados autoriza o tolera que haya *esclavos*.
Caer *cautivo* es una desdicha.
Ser *esclavo* es infamante.
El *cautivo* se hace.
El *esclavo* nace.

Escoger, entresacar, elegir, preferir

Escoger supone gusto.
Entresacar, operación mecánica.
Elegir, albedrío.
Preferir, predilección.
Veo un montón de flores y *escojo* una.
Veo un montón de limones y *entresaco* los que están sanos para que no se dañen estando en contacto con los podridos.
Me presentan dos candidatos y *elijo* uno.
Me presentan dos libros y *elijo* el que quiero.
Tengo delante la muerte o la infamia, y *prefiero* la muerte.
Se *escoge* un par de guantes.
Se *entresacan* los cabellos blancos de los negros para que no afeen las canas.
Se *elige* todo lo que entra en el dominio de la voluntad.
Se *prefiere* todo lo que cautiva nuestro sentimiento.
A veces *preferimos* una mujer fea a una bonita, porque en la fea vemos dotes que impresionan más nuestro ánimo. Otras veces *preferimos* la soledad al bullicio del mundo, porque en la soledad hallamos un encanto que no ofrece el bullicio. El hombre honrado *prefiere* un dolor virtuoso a mil placeres criminales.
Para *escoger* se necesita ingenio.
Para *entresacar*, vista y práctica.
Para *elegir*, conocimiento de las cosas, de los hombres y de la sociedad.
Para *preferir*, entendimiento sano, corazón generoso, conciencia pura.

Escondrijo, escondite

Ambas palabras vienen del verbo latino *abscondere*, por cuya razón el castellano antiguo dijo *absconder* y *asconder*. El *abscondere* de los latinos está formado del prefijo *abs* y del infinitivo *condere*, y significa poner aparte.
Escondrijo es un lugar oculto, retirado, *escondido*.
Escondite es el sitio o el objeto de que realmente nos servimos para esconder.
Supongamos que un hombre lleva por bastón una caña, cuyo interior va lleno de monedas de oro, caso que en efecto ha sucedido.
El interior de aquella caña en que se *esconden* monedas de oro es un *escondite*.
Sin embargo, nadie dirá que el hueco de la caña es un *escondrijo*.
Escondite expresa la idea de secreto.
Escondrijo expresa la idea de paraje.
Escondite es una intención.
Escondrijo es un punto.
Escondrijo es físico.
Escondite es moral.

Escrúpulo, remordimiento

El *escrúpulo* se diferencia del *remordimiento* en que supone siempre una culpa pequeña, como era pequeña la piedra angulosa, llamada *scrūpus*, de los latinos.
El *remordimiento* puede venir de una culpa enorme, de un gran delito, de un cri-

men horroroso, mientras que el *escrúpulo* significa particularmente el temor del pecado, la duda del bien, la ignorancia de la virtud, la sombra que acompaña a la inocencia, la inocencia medrosa que turba en ciertos casos la conciencia ignorante.

El malvado, el vicioso, el disoluto, tienen *remordimientos*; el justo, el héroe, el santo, tienen *escrúpulos*.

Hay también en nuestra conciencia cristales que se rompen, vidrios que crujen. El *escrúpulo* es el ruido que el alma oye cuando nos parece que se ha quebrado algún vidrio de la conciencia.

¿Cuánto ha corrido el mundo desde el *scrūpus* material de los gentiles hasta el *escrúpulo* moral y religioso de los cristianos? Tan sólo después de la venida de Jesucristo.

Esfera, círculo

La *esfera*, del griego *sphaira*, significa bola, globo, orbe, órbita.

El *círculo* (de *circus*) significa la redondez.

La *esfera* es figura.

El *círculo* es espacio.

Cuando queremos que resalte la idea de lo redondo, usamos siempre de la palabra *círculo*, no de la voz *esfera*.

Así se dice: la cuadratura, no de la *esfera*, sino del *círculo*.

Cuando estudiamos geografía, acudimos siempre, no al *círculo*, sino a la *esfera*, a la bola que representa el globo.

De modo que la *esfera* es un cuerpo, un sistema.

El *círculo* es la línea que ese mismo sistema describe.

La *esfera* es redonda, y por eso el *círculo* es redondo.

En último término hallaremos que el *círculo* viene a ser el ajuste, el compás, la medida de la *esfera*.

Espacioso, ancho, extenso, dilatado

Espacioso significa desahogado.

Ancho, expresa la idea de holgura; lo contrario de estrecho.

Extenso, la idea de magnitud; lo contrario de reducido.

Dilatado, la idea de desembarazo, de despejo. Dilatada es toda superficie, toda llanura que se ve de un golpe de vista, sin que nada venga a estorbarnos; es lo contrario de contraído.

Sala *espaciosa*, traje *ancho*, terreno *extenso*, llanura *dilatada*.

El que está en lo *espacioso*, respira.

El que está en lo *ancho*, huelga.

El que está en lo *extenso*, corre.

El que está en lo *dilatado*, contempla.

Espaldar, respaldo

Espaldar es la *espalda* de la silla, de la butaca, del escaño.

Respaldo es el apoyo en que descansamos la *espalda*.

Espaldar se refiere al objeto que lo tiene.

Respaldo se refiere a la persona, porque es el descanso en donde la persona se *respalda*.

Una silla sin *espaldar* es incompleta.

La misma silla sin *respaldo* es incómoda.

En una palabra, el *espaldar* es de la silla.

El *respaldo* es nuestro.

Españolizar, castellanizar

Para *españolizar* una palabra, basta que la usen los españoles.

Para *castellanizarla*, conviene acomodarla al genio especial de nuestra lengua;

más claro: conviene que la modifiquemos según la analogía y la sonoridad de nuestro idioma.

Ambigú es una palabra *españolizada*, no *castellanizada*, porque nada tiene de castellano.

Esbeltez es una voz *castellanizada*, no *españolizada*, porque no sólo la emplea el uso de nuestro país, sino que la hemos dado el temple de nuestra lengua. De *esbelto* hemos hecho *esbeltez*, como hemos hecho timidez de tímido; madurez, de maduro; avidez, de ávido, y así en otras muchas palabras de buen origen.

Voz *españolizada* quiere decir voz *corriente*.

Voz *castellanizada* quiere decir voz ajustada a nuestra lengua.

Otras veces nos tomábamos el trabajo de *castellanizar*. Hoy todo el mundo *españoliza* a tontas y a locas. Día llegará en que no haya verdulera, ni ama de cría, ni moza de fregado, ni retozona de San Antonio de la Florida, ni chulo del antiguo Lavapiés (un barrio popular de Madrid) que no sean autores o introductores (¡que lástima!) de alguna palabra que el uso equivocado de la misma hará al fin entrar en el diccionario de la lengua española.

Especial, específico

Especial es lo peculiar de una cosa.

Específico es lo que especialmente sirve contra una enfermedad, un achaque o un vicio cualquiera.

Así decimos: carácter *especial*, maneras *especiales*. Nada más extraño que decir: carácter *específico*, maneras *específicas*.

También decimos: la quinina es el *específico* contra las tercianas.

De modo que *especial* es un nombre adjetivo.

Específico es un adjetivo sustantivado.

Lo *especial* entra en lo *específico*.
Lo *específico* no entra en lo *especial*.
Especial es un atributo, una cualidad; pertenece a la lógica.
Específico es una virtud, un remedio; pertenece a la medicina.

Espeso, denso, tupido

Lo *espeso* se aplica a lo líquido.
Lo *denso*, a lo fluido.
Lo *tupido*, a lo sólido.
Caldo *espeso*; niebla *densa*; encaje *tupido*.

Estable, seguro

Estable viene de *stabilis*, que tiene en latín la misma significación que en castellano.

Seguro viene de *securus*, que significa sin cuidado, como si dijéramos *sine curâ*. Mal comprendería la palabra *seguro* el que le atribuyera la misma significación que tenía el *securus* latino. La moral cristiana ha dado a nuestra voz un sentido íntimo, una especie de filosofía religiosa, que está muy lejos de su sentido etimológico, como podrá verse en el presente artículo.

Lo *estable* dice relación a la existencia como hecho exterior organizado por los hombres; es decir, hace relación a la existencia de las cosas como suceso humano, casi como artificio. La *estabilidad* supone duración, y la duración es la faz movible de la existencia.

Lo *seguro*, ¡cuán superior es esta palabra!, dice relación a la existencia de las cosas, como hecho intrínseco, como ley moral, inalterable, absoluta, perpetua.

Todo lo que es bueno y justo, es *seguro*. Esta *seguridad* no está fuera, no está en un decreto, no está en una asamblea, en un voto, en un conciliábulo, en una asonada. La *seguridad* de que hablamos, está dentro, va con ella misma, como la claridad va con la luz, porque es la *seguridad* que Dios ha puesto dentro de lo virtuoso, como ha puesto la luz dentro de la esfera del astro.

Digan los hombres lo que quieran, obren como les plazca, dejen coronas y otorguen privilegios y prebendas, o levanten cadalsos, un gobierno bueno y justo es seguro. Después de caer sabemos que volverá a resurgir en algún momento de la Historia, porque la fe y la justicia es algo siempre *seguro*. Como es *seguro* el pensamiento de la Providencia. La seguridad cristiana va unida al principio y razón de las cosas, no termina, no acaba, no muere. Jesucristo dijo: «El cielo y la tierra pasarán, mas mis palabras no pasarán.»

Muchas veces sucede que lo más *seguro* es lo menos estable, y que lo más estable es lo menos *seguro*, como declaró el apóstol Pablo. «No mirando a las cosas que se ven, sino a las que no se ven, porque las que se ven son temporales, mas las que no se ven son eternas.»

Establecer, entablar, organizar, emprender

Establecer equivale a instituir.
Entablar, a plantear.
Organizar, a constituir o regimentar.
Emprender, a acometer.
Se *establece* un plan.
Se *entabla* un negocio.
Se *organiza* un pueblo.
Se *emprende* una marcha.
Para *establecer* se necesita mucha meditación.
Para *entablar*, mucho cálculo.
Para *organizar*, mucha experiencia, mucha sabiduría, mucho tesón; y al mismo tiempo, mucha tolerancia.

Para *emprender*, mucha fe, mucho celo y mucha diligencia.
Establezco mi casa.
Entablo mi modo de vivir.
Organizo mi hacienda.
Emprendo la labranza.
El que *establece*, fija.
El que *entabla*, prueba.
El que *organiza*, regimenta.
El que *emprende*, gestiona.

Estación, sazón

Estación es un derivado del verbo *estar*, *stare* en latín.
Sazón viene de *semilla*.
La *estación* es el tiempo en que se *está*.
La *sazón* es el tiempo en que se *siembra*.
Estación es tiempo.
Sazón es época.
La *estación* es tiempo, porque en todo tiempo *estamos* o vivimos.
La *sazón* es época, porque solamente en ciertas épocas podemos *sembrar*.

Estado, condición

El *estado* es nuestra situación en la familia, en la sociedad, en el mundo público.
La *condición* lleva la idea de estirpe, de origen, de alcurnia.
El *estado* nos hace respetables.
La *condición* nos hace distinguidos.
Hombre de *Estado* quiere decir hombre de gobierno.
Hombre de *condición* quiere decir hombre bien nacido, de buena cuna.
De *estado*, casado.
De *condición*, plebeyo.
De aquí se deduce que hay muchos hombres de *condición* que no tienen *estado*; así como hay muchos hombres de *estado* sin *condición*.

Hoy no se busca tanto la *condición* como el *estado*. Cerca de seis siglos vienen trabajando en preparar estas ideas.

«¡Que se presente armado mi enemigo!» dijo una vez la *condición*.

Y respondió el *estado*: «Tu enemigo no puede presentarse con armas: es la historia».

Estigma, señal

Estigma, en latín *stigmata*, se deriva del griego *stigmē*, originado del verbo *stizō*, que expresa la idea de picar. Propiamente hablando, *estigma* significa *picadura*.

Señal viene de *signo*, *signus* en latín.

La diferencia entre ambas palabras es evidentísima.

La *señal* marca.

El *estigma* deshonra.

Una peca en la cara es una *señal*.

El hierro candente de la esclavitud era un *estigma*.

Gracias a Dios, podemos escribir *era*, pues hoy día ya no hay esclavitud, ni estigmas, sino derechos humanos. Pero tales derechos resultan perjudiciales cuando se abusa de ellos, porque el hombre es pecador.

Estorbar, impedir

Estorba lo que está de más, con lo cual conocerá el lector que son muchas las cosas que *estorban*.

Impide lo que se opone a la realización de nuestros planes.

Para *estorbar* basta no hacer.

Para *impedir* es necesario obrar en contra.

Por consecuencia, el *estorbo* embaraza.

El *impedimento* dificulta.

Quien presenta un *estorbo*, presenta un obstáculo.

Quien presenta un *impedimento*, presenta un peligro.

Estorba un tonto.

Impide un malintencionado.

La visita que entra, sirve de *estorbo* a mis quehaceres.

La lluvia que principia, me *impide* salir a la calle.

Ética, moral

La voz *ética* viene del sustantivo griego *éthos*, que quiere decir costumbre, de donde derivaron el adjetivo *ethikós*, que equivale a *moral*.

Moral viene de *mos*, *moris*, palabra latina derivada de *modus*, que quiere decir medida, tasa, y que equivale a lo que nosotros entendemos por *mesura*. La mesura es como la *medida* del alma, una *tasa* espiritual.

Estas voces se han considerado como rigurosamente *sinónimas*, pero no es así.

En *ética* domina más bien la idea de ciencia.

En *moral*, la idea de proceder.

La *ética* se inclina a la teoría.

La *moral* a la práctica. Esto explica el porqué la virtud de los hombres no se llama *ética*, sino *moralidad*.

Etiqueta, membrete

«Algunos etimologistas (dice el instruido y laborioso autor Monlau, a quien debe estar tan agradecida la nobilísima lengua española) sacan el vocablo *etiqueta* del griego *stichos*, orden, fila, rango. Sin embargo, no habiendo en griego ni en latín voz parecida, ni en la forma ni en el significado, a la de *etiqueta*, y habiéndola nosotros tomado inmediatamente de la francesa *étiquette*, me inclino a creer que la significación de *etiqueta* por ceremonial o cumplimiento es derivada, y que la primitiva o recta es la de rótulo, rotulata, tejuelo, inscripción puesta en una tarjeta, boleta o cédula que le dan los franceses. El origen de esta acepción primitiva es muy singular; cuentan los etimologistas franceses que data de los tiempos en que los escritos de los litigantes, los autos judiciales y demás documentos forenses se redactaban en latín. En la portada o en el lomo de cada traslado o proceso ponían los curiales: EST HIC QUAESTIO INTER N... ET T.; como quien dice: *pleito entre partes de N. y N., autos entre Fulano y Zutano*; mas al poco tiempo abreviaron *quaestio* (cuestión, litigio) diciendo *quaest*; de manera que se leía EST-HIC-QUAEST. Por corrupción dijeron en seguida ET-HIC-QUET, y finalmente quedó el rótulo de los procesos con la denominación de *etiquette*, que se extendió luego a toda clase de rótulos, marcas o señales.»

Membrete es un derivado de *mente*, en latín *mens*, *mentis*, en griego *menos*, en sánscrito *manas*, de donde proceden las palabras latinas *moneo*, *monere*, amonestar, avisar, recordar; *meminisse*, acordarse; *memorare*, memorar, y los muchos vocablos de este origen que han pasado todos, o casi todos, a nuestra lengua. *Memoria, memorable, mención, conmemoración, conmemorar, conmemorativo, membrete, membranza, membrarse, amonestar, amonestación, admonición*, etc., no son otra cosa que derivadas de la palabra *mente*.

Membrete significa recuerdo.

Veamos ahora la diferencia que el uso establece entre las dos palabras del artículo, tratándose de la acepción en que se pueden confundir.

La inscripción o nota que pone el escribano en los legajos de una notaría para venir en conocimiento de la clase y fecha de los papeles de que se trata, no se denomina *membrete*, sino *etiqueta*.

La inscripción o nota que pone en los papeles que están al despacho, no se denomina *etiqueta*, sino *membrete*.

La *etiqueta* da noticia del documento para el arreglo del protocolo.

El *membrete menciona, memora* los papeles que más prisa corren para el despacho de las atenciones del día.

La *etiqueta* instruye.

El *membrete* avisa.

La *etiqueta* es orden.

El *membrete* es memoria.

Exacto, puntual

Exacto es el que hace las cosas inmediatamente, sin demora, o como solemos decir, con mucha propiedad y energía, en el *acto*.

Puntual es el que hace las cosas oportunamente, en sazón, o como solemos decir, también muy castizamente, a *punto*.

En *exacto* domina la relación de acción.

En *puntual*, la relación de tiempo.

Examinar, observar

Examinar tiene un origen muy curioso. Se deriva de *enjambre*, *agmen* en latín. *Examen* se compone de *ex* y de *agmen*: *ex-agmen*. Nuestros lectores saben que el prefijo *ex* significa *ex*tracción, *ex*posición, y esto basta para comprender que el *examen* significa la idea de extraer de un enjambre o conjunto. *Examinar* es sacar a un individuo o una cosa, de una multitud de otra para conocerlo bien. Es separarlo de los demás para analizarlo en su entidad propia.

Observar se compone de *ob* y del verbo *servare*, que equivale a guardar, de donde salió *servio*, *servir*, *servire*, servir, porque el *siervo* guarda al señor. Propiamente hablando, *siervo* significa guardián. De modo que *observar* y *siervo* tienen una misma etimología.

Examinar es extraer una parte del todo para conocerla separadamente.

Observar es vigilar en torno de las cosas para comprender su sentido.

El *examen* es una exploración, una pesquisa, casi un informe.

La *observación* es como el guarda del entendimiento que mira lo que pasa en el mundo y aun en el mismo espíritu.

El *examen* analiza las cosas individualmente.

La *observación* estudia todos los hechos para llegar a una conclusión.

Excelente, excelso

Ambas palabras vienen del latín *excellere*, sobresalir.

Se diferencian en que *excelente* expresa cualidad, mientras que *excelso* significa la idea de dignidad, de elevación, de alteza.

Así decimos: hombre *excelente*, *excelente* vino.

Nada más absurdo que decir: hombre *excelso*, *excelso* vino.

Hombre *excelente* significa virtud moral.

Excelso expresa jerarquía, es un adjetivo político ó religioso: se aplica con evidente adulación a hombres que tienen elevados cargos públicos, y también de un modo conclusivo y absoluto a Dios, el Creador y Padre universal, que está por encima de todas las cosas.

Excesivamente, con exceso

Habla excesivamente quiere decir que habla mucho.

Habla con exceso significa que habla más de lo que debiera, aunque haya hablado poco.

Excesivamente expresa cantidad: abunda.

Con exceso significa *vicio*: daña.

Hay muchos que hablan *excesivamente*.

Hay muchos más que hablan *con exceso*.

Ambos defectos suelen atribuirse a las mujeres, pero pueden ocurrir en ambos sexos, según el talento y el carácter más o menos discreto del individuo. Salomón decía: «Aun el necio, cuando calla, es tenido por sabio.»

Exceso y demasía

Comete un *exceso* el que se *excede* en cualquier línea: en beber, en comer, en cantar, en ser chancero.

Comete *demasía* el que traspasa el límite de la moral, de la decencia, del decoro.

El que se *excede* hace más de la cuenta.

El que comete *demasías* va más allá de lo que una tolerancia prudente debe permitir.

El *exceso* puede ser inocente, hasta recreativo.

La *demasía* es siempre ofensiva, desatenta, indecorosa.

En el *exceso* hay olvido, licencia.

En la *demasía* puede haber insulto y atropello.

El hombre más mirado puede cometer un *exceso*.

El hombre bien nacido y respetuoso no comete jamás una *demasía*.

Excitar, incitar

Incitamos a uno para que pelee.

Le *excitamos* para que emprenda.

La *incitación* es agresiva.

La *excitación* es animosa.

Se *incita* al cobarde.

Se *excita* al apático.

Se *incita* al que teme.
Se *excita* al que duda.
El general *incita* a sus soldados.
Los padres *excitan* a sus hijos.
En una palabra: quien *incita*, provoca.
Quien *excita*, alienta.

Excitar, incitar, concitar

Excitar envuelve la idea de estímulo, de aliento, de impulso.
Incitar, la de provocación.
Concitar, la de sedición o tumulto.
Excitamos al hombre modesto, al apocado, al perezoso.
Incitamos al tímido.
Concitamos al amotinado, al revolucionario.
Se *excita* a un amigo para que hable en una junta, en una academia, en un congreso.
Se *incita* a la pelea.
Se *concita* a la revolución.
Excitar es muy noble.
Incitar es muy comprometido.
Concitar es muy peligroso.
Excita el amigo.
Incita el compañero, el vecino, quizá la mujer.
Concita el jefe o cabeza del complot o manifestación política.

Excluir, exceptuar

Excluir no expresa más que un hecho.
Exceptuar supone ley.
El que *excluye*, obra en virtud de autoridad propia.
El que *exceptúa*, obra en virtud de alguna regla.
La *exclusión* es ordinariamente agresiva, violenta, injusta.
La *excepción* es muchas veces una gran equidad.

En la práctica de la vida sucede que algunos son los *exceptuados*, pero muchos más son los *excluidos*.

Excusa, disculpa, pretexto

Excusa, tomado como sinónimo de los otros dos nombres, es una evasión; *disculpa* es una justificación; *pretexto* es un motivo ligero o falso. Se alega una *excusa* para negar un favor, para no cumplir con una cita, para no ejecutar lo prometido. Se presenta una *disculpa* para evitar el castigo, para invalidar una acusación, para defenderse de un cargo. Se busca un *pretexto* para meterse uno donde no le llaman, para ausentarse el empleado de la oficina, para salir un convidado del banquete antes de tiempo.

Exigir, reclamar

Se *reclama* en virtud de un derecho.
Se *exige* en virtud de motivos morales, como la honra, el cariño, la amistad.
El acreedor *reclama* que le paguen.
El hombre agraviado *exige* que le satisfagan.
El amigo *exige* un sacrificio, una prueba.
El amante *exige* una cita, una contestación.
Reclamar supone instancia, petición, demanda judicial.
Exigir supone gestión.
Todo el mundo puede tener determinadas *exigencias*, mientras que nadie puede entablar una *reclamación* sin tener para ello algún título o razón legal.
En una palabra: *exige* el ofendido; *reclaman* los perjudicados.

Expeler, expulsar

Estudiemos las dos frases siguientes: lo *expulsé* de mi casa; lo *expelí* de mi casa.

Para *expulsarlo*, basta que dijera una palabra que nos afrentase.

Para *expelerlo* sería necesario que, además del insulto, hubiese algo tan repugnante, tan nauseabundo, tan asqueroso, en las palabras o en los ademanes de aquel hombre, que no pudiéramos humanamente resistir su presencia. Entonces lo *expelemos*; es decir, lo arrojamos de nuestra casa, como quien *expele* una lombriz. Al *expeler* a un hombre de nuestra casa, no lo consideramos como hombre, sino como un insecto.

Tal es la significación del verbo *expeler* en sentido propio. Significa *purgar*. *Expeler* por la cámara, por las narices. *Expeler* sangre por la boca; *expeler* los malos humores. Claro es que no puede decirse: *expulsar* los malos humores, *expulsar* sangre por las narices.

Expulsar significa arrojar, separar de nosotros, más que con desprecio, con indignación.

El animal *expele*; el hombre *expulsa*.

Esto quiere decir: *expele* el cuerpo; *expulsa* el alma.

Expender, vender

No deben confundirse los verbos *vender*, *expender*.

La *venta* está en relación con la propiedad; la *expendición*, con el cambio.

Se *vende* una finca; se *expende* el tabaco, por ejemplo.

Para *vender*, hay que trasladar el dominio; para *expender*, hay que pesar.

En una palabra: la *venta* es ley; la *expendición*, industria.

Expensas, costas

La palabra *expensas* se deriva del latín *pendere*, de pendo, pesar, de donde se formó *pensare*, que era pesar con exactitud, y de cuyo *pensare* salió *pensitare*, que era pesar escrupulosa y nimiamente. Puede también venir de *pondus*, el peso, de *ponderare*, que ha pasado a nuestro romance en significación de encarecer. Nuestro *ponderar* no es otra cosa que exagerar el *peso*, la medida, la tasa, el valor de los objetos pesados o *ponderados*.

La palabra *costas* viene de *costado* o costilla.

A mis *expensas*, a mi *costo* o *costas*.

Veamos qué quieren decir estas dos frases.

A mis *expensas* quiere decir que los gastos de que se trata han de salir de lo que *peso*, de lo que *expendo*, de lo que trafico, de mi manera de buscarme la vida.

A mi *costa* quiere decir que aquellos gastos han de salir de mis *costillas*.

Un comerciante dice: a mis *expensas*.

Un operario dice: a mis *costas*.

Costo significa más que *expensas*, porque el que trabaja gana la vida con más pena que el que *pesa* y vende.

Experiencia, experimento

Ambos vienen del verbo latino *experire*, que significa descubrir o aprender, originado del griego *peiraō*, *peiraomai*, que equivale a probar o tentar, como formado del sustantivo *peira*, que quiere decir prueba o tentativa.

La palabra que primero se usó fue *experiencia*, que era lo que el hombre aprendía y descubría por sí mismo, cuya etimología es admirablemente sabia, porque en la *experiencia* no se debe ver realmente otra cosa que un gran noviciado, un aprendizaje continuo, un continuo descubrimiento, la interminable invención de este mundo.

La *experiencia* es la cátedra universal en que todos somos maestros y discípulos a la vez; es una pintura en que todos tenemos una pincelada; es un dolor en que todos tenemos un gemido. Si no profanáramos una idea sagrada, podríamos decir que es un calvario en que todos los hombres tenemos una cruz.

Esta *experiencia* general; esta ciencia que cada cual aprende; esta historia que todo el mundo deposita en el secreto de su raciocinio, de su conciencia y de su corazón, se aplicó después a pruebas materiales, y tomó el nombre de *experimento*.

La *experiencia* es una escuela humana.
El *experimento* es un proceder físico.
La *experiencia* es la vida.
El *experimento*, una máquina.

Por esto acontece que todos tenemos *experiencia*, en mayor o menor escala, mientras que no todos hacemos *experimentos*.

Experto, práctico, diestro, hábil, mañoso

Experto supone la ciencia de los años, el gran estudio de la experiencia, acompañado del estudio y de la observación.

Práctico supone la maestría del ejercicio.

Diestro indica agilidad y prontitud.

Hábil, sutileza, chispa, intención.

Mañoso, aptitud natural, cierta vocación y cierto genio para el arreglo de cosas *manuales*.

General *experto*.
Manual o enciclopedia *práctica*.
Tirador *diestro*.
Diplomático *hábil*.
Mujer *mañosa*.

Explicado, explícito

Explicado se refiere al asunto que ha sido objeto de una explicación, de cualquier modo que la explicación sea; *explícito* se refiere más bien a la evidencia que resulta de haber sido explicado.

Lo *explicado* se relaciona con el entendimiento; y así decimos: materia *explicada*; lo *explícito* se relaciona simultáneamente con el pensamiento y con la conciencia; y así decimos: declaración *explícita*.

Lo *explicado* es un argumento, una tesis: lo *explícito* es una intención, un propósito.

En lo *explicado* hay que buscar la razón del hecho; en lo *explícito* hay que averiguar el espíritu de la tendencia.

En una palabra: *explicado* es lógico; *explícito* es lógico y moral.

EJEMPLO. Una respuesta puede ser *explicada*, si exponemos razones que nos la den a conocer; pero si las razones expuestas no son claras y terminantes, no podremos decir que la tal respuesta es *explícita*. Por consiguiente, los hechos *explicados* pueden no ser *explícitos*.

Exprimir, apretar

Se *aprieta* lo que es capaz de disminuir de volumen.

Se *exprime* lo que es capaz de soltar jugo.

Lo que se *aprieta*, queda reducido.
Lo que se *exprime*, queda estrujado.
Se *aprieta* un corsé; se *exprime* una naranja.

Siempre que se *exprime* se *aprieta*, pero no siempre que se *aprieta* se *exprime*.

Extinguir, apagar

Se *apaga* una cosa cuando se le da un soplo.

Se *extingue* cuando se concluye la substancia que le daba alimento.

En lo que se *apaga*, queda el pábilo.
En lo que se *extingue*, no queda más que una memoria o unas cenizas.
Lo que se *apaga* puede encenderse.
Lo que se *extingue* no puede reanimarse.
Apagarse es un accidente.
Extinguirse es una consunción.
Se *apaga* una luz; se *extingue* un pueblo, una raza, una familia.

Extirpar, desarraigar

Extirpar indica la acción de quitar un cuerpo del sitio a que estaba adherido fuertemente.

Desarraigar sirve para expresar la acción de quitar las raíces o lazos que le retienen, aunque quede en el mismo sitio.

Un huracán *desarraiga* los árboles, pero no los *extirpa*: los árboles quedan en su sitio, aunque con las raíces sueltas o rotas.

La acción de *extirpar* requiere una fuerza o un arte que no es necesaria para *desarraigar*.

Para *desarraigar* suele bastar el quitar las raíces débiles o superficiales.

Para *extirpar* se necesita quitar el cuerpo entero y arrancar una parte del tronco, más o menos fuerte y capaz de resistencia.

Extraño, forastero, extranjero

Extraño significa que no hay conocimiento, que no hay trato, que no hay cariño. Lo *extraño* pertenece a otra raza, a otro origen; es como un postizo. La persona *extraña* se retira, huye de la gente, como una parte que está separada de su todo.

Forastero quiere decir que es de *fuera*, que pertenece a otra localidad.

Extranjero quiere decir que habla otra lengua, que tiene otros usos, otras costumbres, otras leyes, otra historia; en una palabra, quiere decir que pertenece a otra sociedad, a otra masa política.

El *extraño* se vuelve a su casa.
El *forastero*, a su vecindad.
El *extranjero*, a su nación.

Extremaunción, viático

Estas dos palabras no entran en el vocabulario cristiano evangélico, pero las incluimos porque son de uso frecuente en los libros o revistas católico-romanas.

Extremaunción quiere decir última unción o último crisma, y suele aplicarse a los moribundos, fundándolo en el texto evangélico de Santiago 5:14-15, pero muy equivocadamente, ya que la unción que recomienda Santiago no es la última, sino una oración para petición de sanidad. Muchas veces la *extremaunción* se aplica a personas en estado de coma, que prácticamente han pasado ya los límites de la vida consciente, y por tanto, no puede tener ningún valor, pues las ceremonias nunca pueden tenerlo, por sí mismas, pero en estado consciente puede ir acompañada de frases bíblicas que beneficien al enfermo, si se halla en estado consciente, pero no cuando se halle en estado de coma, o fuera de las realidades físicas.

Viático. Es un derivado de *vía* y significa preparación para la vía eterna. Un preparativo para el último viaje; pero, como en el caso anterior, no es la unción para sanidad a que se refiere el apóstol Santiago.

Por lo demás, sabemos que ninguna ceremonia externa es eficaz para conseguir la vida eterna, sino la fe consciente en la persona y obra de nuestro Señor Jesucristo.

F

Fabricante, fabricador

Fabricante designa propiedad y oficio.
Fabricador marca la idea de trabajo.
El *fabricante* es dueño.
El *fabricador* es menestral.
El amo de una *fábrica* se llama *fabricante*.
El que *fabrica* el artefacto puede llamarse *fabricador*.
La *fábrica* es comercio.
La *fabricación* es industria.
Es muy posible que la *fábrica* se haga rica.
Apenas se concibe que la *fabricación* pueda salir de ser obrera.
En este mundo pocos son *fabricantes*.
Casi todos somos *fabricadores*.

Factible, probable

Factible se deriva de *facio*, hacer, como *fácil*.
Probable viene de *probabilis*, voz derivada del verbo *probare*, probar, como *probo*.

Ambas voces expresan la idea general de un suceso que está indicado, que debe acontecer según la marcha ordinaria de las cosas; pero las relaciones de cada palabra son de todo punto distintas.

Pondremos un ejemplo para que los lectores noten con más seguridad la diferencia:

Reina el viento Norte, el cielo se empaña, la atmósfera se carga de nubes negras y la lluvia amenaza sin remedio. En este estado es *factible* que llueva.

Pero una experiencia inmemorial y nunca desmentida tiene *probado* que cuando reina el viento Norte no llueve en el punto de que se trata. Es así que ahora reina aquel viento, luego no deberá llover. Diremos, pues, que, a pesar de la cargazón de la atmósfera, es muy *probable* que no llueva.

¿Por qué dijimos que era *factible* que lloviese? Porque nada más natural que el que llueva cuando el horizonte aparece tan cerrado y amenazador. Es un hecho indicado, un hecho que está en armonía con las leyes de la naturaleza y del criterio, un hecho *factible*.

¿Por qué dijimos que era *probable* que no lloviera? Porque una experiencia constante demuestra que, en el punto de que se trata, no llueve nunca reinando el viento Norte, el viento que reinaba a la sazón; y lo que una experiencia no contradicha *prueba*, lo que *prueba* la razón de la práctica, ha de ser necesariamente un hecho *probable*.

De modo que un hecho *factible* puede no ser *probable*, como un hecho *probable* puede no ser *factible*.

Lo *factible* se refiere al hecho, al *factum*.

Lo *probable*, a la *prueba*.

Lo *factible* tiene por norma la ley de la naturaleza, el sistema de la creación.

Lo *probable* tiene por norma la ley de la experiencia, del raciocinio, de la vida.

¿Es conforme a las leyes naturales el que llueva? Pues la lluvia es *factible*.

¿No es conforme a la ley de la experiencia humana, a la práctica, a la *prueba*? Pues no es *probable*.

Facultar, autorizar

El hombre nace con el poder de verificar ciertos hechos. Este poder que recibimos de Dios, esta *facilidad* con que nacemos de hacer ciertas cosas, considerada como fuerza interior, es lo que se llama *facultad*. Así es que yo tengo la *facultad* indisputable de pensar, de querer, de sentir, de creer, de imaginar, de moverme. Dios me ha *facultado*, por decirlo así, para que ejerza esas funciones, para para que de ese modo realice los fines de mi vida. Pues bien, cuando damos a otro el poder que tenemos de hacer ciertas cosas, la *facilidad* de ejecutarlas, podemos decir que le damos nuestras *facultades*, que le *facultamos*; esto es *facultar*.

Otros hombres, además del poder que reciben de la naturaleza, de esa *facultad* que deben a Dios, reciben de la sociedad cierto carácter público, cierta investidura de gobierno. Este carácter público, esta investidura gubernamental, es lo que se llama *autoridad*. Pues bien, cuando el hombre revestido de aquella investidura de estado da a otro el derecho de organizar y de disponer lo que él puede disponer y organizar por sí mismo, podemos decir que le delega su *autoridad*, que lo *autoriza*.

Yo *faculto* a un amigo para que conteste a mis detractores, para que me vindique en la tertulia, para que abra mi correspondencia, para que desafíe a mi contrario.

Las Cortes *autorizan* al Gobierno para que recaude las cargas públicas, para que haga la guerra, para que enajene tal o cual territorio.

Un gobierno *autoriza* a cualquiera para que ejerza esta o la otra función extraordinaria.

El individuo *faculta*.
La sociedad *autoriza*.
Facultar significa poder.
Autorizar significa permitir o mandar.
Facultad es un poder humano.
Autoridad es un poder político.
El *autorizado* es un funcionario.
Dar *facultades* es dar fuerzas.
Dar *autoridad* es dar mando.

Facundia, elocuencia

Facundia viene de *for*, *faris*, *fari*, que significa hablar.

Elocuencia se deriva de *loquor*, que viene a tener igual sentido.

La *facundia* habla mucho con facilidad, es un charlatán.

La *elocuencia* habla lo necesario con oratoria.

La *facundia* es un don, una facilidad cerebral.

La *elocuencia* es un don y un arte.

La *facundia* es naturaleza.
La *elocuencia* es casi un arcano, porque arcano es el genio.
Hay muchos hombres dotados de *facundia*.
La humanidad cuenta muy pocos que hayan ilustrado a la historia con el maravilloso talento de la *elocuencia*. Más de una *elocuencia* no merece otro nombre que el de *facundia*.

Falsedad, falsía

La *falsedad* es impostura.
La *falsía* es perfidia o traición.
En la *falsedad* entra el entendimiento, como en la mentira.
En la *falsía* entra de lleno la conciencia, como en el perjurio.
El embustero dice *falsedades*.
El traidor comete *falsías*.
Ambas palabras se originan del verbo latino *fallere*, que equivale a engañar.

Faltar, fallecer

Ambas palabras se originan del verbo *fallire*, por *fallere*, que significa *faltar* a su palabra, engañar.
Faltar es dejar un vacío.
Fallecer es hacerse *fallido*, hacerse vano, morir.
La *falta* es omisión, defecto.
El *fallecimiento* es la muerte, como la *falta* de la vida.
La *falta* se suple o se enmienda.
El *fallecimiento* no admite corrector ni sustituto.
Sin embargo, estas dos voces, tan diferentes en sus varias aplicaciones, son *sinónimas*, idéntica y perfectamente sinónimas en el sentido de *falibilidad* humana.
Todos *faltamos*; todos *fallecemos*.

Familia, prole

Familia viene del osco *famel*, que vale tanto como siervo o esclavo. De este origen proceden *familiar, fámulo, fámula*, etc.
Por *familia* no se entendió primeramente más que la reunión de siervos o de *fámulos* que acompañaba al señor de la casa. Después se extendió a los padres, a los hijos y a los hermanos, hasta considerar en la *familia* una sociedad religiosa, moral y civil, semilla y fundamento necesario de las sociedades políticas.
Prole viene de *procrear*; es lo que cada cual *procrea*.
Reflexionemos un instante, y comprenderemos la inmensa diferencia de las dos voces del artículo.
Mi padre, mi madre, mis hermanos, mis parientes, los que tienen una misma sangre que yo, son mi *familia*, mi *familia* doméstica.
Mi patria viene a ser mi *familia* política.
La humanidad entera es mi *familia* grande, mi *familia* humana, mi *familia* moral.
El lector comprende sin duda cuán disparatado fuera decir: mi padre, mi madre, mis hermanos y mis parientes son mi *prole*; mi patria es mi *prole* política; la humanidad es mi *prole* humana. Con esto significaría que yo había *procreado* a la humanidad, a mi patria, a mis parientes, a mis hermanos, a mi madre, a mi padre.
La *familia* es sangre, unión, deber, creencia.
La *prole* es el hijo, la generación, la posteridad.
La familia es la hospitalidad del presente.
La *prole* es la hospitalidad del porvenir.

Famoso, célebre

Famoso es lo que se hace notorio.
Célebre, lo que todos ensalzan y celebran.

Para hacernos *famosos* basta que la fama extienda nuestro nombre.

Para hacernos *célebres* es necesario que nuestro nombre corra con aplauso público.

Un ladrón conocido es *famoso*, porque la *fama* anuncia sus fechorías; no es *célebre*, porque el concepto público no le *celebra*.

Trajano es *famoso*, porque la historia, que es la *fama* universal, consigna su nombre; y es además *célebre*, porque la misma historia le enaltece por sus hazañas.

El ganar *fama* puede equivaler a la última calamidad y al último crimen.

Ganar *celebridad* es ganar la mayor de las glorias humanas.

Nerón es *famoso*.

Sócrates es *célebre*.

Esto prueba el absurdo en que han caído hombres muy ilustrados, hombres eminentes, llamando *célebre* a Nerón, cuando la historia le abomina, y *famoso* a Sócrates, a quien el mundo reverencia.

Fanático, supersticioso

Fanático, como *profano*, se deriva del latín *anum*, que significa templo. Los latinos llamaban *fanático* al que siempre estaba en el *fanum*, como nosotros llamamos hoy beato o santurrón al que hace un oficio de comerse los santos en la iglesia.

Supersticioso se deriva del latín *superstes*, *superstitis*, de *superstare*, verbo compuesto del prefijo *super* y del verbo *stare*, estar sobre, porque el *supérstite*, es decir, el que sobrevive, está sobre el que muere, dura más que él.

Los latinos, como todos los pueblos del mundo, acostumbraban a celebrar ciertos ritos y formalidades en honor de los muertos; no faltó quien exagerara aquellos ritos o solemnidades con demostraciones absurdas, tales como celebrar sacrificios e idolatrar las prendas y retratos de los parientes que habían fallecido; y bien porque se daba culto a las prendas que sobrevivían, *super-stabant* a los muertos, o bien porque el que hacía tales cosas era el *supérstite* (el que sobrevivía al difunto) se inventó la palabra *supersticioso*.

De manera que de *super stare* se formó *supérstite*; de supérstite, *supersticioso*; y de supersticioso, *superstición*.

El *fanatismo* está en el templo; es público.

La *superstición* está en la familia; es privada.

El *fanatismo* puede ser, y es frecuentemente, hipocresía.

La *superstición* es siempre el resultado de la educación, de los hábitos, de la ignorancia.

Hacer exclusiva la idea de Dios, ése es el *fanatismo*, como si pudiéramos acaparar sus dones y bendiciones.

Creer en trasgos, duendes, agüeros, señales, en la resurrección de los difuntos y en la aparición de las almas, eso es *superstición*.

El *fanatismo* es obcecado, inflexible, duro, cruel.

La *superstición* es casi candorosa, simple, crédula.

Muy temible es la *superstición*, especialmente cuando se nos enseña desde niños; pero es infinitamente más temible el delirio *fanático*.

Creyendo servir a un Dios a quien ofende, el *fanatismo* sería capaz de quemar al mundo, y después de verlo reducido a polvo, exclamaría regocijado: ¡cuánto bien le hice!

¿Veis que una madre acusa a su hijo ante la Inquisición? ¿Veis que un hijo acusa a su madre? Ése es el *fanatismo*.

La *superstición* es una especie de imbecilidad.

El *fanatismo* es una especie de frenesí, de locura, en favor de una fe, una idea o de una afición o deporte.

Fase, faz

De estas dos palabras se abusa extraordinariamente.

Fase viene del griego *phasis*, que quiere decir apariencia, contorno.

Faz se origina de *facies, faciei*, nombre latino que significa rostro, semblante; y *facies* viene de *fari, fatum*, hablar, porque en la *faz*, es decir, en el rostro, está la boca, y de la boca sale la palabra.

Fase quiere decir aspecto, presencia de una cosa.

Faz significa cara.

Fase de una cuestión quiere decir el aspecto que la cuestión presenta.

Esto muda de *faz* quiere decir que aquello es otra cosa.

La *fase* es interna, filosófica; es la *faz* del alma, de los pensamientos, de los sistemas, de las leyes, de la historia.

La *faz* es personal, sensible, exterior; es lo primero que se ve, lo primero que se presenta, la *faz* de una cosa, porque nuestra *cara*, o como si dijéramos nuestra *faz*, es lo que más se pone a la vista, lo más manifiesto, la *superficie del individuo*, la haz del hombre.

A la *haz* y *faz* de todo el mundo. Esto quiere decir que se obra cara a cara, rostro a rostro; que no se anda con tapujos ni con ambages.

Nada más absurdo que decir: a la *fase* de todo el mundo, porque quien dice *fase* dice apariencia, y el que obra a la *faz* del prójimo no se anda con cosas aparentes, sino que acude a cosas netas, limpias y reales.

La *fase* está en la relación de los juicios.

La *faz* está en el hombre y en la materia.

Fastos, anales

Fastos viene inmediatamente del latín *for, faris*, hablar, derivado del griego *phaō, phēmi*, en jónico *phaskô*, de donde sale *phastos*, que es exactamente nuestra voz *fastos*, y que significa palabra, discurso.

Anales, como el nombre lo indica, se deriva de *año*.

Fastos quiere decir palabra, la palabra por excelencia, la palabra que anuncia la razón del hombre; la historia, porque la historia no es otra cosa que la palabra de los hombres en todos los pueblos y en todos los siglos, la palabra cosmopolita, universal.

Anales expresan la idea de disponer la historia por años, como las efemérides la disponen por días.

Los *fastos* son hechos.

Los *anales*, períodos.

Los *fastos* son historia.

Anales de la guerra de la Independencia: domina la relación del tiempo: 1808 y 1823; se trata de *años*: son *anales*.

Los *fastos* del mundo; domina la idea de razón, de discurso, de palabra, de humanidad.

Muchos tienen talento para escribir *anales*.

De mil que pueden escribir *anales* no podría sacarse uno que fuera capaz de escribir *fastos*.

La palabra *fastos* es, sin disputa, una de las más nobles, más sabias y más bellas de nuestro idioma, y tal vez del idioma humano, pero no es de uso común, sino tan sólo de literatos.

Fautor, cómplice

Fautor viene de *fallo, fallis, fallere, fefelli, falsum*.

Cómplice se deriva de *plicare*, plegar en latín, del sustantivo *plica*, que equivale a *pliegue*.

Cómplice es el complicado en un asunto, el que está dentro de los *pliegues* del secreto. Podemos ser *cómplices* en acciones grandes y generosas.

Fautor tiene la misma procedencia que falacia, falencia, farándula, falsario, falsedad, falsía, falsificar, falla, fraude, y tiene por fuerza que tomar algo de su mal origen. De cuna sucia no puede salir criatura limpia.

El *fautor*, pues, es el *cómplice* en una *falta*, en una falsedad, en una falacia, en un fraude.

El ser *cómplice* puede enaltecer.

El ser *fautor* no puede menos de deshonrar.

Favorable, propicio

Una influencia más importante, más poderosa, más inmediata, más eficaz, distingue lo que es *propicio* de lo que no es más que *favorable*.

Catón es *favorable* a Pompeyo; los dioses son *propicios* a César.

La ocasión nos es *favorable*; el destino nos es *propicio*.

Un cliente ruega a un patrón que le sea *favorable*; el pecador ruega a Dios que le sea *propicio*.

En todo caso, las personas y las cosas nos son *favorables* o contrarias en las tribulaciones y desgracias: Dios, el cielo, la fortuna, la suerte, el poder, son *propicios*, enemigos o funestos.

Para que una persona sea *favorable*, basta que se interese por la suerte y que secunde los deseos de otro; mas para que sea *propicia*, es necesario que le salve de la desgracia o que le procure el mayor bien.

El que quiere nuestra satisfacción, nos es *favorable*; el que quiere nuestro bien, aunque sea a pesar nuestro, nos es *propicio*.

Fe, fervor

Todo hombre nace con ciertas nociones acerca de un Principio Supremo. Llegada la hora de la tribulación y del conflicto, lo mismo el salvaje de la Oceanía que el sabio de Europa, levanta los ojos al cielo. En la criatura racional es tan inevitable el creer como el pensar, como el imaginar, como el querer, como el sentir. Tan hombres somos cuando pensamos, como cuando sentimos, como cuando creemos.

Esta creencia natural, este dogma oculto con que el hombre nace, este barrunto de la Divinidad que traemos escondido en el alma, como el misterio más sagrado de nuestro ser, se inspira después por las verdades de la revelación y se convierte en una virtud teologal.

La *fe* cristiana no es otra cosa que la creencia natural, convertida en creencia revelada; el sentimiento de la humanidad convertido en el sentimiento de Dios.

Todos venimos con un Dios al mundo; pero el Dios del instinto se explica después en la conciencia: este Dios explicado es la *fe* dogmática.

Esta *fe* puede exaltarse luego por ejercicios religiosos, por piadosas contemplaciones, por la soledad, por el ayuno, por la lectura, por la desgracia (la desgracia es a menudo el instrumento de la Providencia), y aquella virtud revelada se convierte en virtud sentida. Esta virtud sentida, esta creencia teológica convertida en pasión, en entusiasmo, en esperanza viva y ardiente, no se llama *fe*, sino *fervor*.

El *fervor* es la exaltación de la *fe*. Es la *fe* que se siente, que se ama, que espera, que llora, que va a la hoguera, que sufre el martirio.

Un Dios explicado, ésa es la *fe*.

Un Dios sentido, ése es el *fervor*.

De *fe* nace *ferviente*; de *fervor* nace *fervoroso*.

Nótese que casi todas las palabras que tiene el castellano de este origen pertenecen a la *fe* humana, es decir, a la fe gentilicia, como felonía, fehaciente, fidedigno, fideicomiso, fidelidad, fiducia, filato, perfidia.

En todas estas palabras, la expresión fe o confianza está relacionada con una actividad humana.

Pero entre todas estas clases de fe se destaca y prevalece la fe cristiana, y particularmente la fe evangélica, palabra que ya los mismos católico-romanos empiezan a utilizar por emulación de lo que antes era llamado por ellos herejía; pues lo cierto es que tanto la religión católica como la evangélica tienen como base las enseñanzas de Jesucristo a los apóstoles, aunque con algunos puntos de interpretación diferente.

Fecundar, fecundizar

Fecundar es hacer una cosa fecunda.

Fecundizar es hacerla a propósito para que fecunde.

El que siembra una tierra la *fecunda*, porque hace que produzca, que críe; es decir, hace que sea *madre*.

El que la cultiva, el que la abona, el que la riega, el que la hace apta para producir, la *fecundiza*.

Fecundar es producir un hecho.

Fecundizar es producir una aptitud.

Fementido, pérfido

Ambas voces suponen el quebrantamiento de la *fe* empeñada; pero el modo y la culpa son distintos.

Fementido es el que promete sin *fe*, el que falta a la *fe* desde luego, puesto que dice lo que no siente, lo que no se propone ejecutar.

Pérfido es aquel que muda de *fe*, o porque su corazón ha mudado, o porque no tiene la bastante energía y probidad para honrar su palabra a toda costa.

El *fementido* falta a su conciencia.

El *pérfido* falta a su compromiso.

El *fementido* es culpable ante la intención.

El *pérfido* ante el hecho.

El *fementido* engaña.

El *pérfido* vende.

Feraz, fértil

Ambos nombres vienen del latín *fĕro*, que significa *producir*; pero se diferencian evidentemente en que *feraz* expresa aptitud, disposición, mientras que *fértil* no expresa más que el hecho.

Una tierra es apta para producir mucho: es *feraz*.

Pero si esta tierra, que naturalmente es *feraz*, porque naturalmente es a propósito para la producción, no recibe abono ninguno; si no se la cultiva, si no se la siembra, claro es que no producirá más que abrojos, lo cual no es producir. Lo que no produce no es *fértil*; es así que aquella tierra no produce, luego aquella tierra no es *fértil*.

De modo que un terreno puede no ser *fértil* siendo *feraz*.

Por el contrario, una tierra se beneficia, se abona, se siembra y da productos al agricultor. El terreno que da productos es *fértil*; es así que el terreno en cuestión da productos, luego el terreno de que se trata es *fértil*.

Pero este terreno que es *fértil*, porque presentemente produce, puede no tener grandes cualidades para la producción; puede producir poco; puede no tener la *aptitud* natural de producir mucho, y en este caso no es *feraz*.

Fianza, garantía

Fianza viene del latín *fides*, fe.

Garantía viene del árabe *huarid*, que equivale a *guarida, guarda*, amparo o defensa.

   La *fianza* supone falta de fe, de confianza, de seguridad.

   La *garantía* supone falta de resguardo, de custodia.

   La justicia no puede soltar a un culpable sin la *fianza* que previene la ley.

   Ninguna sociedad puede constituirse sin que se den al asociado las *garantías* que son necesarias al ejercicio de sus aptitudes y fuerzas.

   Ciertos destinos requieren *fianza*.

   Todo derecho requiere *garantía*.

   Si se aboliera la *fianza*, resultaría cierta perturbación en el orden civil.

   Si se aboliera la *garantía*, sería imposible la sociedad humana, porque la sociedad humana es imposible sin la protección natural de las instituciones y de las leyes, y las instituciones y las leyes no son otra cosa que *garantías* sociales.

   La *garantía* es como la *guarida* de nuestros derechos y obligaciones de donde nace la idea moral y necesaria de gobierno, de autoridad, de orden; la idea moral y necesaria de pueblo, de país, de sociedad.

   Pide *fianza* el que no cree nuestra palabra.

   Pide *garantía* el que necesita el derecho de creer, de pensar, de sentir, de moverse, de realizarse.

   En último término se hallará que la *fianza* es una fórmula, un requisito, un trámite del orden civil y judicial, en tanto que la *garantía* es una verdadera consagración del orden político.

   Así decimos: *fianza* carcelera. No puede decirse *garantía* carcelera.

   Decimos también *garantías* constitucionales. Nada más absurdo que decir *fianzas* constitucionales.

   La *fianza* es una caución, como si dijésemos una cautela, en tanto que la *garantía* es una verdadera inmunidad, casi un privilegio del espíritu humano.

Fibra, hebra

   La *fibra* es anatómica.
   La *hebra* es mecánica.
   El cuerpo organizado tiene *fibras*. No puede decirse que tiene *hebras*.
   Una madeja tiene *hebras*. No puede decirse que tiene *fibras*.
   El mismo sentido conservan en sentido figurado.
   Hombre de *fibra* quiere decir: hombre que tiene sangre, hombre nervioso, enérgico, entero.
   Nada más risible que decir: hombre de *hebra*.
   Los poetas llaman doradas *hebras* a los cabellos rubios. Nada tampoco más risible que decir: doradas *fibras*.
   De manera que *fibra* es órgano anatómico de un ser vivo.
   Fibra equivale a filamento.
   Hebra equivale a hilo.
   Las *fibras* se estudian.
   Las *hebras* se hacen.

Ficción, fingimiento

   Todo lo que es contrario a la naturalidad en la palabra, en la voz o el gesto, se llama *ficción*.
   El acto en que practicamos la *ficción* se llama *fingimiento*.
   Ficción es idea.
   Fingimiento es acción.
   La lisonja es una peligrosa *ficción* del trato.
   La sonrisa con que lisonjeamos a cualquiera, esto es, el medio práctico de que nos valemos para realizar la facultad de *fingir* que nos ha dado la naturaleza, toma el nombre de *fingimiento*.
   De modo que la *ficción* es una facultad humana.

El *fingimiento* es una desdicha de la vida, una hipocresía, un engaño.

Ficticio, ficcioso

Decimos: caudal *ficticio*.
No puede decirse: caudal *ficcioso*.
Decimos también: sonrisa *ficciosa*.
No puede decirse: sonrisa *ficticia*.

Esto está en la lengua, está en el pensamiento de todo el que habla el castellano, y alguna razón debe tener.

Lo *ficticio* no debe aplicarse sino a las cosas que pueden presentar falsas apariencias, como el boato, la riqueza, la ganancia; y así es que puede decirse: ganancia *ficticia*, boato *ficticio*, *ficticia* riqueza, mientras que sería un absurdo la expresión de riqueza *ficciosa* o *ficcioso* boato.

Lo *ficcioso* se aplica a las personas, al ademán, al gesto; y así es que se puede decir: ademán *ficcioso*, persona *ficciosa*, *ficciosos* gestos, no gestos *ficticios*, persona *ficticia*, *ficticios* ademanes.

Para que se comprenda más fundamentalmente la diferencia de las dos voces del artículo, añadiremos lo siguiente:

Ficticio viene de la forma: es un aparato.

Ficcioso viene de la voluntad: es una afectación.

Lo *ficticio* deslumbra.
Lo *ficcioso* engaña.
Ficticio se parece más a quimérico e ilusorio.
Ficcioso se aproxima más a exagerado o fingido.
Lo *ficticio* es social.
Lo *ficcioso* es moral, imaginativo, poético, porque la poesía no es otra cosa que una bella *ficción*.

Fiebre, calentura

De *ferveo*, verbo latino que significa hervir, nace *fiebre*.

De *caleo*, que significa calentar, nace *calentura*.

La *calentura* nos pone calientes.
La *fiebre* nos hace hervir, o sea, poner muy calientes.

De modo que *fiebre* significa más que *calentura*, en la proporción que *hervir* significa más que *calentar*.

La *calentura* puede ser un síntoma de poco momento.

La *fiebre* es siempre un síntoma alarmante.

Fiero, feroz

Lo *fiero* es brutal.
Lo *feroz*, salvaje.
Lo *fiero* devora.
Lo *feroz* derriba.
En lo *fiero* no hay más que instinto.
En lo *feroz* hay alma.
Un tigre es *fiero*.
Un hombre puede ser *feroz* cuando está muy enfadado.

Bien examinado, lo que en el bruto se llama *fiero* se llama *feroz* en el hombre.

La *ferocidad* es toda la *fiereza* que cabe en el ser dotado de razón, aunque ciertas *fierezas* no son tan temibles como algunas *ferocidades*.

Fiesta, festín, festejo, festividad

Todas estas voces vienen de *Vesta*, diosa del fuego sagrado, y todas significan regocijo, júbilo, alabanza; pero se distinguen en que cada una expresa relaciones diferentes.

Día de *fiesta* es aquel en que el pueblo no trabaja, en que asiste al templo y a espectáculos recreativos. La *fiesta* es una vacación, un descanso, un jubileo social.

Sentado esto, nada más fácil que atribuir a las palabras del artículo su sentido propio.
La *fiesta* es alegre.
El *festín*, espléndido.
El *festejo*, obsequioso.
La *festividad*, religiosa.
La *fiesta* equivale a regodeo.
El *festín*, a banquete.
El *festejo*, a galantería.
La *festividad*, a solemnidad o ceremonia.

Figura, mito

Ya hemos dicho que la *figura* es una forma nuestra, una forma artística, una imagen.

Mito, entre los griegos, significó primitivamente *figura*, en equivalencia de signo, de retrato, de personificación; y así es que se llama *mitología* a la serie de las *figuras* o personificaciones poéticas de la religión ateniense. Pero con la palabra *mito, mythos* en griego, sucedió lo que con la palabra *figura* en nuestra lengua. Habiéndose notado que el *mytho* representaba siempre seres fingidos, que siempre era un retrato de la fantasía, que nunca era un signo de la realidad, pasó a expresar la idea de *fábula*; y como los tiempos pasados son naturalmente fabulosos, porque fabuloso es todo lo oscuro, lo cual explica que no haya nada tan fantástico como la oscuridad; la palabra *mytho*, que primero significó *figura* y luego *fábula*, vino a significar *tradición*. Estamos seguros de que este sentido fue el último que tuvo en griego. De modo que *mitología* significa ahora discurso acerca de la fábula o de la tradición, términos sinónimos para el caso.

Pero la voz *mythos*, que tanto ha corrido en la humanidad, debía correr más, mucho más, en la historia.

En casi todos los idiomas, al menos en los idiomas sabios, hay una palabra, una palabra peregrina y curiosa en extremo, la cual significa la idea del hombre puesto en relación con todas las civilizaciones; es decir, con la civilización universal.

Para nosotros son *mitos* un Homero, un Pericles, un Alejandro, un Demóstenes, un Solón, un Licurgo, un Virgilio, un César, un Tasso, un Cid, un Cervantes, aunque sean hombres reales, a causa de sus prodigiosos hechos.

Toda civilización, todo carácter, llevados al dominio de la historia; todos los grandes pensamientos, todos los grandes hombres del pasado, son *mitos*. Algunos se han atrevido a aplicar esta idea a Jesucristo y al cristianismo. En el buen sentido, es una gran realidad, pero en el sentido negativo o de fábula esta sugerencia ha sido objeto de atinadas réplicas con citas históricas y airadas protestas.

Fijo, indeleble

Fijo es lo que no se mueve.
Indeleble es lo que no pasa.
Plazo *fijo*.
Rastro *indeleble*.

Fijo viene de *figere*, cuyo supino es *fixum*, que significa *clavar*. De modo que, etimológicamente hablando, *fijo* quiere decir *clavado*.

Indeleble se compone del verbo *deleo*, que equivale a borrar, y del prefijo negativo *in*, de modo que quiere decir no borrable o imborrable.

Final, fin

La ópera *Lucía* termina con un rondó final. Éste es el final de aquella ópera. Poco después de aquella aria, que es el *final*, hallamos escrita en el libreto la palabra *fin*.

De modo que el *fin* comprende el *final*, mientras que el *final* no comprende en ningún caso el *fin*. Luego el *final* es un *fin* convenido, y el *fin* un *final* absoluto.

El que *finaliza* acaba por entonces, es decir, concluye. Yo *finalizo* mi tarea, la *finalizo* ahora; pero mil tareas pueden venir después.

El que *fina* concluye para siempre; es decir, acaba. Todos *finamos*, o sea hemos de morir.

Fineza, finura

La voz *fineza* es obsequio.
La *finura*, delicadeza y gracia.
En el trato se busca la *finura*.
En la galantería se busca la *fineza*.
La *finura* se relaciona con el porte de la educación y del ingenio.
La *fineza* es el arte de los que aman.

Fino, suave, liso, delicado, tenue, sutil

Lo *fino* se refiere a la calidad. Todo lo superior es *fino*, aunque sea grueso. Un papel grueso, superiormente fabricado, es *fino*.

Suave se refiere al tacto. Todo lo sedoso es *suave*.

Liso se refiere a la superficie. Todo cuerpo cuya faz no presenta obstáculo, de tal manera que la mano corra con facilidad, es *liso*.

Delicado se refiere más bien a la estructura, a la organización. Todo aquello que por la endeblez natural de sus formas puede romperse o deshacerse con facilidad, es *delicado*. Así es que llamamos *delicado* al que está enfermo.

Tenue significa débil, apagado. Un soplo basta para extinguir una luz *tenue*.

Sutil envuelve más especialmente la idea de *agudo*. *Sutil* es todo aquello que penetra, que traspasa. Así es que llamamos *sutil* al pensamiento, porque no hay muralla que no traspase, ni puerta de hierro que no abra.

Papel *fino*.
Cutis *suave*.
Plato *liso*.
Fruta *delicada*.
Resplandor *tenue*.
Soplo *sutil*.
Lo contrario de *fino* es basto.
Lo de *suave*, áspero.
Lo de *liso*, rasposo.
Lo de *tenue*, nutrido.
Lo de *delicado*, grosero.

Firmamento, cielo, empíreo

Firmamento quiere decir lugar seguro, sólido; es decir, *firme*, porque en la ignorancia del pasado se creyó que más allá de las nubes había algo firme, pero la Biblia lo designa con un nombre más acertado: lo llama *expansión*.

Cielo quiere decir *vacío*, cóncavo, aludiendo sin duda a la cavidad aparente que el cielo describe.

Empíreo significa región de la luz, y era la bienaventuranza poética de los gentiles.

Las relaciones dominantes son: la de solidez en *firmamento*, la de concavidad en *cielo*, la de luz en *empíreo*.

Firmar, suscribir, signar

Firmamos para identificar el sujeto.
Suscribimos para autorizar la demanda o la petición.
Signamos para dar sanción al escrito.
La *firma* es una garantía personal.
La *suscripción*, una garantía civil.
El *signo*, una garantía legal.

Firma el amante.
Suscribe el pretendiente.
Signa el escribano.

Físico, médico

Físico viene del griego *physis*, la naturaleza.
Médico, del latín *mereri*, curar.
En cuanto se refiere a la naturaleza se llama *físico*.
En cuanto *cura* las enfermedades se llama *médico*.
No niego a los *médicos* este nombre; pero tal vez no faltará quien diga que lo merecen muchas menos veces que el de *físicos*. En inglés se les llama *physician*, o doctor *in physics*.

Flete, porte

El *flete* es marítimo, como si viniera de *flota*.
El *porte* es terrestre. Viene de *portare*, llevar.
Se *fleta* una nave.
Portea un carro.

Flujo, pleamar

Flujo se refiere a lo que el mar *fluye* o parece *fluir*, considerándolo como un manantial, de donde procede aquel enorme caudal de agua.
Pleamar se refiere al crecimiento de la marea.
El *flujo* principia desde el punto en que la mar comienza a crecer.
La *pleamar*, que es como si dijéramos *plenamar* o mar plena, no tiene lugar hasta que la marea llega a su posible *plenitud*.
El *flujo* es un efecto de los astros.
La *pleamar*, un efecto del *flujo*.

Foja, folio

Ambos nombres se derivan del griego *phyllon, phyllion*, que significa hoja de libro, de metal, de árbol.
Entre nosotros se llama *foja* a la hoja del proceso, considerada en sí como parte integrante del expediente.
Cuando se la considera con relación al número y orden de las hojas, la *foja* toma el nombre de *folio*.
De modo que la *foja* es la lámina de papel, por decirlo así.
El *folio* es la *foja* numerada.
Se registran las *fojas* de una causa para hacer el extracto.
Se registran los *folios* para estar seguros de la integridad del proceso.

Foráneo, forastero

Foráneo significa que es de otra jurisdicción; es decir, de otro *fuero*.
Forastero quiere decir que es de otro lugar, que viene de *fuera*.
Lo contrario de *foráneo* es sufragáneo.
Lo contrario de *forastero* es paisano.

Forma, figura

Forma viene del griego *morpha* (morfa), que significa molde.
Es muy probable que de *forma* venga *figura*, porque la *forma* está en la materia, la *figura* se relaciona más con la fantasía, y es natural que el hombre conociese antes el hecho que la belleza. Así se comprende que la estética sea posterior a la física.
Procuremos ahora deslindar estas dos difíciles palabras.
La tierra tiene una *forma* esférica; pero si dibujamos esa *forma* en un mapa, no podremos llamarla *forma*, sino *figura*. Diremos que la tierra tiene una *figura* redonda.

Todo triángulo tiene su *forma*; pero si hablamos del triángulo, no podremos hablar de una *forma*, sino de una *figura* geométrica.

Mentor y Minerva tuvieron su *forma* también; pero cuando decimos que Mentor cobró la *forma* de Minerva, no hablaremos de *forma* tampoco, sino que diremos que era Minerva bajo la *figura* de Mentor.

Don Quijote debió tener su *forma* del mismo modo; pero Cervantes no le llama el caballero de la triste *forma*, sino de la triste *figura*.

Todos los hombres tienen una *forma* de la misma manera; pero cuando nos vemos en una fuente, no decimos que vemos nuestra *forma* en el espejo de las aguas. Lo que vemos allí es nuestra *figura*.

Nuestra *forma* va con nosotros. Es la obra de Dios.

Nuestra *figura* es la representación que aparece en la mente del hombre.

Toda persona mal aseada tiene su *forØa*, como es natural; pero para significar a dicha persona que va de un modo desairado, no la diremos que hace mala *forma*, sino que hace mala *figura*.

En fin, la palabra *figura* es tan vecina nuestra, es una creación tan próximamente allegada a nosotros, que cuando cualquiera se nos burla con gestos, solemos decir muy propiamente que nos hace muecas y *figuras*. Nada más absurdo que decir que nos hace muecas y *formas*.

Todo tiene su *forma* sensible, como tiene su sustancia oculta.

La *forma* es la manifestación de la esencia, como el efecto es la manifestación de la causa.

Por el contrario, la *figura* es la *forma* que nosotros vemos, que nosotros creamos y que acomodamos a nuestro modo de pensar y sentir.

Figura es la apariencia o el aspecto que atribuimos a las cosas, y como la apariencia engaña tanto, la palabra *figura* expresó bien pronto ficción. Así decimos: no estoy cierto de la verdad, pero me lo *figuro*. Creo que no me engaño, aunque pudiera ser *figuración* mía, y he aquí cómo la palabra *figurar* pasó a ser sinónima de la palabra *imaginar*.

En efecto, hoy la voz *figura* significa tropo; y por esto decimos: *figuras* de gramática, *figuras* de poética, *figuras* de retórica, y por esto también llamamos estilo *figurado* al metafórico; es decir, al lenguaje de la imaginación.

He *formado* una sociedad quiere decir que la he constituido.

He *figurado* una sociedad o la existencia de una sociedad quiere decir que yo he fingido que aquella sociedad existía.

Después de lo dicho, aun cuando podría decirse mucho más, nos parece que las relaciones que expresan las dos palabras del artículo no pueden ofrecer dificultad alguna.

La *forma* es la necesaria y universal revelación de todo principio.

La *figura* es una *forma* artificial, voluble, fingida; una *forma* nuestra.

La *forma* está en el universo, en la naturaleza, en la creación elemental.

La *figura* está en nuestra fantasía.

La *forma* es lo contrario de esencia.

La *figura* es lo contrario de realidad.

Quien dice *forma* dice modo.

Quien dice *figura* dice imagen.

Quien creó el mundo creó la *forma*.

Quien creó la metáfora creó la *figura*.

La *forma* es natural.

La *figura* es poética.

EJERCICIOS SOBRE ESTE ARTÍCULO:

Hablo formalmente, hablo figuradamente.

¿Qué significa la expresión *hablo formalmente*?

Significa que hablo en *forma*, en regla, con medida, porque medida es todo molde, y *forma* significa molde; es decir, pauta, ajuste. Hablar *formalmente* equivale a decir que pronunciamos las palabras con arreglo al modelo, a la *forma* de la verdad y de la razón.

¿Qué significa la otra frase *hablo figuradamente*?

Significa que hablamos por medio de imágenes y representaciones, que adoptamos un lenguaje simbólico, el lenguaje de la fantasía.

Siempre hallaremos que la *forma* significa molde, modelo, manera, casi procedimiento; mientras que la *figura* expresa contorno, circuito, dibujo, arte, poesía.

El hombre tiene el sentimiento de la *forma*, no el sentimiento de la *figura*.

Forzar, violar

Diego *forzó* la puerta. No se puede decir: Diego *violó* la puerta. ¿Por qué? Porque en la puerta no hay decoro, no hay voluntad.

Diego *forzó* a su criada. No podría decirse con igual propiedad: Diego *violó* a su criada, porque la violación supone razones de conciencia que no convienen a la voz *forzar*. Usando esta palabra, se expresa la idea de que Diego cogió a su criada y la violentó materialmente, a brazo partido; mientras que diciendo Diego *violó* a su criada se expresa la idea de una violencia moral, un engaño, un ardid, una perfidia, tal vez un compromiso.

Tarquinio *violó* a Lucrecia. No puede decirse: Tarquinio *forzó* a Lucrecia, porque no medió la lucha material, no hubo abuso de fuerza, sino abuso moral, lucha y compromiso de fuero interno.

Un hombre da opio a una mujer, y la deshonra durante el sueño. Ese hombre no ha *forzado* a la mujer dormida, no ha tenido lugar la resistencia; pero la ha *violado*, porque ha sido pérfido, porque la ha causado una infamia contra la voluntad de aquella mujer, porque ha cometido un estupro, un verdadero estupro, mirado el asunto en conciencia.

En *forzar* no entra más idea que la de violencia física. Así es que puede *forzarse* a una mujer sin deshonrarla, como sucedería cuando se *forzase* a una mujer de vida airada. Por el contrario, no se concibe una *violación* sin que se haya profanado alguna idea de opinión y decoro.

Violar supone tres ideas distintas: la de perfidia, la de infracción y la de deshonra.

Mi amigo *violó* el secreto que le confié; el amante *violó* el juramento que hizo a su amada: he aquí la perfidia.

Napoleón *violó* el tratado de la cuádruple alianza: he aquí la infracción.

Apio *violó* a Virginia: he aquí la deshonra.

El lector comprende cuán absurdo fuera decir: mi amigo *forzó* el secreto que le confié; Napoleón *forzó* el tratado.

Forzar expresa una relación material.

Violar expresa relaciones morales, políticas y hasta religiosas, puesto que puede *violarse* un asilo sagrado.

Forzar, violentar

Me llevan en volandas a la cárcel, y voy *forzado*.

Me obligan a obrar contra mis convicciones, y voy *violento*.

Se *fuerza* el cuerpo, el organismo.

Se *violenta* la voluntad, el alma.

Fragmento, fracción

El *fragmento* se refiere absolutamente a la cosa. *Fragmentos* de un buque, *fragmentos* de un libro. No hallé más que *fragmentos*; es decir, no hallé más que pedazos del objeto de que se trata. No puede decirse: *fracciones* de un buque, de un libro.

La *fracción* es artificial: supone cierta división estudiada, una operación hecha por nosotros; un algo que el objeto no tenía, que nosotros se lo hemos dado.

Dividimos una naranja en tres porciones. Una naranja es una unidad; de modo que hemos dividido una unidad en tres partes. Luego decimos que cada parte es una *fracción* de la unidad, o lo que a ello equivale, que cada una de las tres porciones es una *fracción* de la naranja. No puede decirse que es un *fragmento* de la naranja, porque en este caso no nos referimos a la idea de la naranja, sino a la idea de *división*; así como no puede decirse *fracciones* de un buque o de un libro, porque en este caso no nos referimos a la idea de *división*, sino a la idea de libro o de buque.

El *fragmento* es sustancia.
La *fracción* es número, parte, división.
El *fragmento* está en todas partes.
La *fracción* está en la aritmética, en el cálculo.

Frailuno, frailesco

Frailuno es lo perteneciente al *fraile*. Vida *frailuna*; aspecto *frailuno*.

Frailesco tiene un sentido hostil, picante. Partidas *frailescas*.

Lo *frailesco* es lo que se aplica al vulgo de los frailes, como el soldado de malas mañas pertenece a la soldadesca; es decir, a la hez, al desperdicio de los soldados.

Frailuno es una cualidad, un carácter.
Frailesco es un epigrama, una pulla, una burla.

La misma diferencia hay entre *monástico* y *monacal*.

Francachela, comilona

Comilona es comida en común, festiva, alegre, llana.

La *francachela* es una *comilona* de gente principal, una *comilona* al estilo de los *francos*, que habiendo sido los conquistadores del terreno, constituyeron una clase jerárquica y superior.

La *comilona* es una huelga, una romería, un regodeo.

La *francachela* es un convite, una solemnidad.

La de los plebeyos es *comilona*.
La de los nobles es *francachela*.
La *francachela* cuesta más dinero.
La *comilona* es comer mejor.

Franqueza, llaneza

La *franqueza* tiene algo de *franquía* y de *franquicia*, puesto que se aplicaba al trato de los *francos*, gente privilegiada y belicosa.

Llaneza es el trato del estado llano, de la clase media.

La *franqueza* es noble, desembarazada, valiente, liberal, generosa.

La *llaneza* puede pecar por irrespetuosa e inculta.

Todos los hombres se deberían tratar con *franqueza*.

Los inferiores no pueden tratar con *llaneza* a los superiores.

La *franqueza* no puede pasar de ser hidalguía.

La *llaneza* puede convertirse en rusticidad.

Trata a todos con *franqueza*,
Y a los tuyos con *llaneza*.

Todos los padres deberían hacer que sus hijos aprendieran de memoria este sabio proverbio alemán.

Franquicia, franquía

Ambas voces se derivan de *franco*, derivado del bajo latín *francus*, voz formada del germánico *franck*, que significa libre, independiente. «*Francos*, dice Monlau, se llamaron las tribus o pueblos germánicos que habitaban en las riberas del Rhin y que, a principios del siglo III, se levantaron y coligaron para libertarse del yugo de los romanos, para defender su independencia (de donde les vino el nombre de *francos*). Después pasaron a la Galia, y esta región tomó el nombre de *país de los francos*, y luego, hacia el año 454 de nuestra era, el de *Francia*.»

En España se comprendían bajo el nombre de *francos* todos los extranjeros que vinieron en gran número a la Guerra Santa, en el siglo XI, en el tiempo de Alfonso VI, a quien ayudaron en la conquista y toma de Toledo, que tuvo lugar el 25 de marzo de 1085, en pago de cuyo servicio tuvo aquel rey que agasajarles con grandes privilegios, mercedes y larguezas.

Su fuero era muy privilegiado, y de ahí nacieron las voces franquear, franco, franqueza, francachela, franquía, franquicia, Francisco, Villafranca, etc.

Ya sabemos la historia de *franquía* y de *franquicia*.

Se diferencian estas dos voces en que *franquía* es material y *franquicia* es un hecho político. La *franquía* hace en el espacio lo que hace la *franquicia* en el derecho.

El buque se pone en *franquía*. Esto quiere decir que el buque se pone en donde no hay estorbo alguno que se oponga a su marcha.

Claro es que no puede decirse el buque se pone en *franquicia*, porque el privilegio o la exención no es un espacio en donde el buque pueda ponerse.

Tal pueblo pide al rey *franquicias*. Esto quiere decir que aquel pueblo pide derechos, libertades, leyes que le den desahogo, ensanche, respiro.

El lector comprende que no puede decirse tal pueblo pide al rey *franquías*, porque lo expedito del terreno, lo desembarazado del espacio, no tiene que ver con lo expedito de las acciones, con lo desembarazado del derecho.

La *franquía* es expedición.
La *franquicia* es inmunidad.

Frase, oración

Frase viene del griego *phrazō*, hablar.
Oración viene de *os, oris*, la boca, porque con la boca se pronuncian las *oraciones*.
Frase es modo de hablar, locución.
Oración es comunicar nuestra manera de pensar, de querer y sentir.
Frase significa cláusula.
Oración significa discurso.
La *frase* es gramatical.
La *oración* es *oratoria*.
Así decimos: las *oraciones* de Cicerón.
Sería un despropósito decir, para significar la misma idea, las *frases* de Cicerón, porque expresándonos de este modo, hablaríamos de las locuciones de Cicerón, no de sus *oraciones* o discursos.
También decimos: *oración* fúnebre.
Nada más absurdo que decir *frase* fúnebre, porque a ningún período gramatical puede convenir ninguna idea patética.
En una palabra, por medio de la *frase* nos damos a entender.
Por medio de la *oración* procuramos persuadir. Por esto la oración gramatical es siempre más larga que la frase.

Frío, frialdad, frigidez

El *frío* está en el clima, en la naturaleza.
No puedo resistir el *frío* de Noruega.
No puede decirse la *frialdad* de Noruega.
La *frialdad* está en las cosas que se han enfriado, que están actualmente frías. No puedo resistir la *frialdad* de la alcoba. No

puede decirse con igual propiedad el *frío* de la alcoba, porque no es un frío elemental, un *frío* que existe en la naturaleza sujeto a leyes fijas, sino el *frío* que existe en un lugar, tal vez por motivos accidentales. La alcoba se calienta, y en vez de decir que no podemos soportar la *frialdad* de aquel paraje, tendremos que decir que no podemos soportar el calor que allí experimentamos. De modo que la temperatura de la alcoba ha variado, la *frialdad* se ha convertido en calor; mientras que no puede alterarse la temperatura de Noruega, el *frío* natural de aquel clima.

La *frigidez* está en los miembros; es un *frío* orgánico, animal, procedente de la falta de circulación de la sangre.

El *frío* de enero.
La *frialdad* de la nieve.
La *frigidez* de un cadáver.
La *frialdad* puede asumir un sentido moral pasajero.
La *frigidez*, una falta de amor o de atención absoluta.

Friolento, friolero

Friolento, del latín *frigus, frigoris*, es el que siente el *frío*.
Friolero es el que lo siente por temperamento, por vicio o por dolencia.
Friolento es propensión.
Friolero, debilidad.

Fritura, fritada

Fritura es todo lo que está frito.
Fritada es una *fritura* particular, como la de huevos o jamón.
La *fritura* se hace.
La *fritada* se come.

Fructífero, fructuoso

Fructífero produce frutos.
Fructuoso produce provecho.

Fructífero es una palabra que expresa hechos físicos.
Fructuoso expresa hechos morales.
Planta *fructífera*. No puede decirse planta *fructuosa*.
Industria *fructuosa*. No puede decirse industria *fructífera*.

Fuego, ardor

Fuego, del latín *focus*, de donde viene la palabra *foco*, expresa el principio, el elemento. Así decimos: *fuego* elemental, que es el que obra en las entrañas de la tierra, el que está en la constitución o en la naturaleza de nuestro globo.

Ardor, del latín *ardor, ardoris*, significa un efecto de aquella causa, un resultado de aquel principio.

El *fuego* produce el *ardor*.
El *ardor* no produce el *fuego*.
El *fuego* es una esencia.
El *ardor* es un modo.

Fuego, incendio

Fuego es el principio, el elemento, la sustancia.
Incendio es el *fuego* mismo en cuanto causa estragos en los campos o en las ciudades.
Dios creó el *fuego*.
La casualidad o un culpable descuido motiva un *incendio*.
De modo que *fuego* es hecho natural, una ley de la creación.
Incendio es un abuso, un acaso o un crimen.

Fuente, pozo

Fuente, como si dijéramos *fluente*, viene de *fluo*, que equivale a *fluir*.

Pozo viene de *puteum*, que significa profundidad.

La *fuente* supone por fuerza manantial, principio, causa, y por esta razón significa la idea de origen. Así decimos: lo sé de buena *fuente*. Lo cual equivale a decir: la noticia viene de buen origen, de buena procedencia.

Pozo significa excavación, y por esto expresa la idea de profundidad. Así decimos: es un *pozo* de ciencia; lo cual equivale a si se dijese: es un hombre de ciencia profunda, un sabio.

Nada más fuera de buen sentido que decir en el primer caso: lo sé de buen *pozo*, en lugar de decir lo sé de buena *fuente*; y en el caso segundo: es una *fuente* de ciencia, en lugar de decir es un *pozo* de ciencia.

La *fuente* es origen.

El *pozo* hondura y abundancia.

Fuerza, poder

La *fuerza* es hacer; el *poder* es obrar.

La *fuerza* destruye; el *poder* edifica.

La *fuerza* vence; el *poder* triunfa.

Tienen *fuerza* los brutos; tienen *poder* los pueblos.

Los malos gobiernos tienen *fuerza*; los buenos gobiernos tienen *poder*.

En una palabra: la *fuerza* es materia; el *poder*, espíritu.

Lo contrario de la *fuerza* es la razón; lo contrario del *poder*, la debilidad.

Mover es la *fuerza*; gobernar, ése es el *poder*.

Fuga, derrota

La *fuga* es huida.

La *derrota* es perder la *ruta*, porque de *ruta* viene *derrota*, como rumbo, derrotero, etc.

La *fuga* se inclina a dispersión.

La *derrota* a extravío.

Se *derrota* al contrario.

Se *fuga* el delincuente.

Fugaz, fugitivo

Lo *fugaz* no tiene aplicación sino a cosas.

Lo *fugitivo* se aplica a personas.

Instante *fugaz*. No puede decirse: instante *fugitivo*.

Soldado *fugitivo*. No puede decirse: soldado *fugaz*.

¿Por qué razón no puede decirse instante *fugitivo*? Porque lo *fugitivo* supone fuga; la fuga supone peligro, proscripción, y el instante no es un objeto que pueda tener proscripciones. Diciendo instante *fugitivo*, haríamos del *instante* un ser dotado de razón.

¿Por qué no se puede decir soldado *fugaz*? Porque *fugaz* es lo que se aleja, lo que desaparece como un relámpago; y el soldado se *fuga* porque teme, no *pasa* como un meteoro porque no es un soplo de aire. Diciendo soldado *fugaz*, el ser dotado de razón se convierte en instante.

Partiendo del origen filosófico de estas palabras, hallaremos que lo *fugaz* no es más que un hecho, una acción, una forma exterior y movible, mientras que *fugitivo* revela intención, albedrío, pensamiento, humanidad, espíritu; es decir, opinión y lucha.

Pasa la vida: he aquí lo *fugaz*.

Huye el hombre: he aquí lo *fugitivo*.

De modo que *fugaz* es lo que pasa.

Fugitivo, lo que huye.

El uno transita; el otro se oculta.

Fusil, carabina

Fusil viene de *fósil*, aludiendo a que la materia que lo compone se *funde*.

Carabina viene de *caña*, lo propio que cañón.

De modo que fusil tiene relación con la materia.
Carabina, con la forma.
El *fusil* indica metal.
La *carabina* ha de ser redondez.

Fútil, frívolo

La diferencia entre *fútil* y *frívolo* es evidente.

Lo *fútil* representa la idea negativa de la consistencia; lo *frívolo*, la idea negativa de la cohesión.

La *futilidad* no es sólida; la *frivolidad* no es íntegra.

El que nos hace perder el tiempo con cosas vanas, es *fútil*; el que refiere cosas mundanas o jocosas es *frívolo*.

G

Galgo, lebrel

Llámase *galgo*, por *galo*, porque vino de Francia; es decir, de la *Galia*.
Llámase *lebrel*, porque se destina a correr tras las *liebres*.
El nombre *lebrel* viene del latín *lepor, leporis*.

Galimatías, algarabía

La palabra *galimatías*, a que la Academia Española no dio carta de naturaleza hasta la novena edición de su diccionario, verificada en 1843, tiene una procedencia muy rara y curiosa.
Está tomada del francés *galimathias*, dice Monlau, y se usa de muy antiguo en Francia, como que se formó en la época en que los abogados hacían sus informes y defensas en latín. Cierto día (dice el docto Huet, obispo de Avranches) se trataba de un *gallo*, cuya propiedad reclamaba una de las partes, que se llamaba *Matías*. El abogado, a fuerza de repetir los nombres *gallus* y *Mathias*, acabó por confundirse y trabucar la construcción, y en lugar de *gallus Mathias* (el gallo de Matías) dijo repetidas veces *galli Mathias* (Matías del gallo); desde entonces se empleó la voz *galimathias* para calificar un discurso embrollado.

Algarabía se compone de *al*, que en arábigo significa *el*, y de *arabia*: *al-arabia*.
El *galimatías* es una *algarabía* francesa, como la *algarabía* es un *galimatías* árabe.
Galimatías significa confusión.
Algarabía, chapurreo.
El sujeto que trueca las especies, arma un *galimatías*.
El extranjero que balbucea el idioma, arma una *algarabía*.
El *galimatías* es pensamiento.
La *algarabía* es sonido.

Gallardía, gentileza

Gallardía viene de *galán*, y galán de *gala*, y gala de *kalos*, vocablo griego que significa hermoso. De manera que, etimológicamente hablando, *gallardía* (por galardía) quiere decir al pie de la letra: *hermosura*.

Gentileza viene de *gentil*, y gentil de *gente*, y gente de *genere*, verbo latino que equivale a engendrar o generar, y *genere*, trae su origen del griego *geinō*, *genō*, *geneō*, de donde se formó la voz *genos* con que los griegos designaban la idea de casta, raza, familia. De modo que la palabra *gentileza* tiene el mismo origen que *genuino* y *generoso*.

Supongamos que un moro viene a España. Este moro es garboso y apuesto: podemos decir que es *gallardo*.

Nada más contrario al espíritu de la lengua que llamarle *gentil*.

¿Por qué es *gallardo*? Porque tiene galas y donosura, porque es hermoso y apuesto. Un moro es *gallardo*, como lo es un caballo enjaezado, lucido y brioso.

¿Por qué no es *gentil*? Porque no es de nuestra *gente*, porque no pertenece a nuestro *género*, a nuestra *progenie*. Nuestra *generación* lo llama extraño, advenedizo; no es *gentil*, no tiene *gentileza*, no tiene hidalguía.

Zagala *gallarda*, zagala *gentil*.

Zagala *gallarda* significa que gusta, que tiene buen ver, que es vistosa.

Zagala *gentil* significa que campean en ella el donaire y la gracia.

He dicho que un caballo brioso es *gallardo*, porque tiene *gala*, porque tiene hermosura.

Nada más absurdo que decir que un caballo *gallardo* es *gentil*, porque esto significaría que era hidalgo, que era noble.

Lo *gallardo* es belleza, galanura, vista, deleite.

Lo *gentil* es raza, familia, prole, *generación*.

En la *gallardía* influyen el trato, el oficio, la fortuna, el método de vida, el aliño.

La *gentileza* es nacimiento. Los judíos llamaban gentiles a los que no eran de su raza; y no en sentido elogioso, como en nuestra lengua moderna ha venido a resultar la palabra *gentil*, algo como airoso, inteligente, agradable, sino en sentido despreciativo, semejante a lo que se decía en la época medieval de los judíos: «perro judío», pues en los buenos tiempos del judaísmo se llamaba a todos los que no eran hijos de Abraham, circuncidados y formando parte del pueblo elegido: «perro gentil»; a pesar de que Dios dijo que era Dios de todos los pueblos y que en su descendencia, o sea, en la persona de Jesucristo, serían bendecidas todas las familias de la tierra (Génesis 12:3).

Gana, voluntad, querer

La *gana* es buen grado: de buena *gana*.

La *voluntad* es una potencia: memoria, entendimiento y *voluntad*.

El *querer* es un sentimiento: nunca se olvida un buen *querer*.

Quien dice *gana*, dice deseo.

Quien dice *voluntad*, dice fuerza motriz.

Quien dice *querer*, dice cariño.

Gas, fluido

Gas se deriva del holandés *ghoast*, que significa espíritu.

Fluido se origina del latín *fluo*, fluir.

El *gas* es un invento.

El *fluido* es un principio.

El *gas* es elástico, compresible, aeriforme, un aire facticio, artificial, como Boyle le llama.

Hay *fluidos* que no se pueden ponderar con ningún instrumento, ni aun con el instrumento superior de la razón del hombre, como el *fluido* nervioso.

El hidrógeno carbonado que alumbra las calles es un *gas*. De modo que se alumbraban con *gas*.

Pero desde que se descubrió la electricidad, nos alumbramos con *fluido* eléctrico, un poder que se transmite a través de alambres de cobre y ha trastornado y cambiado enteramente la faz del mundo.

Lo repetimos: el *gas* es un misterio del genio del hombre.

El *fluido* es un misterio mucho más grande del genio de Dios.

El *gas* se analiza.

El *fluido* no, pero corre a la velocidad de la luz, y puede alumbrar o mover potentes máquinas.

Gazapo, disparate

Disparatar es desviarse del *par*, no ir *parejas*, iguales, unidos, como *delirar* es el separarse de la *lira*; esto es, del surco, de la raya. El *disparate* es un verdadero delirio del entendimiento o del discurso.

Gazapo o *gazapatón* viene del griego *kakos*, malo, y *phaton*, palabra. Significa mal dicho, mal hablado, en sentido gramatical.

El *disparate* se refiere a la inteligencia: es falta de lógica o de conocimiento.

El *gazapo* se refiere a la letra: es falta de gramática.

Decir que Aníbal mandó a los árabes en la batalla de Clavijo, o que Pekín está en Berbería, son *disparates*.

Como ejemplos de *gazapatones*, citaremos dos que trae Covarrubias: Un día *caga* sol, no se vaya, *caca* comerá: un día que haga sol, no se vaya, que acá comerá. *Asnos* dado gran placer: nos has dado gran placer.

Caga, *caca* y *asnos* son tres *gazapatones*.

Gemelo, mellizo

Se cree que *mellizo* es un derivado de *matriz* o de *madre*. Los *mellizos*, según esta etimología, son los engendrados simultáneamente en una *matriz*.

Gemelo viene de *germanus*, que significa hermano, y por extensión pareado, unido. Así es que el latín, para decir *frutos unidos* dice *gemela poma*, que es como si dijese frutos *gemelos*.

Ambas voces significan exacta y rigurosamente la misma idea; pero se diferencian en que *mellizo* se dice en relación a la *madre*, mientras que *gemelo* se dice en relación al hermano.

Gemir, suspirar

Gemir se deriva del latín *gemere*.

Suspirar se compone de dos voces, también latinas: *sub* y *spiritus*, entendiéndose por espírituo lo que entendían los gentiles: aire, aliento, soplo. De aquí vienen nuestras voces *aspirar*, que es tomar aire; *respirar*, que es lanzarlo, y *espirar*, que es exhalar el último aliento, el último soplo, la última *respiración*, o para decirlo en figura, el último *espíritu*.

Suspirar, compuesto de *sub*, bajo, y de *spiritus*, supone la idea de una *respiración* que viene de lo hondo del ánimo, un aliento profundo, trabajoso, pero que no supone precisamente una situación dolorosa, porque muchas veces *suspiramos* por un suceso próspero, como si el *suspiro* fuese un saludo con que despedimos las pasadas angustias. En efecto, después de un azar, de una aflicción, de un peligro cualquiera, *suspiramos*, y este *suspiro* no es un signo de pena, sino de amplitud y desahogo.

Por el contrario, el *gemido* supone siempre un dolor actual, una zozobra que nos oprime el corazón, y el corazón, así oprimido, da su jugo a los ojos. Decimos esto, porque parece que las lágrimas son el jugo de las entrañas, el rocío de nuestros dolores, un humo de aquel fuego, un perfume de aquella flor marchita, un perfume húmedo.

Suspirar es dilatar el pecho, *respirar* hondamente.
Gemir es una queja, un dolor.
El *suspiro* supone opresión.
El *gemido* supone angustia, dolor.
El *suspiro* alivia.
El *gemido* acaba.
La hipocresía del mundo, que trafica hasta con el dolor, ha hecho de las dos voces del artículo dos mercancías de alto comercio.

Hay muchos *suspiros* cubiertos de *gemidos* para que se oigan más, y muchos *gemidos* cubiertos de *suspiros* para que se oigan menos, según la sublime expresión de Petronio: *gemitus suspirio tectus*; un gemido cubierto (*techado*) por un suspiro. ¡Cuánto hay de esto en el mundo! ¡Cuánto se negocia con estos artículos de la conciencia humana! Pero Dios (que no nos abandona, aunque lo parece) ha puesto una cosa sobre todas las cosas posibles: LA VERDAD.

General, universal

Leyes generales quiere decir que se refieren a un orden de cosas, a una serie de hechos subordinada a otra serie mayor.

Leyes universales quiere decir que se refieren a la armonía del orbe, al conjunto que forma todo lo que existe.

Lo que fue *general* ayer puede ser hoy excepcional. Y lo que será excepcional mañana puede ser *general* al día siguiente.

Lo *universal* fue tan universal al principio del mundo, como lo será en el último instante de la ceración.

Lo *general* está dentro del hombre.

El hombre y la naturaleza están dentro de lo *universal*.

En lo *general* influimos nosotros, casi mandamos, porque es, muchas veces, una creación nuestra, un juicio nuestro.

En lo *universal* manda Dios, porque es su palabra y su obra, su juicio y su arcano.

Propiamente hablando, lo *general* es un género, una serie, una parte.

Lo *universal* es un sistema, el conjunto, el todo.

Lo contrario de *universo* es individuo.

Lo contrario de *género* es especie.

¿Qué quiere decir *universalidad* de la nación? Quiere decir que se habla de la nación entera, sin excepción alguna, puesto que el universo es la idea absoluta de todo lo existente.

¿Qué significa *Generalidad de Cataluña*? Significa una una institución de una parte de la nación española que quiere gobernarse autónomamente, teniendo un Gobierno propio, independiente del Gobierno central de la nación establecido en Madrid. Todas las facultades de administración y gobierno son de este modo dirigidas y regidas por un Parlamento autónomo; sin embargo, no pretende formar una nación separada, pues ello nos acarrearía gastos de representación en otras naciones y debilitaría nuestras posibilidades, mientras que nuestra unión con España nos proporciona una gran fuerza de conjunto. El mismo caso es el de los Estados Unidos de América del Norte, que constituyen la gran nación conocida como Norteamérica.

Genial, carácter

Genial viene de *genio*, y *genio* se derivó del latín *genere*, del griego *geinō*, que significa *generación*.

Trasladada después la idea de generación al orden moral, la palabra *genio* significó admirablemente el don de crear o de inventar que tiene el hombre. Bien mirado, las creaciones de nuestra alma no son otra cosa que la interminable y sublime *generación* de nuestro espíritu. El *genio*, desde entonces, vino a ser una de las palabras más grandes, más fecundas, más elevadas y más bellas del humano idioma.

El *genio* es el *génesis* del hombre. Es lo que más le acerca al Creador, porque el hombre de *genio* es creador también.

Dios nos presenta el arcano de un universo.

El hombre nos presenta el arcano de un libro, de una pintura, de una poesía, de una estatua, de un sepulcro. Después del Altísimo, el *genio* es el primer poder de la vida, más que el mando, más que el pergamino, más que la riqueza.

Genial es lo que revela el *genio* del hombre en la familia, o sus negocios; es decir, en ese orden de cosas que él ha creado, del cual es el *generador*.

Carácter se origina del griego *charakter*, derivado del verbo *charassein*, que significa imprimir o grabar, cuya etimología es preciosísima. Según ella, nuestra alma se imprime en nuestro *carácter*; nuestro *carácter* es como un grabado o como una estampa de nuestra alma. No cabe desear una definición más propia, más trascendental y más poética.

Hay un enigma dentro y un signo fuera.

El enigma es el espíritu.

El signo es el *carácter*.

El *carácter* es la revelación del hombre en todas las esferas de su vida. El *carácter* penetra en todo: en la conducta, en las opiniones, en la palabra, en el escrito, en los trabajos, en las esperanzas, en los sentimientos, en las creencias, y da a todo su tinte especial.

El *genial* no sale de la casa. Es el hombre en relación con su familia; es decir, en relación con el *genos* griego, que significa raza.

El *carácter* va con nosotros al último confín de la tierra. Es el hombre en relación con la humanidad.

El *genial* es doméstico.

El *carácter*, humano.

La esposa y los hijos estudian o critican el *genial*, o sea, el genio del esposo y padre.

La sociedad estudia el *carácter de los ciudadanos, y tiene el deber de reprimir su genio* si se desvía del propósito de proteger o convivir pacíficamente con los demás ciudadanos.

Gentil, pagano

Los judíos llamaban *gentiles* a los que no profesaban su religión, como los griegos llamaban bárbaros a los que eran de otros países. La palabra *gentil* viene de *gente*, como sinónima de plebe o vulgo.

Nosotros llamamos *paganos* a los que no profesan el cristianismo. La palabra *pagano* viene de *paganus*, nombre con que se designaba a los sectarios de las antiguas creencias, y que significa *villano* o *campesino*. Se cree que se les dio este nombre porque se retiraban a las aldeas y caseríos, llamados *pagi*, o bien porque los habitantes del campo fueron los últimos en convertirse a la doctrina del Salvador. Tanto en el lenguaje de la Biblia como en el de los Estados modernos, la palabra *gentil* significa no judío; pero *pagano* expresa la idea de formar parte de algún país no cristiano, considerado desde un punto de vista nominal o político.

Genuino, puro

Genuino es uno de los muchos derivados de *génere*, engendrar o generar.

Puro viene del griego *pur*, *pyr*, que significa fuego, porque el fuego es lo que *purga* o *purifica*.

Genuino es lo perteneciente a su *género*, a su *generación*, a su progenie; es decir, a su casta, a su origen, a su familia. No se ha adulterado.

Puro es lo que ha perdido la infección, lo que no tienen ningún miasma corrompido.

Genuino significa sin mezcla.
Puro significa sin mancha.
Confesión *genuina*.
Conciencia *pura*.

Gerente, administrador

Gerente es un derivado de *gero*, que vale tanto como gestionar, activar, dirigir.
Administrador viene de *ministro*, que significa *ministrar*, servir, proveer.
El *administrador* maneja.
El *gerente* gobierna.
El *administrador* necesita actividad.
El *gerente*, talento y discreción.
Ser *administrador* es un cargo.
Ser *gerente* es casi un talento.

Germen, semilla

Germen se deriva del latín *genere*, que significa engendrar, derivado del griego *geinō*, *geneō*, de donde salió el griego *genos*, que significa raza, casta, género, familia.
Semilla viene de *sazón*, como *simiente*.
Quien dice *germen* dice *generación*.
Quien dice *semilla* dice *sembradura*.
El *germen* es principio.
La *semilla* es producto.
Así decimos: el *germen* de la luz, porque la luz hace que las cosas *germinen*, *engendren* o *generen*.
Nada más absurdo que decir: la *semilla* de la luz, porque la luz no puede sembrarse literalmente; en poesía significa tan sólo esparcirse o extenderse.
No hay hecho alguno que no lleve en sí buenos o malos *gérmenes*, que es el principio esencial de la vida, tanto vegetal como animal.
El agricultor separa las buenas de las malas *semillas*.

Gestión, instancia

Gestión viene de *gero*, *geris*, *gerere*, *gessi*, *gestum*, obrar, *gestionar*, dirigir.
Gestionar es ser como el *gerente* del asunto.
Instancia se compone de *in*, que expresa negación, y de *stancia*. Significa literalmente: no *estancia*, no permanencia, que dura poco, como *instable*, *in-estable*, que no *está* de asiento.
El que *gestiona*, pretende y dirige.
El que *insta*, ruega.
La *gestión* supone fundamento.
La *instancia*, conflicto.
La *gestión* va llevando el asunto por todos sus trámites.
La *instancia* solicita el remedio *instantáneamente*.
Los hombres de negocios *gestionan*.
Los pretendientes desgraciados *instan*.
En una palabra, la *gestión* es solicitud.
La *instancia* es urgencia.

Giralda, torre

Giralda, como si dijéramos *giranda*, se aplica a la famosa torre de la catedral de Sevilla, aludiendo a la figura *giratoria* que la remata.
Torre es la parte alta de las iglesias en que están las campanas, por cuya razón se llama también campanario.
La *giralda* es figura de movimiento.
La *torre* es fábrica, edificio, arquitectura, fortaleza.

Giranda, veleta

Giranda, como giralda, viene de *giro*, *gyros* en griego, del verbo *gyroō*, que significa dar vueltas circulares.
Veleta se deriva de *verto*, volver.
La *giranda* da la vuelta en redondo: describe el círculo.

La *veleta*, marca los vientos, recorriendo alternativamente los cuatro puntos del horizonte.

Para que sea *giranda*, ha de poder dar la vuelta por completo.

Para que sea *veleta*, basta que se *vuelva* en cualquier sentido.

Gobierno, gobernación

Dondequiera que haya una o más personas autorizadas para gobernar habrá *gobierno*.

Dondequiera que ese gobierno no obre no habrá *gobernación*.

La palabra *gobierno* se refiere a la idea de derecho; derecho representado por una o más personas.

La palabra *gobernación* no comprende más que la idea de acción, de ejercicio.

Puede haber *gobierno* sin *gobernación*, como puede haber cabeza sin cabellera.

No puede haber *gobernación* sin *gobierno*, como no puede haber cabellera sin cabeza.

El *gobierno* es una entidad gobernante formada por un grupo de personas políticas.

La *gobernación* es un régimen, un modo de obrar.

Más claro: el *gobierno* es el sujeto, la causa, la substancia.

La *gobernación* es el atributo, el efecto, la cualidad.

Decimos: la idea de *gobierno* es tan antigua como el mundo. ¿Por qué razón puede decirse *idea de gobierno*? Porque *gobierno* se refiere a la persona que representa el derecho de gobernar, y la palabra *idea* conviene a la persona, puesto que las personas tienen ideas.

No puede decirse: la *idea de gobernación* es tan antigua como el mundo. ¿Por qué? Porque *gobernación* no se refiere más que a la organización externa, al régimen, a las funciones, y la palabra *idea* no cabe aquí, porque las funciones no tienen ideas.

Goce, gozo

Ambas voces vienen del latín *gaudium*, alegría, deleite, como regocijo, regodeo, gaudeamus.

El *goce* es posesión, disfrute, usufructo.

El *gozo* es alegría.

El *goce*, como la propiedad, corresponde al orden civil.

El *gozo*, como la tristeza, corresponde al orden afectivo.

De modo que el *goce* está en relación con la fortuna, con el mando, con el poderío, con los honores.

El *gozo* está en relación con el sentimiento.

El que tiene *goces* no carece de nada.

El que tiene *gozos* vive contento.

Goces de la vida.

Gozos del alma.

Hay quien dice que los muchos *goces* hacen imposibles los *gozos*, lo cual significa que para tener *gozos* es necesario saber administrar los *goces*. Esta administración de nosotros mismos es la más difícil de todas. En cambio es la que menos nos hace pensar.

Gólgota, Calvario

Con ambos nombres designamos la humilde colina de Judea en que tuvo lugar el sacrificio de la cruz, insignia augusta de la redención del género humano.

Gólgota es voz hebrea.

Calvario viene del latín *cadere*, como calvez, calvicie, que no es otra cosa que la *caída* del pelo.

De modo que estas dos palabras no se diferencian sino en que *Calvario* es la traducción española del nombre hebreo *Gól-*

gota, que significa *calva*. El monte *Gólgota* fue llamado así por no tener malezas en su cumbre, por estar raso o escueto; es decir, por tener *calva* la cabeza.

Golpe, mandoble

La palabra *mandoble* es un derivado de mano, *manus* en latín, cuya etimología basta para echar de ver inmediatamente la gran diferencia de las dos palabras del artículo.

El *golpe* es choque, encuentro, percusión.

El *mandoble* es *golpe* que se da con *mano doble*, a dos manos, porque con las dos manos cogían los antiguos el instrumento o el arma para dar *mandobles*.

El *golpe* es autómata.

El *mandoble* es intencional.

El *golpe* no puede pasar de ser una desgracia o una fortuna.

El *mandoble* puede llegar a la heroicidad, a la proeza.

Gota, gotera

Gota es la unidad de los líquidos, como chispa es la unidad de la luz, como el número uno es la unidad del cálculo.

Gotera es el intersticio por donde un tejado se llueve.

La *gota* puede hacer la *gotera*.

La *gotera* no puede hacer la *gota*.

Grada, escala, peldaño

La *escala* es una escalera de palo o de soga, de que nos valemos para apoderarnos de un punto, para subir a una muralla, para sorprender, romper o violentar. El que *escala* invade, acomete, atropella.

La *grada* puede ser de palo, de piedra, de bronce, y nos servimos de ella para subir *gradualmente*, en lo cual se distingue esta voz de los otros vocablos del artículo.

El *peldaño* es la base de que nos valemos para asentar el *pie*; basta que sentemos el *pie* en cualquier mecanismo para que nos sirva de *peldaño*.

Con la *escala* asaltamos.
Con la *grada* subimos.
Con el *peldaño* nos sostenemos.
La *escala* es ardid.
La *grada*, progresión.
El *peldaño*, apoyo.

Grande, grandioso

Lo *grande* es lo contrario de lo pequeño.

Lo *grandioso* es lo muy grande, tan grande que nos maravilla.

Una casa que tenga más habitaciones de las que necesite la familia que mora en ella es *grande*.

Las pirámides de Egipto son una creación *grandiosa*.

Esta declinación determina la diferencia que distingue a un sinnúmero de palabras, reputadas como sinónimas.

Amante, amoroso.
Melódico, melodioso.
Armónico, armonioso.
Esplendente, esplendoroso.
Pudiente, poderoso.
Abundante, abundoso.
Púdico, pudoroso.
Ferviente, fervoroso.
Ardiente, ardoroso.

Melódico es lo que tiene melodía.

Melodioso es lo muy melódico o lo que tiene mucha melodía.

Pudiente es el que puede; *poderoso*, el que puede mucho, y así en los demás adjetivos calificativos.

Grandemente, en grande

Habló *grandemente* quiere decir que habló muy bien.

Habló *en grande* significa que habló mucho.
Grandemente expresa cualidad.
En grande, cantidad.
Los oradores hablan *grandemente*.
El necio habla *en grande*.

Grandor, grandeza, grandiosidad, grandía

El hombre vio primero que en la naturaleza física había cosas grandes, e inventó la palabra *grandor*. El *grandor* del perro, de la casa, del caballo.

Después halló que en los hechos morales existían cosas grandes también, y el *grandor* fue llamado *grandeza*. *Grandeza* del alma.

Después observó que en las creaciones naturales y artísticas hallaba cosas grandes y bellas, y el *grandor* primitivo tomó el nombre de *grandiosidad*. La *grandiosidad* del espacio cubierto de estrellas; la *grandiosidad* de un palacio magnífico, de un festín espléndido, de un templo suntuoso.

Por último, notó que la idea de lo *grande* podía aplicarse del mismo modo a la idea de gobierno, de autoridad, de mando, de dominio, y el *grandor* primero se tornó en *grandía*.

«Fágame vuestra Grandía
doncel para entrar en liz
con el de Castrojeriz,
é vengar su alevosía.»

(*La demanda del pechero*,
en castellano antiguo.)

De modo que el *grandor* del cuerpo aplicado al *grandor* del alma se llama *grandeza*.
Aplicado al *grandor* de la imaginación y del sentimiento, *grandiosidad*.
Aplicado al *grandor* social, *grandía*.

Las lenguas no son otra cosa que un gran sistema de derivación. *Grandía*, *grandiosidad* y *grandeza*, no son más ni menos que derivaciones del *grandor* primitivo, como el número dos no es otra cosa que una derivación del número uno.

Las relaciones que diferencian a los cuatro nombres de este artículo no pueden ser más terminantes.

Magnitud física: *grandor*. Es un tamaño.
Magnitud moral: *grandeza*. Es una virtud.
Magnitud maravillosa: *grandiosidad*. Es una belleza.
Magnitud política: *grandía*. Es un poder.

La voz *grandía* es hoy anticuada, dejando un vacío en nuestra lengua.

Grueso, gordo

El hombre *grueso* lo es por constitución; el *gordo* lo es por haber adquirido carnes. No se dice del niño que nació *gordo*, sino *grueso*.

Guarida, madriguera

La *guarida* (del árabe *kuarid*) es lo que nos *guarda*, lo que nos custodia, lo que nos da un asilo.

La *madriguera* es el lugar oculto en que la hembra da a luz, en que se hace *madre*.

La *guarida* es amparo.
La *madriguera* es matriz.
La *guarida* es cueva.

La *madriguera* es cama formada por el instinto de los animales con ramitas o pajas, suavizándolas muchas con su propio pelo.

Guarnecer, adornar

Guarnecer viene del árabe *huarid*, como guarda, guarnición, guarida.

Adornar, lo mismo que *orlar*, expresa la idea de orilla o ribete.
Guarnecer es resguardar.
Adornar, componer.
Se *guarnece* un objeto para que dure.
Se *adorna* para que luzca.
La *guarnición* es fuerza, amparo.
El *adorno* es gala, aderezo.

Guiar, dirigir

Guiar es físico; nos llevan de la mano.
Dirigir es moral; nos gobiernan.
Se nos *guía* para que no nos extraviemos.
Se nos *dirige* para que no caigamos en un error.
Un lazarillo *guía* al ciego; un *ciego dirige* un asunto.
Se nos *guía* a través de las sombras, de las tempestades, de los precipicios; se nos *dirige* a través de los odios, de la envidia, del egoísmo, de la mala fe, del engaño, de las pasiones.
Muchas veces nos *guía* un animal; en ninguna ocasión puede *dirigirnos* más que una persona entendida, sincera y prudente.

Guiño, gesto, momo, mueca, mimo

El *guiño* anuncia inteligencia maliciosa.
El *gesto* es la lengua de la cara.
El *mohín*, un enojo.
El *momo*, una risa.
La *mueca*, una burla.
El *mimo*, una ficción.
El amante hace *guiños*.
El borracho, *gestos*.
El gracioso, *momos*.
El truhán, *muecas*.

Todos hacemos *mimos*, porque todos somos comediantes en la gran farsa de la vida.

Gustar, agradar

Vemos a una mujer, y nos *gusta*. Hablamos con ella, y no nos *agrada*. Nos *gustan* sus ojos, su talle, su cara, su cuerpo; no nos *agradan* su conversación, sus maneras, su trato, su espíritu.
Vemos a otra mujer; es fea, y no nos *gusta*. Pero la tratamos, nos habla, la oímos, observamos sus ademanes, respiramos el ambiente especial de que parece rodearse aquella mujer; creemos divisar en su frente cierto resplandor a través de la fealdad de su semblante, y nos *agrada*.
Para que una mujer logre *gustar*, basta generalmente que sea hermosa. Para que consiga *agradar*, es necesario que tenga una cara moral detrás de la cara de carne.
El hombre que quiere *gustar* a casi todo el mundo no tiene más que abrir el bolsillo y sembrar el oro.
El que quiera *agradar*, ha de tener una distinción, una sutileza, una galantería, un encanto social, que no da la naturaleza, que no da el trato, que no da tampoco la educación, sino la educación, el trato y la naturaleza reunidos. Es necesario que posea el talento propio de este arte, la poesía propia de este género, porque saber comunicar aquel hechizo al comercio de gentes es todo un arte, toda una poesía.
Gustan las buenas formas, la virtud, el recato.
Agradan el chiste, la agudeza, la sal, el donaire, el aura indefinible y deliciosa de que se circuye el ingenio.
Lo hermoso *gusta*; lo discreto *agrada*.
Gusta la mujer; *agrada* la virgen recatada y discreta.

Gustar, agradar, recrear, deleitar

Todo lo que halaga nuestros sentidos o nuestro sentimiento, *gusta*.

Todo lo ameno, todo lo artificioso, todo lo que tiene cierta aura artística, *agrada*.

Todo lo que nos entretiene de un modo honesto, distrayéndonos de nuestros cuidados, reponiéndonos de nuestros pasados quehaceres, *recrea*.

Todo lo que nos ofrece contrastes graciosos, un desorden rico, natural, fecundo, cierta curiosa irregularidad, *deleita*. La monotonía, las justas proporciones, un orden matemático, es el gran enemigo del *deleite*.

Gustan los paseos, los teatros, las tertulias, las romerías, los convites, las mujeres, el boato, el juego.

Agrada una conversación sabrosa, un chiste agudo, una galantería discreta, una amable lisonja. *Agrada* cierto espíritu de hidalguía, de franqueza noble y honrada; cierto don de gentes, lo que se llama *ángel*, lo que podría llamarse *talento de agradar*.

Recrea un cuento oportuno, un juego divertido, la narración de una aventura caballeresca y amorosa; más que todo, una sutil murmuración, una chismografía hábil y bien criada.

El viejo se *deleita* recordando las travesuras de su niñez.

Gusta lo bueno.
Agrada lo ingenioso.
Recrea lo festivo.

Deleita lo vario, que incluye todas las antedichas virtudes.

Gustar, saber

Sin *gustar* las cosas no pueden *sabernos* de ningún modo.

Gustar es un medio.
Saber es el resultado.
Gusto la miel y me *sabe* bien. Si no la *gustara* no me *supiera*.

Por lo tanto, *gustar* se refiere a la acción de los órganos. La sensibilidad no toma parte en este hecho.

Saber se relaciona al placer o al dolor que sentimos. No es cuestión de que el órgano obre, sino de que la sensibilidad se afecte.

Así dice Samaniego:

> «Subió una mona a un nogal,
> y cogiendo una nuez verde,
> en la cáscara la muerde.
> Conque le *supo* muy mal.»

Claro es que, al morder la nuez, la *gustó*; y como era amarga, porque estaba verde, le *supo* mal.

Digamos le *gustó* mal, y diremos un despropósito.

Gusto, placer, deleite, delicia

El *placer* es más intenso y vehemente que el *gusto*, y el *deleite* lo es más que el *placer*. *Delicia* es un *deleite* prolongado. El *gusto* satisface, el *placer* recrea, el *deleite* y la *delicia* embriagan.

H

Hábil, apto

Hábil para el servicio de las armas; *apto* para el servicio de las armas.
Veamos qué significan estas dos frases.
Hábil para el servicio quiere decir que tiene expedición y destreza.
Apto para el servicio significa que reúne las condiciones que reclama la ley.
Hábil equivale a capaz.
Apto, a idóneo.
Lo *hábil* sirve: es pericia.
Lo *apto* promete: es disposición.
Hábil se deriva de *habeo*, haber. Significa que puede *haberse*, que obra, que vale.
Apto viene de *aptus*, que equivale a propio. Se aplica al sujeto que tiene idoneidad o disposición para una cosa.
Muchos hombres *hábiles* se hacen *inhábiles* por la edad.
Muchos hombres *aptos* se hacen *ineptos* por el abandono y el vicio.

Habilidad, destreza

Habilidad viene del latín *habeo*, que significa haber.
Destreza se deriva de *dirigir*, voz derivada de *regir*, del latín *regere*.
La *habilidad* da idea de una persona que puede *habérselas* por sí misma, que por sí misma influye, obra y lleva a buen término sus negocios.
La *destreza* nos da idea de un hombre que, por luz natural y por experiencia de la vida, ajusta y *dirige* las cosas con conocimiento y con discreción.
El *hábil* se mueve: es apto, es dispuesto, es idóneo.
El *diestro* encamina: es conocedor, es prudente, es perito.
La *habilidad* es temperamento, gusto, naturaleza.
La *destreza* es educación, estudio, ejercicio.
Para concebir, busquemos hombres *hábiles*.
Para ejecutar, busquemos hombres *diestros*.
En la *habilidad* entran la argucia y el ingenio.
En la *destreza* entra el instinto de la organización y de la práctica.
Los buenos diplomáticos son *hábiles*.
Los buenos militares son *diestros*.

Hábito, costumbre

El *hábito* consiste en hechos que se refieren precisamente al hombre privado, como la *habitación* en que mora o como el *habillamiento* o vestido que lleva.

La *costumbre* dice relación al hombre moral.

Una persona se muerde de ordinario las uñas cuando piensa; mira siempre a lo alto cuando habla; fuma indefectiblemente cuando se acuesta; se destapa constantemente cuando va a dormir: ¿qué son estos hechos, *hábitos* o *costumbres*? Habiendo ya dicho que el *hábito* consiste en hechos que se refieren al individuo, en actos puramente personales, debemos inferir con absoluta seguridad que todos los hechos anteriores son *hábitos*, puesto que principian y acaban en el individuo que los ejecuta. El destaparse una persona cuando va a dormir, el fumar en el momento de acostarse, el mirar a lo alto cuando habla y el morderse las uñas cuando cavila, no son hechos que puedan revelarnos los sentimientos de aquel individuo, los estímulos de su conciencia, su sistema de vida, sino que se refieren a su persona, a su manera de vivir en la casa. Son hechos que no nos ponen en relación con el concepto público, sino en relación con nosotros mismos.

Así diremos con propiedad: Fulano tiene el *hábito*, no la *costumbre*, de destaparse cuando quiere dormir, de fumar antes de acostarse, de mirar a lo alto cuando habla, de morderse las uñas cuando piensa.

Otro hombre se recoge siempre muy tarde, estudia de noche, va al casino todos los días, se confiesa todos los sábados, visita a los pobres todos los lunes, da limosna todos los jueves: ¿qué son estos hechos, *costumbres* o *hábitos*?

Habiendo dicho que la *costumbre* tiene relación al hombre moral, no puede cabernos la menor duda de que aquellos hechos son *costumbres*, no *hábitos*, puesto que no comienzan y concluyen en el individuo que los ejecuta, sino que tienen trascendencia al orden público, al público concepto. El estudiar de noche, el recogerse tarde, el dar limosna todos los jueves, el visitar a los menesterosos todos los lunes y el ir todos los días al casino, no son actos que nos reflejan la vida privada y personal del individuo, sino que nos ponen de manifiesto su sistema de vida, esa serie de hechos notorios que se llama conducta, esa vida interior, ese espíritu universal y humano que se llama conciencia. Aquellos hechos califican, no al individuo en relación con el individuo, sino al hombre en sus relaciones necesarias con el hombre.

Así diremos propiamente: Fulano tiene la *costumbre*, no el *hábito*, de ir al casino todos los días, de estudiar de noche, de recogerse tarde, de dar limosna todos los jueves y de visitar a los pobres todos los lunes.

Buenos o malos *hábitos* quiere decir buena o mala crianza, más o menos urbanidad.

Una persona de muy malos *hábitos*, por defecto de educación, puede tener excelentes *costumbres*; una persona de malas *costumbres* puede tener excelentes *hábitos* domésticos.

En fin, el *hábito* se refiere a las *costumbres* propias, inveteradas, del individuo; los *hábitos* son las *costumbres* que tienen que ver con otras personas. El *hábito* es el individuo; la *costumbre* es el hombre.

El *hábito* no sale nunca de la familia; la *costumbre* gira constantemente dentro de la moral.

Habla, idioma

Habla, en lo antiguo *fabla*, viene de *for*, *fari* en latín, *phaō*, *phemis* en griego, *phaskō* en jónico. Debe notarse que el *for, fari* de los latinos significó más bien adivinar, decir sentencias, usar de la palabra en sentido profético, elevado, por cuya razón este verbo era mucho más noble que *dicere* y *loqui*.

La palabra *idioma* viene inmediatamente del latín *idioma, idiomatis*, tomada del griego *idiōma*, voz formada de *idios*, que significa característico, peculiar, propio. Así fue que la voz *idiota, idiotēs* en griego, no significó primeramente el sentido que hoy tiene, sino que expresaba la idea de una persona que adopta un modo especial de vivir, que se crea un método *propio* de conducta, extrañándose del trato común de las gentes. Pero como el que vive aislado suele adquirir pocos conocimientos, *idiota* pasó a significar rústico, vulgar, ignorante, hasta llegar a ser un término sinónimo de imbécil o estúpido.

El *habla* es lenguaje.

El *idioma* es lenguaje adquirido de la sociedad que rodea a una persona desde su infancia.

El *habla* caracteriza al hombre.

El *idioma* caracteriza los países.

En una palabra, el *habla* es un signo de la razón.

El *idioma* es un signo del país en que uno vive.

Hablar, decir

Hablar, como si dijéramos *fablar*, según se dijo antiguamente, viene de *for, faris*.

Decir viene de *dicere*.

Hablar supone órgano, voz, sonido.

Decir supone inteligencia.

Los loros *hablan*.

Los hombres *dicen*.

Hablan los tontos.

Dicen los discretos.

Excusado es notar que son más los que *hablan* que los que *dicen* cosas útiles.

Hablillas, habladurías

Las *hablillas* son el plato ordinario de las comadres y de las viejas. Las *hablillas* se ocupan de la vida, no de la honra.

Las *habladurías* son la ocupación de gente maliciosa y que tiene poco que hacer. Para esta gente no hay cuerpo sano, ni alma entera, ni honor seguro.

Las *hablillas* son un instinto inofensivo de comentar las cosas sin perjudicar a nadie.

Las *habladurías*, un mal pasatiempo, un ocio inmoral.

No hay aldea que no tenga *hablillas*.

No hay novio despedido que no sufra *habladurías* acerca de la novia.

Hacer la casa, hacer casa

Hacer la casa es edificar la casa de que se habla o en que se habita.

Hacer casa es ir agenciando caudal poco a poco, con trabajo y economía. *Desde que hice la casa no he podido hacer casa.*

Esto significa que desde el momento en que levantó la casa que tiene, no ha logrado ahorrar ningún dinero más.

En el primer ejemplo, *casa* se toma en sentido propio. Se habla de un edificio, de un hogar.

En el segundo ejemplo se toma en sentido figurado. Se habla de haber, de hacienda; esa hacienda que parece ser el patrimonio de todas las familias; es decir, de todas las *casas*.

Hacer casa es establecerse, arreglarse, constituirse, hacerse familia.

Esta frase es una de las más filosóficas y más sencillas que tiene nuestra lengua. No tardará mucho en anticuarse, sustituyéndola por cualquier dicharacho extranjero.

Hacer casa es hallar un rincón en la humanidad y guarecerse allí. ¡Feliz mil veces el que lo encuentra! ¡Venturoso mil veces más el que lo ocupa!

Hacer, verificar, efectuar, realizar, practicar, ejecutar

Hacer es ser autor de un hecho cualquiera.
Verificar es dar verdad, hacer verdaderas las cosas.
Efectuar es llevarlas a *efecto*.
Realizar, hacerlas reales.
Practicar, hacerlas prácticas, positivas.
Ejecutar hacer que se cumplan, que se completen.
Se *hace* un gesto.
Se *verifica* una indagación.
Se *efectúa* un ensayo.
Se *realiza* una mercancía, una venta.
Se *practica* una teoría, un sistema, una moral.
Se *ejecuta* una sentencia, un fallo.

Halago, caricia

Halago, como si dijéramos *falago*, viene del latín *fallo*, *fefelli*, *falsum*, lo mismo que falsía, falsedad y falacia.
Caricia viene de *querer*, como cariño y caridad.
El pobre *halaga* al rico.
El favorito *halaga* al tirano.
La madre *acaricia* a su hijo.
El hijo *acaricia* a su madre.

Hallar, encontrar

Se *encuentra* lo que está a la vista.
Se *halla* lo que está oculto.
Encontramos un río, un bosque, una montaña.
Hallamos una mina, un tesoro, un secreto, un portamonedas perdido.
Podemos decir lo que *encontramos*.
No siempre debemos decir lo que *hallamos*.
Quien ve *encuentra*.
Quien mira *halla*.
Encuentra todo el mundo.
Halla el dichoso.
De *encontrar* se origina *encuentro*.
De *hallar*, *hallazgo*.
El *encuentro* puede ser casual.
El *hallazgo* es siempre un resultado de buscar o preocuparse del asunto.
Conviene no confundir los dos términos, pues ello es muy frecuente en el habla vulgar, pero no en las personas cultas.

Hazaña, proeza

La *hazaña* consiste en hacer.
La *proeza* en hacer, pensar y sentir.
La *hazaña* es siempre valerosa, pero puede llegar a ser dura y salvaje.
La *proeza* puede ser no tan aguerrida, no tan esforzada; pero es siempre más grande, porque es más humana y fecunda.
Hay barbaries que nos seducen: he aquí ciertas *hazañas*.
Hay heroicidades que no lo parecen; he aquí ciertas *proezas*.
Admiro las *hazañas*, pero las temo.
Admiro y amo las *proezas*.
En una palabra, la *hazaña* es la *proeza* del soldado, un acto impremeditado.
La *proeza* es la *hazaña* del capitán que ha pensado lo que convenía hacer y obra con acierto y sabiduría.
La *proeza* es tan superior a la *hazaña* como la magnanimidad es superior al ardimiento.
Pondré un ejemplo de ambas acciones para la mejor inteligencia del espíritu de los dos vocablos: Temístocles se muestra denodado en Salamina: esto es la *hazaña*. El mismo Temístocles responde al general lacedemonio que intentaba pegarle: «Pega, pero escucha»: ésta es la *proeza*. Esta *hazaña* del grande hombre vale mucho más que la *hazaña* de Salamina, porque revela su carácter firme y sesudo, fuerte y pensador a la vez.

Hebdomadario, semanal

Hebdomadario viene del griego *hebdomas*, *hebdomados*, *hebdomadē*, vocablo compuesto de *hepta*, siete, y de *hēmēra*, día: siete días. De este origen proceden el latín *hebdomas* y nuestras palabras *hebdómada* y *hebdomadario*.

Semana se deriva del bajo latín *septimana*, compuesto de *septem*, siete, y de *mane*, mañana: siete mañanas, siete soles, siete días.

De modo que la diferencia capital de estas voces consiste en que *hebdomadario* es de origen griego, mientras que *semana* es de origen latino.

Sin embargo, consultemos el uso, y veremos seguramente cuánto distan aquellas dos palabras de ser sinónimas.

El maestro albañil gana seis duros a la *semana*.

Digamos que el maestro albañil gana seis duros a la *hebdómada*, y muchos no sabrán de qué se trata, y los que lo sepan no podrán menos de echarse a reír.

En los cabildos o comunidades llámase *hebdomadario* el que se destina para oficiar cada *semana*. En vez de decir el *hebdomadario*, probemos a decir el *semanal*, y de seguro que volveremos a provocar la risa.

La *hebdómada* es palabra culta.
La *semana* es palabra vulgar.

Hecho, acto, acción

Tanto (y tan discorde) se ha escrito acerca de estas tres palabras, que casi escribimos con miedo el presente artículo.

Después de la palabra ser, que es el vocablo por excelencia, las voces *hecho* y *cosa* son sin disputa las más universales de toda la lengua.

Todo lo que existe, es una cosa.
Todo lo que hace, todo lo que obra, todo lo que se mueve, es un *hecho*. Esto nos explica por qué decimos que la idea es un *hecho* de la inteligencia; que una emoción cualquiera es un *hecho* del sentimiento; que cualquier sensación es un *hecho* de la sensibilidad orgánica; que todo estímulo de la conciencia es un *hecho* moral; que toda imagen, toda figura, todo ente fabuloso es un *hecho* de la fantasía; que toda la substancia física es un *hecho* de la naturaleza material.

Nacer, vivir, morir, amar, pensar, querer, todos son *hechos* en la vida.

La palabra *hecho* nos pone en relación con la obra de Dios. Significa la idea de universo, en cuanto este universo se refleja en nosotros; en cuanto hace, en cuanto obra; es decir, en cuanto nos da a conocer que existe.

Concretándola al hombre se entiende por *hecho* todo aquello que el hombre *hace*, sin calificarlo en ningún sentido, sin expresar que sea bueno o malo, falso o verdadero, justo o injusto.

Así se dice: *vamos al hecho*. Lo cual quiere decir: vamos a ver lo que sucedió, sea como fuere.

No podría decirse: *vamos al acto*, porque esto querría significar que iban a presenciar una ceremonia, como un tedéum, la recepción de un académico, la investidura de un doctor o un juicio.

Tampoco podría decirse: *vamos a la acción*, porque esto querría decir: vamos a la batalla.

La palabra *acto* expresa la idea de un *hecho* público, autorizado, solemne. *Acto* de penitencia; *acto* de contrición; los *actos* del gobierno. Un ministro da cuenta de sus actos al rey; el rey exige a su ministro la responsabilidad de sus *actos*.

No podría decirse: *hecho* de contrición, *acción* de penitencia. Tampoco podría decirse propiamente: el rey exige a su ministro la responsabilidad de sus *acciones* o de sus *hechos*.

Veamos ahora qué significa *acción*.

Este vocablo expresa la idea de un *hecho* moral; es un *hecho* en el orden del fuero interior. Así se dice: es necesario haber sufrido mucho para poder juzgar las *acciones humanas*. Esto quiere decir: para poder juzgar acerca de la virtud y el vicio de los hombres.

Juan dice a su amigo un secreto, y el amigo no se lo guarda. Esto es una mala *acción*. No podría decirse que es un mal *hecho* o un mal *acto*.

De manera que el hombre tiene la facultad de hacer, y hace: he aquí el *hecho*.

Asociemos al *hecho* la idea de ceremonia, de solemnidad, de autoridad política: he aquí el *acto*.

Refirámoslo a ese sentimiento natural del bien y del mal, que da su sentido a nuestra conducta como seres morales: he aquí la *acción*.

El *hecho malo* es un delito, tal vez un crimen.

El *acto malo* es una infracción pública.

La *mala acción* es una falta.

De los malos *hechos* respondemos al juez.

De los malos *actos*, a una autoridad superior.

De las malas *acciones*, a la Providencia y al concepto público.

Por los malos *hechos* se nos impone un castigo.

Por los malos *actos* se nos exige responsabilidad.

Por las malas *acciones* se nos desprecia.

El *hecho* es genérico; el *acto*, público; la *acción*, moral.

Hecho, obra

Hecho es todo lo que se *ejecuta*, bien o mal, según queda dicho. Nada puede verificarse sin *hacerse*, y de aquí viene que todo el mundo *hace*. El animal *hace* un movimiento, el golfo *hace* una ensenada, el mármol me *hizo* sombra; *hace* sol, *hace* luna, viento, calor, frío. Todo *hace* algo en el universo, porque todo existe, y existir no es en realidad otra cosa que *hacer*. Todo lo que existe, aunque no *haga* cosa mejor, *hace* que pase el tiempo.

Obra es lo que el hombre hace en la alta esfera de la ciencia, del arte, del derecho, de la moral y de la religión. *Obras* de Cervantes; *obras* de Murillo; *obras* de caridad, de misericordia; *obrar* en justicia; *obrar* con decoro, con honor, con prudencia; *obrar* como un sabio; *obras* maestras; *obras* son amores, y no buenas razones.

Obrar, dicen las Partidas, es cosa que cumple y acaba lo que el hombre piensa y razona.

¡Qué definición más cabal, más profunda y más bella!

«Y son tres maneras de *obras*, añaden. La primera se hace dentro en el hombre, como gobernamiento del cuerpo. La segunda es de fuera, como comer, beber. La tercera consiste en las costumbres y en las otras bondades a que llamamos virtudes.»

Que se registren todos los libros de los primeros moralistas y filósofos de la humanidad, y que se nos ponga delante una definición más concisa, más discreta y más trascendental de *obra*.

«La primera *obra* se hace dentro en el hombre.» He aquí la deliberación, la conciencia, el sentimiento, la razón o el discurso.

La segunda consiste en el trato.

La tercera consiste en la conducta.

Todos los hombres tienen *hechos*, y no falta alguno que tenga *hechos* y *fechorías*.

No son tantos los que dejan *obras* en este mundo.

Obrar es agrandar la vida sin vivir mucho; es hacerse rico sin agenciar dinero; es alcanzar poder sin ser poderoso; o según una expresión célebre:

Es ser rey siendo mendigo.
Es ser rey del bien obrar.

Helar, congelar, condensar, cuajar, coagular

Helar se diferencia de todas las voces de este artículo en que se aplica a las organizaciones vivientes. Se *hiela* el hombre, se *hiela* el animal. Se *hiela* también la planta. No puede decirse: se *congelan*, se *condensan*, se *cuajan* o se *coagulan* la planta, el animal, el hombre.

Congelar se aplica a los líquidos.
Condensar se refiere a los fluidos.
Cuajar expresa más bien una operación artificial, casi química. Se *cuaja* la leche para hacer el queso, mediante la acción de ciertos simples. Se nos *cuaja* la sangre en las venas cuando recibimos un susto. El susto, en este caso, hace las veces de un elemento que motiva aquel trastorno que experimentamos. No es un agente que obra en la naturaleza, sino un accidente que obra en nosotros.

Cuando la voz *cuajar* se usa científicamente, toma el nombre de *coagular*.
Se *hiela* un objeto organizado.
Se *congela* el agua, el aceite.
Se *condensa* el aire.
Se *cuaja* la leche.
Se *coagula* la sangre.

Hembra, mujer

La *hembra* representa lo contrario del varón: es la madre.
La *mujer* representa el término opuesto del hombre: es la mitad del género humano, la *Eva* del Génesis, la *Gochorum* de la religión persa, la *Prasrinmo* de una parte de la China, la *Embla* de los escandinavos, la *Vigadj* de los indios, la *Kama* de los chasteros, la *Adimi* o la *Iba* de los indostanos; es decir, la *varona*, como Moisés la llama inspiradamente.

Herejía, cisma

La *herejía* se refiere a la doctrina.
El *cisma* a la división que ella produce.
La *herejía* es el principio.
El *cisma* es su consecuencia.
Herejía ha sido llamada muchas veces a la fe más genuina y verdadera (Hechos de los Apóstoles 24:14).

Hermosura, belleza

La *hermosura* está en relación con la naturaleza.
La *belleza* representa más bien un tipo del arte.
La *hermosura* habla a los sentidos.
La *belleza* a la imaginación y al pensamiento.
La *hermosura* no significa nada sin contorno.
La *belleza* no significa nada sin espíritu.
Una flor verde, brillante y galana es *hermosa*.
Un lirio pálido, casi lívido, es *bello*.
Una joven que ríe nos da la idea de la *hermosura*.
Una madre que llora nos da la emoción de la *belleza*, la belleza triste, pero propia del amor.
La *hermosura* es Venus.
La *belleza*, Minerva.
Más vale una *belleza* que mil *hermosuras*, porque hay mil mentiras *hermosas*, en tanto que sólo la virtud puede ser *bella*.
Otro símil se nos ocurre, y con él vamos a terminar:
La *hermosura* es la antigua matrona del Lacio.
La *belleza* es la antigua virgen de Sión.
Vamos a insertar lo que dijimos sobre las voces del artículo hace veinte años.

Nuestros ilustrados lectores verán si hay concordancia entre las ideas expresadas entonces y las emitidas ahora.

Hermosura, belleza. — El uso de nuestro idioma se ha separado completamente de la etimología de estas voces.

Bello, *bellus* en latín, diminutivo de *benus*, antigua forma de *bonus*, según Barrauld, significa el más ínfimo grado de *belleza*. Es lo que nosotros llamamos lindo, bonito, gracioso, cuco, por cuya razón no se aplicaba sino a los niños y a las mujeres.

Hermoso, *formosus*, significa la idea de *belleza* exterior, de forma; esa *belleza* casi mecánica que gusta a los sentidos, que satisface el gusto sensual, no el imaginativo o poético. La *hermosura* de los latinos, *formositas*, es una *belleza* que causa placer.

La *belleza* interior, intrínseca, esencial; la *belleza* que está en el espíritu de las cosas y que reina a la par en todo el conjunto, como el espíritu de la armonía reina a un tiempo en todas las partes armonizadas; la *belleza* que estriba en el ser, no en el parecer, a que se llega por el sentir, no por el mirar; esa *belleza* espiritual y divina, que es lo que nosotros entendemos por *belleza*, tenía en latín otra palabra: *pulchritudo*, pulcritud. La *pulcritud* expresa la idea de *hermosura* como un misterio de la naturaleza, como un arcano de nuestra alma; es decir, como esencia, como perfección, como idealidad que nos cautiva con el hechizo del entusiasmo.

Calcule el lector a cuánta distancia nos hemos colocado del origen de aquellos vocablos. Entre nosotros, una mujer *pulcra* está mucho más cerca de lo ridículo que de lo bello. Más que *hermosura*, es la *pulcritud* un amaneramiento y una ficción, lo que los latinos llamaban *speciosus* cuando lo tomaban en mala parte.

Vamos ahora a las diferencias de *hermosura* y *belleza*, según las ideas que el uso corriente de nuestro idioma atribuye a esas dos palabras.

La *hermosura* está en las formas. Por eso la llamaron los latinos *formositas*.

La *belleza* consiste más bien en una expresión ideal de las cosas como deben ser; es decir, en una idealidad.

La *hermosura* habla a los sentidos.

La *belleza* al sentimiento y a la imaginación.

La *hermosura* es material.

La *belleza* es artística.

La mujer es *hermosa*.

La virgen es *bella*.

Heroísmo, heroicidad

Heroísmo viene de *héroe*.

Heroicidad viene de *heroico*.

Esto quiere decir que la idea de las cosas *heroicas* puede referirse al sujeto, al hombre, al ánimo, al espíritu, o bien al hecho, a la práctica, a la acción.

Lo *heroico*, con relación al hombre, al sujeto, al *héroe*, se llama *heroísmo*.

Con relación al hecho, a la acción *heroica*, se denomina *heroicidad*.

El *heroísmo* es ánimo.

La *heroicidad* es hazaña.

El *heroísmo* es siempre noble.

La *heroicidad* es frecuentemente salvaje.

Este mundo levanta mármoles a la *heroicidad*: levanta monumentos al arrojo, a la materia, esa materia que muchas veces es una barbarie.

El mismo mundo da veneno, ahorca en el cadalso o pone en cruz al *heroísmo*, porque el *heroísmo* es un alma que no se ve, el alma de Sócrates, de Jesucristo, de Galileo, de Cervantes, de Colón.

En una palabra, el *heroísmo* es lo de dentro; pertenece a la historia y a la Providencia.

La *heroicidad* es lo de fuera: pertenece a cada país y a cada siglo.

El juez de la *heroicidad* es el mundo.
El juez del *heroísmo* es Dios.
Seamos siempre *héroes*; no seamos siempre *heroicos*. No seamos *heroicos* cuando el ser *heroicos* nos impida ser *héroes*.

Heterodoxo, hereje

Es de dominio público que *doxo* significa alabanza, y de ahí procede la palabra doxología.
Hereje significa opositor a la fe. En el Nuevo Testamento se emplea esta palabra en Romanos 16:17 y 2.ª Pedro 2:1, designando en ambos casos los falsos maestros que se introducían en los primeros grupos cristianos y, con la pretensión de ser profetas, enseñaban doctrinas diferentes a las predicadas por los apóstoles. Cuando la cristiandad se hizo más y más clerical con un obispo de Roma, jefe de los obispos, fueron tildados de *herejes* todos los que no acataban las órdenes papales. A través de los siglos, los mejores cristianos fueron perseguidos bajo este nombre, mientras que ellos lo aplicaban a los seguidores del papa de Roma.
La iglesia católica romana ha buscado siempre la unión con los cismáticos orientales y la desaparición de los protestantes o evangélicos, hasta que el papa Juan XXIII sustituyó el nombre de *herejes* por el de «hermanos separados» e inició una drástica reforma de costumbres rituales, pero no dogmáticas.

Himno, canto

Himno viene del griego *hymnos*, derivado de *hydō*, yo canto.
Canto se origina del latín *canere*; de donde procede el *carmen* latino, que significa verso.

La etimología de ambas voces es idénticamente igual. Sin embargo, el uso las distingue en que el *himno* es público, solemne, religioso, mientras que el *canto* es particularmente poético, pero secular o profano.

Así decimos: el *himno* de Débora, de Moisés. Los salmos son himnos de David y otros cantores religiosos de Israel.
El *canto* de Homero, de Virgilio, del Dante.
El *himno* es una fiesta espiritual.
El *canto*, una invención artística, humana.

Hinchado, engreído

El poder *hincha*.
La lisonja *engríe*.
Se *hincha* el que tiene lo que nunca pudo esperar.
Se *engríe* el que oye lo que nunca presumió oír.
El hombre *hinchado* quiere siervos.
El *engreído* quiere adoradores.
El que se *hincha* está en el camino de ser un tirano.
El que se *engríe* se cree realmente un semidiós.
Aquél busca tierras y señoríos.
Éste no sueña más que en cortesías y perfumes.
El *hinchado* no mira a nadie.
El *engreído* se contempla a sí mismo.
La *hinchazón* tiene algo de orgullo y de soberbia.
El *engreimiento*, algo de vanidad y de candidez: la candidez que Dios ha dado a los imbéciles.
La *hinchazón* repugna.
El *engreimiento* casi da lástima.
Ambos sinónimos son fáciles de hacer, porque son infinitos los originales de donde podemos copiar.

Historia, crónica

Crónica viene del griego *chronos*, tiempo.

Historia se deriva de *histor*, sabio, o de *historein*, contar, derivado del verbo *histēmi*, que equivale a saber.

La *crónica* busca la serie de las épocas.

La *historia* busca la filosofía de los sucesos.

La *crónica* es fecha, cómputo, *cronología*.

La *historia* es crítica, ciencia, moral, razón.

Nada más fácil que ser *cronista*.

Nada más difícil que ser *historiador*. La *historia* es la humanidad que se escribe y se perpetúa en los libros.

Hocico, geta

Hocico, como si dijéramos *focico* o *faucico*, viene de *fauces*.

Geta, lo propio de gesto, gesticular y gesticulación, viene del latín *gesticulor*, *gesticulari*, que es hacer morisquetas y ademanes con los labios.

El *hocico* es enteramente animal.

En la *geta* hay algo de razón, porque tiene algo de malicia.

Con el *hocico* se *hoza*, o se roza la comida para comprobar que es comestible.

Con la *geta* se hacen *gestos*.

El *hocico* es una herramienta animal.

La *geta* es una mímica humana.

Hombre, varón, macho

Dogma, historia, ciencia, moral, derecho, arte, comercio, industria, oficio; individuo, familia, pueblo, mundo, fe: ése es el *hombre*.

Varón es el hombre del esfuerzo y de la empresa. Así decimos *ánimo* varonil.

Macho expresa el género, lo viril, no lo varonil, por cuya razón llamamos *machos* a los animales masculinos: el *macho* de la paloma; el *macho* de la perdiz; el *macho* de la cabra. Y como el *macho*, es decir, el individuo *masculino*, es más fuerte que el femenino, de aquí viene que la palabra *macho* significa fuerza o pujanza, por lo cual damos la denominación de *macho* al mulo, dando así a entender que es una bestia fuerte y pujante.

El *hombre* es substancia; el *varón*, virtud; el *macho*, sexo.

El *hombre* nos habla de Dios; el *varón*, de una hazaña; el *macho*, de un género.

El *hombre* medita; el *varón* resiste; el *macho* procrea.

Pasando ahora al sentido histórico, aparece más grande la diferencia del primer nombre del artículo respecto de los dos siguientes. En el orden de las cosas creadas, hay el vocablo por excelencia: el *hombre*, esto es, el *Adán* del génesis hebreo; el *kayomorts* de la Persia; el *prasrimpo* de una parte de la China; el *aske* de los escandinavos; el *parucha* de la India; el *adimo* de los chasteros; el *adima* de los indostanos.

Homenaje, vasallaje

Homenaje viene del latín *hommagium*, compuesto de *homo*, hombre, y *agere*, obrar: *homo-agere*.

Homenaje envuelve la idea de un hombre que obra, que gestiona, que anda solícito por manifestar rendimiento a otro.

Vasallaje equivale a sumisión.

El que rinde *homenaje*, acata: es un obsequio personal, una honra que se ofrece por algún merecimiento.

El *vasallo* obedece: es una servidumbre política.

Rendir *homenaje* a la sabiduría, a la virtud y a la desgracia, es una fortuna.

Prestar *vasallaje*, es siempre una desdicha.

Homilía, sermón

Homilía viene del griego *homilia*, derivado de *homileō*, que significa platicar.

Sermón viene del latín *sermo, sermonis*, derivado de *servere*, que significa sembrar, porque con los discursos se siembra la doctrina.

Tanto la una como la otra voz, significan la plática con que se enseñan materias dogmáticas.

Sin embargo de esta identidad etimológica, el uso de nuestro lenguaje establece una diferencia capitalísima.

Homilía es la predicación: el género.

Sermón es lo que se predica: el individuo.

Todos los *sermones* posibles pertenecen al género de elocuencia sagrada que se llama *homilía*.

La *homilía* no pertenece a ningún *sermón*.

Entre estas dos palabras hay la diferencia que existe entre poesía y poema, entre oratoria y discurso.

Todos los poemas pertenecen a la bella arte que denominamos poesía, como todo discurso pertenece a la bella arte que denominamos oratoria, pero la poesía no pertenece a ningún poema, como la oratoria no pertenece a ningún discurso, como queda dicho en el artículo *baile* y *danza*.

La *homilía* tiene oradores. El *sermón*, oyentes.

Hondo, profundo

En las ciencias fisicomatemáticas no se emplea la palabra *hondo*, sino *profundo*. Por consiguiente, *hondo* es vocablo vulgar; *profundo* es un vocablo técnico.

Otro tanto acontece en el lenguaje metafórico, por cuya razón no se dice *misterio* HONDO, sino que decimos *misterio* PROFUNDO.

Honestidad, recato

Honestidad viene de *honor*.

Recato, como si dijéramos *recapto*, viene de *captare*, captar. De modo que el *recato* consiste en no dejarse *cautivar*, *captar* o atraer.

La *honestidad* es sentimiento: se hereda.

El *recato* es conducta: se aprende.

La *honestidad* es honra.

El *recato* es cautela.

El *recato* es una ficción sin *honestidad*; pero la *honestidad* no basta sin el *recato*.

Honor, honra

Uno dice: estoy en el caso de volver por mi *honor*.

Hablando en todo rigor lógico, no sería tan propio decir: estoy en el caso de volver por mi *honra*.

Otro exclama: estoy en el caso de volver por la *honra* de mis mayores.

No diría tan propiamente por el *honor* de mis mayores.

¿Por qué? Porque el *honor* es una *honra* de sentimiento, presente, nuestra. Es el caudal que hemos de legar a nuestros hijos.

La *honra* es un *honor* tradicional, histórico, heredado; es el caudal que nos legaron nuestros padres.

De modo que el *honor* es una virtud.

La *honra* viene a ser una razón de estado, casi una jerarquía.

El *honor* se tiene.

La *honra* se hereda.

A estas dos palabras va sucediendo lo

que a las armas de aquel caballero, de que habla el siguiente antiguo romance:

> Con la inclemencia del ocio
> Se va tomando de orín.

Honorífico, honroso

Lo *honorífico* se refiere a las cosas; lo *honroso*, a la persona moral.
Título honorífico; acción honrosa.

Una gracia *honorífica* no puede ser *honrosa*, sino en cuanto sea el premio concedido a una acción benemérita, a un hecho que *honre* a la persona que la obtiene.

Una sola dicha deseáramos para el mundo. ¿Cuál? Que lo *honroso* abundase tanto como lo *honorífico*.

Horra, machorra

Horra viene de *ahorrar*, *ahorro*, porque la hembra *horra se ahorra* de dar a luz.

Machorra, como el nombre lo dice, viene de *macho*, porque como el *macho* es la hembra *machorra*, puesto que no pare.

Horra se dice de las bestias.

Machorra se aplica especialmente a la criatura racional.

Cabra *horra*.
Mujer *machorra*.

Sería absurdo decir mujer *horra* y cabra *machorra*.

Hostigar, acosar

Hostigar viene de fusta o fuste, cuyas palabras se derivan del latín *fustigare*, dar azotes, de donde proceden nuestros verbos *fostigar*, luego *fustigar*, y por fin *hostigar*.

Monlau cita muy oportunamente un refrán antiguo que dice: quien a uno castiga a ciento *hostiga*. Esto equivale evidentemente a si dijera: a ciento azota, porque los escarmienta con el ejemplo.

Sacamos en limpio que *hostigar* significa azogar.

Acosar viene de *cursum*, del verbo *currere*, que en latín equivale a correr, de cuyo origen deben provenir indudablemente las voces *corzo*, llamado también ciervo, animal el más *corredor*; *correa*, porque se *corre*; *correoso*, *correo*, *corvejos*, *corvejón*, *corva*, *corvo*, que se *corre* hacia un lado, y otras muchas palabras de nuestro idioma.

Hostigar a uno es darle un castigo, apremiarle, cercarle, oprimirle.

Acosar es correr siguiendo la pista de alguno, lo que se llama perseguir.

Hostigó al enemigo; *acosó* al enemigo. Veamos qué significan estas dos locuciones.

Hostigó al enemigo quiere decir que no lo dejó de la mano, que le causó pérdidas, que le acorraló, como si hubiera ido azotándole con una fusta.

Acosó al enemigo quiere decir que le siguió sin tregua, que echó tras él, que le fue a *corso*, que se convirtió en su *corsario*, porque *corsario* y *corso* tienen el mismo origen que *acosar*. Etimológicamente hablando, *acosar* no es más que ir a *corso*.

El que *hostiga*, molesta.
El que *acosa*, corre.
El *hostigado* necesita fuerza.
El *acosado* necesita reposo.
Hostigar fatiga.
Acosar cansa.

Huelga, holgorio, holgura, holganza

La *huelga* es una vacación.
El *holgorio*, una romería.
La *holgura*, un desahogo.
La *holganza*, un ocio.
La *huelga* pasea.

El *holgorio* salta.
La *holgura* respira.
La *holganza* se aburre.

Huesa, fosa

Huesa viene del latín *os*, *ossis*, hueso.
Fosa, como foso, viene de *fodio*, *fodis*, cavar.
La *huesa* es el depósito de nuestros restos.
Fosa es lo que se *afonda* (ahonda) en la tierra para colocar y enterrar el cadáver.
La *huesa* es osario.
La *fosa* es hoyo (por *foyo*).

Humilde, dócil

Humilde se deriva de *humus*, nombre latino que significa tierra, origen probable de la palabra *hombre*.
Dócil viene de *doceo*, verbo latino que quiere decir enseñar, según cuya etimología, *dócil* tiene el mismo origen que *docto*.
Dócil, pues, significa enseñable, que es capaz de ser enseñado, que puede aprender.
Otros etimologistas derivan la palabra en cuestión del verbo *ducere*, guiar o conducir.
Nosotros creemos que la primera etimología, la de *doceo*, tiene en su abono la razón del origen, y que la segunda, la de *duco*, tiene en su abono la razón del uso corriente. En efecto, si el uso hubiera considerado la palabra *dócil* como derivada de *doceo*, enseñar, aquella palabra sería sinónima de idóneo, apto, capaz, dispuesto, docto; y, sin embargo, vemos que nadie, por menos versado que sea en punto a idioma, confunde en castellano la palabra *dócil* con las de docto, dispuesto, capaz, apto, idóneo, mientras que la confunde con las voces manso, apacible, humilde, quieto, que no tienen ninguna relación con el verbo *docere*, enseñar, sino con el verbo *ducere*, conducir. Así es que llamamos *dócil* a un caballo, por ejemplo; no porque se preste a ninguna enseñanza, sino porque no brinca, porque no se inquieta, porque no bota; le llamamos *dócil* porque no es avieso, porque no es bravío; más claro, porque se deja *conducir* o guiar. Así también decimos, figuradamente, que el metal maleable es *dócil* al martillo, y he aquí una evidente relación entre *dócil* y *dúctil*, cuya última palabra es un derivado de *duco*. Realmente, parece que la persona *dócil* es la que tiene un carácter *dúctil*, que se amolda a la forma que se le quiere dar, que se deja guiar o conducir.
Para nosotros es indudable que *dócil* se origina de *doceo*, y que la práctica del idioma lo ha considerado más bien como derivado de *duco*.
De todas maneras, la diferencia que distingue a las dos voces del artículo no puede ser más caracterizada.
Dócil se inclina más a manso.
Humilde, a modesto.
El *dócil* es capaz del orgullo del amor propio.
El *humilde* es capaz del orgullo de la virtud, de esa altanería espiritual que abate al soberbio.
La *docilidad* es una virtud de familia, de trato.
La *humildad* es una virtud de conciencia.
La *docilidad* es el resultado del temperamento y de la educación.
En la *humildad* entra la idea del deber y del dogma.
La *docilidad* debe guardarse para el mundo.
La *humildad* debe guardarse especialmente para Dios.
De esto resulta que la *docilidad* es una virtud urbana, civil.
La *humildad* es una virtud moral y religiosa.

I

Idear, idealizar

Como que la *idea* es la substancia del pensamiento, el utensilio de toda tarea intelectual, *idear* equivale a pensar o discurrir.

Así decimos de un muchacho que está siempre *ideando* diabluras. Tanto valdría decir que está siempre *discurriendo* diabluras, o bien que siempre está *pensando* sobre la manera de hacer diabluras. Nada más absurdo que decir que esté *idealizando* diabluras.

Idealizar es hacer las cosas ideales, elevarlas a la esfera del gusto y de la poesía.

Idear toca al entendimiento: es lógico; *idealizar* toca al sentimiento y a la imaginación: es estético.

Idea el muchacho; *idealizan* el pintor, el músico, el poeta.

Ambos verbos vienen del nombre griego *idea, ideai, eidē*, voces equivalentes al *notio, notitia, cognitio, forma, imago* y *species* de los latinos. Significa, así en griego como en latín, noción, especie, forma, imagen, conocimiento, *idea*. Esta palabra significaba antes mucho menos que hoy. Hoy una *idea* es la primera de las revoluciones humanas, la heredera histórica y social de la fuerza, de la conquista y de la casta.

Idiotez, idiotismo

La *idiotez* es cerebro.
El *idiotismo* es idioma.
La *idiotez* nace.
El *idiotismo* se aprende, es un vicio de lenguaje.
La fisiología habla de la *idiotez*.
La gramática habla de *idiotismos*.

Ignoto, desconocido, ignorado

Ignoto se refiere a cosas. Mares *ignotos*. No puede decirse: humanidad *ignota*, *ignoto* talento.

Desconocido se aplica a cosas y personas. Tierras *desconocidas*, hombres *desconocidos*.

Ignorado expresa la idea de olvido, de injusticia, de abandono. Talento *ignora-*

do. Al decir talento *ignorado*, no queremos significar que sea un hecho *ignoto*; no queremos dar a entender que sea una cosa *desconocida*. Queremos decir que es una cosa *olvidada*, porque no saben su valor.

Quizá habrá aún en el mundo islas *ignotas*, en donde se agite una humanidad *desconocida*, entre mil bellezas *ignoradas*.

Igual, idéntico

Examinemos el vario sentido de estas dos frases: hombres *iguales*, hombres *idénticos*.

Hombres *iguales* quiere decir que tienen la misma estatura, el mismo aire, las mismas facciones; es decir, la misma presencia.

Hombres *idénticos* quiere decir que son de tal manera *iguales* en todo, que constituyen un mismo hombre. La *identidad* no consiste, como la *igualdad*, en que tengan una misma forma, una misma manifestación exterior, sino en que sean perfectamente *iguales*, así en los accidentes del cuerpo como en las propiedades del alma. Han de ser *indivisiblemente iguales*, así moviéndose, como hablando, como pensando, como escribiendo, como en todo lo que pueda caracterizarlos.

Las cosas *iguales* existen separadas. Dos o más naranjas del mismo tamaño, peso y color, son dos cosas *iguales* y, sin embargo, cada una ocupa su lugar.

Las cosas *idénticas* no pueden separarse, porque no pueden dividirse, porque no puede dividirse un todo sin que el todo desaparezca. Las dos ideas que el alma necesita para hacer una comparación, por ejemplo, son dos hechos *idénticos* del alma, puesto que sin ellos la comparación es imposible. Aquellas dos ideas son *idénticas*, porque concurren simultáneamente a formar una unidad de nuestro espíritu, que se llama comparación. Propiamente hablando, no son dos hechos, dos funciones, sino una, porque son dos funciones *identificadas*.

La razón de este uso consiste en que lo *igual* se aplica a la forma; es decir, a la manifestación sensible de los hechos en todos los órdenes posibles.

Lo *idéntico*, por el contrario, no se refiere a las manifestaciones exteriores, sino a las propiedades, a lo substancial de las cosas.

Lo *igual* es distinto; lo *idéntico* es uno.

Si una cosa no pudiera distinguirse de otra, no sería *igual*, sino *idéntica*.

Si un hecho cualquiera pudiera distinguirse de otro, no sería *idéntico*, sino *igual*.

Lo *igual*, pues, consiste en las partes, en los accidentes, en las apariencias.

Lo *idéntico* consiste en el todo, en la razón originaria del hecho, en su principio.

Ilustre, egregio

Ilustre, como el nombre lo dice, se deriva de *luz*. *Ilustre* es el hombre que ha *iluminado* su nombre, por decirlo así; que ha llenado de *luz* su fama, que se ha hecho *claro* o *preclaro*, que se ha *esclarecido*.

Lo *ilustre* es lo noble de la heroicidad, del talento, de la virtud y del martirio. *Ilustre* es un santo, *ilustre* es un sabio, *ilustre* es un héroe, *ilustre* es un mártir.

Egregio se compone de *ex*, que significa alejamiento, separación, *extracción*, y de *grex, gregis*, que equivale a *grey*.

Lo *egregio* es lo que ha sido separado o apartado de la *grey*, lo que se ha *escogido* entre todos los individuos de ella para algún cargo de gran honor.

Ilustre vale tanto como famoso, claro, noble, insigne.

Egregio vale tanto como elegido para algo grande.

Imbécil, necio

Imbécil, como vacilar, viene de *bacillum*, nombre latino que significa báculo. Es como si dijéramos *sine bacillum, in-bacillum*, sin báculo, sin apoyo, sin guía.
Necio viene del verbo *nescio, nescire*, no saber.
Necio es el que ignora, el que no sabe.
Imbécil es el que no anda por sí, que no se rige, que no se gobierna.
La *necedad* es intelectual, puesto que es un defecto de inteligencia.
La *imbecilidad* es patológica, puesto que pertenece al cuadro de las enfermedades.

Imitar, copiar

Imitar es seguir un modelo, una *imagen*; copiar con la *imaginación*.
Copiar es reproducir, aumentar, hacer que haya abundancia o *copia* de aquello.
Copia el escribiente: es mecanismo.
Imita el artista: es ingenio.
Muchos que parece que *imitan*, *copian*.
Muchas que parece que *copian*, *imitan*.

Impertérrito, acérrimo

La diferencia entre *impertérrito* y *acérrimo* no puede ser más clara.
El *impertérrito* no teme, no se aterra; el *acérrimo* no declina.
El *impertérrito* es temerario; el *acérrimo* es duro, acre, pertinaz.
Es *impertérrito* el que ama; *acérrimo*, el que odia.

Implícito, tácito

Implícito viene de *explicar*; es lo no explicado.

Tácito viene de *tacere*, callar; es lo no dicho.
Lo *implícito* no quiere convencer.
Lo *tácito* no quiere enterar.
Implícito significa mucho más que *tácito*, puesto que el que *explica* hace más que el que *habla*.

Impuesto, contribución, carga, gravamen, exacción, derrama, capitación, subsidio, tributo, pechos, gabelas

Impuesto viene de *impositum*, participio pasivo del verbo *imponere*, que quiere decir *imponer*, como la palabra lo indica.
Imponer supone la idea de superioridad, de dominio, de mando, porque equivale a *poner* una cosa sobre otra. Así decimos que el vencedor *impone* condiciones al vencido, o que el fuerte se *impone* al débil, cuya locución es propia y eficaz, porque significa que el débil está abatido por el fuerte, debajo de él, y que el fuerte está sobre el débil, que se le ha *puesto encima*. Este modo de hablar es una imagen viva, natural, lógica, hasta bella, digan lo que quieran ciertos nimios críticos.
Esta significación etimológica del verbo *imponer* explica satisfactoriamente el sentido actual de la palabra que nos ocupa. Toda orden, toda ley que se mandaba guardar y cumplir, era una obligación *impuesta*; y siendo la primera obligación de los pueblos la de *pagar*, esta paga pública vino a ser necesariamente la primera de las *imposiciones*. He aquí explicada la voz *impuesto*.
Impuesto es el vocablo con que se designa cualquier subsidio que se *impone* a un país. Pero este *impuesto* sería una quimera si sólo consistiese en el mandato; es decir, en el hecho de la *imposición*. Esta *imposición* debía realizarse, y esta realiza-

ción no podía tener lugar sin que cada individuo del país *contribuyese* con su parte, según sus haberes, o lo que es lo mismo, según los goces que le proporcionaba y le garantía la sociedad, porque cuando *contribuimos* al Estado, no hacemos otra cosa que pagar la custodia o la garantía que de la sociedad recibimos. Si la sociedad me guarda y me defiende muchas propiedades, natural es que yo pague mucho por esa especie de guardería, como natural es que la pague poco cuando es poco lo que me guarda. Este *impuesto* proporcional, equitativo, organizado, convertido en sistema, es lo que se llama *contribución*.

La diferencia entre las dos palabras de que hemos hablado hasta aquí no puede ofrecer la menor duda.

El *impuesto* tiene relación al que gobierna, al que *impone*.

La *contribución* tiene relación al que *contribuye*, al que obedece.

En el *impuesto* no hay más que mandato.

En la *contribución* entra la idea de justicia.

El *impuesto* es un señorío.

La *contribución* es un régimen. Así sucede que hay una dirección de *contribuciones*, mientras que no hay oficina alguna de *impuestos*.

Esta *contribución* tomó luego el nombre de *carga*, bien porque servía para atender a las *cargas* públicas, bien porque *cargaba* a los contribuyentes con la obligación de pagar.

Pero amén de las *cargas* de costumbre, solían y suelen decretarse *cargas* extraordinarias, doblemente onerosas al pueblo. Esta *carga*, que el pueblo no podía soportar, se llamó *gravamen*. De modo que se denomina *gravamen* todo impuesto que no es de plantilla, por decirlo así; toda contribución que saliendo del régimen establecido viene a *gravar* los intereses generales. El uso de la lengua nos ofrecerá un ejemplo evidente. «Parece que el Gobierno se propone modificar las *cargas* públicas.» No puede decirse que se propone modificar los públicos *gravámenes*. ¿Por qué? Porque el *gravamen* no es la carga social, ordinaria, establecida, elevada a régimen administrativo, sino una carga contingente, arbitraria, violenta, injusta, que no puede entrar en la organización del sistema, en la ciencia económica, en la ley del Estado. Y no siendo una ley del Estado, claro es que el Estado no puede intentar modificarla. Lo que el Estado puede hacer con los *gravámenes* es abolirlos, no modificarlos, porque quien dice modificar, dice regimentar; y no pueden regimentarse la arbitrariedad, la violencia y la injusticia.

Este ejemplo nos hará ver la diferencia con que el uso distingue las dos voces de que nos ocupamos.

La *carga* es un sistema: sin cargas no hay nación.

El *gravamen* es una ruina: con gravámenes no hay nación rica y próspera.

La palabra *exacción* no se refiere a la idea de dominio, como el *impuesto*, ni a la idea de paga pública, como *contribución*, ni a la idea de sacrificio, como *carga*, ni a la de abuso, como *gravamen*, ni a la de recaudación o *extracción*, como se ha creído equivocadamente.

El nombre de que hablamos no expresa más que un accidente, una curiosidad histórica. *Exacción* viene de *acto*, derivado del latín *agĕre*, hacer, obrar, y que equivalía al griego *agō*, *agēn*, que en sentido propio significa *arrear*, cuyo sentido expresa bien la idea de acción, de movimiento, que atribuimos al verbo *hacer*. Del propio origen vienen *exigencia* y *exactitud*, voces que son casi sinónimas de *exacción*.

Lo que antiguamente se llamaba *exacción* no era otra cosa que la *exactitud* o la *exigencia* con que los cobradores de impuestos públicos iban, de puerta en puerta, pidiendo las cuotas que tocaban a cada vecino. Dichos cobradores eran muy *exactos*, lo cual vale tanto como decir que se movían con *exactitud*. Por analogía, significó después carga o impuesto.

El nombre de *derrama* no se aplicó nunca a las contribuciones del Estado, a los impuestos generales, sino a una exacción particular, ora exigida por el enemigo en tiempo de guerra, ora acordada por el cabildo de la localidad para atender a cargas concejiles. Así se dice hoy: *derramas* vecinales o municipales, para designar la contribución particular de cada municipio.

Subsidio viene de *subsidium*, palabra latina que quiere decir socorro, auxilio, ayuda, y por extensión se dio este nombre a la exacción extraordinaria con que los vasallos *ayudaban* al rey. Cuando por guerra o calamidades no bastaban los impuestos establecidos, el señor acudía a un *subsidio*, que es como si dijéramos a un *socorro*; pero solía acontecer a menudo que la peste y la guerra se iban y el *subsidio* quedaba. Y de tal manera quedó, que aún tenemos nosotros el *subsidio* industrial y de comercio. Hoy se llama *arbitrio* a lo que se llamaba *subsidio* antes.

La voz *tributo* viene de *tribu*, porque el *tributo* era el impuesto que pagaban las *tribus* del pueblo romano. Y como el impuesto que se pagaba entonces era una especie de reconocimiento político, como un homenaje que se rendía al señor, la idea de obsequio personal o de sumisión entró naturalmente en la voz *tributo*. De este modo se explica que esta voz tenga dos sentidos: uno, que equivale a contribución y así decimos: *sistema tributario*, que es como si dijéramos: *sistema de contribuciones*; y otro, que equivale a rendimiento o pleito homenaje, y así decimos: la India fue *tributaria* del Reino Unido; el *tributo* de las cien doncellas. Por lo tanto, *tributo* se distingue de las otras palabras de este artículo en que tiene una trascendencia social, cierto sabor político de que carecen las demás voces.

Pecho fue el nombre primitivo de lo que hoy se llama multa. Con el *pecho* se castigaban los delitos que las leyes no juzgaban merecedores de pena aflictiva. Así es que en la antigua legislación hallamos ejemplos repetidísimos en que se dice: el que cometiere tal o cual delito, que *peche* tanto o cuanto.

Después pasó a significar el censo o canon que el siervo pagaba a su señor por razón de su hacienda, y como en señal de acatamiento o de vasallaje.

El que pagaba el *pecho* se llamaba *pechero*, que era lo contrario de noble, y el registro en que se anota lo que pagaba cada pechero se denominaba *pechoría*.

Gabela es toda carga que se hace insoportable. Así se dice: el pueblo no puede con tantas *gabelas*. Esta palabra añade algo a la voz *gravamen*, como la voz *gravamen* añade algo a la voz *carga*.

La relación característica de cada una de las voces de este largo artículo es la siguiente:

Impuesto significa autoridad, dominio.
Contribución, sistema.
Cargas, atenciones.
Gravamen, arbitrariedad.
Exacción, apremio.
Derrama, vecindario.
Capitación, casa o familia.
Subsidio, ayuda.
Tributo, vasallaje.
Pecho, multa o castigo personl de poco coste.
Gabela, sobrecarga insufrible.

Impugnar, objetar

Impugnar es un derivado de *pugna*, y pugna de *puño*. Es pelear interiormente, *pugnar* con el discurso, con el espíritu. El alma tiene sus combates como el cuerpo.

Combatir con el alma es *impugnar*.

Objetar es presentar *objetos*, y objetos se compone de *ob*, que significa oposición, y del verbo *iacio, iacere, jeter* en francés, *jitar* en valenciano, que significa echar de sí, arrojar, tirar. *Objeto* es lo que se pone delante de nosotros, lo que obstruye nuestro camino.

El que nos dirige una *impugnación* nos lleva la contra.

El que nos hace una *objeción* nos pone un estorbo, una dificultad, un óbice, un obstáculo.

El que *impugna*, lidia.

El que *objeta*, embaraza, saca a la luz más y más impedimentos.

El término opuesto de *impugnar* es defender.

El término opuesto de *objetar* es obviar, o sea, abreviar la discusión.

Muchas *impugnaciones* son argumentos en favor.

Muchos argumentos en favor son *objecciones*.

Inanimado, exánime

Ambos adjetivos vienen de *alma*; pero el uso ha dado a cada voz relaciones distintas y aun contrarias.

Inanimado es aquello que no tiene alma, considerada el *alma* como principio de vida ya sea animal o humana.

Por el contrario, *exánime* quiere decir que pierde la conciencia que tenía, la fuerza superior que le hacía moverse, querer, pensar y sentir.

Lo *inanimado* no se mueve.

Lo *exánime* no discurre ni habla.

Lo *inanimado* se queda sin vida.

Lo *exánime* se queda sin espíritu.

Lo *inanimado* se aplica igualmente a todo lo que tiene organización.

Lo *exánime* no puede aplicarse sino al ente dotado de inteligencia y de sentimiento.

La muerte nos deja *inanimados*.

Las fatigas y los dolores nos dejan *exánimes*.

De modo que lo *inanimado* supone que no hay animación, alma natural.

Lo *exánime* supone que no hay ánimo o espíritu dispuesto a actuar.

Incisivo, cortante

Incisivo viene de *incidere*, verbo latino que equivale a cortar.

Cortante viene de *culter, cultri*, cuchillo.

El cirujano hace una *incisión*.

El niño se hace una *cortadura*.

La *incisión* es operación, cirugía, arte.

La *cortadura* es casualidad, descuido o desgracia.

La *incisión* es una voz técnica.

La *cortadura* es un término llano.

Inclinación, propensión, vocación, gusto

Inclinación. Decimos: Juan ama a Matilde. Tiene esa *inclinación*. Antonio se *inclina* a la jurisprudencia, a la milicia, a las artes, al comercio, a las matemáticas.

No puede decirse: Juan tiene la *propensión*, la *vocación* o el *gusto* de amar a Matilde. Ni diríamos con igual propiedad: Antonio tiene la *propensión*, la *vocación* o el *gusto* del comercio, de la jurisprudencia, de las matemáticas.

La *inclinación* consiste en afectos.

Propensión. De una persona que padece frecuentemente de erisipela, de calenturas, o que se vuelve tísica, solemos decir que es *propensa* a la erisipela, a las calenturas, a la tisis.

No podría decirse que tiene la *inclinación*, la *vocación* o el *gusto* de padecer la tisis, las calenturas o la erisipela.

Un joven tiene la costumbre de hurtar. Su madre dice que desde niño tiene esa *propensión*.

No sería tan propia la palabra *inclinación*, porque no se trata de un sentimiento, sino de un vicio, y fuera inadmisible el empleo de las palabras *vocación* y *gusto*.

De modo, que cuando la *inclinación* es viciosa, cuando consiste en una debilidad de temperamento o de carácter, se llama *propensión*.

Vocación. En esta palabra hay un espíritu religioso que no conviene a ninguna de las otras palabras de este artículo. Se distingue además en que no se refiere nunca a la persona, sino al estado, por cuya razón no tiene verbo ni adjetivo, mientras que los nombres restantes tienen adjetivo o participio y verbo.

Inclinación tiene inclinar, inclinado.

Propensión, propender, propenso.

Gusto, gustar, gustoso.

Vocación de fraile, de cura, de monja, de cenobita. No tiene *vocación* de casado. Esto quiere decir que hay en el individuo cierta concentración de sentimiento, cierto espíritu religioso que lo aleja de la vida matrimonial.

Gusto. En *gusto* entra la fantasía, la belleza. «Tiene un *gusto* exquisito en vestir, en elegir colores; tiene un excelente *gusto* crítico.» «El arte ha establecido las reglas del buen *gusto*.»

Nada más contrario al sentido de nuestra lengua que decir: tiene una exquisita *vocación*, *inclinación* o *propensión* crítica.

De lo dicho puede deducirse que la *inclinación* se refiere a las emociones.

La *propensión*, al organismo y a la conciencia.

La *vocación*, al estado religioso.

El *gusto*, a la imaginación.

Por lo tanto, la *inclinación* es afectiva.

La *propensión*, orgánica y moral.

La *vocación*, ascética.

El *gusto*, artístico.

Dicho de otro modo: la *inclinación* nos lleva.

La *propensión* nos vence.

La *vocación* nos llama.

El *gusto* nos atrae.

Incluir, comprender

Comprender se compone del prefijo *con*, que significa compañía o comunidad, y del verbo *prehendere*, prender, sinónimo de *capio*, que equivale a coger, agarrar. Lo que se *comprende* es lo que se prende o se coge a un mismo tiempo, formando conjunto, serie, sistema.

Incluir se compone de *in*, que significa interioridad, y de *clavis*, que en latín significa *llave*. Lo que se *incluye* es lo que se encierra, lo que va dentro, lo que va adjunto, como si fuese bajo *llave*.

Comprendo todos los artículos de la remesa en una factura, no los *incluyo*.

Los *comprendo* porque los abarco, porque los prendo o los cojo todos en la factura de aquellos artículos.

No los *incluyo* porque no los encierro, puesto que la factura no es un documento reservado.

Incluyo la factura de una carta, no la *comprendo*.

La *incluyo* porque va dentro, porque va adjunta, bajo un lema, bajo un secreto, como si fuese bajo *llave*.

No la *comprendo* en la carta referida, porque la factura es un solo hecho, y la comprensión supone serie, sistema, conjunto.

De manera que se puede *incluir* sin *comprender* y *comprender* sin *incluir*.

Incluir significa contener.

Comprender es poner con.

Con mucha frecuencia se equivocan ambos términos. Apenas nadie más que los literatos los distinguen en sus escritos.

Increado, infinito, inmenso, eterno

Dios no tuvo principio. Esto quiere decir que no tuvo origen, que nadie le creó; he aquí lo *increado*.
No tiene fin; he aquí lo *infinito*.
Nadie le ha medido, porque el espíritu no admite medida; he aquí lo *inmenso*.
No puede destruirse, porque el espíritu no puede acabarse; he aquí lo *eterno*.
Increado tiene relación con el principio.
Infinito, con el fin.
Inmenso, con el espacio.
Eterno, con el tiempo.

Incumbencia, competencia

La *incumbencia* es privada.
La *competencia* es judicial.
Un padre dice: a mí no me *incumbe* reprender y educar al que no es mi hijo.
Un juez dice: a mí no me *compete* conocer en asuntos extraños a mi jurisdicción.
Competencia se distingue además de *incumbencia* en que significa la idea de discordancia y de disputa, por lo cual dice nuestro Cervantes que Don Quijote tuvo muchas veces *competencias* con el cura de su lugar (que era hombre docto, graduado en Sigüenza) sobre cuál había sido mejor caballero, Palmerín de Inglaterra o Amadís de Gaula.
Nada más extraño que decir que tuvo *incumbencias* con el cura.

Indeciso, irresoluto

Decimos propiamente: Fulano *es* hombre *irresoluto*. ¿Puede decirse: Fulano *es* un hombre *indeciso*? No. ¿Cómo lo debemos decir para expresarnos con propiedad? Debemos decir que Fulano *está indeciso*.

¿En qué razón se funda esta práctica del lenguaje? Más claro: ¿por qué puede decirse: Fulano *es* hombre *irresoluto*? Porque la voz *irresoluto* significa que la *irresolución* está en nuestra conciencia, que forma parte de la combinación en que entra. Está allí elementalmente; es una propiedad inalterable de nuestro ánimo. Puede decirse: Fulano *es* hombre *irresoluto*, como puede decirse *es* un ente moral, *es* un ser libre; de la misma manera que se puede decir: Fulano *es* un hombre. La *irresolución* es una parte de su conciencia, como el ser libre *es* una cualidad de su albedrío, como el ser moral *es* un privilegio de su razón. Aquello existe en el individuo; *es* una ley de su naturaleza; una condición de su *ser*, y por esto puede decirse que *es irresoluto*.

Y ¿por qué no se puede decir: Fulano *es* un hombre *indeciso*? Porque la *indecisión* no está en su alma, no forma parte de su conciencia, no es un atributo *esencial*, no *es* cualidad suya, y no teniendo la cualidad de *ser indeciso*, no *siendo indeciso*, no puede decirse que lo *es*.

Y ¿por qué se puede decir que *está indeciso*? Puede decirse que *está indeciso*, porque la *indecisión* no expresa cualidad, sino *acción*; no es ánimo, sino movimiento, mejor dicho, no es *ser*, sino *estar*, y expresando *estado*, nada más natural y lógico que el valernos de la expresión: *está indeciso*.

La *irresolución* toca al albedrío; está dentro; es esencia en el hombre.
La *indecisión* se refiere al acto; está fuera; no entra en el *ser* moral, en el *ser* lógico, en el *ser* humano.
El *irresoluto* no delibera.
El *indeciso* no obra.
El *irresoluto* no sabe qué determinar.
El *indeciso* no sabe qué hacer. Creemos, pues, que todo cuanto se ha opinado sobre las palabras de este artículo es aventurado y volandero, y que la diferencia

fundamental consiste en que lo *irresoluto* expresa cualidad, mientras que lo *indeciso* expresa estado.
La irresolución *es*.
La indecisión *está*.
Somos *irresolutos*.
Estamos *indecisos*.

Indefectible, infalible

Indefectible es un derivado de *facio*, hacer. Es lo que no puede menos de verificarse o de hacerse.

Infalible es otro derivado del latín *fallire*, por *fallere*; del verbo *fallo, fallis, fallere, fefelli, falsum*, equivalente al griego *sphalō, phelō* (*felō*), que quiere decir engañar, obrar con *falacia*, con *falsedad* o con *falsía*, según queda dicho.

Lo *indefectible* no puede dejar de verificarse.

Lo *infalible* no puede dejar de cumplirse.

Lo *indefectible* se *hace*: es hecho.
Lo *infalible* no *falta*: es intención.
Mañana saldrá el sol *indefectiblemente*.
Iré *infaliblemente* a cumplir mi palabra.
Lo *indefectible* no falta.
Lo *infalible* no engaña.

Indicación, insinuación, advertencia, prevención, observación

La *indicación* no dice nada, no da a conocer nada de un modo formulado.

Indicar es, propiamente hablando, hacer una señal, en cuya virtud podamos venir, por deducción, en conocimiento de la cosa. *El canto de las aves me indica que amanece*. Esto quiere decir: yo sé que las aves cantan todos los días al amanecer; es así que yo oigo el primer canto de las aves, luego debo creer que amanece. *Temí que hablase; le indiqué por medio de una señora que callara, y, en efecto, calló.*

La persona a quien se *indicó* que callara por medio de señas, no comprendía acaso su situación; pero la *indicación* le obligó a *deducir* que iba a cometer una imprudencia, y se redujo a guardar silencio. No sabía de qué se trataba, no conocía la cosa de un modo terminante, el motivo de la *indicación* era un secreto para él; sin embargo, infirió que debía callar.

La *indicación*, pues, no es otra cosa que un amago, un llamamiento a nuestra razón.

La *insinuación* se diferencia del anterior vocablo en que puede ser, y es frecuentemente maliciosa, aguda, epigramática. El pasaje del padre Cobos es un buen ejemplo de *insinuación*. «Hermano, quien quiera chocolate, que vaya a tomarlo a su celda.» El padre Cobos se *insinuó* admirablemente a su compañero con esa indirecta.

Días pasados oí decir a una señora la siguiente frase: «Siempre que Fulano viene a mi casa, se *insinúa* quedándose a comer.» Éste es otro ejemplo que explica muy bien la significación picaresca, el chiste agresivo y burlón de la palabra que nos ocupa. Siempre que se usa con intención satírica, nos deja algo picante en el oído.

La *advertencia* está en relación con las ideas del bien y del mal, de vicio y de virtud, de premio y castigo. Siempre expresa un hecho de conciencia, de moralidad. El padre *advierte* al hijo que no salga de noche, que no se case con tal o cual mujer, que no emprenda esta o la otra negociación. *Advertimos* para que la persona *advertida* no caiga en un lazo, para que evite algún peligro, para que no le venga mal. *Advertir* es cumplir un deber.

La *prevención* supone mando, autoridad. El jefe *previene* a sus soldados que estén alerta.

La *observación* supone juicio, análisis, razonamiento. Para llegar al conocimiento de la verdad, hay varios sistemas que se llaman criterios. Uno de ellos es el criterio de *observación*. Así se dice: la prudencia aconseja no desatender las *observaciones* del sabio. La *observación*, pues, pertenece a la filosofía del entendimiento; es una de las grandes aptitudes de nuestro espíritu.

El amante *indica* su amor con una mirada.
El *satírico* se *insinúa* con una invectiva.
El amigo *advierte*.
El superior *previene*.
El sabio *observa*.
De modo que la *indicación* se oye.
La *insinuación* hace reír.
La *advertencia* debe oírse.
La *prevención* debe obedecerse.
La *observación* debe estudiarse.

Individuo, persona

Individuo se compone de *in*, que significa negación, y de *dividir*, en latín *dividere*. Significa lo contrario de dividido: no *diviso, indiviso*.

Persona se compone de *per*, que en este caso expresa excelencia, y de *sonus*, sonido. Significa que *suena* mucho, que hace mucho ruido, mucho eco en la tierra. Efectivamente, la etimología tiene razón. La *persona* hace más ruido en el mundo que los torbellinos, las cataratas y las tempestades.

Quien dice *individuo* dice sujeto.
Quien dice *persona* dice influencia.
El *individuo* es el gran elemento.
La *persona* es el gran poder.
El *individuo* es el hombre en sí.
La *persona* es el hombre con relación a la humanidad.
Lo contrario de *individuo* es la asociación.

Lo contrario de la *persona* es el animal.
En último término hallaremos que el *individuo* significa ser, naturaleza, nacimiento, sustancia.
La *persona* significa juicio, pensamiento, voluntad, conciencia, razón.
Puede decirse que la razón es la *persona* por excelencia, porque sin razón no hay *personalidad*.
Así decimos que un caballo es un *individuo* de su especie.
Nada más repugnante que decir que un caballo es una *persona* de su género.

Inducción, inferencia

Por la *inducción*, lo particular nos sirve de criterio para llegar a las proposiciones generales; por la *inferencia*, la parte nos sirve de criterio para llegar a un todo.
La *inducción* es el método de la universalidad; la *inferencia*, el método de la clasificación.
Induciendo, se comprende un sistema; *infiriendo*, se comprende un orden, una serie.

Inerte, apático

Inerte se compone de la partícula negativa *in*, y de *erte*, que es como si dijéramos *arte*, articulación, movimiento. Significa, pues, que no *articula*, que no funciona.
Apático se compone de la *a* privativa, que equivale a *sin*, y de *pathos*, voz griega que quiere decir enfermedad, padecimiento, pasión. Significa, pues, no enfermo, no paciente, no apasionado.
La *inercia* no se mueve.
La *apatía* no siente.
La materia inorgánica es *inerte*.
El hombre indiferente es *apático*.
De modo que la *inercia* es una de las leyes de los cuerpos.

La *apatía* es, muchas veces, una desgracia del espíritu.

Inervación, sensibilidad

Muchos confunden estas dos voces sin razón alguna para ello, puesto que equivale a confundir la parte con el todo. La *inervación* es la actividad propia de los elementos y tejidos nerviosos; la *sensibilidad* es la actividad propia de los órganos de los sentidos y de los nervios llamados sensibles.

Infando, nefando

Ambas palabras vienen de *for, faris*, hablar.
Infando es lo que no se puede decir sin faltar al deber.
Nefando es lo que no se puede decir sin pecar.
Un hombre de bien no dice lo *infando*.
Un creyente no dice lo *nefando*.
Lo *infando* es contra moral.
Lo *nefando* es contra religión.
Profanación *infanda*, profanación *nefanda*.
Profanación *infanda* quiere decir que se han profanado las ideas. Un desacato contra el pudor es una profanación *infanda*.
Profanación *nefanda* quiere decir que se han profanado las ideas religiosas. Un atentado contra los templos sería una profanación *nefanda*.

Infante, niño

«La *infancia* del hombre, dice Jonama, es la edad de las gracias, de la inocencia y del candor; la *niñez* es la edad de la ignorancia, de la debilidad y de los males. Cuando acariciamos a un *niño*, continúa el autor citado, le llamamos *infantito*: cuando queremos excusar sus faltas decimos que es todavía muy *niño*.

»Privar de la existencia a una criatura racional se llama *infanticidio*: el hombre que por inexperiencia o por debilidad se deja gobernar por los demás, decimos que es un *niño*. Las acciones que suponen pequeñez de espíritu se llaman *niñadas*; los objetos de aquellas acciones se llaman *niñerías*...»

Como más adelante veremos, la *infancia* es la edad en que el hombre no *habla*, porque no sabe hablar, porque no tiene el tiempo necesario. Por consecuencia, es la edad de la ignorancia, puesto que ignora la primera de todas las artes, la primera de todas las ciencias: la palabra, la razón que se expresa y se comunica.

Por el contrario, la *niñez* no envuelve necesariamente la idea de ignorancia, sino la idea de inocencia, de debilidad, de candor, también de gracia, porque el *niño* es pequeño, y todo lo pequeño es gracioso.

 «*No te enoje mi cariño,*
 afición casta y suave
 como el arrullo de un ave,
 como la mente de un niño.»

Digamos:

 Cual la mente de un *infante*,

y el verso anterior carecerá de poesía y de ritmo.
Es inocente como un *niño*; es candoroso como un *niño*.
Digamos: es inocente como un *infante*, es candoroso como un *infante*, y nos expresaremos en otro idioma, porque en la lengua de Castilla no se estilan semejantes maneras de hablar.
Niño no tiene otro origen que la armonía imitativa; es el *ni, ni* que el *niño* pronuncia.

Infante se compone de *in*, partícula negativa, y de *fante*, del latín *fans, fantis*, participio de presente del verbo *for, faris*, que significa hablar. *Infante* es como si dijéramos *no-fante*, que no habla.

De este origen vienen *infanzón, infantado, infantazgo, infantería*. *Infantería* fue primitivamente la tropa que guardaba al *infante*, o la que el *infante* mandaba, y de aquí vino llamar *infante* al soldado de a pie, por contraposición al de a caballo.

El *infante* no habla.
El *niño* no malicia.
Infancia equivale a pocos años.
Niñez equivale a poca experiencia.
La *infancia* es la edad del olvido.
La *niñez* es la edad del candor.
Nadie es *infante* cuando pasa de los siete años.
Muchos hombres no dejan de ser *niños* sin embargo de haber llegado a viejos.

Infesto, infecto

Ambas palabras vienen de *Vesta*, diosa del fuego sagrado. Entre los gentiles se llamaba *infesto* lo no purificado por el dios del hogar, por el fuego religioso de *Vesta*.

Infesto es lo corrompido por contagio, por peste.

Infecto es lo corrompido por putrefacción.

Infesto equivale a infestado.
Infecto, a podrido.

Influencia, influjo

Infuencia tiene una aplicación general, de las más generales que conocen los idiomas. *Influencias* políticas, sociales, científicas, filosóficas, administrativas, religiosas, morales, físicas, atmosféricas. Todo tiene influencia en el mundo; desde el aire que nos mece el cabello hasta la historia que nos educa la inteligencia; desde la estrella hasta el arbusto.

No puede decirse: *influjos* atmosféricos, físicos, morales, religiosos.

Influjo se refiere especialmente a la opinión, a las personas.

«Suplico a usted que interponga su *influjo*.»

Esto es más eficaz que si se dijese: suplico a usted que interponga su *influencia*.

Hablándose de una persona de valimiento, solemos decir: «su *influjo* me mata.» La palabra *influencia* no expresaría esta idea con el mismo vigor.

Al hablar de Dios, no deberíamos valernos de *influencia*, sino de *influjo*, porque Dios es la persona en sumo grado. ¿Quién se resiste al *influjo* de Dios?

Pongamos dos ejemplos; uno, con relación a cosa, y otro, con relación a persona, y seguramente no habrá un entendimiento tan poco versado en casos de lengua que no eche de ver el distinto sentido de las dos palabras.

Ejemplo de cosa: nadie desconoce la *influencia* de la poesía de Dante en la literatura de la edad media.

Ejemplo de persona: el ministro cedió por fin al *influjo* del rey.

Pongamos *influjo* en lugar de *influencia*, o *influencia* en lugar de *influjo*, y notaremos seguramente cuánto pierden las frases anteriores en propiedad y fuerza.

La *influencia* es un *influjo* universal.
El *influjo* es una *influencia* personal.

Informe, información

Informe es el simple relato de los antecedentes que se piden sobre la cuestión de que se trata.

Información expresa la idea de una serie de *informes* distintos, hecha con el objeto de poder comparar diferentes datos y adquirir una cabal noticia del asunto, según juicio prudente.

De la *información* que acabo de hacer resulta que son falsos todos los *informes* que me dieron.
El *informe* se da.
La *información* se hace.
El *informe* relata.
La *información* busca, observa, pregunta, se esconde, averigua.
El *informe* puede ser ingenuo.
La *información* es siempre astuta y con un propósito deliberado.
Se piden *informes* a los particulares y a los jefes.
Se entablan *informaciones* ante la justicia.

Ambas palabras vienen de *forma*, voz derivada del griego *morpha*, que significa molde, hechura o modelo.

Informarnos de una cosa no es más que procurar saber en qué *forma* ocurrió el suceso de que se trata; parece que informándonos damos fisonomía o figura a los hechos.

Infundir, imbuir

Infundir, como el nombre lo indica, se compone de *in*, que significa *in*terioridad, y del verbo *fundere*, fundir; *in-fundere*, fundir en, dentro, en el interior de una cosa.

Imbuir, por *amb-ir*, se compone de *amb*, que significa alrededor, circularmente, por todos lados, y del verbo *ire*, ir. De este origen proceden las voces castellanas *ancho*, *amplio* y *embudo*. *Embudo* es lo redondo, lo circular, lo esférico, lo que da vueltas por *ambas* partes. Puede decirse, sin temor de equivocar el pensamiento de estas palabras, que *imbuir* es como echar las cosas por *embudo*. Quede sentado que tienen una misma etimología y un mismo sentido fundamental los términos siguientes: *imbuir* (*amb*-ir), *ancho* (*amb*-cho), *amplio* (*amb*-lio), *embudo* (*amb*-udo).

Infundir tiene un sentido sabio, profundo, *in*terior.
Imbuir es más bien una operación externa, mecánica.

Una idea se *infunde* por el convencimiento: se funde dentro del espíritu, en el *in*terior del alma del hombre. La idea *infundida* entra a ser parte de nuestra alma, como el metal que se funde en otro metal.

Una idea se *imbuye* por el hábito: es una operación casi física: el sonido de la palabra es más que el pensamiento de la cosa: parece que la idea *imbuida* se derrama en nuestras orejas por medio de un *embudo*, como antes dijimos.

Se *infunde* la verdad.
Se *imbuye* la mentira.
El sabio nos *infunde* un pensamiento.
El compañero nos *imbuye* un error.
Infundir puede ser un gran ministerio: el ministerio de la ciencia.
Imbuir es un triste oficio: el oficio de la impostura y del embuste.

Ingenio, genio

El *ingenio* es un genio de forma, de detalles, de pormenores; un genio industrioso, casi mecánico; la maña del genio.
El *genio* crea; el *ingenio* combina.
El *genio* hace; el *ingenio* dispone.

Inmóvil, inmoble, inamovible, inmovible, inconmovible

Inmóvil es lo que no se mueve pudiendo moverse.
Inmoble, lo que no se mueve porque no se puede mover.
Inamovible, lo que no varía, lo que no se muda.
Inmovible, lo que no es capaz o susceptible de movimiento.
Inconmovible, lo que no es capaz de estremecerse.

El hombre que permanece quieto como una estatua es *inmóvil*.
Un peñasco es *inmoble*.
La magistratura, *inamovible*.
Las fuerzas superiores a las fuerzas humanas, como las pirámides de Egipto, son *inmovibles*.
Todo lo que se supone tener gran fundamento, como, por ejemplo, el monte Himalaya, es *inconmovible*.

Innecesario, superfluo

Lo *innecesario* no hace falta.
Lo *superfluo* sobra.
Lo *innecesario* es una prodigalidad del momento.
Lo *superfluo* es una prodigalidad elevada a sistema.
El que da dinero por lo *innecesario*, malgasta.
El que lo da por lo *superfluo*, dilapida.
Lo *innecesario* puede ser un error.
Lo *superfluo* es siempre un exceso y un vicio.
Pero no digo bien; lo *superfluo* es el monstruo que ha causado más víctimas en el mundo. Es la locura del que, no teniendo bastante con lo que han hecho Dios y la humanidad para la dicha de los hombres, quiere ser dichoso pidiendo limosna a sus caprichos, para perecer en el hastío y en la ruina; esto es, en la miseria del alma y del cuerpo.
El que usa lo *innecesario*, tal vez podrá luchar.
El que se engolfa en lo *superfluo* tiene que caer.

Insigne, notable

Insigne se deriva de *signo*, así como señal, señalarse, señaladamente, insignia, enseña, enseñar, enseñanza.
Notable viene del latín *nosco*, cuyo participio pasivo es *notus*, y que significa conocer. De este origen proceden *anotación, anotar, noble, nobleza, noblemente, ennoblecer, noción, prenoción, noticia, noticiar, noticioso, noticiero, notificación, notificar, nota, notar, notorio, notoriamente, notoriedad, notario, notaría, notariado, noto, ignoto,* etc.
Lo *insigne* es digno de señalarse, de distinguirse, de llevar *insignia*.
Lo *notable* es digno de conocerse.
Se diferencian además estas voces en que *notable* se aplica a cosa material, mientras que *insigne* no se aplica sino a persona y a seres morales y abstractos.
Así decimos: es un árbol *notablemente* grande.
No puede decirse: *insignemente* grande.
Por el contrario, solemos decir figuradamente: es una *insigne* falsedad, una *insigne* mentira, una *insigne* calumnia.
No expresaríamos el pensamiento con el mismo grado de fuerza diciendo: *notable* calumnia, *notable* mentira, *notable* falsedad.
Lo *notable* llama la atención como lo *notorio*: es *notabilidad*.
Lo *insigne* exige de nosotros cierto respeto, cierto homenaje.
Las cosas *notables* tienen fama: se buscan.
Las cosas *insignes* tienen autoridad: se acatan.
Lo *notable* es un hecho de la opinión y de la familia.
Lo *insigne* es casi un hecho histórico, casi una palabra de Estado.

Insistir, persistir

Insistir se compone de *in*, que en este caso significa *en*, y del latín *stare*, estar.
Persistir se compone de *per*, que significa reiteración, como en *per*severancia,

*per*tinacia, *per*secución, y del mismo verbo latino *stare*.

El que *insiste* está en ello; *in-stá*, que es como si dijéramos que *insta*, que aguija, que apremia.

El que *persiste* no deja nunca de *insistir*, no deja nunca de apremiar.

El que hoy *insiste* puede *desistir* otro día.

El que *persiste* no *desiste* nunca, por cuya razón no tenemos el verbo *despersistir*.

La *insistencia* es una gestión.
La *persistencia*, una perseverancia.
A veces *insistimos* en lo bueno.
Casi siempre *persistimos* en lo malo.

Institución, estatuto

Estas palabras se diferencian en que *institución* expresa una idea universal, y *estatuto*, una idea particular.

Así decimos: las *instituciones* de Inglaterra. Esto equivale a si se dijese: las leyes fundamentales de Inglaterra. No podría decirse en el mismo sentido: los *estatutos* de Inglaterra.

Por el contrario se dice: los *estatutos* de un convento, de una orden, de una corporación, de una sociedad mercantil.

No puede decirse: las *instituciones* de una sociedad mercantil, de una orden, de un convento.

Los *estatutos* de los pueblos se denominan *instituciones*.

Las *instituciones* de las sociedades particulares se llaman *estatutos*.

Las *instituciones* son políticas.
Los *estatutos* son sociales.

Una *institución* particular que hubo en España se llamó *Estatuto real*.

Instituir, constituir

Ambas palabras se derivan del latín *stare*, estar, como *estatuir, estatuto, establecer, establecimiento* y otras muchas voces.

Instituir es establecer una cosa dentro de otra mayor. Se *instituye* un colegio en una ciudad. Dentro de la ciudad está el colegio *instituido*.

Constituir es instituir varias cosas, formando serie, cuerpo, conjunto, de tal manera, que lleve en sí una esfera de hechos.

Se *instituye* una academia.
Se *constituye* una nación.

Lo que se *instituye* admite leyes: se regimenta.

En la *institución* entra la idea de doctrina y de precepto.

En la *constitución* entra la idea de derechos y de obligaciones.

La *institución* es una fundación o establecimiento.

La *constitución* es una ley fundamental.

Intelectualidad, inteligencia, entendimiento

Intelectualidad expresa la cualidad indefinida que tienen las cosas de ser intelectuales, lo cual quiere decir que es un nombre abstracto, aunque esto no lo explica todo, o mejor dicho, no explica nada. La abstracción tiene un carácter especial, tan especial como digno de estudio, y vamos a decir lo muy poco que nos ha sido dado aprender en medio del cruel desamparo en que aún existe la crítica de la palabra, esta crítica que debía ser (y lo será algún día) el último ramo, la ciencia más noble y más necesaria de la erudición universal, porque el *hablar* no es otra cosa que la más alta y la más difícil de las profesiones del ser inteligente.

¿Qué significa *intelectualidad*? ¿Expresa más o menos que *entendimiento*? ¿Es más universal, más trascendente, más profunda que *inteligencia*? ¿En qué consiste la vida especial que se echa de ver en aquella palabra? ¿Qué idea alimenta ese oculto atributo?

Esto preguntaba un acreditado filósofo de nuestro siglo, y no es extraño que lo preguntase, porque estaría cansado de revolver libros, diccionarios y enciclopedias, sin conseguir dar a sus dudas un momento de calma y reposo. ¡Cómo está la crítica del lenguaje! Es decir: ¡cómo está el lenguaje, porque no hay lenguaje sin crítica! ¿Cuándo querrá Dios que un hombre de talento, un hombre que nazca para el caso (¡Dios le dé tantas luces como luces hay en el cielo!), venga por fin, y ponga orden en este inmenso fárrago!

Contestando al filósofo que hace aquellas preguntas, decimos que *intelectualidad* no se diferencia de *entendimiento* en que exprese menos o que exprese más; que no se distingue tampoco de *inteligencia* en que sea más o menos profunda, más o menos universal o trascendente. Se diferencia de ambas palabras en que tiene cierto espíritu de invención, cierto gusto imaginativo, cierto limo de arte. La *inteligencia* y el *entendimiento* hablan del raciocinio, del conocimiento, del discurso; la *intelectualidad* habla de un misterio, de una vaguedad, de una armonía, de una creación, porque creación es toda imagen, toda figura que se inventa, aunque sirva de ornato al pensamiento más oculto y más metafísico. La *inteligencia* y el *entendimiento* discurren. La *intelectualidad* adivina. La *intelectualidad* es la poesía del *entendimiento*, como la idealidad es la poesía de la idea, como la sonoridad es una poesía del sonido.

En esto consiste la idea especial que echaba de ver el filósofo mencionado; en esto consiste el atributo o culto de la palabra que nos ocupa; es metafísica y poética, como lo es todo nombre abstracto, como lo es necesariamente toda abstracción.

Sentado esto, nada más fácil que diferenciar los tres vocablos del artículo.

La *inteligencia* conoce.

El *entendimiento* juzga.

La *intelectualidad* idealiza.

La *inteligencia* es vasta, extensa, profunda, universal.

El *entendimiento* es agudo, incisivo, concreto, práctico.

La *intelectualidad* es viva, armoniosa, fecunda, brillante.

La *inteligencia* es un principio.

El *entendimiento* es un órgano.

La *intelectualidad* es un ente de razón.

De modo que la *inteligencia* está en la humanidad.

El *entendimiento*, en el hombre.

La *intelectualidad*, en la abstracción; es decir, en la metafísica y en el arte.

La *intelectualidad* es como el genio de la *inteligencia*.

Intempestivo, impertinente

Intempestivo es lo que se hace fuera de tiempo.

Impertinente es lo que no corresponde al carácter de las personas o a las circunstancias en que se encuentran.

Uno solicita ser parte de cierta expedición cuando la expedición ha partido; semejante demanda es *intempestiva*.

Otro, sin estar revestido del necesario carácter oficial, está empeñado en asistir a un besamanos regio: semejante deseo es *impertinente*, no *pertenece*, no corresponde al sujeto en cuestión.

En lo *intempestivo* hay falta de sazón o de oportunidad.

En lo *impertinente* hay falta de cordura y de buen juicio.

Intención, intento

Un hombre resuelve marchar a las Indias sin dar parte a nadie de su pensamiento. Este pensamiento escondido, este secreto de su voluntad, es una *intención*. Ha resuelto ir.

Acude después a los arbitrios de que dispone para realizar su propósito; empieza a convertir en hecho aquella idea oculta; éste es el *intento*. Pretende marchar.

De modo que la deliberación del *intento* se llama *intención*, y la realización de la *intención* se llama *intento*.

Más claro: llevado el *intento* a la conciencia, es *intención*.

Llevada la *intención* al orden de los hechos sensibles, es *intento*.

Por consecuencia, *intento* es una *intención* práctica, y la *intención*, un *intento* moral.

La *intención* se esconde.
El *intento* se manifiesta.
La *intención* resuelve.
El *intento* ejecuta.
La *intención* es alma.
El *intento* se inclina al acto.

Persona mal*intencionada* quiere decir que oculta malos pensamientos, malas ideas: es espíritu.

Robo *intentado* es el que se ha querido ejecutar: es materia.

Así es que Don Quijote, resolviendo deshacer agravios, enderezar tuertos, enmendar sinrazones, mejorar abusos y satisfacer deudas, no da parte a persona alguna de su *intención*, y sin que nadie le viese, una mañana, antes del día, cabalga sobre Rocinante con el peregrino atavío de sus pertrechos y de sus armas.

Aquí se trata de un *intento* oculto, misterioso: ésta es la *intención*.

Pero más adelante halla un camino que se divide en cuatro, y «luego se le vino a la imaginación las encrucijadas en donde los caballeros andantes se ponían a pensar cuál camino de aquellos tomarían; y por imitarlos, se estuvo un rato quedo, y al cabo de haberlo muy bien pensado, soltó las riendas a Rocinante, dejando a la voluntad del rocín la suya, el cual siguió su primer *intento*, que fue el irse camino de su caballeriza».

Aquí se trata de la realización de una voluntad, de una *intención* que camina hacia un punto, de una *intención* práctica; es decir, se trata de un *intento*.

Don Quijote oculta su propósito; he aquí la *intención*.

Rocinante sigue su primer impulso, practica su *intención* primera; he aquí el *intento*.

La palabra *intención*, según su etimología, significa como *tener dentro, intus tenere*, lo cual expresa perfectamente el sigilo propio de los hechos morales, el secreto de la conciencia.

Intento vale tanto como *tener tendencias, tender* hacia una cosa, como si dijéramos *aspirar*, cuyo sentido primitivo significa muy bien esa especie de holgura o de ensanche que los hechos toman cuando se aplican; porque parece que una cosa no se puede verificar sin que cobre la nueva *extensión* que necesita para tomarse en hecho. Cuando una idea pasa a otra esfera, cuando significa otras relaciones, cuando su sentido se agranda, parece que tiene que agrandarse ella. Pues bien, esta necesidad de dilatarse, de *extenderse*, que tienen los hechos que se aplican, es lo que significa la palabra *intento*.

Interceder, mediar

Interceder es abogar con los poderosos en favor de los delincuentes desgraciados o de los inocentes perseguidos.

Mediar, tomado en buena parte, es andar por *medio* con el fin de que los discordes se concuerden, llevando las cosas a buen punto y sazón.

El ministro *intercede* con el rey en favor de un reo desdichado, de un criminal arrepentido.

Jesucristo, Dios hecho hombre en su estado glorificado, es el único y suficiente *mediador* entre Dios y los hombres, como declara el apóstol Pablo: «Porque hay un solo Dios y un solo *mediador* entre Dios y los hombres, Jesucristo-hombre, el cual se dio a sí mismo en rescate por todos, de lo cual se dio testimonio a su debido tiempo» (1.ª Timoteo 2:5).

El amigo *media* en los disturbios de un matrimonio para que el divorcio no se entable.

El *interceder* es siempre un noble oficio, casi una prerrogativa, porque es el ministerio de la clemencia y de la caridad.

El *mediar* puede ser una honra o una infamia, según las cosas en que *mediemos*, porque un hombre débil o malo puede *mediar* en cosas muy feas.

Así decimos: tal negocio estaba a punto de terminarse; pero *medió* la mala fe y se hizo imposible todo concierto.

El matrimonio estaba avenido; pero *medió* la suegra, y el diablo tiró de la manta.

El lector comprende cuán fuera de sentido sería decir: el matrimonio estaba avenido; pero la suegra *intercedió*, y el diablo tiró de la manta.

Tal negocio estaba a punto de madurarse; pero *intercedió* la mala fe y se hizo imposible todo concierto.

Nada más digno y venerable que *interceder* siempre que se pueda. ¡Dichoso el que intercede! ¡Dichoso el que aboga por los débiles, por los desgraciados, por los arrepentidos! ¡Dichoso el que se venga perdonando! ¡Dichoso el que se venga *intercediendo*!

Nada más arriesgado que adquirir la costumbre de *mediar* o *interponerse* en asuntos ajenos, en los cuales pensando hacer un bien, puedes algunas veces causar un mal. Hay un adagio español que dice:

«*Si no tienes beneficio*
Media *por oficio.*»

Lo que significa, naturalmente: aunque no vayas a ganar nada en ser un pacificador, media por buena voluntad y amor al prójimo, y nosotros añadimos: *Media por amor a Dios y por amor a tus hermanos enemistados, a quienes Dios quiere poner en paz y puede que para ello desee usarte a ti.*

Intermisión, interrupción

La *intermisión* es una tregua, un descanso.

La *interrupción* es un trastorno, casi una alarma.

La *intermisión* puede ser un medio de armonía, de paz, de mejora.

La *interrupción* es siempre un obstáculo, un peligro, una especie de rompimiento, una verdadera turbación.

Lo que es capaz de *intermisiones*, pierde intensidad.

Lo que padece *interrupciones*, pierde concierto, unidad, fuerza.

Todo hecho que no es infinito, puede tener sus naturales *intermisiones*.

El que intente dar cabo a una empresa, procure con mucho cuidado ponerla a cubierto de la más pequeña *interrupción*. Más vale continuar perdiendo, que *interrumpir* ganando.

Hay *intermisiones* en las calenturas, en la política, hasta en la historia. Lo que se llama edades medias en los anales de la humanidad, no son otra cosa que verdaderas *intermisiones* del espíritu humano.

Hay *interrupciones* en nuestros planes y negocios.

Interno, interior, íntimo, intrínseco

Lo *interno* supone organización, cuando se emplea en sentido propio. Patología *interna*, lesión *interna*. No puede decirse: patología *interior*, *íntima*, *intrínseca*, ni lesión *intrínseca*, *íntima*, *interior*.

Lo *interior* se aplica a todo aquello que tiene cavidad; pero cavidad que esté guardada por formas exteriores. El *interior* de una botella, de una casa, de un abismo, de un hombre. No puede decirse: lo *interno*, lo *íntimo* o lo *intrínseco* de un abismo, de una casa, de una botella. No puede decirse tampoco, para significar la misma relación, lo *interno*, lo *íntimo*, lo *intrínseco* de un hombre.

Íntimo se aplica al ser racional. Lo *íntimo* es el secreto de nuestras ideas, de nuestros afectos, de nuestras imágenes, de nuestras esperanzas, de nuestros dolores; es la lumbre que nos calienta en el hogar del alma; es a un mismo tiempo un gran arcano, una gran lucha y una gran poesía.

Así decimos: la verdad parece ser la esencia *íntima* del pensamiento.

El amor es la esencia *íntima* de nuestros corazones.

No puede decirse: la esencia *interior*, la esencia *interna*, la esencia *intrínseca*, porque no hay una esencia que sea *extrínseca*, que sea *exterior*, que sea *externa*.

Una madre dice: guardo la memoria de mi hijo en lo más *íntimo* de mi corazón. Nada más absurdo que decir: en lo más *interior*, en lo más *interno*, en lo más *intrínseco* de mi corazón.

Intrínseco se refiere a la constitución esencial de las cosas, a esa serie de cualidades que van unidas a las substancias que Dios ha creado, formando con ellas un todo indivisible, un grupo invariable, una ley de la creación, un dogma natural.

El astro es luminoso: sin la luz no existiría el astro.

La luz es clara: sin la claridad no existiría la luz.

La luz es una cualidad *intrínseca* del astro.

La claridad es otra cualidad *intrínseca* de la luz.

Todo atributo con que el objeto nace, es *intrínseco* en aquel objeto.

Pensar, querer, sentir, imaginar, asociarse, creer, moverse y reproducirse: he aquí otras tantas cualidades *intrínsecas* del hombre. Borradas esas cualidades, se borra el ser humano. El que atente contra esas cualidades originarias, no atenta contra el hombre, sino contra el orden universal, contra la ley de la naturaleza, contra la ley de Dios.

Lo *interno* es orgánico.
Lo *interior*, físico.
Lo *íntimo*, moral.
Lo *intrínseco*, filosófico.
Lo *interno* se estudia y se colige.
Lo *interior* se registra.
Lo *íntimo* se siente.
Lo *intrínseco* se explica.

Intestino, tripa

Ninguna de las dos palabras da noticia anatómica de aquellos órganos. Ambas se refieren a circunstancias accidentales.

Intestino, a la situación.
Tripa, a la forma.
Intestino quiere decir que está dentro: *intùs stare*.

Tripa viene de estirpe, *stirps*, *stirpis*, en latín, que significa raíz, porque las tripas son parecidas a las raíces.

Tripa es palabra vulgar y fuera de uso entre personas educadas.

Invencible, invicto

Invencible es lo que no puede vencerse.
Invicto, lo que no ha sido vencido todavía.
Obstáculo *invencible*.
General *invicto*.

Investigar, inquirir

Investigar se compone de *in*, y del latín *vestigium*, que significa rastro, huella, señal: *investigo* es como si dijéramos *in-vestigio*.

Inquirir se compone también del prefijo *in*, que significa *in*terioridad, y del verbo *quaero, quaeris*, que equivale a buscar. *Inquiero* es como si dijéramos: *in-quaero*.

El que *investiga* busca el rastro, la huella, la señal, el *vestigio* de las cosas.

El que *inquiere* busca en lo *interior*, registra lo oculto, lo escondido, lo secreto.

Se *investigan* los hechos exteriores, no se *inquieren*.

Se *inquieren* la opinión, la conciencia, la fe; se *inquieren* las disposiciones del ánimo; se *inquiere* el espíritu, no se *investiga*.

La *investigación* obra por fuera.
La *inquisición* obra por dentro.
El que *investiga* busca detalles: es minucioso.

El que *inquiere* busca intenciones: es profundo.

Por esto sucede que la *inquisición* significa más que la *investigación*.

Las *investigaciones* pueden ser justas.
Las *inquisiciones* son siempre temibles.

Invitar, convidar

Yo *invito* a mi contrario, con el fin de que oiga en una reunión los cargos que pienso dirigirle.

Convido a mis amigos, o a mis superiores, con el propósito de obsequiarles.

La *invitación* puede ser astuta, capciosa, desleal, agresiva.

El *convite* puede ser ambicioso; pero la ambición que convida, es galante, liberal, agasajadora.

Una *invitación* ha llevado a muchos al cadalso.

Del *convite* se pasa muchas veces a la disolución.

Invito para que me oigan.
Convido para que me celebren.
En nuestro siglo son algo más frecuentes las *invitaciones* que los *convites*.

En una palabra, la *invitación* es el recurso de los pequeños.

El *convite* es el golpe de Estado de los grandes.

Los *convites* me hacen sonreír.
Las *invitaciones* me hacen sudar.
Invitatio, entre los latinos, significaba cierta idea de provocación. ¡Que sabio es esto!

Invocar, evocar

Invocar es pedir una ayuda, una esperanza, un consuelo.

Evocar es traer algo del otro mundo, es arrancar algo de las tumbas.

Se *invoca* a Dios, se *invoca* un recuerdo glorioso.

Se *evoca* una sombra.
Invocar es retórico y sagrado.
Evocar es fantástico.
La *invocación* alienta.
La *evocación* espanta.

Irrupción, invasión

Irrupción viene de *romper*, lo mismo que *ruta* y *derrotero*.

Invasión se deriva de *invado*, compuesto de *in* y del *bados* griego, que equivale a camino.

De modo que ambos nombres tienen una misma etimología.

Irrupción es pasar la *ruta*, ir más allá, internarse en tierras de otros, en dominios ajenos.

Invasión es pasar la vía, el *bados* antiguo, de donde vienen nuestros vocablos *vado* y *vadear*. Podría decirse que *invadir* es como *vadear* las fronteras de una comarca y apoderarse de su territorio.

Pero estas voces, que son idénticas en su origen, expresan relaciones muy diferentes en su práctica.

La *irrupción* es un *rompimiento*, un atentado, una violencia.

La *invasión* es una conquista.

La *irrupción* inunda, entra de improviso.

La *invasión* marcha.

La *irrupción* atropella.

La *invasión* domina.

Así decimos: la *irrupción* del Norte, no la *invasión*, porque los bárbaros inundaron el sur de Europa por sorpresa.

Así decimos del mismo modo: la *invasión* francesa, no la *irrupción*, porque los franceses pretendían dominarnos, poseernos.

La *irrupción* es bárbara.

La *invasión*, estratégica.

Irse, largarse

Irse, de *eo*, *is*, *ire*, de donde formaron los latinos la palabra *iter*, origen de nuestra voz *itinerario*, derrotero, no expresa otra idea que la de avanzar, en sentido opuesto al paraje o a la situación en que nos encontramos. *Ir* es lo contrario de venir.

Largarse procede del latín *longus*, como *largo* y *lejos*, con sus derivados lejanía, alejamiento, alejar, alejarse, lejanamente, etc.

Largarse significa literalmente hacerse *largo*, ponerse *lejos* de nosotros, *alejarse*, puesto que *alejarse* y *largarse* tienen una misma etimología. A muy poco que meditemos, nos será fácil comprender la admirable y sencilla razón de la analogía que se nota entre ambas palabras. Supongamos que cualquier objeto se va haciendo *largo*; supongamos que se va *alargando* hasta el punto de llegar a las nubes, por ejemplo. Claro es que la parte extrema de aquel objeto, la parte que toca en las nubes estará muy distante de nosotros; será una parte que está muy *lejos*. De modo que lo *largo* es sinónimo de lo *lejano*, puesto que las cosas se *alejan* en la proporción en que se *alargan*.

El que se *va* deja de estar en nuestra compañía.

El que se *larga* se va *lejos*.

Lo contrario de *irse* es quedarse.

Lo contrario de *largarse* es acercarse.

Israelita, judío

Israel quiere decir *hombre que ve a Dios*. Esta palabra no designó al principio ningún pueblo, sino que fue el nombre que el ángel dio a Jacob, como se refiere en el capítulo 32 del Génesis, versículo 28.

«Él dijo (el ángel): De ninguna manera se llamará tu nombre Jacob, sino *Israel*.»

Después se aplicó a todo el pueblo hebreo, salvado de Egipto, y últimamente designó las diez tribus que formaban el reino de Israel.

Judío viene de *Judá*, hijo de Jacob y de Lea, hermana de Raquel, hijas de Labán.

«Concibió la cuarta vez, y parió un hijo, y dijo: Ahora alabaré al Señor; y por esto le llamó *Judá*, y cesó de parir» (Génesis, 29:35).

De modo que *Judá* significa *alabanza*. El nombre de este hijo de Jacob vino a representar, siglos después, la cabeza de un reino, según refiere la Biblia en 1.º Reyes 13, cuando las tribus norteñas de la nación de Israel vinieron a pedir a Roboam, el heredero de Salomón, que redujese los impuestos con que les había gravado el poderoso rey Salomón, su padre, y éste no quiso escuchar el consejo de los ancianos que le exhortaban a atender las peticiones del pueblo, sino que, mal aconsejado por sus amigos jóvenes, se negó a ello. Las diez tribus se separaron de las dos del sur, Judá y Benjamín, que formaron el reino de Judá, mientras que las del norte se agruparon y formaron la nación de Israel.

El nombre de *judío* se ha extendido después a todas las tribus originarias de Jacob. Hoy, la nación israelita, llamada asimismo judía, es la nación de Israel, formada por judíos e israelitas a quienes se ha podido identificar como descendientes de alguna de las diez tribus procedentes del patriarca Jacob.

Los *israelitas* se llamaron hebreos hasta el destierro de Babilonia. Después de esta época tomaron todos el nombre de *judíos*.

J

Jabalí, jabato

Jabalí viene del nombre árabe *jebel*, que significa sierra o monte. Todo el mundo sabe que *jabalí* es el cerdo montés.

Jabato es el *jabalí* pequeño.

Jardín, verjel

Hay quien cree que *jardín* viene de *Jordán*, aludiendo a la frondosidad con que la naturaleza engalana la orilla de aquel famoso río.

Verjel viene de *verde*, y aun mejor de *verja*, porque los *verjeles* están cercados.

La primavera convierte los campos en *jardines*, no en *verjeles*, porque los *jardines* del campo no tienen *verja* alrededor.

De modo que el *jardín* puede ser rústico.

El *verjel* ha de ser artificial, ha de estar cultivado; es un huerto de árboles frutales.

Los *jardines* de la ciudad, más claro, los *jardines* del arte, son *verjeles*.

Los *verjeles* de la naturaleza son *jardines*.

Jefe, corifeo

Jefe viene de *gero*, que significa gestionar, gobernar, dirigir. *Jefe* es, por lo tanto, el que *gestiona*, el que gobierna, el que dirige.

Así decimos: *jefe* del Estado, general en *jefe*, *jefe* político, etc.

Nada más contradictorio que decir: *corifeo* político, *corifeo* del Estado.

Corifeo se llamaba primitivamente el *jefe del coro*, y esta es la razón porque implica la idea de muchedumbre, de bullicio, casi de tumulto.

Así decimos: *corifeo* de tal o cual bando o parcería, con lo cual queremos decir que es el sujeto entrometido que arregla y dispone aquella tropa.

El partido que tiene *corifeos* no es un verdadero partido, sino una turbulencia política, una especie de *coro* en que cada cual sale por el tono que le acomoda.

Corifeo quiere decir jefe de un grupo poco ordenado.

Jefe significa *gerente*.

El *corifeo* es cabecilla.

El *jefe* es cabeza.

Jerarquía, categoría

Antes de manifestar el sentido en que hoy se emplea la voz *jerarquía*, es indispensable decir dos palabras sobre las variaciones que ha sufrido.

Jerarquía se aplicó primitivamente a significar el orden o la subordinación de los coros de ángeles, en cuya acepción expresó la idea de gobierno, como lo prueba su desinencia en *quía*, que no es otra cosa que una corrupción del nombre griego *archē*, que quiere decir disciplina o mando.

Nueve órdenes de ángeles, dicen las Partidas, ordenó nuestro señor Dios en la Iglesia celestial, y puso a cada uno de ellos su grado, y dio supremacía a los unos sobre los otros, denominándolos según sus oficios; a semejanza de lo cual ordenaron los llamados Padres de la Iglesia terrenal, que para ellos era la católica romana, nueve órdenes de clérigos, dando a los unos supremacía sobre los otros, según aquello que estaban destinados a hacer dentro de una iglesia o grupo determinado.

Al obispo de la capital del imperio llamaron Papa (padre de los obispos).

La jerarquía clerical se componía de un obispo (presidente de cada congregación), diáconos (varios por cada grupo), arcipreste (sustituto del obispo), jefe de los prestes, subdiácono, acólito (ayudante)exorcista (designado para echar fuera demonios). A continuación, lector, o sea, destinado a leer primero en el idioma del pueblo, que en la nación hispana se llamaba mozárabe, o castellano antiguo. En tiempos cuando, por la escasez de escuelas, pocos sabían leer (hoy día este oficio es confiado a personas seglares). Los últimos eran llamados hostiarios o encargados de tener cuidado de las hostias que usaban los clérigos en la comunión, que entonces era practicada con gran frecuencia por los fieles, muchos de ellos a diario. Finalmente, había el clérigo de menor grado, a quien se llamaba corona por el privilegio de tenerla marcada sobre su cabeza, como señal de pertenecer, aunque fuera en último grado, al orden clerical.

En las asambleas primitivas, los únicos oficiales eclesiásticos eran el obispo, o predicador, llamado también pastor, y los diáconos, o sea, ayudantes en quehaceres seculares en favor de la iglesia.

La palabra *jerarquía* expresa la idea de gobierno, y del uso eclesiástico, pasó al seglar. Este vocablo, sin dejar de significar las varias dignidades del estado eclesiástico, vino a aplicarse a los grados de nobleza. *Jerarquía*, como voz común, vino a significar títulos de nobleza, de condición y de alcurnia.

De ahí se derivó la palabra *categoría*, que significa el carácter o la condición de cada hombre en la sociedad, el grado social o político de cada uno. A medida que el empleado sirve a la nación, debe ganar en sueldo y en *categoría*. No puede decirse: debe ganar en sueldo y en *jerarquía*, porque la *jerarquía* marca únicamente el carácter de las clases nobles. Es la graduación heráldica de cada uno, el escudo de armas que equivale al escalafón de la sociedad.

Es una persona de alta *categoría*, quiere decir que ocupa altos puestos, que tiene honores, que influye, que puede, que manda.

Es una persona de alta *jerarquía*, quiere decir que su blasón es de los más ilustres de aquel país.

Un individuo de la plebe, elevado al trono, es la primera *categoría* de la nación que le llama rey, porque es la primera figura, el primer carácter, la primera condición social de aquel pueblo.

Pero ese rey de baja extracción que es la primera *categoría* social, porque es un símbolo de todo el reino, no pertenece a ninguna *jerarquía*, porque no pertenece a ninguna clase de la nobleza.

Tiene autoridad, rango, puesto: un puesto desembarazado, manifiesto, evidente, *categórico*: tiene *categoría*.

Puede no tener pergamino, ejecutoria, escudo de armas, blasón, historia, antigüedad: no tiene *jerarquía*.

Por el contrario, el monarca que hereda la corona de una familia antigua y calificada, es al mismo tiempo la primera *categoría y la primera jerarquía* de la nación. ¿Por qué será la primera *jerarquía*? Porque no hay un rey hereditario, un rey noble, que no sea *duque*, y el ducado es la primera *jerarquía* de la nobleza.

De modo, que en *categoría* entran las ideas de servicios, de honores, de gobierno, de capacidad, de valía, de estado: es el presente.

En *jerarquía* entran las ideas de ascendencia, de estirpe, de origen: es el pasado.

En una palabra, la *categoría* es la sociedad.

La *jerarquía* es la heráldica, o sea, los blasones o privilegios ganados por los antepasados de la familia, generalmente en actos de guerra o por especial asignación de parte del monarca de cada país en su época.

Jesús, Cristo, Mesías

Jesús se deriva del hebreo *Jehovah*, que significa EL QUE HA SIDO, ES Y SERÁ, el ser por excelencia, Dios. El vocablo *Jehovah* es una de las voces más sabias que tiene el idioma humano.

Cristo se deriva del griego *chrisma*, que significa óleo, unción, derivado del verbo *chriō*, que equivale a ungir. De este origen nacen las palabras anticristo, anticristiano, cristianamente, cristianar, cristiandad, cristianismo, cristianizar, cristiano, Cristóbal (el que lleva a Cristo), etc.

Mesías: Muchos creen que se deriva del latín *Mittere*, o sea, enviado, pero a la luz de la Biblia encontramos que tiene el mismo significado, pero no del latín, sino de una voz hebrea que viene a expresar la misma idea. Cristo fue enviado para ser Salvador, pero también rey, profeta, ungido del Señor.

Jesús significa, además, el Salvador.

Cristo, el ungido para ser rey del mundo, como lo eran los ungidos reyes de Israel.

Mesías es el enviado por Dios para ser todo lo antes descrito.

Jocoso, festivo

Jocoso viene del latín *iocus*, juego.

Festivo, de *Vesta*, nombre de la madre de Saturno, diosa del fuego sagrado.

Lo *jocoso* es recreo.

Lo *festivo*, solemnidad.

Lo *jocoso* divierte.

Lo *festivo* alegra.

Así decimos: día *festivo*.

Nada más absurdo que decir: día *jocoso*.

Jubilación, retiro

Jubilación viene de *jubileo*, derivado del verbo hebreo *hôbil*, que significa perdonar.

Retiro es un derivado del latín *trahere*, traer hacia sí, abstraer, apartar.

Jubilar a uno es declararle exento de la obligación de trabajar más, es una especie de remisión, de perdón o de gracia: un *jubileo*.

Retirarle es decirle que ya no está apto para la lucha de la vida, que se le separa por los embates de este mundo, por decirlo así.

La *jubilación* es una merced.

El *retiro*, una despedida.

El *jubilado* está fuera de cargo de responsabilidad.

El *retirado* está fuera de juego por su incapacidad o por alguna falta cometida en el desempeño de su oficio.

Júbilo, regocijo

Regocijo es la expresión reiterativa de *gozo*, como *regodeo*.

Júbilo viene de *jubileo*, *iubilaeus* en latín, cuya palabra se origina del verbo hebreo *hôbil*, que significa remitir o perdonar. Año de *jubileo* quiere decir en la ley escrita y en la ley de Gracia (ley de Moisés y ley de Jesucristo) año de remisión; y como este período de perdón era recibido con grandes muestras de alborozo por aquellos a quienes redimía, de *jubileo* salió *júbilo*, cuyo *júbilo* no era otra cosa que la alegría general que ocasionaba el *jubileo*.

Sentado esto, no será difícil colegir que las dos palabras del artículo significan relaciones muy diferentes.

Regocijo es una expresión reiterada de gozo; un gozo repetido, un gozo en que entran muchos a gozar, lo cual nos da la idea de un alborozo o de un festejo público.

En efecto, el gozo es de una persona; el *regocijo* es el gozo de una ciudad, de una comarca, de una nación. Si la humanidad pudiera tomar parte en un suceso próspero, el *regocijo* sería el gozo de la humanidad.

Y el uso, que es tan sabio sin *saberlo*, por cuya razón es más sabio; el uso, que apenas estudia y que todo lo ve sin estudiar, viene a demostrarnos con sus prácticas la verdad de esta teoría.

Un pueblo recibe la noticia de que sus legiones han triunfado de otro pueblo enemigo, y saluda con *regocijo* y con entusiasmo aquella gloria de sus armas y de su independencia. Y con esta ocasión habrá fiestas y *regocijos* públicos.

El uso no sabrá por qué; pero no dirá en este caso: habrá fiestas y *gozos* públicos.

Establezcamos, pues, que el *regocijo* es un *gozo* unánime, múltiple, público, general.

El *júbilo* es perfectamente sinónimo de *regocijo* en esta tendencia, porque el *júbilo* es también general y público como lo es el *jubileo*; pero el *júbilo* viene de perdón.

El *regocijo* viene de una victoria, de una conquista, de una ventura.

El *júbilo* es solemne, religioso, casi patético.

El *regocijo* es entusiasta, popular, bullicioso.

El *júbilo* nos lleva a un templo.

El *regocijo* nos lleva a una plaza.

Por el *júbilo* queremos dar gracias a Dios.

Por el *regocijo* celebramos las glorias del hombre.

Ya hemos dicho que el *regocijo* es el gozo de las victorias.

Ahora añadiremos que el *júbilo* es el gozo de las amnistías.

Prosperidad pública: *regocijo*.

Pública caridad: *júbilo*.

El *júbilo* es más que el *regocijo*. El perdón es más que la victoria. La caridad es más que el triunfo.

Judicial, jurídico

Lo *judicial* toca a la judicatura.

Lo *jurídico*, a la jurisprudencia.

En lo *judicial* actúan jueces y escribanos.

En lo *jurídico* no interviene nadie más que el *jurista*.

Así decimos: procedimientos *judiciales*. Nada más absurdo que decir: procedimientos *jurídicos*.

Disertación *jurídica*. Nada más anómalo que decir: disertaciones *judiciales*.

Juez, árbitro

Árbitro viene del latín *arbiter*, formado de *ad-beto*, que equivale a *ad-eo*; es decir, para el caso.
Juez, de *iudex*, derivado de *ius*, *iuris*, el derecho.
Árbitro es el que obra discrecionalmente, sin dependencia.
Juez es el que obra con arreglo al derecho escrito.
La equidad es el criterio del *árbitro*.
La ley es el criterio del *juez*.
El *árbitro* establece.
El *juez* sentencia.
Los asuntos particulares tienen especialmente *árbitros*.
Los asuntos públicos tienen *jueces*.
Las dos palabras de este artículo podrían traducirse por las dos siguientes: prudencia y justicia.
El *árbitro* es la prudencia.
El *juez* es la justicia.

Jugo, substancia

Jugo, corrupción de *suco*, viene del latín *succus*, del verbo *suggere*, que equivale a mamar, chupar, atraer el jugo o el *suco* con los labios.
Substancia se compone de *sub*, bajo, debajo, y de *stancia*, forma sustantiva de *stare*, estar: *sub-stancia* o *subtsancia* como se decía antes. Significa literalmente lo que está debajo de los hechos visibles, de los fenómenos exteriores: es la *estancia interior* de las cosas, lo que no cambia, lo que no se muda, lo que no se pierde, entre tantos objetos como se pierden en este mundo. ¡Qué etimología más sabia, más profunda y más verdadera! El pueblo que comprende tales verdades tiene grandes derechos a que la gratitud y la admiración le guarden una página eterna en los fastos de la civilización universal. Sea grato este saludo a las cenizas del pueblo latino.

La *substancia* no es otra cosa que el principio oculto de todo lo que existe, y el principio es realmente la *estancia interior* de los objetos, esa *estancia interior* que Dios ha dado al ser de las cosas. No puede concebirse una etimología más exacta, más filosófica, más trascendental, más viva y más bella.

Supongamos que un mármol se calcina. Ahora será un mármol calcinado.
Supongamos que luego se avienta. Ahora será un mármol aventado.
A través de todos los cambios posibles, siempre quedará una reliquia del mármol primero, de aquella forma elemental: siempre quedará algo de aquella piedra, como del cadáver queda el polvo. Pues aquella reliquia que no se extravía ni se consume; este polvo que no se aniquila; esta ceniza que da Dios a todo sepulcro, como a toda ruina da un escombro, como a todo lo que ha pasado da una memoria; esta marca del ser; esta marca eterna de Dios, es la *substancia*.

El *jugo* es zumo, líquido, humedad.
La *substancia* es naturaleza, principio, madre.
El *jugo* es suculento, nutritivo.
La *substancia* es indestructible, necesaria, universal.
Lo árido, lo seco, no tiene *jugo*.
Todo lo que existe tiene su *substancia*.
El *jugo* pertenece a la física.
La *substancia* pertenece al sistema del universo.
Así decimos: la *substancia* es la esencia manifestada de las cosas.
El lector comprende cuán desatinado fuera decir: el *jugo* es la esencia manifestada de las cosas.

Nosotros nos alimentamos con varios *jugos*.

La razón de todo el universo se alimenta con una *substancia*. La *substancia* es la *estancia* oculta, el arca misteriosa de la vida en que Dios esconde el hondo misterio de su sabiduría y de su poder; el hondo misterio de su espíritu, de su esencia.

Jumento, pollino

Jumento se deriva de *iungere*, uncir, o de *iugum*, yugo.

Damos el nombre de *pollino* al *jumento* nuevo; y aun al asno joven.

De modo que *jumento* significa animal de carga, de trabajo, de fatiga.

Pollino es como el *pollo* de los asnos.

Jurisdicción, dominio

Jurisdicción viene de *ius*, *iuris*, que en latín significa derecho, como jurisprudencia, judicatura.

Dominio viene del latín *dominus*, que vale tanto como señor.

La *jurisdicción* supone *juez*.

El *dominio* supone amo.

Todo juzgado, toda audiencia, todo tribunal, todo cuerpo *jurídico*, tiene forzosamente una *jurisdicción*.

Todo el que es *dominus*, todo el que *domina*, el que posee, el que es propietario, tiene forzosamente su *dominio*.

La *jurisdicción* es derecho, ley, Estado.

El *dominio* es señorío, propiedad.

Acerca de la etimología de estos nombres, dice Monlau: «De *Dius* (genitivo de *Zeus*, aplicado a Júpiter), perdida la *d*, sacan algunos autores las voces latinas *ius*, *jus*, el derecho; la *iustitia*, *justicia*, la justicia, principal atributo de Dios.

¡Lástima, dirán más de cuatro, que la *justicia*, derivación de Dios, no sea administrada en el mundo por la inteligencia soberana de donde procede!

El *justiciero* es una práctica.

El *justo* es un convencimiento.

Dios es *justo* y *justiciero* a la vez. Algunos teólogos se han inclinado tan sólo a la idea de justiciero, olvidando la de justo.

Muchos pecadores confían en la idea de justo, confundiéndola con la de bondadoso o perdonador, para dejar de arrepentirse y cambiar de vida, olvidando que las Sagradas Escrituras lo presentan igualmente con la idea de *justiciero*, a la par que de *justo*.

L

Laconismo, concisión

Laconismo viene del griego *lakon*, laconio, espartano.
Concisión viene de *concido*, *con-caedo*, que quiere decir cortar.
El *laconismo* viene a consistir en disposiciones de temperamento o de raza.
La *concisión* expresa la idea de corte, de ajuste, de medida, de *cesura*.
El *laconismo* es grave, austero, inflexible, algo taciturno.
La *concisión* es más bien retórica.
El *laconismo* está en el carácter: se hereda.
La *concisión* tiene sus reglas: se aprende.
De modo que el *laconismo* es casi fisiológico.
La *concisión*, artística y natural.

Laico, lego

Ambas palabras vienen del griego *laikos*, voz formada de *laos*, que significa pueblo.
Laico equivale a seglar, paisano, no eclesiástico.
Lego quiere decir que no ha sido enseñado, que no tiene letras, que es ignorante.
Soy *laico* significa: soy del pueblo, no tengo cargo en la iglesia.
Soy *lego* equivale a decir: no soy letrado, y antiguamente significaba: no sé leer.
Muchos hombres *laicos* son instruidos, sabios profundos, consumados y grandes poetas: no son *legos*.
Más de un *lego* ha llegado a ser sacerdote o pastor, aplicándose, más o menos tarde, a las sagradas letras.

Lana, vellón

Lana, nombre tomado literalmente del latín, no expresa otra idea que la de abrigo. La *lana* viene a ser el vestido de la oveja, y esto hace que Juvenal diese a la oveja el nombre de *lanata*, que es como si dijéramos *lanuda*.
Vellón (¡etimología extraña!) viene del latín *vello*, *vellis*, *vellere*, que vale tanto

como arrancar, sacar de raíz, en cuyo sentido lo usa frecuentemente Cicerón. Del verbo arrancar, *vellere*, salió *vellón*, porque el *vellón* era la cantidad de lana que se *arrancaba* a cada carnero, porque el esquileo primitivo consistía en sacar la lana de raíz. Esto demuestra que la cultura es buena aun para los mismos animales.

Después el *vello*, *vellis*, fue reemplazado por *tondro*, *tondes*, que quiere decir, esquilar, de donde vino *tundo*, *tundis*, tundir.

De modo que al arrancar la lana sucedió el trasquilar, como al trasquilar sucedió el *tundir* o adobar las pieles.

Lo que los latinos llamaron primitivamente *vellus* (arrancamiento) fue llamado después *tonsura* (trasquileo).

Lana es lo que abriga a la oveja.

Vellón, lo que se le arrancaba cada vez, pues habría sido matar a la bestia el arrancársela toda de una sola vez.

Lástima, compasión, piedad, clemencia, misericordia

El que tiene *lástima* siente dolor.
El que se *compadece* siente pesar.
El que tiene *piedad* siente amor.
El que tiene *clemencia* ejerce una prerrogativa.
El que tiene *misericordia* ejerce una virtud suprema.
Nos *lamentamos* y nos *lastimamos* de una desdicha.
Nos *compadecemos* de un delincuente.
Tenemos *piedad* de una miseria.
Tenemos *clemencia* de un súbdito.
Dios tiene *misericordia* del pecador.
De modo que la *lástima* es afectiva.
La *compasión*, moral.
La *clemencia*, política.
La *piedad*, religiosa.
La *misericordia*, divina.

Lecho, cama

Lecho viene de *letum*, que en latín significa la muerte, y *letum* se formó de *levare*, que quiere decir arrebatar o quitar, porque la muerte arrebata la vida.

El *lecho* es el lugar en que morimos.

Así se dice: *lecho* de dolor.

Nada más ridículo que decir: *cama* del dolor.

Cama es el aparato doméstico en que nos acostamos en *camisa* para descansar, y por extensión se dice del abrigo en que duermen ciertos animales.

Así decimos: *cama* del conejo, de la liebre.

Nada más absurdo que decir: *lecho* del conejo, de la liebre.

El *lecho* es idea: está en relación con nuestro destino futuro.

La *cama* es como un utensilio del hombre: está en relación con las necesidades y los usos de la vida.

Decir *lecho* nupcial en vez de *tálamo* nupcial es un horrible disparate, tan disparate como si se dijese MUERTE NUPCIAL. ¡Cuánto se dilapida este rico, este sabio, este hermoso idioma! Algunos españoles dicen que nuestra lengua es ignorante. Esto dista mucho de la verdad. La lengua española es muy sabia. Los ignorantes somos los españoles, que no la sabemos.

Legislación, jurisprudencia

La *legislación* se refiere a la existencia de las leyes escritas, sean justas o injustas, buenas o malas.

La *jurisprudencia* se refiere a los principios del derecho, a las reglas inmutables y eternas de la justicia.

La *legislación* no se ocupa sino de lo que se nos manda guardar y cumplir.

La *jurisprudencia* establece lo que nosotros debemos dar y lo que a nosotros se debe conceder. Lo que nosotros debemos dar, es nuestra obligación. Lo que se nos debe conceder, es nuestro derecho.

Muchas veces se ha dicho que la *legislación* de nuestro país está embrollada. No puede decirse que está embrollada nuestra *jurisprudencia*, porque el conocimiento prudente del derecho humano no es una cosa que admita el embrollo.

Es bien seguro que no hay dos países que tengan una misma *legislación*.

Todos los pueblos civilizados de la tierra, aun cuando fueran infinitos, tendrían una *jurisprudencia*, porque las proclamaciones substanciales del derecho son un decálogo social para todos los países cultos.

Por boca de la *legislación* hablan un siglo, un monarca, unas Cortes, un favorito, quizá un usurpador, tal vez un tirano, porque tiranos han sido muchos legisladores.

Por boca de la *jurisprudencia* habla la humanidad.

La *legislación* es más extensa, más vasta: la *jurisprudencia* es más sabia, más justa, más moral.

La *legislación* es un hecho: la *jurisprudencia* es la primera ciencia social, porque es la madre de las ciencias políticas y económicas. La economía y la política que no se funden en el conocimiento del derecho del hombre, no merecen la denominación de *ciencias*.

Lejano, remoto

Lejano procede de *longus*, largo, o de *longe*, lejos, como queda dicho.

De *motus*, movimiento, formaron los latinos el verbo *moveo*, mover; de *moveo* formaron *removeo*, remover; y de *removeo* salió *remotus*, remoto. *Remoto*, pues, significa la idea de un objeto que se ha movido reiteradamente, que se ha *removido*, significando así la idea de haberse conducido lejos. Y como lo *lejano* es desconocido, y lo desconocido está muy cerca de lo maravilloso, he aquí explicado el por qué las cosas *remotas* son naturalmente fantásticas y poéticas.

Lo *lejano* supone un término poco distante: París está *lejano*.

Lo *remoto* supone un término infinitamente mayor: las estrellas están *remotas*.

Los días *lejanos* de la humanidad, quiere decir: los días que vendrán dentro de algunos siglos, porque distando de nosotros algunos siglos, están ya *lejos* de nuestra época, son cosas *lejanas*.

Los días *remotos* de la humanidad, quiere decir: los días últimos, los días extremos, los días recónditos, los días unidos al arcano de la eternidad, porque lo eterno es verdaderamente lo *remoto* del tiempo y de la vida.

Lo *lejano* es término.
Lo *remoto* es enigma.
Lo *lejano* es paraje.
Lo *remoto* es idealidad.

Lengua, lenguaje

La *lengua* es el órgano con que hablamos: el habla.

El *lenguaje* es la práctica de la lengua: el ejercicio.

Aprendemos la *lengua*.
Ejercitamos el *lenguaje*.
Una *lengua* se fija y se enriquece.
El *lenguaje* se corrige y se pule.
Todos los españoles hablan una *lengua*.
Cada español habla un *lenguaje*.
La *lengua* es facultad, disposición, naturaleza.
El *lenguaje* es estudio, crítica, imitación, hábito, arte.

La *lengua* nos viene de Dios: es la razón, la mente, el espíritu.

El *lenguaje* nos viene del mundo: es el modo de expresarse de cada uno.

Ambas palabras se derivan del latín *lingua*, voz formada del verbo *lingo*, que equivale a lamer. De modo que *lengua* significa literalmente el órgano con que se lame. El considerarla como órgano de lenguaje, como instrumento de razón, como nuncio de nuestra mente, fue un progreso muy posterior a su etimología.

Lento, tardo

Lento, del latín *lentus*, se refiere a la acción.

Tardo, del latín *tardus*, se refiere al tiempo.

Lo *lento* no se apresura.
Lo *tardo* no llega.
Lo *lento* necesita aligerarse: no anda.
Lo *tardo* necesita cumplirse: no viene.
El compás de la péndola es *lento*.
Una copla vulgar dice así:

> ¡Qué tardas *las horas son*
> *en el reloj de mi afán,*
> *y que poco a poco dan*
> *alivio a mi corazón!*

Lesión, daño

El médico dice: Fulano tiene una *lesión orgánica*. No puede decirse: *daño orgánico*.

El desperfecto que un animal causa en un sembrado o en una heredad, se llama *daño*. No puede llamarse *lesión*. Nada más ridículo que decir: pido que se tase la *lesión* que tal animal ha hecho a mi finca.

Se reclaman *daños* y *perjuicios*. Nada más repugnante al espíritu de nuestra lengua que reclamar *perjuicios* y *lesiones*.

Un amante sabe que su amada le ha sido infiel, y dice a la pesona de quien recibe la infausta noticia: *me ha hecho usted un daño profundo*. Si dijera que le había hecho una *lesión profunda*, significaría que le había herido profundamente en su cuerpo.

La *lesión* supone daño material, y no un daño material cualquiera, sino un daño en que hay descomposición de tejidos, un daño en que debe intervenir la ciencia. Al hacerme una ligera cortadura, al clavarme un alfiler en un dedo, diré con propiedad que me he hecho *daño*. No puedo decir que me he causado una *lesión*, porque ni el pinchazo del alfiler, ni la ligera cortadura se pueden reputar como enfermedades, no hacen necesaria la presencia del médico.

La *lesión*, pues, es quirúrgica.
El *daño* es físico, civil y moral.
Es físico en el pinchazo del alfiler; civil en el desperfecto que hace el animal en una sementera; moral en el dolor que siente el amante al saber la infidelidad de su amada.

Lesión viene del verbo latino *elidere*, compuesto de *laedo*, formado del griego *deleō*, que significa herir, ofender, romper o quebrar.

Daño viene de *damnum*, que entre los latinos no significaba más que perjuicios como término contrario de lucro. Según queda dicho, nuestra lengua ha hecho extensiva esta palabra al orden físico y moral, y para distinguirla con más seguridad de otro vocablo de este artículo, bastará saber que de *lesión* viene *lisiar*.

Letargo, sopor

Letargo se deriva del griego *lethē*, que significa olvido, y de *argos*, que significa pronto. Es como si dijéramos *pronto olvido*, olvido que viene de repente como producido por dolencia grave. De este mismo origen procede la voz mitológica *leteo*, río del olvido.

Sopor, del latín *sopor*, *soporis*, significa adormecimiento, modorra, y de aquí nacen *soporífero*, *soporoso*, *soponcio*.

El que toma opio, adormideras o algún brebaje soporífero, tiene *sopor*, no *letargo*.

El enfermo que pierde la memoria por enajenamiento del ánimo, cae en el *letargo*, no en el *sopor*.

El *sopor* narcotiza.

El *letargo* enajena.

El *sopor* es más bien un estado.

El *letargo* es una enfermedad.

Un poeta ha dicho que el olvido es el *letargo* del corazón.

Emplear la palabra *sopor* en equivalencia, sería un desatino.

El que tiene *sopor* desea dormir.

El que tiene *letargo* no desea nada. El *letargo* es una enajenación artificial. Toda ambición que nos domina, todo vicio que se enseñorea del hombre tiene su *letargo*. Esta palabra significa mucho más que *sopor*.

Levadura, fermento

Levadura es uno de los muchos derivados del verbo latino *levo*, *levas*, *levare*, equivalente a nuestro *levantar*, cuya voz procede de aquel origen, como leva, levar, levante, leve, levedad, levita (pieza de vestir). En efecto, si nos paramos un momento a meditar sobre el sentido de los vocablos anteriores, comprenderemos su significación con una perfecta lucidez. Se da el nombre de *leva* a la recogida de los vagos, porque se les *lleva* a otro punto, se les *levanta* del lugar en donde se encuentran para conducirlos a otro paraje; es decir, se les *leva*. Decimos también *levar el áncora*, porque realmente la suspendemos del fondo del agua para introducirla en el buque: la *levamos* o *levantamos*. Damos la denominación de *leve* al objeto que pesa poco, porque se le *lleva* con facilidad, se le *levanta* o se le *leva* sin trabajo. Damos del mismo modo el nombre de *levita* a la pieza de que usamos para vestir, porque la *llevamos* con nosotros, va como *levada* en nuestro cuerpo. Idéntico sentido tiene *levadura*, y entendido esto así, nada más fácil que distinguir las dos palabras del artículo.

Llámase *fermento*, del latín *fermentum*, porque hace que la masa fermente.

Llámase *levadura*, porque hace que la masa se esponje, se dilate, se haga *leve*. La *levadura leva* o *levanta* la masa.

Levante, oriente

Levante, como queda dicho, es un derivado del latín *levo*, *levas*, equivalente a nuestro levantar. Del mismo origen debe venir el verbo *llevar*, cuya procedencia no conocemos. Para nosotros no admite duda que *llevar* es una simple corrupción de *levar*, como lo demuestra la perfecta igualdad de su sentido. ¿Qué es *llevar* sino hacer *leves* o ligeras las cosas? ¿Cómo *llevar* ningún objeto sin *levarlo*, sin *levantarlo*, sin moverlo? Casi nos atrevemos a decir que los estudios sucesivos de nuestro estropeado y desconocido idioma no desmentirán este antecedente. Entre tanto, quede indicado al menos que *llevar* es un derivado del latín *levare*, como leve, levita, liviano, levadura, levadizo, levantar, levante, levantino, etc.

Oriente y *orto* vienen de *os*, *oris*, como orilla, oriundo, origen, orbe, órbita. Llámase *oriente* a la parte del cielo en que asoman los astros, porque es como la *orilla* del espacio celeste, el límite, la embocadura, la entrada o la salida; es decir, la boca, porque boca significa en latín *os*, *oris*.

Pero *oriente* se distingue de *orto* en que significa la idea de espacio, mientras que *orto* expresa la idea de nacimiento.

El *oriente* es la *orilla* del cielo en que el astro asoma: la cuna.

Llámase *levante* porque el sol se *levanta* o se *leva* por aquella región.

Llámase *oriente* porque aquella región es la *orilla*, como el *origen* del cielo.

Leve, liviano

Leve, expresa ligereza física.
Liviano, ligereza moral.

> *Entraron en una danza*
> *doña Constanza y don Juan;*
> *cayó danzando el galán,*
> *pero no doña Constanza.*
> *De la gente cortesana*
> *que le vio, quedó juzgado*
> *que don Juan era pesado,*
> *doña Constanza liviana.*

Esto quiere decir que doña Constanza era una dama licenciosa, o como suele decirse, que tenía los cascos a la jineta, o sea ligera de cascos.

Cuerpo *leve*, *leve* falta.
Proceder *liviano*, mujer de vida ligera.
Y como lo dice el refrán:

> *Mujer* leve, *poco peso;*
> la liviana, *poco seso.*

Liberal, generoso

Ambas palabras tienen aplicación en sentido propio y en el figurado, a pesar de lo que han escrito algunos mal informados etimologistas.

Siendo la voz *libre* el término opuesto de la voz *esclavo*, creemos que la palabra *liberal* no se usó primitivamente sino con relación al sujeto que *libertaba*. Un hombre tenía un esclavo, por ejemplo, y le daba la *libertad*; ese hombre fue denominado *liberal*; ese hombre era el *liberal* de aquella época.

Después, este espíritu de liberalidad, este espíritu de donación, por decirlo así, se aplicó a las diferentes relaciones de la vida práctica, y la palabra *liberal* vino a significar desprendido, dadivoso, largo, como se decía con suma propiedad en otro tiempo. Después se hizo extensiva a los hechos del alma, y expresó la idea de cosa elegante, suelta, magnífica. Cuando decimos que un orador habla con soltura y *liberalidad*, queremos decir que da holgura y grandeza a sus pensamientos, o lo que a ello equivale, que hasta con la palabra, con el arte, con la forma del discurso, es desprendido, dadivoso, rico, espléndido: más claro, *liberal*. Últimamente se aplicó a las ideas sociales, y significa la escuela contraria de la política servil.

Digamos ahora que un orador habla con soltura y *generosidad*, y o no concebiremos ninguna idea, o concebiremos una idea distinta. Hablar con *generosidad* significaría que hablaba invocando las ideas de perdón, de clemencia y de olvido.

Digamos también escuela *generosa*, partido *generoso*, y nadie entenderá que se hablaba de los partidos y de las escuelas *liberales*.

Generoso significó primitivamente la idea de *género*, de origen, de casta o familia, y así llamamos vino *generoso* al que viene de buena cepa y de buena cuba; es decir, al que viene de buena raíz, que es como si dijéramos, trasladando el sentido de esta palabra, de buena *estirpe*. Ésta es su significación recta, primitiva, propia, muy propia, que conserva la voz *generoso*, y de esta significación clásica y pura se olvidaron los etimologistas que niegan a esta voz el sentido recto. Así es que Virgilio dice en sus *Geórgicas: descriptio equi generosi*, descripción del caballo *generoso*; esto es, del caballo de casta y raza.

Después se aplicó a expresar los hechos morales y actualmente se reputa sinónima de *liberalidad*.

El *liberal* da; el *generoso* sacrifica.

Liberalidad quiere decir desprendimiento; *generosidad*, abnegación.

La *liberalidad* es la virtud del trato; la *generosidad*, es la virtud de la conciencia.

El *liberal* es grande ante el mundo; el *generoso* es grande ante la moral.

El que *da*, se capta la opinión; el que *sacrifica*, halla la recompensa y la confortación en su propio espíritu.

Dicho en menos términos: la *liberalidad* es más expansiva, más social, más humana, más estrepitosa.

La *generosidad* es más interior, más mesurada, más difícil, más fuerte, más espiritual.

La *liberalidad* es un don; la *generosidad* es un heroísmo.

Libertad, libertinaje

La *libertad* es una altísima prerrogativa del ser moral e inteligente.

El *libertinaje* es una abyección.

La *libertad* es un sistema.

El *libertinaje*, un abuso.

La *libertad* es un apóstol.

El *libertinaje*, un bandido.

La *libertad* es lo contrario del *libertinaje*, porque la *libertad* es libre y el *libertinaje* es esclavo de las pasiones o de los vicios a que se entrega.

Jesús dijo a los judíos que habían creído: «Si vosotros permanecéis en mi Palabra, seréis verdaderamente mis discípulos; y conoceréis la verdad, y la verdad os hará libres» (Juan 8:31-32).

Ya sabemos la discusión que estas palabras de Jesús suscitaron con los judíos, que se llamaban *«hijos de Abraham»*, y se vanagloriaban de su libertad política, aunque en aquellos días era muy condicionada, porque los romanos habían invadido su país; pero Jesús hablaba de la libertad espiritual, según la definió y comentó el apóstol San Pablo en el capítulo 6 de Romanos, vers. 12 al 23.

Librarse, libertarse

Librarse es ponerse en franquía, eximirse.

Libertarse es recobrar la *libertad*.

Un mozo se *libra* del servicio del rey.

Se *liberta* un esclavo.

El mundo tiene medios para *libertarnos* del yugo.

No hay medio humano que nos *libre* del yugo de nuestros propios vicios.

Librar está en relación con la vida y comprende una inmensa serie de hechos, porque son infinitas las cosas de que nos tenemos que *librar*, sobre todo de nosotros mismos.

Libertar está en relación con la ley. La ley es la que da libertad a los esclavos y a los presos.

Librazo, librote, libraco

Librazo es un libro cuya magnitud sale de la regla.

Librote es un libro de mala forma.

Libraco es un libro de ningún mérito.

Un *librazo* es grande.

Un *librote* es feo.

Un *libraco* es despreciable.

El *librazo* embarga.

Un *librote* no gusta.

Un *libraco* estorba.

Ligeramente, a la ligera

Ir *a la ligera* significa ir sin preparativos, o, como se suele decir, sin más que lo puesto.

Ir *ligeramente* significa que va con rapidez.

De modo que la expresión *a la ligera* se refiere al modo.

El adverbio *ligeramente* se refiere al tiempo.

El que va *a la ligera* no lleva mucho peso.

El que va *ligeramente* no hace muchas paradas.

Lindo, gracioso

Gracioso es lo *agradable*.

Lindo, como si dijéramos *legindo*, de elegir, es lo escogido, lo selecto.

Toda cosa pequeña es *graciosa*.

Si esta cosa pequeña no es la mejor que haya en su género, si no se ha *elegido*, no es *linda*.

Lo *gracioso* es arte.

En lo *lindo* entra además la *lógica*, porque *lógica* y *lindo* vienen de un mismo origen: de *legere*, elegir o escoger.

Toda flor es *graciosa*.

Una flor no común es *linda*.

Lóbrego, lúgubre

Lo *lóbrego* es obscuro: nos da miedo.

Lo *lúgubre* es triste: nos inspira cierta veneración.

Lo *lóbrego* nos hace pensar en un fantasma.

Lo *lúgubre* nos hace pensar en un difunto.

Un calabozo es *lóbrego*.

La soledad del camposanto es *lúgubre*.

Lóbregos parajes, *lóbregas* tinieblas.

Lúgubres recuerdos, *lúgubre* historia.

Si se analizaran bien estas dos voces, acaso se hallaría que *lóbrego* es físico; *lúgubre*, moral.

Locura, enajenación

La *enajenación* expresa la idea de que no estamos en posesión de nuestras facultades mentales, de que somos extraños o *ajenos* a nosotros mismos, y a duras penas se puede concebir un modo de hablar más enérgico y más gracioso. Efectivamente, en el individuo *enajenado* manda otro, no manda él, como él no manda en una finca que *enajena*. Los hombres nos tornamos en cosa, y nos *enajenamos*, nos vendemos. ¿Quién vende más al hombre que su propia *enajenación*? No son los traidores los que verdaderamente nos venden, los que verdaderamente nos delatan. Nosotros somos los primeros en vendernos y en delatarnos con nuestros delirios. Tal es el sentido corriente de la palabra *enajenación*.

La *locura* se refiere más bien al trastorno o pérdida de nuestra razón, considerada esta razón como un atributo esencial de nuestra propia naturaleza, como un principio del ser humano.

El corazón nos *enajena*.

El cerebro nos *enloquece*.

Una pasión basta para *enajenarnos*.

Una insolación basta para *enloquecernos*.

La *enajenación* es un rapto.

La *locura* es una enfermedad.

Una conciencia pura y tranquila son el preservativo de la *enajenación*.

Un buen temperamento, el trato afectuoso con gentes honradas, ocupación lícita, ejercicio templado, aire puro, esperanzas discretas y un método de vida higiénico y moral, son los preservativos de la *locura*.

Referidas ambas palabras a los órdenes a que pertenecen, diremos que la *enajenación* es afectiva: los celos *enajenan*.

La *locura* es patológica: un golpe en el cerebro *enloquece*.

El padre, la mujer, el hermano, el amigo, son los médicos que deben consultarse para curar las *enajenaciones*.

El hombre de ciencia debe ser llamado para curar la enfermedad que se llama *locura*.

Lo contrario de *ajeno* es propio.
Lo contrario de *loco* es cuerdo.

Lugar, villa

Lugar viene del latín *locus*, *loci*, y *locus* se deriva de *luere*, que quiere decir alquilar.

Ya hemos dicho que de *vehere*, llevar, sacaron los latinos *vía*, que era el espacio por donde se llevaba, y que de *vía* formaron *vicus*, que era el espacio por donde se llevaba, y que de *vía* formaron *vicus*, que era las dos hileras de casas por cuyo centro pasaba la *vía*, de donde vienen las palabras *vecino*, *vecindad*, *vecinal*, *vecinalmente*, *vecindario*, *avecindarse*, etc.

Pues bien, la palabra *villa* no es otra cosa que la corrupción del *vicus* latino.

El *lugar* expresa la idea de sitio o de territorio.

Así decimos: Fulano es el amo del *lugar*. Esto quiere decir que es el amo de aquel distrito, de aquella jurisdicción territorial, de aquella tierra o de aquel paraje.

No decimos: es el amo de la *villa*, porque con esto significaríamos que era el amo de todas las casas del pueblo, como si dijéramos del *vico*.

El *lugar* es terreno.
La *villa* es sociedad.
En un *lugar* se vive.
La *villa* se gobierna.
El *lugar* es físico.
La *villa* es política.
En una palabra, *lugar* es alquiler.
Villa es el antecedente de la ciudad.

Lúgubre, tétrico

Lo *lúgubre* no está más que en los lugares: mansión *lúgubre*. Fuera absurdo decir: mansión *tétrica*.

Lo *tétrico* se refiere al espíritu. Aspecto *tétrico*, conversación *tétrica*; es decir, severa, triste, melancólica.

Fuera absurdo decir: aspecto *lúgubre*, conversación *lúgubre*.

¿Por qué no se puede decir mansión *tétrica*? Porque lo *tétrico* supone conciencia, carácter, pensamiento, razón, desengaños, dolores, esperanzas. Lo *tétrico* es la revelación del espíritu, y claro es que no tiene espíritu una mansión.

¿Por qué no se puede decir aspecto *lúgubre*? Porque lo *lúgubre* es solitario, funeral, y lo funeral y lo solitario no son cualidades que convienen al rostro del hombre.

No puede decirse mansión *tétrica*, por la misma razón que no puede decirse *aspecto fúnebre* o *solitario*.

Lo *lúgubre* está en las formas.
Lo *tétrico*, en las ideas.

Lúgubre viene de *lugubris*, *tétrico* de *teter*, y el sentido que la última palabra tiene entre nosotros es muy diferente del que tenía entre los latinos, los cuales la daban significación material.

Un camposanto es *lúgubre*.
La mirada de un hombre despechado es *tétrica*.

Lujo, boato, ostentación, profusión, opulencia, fausto, pompa, magnificencia, esplendidez

Toda compostura que excede de lo necesario (y lo más necesario de este mundo es lo modesto) se llama *lujo*. El *lujo* es la idolatría de la vanidad.

Esta palabra es la generadora de todas las voces de este artículo.

Cuando el *lujo* es muy superior a los posibles y a la jerarquía del que lo tiene; cuando es aparente, exterior, poco delicado, ignorante, rudo, se llama *boato*. El *boato* es el *lujo* de los que quieren ser hidalgos sin tener hildaguía, de los que pretenden ser grandes sin tener grandeza. En fin, es el *lujo* de ciertos ricos que son muy pobres.

Cuando se trata de un *lujo* jactancioso, que se deja ver con orgullo, que está inquieto porque lo admiren, que hace gala de querer fascinar, pero que realmente no fascina, se llama *ostentación*. La *ostentación* es el aparato del que ha sido pobre; es un manto de púrpura que está cubriendo girones antiguos, y por esta causa muestra tanto empeño en que todo el mundo vea la púrpura de hoy.

Cuando el *lujo* se hace más notable por el ornato que por la discreción; cuando hay más doraduras que gusto, más muebles que ingenio; cuando el alma se siente agobiada bajo el peso de una ignorancia dilapidadora, toma el nombre de *profusión*. La *profusión* es la idolatría de lo superfluo, la compostura de los ricos imbéciles.

Cuando el *lujo* parece ser la sombra que refleja una gran fortuna, el rastro que dejan detrás de sí grandes tesoros; cuando nos anuncia riquezas cuantiosas, sólidas, permanentes, se llama *opulencia*. La *opulencia* es el lujo de los hombres verdaderamente acaudalados.

Cuando hay en el *lujo* algo festivo, algo provocador, algo que nos habla de prosperidad, de privanza, de valimiento, se denomina *fausto*. El *fausto* es el *lujo* de los poderosos y de los favoritos de los reyes.

Cuando se revela con cierto aire solemne, severo, ritual; ese aire que tiene el ornato de un templo, se llama *pompa*. La *pompa* es el *lujo* de los magnates, de los nobles, de los que heredan más honor que poder, más títulos que oro, más escudos que tierras.

Cuando se anuncia bajo formas grandes que cautivan y sorprenden el ánimo; cuando hay en el *lujo* algo imponente y majestuoso, toma la denominación de *magnificencia*. La *magnificencia* es el *lujo* de los príncipes, de los reyes, de los potentados.

La *esplendidez* no toca tanto al lujo como a la fantasía. Es un lujo brillante, liberal, ingenioso, poético; es una creación fecunda, rica, luminosa, pero que tiene tanto de imaginación como de luz. Mucho se ve, pero se idea más; se idea mucho, pero es más todavía lo que se siente y lo que se adivina. La *esplendidez* es la diosa Venus, el arte griego, el arte del deleite aplicado al ornato. Es el lujo de un Médicis, de un Richelieu, de un Rubens; la magnificencia de la fortuna y del ingenio.

El *lujo* es vanidoso.
El *boato*, torpe.
La *ostentación*, jactanciosa.
La *profusión*, necia.
La *opulencia*, acaudalada.
El *fausto*, próspero.
La *pompa*, ceremonial.
La *magnificencia*, majestuosa.
La *esplendidez*, fantástica.

LL

Llanto, lloro

El hombre nace con la facultad de *llorar*.

Para que esta facultad se realice es necesario que exista un medio de realización, y después un hecho que sea el resultado; es decir, la realidad.

La acción o el medio por que se realiza la facultad que todos tenemos de *llorar*, se denomina *llanto*.

El hecho que realiza la acción, más claro, el *llanto* presente, el *llanto* realizado, la lágrima vertida, se denomina *lloro*.

De modo que el *lloro* es la realidad del *llanto*, como el *llanto* es la realidad de la aptitud con que todos nacemos de llorar.

Por consecuencia, *llanto* es la acción.

Lloro es el hecho.

Llegada, arribo

Llegada es un término genérico.

Arribo es la llegada que se verifica por mar. *Arribo* viene de *ribus*, que quiere decir orilla o ribera.

Llega el viajero.
Arriba el buque.
Así dice Jovellanos:

¡Pluguiera a Dios, pues ya con su barquilla
Logró *arribar* a puerto tan seguro,
Que esconderla supiera en este abrigo!, etc.

Llevar, conducir

Llevar supone acción y fuerza.

Conducir supone guía, pensamiento, hasta mando.

«*Lléveme* el diablo, compadre Antón, si estáis aquí para ninguna obra de caridad.»

Claro es que no puede decirse: *condúzcame* el diablo. ¿Cuál es la razón de este uso? La razón es que, al decir *lléveme* el diablo, significa el deseo de que el diablo me lleve adonde me quiera llevar, que no será a ninguna parte buena, porque un diablo no puede tener una intención moral, una idea discreta, un pensamiento equitativo; mientras que, al decir *condúzcame* el diablo, significaría que el diablo me guiaba, que era mi director, mi jefe, mi caudillo; en una palabra, que iba a salvarme de los peligros en que podía verme, y estas ideas de discreción y de moralidad no pueden convenir a un poder absurdo como el diablo.

    El diablo *lleva* las almas, porque las saca de este mundo; no las *conduce*, porque no las lleva a buen paradero.

    El animal *lleva* una carga.
    El caudillo *conduce* un ejército.
    Un cocinero *lleva* un plato a la mesa.
    Un ejército *conduce* un convoy.
    Todo el que tiene fuerza puede *llevar*.
    Solamente el que tiene razón e inteligencia puede *conducir*.

Llevar, trasladar

    Llevar tiene una significación más amplia que *trasladar*. Este último verbo requiere la indicación del sitio a que se *lleva* la cosa a que se alude. Cuando decimos que una recua *lleva* trigo, el sentido queda completo; pero no así cuando decimos que la corte se *trasladó*, porque no hay en este caso sentido completo, si no se denota el punto a que se ha hecho la *traslación*.

    Este carro *lleva* maíz.
    El maestro, o el médico, se *trasladó*, o fue *trasladado*, a la ciudad vecina.

M

Maestro, profesor, instructor, preceptor, mentor

Maestro es todo aquel que enseña a otros, los cuales se someten a ser sus discípulos. La idea de *maestro* no tiene límites en el mundo. Desde las más sublimes verdades del dogma hasta las nociones más insignificantes de la vida, todo está sujeto a enseñanza, todo toca al dominio del *maestro*.

Por antonomasia, se da el mismo nombre a todo el que ejecuta bien algún arte o profesa ciertos oficios. Así decimos: el *maestro Donizetti*, el *maestro Rossini*, el *maestro Tirso de Molina*, el *maestro de obras*, el *maestro zapatero*, el *maestro albañil*. El que hace cabeza en los trabajos de una herrería, por ejemplo, es el *maestro herrero*, aunque no sepa mover un martillo. En esta acepción, la palabra *maestro* es una voz jerárquica.

Volvemos a decirlo. La palabra que nos ocupa es, indudablemente, una de las voces que tienen una historia más larga, más trascendental y más gloriosa en la vida del hombre. Aristóteles, Sócrates, Platón, Jesucristo, Bellini, Haydn, Mozart, Descartes, Fray Luis de León: arte, ciencia, filosofía, moral, revelación, misterio, esperanza; en todas partes se halla el *maestro*, todo lo llena ese importantísimo personaje histórico y social; en todos los siglos, en todos los pueblos, en todas las grandes festividades de la historia, muestra su corona de flores o de espinas; de espinas, muchas veces. ¡Qué lógica tan grande la de Dios! ¡Qué gloria tan grande la de la inteligencia! ¡Qué conquista tan alta y tan augusta la del cristianismo! ¡El mundo no podía ser redimido sino por un *Maestro* que fuera a la vez Salvador!

Volvamos al sentido corriente de la palabra.

La idea de enseñanza que lleva en sí la voz *maestro* pudo considerarse de varias maneras, y cada manera dio lugar a un nuevo nombre.

Se consideró como ejercicio o profesión, dominando la idea de facultad o de principios, no de oficio mecánico, y el *maestro* se denominó *profesor*. Así decimos: *profesor* de la infancia, *profesor* de esgrima, de baile, de música, de retórica, de poética, de matemáticas.

Si la enseñanza se dirige a instruir a uno

en cualquier ramo o arte, entonces el *maestro* se llama *instructor*. Así es que llamamos *instructor* de quintos al que enseña las evoluciones militares.

Cuando la enseñanza se dirige a formar las costumbres, el *maestro* se llama *preceptor*.

El *preceptor* es el sacerdote de la conciencia, el padre en la casa de la virtud.

Sin la autoridad del poder o de la sangre, nadie puede *preceptuar* a otro, sino cuando le habla en nombre de la moral y de la religión, en nombre de su propio bien. Entonces manda, entonces *preceptúa*; no *preceptúa* él: la virtud, la conciencia, el alma del hombre *preceptúan* por su boca: ése es el *preceptor*.

Maestro viene de *mag*, raíz de *magno*, grande, porque en lo antiguo el *maestro* era el *grande* de la sociedad, el dictador, de donde viene la voz *magistrado*, que no es otra cosa que el *maestro* del foro. Así vemos en Séneca: *notat Cicero in libris de Republica eum quem nos dictatorem dicimus apud antiquos magistrum populi vocatum*. «Nota Cicerón en sus libros de República, que los antiguos llamaban *maestro* a lo que nosotros llamamos dictador.» Los que creen que *maestro* viene de *mano*, es decir, que se aplicó al hombre perito en cosas *manuales*, están completamente desorientados.

Profesor viene de *for, faris, fari, fatum*, que significa hablar. De modo que *profesor* es el que enseña públicamente una doctrina, el que públicamente habla, por cuya razón el *profesor* era pagado por el cabildo de cada ciudad, como sucede hoy con el *profesor* de instrucción primaria y con los *profesores* de medicina y cirugía titulares.

La palabra *profesor* no se usó en latín hasta después de la época de Augusto.

Instructor viene del verbo latino *struere*, que quiere decir edificar. Esta etimología explica muy bien el sentido que hoy tiene la palabra de que nos ocupamos. El que *instruye* a otro, le da una *estructura* particular, lo forma, lo edifica, por decirlo así. El *instructor* es como el arquitecto de aquel edificio, de aquella obra.

Preceptor viene de *captare*, aumentativo de *capere, caepi, captum*, que significa tomar, atraer, captar. De modo que la palabra *preceptor* tiene algo de aquel sentido: es el hombre que con sus preceptos, con sus máximas, con su ciencia, *atrae* a la juventud, la *capta*, se hace dueño de ella; es decir, la *cautiva*; porque note el lector que la voz *cautiverio* y *cautivo* tienen el mismo origen.

Preceptuar significa, según el adagio latino, *praecepta bene vivendi tradere*: dar preceptos para vivir virtuosamente. El *precepto* abraza especialmente la educación moral.

Mentor se deriva de *mens, mentis*, la mente, implicando la idea de guía intelectual.

De modo que, ateniéndonos a la etimología, la relación propia de cada palabra es la siguiente:

El *maestro* enseña.
El *profesor* habla.
El *instructor* adiestra.
El *preceptor* dirige.
El *mentor* ilustra.
Por lo tanto, el *maestro* es autoridad.
El *profesor*, discurso.
El *instructor*, regla.
El *preceptor*, conducta.
El *mentor*, doctrina.

Maga, saga

Ambas palabras envuelven la idea de hechicera o de encantadora; pero las relaciones a que el uso discreto las aplica son diferentes.

Maga viene de *mag*, raíz de magno, magnate, maestro, y tal vez de *matar*.

Saga viene de *sagire*, de donde nacen sagacidad, sagazmente, etc.
Maga significa maestra.
Saga significa sagaz.
La *maga* tiene el arte.
La *saga* la astucia.
La *maga* ha tenido en el mundo su ciencia.
La *saga* no ha tenido nunca otra ciencia que su propia astucia.

Magnanimidad, heroicidad

La vida de Leónidas, rey de Esparta, nos ofrece un ejemplo de esas dos altas cualidades del espíritu humano.

Invadida Grecia por Jerjes, los atenienses dicen a Leónidas que es necesario que defienda con sus gentes el desfiladero de las Termópilas. Leónidas elige trescientos espartanos, manda celebrar públicamente sus funerales y asiste a ellos.

El ejemplo de un hombre que concurre a sus propias exequias, que con el pensamiento se acompaña a su propio sepulcro, que se da a sí mismo, sin palidecer, el adiós postrero, impulsado por un interés noble y generoso, como la salvación de Grecia, es un gran ejemplo de *magnanimidad*.

Acude después a las Termópilas con sus trescientos compañeros. Su encargo es resistir al ejército más numeroso de que tiene noticia la historia. Está convencido de que va a morir; pero aquél es el puesto fiado a su valor y a su lealtad, y tiene la bastante fortaleza de espíritu para sacrificarse por la libertad de un gran pueblo. Él es allí Grecia; su brazo es el brazo de todos los que quieren ser libres; él lo sabe, amanece el día, los persas avanzan, sangre preciosa tiñe aquel suelo, y la Esparta no tiene ya un rey; tiene un *héroe*. Todos menos uno, murieron; viene detrás el poeta Simónides y cierra aquel cuadro prodigioso con este epitafio: «Caminante, ve a decir a Esparta que hemos muerto aquí por obedecer sus santas leyes.»

La muerte de Leónidas es un buen ejemplo de *heroicidad*.

De modo que la *heroicidad* consiste siempre en grandes empresas, en grandes hazañas.

La *magnanimidad*, en grandes ejemplos.

La *magnanimidad* es grave, reposada, majestuosa.

La *heroicidad* muestra en su cabeza una corona teñida de sangre.

La *magnanimidad* apenas tiene culto entre los hombres.

Para celebrar la gloria de los *héroes* la tierra se ha cubierto mil veces de mausoleos, de pirámides, de obeliscos y estatuas.

La *magnanimidad* es constantemente una nobilísima virtud.

La *heroicidad*, tal como la conoce la historia, puede ser un gran crimen.

La *heroicidad* se refiere al hecho, a la hazaña.

La *magnanimidad* se refiere al espíritu, a la intención.

El ser *magnánimo* no repugna a la idea de Dios.

Dios no puede ser *héroe* por la sencilla razón de que es Todopoderoso, pero fue *magnánimo* al no condenar a la humanidad entera a eterna perdición, sino que envió a Jesucristo para ser el Salvador de los que creen, aceptan y agradecen esta *magnanimidad* de Dios.

Poéticamente se ha llamado a veces a Jesucristo héroe en lo que se refiere a su sacrificio humano, pero no cabe este adjetivo, que reduciría a Jesucristo a un mero hombre, pues el *heroísmo* es una virtud propia de los hombres; la *magnanimidad*, en cambio, es propia del que ha sido, y será, Dios y Señor.

La historia nos habla de muchos crímenes *heroicos*, cuando el que realiza el crimen sufre él mismo las consecuencias.

Nada más absurdo que hablar de crímenes *magnánimos*, pues la *magnanimidad* es siempre una virtud que tiende al bien. No así el heroísmo, que puede ser un acto loable por un lado, y por el otro, tener un propósito malévolo.

Mal, malamente

Habló *mal* significa que dijo cosas que no hubiera dicho un hombre prudente.

Habló *malamente* significa que se expresó como no se hubiera expresado un buen hablista.

Mal se refiere a las ideas de virtud y de vicio.

Malamente se refiere a la acción o a la forma.

Más claro, *mal* es conciencia.

Malamente es arte.

Un disoluto habla *mal*: es *mal*hablado.

Un campesino habla *malamente*: no se expresa con propiedad y donosura.

Peor es hablar *mal* que *malamente*, como peor es ser disoluto que ignorante.

Maldecido, maldito

Maldecido vicio, *maldito* vicio.

Veamos qué quieren decir estas dos frases.

Maldecido vicio quiere decir que es un vicio inmoral, censurable, feo.

Maldito vicio quiere decir que ha caído sobre él la maldición divina.

Lo *maldecido* es malo.

Lo *maldito* es impío.

Lo *maldecido* pertenece a la moral.

Lo *maldito* pertenece a la religión.

La traición, por ejemplo, es *maldecida*, es un hecho.

El demonio es *maldito*, pues es un ser, una persona espiritual.

Maleabilidad, ductilidad

La *maleabilidad* consiste en la propiedad que tienen los metales de extenderse en láminas; la *ductilidad* consiste en la propiedad que tienen de extenderse en hilos.

El primer calificativo sólo puede emplearse para cosas, como metal, fango, etc.

El segundo, en cambio, suele emplearse en sentido figurado para referirse a personas de buen carácter.

Malsonante, disonante

Malsonante es lo que absolutamente suena mal.

Disonante es lo que sale del tono general, lo que desafina, lo que discrepa; mejor dicho, lo que discorda.

Lo *malsonante* daña al oído.

Lo *disonante* daña a la orquesta.

Lo primero es contrario a la melodía.

Lo segundo es contrario a la armonía.

Manar, fluir

Manar es un derivado de *madre* (*mater, matris* en latín), cuya voz se deriva de *materia*, porque los antiguos vieron en la *materia* la *madre* o la *matriz* universal.

Fluir viene de *fluo, fluis, fluere, fluxi, fluctum*, de donde se originan nuestras voces flujo, reflujo, fluxión, fluido, fluidez, afluente, afluencia, influjo, influencia, influir. *Manar* es como si dijéramos *madrar*.

Fluir significa correr, mudar de situación. Todo *flujo* corre. La *fluxión* no es más que el resultado de haberse corrido los humores hacia una parte. Los *fluidos* nadan en la atmósfera, corren por ella. El agua que *fluye* de un venero cualquiera, cae, se mueve, corre, se va.

De modo que *manar* es venir de la *madre*.

Fluir es correr.

Sin *manar* no hay *fluir*, como no hay efecto sin causa o hijo sin madre.

El *fluir* viene precisamente del *manar*, como de la madre viene el hijo, como de la causa viene el efecto.

Lo que *mana* es manantial: origen.

Lo que *fluye* es fuente: forma.

Por consecuencia, podemos decir con entera seguridad que *manar* es la causa.

Fluir es el efecto.

Manda, legado

Manda es otro derivado de *mano*, porque en el movimiento de la mano consistía el *mando* antiguo.

Quien dice *manda* dice mandato: es el mandato del testador.

Legado se deriva de ley, y expresa la idea de una disposición que es conforme a las leyes.

La *manda*, es decir, el mandato del testador, puede no ser conforme a la ley escrita, y siendo esto así deja de ser *legado*.

De modo que, sin ser *legado*, puede ser *manda*.

La *manda* es voluntad.

El *legado* es derecho.

El heredero pide la *manda*.

El juez cumple el *legado*.

Mandar, disponer

Se *manda* por justicia: es una autoridad.

Se *dispone* por conveniencia: es un juicio.

Se *manda* en lo ajeno: el rey *manda* que todos los súbditos guarden tal o cual ley.

Se *dispone* de lo que nos es propio. Yo dispongo dejar mis bienes a quien juzgo merecedor de esta merced.

Quien *manda* instituye.

Quien *dispone* vende.

Mando, mandato, mandamiento, orden

El uso nos explicará satisfactoriamente estas palabras.

El capitán tiene el *mando* de la compañía.

El general en jefe tiene el *mando* de todos los ejércitos.

El mayordomo tiene el *mando* de la casa.

De modo que la palabra *mando* comprende las ideas de autoridad civil, como la del general, y la de autoridad doméstica, como la del mayordomo.

Ningún hijo debe desoír el *mandato* de su padre.

Ningún discípulo debe dejar de obedecer el *mandato* de su maestro.

Mandato supone autoridad moral.

Mandamientos del juez o *mandamientos* de Dios.

El mandato del juez y los mandatos del padre o de cualquier autoridad correspondiente, deben ser obedecidos, o producirán sanciones o castigos.

Real orden, de orden del rey: tal organización se llevará a cabo con arreglo a las *órdenes* comunicadas.

Orden es un *mandato* eminentemente político, de alta sanción: un mandato en relación con la jurisprudencia, con la ley.

El general en jefe *manda* que el ejército marche.

El rey *ordena* al general en jefe que suspenda la marcha.
Autoridad civil y privada, *mando*.
Autoridad moral, *mandato*.
Autoridad judicial y religiosa, *mandamiento*.
Autoridad política, *orden*.
El que no cumple el *mando* de su jefe, *delinque*.
El que no obedece el *mandato*, *falta*.
El que no cumple el *mandamiento*, *peca*.
El que no obedece la *orden*, puede ser hasta *reo de Estado*.

Manejar, manipular

Ambas palabras se derivan de *mano*.
Manejar es administrar, guiar o dirigir.
Manipular añade a las ideas anteriores la idea de secreto o sigilo.
El Gobierno *maneja* los negocios públicos.
Un ministro agiotista *manipula* la hacienda del país.
El que *maneja* puede hacer su agosto; es decir, su *tejemaneje*.
El que *manipula* no da cuentas a nadie.
El *manejo* se inclina al fraude.
La *manipulación*, al monopolio.

Manifestar, exponer

Manifestar es otro derivado de *mano*.
Exponer se compone de *ex*, que significa lejanía o separación, y de *poner, ponere*, en latín. Significa literalmente poner fuera, a la vista de todos.
Supongamos que tengo una pintura en el sótano de mi casa, que la saco fuera, y la cuelgo cerca del techo de mi gabinete para que los espectadores la vean y la examinen: esto es *exponer* la pintura, no *manifestarla*.

Supongamos que, por circunstancias particulares, no puedo sacarla del sótano, y que suplico a mis amigos que bajen a la cueva, en donde la ven, la examinan, la reconocen y la tocan: esto es *manifestarla*, no *exponerla*.
¿Por qué es *manifestarla*? Porque no la he sacado fuera del sótano, no la he extraído, no la he *expuesto*.
De modo que una cosa puede *exponerse* sin *manifestarse*, así como *manifestarse* sin *exponerse*.
Poner fuera, *exponer*.
Poner a mano, *manifestar*.
Por consecuencia, *manifestar* significa más que *exponer*. *Manifestar* es ponerlo en la *mano*, delante de los ojos.

Manotada, manotazo, manotón

Manotada es el golpe de la mano.
Manotazo es un golpe dado con ira.
Manotón es un golpe dado con rapidez.
Quien dice *manotada* dice sacudida.
Quien dice *manotazo* dice fuerza.
Quien dice *manotón* dice prontitud.
La *manotada* afrenta.
El *manotazo* daña.
El *manotón* sorprende.

Mansión, casa, morada vivienda

La *casa* es el albergue en que estamos seguros, porque viene a ser como el arca de la familia.
La *mansión* representa el punto en que permanecemos.
La *morada* significa el lugar en que nos detenemos y descansamos.
La *vivienda* expresa la idea de toda habitación en que *vivimos*.

La *casa* es asilo, garantía, seguridad, derecho, amor; la *mansión*, permanencia; la *morada*, descanso; la *vivienda*, albergue.

Manta, cobertor

Llámase *manta* porque se extiende con la *mano*.
Llámase *cobertor* porque *cubre* la cama.
Mantea es uno de los muchos derivados de *mano*, como *mantel*, llamado así porque antiguamente servía para limpiar las *manos*, como sucede ahora con las servilletas, palabra originada de *servir*.
Cobertor es un derivado de *cubrir*, como *cobertera*, *cobertizo*.
La *manta* está a mano.
El *cobertor* cobija.

Mantener, alimentar

Mantener es otro derivado de *mano*. El que mantiene, tiene a mano la cosa mantenida.
Alimentar viene de *alimus* o *halimus*, arbusto de la familia arroquea, cuya corteza era nutritiva, de donde se formó el verbo latino *alo, alis, alere*.
El que *alimenta*, nutre.
El que *mantiene*, asiste.
Alimentar es una función.
Mantener es más bien un cuidado.
El fruto *alimenta*.
El padre *mantiene* a sus hijos.

Manufactura, artefacto

Manufactura se compone de *mano* y de hacer. Significa literalmente: hechura de mano.

Artefacto se compone de *arte* y del verbo anterior. Significa al pie de la letra: hecho con arte.
La *manufactura* es mecánica.
El *artefacto* es ingenioso.
La *manufactura* está en relación con la materia.
El *artefacto* está en relación con el gusto.
Un paño basto es *manufactura*.
Un exquisito paño de Sedán es *artefacto*.
El paño basto es un producto.
El exquisito paño de Sedán es una belleza.

Manumitir, emancipar

Ambas voces se derivan de mano.
Emancipar se compone de *e*, variante de *ex*, que significa negación, y de *mancipare*, verbo latino que equivale a vender o enajenar, por cuya razón el nombre *mancipium* significa esclavo; esto es, persona que pertenece a nuestro dominio, que está bajo nuestra férula o nuestra *mano*.
Emancipar no expresa otra cosa que la acción en que un esclavo queda libre; equivale rigurosamente a deshacer la venta que le esclavizaba.
Manumitir se compone de *manu*, mano, y del verbo *mitto*, enviar. Significa que el antiguo esclavo no continúa bajo el poder de su señor.
El *emancipado* podía quedar en nuestra casa como persona libre.
El *manumitido* deja precisamente nuestro dominio, sale de nuestra autoridad, de nuestra casa, de nuestra *mano*.
Podemos decir que el *emancipado* se liberta.
El *manumitido* se va.
Amén de esto, las dos palabras se diferencian en que *manumitir* no se dice más que de los esclavos, mientras que *emanci-*

par tiene un empleo frecuentísimo en sentido social y forense.

Así decimos que el hijo se *emancipa*; esto es, que sale de la patria potestad, cuando se casa, cuando sirve al rey, cuando desempeña oficios públicos.

Nada más absurdo que decir que los hijos se *manumiten*, porque los hijos no son esclavos de sus padres.

También decimos: *emanciparnos* de la tiranía de tal o cual Gobierno, del yugo de tal o cual déspota.

Equivocaríamos completamente nuestra idea diciendo: *manumitirnos* de los déspotas, *manumitirnos* de los tiranos, porque sólo pueden *manumitirse* los que han vendido su libertad, y nosotros podemos ser esclavos en la ley, pero somos libres en nuestra persona. No tendremos derechos públicos, pero tenemos albedrío privado.

Recordaremos las diferencias indicadas para que puedan percibirse sin trabajo.

Manumitir es hacer que el esclavo *manumitido* salga de nuestra casa.

Emancipar es hacer que deje de ser esclavo, de ser *mancipium*.

Manumitir sólo se aplica al que se vende.

Emanciparse es un derecho de la ley y una necesidad del hombre social.

Mar, piélago

Mar es la parte del globo bañada por las aguas. Significa el término contrario de tierra.

Piélago, del griego *pelagos*, es el alto mar, el mar profundo, el mar revuelto, el mar proceloso.

El *mar* tiene límites, márgenes, orillas, playas, arenas.

El *piélago* tiene oleajes, borrascas, torbellinos.

El *mar* pertenece a la geografía.

El *piélago* toca más bien a la epopeya.

Marca, margen

Marca, en castellano antiguo, dice el doctor Rosal, era raya de reino, y *rejar* y *marcar* era lo mismo que *rayar* y *señalar*; de donde las demás medidas se llamaron *marcas*, de *margo*, margen o raya. De aquí *margatos* (maragatos) los de la marca, frontera o raya, que llaman también *ratinos*, aunque hoy sólo se dice de los de la *raya* de Astorga; *co-marca*, contorno; *marqueses*, los que tenían cuidado de las rayas, *marcas* y mojones del reino; por consiguiente, de todo el dominio real.

Veamos ahora las diferencias que el uso ha establecido entre *marca* y *margen*.

Marca equivale a señal, mientras que *margen* equivale a confín.

Marca de Astorga significa que hay un lindero, una piedra, una raya, un indicio que denota en dónde comienza y en dónde termina aquel territorio.

No puede decirse *margen* de Astorga, porque esto significaría que había un límite o confín geográfico, que separaba el territorio de aquella ciudad de otras jurisdicciones.

Un guijarro, puesto en cualquier parte para que nos sirva de gobierno, es una *marca*, no un *margen*. ¿Por qué es una *marca*? Porque nos denota algún pensamiento, porque nos avisa, porque nos advierte, y *marcar* no es en realidad otra cosa que llamar la atención, designar, advertir.

¿Por qué no es una *margen*? Porque un guijarro no es un término, un límite, un confín, una división. El guijarro indica, por eso es *marca*; pero no limita, no ciñe, no estrecha, no divide; por eso no es *margen*.

Por el contrario, la raya que describe el curso de un río es una *margen*, no una *marca*.

¿Por qué es una *margen*? Porque la orilla de aquel río es un término que divide la tierra del agua: el agua y la tierra confinan allí; tienen allí un límite.

¿Por qué no es una *marca*? Porque no es una señal, una advertencia, un aviso, una raya de reino, como dice muy bien el etimologista citado.

La *marca* denota señal.
La *margen*, confín.
La *marca* es una frontera.
La *margen*, un límite.
La *marca* es política: ur señorío, un distrito, una jurisdicción.
La *margen* es más bien natural o geográfica: las *márgenes* del mar, las *márgenes* del río.
Borrar ciertas *márgenes* es imposible.
Borrar una *marca* es cometer usurpación de fuero.

Marcha, camino, jornada, viaje

Marcha viene de *marca*, porque *marca* significó en lo antiguo límite o frontera, y *marchar* era pasar las *marcas*, lo cual equivalía a internarse en otros países o señoríos.

Camino viene de *camas*, nombre antiguo de las piernas, y que se conserva actualmente en Cataluña. El Romancero, citado por Monlau, dice: «Calzas de buen paño en sus *camas* metió.» Esto quiere decir que calzas de buen paño metió en sus *piernas*. Y la voz *camino* salió de *camas*, porque agitando o moviendo las *camas*, es decir, las *piernas*, es como se anda el camino.

Jornada viene del nombre italiano *giorno*, de cuyo origen proceden *jornal*, *jornalero*, *jornaleramente*. *Giorno* significa día. De modo que *jornada* es la marcha que se hace de sol a sol, como de sol a sol trabaja el *jornalero*.

Viaje se deriva de *vía*, puesto que por la *vía* se *viaja*.

Veamos ahora las diferencias de las cuatro voces del artículo.

A todas cuatro es común la idea de movimiento. Así el *marchar*, como el *caminar*, hacer una *jornada* o hacer un *viaje*.

Desde luego se ocurre que la idea común de movimiento puede realizarse de muchas maneras, y que cada manera será un sentido propio de la palabra que signifique aquella relación particular, una relación que no conviene a ningún otro nombre, y que le da un carácter que la distingue de cualquier otra.

Por ejemplo: la idea general de traslación puede considerarse con relación al mismo movimiento, a la acción misma, y aquí tenemos la palabra *marcha*.

Puede considerarse con relación al lugar por donde esa marcha se verifica, y aquí tenemos la palabra *camino*.

Puede considerarse también con relación al tiempo dentro del cual efectuamos ese camino, y aquí tenemos la palabra *jornada*.

A la idea general de movimiento pueden asociarse causas morales, propias exclusivamente del hombre, y aquí tenemos la palabra *viaje*.

Marchar es moverse hacia un punto dado. *Marchar* hacia Sevilla quiere decir: ejecutar un movimiento regular y uniforme hacia Sevilla. Es una acción puramente material. El caballo *marcha*, el elefante *marcha*.

Caminar es ejecutar esa marcha por una vía, por un *camino*. A la idea de acción se añade la idea de lugar.

Caminar hacia Sevilla quiere decir: ejecutar una marcha hacia Sevilla por el *camino* que conduce a dicha ciudad. Es una acción tan física como la otra. El elefante *camina*, el caballo *camina* también.

Hacer una *jornada* es andar por ciertos caminos, pero precisamente dentro del período de un día. A la relación de lugar se añade la relación de tiempo.

Esta palabra se diferencia también de las dos anteriores en que significa intención, pensamiento, fin deliberado, ora privado, ora político.

El arriero hace una *jornada* de diez leguas.

El ejército marcha a grandes *jornadas*, a *jornadas* dobles.

Ni el elefante ni el caballo hacen *jornadas*, porque no tienen el fin privado, ese algo racional que mueve al arriero, ni el pensamiento político que guía al jefe de una expedición.

Viajar es hacer una marcha, ya por recreo, ya por necesidad, ya por conveniencia, tal vez por salud, acaso por motivos de amor o de honra. *Viaja* el artista, el sabio, el negociante, en menos términos: *viaja* el hombre.

Relación de movimiento, *marcha*.
Relación de lugar, *camino*.
Relación de tiempo, *jornada*.
Relaciones morales, *viaje*.

«La precipitación de mi *marcha* hizo que no pudiera despedirme de ustedes.»

«El mundo admirará la gloria inmarcesible de aquella *jornada*.»

«No puedo revelar a usted el motivo de mi *viaje*.»

Margen, límite

La *margen* es raya o división.
El *límite* es extremo o confín.
El mar no tiene *límites*, sino *márgenes*.
El mar no tiene *límite*, sino *margen*, porque el confín del mar es una raya que divide el mar de la tierra. No es absolutamente un término, sino una división; no es absolutamente un confín, sino una *marca*, una señal, una advertencia; es decir, una *margen*.

El mundo presente no tiene *márgenes*, sino *límites*, porque no tiene *marcas* que lo separan del otro mundo, no tiene fronteras o señales que lo dividan de la eternidad; pero tiene fin, tiene extremos en que termina; tiene extremos que lo convierten en un objeto *limitado*.

No tiene señales que lo *marcan*, y por eso no tiene *márgenes*.

Tiene un término que lo *limita*, y por esta razón tiene *límites*.

La *margen* hace que las cosas no se confundan.

El *límite* hace que los objetos no sean infinitos.

La *margen* no se debe borrar.
Del *límite* no puede pasarse.
Hay muchas cosas que no tienen *margen*.

En un mundo finito todo tiene su *límite*. Esto es tan sencillo y tan natural como decir que en un mundo *finito* todo tiene su *fin*.

Marinero, nauta

Marinero, según la palabra lo dice, viene de *mar*, en latín *mar, maris*, como queda expuesto.

Nauta viene del griego *naus*, nave o buque.

El *marinero* atraviesa el mar.
El *nauta* dirige la nave.
El *marinero* es un trabajador, el artesano del océano.

El *nauta* es un héroe, un ente casi fabuloso, una especie de semidiós de la mitología griega.

De modo que *marinero* es una palabra vulgar.

Nauta, una voz poética.

Marítimo, litoral

Marítimo es todo lo que expresa relación al mar.

Litoral se refiere a la *orilla*, porque, como *orilla*, viene de *os, oris*, que significa boca, embocadura, margen, ribera.

Así decimos: productos *marítimos*, hierbas *marítimas*, terrenos *marítimos*.

Nada más absurdo que decir productos *litorales*, terrenos *litorales*, hierbas *litorales*.

Lo *marítimo* es materia.

Lo *litoral* es geografía.

Marqués, conde, duque

Marqués viene de *marca*, que significaba en lo antiguo raya o mojón de reino, cuyo sentido conserva todavía en algunas cláusulas, como cuando decimos: la *marca* de Astorga, la *marca* de Ancona. Llamóse *marqués* porque era el que cuidaba las *marcas*; es decir, el que guardaba las fronteras o los límites del territorio de su jurisdicción.

Conde viene de *comes*, voz latina que significa compañero, y se llamó así porque era el que acompañaba a los grandes y príncipes. El *conde* era como el jefe de la *comitiva*, cuya palabra tiene el mismo origen que la de *conde*.

Duque se deriva de *dux, ducis*, que entre los latinos quería decir jefe, capitán, caudillo o cabeza, cuya propia significación pasó a la palabra castellana. Se le llamó *duque* porque era el que guiaba, *ducebat*, las armas del reino.

El *marqués* vigila.

El *conde* acompaña.

El *duque* dirige.

Marras, antaño

Marras viene de *marrat*, nombre árabe que significa una *vez*.

Antaño es lo contrario de *ogaño*. Significa tiempo pasado.

Lo de *marras* quiere decir: lo que pasó en aquella *vez*, en aquella ocasión.

Lo de *antaño* quiere decir: lo que pasó entonces.

Marras expresa un período determinado.

Antaño, tiempo indefinido.

Máscara, careta

Máscara es la persona disfrazada; y así decimos: «baile de *máscaras*; voy a ver las *máscaras*.» Nada más absurdo que decir: «baile de *caretas*; voy a ver las *caretas*.»

Careta es la cara de cartón que cubre la cara de carne.

Si penetramos en los escondites de estas palabras podemos decir: hay algunas *máscaras* sin *careta*; mientras que sin *careta* no hay nadie; sea o no sea *máscara*.

Hay ocasiones en que se llora: es la *careta* de la alegría.

Hay ocasiones en que se ríe: es la *careta* del dolor. ¿Qué sería de nuestras *caras* sin el artificio indispensable de la *careta*? Es muy posible que no existiera un hombre que no fuese a presidio. Y si decimos esto de la *careta* de los hombres, ¿qué no podrá decirse de la *careta* de las mujeres? En el hombre es maña; en las mujeres, arte, ciencia, virtud, recato, hermosura, naturaleza, todo.

Si la *máscara* necesita de la *careta*, podemos afirmar que todos somos *máscaras* en el inmenso carnestolendas de la vida. ¡Qué ciencia tan profunda!, ¡qué ciencia tan terrible! Y, sin embargo, ¿quién puede arrancar de nuestras costumbres estas malicias del corazón, sin arrancar con ellas el corazón de la humanidad? No hay más recurso que llevar la cara de carne, guardada y defendida por la otra cara de cartón, procurando que nuestro carnaval se contente con los festejos de una irrisión, que no haga sangre.

Masía, predio

Masía, hemasia en griego, significa tierra que tiene valladar.
Predio, praedium en latín, no expresa otra idea que la de heredad, posesión, goce o disfrute.
La *masía* es necesariamente rústica.
El *predio* es rústico y urbano.
Masía quiere decir cerca.
Predio quiere decir finca.

Matrícula, inscripción

Matrícula viene de *madre*.
Inscripción, de escribir.
La *matrícula* se refiere a la escuela en que principiamos nuestros estudios, de la cual somos hijos literarios.
La *inscripción* se refiere a las demás escuelas en que continuamos nuestra enseñanza.
Supongamos que empecé a cursar en Sevilla, y que luego paso a estudiar a Cádiz.
Mi *matrícula* es la de Sevilla, porque aquella universidad es la *madre* de mi educación, la *matriz* de mis tareas literarias. Yo no puedo *matricularme* en otra aula, porque un hijo no puede tener más de una *madre*.
Lo que yo haré en Cádiz será *inscribirme*, hacer constar mi nombre para el logro de mis derechos y de mi carrera como estudiante.
Dado este caso, lo propio sería decir: saco mi *matrícula* de Sevilla para que me *inscriban* en Cádiz.
La *matrícula* es memoria y origen.
La *inscripción* es registro, procedimiento.

Matrimonio, casamiento

Matrimonio se compone de *munus*, que significa oficio, obligación, y de *mater, matris*, que significa *madre*. Quiere decir literalmente: obligación u oficio de *madre*, sabia y preciosa definición que honra al gentilismo mucho más que todas las conquistas de César: *matri-munus*.
Casarse es vivir juntos en una *casa*, parearse, unirse, caminar por la misma senda, ser *cónyuges*; es decir, ir bajo el mismo *yugo, uncidos*.
El *matrimonio* se refiere a la constitución de la familia.
El *casamiento* se refiere al método de vida, al orden doméstico, a la conducta.
El *matrimonio* es a un mismo tiempo moral y religión, deber y sacramento.
El *casamiento* es el organismo, lo manual del *matrimonio*.
Los *casamientos* se deshacen con desunirse. Los hombres se *casan* y se *descasan*, porque divorciarse no es otra cosa que *descasarse*.
El *matrimonio*, el sagrado *oficio*, la santa y augusta obligación de *madre*, es tan seguro y tan indestructible como el dogma, como la moral, como el hombre, como el mundo.
El *casamiento* es un contrato.
El *matrimonio* es una veneranda institución ordenada por Dios.
Así decimos: el sacramento del *matrimonio*.
Nada más absurdo que decir: el sacramento del *casamiento*.

Mejora, mejoría

Mejora se refiere al estado, a la condición.
Mejoría, a la salud.
El enfermo que va logrando ponerse bueno tiene *mejoría*.
El empleado a quien se da un ascenso obtiene una *mejora*.
La *mejoría* se obtiene.
La *mejora* se alcanza.

Así decimos: *mejoras* políticas, económicas, administrativas, judiciales.

Nada más extraño a la índole de nuestra lengua que decir: *mejorías* políticas, económicas, administrativas y judiciales, porque hablando así daríamos a entender que la política, la economía, la administración y la judicatura eran enfermos que estaban en la cama.

La *mejoría* es física.

La *mejora* es social.

Para tener una *mejoría* basta muchas veces una hierba.

Para alcanzar una *mejora* es necesario a veces luchar muchos siglos.

En una palabra, la *mejoría* es cambio.

La *mejora* es progreso, una gran ley del mundo, una gran ley de la Providencia, porque grande es toda ley de Dios.

Mejorarse, aliviarse

Mejorarse es ponerse mejor.

Aliviarse es como hacerse *leve*, porque el enfermo está pesado, y aliviándose, haciéndose *liviano*, se aligera del mal.

La primera palabra significa mucho más que la segunda.

La *mejoría* supone *peoría*, y la *peoría* puede llegar hasta comprometer la vida del enfermo. Por esto decimos que hay *mejorías* terribles, como la *mejoría* de la muerte.

Nada más absurdo que decir que hay *alivios* terribles, como el *alivio* de la muerte, porque la muerte, lejos de *aliviarnos*, nos echa encima el peso enorme de la eternidad.

El *alivio* supone recargo, y basta que el recargo decrezca para que sintamos *alivio*, aun cuando realmente no nos *mejoremos*, porque nos podemos *aliviar* sin *mejorarnos*, como sucede, por ejemplo, en la terciana.

Cuando la calentura de la terciana cede, tenemos un verdadero *alivio*. Sin embargo, no puede decirse que tenemos una verdadera *mejoría*, porque la terciana no ha desaparecido, el mal existe, existe ese mal, que es lo *peor*, y mientras que existe lo *peor* no podemos estar *mejor*, porque lo *mejor* y lo *peor* son términos contrarios.

Nos *aliviamos*, porque el recargo se hace menor, se hace *leve*.

No nos *mejoramos*, porque continuamos estando enfermos; la enfermedad no ha variado, es la misma, tiene la misma intensidad, y padecemos tercianas como antes, y mientras que la enfermedad no cede, mientras que nuestro estado no *mejora*, no hay *mejoría*.

Hay *mejoría* en una enfermedad.

Hay *alivio* en una calentura, en un dolor, en un acceso.

Memoria, recuerdo, reminiscencia

El hombre tiene la facultad de reproducir las ideas concebidas.

Para reproducirlas es necesario retenerlas.

El objeto de reproducirlas es recordarlas.

Hay tres hechos: la facultad que reproduce las ideas cuando el pensamiento las necesita. Ésta es la *memoria*.

La función por cuyo medio las retiene. Ésta es la *reminiscencia*.

El fin que se propone al retenerlas y reproducirlas. Éste es el *recuerdo*.

La *memoria* es una facultad.

La *reminiscencia*, una función.

El *recuerdo*, un estado.

Mendigo, pordiosero

Ambos nombres suponen la idea de una persona que vive a expensas de la caridad pública; pero se diferencian en el modo.

Mendigo es el que extiende la mano para pedir limosna.

Pordiosero es el que invoca el amor de Dios. Por-Dios-ero (por causa de Dios).

El que anda pidiendo de puerta en puerta es un *pordiosero*.

El tullido o el ciego que está fijo en un punto, y que no hace otra cosa que alargar la *mano*, es *mendigo*.

Mendigar es alargar la *mano* para pedir, como *amenazar* es levantar la mano para ofender.

Menesteroso, indigente

Menesteroso es el que no tiene todo lo que ha *menester* para vivir. Ha *menester* más.

Indigente es el que apenas tiene para mantener a su familia; es decir, a su *generación*, a su casta, porque *indigente* viene de *genio*, que significó primitivamente procreación o engendro. Así es que esta voz no puede aplicarse a un individuo, sino a una familia o una clase. Clases o familias *indigentes*.

El *menesteroso* no tiene lo necesario.
El *indigente* no tiene lo preciso.
Menesteroso significa pobre.
Indigente significa miserable.

Mentira, embuste

La palabra *embuste* tiene también su historia novelesca, como vocablo aventurero. «A mediados del siglo XVI andaban vagando por Europa, y principalmente por Italia, unos charlatanes que, con prestigios vanos, hacían aparentes maravillas, vendiendo además remedios secretos y específicos. Entre estos últimos preconizaban un ungüento prodigioso para curar toda quemadura, y en prueba de eficacia cogían un ascua con la mano, o se echaban plomo derretido en cualquiera parte de su cuerpo, y aplicando en seguida el ungüento, quedaba la parte quemada como si tal quemadura no hubiese habido. Y realmente no la había habido, porque los embaucadores tenían buen cuidado de resguardarse la piel con alguna preparación adecuada para resistir la acción del calórico. Pero el vulgo, crédulo e ignorante, quedaba maravillado, compraba muchos botes del ungüento, y daba a los charlatanes el nombre de *embustidores*, como *in-ustidores*, *in-ustos*, *incombustibles*, que no se quemaban. De ahí la acepción genérica o trasladada que se dio a toda mentira disfrazada con cierto artificio (*embuste*), a toda farsa o trapacería.»

Mentira viene del latín *mendacium*, o bien del adjetivo *mendax, mendacis*, mentiroso.

Metafóricamente hablando, podemos decir: las bellas *mentiras* del arte.

No podemos decir en ningún sentido: los bellos *embustes* del arte.

Al decir: las bellas *mentiras* del arte, hablamos de invenciones o imágenes que pueden ser bellas, y siendo bellas cuadrarán al arte, porque al arte cuadra todo lo que es bello. No siendo aquellas invenciones o figuras cosas reales, no serán *verdaderas*, serán *mentirosas*, pero como estas cosas *mentirosas* tienen figuras bellas, podremos decir que son bellas *mentiras*. Y como la belleza es la ley de las creaciones artísticas, podremos decir que las bellas *mentiras* de que hablamos son *mentiras* del arte.

Al decir: los bellos *embustes* del arte, pareamos dos cosas que no pueden nunca correr parejas, como el arte y el dolo, la belleza y la trapacería, porque el dolo no es capaz del arte, la trapacería no es capaz de belleza.

Hay *mentiras* bellas, porque *mentira* es la invención.
No hay *embustes* bellos, porque el *embuste* es un engaño.
La *mentira* es falsa.
El *embuste* es ratero.
Puede haber *mentiras* involuntarias y virtuosas, *mentiras* dictadas por la caridad.
El *embuste* es siempre intencional, maligno, bajo, miserable.
Lo contrario de la *mentira* es la verdad.
Lo contrario del *embuste* es el decoro, la rectitud, la formalidad, el pudor.

Merecer, ser digno

Merecer supone servicios: ser digno supone virtudes.
Somos *merecedores* por nuestros trabajos; somos dignos por nuestras prendas, por nuestros talentos, por nuestros sacrificios, por nuestros infortunios.
El *merecimiento* está en relación con un título, con un sueldo, con una recompensa, con una gracia.
La *dignidad* está en relación con nuestra conciencia, con nuestro nombre, con nuestra honra, con nuestro genio.
Un buen empleado *merece* su paga; un héroe es *digno* de una corona.
Un soldado valiente *merece* un ascenso; un santo es *digno* de su santidad; Cervantes es *digno* de su estatua.

Mérito, merecimiento

Mérito se refiere a las cualidades.
Merecimiento, a las acciones.
El *mérito* busca la ciencia y la virtud.
El *merecimiento* busca la recompensa.
El *mérito* es humilde.
El *merecimiento*, ambicioso.

El *mérito* se esconde.
El *merecimiento* se viste de gala.
El *mérito* vive en una buhardilla y va andrajoso.
El *merecimiento* da banquetes y vive en palacios.
El *mérito* es lo que ha dado más bienes en la tierra.
El *merecimiento* es lo que ha dado más escándalos al mundo.
Pero el *merecimiento* es variable y transitorio.
El *mérito* es invariable y eterno.
El *merecimiento* tiene por patrono una época, un siglo, un pueblo, tal vez un alcázar.
El *mérito* tiene por patrono la historia, todos los siglos y todo el mundo.
Reina el *merecimiento* muchas veces en virtud de un favor.
Reina el *mérito* siempre en virtud de un espíritu inmortal.
Al *merecimiento* suele suceder un anatema.
Tras el *mérito* suele venir una corona.
Debe buscarse el *merecimiento*; pero después de haber hallado el *mérito*.
Ambas palabras vienen del sustantivo latino *meritum*, que equivalía a servicio, como vemos en Cicerón: *magna sunt Lamiae non dico officia, sed merita*; soy deudor a Lamia, no digo de buenos oficios, sino de *méritos*, es decir, de verdaderos servicios. De modo que en latín eran sinónimos las palabras *officium*, *beneficium* y *meritum*. En nuestra lengua, oficio es sinónimo de servicio; *mérito*, de *merecimiento*; y beneficio, de buena obra.

Meter, introducir

La diferencia más real que el uso establece entre los verbos de este artículo consiste especialmente en que *meter* expresa una acción vulgar, mientras que el otro verbo significa más bien la idea de estudio y de cuidado.

Así sucede que no puede decirse: *meter* un embajador, sino *introducir* un embajador.

Tampoco se puede decir con rigurosa propiedad: *introducir* a un chivo en el redil de las ovejas, sino *meterle*; esto es, hacerle entrar de golpe, sin atención ni cuidado alguno, porque el verbo *meter* excluye la idea de todo primor, de toda maña, de todo artificio.

Veamos qué quieren decir las dos frases: *meter* la sonda, *introducir* la sonda, hablándose de una operación de cirugía.

Meter la sonda significa un absurdo, porque se supone que la sonda entra sin miramiento, sin reparo, sin atender a la naturaleza de la operación. En una palabra, al decir que se *mete* la sonda se daría a entender que la sonda estaba en manos de un labriego.

Introducir la sonda expresa la idea de que hay una mano que la guía, un conocimiento que la dirige, una discreción que sabe lo que hace. Al decir que la sonda se *introduce*, se da a entender que aquel instrumento está en manos de un facultativo, de un hombre docto, tal vez de un sabio. *Para meter* la sonda basta el impulso; para *introducirla* es menester ciencia.

Esta diferencia capitalísima está reflejada perfectamente en la práctica del lenguaje, como puede verse en los dos ejemplos que siguen:

Meter las manos en el fuego; *introducir* un contrabando.

Meter cizaña; *introducir* el espíritu de la discordia.

Miedo, temor, pavor

El *miedo* es una propiedad del ser humano, como el juicio, como la duda, como la sospecha, como la malicia; y así se dice:

> Si vestidos tuviera el *miedo*
> nadie iría en cueros.

El *miedo*, considerado como un hecho que se prevé, se convierte en *temor*.

El *temor*, idealizado por la fantasía, se llama *pavor*.

Una estancia oscura da *miedo*; un hombre embozado en ciertos sitios y a ciertas horas inspira *temores*; un fantasma, un difunto, un camposanto, visitado de noche, infunden *pavor*.

El *miedo* es natural; el *temor*, intelectual; el *pavor*, imaginativo.

Así vemos que el *pavor* no se siente nunca, sino tratándose de cosas que están en relación con un suceso extraordinario, como el sueño de Eneas, en que se le presenta la sombra de Héctor con las barbas chorreando sangre. Al contemplar la imagen tremenda de aquella figura, siente *pavor*. Esto demuestra que el *pavor* es una impresión que se da la mano con el sentimiento de lo maravilloso si perteneciese a la estética particular del arte. El *pavor*, en su sentido más elevado, participa hasta cierto punto de lo bello y de lo sublime.

Milagro, maravilla, prodigio, portento

Las diversas voces de este artículo, como casi todas las palabras de todas las lenguas, no se distinguen sino en que cada una pertenece a una serie distinta de hechos.

Llevada la idea de lo extraordinario o sobrenatural a la naturaleza, se llama *portento*.

Si la traemos a la humanidad, a la vida, al mundo, se llama *prodigio*.

Aplicada al arte, *maravilla*.
Aplicada al dogma, *milagro*.
De manera que el *portento* es natural.
El *prodigio*, humano.
La *maravilla*, artística.
El *milagro*, teológico.
Maravilla, prodigio, portento y *milagro* quieren decir: arte que sorprende.
Dios es el *milagro*.
La creación, el *portento*.
El hombre el *prodigio*.
El Quijote, una *maravilla* de la mente y memoria de un intelecto humano.

Mímica, gesticulación

Mímica viene de *mimo*, voz derivada de *momo* o de *mohín*, de donde procede *pantomima*.

Gesticulación se deriva del latín *gestio, gestire*, que significa brincar, saltar, dar muestras de alegría, hacer *gestos*. No viene de *gesto, gestas, gestare*, formado de *gero*; ni de *gero, geris, gerere, gessi, gestum*, como equivocadamente se ha creído por algunos etimologistas. *Gesto, gestas*, significa llevar; *gero, geris* significa tratar, manejar, hacer, dirigir. *Gesticulación* viene de *gestus, gesto* en castellano, que no es otra que el movimiento de la *geta*, y de *gestus* se formó *gestire*, que expresa la idea de dar saltos de gozo, de significar nuestro júbilo con la animación del semblante, de la *geta*, del *gesto*. Así es que los latinos, para dar a entender que estaban locos de contento, exclamaban: *gestire nimia voluptate*, cuyo ejemplo es de Cicerón. Esto explica también que el *gesto* es común a los animales, puesto que también los animales tienen *geta*; mientras que nada fuera tan absurdo como atribuir a los animales *gestión* o *gerencia*, porque esto sería atribuirles dirección, gobierno, lo cual sería atribuirles pensamiento, razón, ciencia, derecho, moral y arte; más claro, sería atribuirles espíritu, alma, humanidad.

Queda demostrado, a nuestro entender, que *gesticulación* viene de *gestire*, formado de *gestus, gesto*, de donde viene nuestro vocablo *geta*, que conviene también a los animales, por cuya razón los animales hacen *gestos*.

La *mímica* es del mimo, del cómico, de lo que antiguamente se llamaba *farsante*, histrión o juglar; de lo que hoy se llama actor, porque acciona, y *artista*, porque es arte, porque es belleza, porque es genio.

La *mímica* es acción.
La *gesticulación* es ademán.
La *mímica* revela.
La *gesticulación* anuncia.
La *mímica* es propósito, intención, fin, talento, arte: se estudia.
La *gesticulación* es naturaleza: se tiene.
Así decimos: es un excelente orador, pero no tiene *mímica*.
Sería absurdo decir que no tiene *gesticulación*, puesto que no hay hombre que no *gesticule*, como no hay hombre que no haga *gestos* o que no tenga *geta*.
A tal o cual actor le falta voz, le falta estatura, pero tiene una *mímica* acabada.
Sería absurdo también decir que tiene perfecta *gesticulación*, porque el *gesto*, el hablar de la *geta*, por decirlo así, no admite perfección alguna, porque entonces serían perfectos los animales.
Mímica sagrada, *mímica* profana.
Claro es que no puede decirse: *gesticulación* profana, *gesticulación* sagrada, porque no puede ser sagrado el *gesto*, no puede ser sagrada la *geta*, porque un *mono* sería sagrado.
Podría tal vez decirse que la *gesticulación* es el lenguaje de la cara y de las manos, el lenguaje del *gesto* y del *ademán*.
La *mímica* es la elocuencia del movimiento.

Mirada, ojeada

La *ojeada* consiste en un movimiento de

los ojos; la *mirada* consiste muchas veces en un movimiento del espíritu.

La *ojeada* es una operación; la *mirada*, un profundo arcano.

Una *ojeada* advierte; una *mirada* puede hacer temblar.

Mirar, ver

Ver está en relación con los sentidos: *mirar* se refiere a las ideas, a la imaginación, a los sentimientos, a la fe.

La *vista* representa un atributo y una función: la *mirada* es más bien una revelación del espíritu.

Ven los ojos; *mira* el alma.

El animal *ve*; el hombre *mira*.

Quien *ve*, hace; quien *mira*, piensa y siente.

Místico, levítico

Místico es lo que encierra *misterio*, y *misterio* viene del griego *myeō*, que significa instruir o iniciar en las cosas sagradas.

Levítico se llama el tercer libro de Moisés, porque describe el tabernáculo, sus ceremonias y las obligaciones y prerrogativas de los israelitas pertenecientes a la tribu de *Leví*, encargados del servicio del templo.

Lo *místico* se refiere a la idea de Dios: es un arcano.

Lo *levítico* se refiere a la idea de culto: es una ceremonia.

Supongamos que un hombre, en el interior de su casa, sin asistir a ninguna solemnidad religiosa, sin parecer por una iglesia, estudia el secreto de las ideas dogmáticas, el *misterio* de la divinidad. El hombre de que hablamos es realmente una persona *mística*, no *levítica*.

Supongamos que otro hombre, sin pensar nunca en el arcano que nos rodea por todas partes, sin parar su mente en el gran *misterio* de la creación, en ese *misterio* sagrado que anuncia nuestra conciencia, asiste a las solemnidades del templo, al ritual del culto, a la parte externa del ministerio sacerdotal. Este hombre de que hablamos es una persona *levítica*, no *mística*.

El hombre *místico* es el filósofo del dogma.

El hombre *levítico* es el menestral de la religión.

Lo *místico* es idea.

Lo *levítico* es práctica.

Lo *místico* está expuesto a la superstición.

Lo *levítico*, a la hipocresía.

Moda, boga

Moda se refiere a la imaginación: es más estética que moral.

Boga, a la opinión: es más moral que estética.

Un hombre de aventuras galantes y caballerescas, de inventiva fecunda, de antojos singulares, de grandes tesoros, de dilapidaciones fabulosas, se hará de *moda* al segundo día.

Un hombre de prestigio, que llama la atención por su talento, por su elocuencia, por su valor o por su patriotismo: un hombre que merece el aprecio público, se pone en *boga*.

La *moda* es casi siempre caprichosa, frívola, pueril. Es un niño que llora por una flor y quiere la flor para deshojarla. La *moda* no consiste sino en herir el sentimiento de lo maravilloso, ese algo fantástico que tanto imperio tiene en el alma del hombre, y, más aún, en el alma de la mujer.

La *boga* es más grave, más concienzuda, más deliberada. Generalmente no se logra sin representar un sistema, un pensamiento, una doctrina, y no puede representarse un pensamiento sin tener prendas que lo autoricen, sobre todo, la prenda capital de la firmeza, de la energía, del valor: el noble civismo del convencimiento, ese instinto heroico que se llama carácter. El carácter es más que la belleza, más que la oratoria, que la riqueza, que la sabiduría y que la conducta en todo hombre que pretenda dominar la opinión.

Para hacerse personaje de *moda*, bastará dar muchos convites, muchos bailes, gastar millones y galantear.

Para ponerse verdaderamente en *boga* son necesarias tres cualidades: una del espíritu: la firmeza de la convicción; otra de la conciencia: la resolución de la virtud; otra del lenguaje: el arte de hablar.

Moda quiere decir usanza, capricho.

Boga quiere decir dominio moral, favor público, mérito.

Modo, manera

Modo significa *medida, mesura*, circunspección.

Manera significa actitud, movimiento, ademán.

Hombre de buenos *modos* quiere decir: hombre que no falta a las reglas del trato, a las leyes del decoro civil, que no sale nunca de la *medida*.

Hombre de buenas *maneras* significa que tiene finos ademanes, que gesticula con cortesía y con gracia; es decir, que tiene la mímica social.

Un campesino moderado, respetuoso, afable, es una persona de buenos *modos*, porque obra con tino, con regla, con *mesura*; pero si es muy rústico puede tener malas *maneras*, porque no se mueve con donaire, con gracejo, con elegancia, con finura.

Por el contrario, el cortesano de ademanes más finos, de más cultas sonrisas, de gestos más hábiles; es decir, de mejores *maneras*, puede ser un hombre destemplado, de un carácter áspero y soberbio, de respuestas duras y ofensivas, en cuyo caso no será un hombre de buenos *modos*, porque falta a la continencia, a la circunspección, a la *medida* del decoro.

El *modo* viene de los sentimientos, de las ideas, de los estudios, del genio o carácter.

La *manera* viene del trato.

El *modo* es costumbre, educación.

La *manera* es hábito, crianza.

Modo equivale a comedimiento.

La *manera* es muchas veces una ficción, una lisonja, una socaliña, un engaño; otras veces es una pantomima, o como dice el vulgo, *música celeste*.

Hombre *modoso* quiere decir hombre reparado.

Hombre *amanerado* quiere decir que es una persona de tontos y fingidos ademanes.

En una palabra: hay un trato sencillo, natural, ingenuo, que es la virtud de la modestia y de la caridad: he aquí el *modo*.

Hay también un trato que tal vez está sucio por dentro y se pone muy limpio por fuera, como los sepulcros que se blanquean para que no pueda pensarse en los esqueletos que contienen, según la divina expresión de Jesucristo: he aquí la *manera*.

Queremos y buscamos a los hombres de buenos *modos*.

Lo que más sobra en la sociedad culta de nuestros días, son homnbres de buenas *maneras*.

Para que el lector lo vea más claro, debe saber que de la voz *modo* se derivan *modestia, moderación* y *moral*.

Molde, modelo

Ambas palabras se derivan de *modus*, medida.

El *molde* es manual o mecánico.
El *modelo* es artístico.
El *molde* se usa.
El *modelo* se imita.
Para el *molde* basta la maña.
Para el *modelo* se necesita ingenio.
La horma es el *molde* del pie.
El Quijote es un gran *modelo* de literatura.

Moler, majar, machacar, machucar, magullar, chafar, aplastar, aplanar, despachurrar, desmenuzar, estrujar, triturar, pulverizar

Se *muele* el trigo.
Se *maja* el esparto.
Se *machacan* las especias.
Se *machuca* una flor.
Se *magulla* un sombrero.
Se *chafa* un huevo.
Se *aplastan* las narices de un bofetón.
Nos *aplana* un mármol enorme que cae de arriba.
Se *despachurra* un higo.
Se *desmenuza* una miga de pan.
Se *estruja* la aceituna para sacarle aceite.
Se *tritura* el mármol.
Se queman y *pulverizan* los cadáveres de ciertas personas.
Todas las palabras anteriores han pasado al estilo metafórico en mil acepciones de suma eficacia, de sumo donaire y de una filosofía expresiva, natural, llana, ingenua, que difícilmente tendrá igual en ningún idioma. Así sucede que cuando alguno nos importuna (cosa que tan de sobra anda por el mundo) podemos decirle: *no nos muelas*; es decir, no hagas con nosotros lo que hace la piedra del molino cuando convierte el grano en harina. No es posible explicar nuestro pensamiento con más vehemencia, con más gracejo, con una imagen más sensible y con una malicia más sabrosa.

Para significar que uno ha destruido las razones de su contrario, solemos decir que *pulverizó* sus argumentos, que quedó *triturado* en la controversia.

Cualquier golpe que se nos da, nos *magulla*; de cualquier apretura salimos *estrujados*; todo suceso que se vuelve contra nosotros, nos *chafa*; cualquier fresca de una mujer nos deja *aplastados*; una palabra repetida nos *machaca* el oído, y así en infinitas y graciosísimas acepciones. Del empleo figurado de todos los verbos de este artículo pueden sacarse muchos y muy bellos ejemplos de hipérbole; de esa hipérbole picaresca, imaginativa, fecunda, chistosa, popular, de esa riqueza inagotable que todas las lenguas tienen que envidiar al habla castellana.

Mollar, blando

Mollar es lo que tiene *molla*, lo que tiene pulpa.
Blando es lo que cede al tacto con facilidad.
La pierna de una persona gruesa y rolliza será *mollar*, porque tiene *molla*; no será *blanda*, porque no cede al tacto fácilmente.
Una vejiga medio llena de aire es *blanda*, porque cede al tacto sin esfuerzo; no será *mollar*, porque no tiene molla, pulpa, carne.
De modo que una cosa puede ser *blanda* sin ser *mollar*, así como puede ser *mollar*, sin ser *blanda*.
Lo *mollar* es cuerpo.
Lo *blando* es tacto.
De *mollar* procede la moderna palabra muelle, que es un metal que se encoge y ablanda al ejercer presión sobre él.

Momento, instante

Momento se deriva de *motus*, que significa *movimiento*, agitación.

Instante se compone de *in*, prefijo negativo, y de *stans, stantis*, participio presente del verbo auxiliar *stare*. Significa literalmente: *no estante*, que no está, que no permanece, *ins-table*.

El *momento* es cosa ligera: se *mueve* con facilidad.

El *instante* es cosa transitoria: desaparece luego.

El *momento* es leve.

El *instante*, pasajero.

Lo que es leve, lo que se *mueve* sin dificultad, puede permanecer más o menos tiempo.

Lo que no es estable, lo que no permanece, lo que es pasajero, tiene que pasar.

He aquí la razón que explica por qué *instante* significa más que *momento*.

Así decimos todos los días: aquello fue un *momento*, un *instante*.

El *momento* espera.

El *instante* no aguarda.

Monje, fraile

Monje significa solitario: se parece mucho a eremita.

Fraile significa hermano: se parece mucho a cofrade.

De modo que, en su acepción etimológica, no sólo son palabras distintas, sino opuestas, porque *fraile* supone necesariamente comunión, mientras que *monje* supone necesariamente soledad; es decir, lo contrario.

Así es que por *vida monástica* se entiende la vida del retiro, de la clausura, del ayuno y de la penitencia.

Por *vida frailuna* se entiende la vida de convento.

Morir, perecer

Morir es dejar de vivir. No supone otra idea que la simple cesación de la vida; *perecer* es morir mal. Supone conflicto, percance.

Morimos de viejos; *perecemos* de hambre.

Se *muere* en la cama, al abrigo de la familia, del cariño, de la amistad; se *perece* en un calabozo, en un naufragio, en un patíbulo.

El enfermo *muere*; el asesino *perece*.

El hombre nace para *morir*: es su destino; dada cierta combinación de circunstancias desgraciadas, no hay más recurso que *perecer*: es una desdicha, un castigo acaso.

Santa Teresa de Jesús, que era tan hablista como santa, en quien no sabemos qué admirar con más entusiasmo, si el talento o la santidad, dice:

> Vivo sin vivir en mí,
> Y tan grande vida espero,
> Que *muero* porque no *muero*.

Pongamos en lugar de *muero* porque no *muero*, «*perezco* porque no *perezco*», y diremos el mayor de los despropósitos, puesto que, si algo significasen aquellas palabras, significarían que la santa se hallaba en algún trance, en algún tormento, en algún subterráneo, cuando, por el contrario, se trata de una muerte tan venturosa, que ve en el sepulcro el pasaje para la eterna bienaventuranza.

Hablando Lista del Salvador, en su preciosa oda *La Muerte de Jesús*, dice:

> *Muere*: ¡gemid, humanos!
> Todos en él pusisteis vuestras manos.

Digamos *perece* en vez de *muere*, y ya no podrá hablarse de Jesús, porque no *perece* el que *muere* para revivir en la eternidad y en la veneración de todos los siglos; no *perece* quien redime al mundo, quien salva al hombre, quien cumple *muriendo* los más altos fines de Dios. Dando a las palabras el espíritu que realmente tienen en nuestra lengua, no *perecen* el santo, el sabio, el héroe: *perecen* los malvados. No *perecen* la fama, la gloria, la virtud, la esperanza y la fe: *perecen* los odios, las envidias, las calumnias, las ambiciones, las pequeñeces y las torpezas. No *perece* Jesús, *perece* quien le sacrifica; *perece* quien le mata en su corazón.

Y ya que hemos citado dos autoridades, no queremos dejar de citar otra que nos es tan respetable y tan querida. Cuando el cura, el barbero, el ama y la sobrina celebraron el auto de fe con los libros caballerescos de Don Quijote, dice el cura al maese Nicolás, a propósito de la obra *Palmerín de Inglaterra*: «digo, pues, salvo vuestro buen parecer, señor maese Nicolás, que éste y *Amadís de Gaula* queden libres del fuego, y todos los demás, sin hacer más cala y cata, *perezcan*.» Pongamos *mueran* en lugar de *perezcan*, y resultará una frase absurda, porque no se trataba de que acabasen de buena manera, sino en el fuego que ardía en el corral; más claro, no era cuestión de *morir*, sino de *perecer*, porque *perecer* es *morir* quemado.

Mortal, mortífero

Mortal se aplica a todo lo que puede causarnos la muerte; pero obrando en nosotros de un modo pasivo, en virtud de las leyes de nuestra organización. Así decimos: caída *mortal*; puñalada *mortal*; golpes *mortales*. No puede decirse: golpes *mortíferos*, caídas *mortíferas*.

Mortífero es lo que lleva en sí la muerte. Plomo *mortífero*, miasma *mortífero*, pestilencia *mortífera*. No puede decirse: plomo *mortal*, miasmas *mortales*.

Lo *mortal* va en nosotros, está en nuestros órganos.

Lo *mortífero* viene de fuera.

Lo *mortal* no produce lo *mortífero*.

Lo *mortífero* produce lo *mortal*. La bala no es *mortífera*, sino en cuanto me causa la muerte; y no puede causarme la muerte, sino causándome lesiones *mortales*.

De modo que lo *mortífero* está en la bala.

Lo *mortal* está en la lesión.

Mostrar, presentar

Mostrar es derivado de *monere*, que significa *amonestar*.

Presentar se compone de *prae*, delante, y de *ens*, *entis*, ente, ser, substancia.

Veamos en qué se distinguen estas dos voces.

El que *muestra* hace con el hecho lo que el que amonesta hace con el juicio: hace que se vea, que se toque. Le *mostré* las razones que tenía, quiere decir: le hice ver, le hice tocar la razón que tenía. *Mostrar* es enseñar o amonestar a los sentidos, considerándolos como el entendimiento o la mente del cuerpo.

Presentar es más bien exhibir, poner fuera, a la vista.

Se *presenta* un talego.

Se *muestra* el oro que contiene.

La *presencia* es estancia.

La *muestra* es indicio.

Lo que se *presenta* está delante, permanece allí.

Lo que se *muestra* se da a conocer.

En una palabra, lo que se *presenta* necesita espacio para contenerse.

Lo que se *muestra* necesita razón para explicarse.

Mover, menear

Mover no supone más que movimiento.
Mover los dedos. No podría decirse equivalentemente *menear* los dedos, porque esto supondría artificio.

Menear es *mover* la mano, y siendo la mano un instrumento de nuestra alma, la voz *menear* expresa *maña*, intención, arte, hasta sabiduría, como se ve en los siguientes versos de nuestro insigne Fray Luis de León:

> *A la sombra tendido,*
> *de hiedra y lauro eterno coronado,*
> *presto el atento oído*
> *al son dulce arcordado*
> *del plectro sabiamente* meneado.

No puede decirse: sabiamente *movido*, porque el movimiento no es arte siempre, pero sí en este caso.
El bruto *mueve* la cabeza.
El hombre *menea* el plectro (que es la púa metálica que usaban los antiguos para tocar instrumentos de cuerda).

Móvil, estímulo

El oro es el gran *móvil* de las almas pequeñas. ¿Puede decirse: el oro es el gran *estímulo* de las almas pequeñas? No. ¿Por qué? Porque almas pequeñas no pueden tener grandes *estímulos*, en atención a que el *estímulo* es el resorte superior del corazón, de la fantasía y de la inteligencia.
El sentimiento de la gloria es el primer *estímulo* de los héroes. ¿Puede decirse: el sentimiento de la gloria es el primer *móvil* de los héroes? Tampoco. ¿Por qué? Porque lo que impulsa a los héroes no es un *móvil*, pues el *móvil* nos *mueve* el cuerpo, y los héroes no tienen más que alma. El *móvil* especial del alma se denomina *estímulo*, y por eso se puede decir que el sentimiento de la gloria es el primer *estímulo* de los héroes.

El *móvil* es una sensación. Sentimos sed, y nos *movemos* para apagar aquella sed que nos aflige.
Vemos que el oro ofrece muchos goces, no vemos otros goces mayores que el oro no ofrece, que el oro ahoga, y nos *movemos* para agenciar oro.
Ese agente secreto, en virtud del cual nos *movemos* para buscar oro y apagar la sed, es el *móvil*.
El *estímulo* es una emoción, una esperanza, una belleza, un pensamiento.
El *móvil* es un cómitre que arrea la materia para que no cese de trabajar.
El *estímulo* es un amigo de nuestra alma, que nos da aliento para pensar y para sentir.
El *móvil* es andar: el *estímulo* es querer.
Por el *móvil*, hacemos; por el *estímulo*, obramos.
¡Cuán pocos *estímulos*, cuando son tantos y tantos los *móviles*! ¡Cuánto cuerpo! ¡Cuán poca alma!

Movimiento, acción (orden físico)

Movimiento viene de *motus*.
Acción, de *ago, agis, agere, egi, actum*.
Decimos *movimiento* revolucionario, *movimiento* mercantil, *movimiento* industrial, *movimiento* marítimo.
Claro es que no podría decirse equivalentemente *acción* marítima, *acción* industrial, *acción* mercantil, *acción* revolucionaria.
Decimos también *acción* de los ácidos, *acción* del veneno, de los astros, de las medicinas.
Claro es que no podría decirse para significar la misma idea: *movimiento* de la medicina, *movimiento* de los astros, *movimiento* de los ácidos, de los venenos, etc.

Al decir *acción* de los astros, no queremos decir que los astros se *mueven*, sino que influyen, que obran, que *actúan* o que *accionan*. Por lo menos, así lo suponen los astrólogos.

Supongamos que un hombre está paralítico: no puede moverse, no tiene *movimiento*. Toma una medicina, y a la *acción* de la medicina desaparece la parálisis. La *acción* de la medicina ha producido el *movimiento* de aquel hombre, mientras que el *movimiento* de ningún hombre produce la *acción* de aquella medicina.

Hallamos, pues, que la *acción* es causa de *movimiento*, mientras que el *movimiento* no es causa o principio de *acción*.

Esto significa que la *acción* es causa y que el *movimiento* es efecto.

La *acción* es interna y substancial.
El *movimiento*, externo y mecánico.
La *acción* es influjo.
El *movimiento* es fuerza.

Movimiento, acción (orden moral)

Movimientos del hombre.
Acciones del hombre.

Veamos qué quieren decir estas dos frases.

La locución *movimientos* del hombre abraza la idea de ademanes, de gestos y de mudanzas de lugar o de situación.

Acciones del hombre comprende la idea de pensamiento, de conciencia, de voluntad, de fantasía, de sentimiento, de esperanza, de fe, de todo aquello que puede ser motivo para que el individuo racional obre. El hombre es capaz de buenas o de malas *acciones*, según lo que piensa, lo que quiere, lo que siente, lo que imagina, lo que cree y lo que espera.

El *movimiento* viene de fuera, de los órganos: es animal.

La *acción* viene de dentro, del principio: es humana.

Del organismo nacen los *movimientos*.
De la moral nacen las *acciones*.
El *movimiento* hace.
La *acción* obra.
Hacer es cuerpo; obrar es espíritu.

Multitud, muchedumbre

En *multitud* entra la idea de plebe.
En *muchedumbre* domina la idea de universalidad.

La *multitud* puede ser revuelta, tumultuosa, temible.

La *muchedumbre* es siempre poderosa, imponente, respetable. Es una *multitud* más general, más grande, más humana: una *multitud* más crecida, como la *cumbre* es una *cima* más elevada.

En las aplicaciones parciales puede haber diferencia; pero la razón del idioma es la misma.

Mundanal, mundano

Mundanal se refiere al mundo.
Mundano, a la corrupción de que el mundo es capaz.

Supongamos que una joven no tiene la vocación del claustro; quiere vivir en la sociedad; quiere participar de las luchas del siglo; quiere ser esposa; quiere ser madre. Aquella joven tiene en realidad instintos *mundanales*, porque el mundo la llama en su corazón; pero no tiene instintos *mundanos*, porque el deseo de ser esposa y madre no tiene nada de corrompido; al contrario, es el deseo más moral que puede abrigar una mujer.

En medio de las inquietudes mundanas puede mantenerse inmaculada y pura la virtud, el amor a Dios y al prójimo; sin embargo, los partidarios y fanáticos de la vida de claustro miraban y miran con reticencia y recelo todo lo que se hace fuera de sus muros.

Los cristianos evangélicos necesitamos una discreción sabiamente dirigida por el Espíritu Santo, para no caer ni, por un lado, en un fanatismo exagerado ni, por el otro, en la *mundanalidad*.

¿Qué quería significar el apóstol Juan cuando decía: «No améis al mundo, ni las cosas que están en el mundo. Si alguno ama el mundo, el amor del Padre no está en él»? 1.ª Juan 2:15. No se refería al amor a las cosas naturales y hermosas que Dios ha puesto en la naturaleza, y aun en nosotros mismos, sino al modo de ser y de actuar de la sociedad greco-romana de sus días, en la cual no se tenía en cuenta ninguno de los mandamientos de Dios en lo que respecta a la justicia, a la benevolencia y a la moral. Todos sabemos que en aquella sociedad se consideraba una diversión el asistir al circo para ver cómo infelices esclavos gladiadores se mataban los unos a los otros. Y, asimismo, a los banquetes y fiestas sociales, en las que se practicaba el sexo sin tener para nada en cuenta el sexto mandamiento de la Ley de Dios.

La televisión ha introducido el mundo y el *mundanismo* actual en los hogares, incluyendo los hogares cristianos, pero tiene su lado bueno y educativo que no puede condenarse, sino todo lo contrario. Es necesario que los creyentes de nuestro siglo sean muy sagaces para no permitir que la visión de los hechos inmorales les arrastre, ni a los lugares donde tiene lugar, ni a practicarlos personalmente los que confían en el Señor, teniendo muy en cuenta la sentencia con que termina el apóstol este versículo: «El amor del Padre no está en él».

En medio de las inquietudes *mundanales*, se mantiene pura la virtud.

Dentro de las inquietudes *mundanas* sólo pueden caber las zozobras del vicio.

Munífico, benéfico

Munífico se compone de *munus*, regalo o presente, y del verbo *facere*, hacer: *munus-facio*, hago presentes.

Benéfico se compone del mismo verbo *facio*, y del adverbio *bene*: *bene-facio*, hago bien.

La *munificencia* es espléndida, larga, dadivosa.

La *beneficencia* es caritativa.

La *munificencia* regala.

La *beneficencia* socorre.

Podemos ser *muníficos* con todo el mundo.

Debemos ser *benéficos* con los desgraciados.

La *munificencia* es más bien una virtud social.

La *beneficencia* es virtud moral y religiosa.

La *munificencia* es la beneficencia de los grandes.

La *beneficencia* es la munificencia de los pequeños.

Mustio, marchito

Lo *marchito* está pálido; lo *mustio* está triste.

Se *marchita* un rostro cuando pierde el vigor de la mocedad; se *mustia* un semblante cuando el alma pinta en él una pena.

El rostro terso y puro de una virgen no puede estar *marchito*; el rostro purísimo y brillante de una virgen puede estar *mustio*, y lo está muchas veces, porque cada vez que la virgen suspira se *mustia*.

Las cosas se *marchitan* desfalleciendo; se *mustian* llorando.

Así decimos con la mayor frecuencia: «parece que Fulano está o anda muy *mustio*»; nada más absurdo que decir: «parece que Fulano anda muy *marchito*».

Dando a estas voces toda la trascendencia de su sentido figurado y moral, puede decirse que se *marchita* la hermosura y que se *mustia* la belleza. La hermosura no es más que una forma; la belleza es un sentimiento, una fe, un amor, una profecía. Para decirlo de una vez: se *marchita* el cuerpo, se *mustia* el alma. ¡Qué poema tan prodigioso! ¡Qué lengua tan grande! Cuando la conciencia del hombre tiene tantos tesoros, ninguna virtud debe llamarse desvalida. ¡Oh virtud sacrosanta!

¡Bendita seas, aunque llores! Pero lo diremos mejor: ¡bendita seas, porque lloras!

Mutación, mudanza

La *mudanza* es un hecho general. *Mudan* los individuos, las familias, los pueblos, los sistemas, las leyes, las épocas, los lugares, hasta los climas. La *mudanza* es la manecilla de metal que va marcando las horas del hombre en el reloj del mundo.

La *mutación* es una mudanza especial, determinada, contingente, caprichosa, como una *mutación* de escena.

N

Nación, nacionalidad

Estudiemos la diferencia que hay entre estas dos frases.

Tal hecho no conviene a la *nación* española.

Tal hecho no conviene a la *nacionalidd* española.

Al decir que no conviene a la *nación* española, expresamos la idea de que no conviene a los individuos que componen a España, ya porque perjudique sus intereses, ya porque menoscabe sus derechos, ya porque mengüe su decoro. Al hablarse de la *nación*, se habla de los individuos nacionales.

Al decir que aquel hecho no conviene a la *nacionalidad* española, no se habla de los individuos que componen a España, sino de esa España, de ese país, de esa masa política, constituida y organizada bajo el espíritu de su historia y de sus leyes, rodeada de sus usos, costumbres, idioma, creencias. Se habla de la *nación* como carácter, como atributo; en una palabra, como distintivo. La *nacionalidad* no es otra cosa que la representación constitucional, el símbolo de la *nación*, su persona política, si así puede decirse. Cuando hablamos de *nacionalidad* española, no hablamos de los españoles, sino de la historia, de las leyes, de los usos, de las costumbres, del idioma y de la creencia de un país que se llama España.

Nación quiere decir pueblo.

Nacionalidad quiere decir patria.

Lo que perjudica a la *nación*, viene de dentro.

Lo que perjudica a la *nacionalidad*, viene de fuera.

Los impuestos arruinan a la *nación*.

Las irrupciones destruyen la *nacionalidad*.

Nación es un nombre concreto, lo que se denomina en gramática sustantivo común.

Nacionalidad es un nombre abstracto: significa la cualidad que tienen las cosas de ser nacionales.

Nación y *nacionalidad* vienen del sustantivo latino *natio, nationis*, que no tenía el sentido que tiene en nuestra lengua. Para los latinos, *pueblo* era una nación civilizada; *ciudad*, una nación política; *gen-*

te, una nación originaria, genealógica, por decirlo así; era una nación como raza o sangre; *nación* era más bien una colonia; es decir, una amalgama de hombres, sin los vínculos del derecho y de la cultura; una población, no una masa política, no una sociedad. Por esto dice Tácito que el nombre de una *nación* (colonia, comarca) fue prevaleciendo poco a poco sobre el de la *gente* (nación entera), hasta el punto de que todos se llamaban germanos; *ita nationis nomen in nomen gentis evaluisse paulatim, ut omnes Germani vocarentur*.

La *nación* es hoy para nosotros lo que era el *pueblo* y la *ciudad* para los latinos: una grande comunidad política y civilizada.

Nación, pueblo

En la idea representada por la voz *pueblo* hay más individualidad y menos dignidad que en la representada por *nación*. Usamos esta última cuando hablamos de las instituciones, el territorio, del régimen político, del idioma, de la literatura propios y peculiares de alguna gran fracción de la humanidad; y decimos *pueblo*, cuando hablamos de sus costumbres, de sus hábitos, de los hechos en que toman parte sus individuos como tales. La *nación* es un ser ideal más compacto, más homogéneo, más abstracto en cierto modo que el *pueblo*. La *nación* es el todo; el *pueblo* es la suma de las partes que componen la *nación*; pero excluyendo la idea de los grandes vínculos que ligan a las mismas partes cuando se da a su conjunto el nombre de *nación*. Decimos que en las *naciones* de Oriente está arraigado el despotismo, y que los *pueblos* del Norte tienen una constitución más robusta que los de los climas cálidos. En el *pueblo* que habita el territorio de una *nación* puede haber individuos que no le pertenezcan. *Nación* es un reino o república que tiene unidad en las principales condiciones de su existencia, como el origen, el gobierno, el idioma, la religión dominante, la legislación y la parte que ocupa en el globo, en cuyo caso su nombre sustantivo propio significa lo mismo que el adjetivo derivado de él y agregado a la palabra *nación*. Lo mismo es Rusia que la *nación* rusa; lo mismo Bélgica, que la *nación* belga; pero si hablamos de las acciones y prácticas de los individuos, acciones y prácticas que, por muy generales que sean, admiten muchas excepciones, no diremos *nación*, sino *pueblo*. Así decimos que el *pueblo* chino, y no la *nación* china, es muy diestro en los trabajos manuales; que la cerveza es bebida favorita del *pueblo* inglés, y no de la *nación* inglesa. También se usa la voz *pueblo* para designar una parte sola de la *nación*; esto es, la gente común, a distinción de las personas de clase y categoría; por ejemplo, en el alzamiento de España contra la usurpación francesa, no sólo tomó parte el *pueblo*, sino que la tomaron también el clero y la nobleza.

Natural, físico

Natural viene de *nacer*. Todo lo que *nace* con nosotros, constituye nuestra *naturaleza*.

Físico viene del griego *physis*, que tiene el mismo significado etimológico que la otra palabra del artículo.

Los antiguos creyeron que la *física* lo abarcaba todo, que no había más que *física* en el mundo, y por esto atribuyeron al nombre *materia* la significación de madre, matriz, manantial, como si la materia fuese la matriz de todos los hechos. Por esto también el *physis* griego significaba naturaleza.

El hombre vio luego las cosas de un modo distinto, y encontró en la naturaleza muchos hechos que no eran del dominio de la *física*.

El hombre piensa, y este pensamiento es *naturalísimo* en el hombre, puesto que el hombre *nace* con la facultad de pensar.

El hombre siente, y este sentimiento es *naturalísimo* en él, puesto que *nace* con la facultad de sentir.

El hombre tiene alma, y esta alma es *natural* en él del mismo modo, pues con alma *nace*.

Todas estas cosas son *naturales*, *naturalísimas* en el hombre, y ninguna de ellas es hecho *físico*. De aquí se infiere que la *naturaleza* es diferente de la *física*; o bien que la naturaleza de los modernos es diferente de la naturaleza de los antiguos.

La *física* es la materia universal.
La *naturaleza* es la vida: alma y cuerpo.
La *física* es la esfera.
La *naturaleza* es la esfera y el hombre.

Natural, indígena

Decimos indiferentemente: *natural* de un país, o *indígena*. Sin embargo, la diferencia de estas voces es innegable.

Natural no se refiere a lo que nosotros llamamos *naturaleza*, sino a un convenio o contrato social. Un extranjero se hace *natural* de un país, luego que en él se *connaturaliza*; esto es, luego que adquiere carta de *naturaleza*; pero esta *naturaleza* no es la creada por Dios, sino la creada por el hombre: es la *naturaleza* civil.

Indígena, por el contrario, expresa siempre la relación de pueblo, de tribu, de casa, de familia, de sangre. El *indígena* no puede dejar de pertenecer a su país, como el hombre no puede dejar de pertenecer a su familia. Luego que sale de su tierra natal, no es *indígena*, sino extranjero.

Indígena viene de *género*, como *génesis*, voz que significa nacimiento o generación.

Náutico, naval

Náutico viene del griego *naus*.
Naval, del latín *navis*.

Esta variedad en la etimología de las dos voces del artículo marca y explica la diferencia que el uso discreto las atribuye. Puede establecerse por regla general que cuando hay dos palabras sinónimas, una de las cuales viene del griego y la otra inmediatamente del latín, aun cuando sea de procedencia griega, como sucede en el presente caso, la palabra griega es más sabia, más trascendental, más psicológica que la latina. Esto acontece con un gran número de palabras, también con *náutico* y *naval*.

Naval está en relación con hechos materiales: habla de la *nave*, en cuanto la *nave* es capaz de ser aparejada. Así decimos: armamento *naval*. No puede decirse armamento *náutico*, porque convertiríamos un hecho material, como armamento, en hecho lógico, en hecho científico, como *náutico*.

Lo *náutico* es libro, regla, demostración.

Lo *naval* es avío, aparato, arboladura.

Necesario, forzoso, preciso

Lo *necesario* y lo *forzoso*, como lo indica la etimología, son efectos de la necesidad y de la fuerza; *preciso* es lo que la conveniencia requiere. Si necesito alguna cosa, aquella cosa me es *necesaria*; si me fuerza a una acción, aquella acción me es *forzosa*; si me conviene, me importa o me acomoda tomar una medida, aquella medida me es *precisa*. El alimento es *necesario* para sostener la vida; la muerte no es *necesaria* ni *precisa*, es *forzosa*. Es *preciso* hablar con decencia y corrección en una sociedad culta. Es *forzoso* que el reo sea sometido a juicio. Es *necesario* proveerse de agua para atravesar el desierto. En los días ardientes del verano es *preciso* buscar la sombra.

Negación, negativa

Con mucha frecuencia se dice: «el egoísmo es la *negación* de todo sentimiento humanitario.» No puede decirse: la *negativa* de todo sentimiento humanitario.

Un hombre que quiere excusarse con otro, le dice: deseo que usted comprenda los motivos de mi *negativa*. No podría decir: los motivos de mi *negación*.

La razón psicológica de este uso consiste en que *negación* expresa un acto del espíritu, mientras que *negativa* se refiere más bien a la palabra, al hecho exterior, a las demostraciones por cuyo medio damos a conocer nuestras *negaciones*.

«El egoísmo es la *negación* de todo sentimiento.» Aquí no hay demostración externa, no hay palabra, no hay repudio a ninguna persona determinada. Por eso no puede emplearse la palabra *negativa*. Allí se afirma intelectual y absolutamente que el egoísmo es la *negación* de todo sentimiento humanitario. Esa *negación* de sentimiento que atribuimos al hombre egoísta, es un hecho de nuestro ánimo, una deliberación de nuestra conciencia, una tesis moral, un verdadero acto psicológico. Nuestro espíritu *niega* que el egoísta tenga sentimientos humanitarios. Por eso se emplea con tanta propiedad el nombre *negación*.

Antes de *negar* o de conceder, el hombre resuelve en su interior si debe conceder o *negar*. Esta resolución del alma, este propósito que formulamos en nuestro pensamiento, es la *negación*.

Mas como a la persona a quien tenemos que *negar* o que conceder no sabría nuestra resolución mientras que fuese un secreto de nuestra conciencia, tenemos que darla a conocer por signos exteriores; es decir, por demostraciones, gestos, escritos o palabras.

Luego que la *negación* se demuestra, luego que se da a conocer, se llama *negativa*.

La *negativa*, pues, no es otra cosa que la *negación* manifestada.

El uso presenta ejemplos tan patentes, que no es posible abrigar dudas.

Uno solicita algo de otro, va a verle y nota que se hace el distraído, como evadiéndose del compromiso de hablarle. El desairado dice para sí: éste es un indicio evidente de la *negativa*. No puede decirse: indicio evidente de la *negación*, porque el acto en que nuestra alma *niega*, la deliberación del ánimo en que la *negación* consiste, no admite indicios. No tiene indicios lo que se ignora.

La *negación* toca al pensamiento.
La *negativa* toca a la frase.
La psicología formula la *negación*.
La gramática formula la *negativa*.

Niebla, bruma

Niebla, como nube, viene del latín *nebula*, que era todo lo que empañaba el aire, incluso el humo.

De *brevissima*, muy breve, se formó *brevima*; de *brevima*, *breuma*; y de *breuma*, *bruma*. De modo que *bruma* significó primitivamente *brevísima*, con relación al día: día muy *breve*. Esto nace de que el solsticio se aplicaba entre los latinos a significar el solsticio de verano, mientras que *bruma* expresaba el de invierno, cuyos días son los más cortos o más *breves* de todo el año. De aquí procede el llamarla *bruma*, contracción de *brevima*, *breuma*, *brevissima*.

Notándose después que, durante el solsticio de invierno, los días son *nebulo-*

sos, la voz *bruma* pasó a significar entre nosotros una cosa parecida a *niebla*.

Sin embargo, el uso marca a los dos vocablos del artículo relaciones distintas.

Las exhalaciones terrestres producen la *niebla*.

Las exhalaciones marítimas producen la *bruma*.

La *niebla* es más semejante a la nube.

La *bruma* se asemeja más al vapor.

Nieblas de la mañana.

Brumas del mar.

No sería tan propio decir: *nieblas* del mar, *brumas* de la mañana.

Nota, advertencia

La *advertencia* avisa; la *nota* instruye.

Una *advertencia* puede evitar un gran peligro; una *nota* puede evitar un gran error.

El amigo *advierte*; el maestro *nota*.

En resumen: la *advertencia* es moral; la *nota*, mental.

Notario, actuario

Actuario es el que evacua diligencias, el que instruye expedientes, el que *acciona*, el que *activa*; más claro, el que *actúa*.

Notario es el que *notifica*, el que da la *noción* del asunto, el que lo hace *notorio*.

El *actuario* es el agente de la escribanía.

El *notario* es el instructor.

Noticia, novedad

Noticia es la relación de un hecho reciente; *novedad* lo es de un hecho de un carácter nuevo. Puede preverse una *noticia*; pero generalmente no se prevén las *novedades*. Cuando dos naciones están en guerra, las batallas, las conquistas, son asuntos de *noticias*. Es una *novedad* que se haga la paz cuando menos se aguardaba.

Novel, novicio, aprendiz, bisoño

Novel se usa con relación a jerarquías, opiniones, galanteos. Liberal *novel*, amante *novel*, *novel* caballero.

Novicio es el religioso durante el año en que le someten a prueba.

Aprendiz se aplica a cosas mecánicas: *aprendiz* de sastre.

El *novel* necesita experiencia.

El *novicio*, méritos.

El *aprendiz*, ejercicio.

El *bisoño*, tiempo.

Con el tiempo, el *bisoño* se hace veterano.

Con el ejercicio, el *aprendiz* se hace maestro.

Con los méritos, el *novicio* toma las órdenes.

Con la experiencia, el *novel* se hace viejo.

El *novel* puede ser blasón.

El *novicio* es iglesia católica.

El *aprendiz*, oficio.

El *bisoño*, milicia.

Nube, celaje

Nube se origina del verbo latino *nubere*, que equivale a cubrir con un velo. *Nubere* se aplicaba al casamiento de la mujer, porque la novia se cubría el rostro con el velo llamado *flammeum*, en señal de honestidad y de pudor.

Celaje viene de *celare*, ocultar.

La *nube* cubre el cielo.

El *celaje* lo esconde.

El *celaje* significa más que la *nube*, en la proporción que *celar* es más que *cubrir*.

Nueva, noticia

Nueva es anunciar algo de *nuevo*, como el nombre lo dice.

Noticia es darnos la *noción* de una cosa.

Supongamos que ocurrió un suceso el año pasado y que yo lo ignoro.

Al hacerme saber aquel suceso ya ocurrido, aquel suceso viejo, por decirlo así, no me dan una *nueva*, puesto que no me dicen nada de *nuevo*.

Pero yo lo ignoraba y me lo dan a *conocer*; me comunican la *noción* de aquella ocurrencia. Por consecuencia, me dan una *noticia*.

Por el contrario, supongamos que yo presencio un acontecimiento cualquiera.

Al cabo de un minuto, cuando apenas dejo el lugar en que el suceso se verificó, encuentro a una persona que me lo refiere.

Aquel suceso acaba de ocurrir; es un hecho *nuevo*. Por lo tanto, me dan una *nueva*.

Pero yo lo sabía; no me comunican la *noción* de aquella ocurrencia, no me la hacen *conocer*. Por lo tanto, no me dan ninguna *noticia*.

Hallamos, pues, que una *nueva* puede no ser *noticia*, y que una *noticia* puede no ser *nueva*.

La *nueva* es tiempo; la *noticia* es noción.

Nuevo, flamante

La expresión *armas nuevas* quiere decir que no se trata de armas antiguas.

Armas flamantes significa que aquellas armas son recién hechas, que no han servido.

Nuevo es lo contrario de viejo.

Flamante es lo contrario de usado.

Así decimos: *nuevo* mundo, para diferenciarlo del antiguo, sin embargo de que es tan antiguo como el otro, porque no hay más que uno.

Sería un disparate decir: mundo *flamante*, porque esto significaría que acababa de salir de las manos del Supremo Hacedor.

Decimos Castilla la *Nueva* para distinguirla de la *Vieja*, aunque su cronología es la misma. El lector comprende cuán fuera de propósito sería decir: Castilla la *flamante*.

Este adjetivo se aplicó primitivamente a cosas de acero, de armas, porque se advirtió que las armas nuevas arrojaban *flamas* o chispas, y de aquí pasó a significar lo contrario de usado, puesto que las cosas usadas han perdido su brillo y su lustre. Y esto explica el porqué en lo antiguo la palabra *flamante* era sinónima de *inflamado*, cuyo sentido tomó el castellano del latín. En efecto, los latinos llamaban *taeda flammante* a lo que nosotros llamamos *tea inflamada* o encendida.

Nuevo, moderno

Nuevo (del latín *novus*, derivado del griego *neos* o del eólico *nevos*) se refiere a las creaciones de la vida, significando lo que no se ha usado, lo que no se ha gastado o destruido.

Moderno (*hodiernus*, lo del día de hoy) se refiere a las creaciones de la historia, significando la época presente por contraposición a épocas anteriores.

Traje *nuevo* es el que no se ha usado.

Traje *moderno* es el que no se ha usado antes de ahora.

Invención *nueva* significa que hace muy poco que se ha descubierto.

Invención *moderna* significa que no la

hemos recibido de otros tiempos, que es una creación de nuestra época, de nuestros días.

El vapor no es ya un invento *nuevo*, puesto que todo el mundo lo usa y lo gasta; es un invento usado.

El vapor, sin embargo, es invento *moderno*, puesto que se ha inventado en una época que pertenece a nuestra civilización, a lo que nosotros llamamos civilización *moderna*.

Lo *nuevo* es flamante aunque no sea *moderno*.

Lo *moderno* es lo que corresponde a nuestra edad, a nuestra era histórica, aunque no sea *nuevo*.

De modo que una cosa puede ser *moderna* sin ser *nueva*, así como *nueva* sin ser *moderna*.

Lo que es *nuevo* hoy, será otro día viejo.

Viejo es lo contrario de *nuevo*.

Lo que es hoy *moderno*, será otro día antiguo.

Antiguo es lo contrario de *moderno*.

Número, guarismo

Las cosas se cuentan absolutamente; es decir, se cuentan para venir en conocimiento de cuántas son, o bien se cuentan para distribuirlas, dando a cada cual las que le corresponden.

Lo primero se llama contar.

Lo segundo se llama partir.

El *número* es partir.

El *guarismo* es contar.

Guarismo se deriva de *arytmos*, que quiere decir cuenta.

Número se deriva de *nemō*, que quiere decir distribución.

El uno computa: *guarismo*.

El otro distribuye: *número*.

O

Obediencia, humildad

Obediencia viene de *obedire*, verbo latino que equivale a *ob-audire*. Supone la idea de una persona que sigue a otra, que anda a su alrededor para *oír* lo que dice y poder servirla.

Obedecer, en los primeros tiempos, no significaba otra cosa que la sumisión o el acatamiento que el criado debe a su amo; una sumisión mercenaria, un oficio.

Humildad, según hemos dicho en el artículo hombre, viene de *humus, humi*, que significa tierra. La persona *humilde* es la que clava los ojos en el suelo, demostrando docilidad y abnegación. La *humildad* no admite salario, como la *obediencia*, sino que viene de un sentimiento.

Las diferencias que el uso de nuestro idioma ha establecido entre las voces de este artículo son marcadísimas.

La *obediencia* supone mandato. El hijo *obedece* a su padre; el discípulo a su maestro; el subordinado al superior.

La *humildad* es una disposición de nuestro ánimo. Somos *humildes*, porque lo queremos y lo sentimos.

La *obediencia* en el hijo es una obligación.

En un criado es una costumbre, una industria, una granjería.

La *humildad* es en todos los hombres un sentimiento venerable.

La *obediencia* rinde homenaje a todo el que manda.

La *humildad* triunfa de la altanería de los que imperan.

La *obediencia* en el subordinado es el cumplimiento de una ley, una virtud social.

La *humildad* es una virtud religiosa.

Los hombres pagan al *obediente*; Dios premia al *humilde*.

Lo contrario de la *obediencia* es la rebeldía.

Lo contrario de la *humildad* es el orgullo.

La *obediencia* puede tornarse en servilismo.

La *humildad* puede convertirse en hipocresía.

Muchos trafican con los alardes de *obediencia*.

Muchos trafican del mismo modo con los alardes de *humildad*.

La *obediencia* debe ser digna; la *humildad*, ingenua.

Objeto, fin

Objeto se compone de *ob*, que significa obstáculo, y del verbo latino *iacio, iacis*, que quiere decir arrojar, echar, lanzar de sí. Es lo que se pone delante de nosotros, lo que obstruye nuestro camino, de manera que siempre nos damos de cara con él.

Así decimos: vi un *objeto*, he tropezado con un *objeto*; *objeto* es todo lo que obsta, todo lo que se opone, todo lo que sirve de óbice a nuestra marcha.

Nada más absurdo que decir: vi un *fin*, he tropezado con un *fin*.

Hallamos desde luego que estas voces se diferencian en que *objeto* se emplea en sentido material, mientras que *fin* sólo se aplica a hechos morales.

El *objeto* es cosa.

El *fin* es pensamiento.

Trasladada al orden moral la palabra *objeto*, conserva cierto baño de su primitiva significación, por lo cual no expresa la idea de razón o causa de un modo tan completo y trascendente como *fin*.

Mi *objeto* es ir a Lima; una vez allí yo lograré mis *fines*.

Aquí se ve que *objeto* está subordinado a *fin*, puesto que para conseguir ciertos *fines* nos proponemos el *objeto* de ir a Lima.

El *objeto* moral es lo que está delante del alma, lo que está tocando con ella, como el *objeto* físico está tocando con nuestros órganos.

El *fin* significa una idea más lejana, más completa, más *definitiva*.

Detrás del *objeto* está el *fin*, como detrás de las cosas que vemos están las cosas que queremos, que sentimos, que adivinamos.

Mi *objeto* es escribir estos sinónimos.

Mi *fin* es hacer algo por la lengua española.

El *objeto* no sale del mundo.

El *fin* llega hasta Dios, que es el principio y *fin* de todas las cosas.

No hay ningún hombre que no tenga un *objeto*; cuando no otro, el *objeto* de adquirir riquezas, honores, mando, poderío.

Hay muchos hombres que no se proponen un *fin*; el *fin* sagrado de realizar en el mundo la verdad, la virtud, la justicia y la belleza.

Oblación, ofrenda

La *ofrenda* es la oblación de hoy; la *oblación* puede ser la ofrenda de toda la vida, como se ve en *oblato*, niño ofrecido a Dios desde que nace.

Oblato es una palabra propia del catolicismo romano, similar a la que en el judaísmo se llamaba «nazareato»; generalmente iba acompañada del mandato de abstenerse de bebidas alcohólicas; pero tenemos, aun en el Antiguo Testamento, durante el régimen teocrático israelita, el caso de Samuel, que fue dedicado por su madre en oración, antes de su nacimiento, sin ninguna de las prescripciones que obligaban al «nazareato».

El cristianismo evangélico, que recomienda la oración, se siente libre de las prescripciones obligatorias propias del judaísmo.

La *ofrenda* significa presente; la *oblación*, sacrificio.

La *ofrenda* lleva; la *oblación* consagra.

Damos nuestra vida en *ofrenda*; damos nuestro espíritu en *oblación*.

La *ofrenda* es la parte humana de la oblación, como la *oblación* es la parte divina de la ofrenda.

De aquí se deduce que todos son capaces de hacer *ofrendas*, mientras que no todos son capaces de hacer *oblaciones*.

Obra, tratado

La *obra* puede ser varia, amena, festiva, patética.

El *tratado* ha de ser una obra de cálculo, de erudición, de raciocinio.

Los hombres de genio escriben *obras*.

Los hombres de escuela escriben *tratados*.

La *obra* enseña.

En el *tratado* se aprende.

La *obra* está en relación con la vida.

El *tratado*, en relación con la enseñanza.

Obras de Cervantes, de Quevedo, de Fray Luis de León.

Tratado de matemáticas, de astronomía, de química.

Obrar bien, hacer bien

Un loco me ofende; yo quiero vengarme, quiero hacerle daño, y le doy un golpe en la cabeza. Este golpe le causa una herida, echa mucha sangre, y aquel hombre recobra el juicio.

Yo tuve la intención de hacerle daño, la intención de tomar venganza; he cometido un delito de conciencia.

Pero la sangre que vertió por la herida le ha vuelto la razón; la herida que le hice le produjo un gran beneficio.

De modo que *obré* mal e *hice* bien.

Obrar mal se refiere precisamente a la conciencia, al orden moral.

Hacer bien no se refiere más que al hecho, al resultado, al pro.

Obrar bien es siempre una virtud, aunque se cause un mal.

Hacer bien es muchas veces una fortuna, un azar dichoso.

Obsceno, inmundo

Inmundo se deriva de *mundo*, cuya palabra significa orden, compostura, perfección, pureza. El *mundo*, en su sentido propio, significa el aire, los cielos, los astros, tomadas estas cosas en su sentido bello y grande. Esto nos explica el hecho curioso de que el *mundo* era Atenas para los atenienses, así como era Roma para los romanos. Decir *mundo* era antiguamente decir belleza, ajuste, simetría, galanura. De modo que *inmundo* es lo no puro, lo no limpio, lo no aseado.

Valiéndonos de voces que traen el mismo origen, podemos añadir que lo *inmundo* es lo no *mondado* o *escamondado*; lo que no está *mondo*, que es como si dijéramos lo que no está libre de la piel, que es su parte exterior, que puede haber sido manoseada y ensuciada, mientras que una vez mondada y pelada la fruta, está preparada para ser consumida, sin peligro de contaminación. Esto es una idea antigua que ha sido reemplazada en nuestros días por otros procedimientos higiénicos, pero es ilustrativa desde el punto de vista espiritual.

Con la palabra *obsceno* ha sucedido una cosa muy rara. Se compone de *ob* y de *scaevus*, de donde se formó *ob-scaevare*, cuyo adjetivo es *ob-scevinus*, del cual salió *ob-scaenus*, origen de nuestra voz *obsceno*, *obsceno*. El *scaevus* latino significaba *zurdo*, de mal agüero, y participaba del sentido religioso que los antiguos atribuían a las cosas *siniestras*. Tomada la voz que nos ocupa en su significación primitiva puede decirse que era una palabra de los ritos. Después se aplicó a calificar las acciones humanas, y al adquirir el sentido moral parece que mudó de etimología, o al menos el uso lo consideró así. Lo cierto es que en lugar de expresar la idea de mal agüero, significó la idea de disolución, de impudicia. En este sentido puede asegurarse que no viene del primitivo *scaevus*, zurdo, sino de *coenum*, cieno, inmundicia, suciedad, como voz derivada de *cunire*, que era hacer sus necesidades en la cama, de donde viene nuestro vocablo *cuna*, que es la cama en que el niño va de cuerpo. Realmente, el hombre *obsceno* de nuestros días es el que vive encenagado, el hombre que vive en la suciedad o en el *cieno* de los vicios: *obscoenum*, no *obscaevus*. Por esto sucede que algunos etimologistas derivan la palabra en cuestión de *scaevus*, siniestro, mientras que otros la sacan de *coenum*, cieno o lodo. ¿Qué ha sucedido? Lo que ha sucedido es que *obsceno* viene de *ob-scaevus*, palabra religiosa, y que al adquirir el sentido moral tomó la significación que hoy tiene por mera extensión de su sentido primitivo, sin dejar por completo la significación religiosa que al principio tuvo. La persona que vive *obscenamente*, no sólo peca contra la moral, sino que peca contra la religión. Semejante conducta es siniestra, de mal agüero, contraria a la voluntad de Dios.

Obsceno tiene algo de impío, de profano, lo cual bastaría para distinguir esta voz de las que se reputan equivalentes.

Lo *inmundo* es sucio, desaseado.

Lo *obsceno* es inmoral, ilícito, prohibido.

Lo *inmundo* repugna: da asco.

Lo *obsceno* escandaliza: repugna al hombre moral y temeroso de Dios y atento a los deberes de familia.

Lo *inmundo* debe purificarse.

Lo *obsceno* debe corregirse.

Obstáculo, embarazo

Obstáculo es todo lo que *obsta*, todo lo que se opone, todo lo que sirve de objeción o de óbice a nuestros fines. Una piedra, una sima, un arroyo que nos impide salir adelante, son *obstáculos*. *Obstáculo* es suceso que obstruye nuestras vías.

Embarazo viene de *varar* o encallar. El *embarazo* es un escollo. El hombre *embarazado* en sus acciones, en sus empresas o en sus proyectos, es como un buque que ha *varado* sobre un banco de arena: no puede moverse. De la mujer encinta decimos que está *embarazada*, para dar idea de que no se puede valer, como el buque que se ha encallado.

El *obstáculo* es estorbo.
El *embarazo* es detención.
El *obstáculo* impide.
El *embarazo* paraliza.

Obviar, facilitar

Obviar se compone de *ob*, que significa obstáculo, y de *vía*, camino. Es quitar *obstáculos* de la *vía*.

Facilitar es un derivado de *facio*, hacer, como *fácil*. Significa literalmente: hacer las cosas *fáciles*.

Se *facilita* dinero prestado.

Nada más fuera de propósito que decir: se *obvia* dinero prestado, puesto que el dinero no es un *óbice*.

Se *obvia* un impedimento, un inconveniente. Si se trata de tiempo es equivalente a la palabra abreviar; si se trata de otros obstáculos, significa quitarlos de delante, o usando otra expresión, abrirse camino.

Facilitar es un favor.

Obviar es una ayuda.

Si las cosas no se *facilitaran*, serían difíciles.

Si no se *obviaran*, serían embarazosas, presentarían *obstáculos*.

Decir *fácil* es como decir hacedero.

Decir *obvio* es como decir llano, evidente o breve.

Ocasión, motivo

Ocasión viene de *cadere*, caer.

Motivo, de *mōtus*, movimiento.

La *ocasión* es un incidente imprevisto,

un suceso que viene sin preparación, una cosa que *cae* como de las nubes, por lo cual nos dice el refrán que a la *ocasión* la pintan *calva*. ¡Cosa admirable verdaderamente! *Calva* tiene la misma etimología que *ocasión*, pues ambas voces se originan del verbo *caer*. La *calva* no es más que la mollera después que el pelo se ha *caído*. De *caer* salen *calvo* y *ocasión*, como caso, acaso, casualidad, calavera, cadáver y otras muchas palabras de nuestro idioma.

El *motivo* entra en las leyes generales de la experiencia y de la vida, viniendo a ser el *móvil* de nuestras acciones.

Yo pienso ir a Sevilla; pero no he fijado plazo para la realización de aquel viaje. En esto sucede que un hermano mío va empleado a dicha ciudad, y me suplica que le acompañe; he aquí una *ocasión*, un incidente que *cae* al paso. Ahora podré decir: con *ocasión* de ir mi hermano empleado a Sevilla, he resuelto verificar el viaje que tenía proyectado.

Voy a Sevilla, vuelvo, y al cabo de un mes recibo un parte en que me anuncian que mi hermano está enfermo de gravedad, y me pongo en marcha para aquel punto; he aquí un *motivo*, una razón que me sirve de *móvil*, que me *mueve* a emprender un viaje que no había proyectado ni previsto. Ahora puedo decir: con *motivo* de la enfermedad de mi hermano, tuvo que partir inmediatamente para Sevilla.

El que mi hermano vaya empleado a un punto que yo pensaba visitar, es una circunstancia que no se puede prever, porque no entra en la experiencia general de la vida; ésta es la *ocasión*.

El que mi hermano enferme es una ocurrencia muy natural, porque es muy conforme a las leyes de nuestro ser; he aquí el *motivo*.

La *ocasión* brinda, ofrece.

El *motivo* impulsa.

Mas claro, la *ocasión* es *acaso*, coincidencia afortunada.

El *motivo* es *móvil*, e indica un fin, un propósito, una razón.

Ocioso, holgazán

El hombre *ocioso* no hace nada.

El hombre *holgazán* no quiere hacer.

En poesía se dice: las *ociosas* plumas del lecho. Nada más absurdo que decir: las *holgazanas* plumas del lecho.

En estilo llano suele decirse: las horas *ociosas* del día. Nada más absurdo tampoco que decir: las horas *holgazanas* del día. ¿Por qué? Porque ni las plumas del lecho ni las horas del día tienen voluntad.

Un hombre *ocioso* desea ocuparse; no es *holgazán*, a pesar de que huelga.

Un hombre está ocupado, pero trabaja a despecho suyo, desea holgar por oficio; es *holgazán* sin embargo de que no está holgando.

El *ocio* es un hecho, una desgracia.

La *holgazanería* es un vicio, una intención.

Al *ocioso* debe procurársele hacienda.

Al *holgazán* se le debe llevar a un hospicio para que no infeste a los hombres con su criminal y abyecta dejadez.

Oculto, escondido

Oculto es lo que no se ve.

Escondido, lo que no quiere ser visto.

La naturaleza tiene muchas cosas *ocultas*.

El mundo tiene muchas cosas *escondidas*.

Dios *oculta* en la esencia de las cosas la ley fundamental del universo.

El avaro *esconde* sus tesoros.

Así Jovellanos, con gran juicio y sana crítica, dice en su descripción del Paular:

> .....¡Ay del triste
> en cuyo oído suena con espanto,
> —por esta oculta soledad rompiendo—
> de su señor el imperioso grito!
> busco en estas moradas silenciosas
> el reposo y la paz que aquí se esconden, etc.

Noten los lectores con qué discreción tan feliz están aquí usadas las dos voces, y qué bien se refleja en ellas el espíritu que cada una tiene en nuestro idioma.

Habla de la soledad y la llama *oculta*. ¿Por qué? Porque la circunstancia de estar *oculta* es naturaleza en la soledad, si así puede decirse, puesto que si estuviera en poblado, a la vista de todos, no estaría *sola*, y no estando *sola* no podría ser *soledad*. La *soledad* ha de estar *oculta*, como el silencio no ha de hacer ruido, como el taciturno no ha de hablar. Una soledad manifiesta, una soledad que hiciera alarde de ser vista, sería una cosa tan extraña como un silencio muy ruidoso.

Habla del reposo y dice que se *esconde*. ¿Por qué se *esconde*? Se *esconde* porque huye, porque teme que la seducción de la corte lo haga cautivo; se *esconde* en el convento del Paular, como se *esconde* el justo para que el malvado no le pervierta, como se *esconde* una virgen casta para no oír al disoluto. El reposo pide allí un asilo contra el mundo, y se *esconde* en aquella *oculta* soledad.

Lo que se *oculta* no es hallado.

El mundo robaría lo que está *escondido*.

Ocupaciones, atenciones

Las *ocupaciones* suponen trabajo y acción.

Las *atenciones*, cuidado, vigilancia, responsabilidad.

Todo el que vive de su trabajo tiene más o menos *ocupaciones*.

Sólo el que está encargado de cierto orden de intereses tiene *atenciones*.

La *ocupación* es de estado llano.

La *atención* es jerárquica.

Un agente de negocios dice: mis *ocupaciones* no me permitirán ver a usted mañana.

Un ministro dice: las *atenciones* que sobre mí pesan no me dejan tiempo de respirar.

Hagamos que el ministro hable de *ocupaciones*, y de *atenciones* el agente de negocios, y falsearemos el sentido propio de aquellas palabras.

La razón de este uso consiste en que *ocupación* no supone más que movimiento, materia organizada, mientras que la *atención* es imposible sin conciencia y sin pensamiento.

Puede *ocuparse* un caballo, un orangután.

Ni el orangután ni el caballo pueden *atender*, porque para *atender* se necesita tener espíritu, y el orangután y el caballo no lo tienen.

Ocupación es una función casi animal.

La *atención* es una verdadera aptitud humana.

Oficio, industria

Oficio viene del verbo *facio*, que significa hacer.

Industria viene de otro verbo latino, *struere*, que quiere decir edificar, como queda dicho. De modo que la palabra *industria* quiere decir literalmente: *acto de edificar dentro o por dentro* (*intus struere*).

El uso ha complicado tanto la significación de estas palabras, que son unas de las más difíciles de deslindar que tiene el castellano, y cuidado que el castellano es una de las lenguas que tiene palabras más difíciles.

A *oficio* e *industria* corresponde un sentido concreto, en cuanto significan trabajo o profesión. Así la una como la otra palabra significa quehaceres mecánicos. *Oficio* de sastre, de albañil, de platero; *industria* agrícola, *industria* marítima, *industria* manufacturera.

La diferencia en este sentido consiste en que *industria* expresa el modo de vivir, el recurso de que nos valemos para no perecer, mientras que *oficio* no se refiere al modo, sino al mismo trabajo.

Industria es la profesión como idea.
Oficio es la profesión como hecho.

El *industrial* tiene una manera de buscarse la vida, trabaje o no trabaje, huelgue o no huelgue. Si hubiese una persona que pagara a otra el no hacer nada, si se diera un salario al ocio, si con el ocio pudiéramos pasar, el ocio sería nuestra *industria*.

El *oficial*, por el contrario, tiene que trabajar, tiene que hacer, porque *oficio* comprende todo lo que se *hace*, y sin hacer algo no hay *oficio*. Inventar el *oficio del ocio* sería tan anómalo y tan extravagante como inventar el ser de la nada o la nada del ser.

El uso aclarará estas definiciones.

Decimos *industria* marítima, agrícola, fabril; mas juntemos después a los *industriales* fabriles, agrícolas y marítimos, preguntémosles por sus profesiones, y no les diremos: ¿cuá es vuestra *industria*?, sino ¿cuál es vuestro *oficio*?

De modo que les preguntamos por su *oficio* sin embargo de que son agentes de la *industria*. ¿En qué se funda esta práctica de la lengua? Se funda en la razón que hemos expuesto antes. La *industria* no supone otra idea que la de *modo de vivir*, no la de trabajo; y al preguntar por las profesiones, no queremos saber cómo viven, de qué *industria* se valen, sino en qué trabajan, en qué son útiles al mundo, cómo y de qué manera realizan el modo de vivir que todos tienen.

¿Cuál es tu *industria*? quiere decir: ¿de qué vives?

¿Cuál es tu *oficio*? significa: ¿qué haces?

Por esta razón la sociedad no pregunta a nadie por su *industria*, porque la *industria*, el modo de vivir de cada uno, es un secreto de la familia; en muchas personas es un secreto de conciencia, acaso un secreto muy grave, quizá un crimen; pregunta cuál es el *oficio*, la tarea, el trabajo, el hecho público y notorio, que no es un secreto de nadie, sino el jornal de todo el que trabaja, de todo el que *hace*.

El sentido que tuvieron primitivamente las dos voces que nos ocupan nos lleva como por la mano al sentido que tuvieron después.

En la idea de *oficio* entra todo lo que tiene realidad en la vida, y como que una de las mayores realidades, la anterior y la posterior a todas las demás, es *hacer* aquello a que en conciencia estamos obligados, resulta que en la palabra *oficio* entra capitalmente la idea de obligación. Y así diremos con suma propiedad, que el cumplimiento del *deber* es el primer *oficio* de todo hombre. Digamos que el cumplir con nuestra obligación es la primera *industria* de todo hombre, y habremos dicho un gran disparate.

Todo lo que se hace, todo lo que se debe hacer en todas las esferas imaginables, desde la idea de Dios hasta la idea de un grano de arena del desierto entra en *oficio*.

Velar por la Grecia, ése era el *oficio* de Leónidas.

Morir por la patria, por la fe, por la honra, ése es el *oficio* de las almas grandes.

¿Pues qué significa *industria* en el otro sentido que se le ha dado? Significa maña, habilidad, ardid, treta, hasta fraude, hasta hurto, y así decimos *caballeros de industria* a los estafadores y rateros. Digamos caballeros de *oficio*, y valdrá tanto como decir: hombres que desempeñan el oficio de caballeros, a guisa de Don Quijote de la Mancha.

Pero hay más aún. La palabra *industria*, no sólo significa la idea de laboriosidad y de aptitud, como cuando decimos: hombre *industrioso*, sino que se aplica a las cosas hechas con buen o mal arte, que también podríamos decir con buena o mala *industria*, según veremos por la siguiente décima:

> Maldiciendo mi destino
> hice boletas de balde,
> siendo yo escribano, alcalde,
> alojamiento y vecino.
> Para mi casa examino
> una como ratonera
> que tenía en la cimera
> —con industrias *exquisitas*—
> muchas cruces de cañitas
> por techo o por cobertera.

Decir *industrias* exquisitas equivale a decir *labores* exquisitas. Pongamos *oficios* exquisitos en lugar de *industrias* exquisitas, y desatinaremos otra vez.

Resumiremos lo dicho.

Oficio significa trabajo y deber.

Industria significa diligencia y maña.

Ofrenda, oblación, holocausto

El Evangelio ha espiritualizado estas voces haciéndolas cristianas.

Ofrenda significa hoy la limosna que da el devoto al ministro de su religión para una obra santa o una limosna.

Oblación es el sinónimo más exacto y más poético de la antedicha palabra, *ofrenda*.

Ofrecernos a Dios en *holocausto* significa hoy consagrarnos a su servicio.

La palabra *holocausto* quiere decir *todo quemado*, como originada de *urere*, cuyo supino es *ustum*, que significa quemar. Alude a la ceremonia de los judíos, que quemaban sus ofrendas de animales, o de géneros, sobre el altar. Por consiguiente, la palabra *holocausto* significa una ofrenda absoluta con sacrificio o elevado coste.

¡Oiga!, ¡calle!, ¡toma!

¡Oiga! expresa maravilla. ¡Oiga! ¿Conque esas tenemos con el rapaz?

¡Calle! indica sorpresa. ¡Calle! ¿Usted aquí? ¿Pues no estaba en Londres?

¡Toma! significa un convencimiento picante, agresivo, burlesco. ¡Toma! ¡Vaya una salida! ¡No se habrá usted quedado calvo!

Nuestra lengua es riquísima en esta clase de interjecciones. Por si algún curioso se quiere entretener, anotamos las que se nos ocurren en este momento: ¡Cáspita!, ¡canario!, ¡sopla!, ¡cáscaras!, ¡caracoles!, ¡diantre!, ¡demontre!, ¡diablo!, ¡demonio!, ¡anda!, ¡arre!, ¡aprieta!, ¡arrea!, etc.

Olor, olfato

El *olor* es la exhalación de las substancias, de las esencias, de los cuerpos; esa especie de aroma que parece ser un espíritu de la naturaleza; el *olfato* es ese mismo olor en contacto con nuestra sensibilidad, impresionando nuestros órganos.

El *olor* es el olfato elemental; el *olfato* es el olor real, presente, práctico.

El *olor* significa un principio, una ley, un fenómeno; el *olfato* expresa la idea de un sentido.

El *olor* es la química de la naturaleza; el *olfato* es la química que va con nosotros.

En una palabra, el Hacedor Supremo nos da el *olor*; nuestro organismo nos da el *olfato*.

Ondear, ondular

Ondear viene de *onda*, que es lo que abunda, lo que anda por encima, lo que rebosa; es la substancia, el objeto.
Ondular viene de *ondulación*, que significa la acción de *ondear*.
Ondear es naturaleza.
Ondular es arte.
Ondea el río.
Ondula una bandera.
Lo que *ondea*, distrae y solaza.
Lo que *ondula*, incita y advierte.
Se llaman también *ondulaciones* a las que los peluqueros, o peluqueras, marcan en el cabello de las damas.

Operación, maniobra

Operación, según la palabra lo dice, viene del latín *opera*.
Maniobra es un derivado de mano.
Tratado de *operaciones*: la *operación* admite ciencia.
Maniobra de un buque: la *maniobra* es un mecanismo.
La *operación* es entendimiento.
La *maniobra* es mano.

Orlar, orillar

Ambas voces vienen del latín *os, oris*, boca, salida, extremo.
Orlar es poner orlas.
Orillar es ceñir la orilla.
La *orla* es adorno.
La *orilla* es remate.
El poeta *orla* la frente de los justos con eterno laurel.
Nada más absurdo que decir que *orilla* con eterno laurel la frente de los justos, porque esto significaría que les había ribeteado la frente.

Osadía, audacia

La *osadía* representa la forma supina de *audacia*, porque ya hemos visto que *osar* se ha formado de *ausum*, supino de *audēre*.
El *audaz* intenta; el *osado* invade.
La *audacia* se parece a la resolución; la *osadía* tiene algo de la desvergüenza y del atropello.
Hay ocasiones en que la virtud o la verdad nos impone el deber de ser *audaces*; nunca hay razón para ser *osados*.
La fortuna ayuda la *audacia*; la ley corrige la *osadía*.

Óvulo, huevo

El *óvulo* es el germen desarrollado dentro del *ovario*; el *huevo* es el *óvulo* fecundado dentro de la matriz.

P

Paciencia, sufrimiento, resignación

La *paciencia* nace con nosotros. Hay en ella algo fisiológico, algo orgánico. Así sucede que el temperamento flemático, por ejemplo, es más reposado, más tranquilo, más *paciente* que el temperamento bilioso.

Cuando la *paciencia* sale de nosotros y se experimenta en las adversidades del mundo, cuando lucha con los desengaños de esta vida, se llama *sufrimiento*.

Cuando el *sufrimiento* no halla consuelos entre los hombres y vuelve los ojos a la Providencia, toma el nombre de *resignación*.

El hombre *paciente* puede morirse sin haber probado su *paciencia*.

Sufrido es aquel que ha luchado con el dolor y ha salido triunfante de la lucha.

Resignado es aquel que no solamente ha sufrido, sino que ve un mérito en su *sufrimiento*.

La *paciencia* es una bondad.

El *sufrimiento*, una virtud.
La *resignación*, una esperanza, casi una fe.
La *paciencia* consiente.
El *sufrimiento* gime.
La *resignación* espera.

Padecer, sufrir

Se *padece* una enfermedad, un dolor de muelas.

Se *sufre* un infortunio; se *sufre* una prueba; se *sufre* un examen.

Claro es que no puede decirse: se *padece* un examen, una prueba, un infortunio.

Todos *padecen*: no todos *sufren*.

Saber *padecer* es *sufrir*.

Saber *sufrir* es lo que nos evita más *padecer*.

Padecen las bestias; *sufren* los hombres.

El que *padece*, tiene derecho de quejarse.

El que *sufre*, tiene el derecho de esperar.

Padre santo, santo padre

El adjetivo pospuesto al sustantivo expresa cualidad, como *padre santo*. *Padre santo* quiere decir que la santidad conviene a ese padre, por sus virtudes.

El adjetivo antepuesto al sustantivo significa excelencia, como *santo padre*. *Santo padre* quiere decir que es el padre santo por antonomasia.

Padre Santo es San Agustín.

Santo Padre es el título que dan los católico-romanos al supremo obispo de Roma, que se llama también Papa, ya que es una concentración o abreviatura de la palabra padre de los padres.

Los cristianos evangélicos llamamos Padre Santo a Dios, padre de Nuestro Señor Jesucristo y de todos los creyentes, por especial adopción de su buena voluntad (Juan 1:12 y Romanos 8:17).

Jesucristo nos dio el ejemplo de llamar Padre Santo a Dios, en su oración pontifical de Juan 17:11; y en cambio prohíbe llamar padre, en un sentido religioso especial, a personas humanas, en Mateo 23:9.

En el mismo caso se encuentran infinitos modos de hablar propios del castellano, y que son una de las bellezas de nuestro idioma que no tiene copia en otras lenguas. Sirvan de ejemplo:

Pobre hombre, hombre pobre.
Grande hombre, hombre grande.
Supremo tribunal, tribunal supremo.
Propio lenguaje, lenguaje propio.
Rico pobre, pobre rico.
Valiente cobarde, cobarde valiente.
Cervantes era un rico pobre.
El avaro es un pobre rico.

El espadachín jactancioso y sin honra no es otra cosa que un valiente cobarde.

El hombre pacífico que vuelve por su honor con doble y templada entereza es, por el contrario, un cobarde valiente; y podrían escribirse muchas páginas citando ejemplos por el estilo. Parécenos que lo dicho basta para guía de la juventud estudiosa, pues a la juventud toca este mal amañado libro.

Pagar, solventar

Los primeros convenios que se verificaron tuvieron lugar entre los propietarios y los colonos, entre los señores y los *paganos*. Así llamaban los latinos a los habitantes del *pagus*, aldea. Allí era *pagano* lo que aquí es aldeano, rústico, campesino. Esto explica que de *pagus* se formase *pago*, *pagis*, o *pango*, *pangis*, que significa contratar, pactar, convenir. Del *pago* o del *pango* latino viene nuestro *pagar*. *Pagar* no es otra cosa que satisfacer el arrendamiento, el pecho, la gabela del *pagano*.

Solventar vienen del latín *solvo*, *solvis*, que significa desatar, desligar, desleír, disolver. Aplicado después al orden civil, expresó la idea de *pagar*; es decir, la idea de *disolver* la deuda.

Pagar supone carga, impuesto, renta, servidumbre, casi feudalismo; el feudalismo del que trabaja en tierras de otro.

Solventar, lleva en sí la idea de rehabilitación, puesto que el *insolvente* deja de gozar de ciertos derechos de ciudadano.

El que *paga*, pecha.
El que *solventa* queda expedito.
Pagando cumplimos con nuestra obligación.
Solventando cumplimos con la ley.
Al que no *paga*, se le expulsa.
Al que no *solventa*, se le inhabilita.

Paradoja, conseja

Paradoja, en latín *paradoxum*, viene del griego *paradoxon*, voz compuesta de *para*, contra, y de *doxon*, opinión. Significa, pues, contra la opinión general, contra los pareceres admitidos; especie extraña, rara, peregrina.

La palabra *conseja* no tienen origen conocido, aunque casi puede asegurarse que es de procedencia griega o latina. Puede suceder que venga de *consilium*.

De las *consejas* no pueden salir más que fábulas y agüeros.

De las *paradojas* pueden salir grandes verdades y grandes sistemas, porque las *paradojas* son como las *utopías*; muchas ideas se consideran como *utopías* en una nación o en un siglo, porque aquel siglo o aquella nación no las comprende, porque las ideas de que hablamos son mayores que aquella nación y que aquel siglo. Napoleón llamó *paradoja* a la teoría del sabio Fulton sobre el vapor, y el *vapor* denominado *Fulton* surcaba después las aguas del océano, cuando Napoleón caminaba en un buque de vela inglés hacia las rocas de Santa Elena.

Si Napoleón hubiera comprendido aquella *paradoja*, aquella utopía del siglo XVIII; si el guerrero hubiera adivinado la mente del sabio inventor; si aquellos dos hombres, aquellos dos arcanos de la historia del mundo se hubieran penetrado; si Napoleón hubiera consentido que Fulton completase a Napoleón, el cautivo de Santa Elena, el antiguo soldado, hubiera removido todo el globo, y su nombre sería el más célebre y el más grande de la humanidad.

Paradoja es, pues, toda cosa que parece imposible, irrealizable, de la que somos tentados a burlarnos y sin embargo es una realidad. Las más grandes paradojas son las promesas de Cristo; las ideas sobrenaturales que aparecen en el Nuevo Testamento y que han sido la base de la fe cristiana a través de muchos siglos.

Napoleón no creyó que las ideas de Fulton fueran posibles y las llamó *paradojas*, y pocos años después unas playas desiertas le vieron cautivo, sin más testigos que los mares, cuyas borrascas le auxiliaron al morir.

La *conseja* es cuento.

La *paradoja* puede ser hipótesis, adivinación, ciencia, sabiduría.

Las comadres tienen *consejas*.

Los grandes hombres tienen *paradojas*.

Las *consejas* son propias del vulgo.

Las *paradojas* están en relación con el porvenir de la vida humana.

Paraíso, edén

El caldeo llamó *paradés* al verjel o huerto de frutales, de donde los griegos dijeron *paradeisus*, *paradisus* los latinos, *paradiso* los italianos, *paradis* los franceses y *paraíso* los españoles.

Edén se deriva del hebreo *eden* o *aden*, que entra en la formación de Jordán, cuya voz se compone de *jor*, arroyo, y de *eden* o *aden*, delicia, significando arroyo o río delicioso.

El *edén* ha pasado a la religión árabe, queriendo decir para el musulmán lo que los campos elíseos o el empíreo querían decir para los griegos; lo que la bienaventuranza, el cielo o la gloria quieren decir para los cristianos.

El *paraíso* es tradición.

El *edén*, esperanza.

El *paraíso* tuvo pecadores.

El *edén* tiene almas dichosas.

Paraje, recinto

Paraje es el sitio en que nos podemos parar.

Recinto es el lugar medido con *cinta*, ceñido.

Así decimos: *recinto* de una ciudad.

Nada más absurdo que decir: *paraje* de una ciudad. ¿Por qué? Porque el *recinto* de una ciudad es la demarcación de aquella ciudad, y el *paraje*, que es todo sitio en que nos *paramos*, no expresa la idea de demarcación.

Atravesé los Andes, y en el *paraje* más peligroso comenzó a caer un diluvio de nieve.

Nada más absurdo también que decir en el *recinto* más peligroso. ¿Por qué? Porque el *recinto* es un lugar determinado, y esta idea de una extensión precisa no conviene a los Andes, cuyos *parajes* peligrosos no se han medido con una *cinta*, no se han ceñido, no se han averiguado: por consecuencia, no son *recintos*, sino *parajes*, puesto que en ellos podemos *pararnos*.

De modo que un lugar puede ser *paraje* sin ser *recinto*, así como puede ser *recinto* sin ser *paraje*.

Paraje es un sitio.

Recinto, una demarcación.

Paralogismo, sofisma

El *paralogismo* es un razonamiento falso, tomado de un modo absoluto; es decir, sin ninguna idea accesoria que lo caracterice.

El *sofisma* es un razonamiento falso en virtud de argucia.

El *paralogismo* puede ser franco y de buena fe: el *sofisma* es siempre sutil y capcioso.

El *paralogismo* puede errar sin saberlo: el *sofisma* sabe que yerra.

Parar, aderezar

Parar se deriva del latín *parare*, que quiere decir presentar las cosas con el *aparato* debido. De este origen provienen nuestras voces aparar, aparador, aparejo, aparejar, aparato, aparentar, apariencia, comparación, comparar, parangonar, parangón, paramentar, paramento, preparar, preparación, preparativo, reparar, reparación, reparo, separar, separación, etcétera.

Aderezar es uno de los muchos derivados de *regir*, del latín *regere*, de donde proceden aderezo, adiestrar, adiestrarse, arreglar, arreglo, corrección, correctivo, corregidor, corregimiento, derecho, derecha, derechura, desarreglar, desarreglo, destreza, diestra, diestro, dirección, directo, director, directorio, dirigir, enderezar, erección, eréctil, erigir, incorrecto, incorregible, indirecto, interregno, irregular, real, realengo, realista, rectificar, rectitud, recto, rector, rectoral, regalar, regalía, regalo, regalista, regencia, regentar, regente, regidoría, regiduría, régimen, regimentar, regimiento, regio, región, regla, reglamento, reglar, regular, regularizar, reina, reinado, renglón, rey, reinar, reino, etc.

Parar es dar a las cosas apariencia, contorno, forma exterior, simetría, porque es *parearlas*, ponerlas *pares*.

Aderezar, que es como si dijéramos *aderechar* o enderezar, tiene algo de la palabra de que se deriva, de *regir*. En el vocablo que nos ocupa entran las ideas de juicio, de gusto, de *destreza*, de *dirección*.

Lo que se *para* agrada a la vista.

Lo que se *adereza* agrada al sentimiento y al discurso.

Se *para* una mesa.

Se *adereza* una dama.

Paramentos se llaman las sobrecubiertas o mantillas del caballo.

Aderezos se llaman las preseas o adornos de una mujer.

El *paramento* es atavío.

El *aderezo* es galanura.

Lo que se *para* se pertrecha.

Lo que se *adereza* se *dirige*, se *adiestra*, se gobierna, se organiza.

Para *parar* basta tener instinto y ojos.

Para *aderezar* conviene tener experiencia y criterio.

Paria, esclavo, ilota, siervo

Paria. – De las hojas de un loto, de la corola de una planta, sale Brahma, divinidad suprema de la India.

De la boca de Brahma, como Minerva del cerebro de Júpiter, sale Brahma, jefe de la clase noble y sacerdotal por excelencia.

Del brazo derecho salió Kchatria, padre de los guerreros.

Del muslo derecho salió Vaicia, padre de los artesanos.

Del pie derecho salió Sudra, jefe de la casta sierva.

Del pie izquierdo, sin duda, fue abortado el *paria*, el bestia indio cuyo aliento apestaba a las otras clases.

Al *paria* no se le consentía aprender ni adquirir la más leve cosa, ni aun el ser dueño de un vaso de tierra que no estuviese roto. Tampoco se le permitía pisar los umbrales del templo, siendo para él un crimen el sumo consuelo de adorar a Dios.

Esclavo. – Aristóteles, uno de los mayores sabios de Grecia y del mundo, opinaba que la esclavitud era inherente al hombre, que formaba parte de su naturaleza; en una palabra, que el hombre nacía esclavo como nacía sensible, por ejemplo. La esclavitud, pues, ora por compra, ora por conquista, del esclavo, era un hecho normal en Grecia y en Roma: no era tanto una institución, un régimen legal, como una opinión o una idea de aquellos siglos. Pero esta idea estaba de tal modo encarnada en aquella civilización, que el severo Catón comerciaba públicamente en Roma con los esclavos, allegando por este medio cuantiosas riquezas.

Aquellos grandes pensadores griegos de una época ilustre en el mundo del pensamiento y del arte, no supieron comprender lo que Jesucristo enseñó desde el principio de su ministerio sobre la tierra, que todos los hombres son criaturas de Dios, y por tanto dignos de respeto, sea cual sea su condición, familia o raza; de ahí que puede llamarse justamente al cristianismo base y origen de la civilización moderna. ¡Tan grande y tan santa era la misión que el cristianismo tenía que cumplir en el mundo!

Ilota. – El *ilota* no era el resultado de creencias religiosas absurdas, como el *paria* de India; ni de las ideas filosóficas y morales de un siglo, como el *esclavo* en Grecia y Roma; ni de un homenaje feudal, como el siervo de los tiempos medievales; era más bien la consecuencia natural de la organización política, y más aún que de la ley política, del genio especial de los lacedemonios. La casta jerárquica y suprema era allí el guerrero; el guerrero que defendía la patria; la patria que era el ídolo de aquella gente. El que no era allí hombre fuerte para coger las armas, no servía, era como un imbécil, como un idiota, la hez, la plebe de aquella sociedad. Esto explica una famosa ley de Licurgo; la ley que mandaba que las criaturas que naciesen imperfectas fueran arrojadas a una sima del monte Taygeto. El que no servía para la patria, el que no era bueno para la guerra, no era bueno para la vida. La patria era más que la naturaleza, más que el nacimiento, más que el suceso misterioso y divino de venir al mundo. Esto explica también el patriotismo cruel y salvaje de las mujeres espartanas. Esto explica el patriotismo de aquella mujer que expulsa de su casa a un hijo porque no había muerto con Leónidas y los trescientos espartanos en el desfiladero de las Termópilas, diciéndole que no le llamaría hijo hasta que muriese por Esparta. En efecto, el hijo fue a morir en la batalla de Platea, en que tomó parte el probo, el leal, el virtuoso Arístides. La mujer pudo llamarle hijo; la mujer pudo ya ser madre. La patria estaba sobre todo, hasta sobre esa patria eterna que el cielo nos ha dado en las entrañas de una mujer. Del genio de esa raza, que no tiene moral sino política; del fondo de esta historia, que no tiene humanidad ni Dios, ni tierra, ni cielo, salió el *ilota*, el artesano, el trabajador, el no guerrero, el no patriota, el no lacedemonio.

Siervo. – Así se llamaba el pechero de la edad media que, por sí y en nombre de sus hijos (que tal vez no habían venido al mundo), ofrecía obsequio personal al señor del feudo, al señor de la tierra, concediéndole derechos increíbles, como el derecho de *pernada*. Según este derecho atentador, bárbaro, impío, abominable y nauseabundo, la honestidad y la vergüenza de las hijas del siervo pertenecían al señor, como la tierra o como el castillo. El homenaje del pechero feudal llevaba en sí hasta el sacrificio de la honra y del pudor; hasta el sacrificio del porvenir, porque sacrificaba a quien no había nacido todavía. Sus propios hijos eran *siervos* antes de nacer.

El *paria* es de la India.
El *esclavo*, de Grecia y de Roma.
El *ilota*, de Esparta.
El *siervo*, de los tiempos feudales.
De las castas, de los vedas, de los libros sagrados, de las creencias religiosas, sale el *paria*.
De la moral de un pueblo y de un siglo, el *esclavo*.
Del despotismo de la política, el *ilota*.
De la conquista del territorio, el *siervo*.
El *paria* nace.
El *esclavo* se vende.
El *ilota* gime.
El *siervo* jura.

Parroquia, feligresía

Parroquia se compone de dos voces griegas: *pará* y *oīkos*, morada, hogar, dando así la idea de vecindad o comunión.

Feligresía viene de *feligrés*, cuya voz se deriva de dos nombres latinos: *filius Ecclesiae*, hijo de la Iglesia.

Estas dos etimologías no dejan lugar a dudas.

Parroquia designa el número de casas, de chimeneas, por decirlo así.

Feligresía designa el número de fieles.

La *parroquia* busca viviendas; la *feligresía* busca almas.

La *parroquia* es un concejo, una aldea, una villa, una ciudad, un pequeño pueblo; la *feligresía* es una grey, una familia religiosa, una tribu cristiana.

El *parroquiano* viene a ser un súbdito; el cura párroco su jefe. Tal era y es la filosofía eclesiástica de la Iglesia católica romana, en gran parte adoptada por las grandes iglesias evangélicas estatales, aunque modificada en estos últimos tiempos incluso por la iglesia católica, en virtud del concepto democrático moderno.

En su sentido más puro y estricto el *feligrés* significa hijo, o mejor dicho, hijo fiel de la Iglesia, que representa ser su madre.

Así decimos: clero *parroquial*. No puede decirse: clero *feligrés*. Distritos *parroquiales*. No puede decirse tampoco: distritos *feligreses*. ¿Por qué? Porque la creencia del espíritu que adora a Dios no está sometida a jurisdicciones.

Partícula, átomo

Partícula es el diminutivo de *parte*, *pars*, *partis*, en latín.

Átomo viene de *temnō*, verbo griego que significa dividir, como *templo*, *tiempo*, *tomo* y otras varias voces. *Átomo* significa literalmente sin división, sin corte, lo cual supone que es tan diminuto que no puede cortarse o dividirse.

La *partícula* es pequeña.
El *átomo* es indivisible.

La *partícula* puede descomponerse en *átomos*.
El *átomo* no se puede descomponer en *partículas*.
La *partícula* pertenece a la ciencia humana.
El *átomo* pertenece más bien a la ciencia divina.
En nuestros días, cuando la ciencia ha logrado aislar el átomo, y aun deshacerlo, nos quedamos admirados de la sabiduría e ingenio divino que, mediante un número determinado de átomos, preparó los elementos y substancias de la Naturaleza, desde los elementos gaseosos hasta los más sólidos. En realidad, el principio de la ciencia divina que aparece en la Naturaleza, principia en la formación de los átomos, y así podemos suscribir desde un punto de vista científico las palabras de Pablo: «Las cosas invisibles de Él, su eterno poder y divinidad, se hacen claramente visibles desde la creación del mundo, siendo entendidas por medio de las cosas hechas (principiando en el propio átomo), de modo que no tienen "excusa"» (aquellos que no creen) (Romanos 1:20).

Partir, arrancar

Partir supone conveniencia, gusto, capricho.
Arrancar supone esfuerzo, violencia.
Parte el que tiene necesidad o gusto de marchar.
Arranca lo que está detenido, lo que tiene un obstáculo que dificulta su movimiento.
Parte el buque que se hace a la vela.
Arranca la nave que está encallada.

Partir, marchar

Partir viene de parte, que significa fracción.
Marchar, de marca, que significa frontera.
El que *parte* se separa de la familia, de la vecindad, del país; es una *parte* que se desprende de aquel todo, una fracción de la suma social, si así puede decirse.
Marchar es pasar las marcas, las fronteras, los términos.
Partir es irse; *marchar* es extrañarse.
En el lugar adonde *partimos*, podemos vivir entre compatriotas.
En el lugar adonde *marchamos*, tenemos que vivir entre forasteros.
Parto a Barcelona, a Sevilla, a Valencia.
Marcho a París, a Londres, a Roma.

Pasajero, efímero

Pasajero viene de *pie*, como paso, pasaje, pasar, pasillo, pasaporte, piso, pista, pata, pezuña, etc.
Efímero se compone del griego *epi*, en, y *hemera*, día: es lo que dura un día, como *efemérides*, diario.
Es *pasajero* lo que se va; es decir, lo que pasa, lo que transita. Así es que damos la denominación de *pasajeros* a los transeúntes. Nada más contrario al espíritu de nuestra lengua que llamarlos *efímeros*.
Efímero es lo que no dura, lo que tiene poca existencia, poca vida.
Así decimos: dichas *efímeras*, goces *efímeros*.
No expresaríamos exactamente la misma idea diciendo: dichas *pasajeras*, goces *pasajeros*, porque en el *pasaje* pudieran emplear un año, dos, veinte; mientras que lo *efímero* tiene que acabar muy pronto.
El *pasaje* es *paso*, tránsito, marcha, acción.
La *efeméride* es duración, tiempo.
Lo *efímero* expresa mucho más que lo *pasajero*.

Patatús, soponcio

Soponcio viene de *sopor*.
Patatús, de pie.
El *soponcio* es modorra, sueño, letargo, narcotismo, un defecto nervioso.
El *patatús* es pataleta, porque la víctima se estremece en movimientos incontrolados.
El *patatús* es, pues, un ataque nervioso que obliga a dar patadas de un modo incontrolado e inconsciente a la víctima de semejante ataque.

Patria, pueblo

Patria viene del latín *pater, patris*.
Pueblo significa reunión, masa, de donde viene *población*.
Toda comunidad política que se establece en un territorio, que marca sus fronteras y vive con sus leyes, puede ser nuestro *pueblo*.
Si de allí no son nuestros *padres*, no es nuestra *patria*.
El *pueblo* es asamblea.
La *patria* es origen.
Hacemos códigos para los *pueblos*.
Suspiramos por nuestra *patria*.
La primera *patria* es el rescoldo de la familia, el calor del hogar en que nacemos, el regazo de nuestra madre. Las demás *patrias*, los demás *pueblos* vienen después.
Está en mi arbitrio elegir *pueblo*, como está en mi arbitrio elegir vecindad.
No está en mi arbitrio elegir *patria*, como no está en mi arbitrio nacer. El hombre no puede señalar su cuna, como no puede señalar su sepulcro.
La *patria* es el pueblo que da a los hombres la Providencia.
La *patria* es memoria, lengua, derecho, dogma, también amor, porque la *patria* es el pueblo de nuestros padres.
El *pueblo* nos impone deberes.
La *patria* nos hace verter lágrimas.

Pedagogo, ayo

Pedagogo viene del griego *paidagōgos*, voz compuesta de *pais, pardos*, niño, joven, y *agogos*, conductor, guía, de la raíz *āgo*, que significa conducir, aguijar, arrear, de donde procede el verbo *ago, agis, agere* de los latinos, y nuestras voces *actividad, acto, acción, actitud*, etc. *Pedagogo* significa al pie de la letra: el que guía a un niño, y extensivamente preceptor, instructor, profesor, mentor, maestro.
Ayo es el que se *ayonta* a otro, como se decía antiguamente, el que se *ayunta* o junta para *ayudarle*, puesto que sin *ayuntarse* no se pueden *ayudar* los hombres.
Esto nos demuestra que *ayo* viene de *ayuda*, y que de *ayuda* vienen *ayontar, ayuntar, juntar*, etc.
El *pedagogo* está en relación con el público, porque la *pedagogía* es la ciencia de la enseñanza, una institución del Estado, un interés de todos.
El *ayo* está en relación con los particulares, y no expresa tanto la idea de enseñanza, de instrucción, de precepto, como la idea de atención, de cuidado, de vigilancia. El *ayo* es como el *adjunto*, el *ayunto* del niño, el que le acompaña y le *ayuda*.
Un sabio, un filósofo, un poeta, un rey, un mendigo que enseña algo a su pueblo y a su siglo, es un *pedagogo* de su siglo y de su pueblo. Todos los grandes hombres son *pedagogos* de la humanidad.
Nada más absurdo que decir: todos los grandes hombres son *ayos* de la humanidad, puesto que aquellos grandes hombres no la acompañan materialmente.
A cada momento decimos de cualquiera: ya puede andar sin *ayo*. Con esto queremos decir que ya no ha menester de guía, de paje, de andadores, de *ayuda*.

Nada más fuera de sentido que decir: ya puede andar sin *pedagogo*, puesto que el *pedagogo* no le sigue, no le vigila fuera del lugar de la enseñanza, no va con él.

Pedagogo es maestro: enseña.

Ayo es *ayuda*: acompaña.

El *pedagogo* es público, responde al Estado.

El *ayo* es privado: responde al individuo.

Pedir, demandar

Para *pedir*, basta querer. *Pedimos* cuanto se nos antoja.

Para *demandar*, es necesario tener una razón.

Pedimos pan, agua, fuego, hospedaje, gracia, honores, novia, compasión, dinero, hasta la muerte.

Afrentados y escarnecidos de todo el mundo, *demandamos* justicia a los cielos.

La *demanda* puede ser injusta y atrevida; pero en el corazón de quien la hace hay siempre algo razonable, alentado, caballeroso.

Pide el necesitado; *demanda* el ofendido.

Piden los mendigos; *demandan* los hidalgos y los pueblos.

Pegar, soldar

Pegar viene de *pega*, que es una amalgama en que entra la *pez*, o sea la resina del pino.

Soldar viene de *solidus*, voz latina compuesta de *solum*, que quiere decir *suelo*, tierra firme, continente.

Pegar es unir. Se *pega* lo que se desprende.

Soldar, hacer sólido. Se *suelda* todo lo que se rompe.

Se *pega* con resina o con cola; se *suelda* con metal.

Lo que se *pega* forma un cuerpo; lo que se *suelda* forma un cuerpo duro y consistente.

Las cosas *soldadas* son algunas: las *pegadas* son infinitas. Para hacerse millonario cualquiera, bastaría que le dieran un maravedí por cada *pegote*.

Ambas voces se emplean en el estilo metafórico; pero su significación es absolutamente distinta, lo cual hace evidente que la metáfora representa más de una vez, no solamente la traslación del sentido propio al figurado, sino también su completa transformación.

Pegar, en sentido trasladado, es chasquear, dar un pastel. Me la *pegó* quiere decir: me la jugó de puño, me hizo una mala pasada. Esta nueva significación del verbo *pegar* es natural y lógica. La *pez* engaña, puesto que, al cogerla, nos quedan los dedos *pegados*, y de aquí viene el significar engaño, dolo, fraude.

Soldar conserva en sentido moral la misma significación que en el sentido recto.

> *Es de vidrio la mujer;*
> *pero no se ha de probar*
> *si se puede o no quebrar,*
> *porque todo podría ser.*
> *Y es más fácil el quebrarse,*
> *y no es cordura ponerse*
> *a peligro de romperse*
> *lo que no puede* soldarse.

En estos versos del *Quijote* se habla del honor de la mujer, y el verbo *soldar* significa esta relación metafórica tan propiamente como si se tratara del arete de un zarcillo.

Digamos lo que no puede *pegarse*, en lugar de lo que no puede *soldarse*, y desaparecerán la propiedad y la belleza de aquellos versos.

Pelar, esquilar

Pelar viene de *pelo*, y *pelo* de piel, puesto que en la piel sale el *pelo*.

Esquilar viene de *esquilmar*, y *esquilmar* de *quilma*, saco o costal con que se recogía el fruto. *Esquilar* significa literalmente *esquilmar* las ovejas, coger el *esquilmo*, cosechar la lana.

Se *pela* el hombre.
Se *esquila* el carnero.

Pelo, vello

Llámase *pelo* porque nace en la *piel*, según queda dicho.

Vello quiere decir lana, porque la lana no se trasquiló primitivamente, sino que se arrancó, y arrancar en latín es *vellere*. *Vello* era lo que se arrancaba; es decir, lo que se *vellebat*, y como lo que se arrancaba de la piel de la oveja era lana, resulta que quien dice lana dice *vello*.

El *pelo* es resistente, áspero.
El *vello* es suave, lanoso.

Pena, castigo

Pena viene del latín *poena*, *poinē* en griego, de donde se origina nuestro antiguo expresivo verbo *punir*.

Castigo es uno de los muchos derivados de *agere*, que, como hemos dicho repetidamente, quiere decir ejecutar.

La *pena* es legal. Así decimos: delitos y *penas*.

No puede decirse: delitos y *castigos*.

Pena corporal, *pena* aflictiva, *pena* pecuniaria, *pena* capital, última *pena*, *pena* de destierro, bajo *pena* de azotes.

En ninguna de las acepciones anteriores se usaría con la misma propiedad y fuerza de la voz *castigo*.

El *castigo* es material, presente, ejecutivo, por decirlo así.

Cuando decimos que una madre *castiga* a sus hijos, queremos expresar que los azota; esto es, que les da una *pena* física.

No puede decirse que los *pena* o que los *pune*, porque esto significaría que pronunciaba un fallo contra ellos, que los sentenciaba.

Esto quiere decir que en la expiación hay dos procedimientos distintos.

Primero se manda o se impone; luego se ejecuta.

En cuanto se impone, se llama *pena*.
En cuanto se ejecuta, se llama *castigo*.

La *pena* es el mandato o el pensamiento de la expiación.

El *castigo* es la realización o la práctica de la *pena*.

Pensar, discurrir, juzgar

Por *pensamiento* se entiende la reunión de todas las operaciones del alma. El hombre se distingue de los demás seres en que es el único que *piensa*. Por lo tanto, *pensar* no es otra cosa que poner en ejercicio la razón humana.

Esto significa que el principio inteligente puede considerarse de dos modos: o como esencia, o como acción. Si se considera como esencia, se llama *alma*, *ánimo*, *espíritu* o *mente*; si se considera como acción, toma el nombre de *pensamiento*. En este pensamiento, pues, entra el juicio, lo mismo que el discurso, que el raciocinio, que la reflexión; lo mismo que todas las operaciones de la facultad conocedora.

«*Pensamiento*, dicen las Partidas con su natural sublimidad, es cuidado en que discurren los hombres las cosas pasadas, y las de luego, y las que han de ser. Y dícenle así, porque con él *pesa* el hombre todas las cosas, de que le viene cuidado a su corazón.»

Cuando concretamos el pensamiento a las funciones intelectuales, *pensar* toma el nombre de *discurrir*. *Discurrir* es todo lo que pueda poner en movimiento la inteligencia, como *pensar* es todo lo que pueda poner en movimiento el espíritu.

Cuando limitamos el *discurso* al acto mental, en que comparamos las cosas para distinguir la relación en que se encuentran, *discurrir* se llama *juzgar*. *Juzgar* no es más que atribuir a los objetos sus maneras lógicas de ser. La tierra gira, Pedro ama, Dios es bueno. Cada una de las frases anteriores es un *juicio*, y en esos juicios no hemos hecho otra cosa que atribuir a la tierra, a Pedro y a Dios, las cualidades respectivas de movimiento, de amor y de bondad.

De modo que el pensamiento es la actividad de nuestra alma.

El discurso, la actividad de nuestra inteligencia.

El juicio, una función concreta del entendimiento.

El ser inteligente *piensa*.

El hombre apurado *discurre*.

El lógico *juzga*.

Percepción, idea

La impresión de los objetos exteriores en nuestros sentidos se llama *sensación*.

La impresión que esta sensación produce en nuestra alma se llama *percepción*.

El resultado de esta *percepción* se llama *idea*.

Mi alma recibe la *percepción*, no recibe la *idea*, porque la *idea* no está en una impresión ocasionada por los sentidos; las ideas no están en el orden material. La *idea* se forma en mi alma; es la tarea de mi pensamiento, como la sensación es la tarea del objeto que hirió mis órganos.

La *idea* sigue a la *percepción*, como a la impresión de nuestros pies sigue la huella, como a la estampación sigue la estampa.

Cuando queremos sellar alguna cosa, damos primero un golpe; al golpe sigue el sello.

El golpe es la *percepción*; el sello es la *idea*.

La *percepción* pone en contacto la sensación y la *idea*, como el crepúsculo pone en contacto la noche y el día.

La *percepción* participa de la sensación y de la *idea*, como el crepúsculo participa del día y de la noche; es un crepúsculo en el horizonte de nuestra alma.

Si el hombre no tuviera más que *percepciones*, no podría juzgar lúcidamente del hecho más trivial.

Una *idea* basta para trastornar al mundo entero.

La *percepción* es mixta: viene del cuerpo y llega al alma.

La *idea* es pura: sale del alma y no llega al cuerpo. Camina por toda la tierra, por todo lo creado y llega hasta Dios.

Pereza, poltronería, holgazanería, vagancia

Perezoso es aquel que tiene repugnancia habitual al movimiento. Se conoce en que no anda cuatro pasos sin que arrime el hombro a la pared o al quicio de las puertas de su casa. Siempre tiene sueño y bosteza.

Poltrón es el hombre que, por temperamento, por achaques o por edad, se mueve con pena. Éste no se arrima a los quicios ni a las paredes, sino que se sienta con la mayor comodidad, dando su nombre a la silla *poltrona*.

El *holgazán* evita el trabajo cuanto puede y mira con avidez la hora para ver cuándo llega el momento de holgar.

El *vago* no hace ni mira nada. La *vagancia* es su profesión. De *vago* viene *vaga-*

bundo, que es el hombre que, sin oficio ni beneficio, pasa la vida andando de zoca en colodra. Así como el vicio del *perezoso* es no moverse, el vicio del *vago* es moverse demasiado, pero sin utilidad ni provecho.

La religión condena al *perezoso*; la familia sufre al *poltrón*; la moral pública afrenta al *holgazán*; la ley tiene sus penas para el *vago*.

De modo que la *pereza* es un pecado; la *poltronería*, un achaque; la *holgazanería*, un vicio; la *vagancia*, un delito común.

El *perezoso* debe ser diligente; el *poltrón*, ágil; el *holgazán*, laborioso; el *vago* debe tomar oficio.

Perfidia, traición

Muchos hombres conspiran. A fin de dar cima a la conjuración, convienen en reunirse en punto y hora señalados. Se exige a todos palabra de honor y todos comprometen su *fe*. Llega la hora del peligro: uno se retrae, desprecia la palabra empeñada y no asiste: falta a la *fe*; ése es *pérfido*.

Pero además de no cumplir su empeño anterior, se deja llevar de ciertas esperanzas de lucro, quizá concibe la bajeza de satisfacer ruines venganzas personales y denuncia la conjuración a los enemigos: ese es a un tiempo *pérfido* y *traidor*.

El *pérfido* no cumple; el *traidor* vende.

La *perfidia* es muchas veces debilidad, cobardía, tal vez vacilación, tal vez compromiso; la *traición* es siempre una maldad.

El *pérfido* puede ser un hombre desgraciado; el *traidor* es siempre un perverso.

Hay *perfidias* necias, casi inocentes, como el idiotismo; no hay *traición* que no sea maliciosa, interesada, indigna y ruin.

Se desprecia al *pérfido* como se desprecia al hombre pusilánime.

Se odia al *traidor* como se odia a los malvados. El *traidor* es el facineroso que saquea y asesina el alma.

Perillán, pícaro

Monlau trae la siguiente curiosa historia de la palabra *perillán*, formada de *Pero* (Pedro) e *Illán* (Julián), militar distinguido y pundonoroso, de quien se cuenta que no podía resistir la idea de que lo pisasen después de muerto; y, en su consecuencia, pidió al rey, por premio de todos sus servicios, que su enterramiento estuviese en alto; así se ve hoy su sepulcro, que está en la capilla de Santa Eugenia de la catedral de Toledo, con una inscripción en versos leoninos. De la ocurrencia de *Pero Illán* para no dejarse pisar ni aun después de muerto, vino llamar *perillán* al mañoso, cauto y sagaz en su conducta y en el manejo de sus negocios. Últimamente el lenguaje familiar ha dado a *perillán* la acepción de *pícaro* o de astuto en mala parte.

Pícaro viene de *pico*, y significa figuradamente la persona *picada*, *picoteada*, escarmentada, herida.

El *perillán* tiene tal instinto de su persona, tal amor propio o tal egoísmo; se pone de tal modo en franquía, que quiere que hasta su sepulcro se sitúe en alto para que no huellen su polvo. El *perillán* es más refinamiento que astucia, más cavilosidad que sutileza. Es un hombre que cuida hasta de sus cenizas.

El *pícaro* no envuelve otra idea capital que el hecho de haber recibido el aguijón o la *picada* del desengaño, del ejemplo.

El *perillán*, que no es castigado por la experiencia, busca el pro para no luchar con el contra.

El *pícaro* que ha recibido la *picadura* del escarmiento, quiere evitar el contra para no ser escarmentado nuevamente.

El *perillán* tiene más inteligencia que el *pícaro*.

El *pícaro* tiene más malicia que el *perillán*.

Por esto sucede que la palabra *perillán* no se aplica más que a personas, mientras que la palabra *pícaro* es extensiva a los animales.

Así decimos que la zorra es muy *pícara*, que el gorrión es muy *pícaro*.

Nada más fuera de sentido que decir: el gorrión es muy *perillán*.

El *perillán* obra por juicio.
El *pícaro* obra con recelo.
El *perillán* presiente y conoce.
El *pícaro* sospecha y teme.
El *perillán* es casi un caballero.
El *pícaro* es casi un tunante.

Perjuicio, daño

Un comerciante dice: «el naufragio del buque ha *perjudicado* mi crédito.» Este crédito se considera aquí como un capital, como un fondo, porque si se tratara del crédito en equivalencia de honor o fama, no debería usarse de la palabra *perjudicar*. El honor no se *perjudica*; se lastima, se hiere.

Cuando se nos causa quebranto en los intereses, pedimos al juez la indemnización de *perjuicios*.

Cuando al quebranto en los intereses se junta el quebranto en nuestra honra o en nuestra salud, pedimos *daños* y *perjuicios*. En el caso propuesto, pedimos *daños*, porque está en nuestra mente que se nos indemnice por el descrédito y el dolor.

Perjuicio no se aplica nunca sino al menoscabo que sufrimos en nuestra hacienda, en nuestra propiedad.

La palabra *daño* es mucho más universal y más noble.

He dado una caída; ¿se ha hecho usted *daño*?

No puede decirse: ¿se ha hecho usted *perjuicio*?

Las ostras que cené me han hecho *daño*.

No podría decirse tampoco: me han hecho *perjuicio*.

En los dos casos anteriores expresa relaciones físicas.

«Ver correr sangre me hace *daño*.» Esto quiere decir: me impresiona mal, mi corazón sufre, siento dolor. No puede decirse: me hace *perjuicio*.

Ahora expresa una relación afectiva.

«Este escarmiento ha *dañado* mi alma.» Que es como si dijera: ha lastimado mis ideas morales.

Ahora significa una relación del orden moral.

De modo que *perjuicio* no se refiere más que al detrimento que sufrimos en nuestra fortuna, mientras que *daño* significa las malas impresiones que recibimos en los órganos, en el sentimiento y en la conciencia.

El *perjuicio* es el gran daño del hombre codicioso y ruin.

El *daño* es el gran perjuicio del hombre liberal y caballeroso.

El siguiente ejemplo del *Quijote* explica muy bien el sentido general de cada palabra: y «dijo (el cura), creyendo que todos los demás libros eran del mismo género: éstos no merecen ser quemados como los demás, porque no hacen ni harán el *daño* que los de caballería han hecho, que son libros de entretenimiento sin *perjuicio* de tercero.»

Permitido, lícito

Con tal de que no cause escándalo, la ley me *permite* que yo haga en mi casa cuanto me parezca.

En mi casa, lo mismo que en la calle; en una cabaña, como en un trono, no es *lícito* que hagamos lo que no debemos hacer.

Lo *permitido* es la moral del código.
Lo *lícito* es la moral de la conciencia.

Lo *permitido* está reglado por las leyes.
Lo *lícito* tiene por pauta la idea universal e inalterable del deber.

Lo *permitido* es un estatuto, un mandato.
Lo *lícito* es una regla, un precepto.
Lo *permitido* es muchas veces el trampantojo de los astutos y el privilegio de los malvados.
Lo *lícito* es siempre el mandamiento de los hombres de bien.
El legislador no castiga sino las infracciones de lo *permitido*.
Pero, sea que los hombres quieran reconocerlo o no (y existen en la Naturaleza de las cosas muchos motivos para afirmarlo), reina en el mundo y en el Universo un Ser Supremo que castiga inexorablemente las infracciones de lo *lícito*.
Nótese (a fin de no caer en error) que el *licet* de los latinos equivale a *permitido*, y que nuestro *lícito* equivale a *fas est*, como lo demuestran los dos ejemplos que vamos a citar sin dejar en olvido miles de textos de la Escritura Sagrada; el primero, de Cicerón, y el segundo, de Tácito.
Licet *autem nemini contra patriam ducere exercitum, siquidem* licere *dicimus, quod legibus, quod more maiorum institutisque conceditur*: «que no es *permitido* a nadie conducir un ejército contra su propia patria, porque no es *permitido* lo que no es conforme a las costumbres de los antepasados y a las instituciones.»
Segundo ejemplo: *Aliud cuique* fas *nec quidquam illicitum*. Lo *lícito*, lo moral, variaba de individuo a individuo, y toda acción se reputaba *lícita*.
Lo *lícito* está expresado por el *fas*; lo *permitido*, por el *licet*.
Creemos conveniente hacer esta advertencia, porque nos consta que más de un hombre docto, llevado por la autoridad de los latinos, no ha sazonado sus ideas en este punto.

Lo *permitido* mira a las leyes, a las instituciones y a las costumbres de nuestros mayores, como dice elegantemente Cicerón.
Lo *lícito* no tiene otro código que la conciencia de lo justo y de lo honesto, el sentimiento de lo equitativo y de lo virtuoso, digan lo que quieran las costumbres, las instituciones y las leyes: éste es el *fas*.
Lo *permitido* vive en un siglo, en un pueblo, en unos anales.
Lo *lícito* vive en el mundo y en la historia; por mejor decir, vive eternamente en el pensamiento de la Providencia.

Pernicioso, nocivo

Nocivo viene de *nocivus*, voz formada de *noceo*, que vale tanto como dañar, de donde se origina la palabra *inocente*: *innocens*, que no daña. En este sentido material (que fue el primero) decimos aún: comida *inocente*, bebida *inocente*.
Pernicioso viene de *pernicies*, y *pernicies* se compone de *per* y de *nex*, *necis*, muerte, o bien de *necare*, matar: *per-necis*, o *per-necare*.
No comprendemos, pues, cómo han podido confundirse estos dos vocablos.
Lo *nocivo* daña.
Lo *pernicioso* mata.
Tal es la razón por qué dice el uso: animales *nocivos*, y no animales *perniciosos*.
También dice: calenturas *perniciosas*, y no calenturas *nocivas*.
Llama *nocivos* a los animales, porque estos animales son dañinos.
Dice *perniciosas* con aplicación a las calenturas, porque estas calenturas son mortíferas, matan, *necant*, como decían los latinos.
Toda picadura es *nociva*, porque hace daño.
Todo veneno es *pernicioso*, porque nos da muerte.

Perpetuidad, eternidad

La *eternidad* es absoluta; la *perpetuidad*, relativa.
La *eternidad* toca a la esencia; la *perpetuidad* a la forma.
Esto significa que la *eternidd* es, mientras que la *perpetuidad* existe.
La *eternidad* expresa el atributo del Creador: la *perpetuidad* representa la ley de la criatura.
Así decimos: la *perpetuidad* de la vida; la *eternidad* de Dios.

Perseguir, acosar

El que *persigue*, quiere alcanzar; el que *acosa*, quiere rendir.
El *perseguido* huye; el que se ve *acosado*, no puede alentar ni sabe qué hacer.
La justicia *persigue*; el acreedor *acosa*.

Persignar, santiguar

Persignar no es más que hacer el signo de la cruz.
Santiguar es aplicado con ironía como sustitutivo de santificar o bendecir, como se colige del pasaje siguiente, tomado de la famosa *Cena* de Baltasar de Alcázar:

> «Comience el vinillo nuevo
> y échale la bendición;
> yo tengo por devoción
> de santiguar *lo que bebo*.»

Claro es que no puede decirse: de *persignar* lo que bebo.

Perspicacia, suspicacia

Del verbo *specere*, ver, mirar, formaron los latinos *spicere*, ver minuciosamente, mirar con atención, *inspeccionar*, porque *inspeccionar*, viene de *spicere*. De este origen proceden muchas voces castellanas, tales como *aspecto*, que es lo que se ve, lo que se mira, lo que se *inspecciona*; *arúspice*, el que *inspeccionaba* el ara; *auspicio*, *inspección* de las aves; *circunspección*, *inspección* en torno nuestro, cuidado de ajustar nuestras acciones, nuestro continente; *especial*, lo que mira particularmente a una cosa, que no toca al género, sino a la *especie*; *especificar*, decir prolijamente cuanto hemos visto o *inspeccionado*; *específico*, lo que tiene virtud *especial*, lo que *especialmente* sirve para un objeto, lo que no mira e *inspecciona* otras cosas; *especioso*, lo que tiene alguna *especie* oculta, simulada, aparente; *espécimen*, muestra para que se vea o *inspeccione* la naturaleza del objeto de que se trata; *espectáculo*, lo que se mira, lo que se *inspecciona*; *respetar*, tener *circunspección*, miramiento. Apliquemos la regla anterior, y comprenderemos perfectamente el significado de *espectro*, *frontispicio* (*fronti-spicere*), *sospecha* (*sus-spicere*), mirar hacia arriba, apercibirse, ponerse sobre sí, ver o *inspeccionar* lo que pasa. Del mismo origen vienen los nombres *perspicaz* y *suspicaz*.

Perspicaz equivale a *per-spicere*.
Suspicaz, a *sub-spicere*.
De modo que estos dos vocablos no se diferencian sino por el vario sentido de los prefijos *sub* y *per*.

Per significa reiteración, como en *per*forar, *per*jurar, forar y jurar reiteradamente; *per*sistir, compuesto de *per* y de *stare*, estar en ello, no dejarlo nunca de la mano, reiterar en un propósito; *per*manecer, aguardar en un punto durante mucho tiempo, porque *permanecer* viene de *manere*, que equivale a esperar; PER*manere*, esperar mucho, con reiteración.

Sub significa bajo, debajo, como *sub*terráneo, *sub*stancia, *sub*arriendo.

Explicado esto así, la diferencia de las dos palabras del artículo no puede ofrecer dificultad alguna.

La *perspicacia* mira, *inspecciona* con insistencia, con ahínco, reiteradamente.

La *suspicacia* atraviesa con los ojos del alma las capas exteriores de cualquier hecho, para buscar las *especies* que están en lo hondo, en lo profundo, debajo.

Per-spicere es ver mucho, su*per*lativamente.

Sub-spicere es ver lo secreto, lo escondido.

La *perspicacia* es una actitud.
La *suspicacia* es una intención.
La *perspicacia* está en relación con el entendimiento: es mental.
La *suspicacia* está en relación con la conciencia: es moral.
Perspicacia es viveza.
Suspicacia es malicia.

Pertenecer, incumbir

Pertenecer, de *pertinere*, se compone del prefijo *per* y de *tenere*: es como si dijéramos *per-tenere*: *tener por*; es decir, tener en virtud de algún título, autorizados por alguna solemnidad.

Del latín *cubare*, que quiere decir acostarse, se formó *cumbere*, que significaba recostarse, inclinarse; de *cumbere* se formó *incumbere*, que equivale a buscar un apoyo, un estribo; y de *incumbere* sacamos nosotros *incumbir*, porque la incumbencia de cada uno es como el estribo en que está sostenida su autoridad.

La *pertenencia* envuelve la idea de posesión.

La *incumbencia* envuelve la idea de carácter público.

Todo lo que es mío, todo lo que yo tengo, me *pertenece*.

Todo lo que me corresponde por mis atribuciones oficiales, me *incumbe*.

A un hombre le roban lo que es suyo, lo que él *tiene*. A ese hombre *pertenece* reclamar al juez.

Al juez *incumbe* perseguir al ladrón.
La *pertenencia* es tenencia.
La *incumbencia* es mando.

Pesar, pesadumbre

El *pesar* nos aflige. La *pesadumbre* nos aflige y nos agobia. Es un *pesar* mayor; es una serie de *pesares*, como es la *techumbre* una serie de *techos*.

Peso, gravedad

Peso, del latín *pensura*, formado de *penso*, *pensas*, pesar, no expresa otra idea que la de carga, objeto *oneroso*.

Gravedad, del latín *gravitas*, significa la idea del *peso* elemental.

El *peso* es un hecho.
La *gravedad* es una ley.
El *peso* se pone en la balanza.
La *gravedad* se estudia.
El *peso* agobia.
La *gravedad* busca su nivel.
La luz no tiene *peso* para nosotros.
La luz tiene su *gravedad*, porque la luz no llegaría a la tierra si no fuese más *grave* que el fluido atmosférico. La luz está abajo, porque arriba debe haber una cosa más leve. Esto quiere decir que la luz baja en virtud de las leyes de la *gravedad*.

Del *peso* habla todo el mundo.
De la *gravedad* no pueden hablar más que los físicos.

El *peso* es una manualidad del hombre: se aumenta y disminuye a nuestro placer.

La *gravedad* entra en las verdades fundamentales del sistema del mundo: no puede alterarla sino la omnipotencia que la creó.

Más claro, el *peso* se forma.
La *gravedad* existe.
Lo contario de *pesado* es ligero.
Lo contrario de *grave* es leve.

Peste, pestilencia

Ambas voces se derivan del verbo latino *puteo, putes, putere*, que quiere decir oler mal. De este origen vienen nuestras palabras pus, puta, purulento, pudrir, putrefacción, podredumbre, etc.
La *peste* es el contagio, la epidemia, la enfermedad.
La *pestilencia* es el mal olor, los miasmas infectos de la enfermedad misma.
La *peste* mata.
La *pestilencia* pudre, infecciona, corrompe.

Piel, pellejo

Ambas palabras vienen de *pelo*, porque el *pelo* sale en la *piel*.
La *piel* es *epidermis*: órgano.
El *pellejo* es artefacto: uso.
La *piel* existe.
El *pellejo* se emplea.
Así decimos: *piel* de tigre.
No se puede decir equivalentemente: *pellejo* de tigre.
También decimos: *pellejo* de aceite.
Nada más absurdo que decir *piel* de aceite, porque con esto significaríamos que el aceite era la materia o la sustancia que constituía la *piel*.
De esto resulta que el *pellejo* no es otra cosa que la misma *piel*, aplicada al servicio del hombre.
La *piel* pertenece a la naturaleza.
El *pellejo* pertenece a la manualidad de la vida.

Pinchar, clavar, punzar

Todo lo que tiene pico o punta, *pincha*. Así es que se llama *pincho* al palo que tiene aguzado un extremo.
Cuando la *punta* está en un objeto de tal solidez que puede agujerear un cuerpo cualquiera, mediante la acción de un agente externo, *pinchar* toma el nombre de *clavar*.
Si la punta es tan aguda y consistente que se *clava* sin necesidad de fuerza exterior, entonces *clavar* es *punzar*.
Lo que *pincha*, desgarra.
Lo que *clava*, horada.
Lo que *punza*, penetra.
Se *clava* una espina.
Punza una aguja.
Pincha un palo desquebrajado.

Pisada, huella, rastro

Pisada es la impresión del pie en el suelo, así tratándose del hombre como del animal. Usamos de este nombre cuando consideramos inmediatamente aquella impresión con relación al pie que la produce. Así decimos: *yo oigo su pisada*, expresión graciosa y poética con que significamos que oímos el ruido del pie al ponerse en el suelo.
La impresión del pie, o sea la *pisada*, ha de consistir necesariamente en una hendidura, en un *hueco*. De aquí viene *huella*.
De modo que *huella* no se refiere al pie, sino a la forma de su impresión, a su estampa. Por esto admite un sentido metafórico que repugna y debe repugnar al anterior vocablo.
Un amante dice: «este desengaño ha dejado profundas *huellas* en mi corazón.» Claro es que no podría decirse: ha dejado profundas *pisadas*, porque la idea de un pie que se imprime profunda y repetidamente en un corazón, sería una imagen inverosímil y grosera.

De una mujer afligida decimos: «las *huellas* del dolor estaban grabadas en su semblante.» Esta expresión es lógica, natural y bella, porque de este modo expresamos que el dolor ha dejado impresiones en el alma de aquella mujer, así como el pie deja impresiones en el suelo; es una metáfora oportuna, eficaz y graciosa; pero como el dolor no tiene pie, no puede decirse que deja *pisadas*.

Considerada la *huella* como indicio o señal para descubrir alguna cosa, se llama *rastro*.

El *rastro* de un cometa, de una estrella; un *rastro* de luz. «Fui, lo escudriñé todo, no hallé ni *rastro*; es decir, ni vestigio.» Esto equivale a la frase siguiente: no encontré lo que deseaba, porque me faltaron señales que me indicaran su paradero, del mismo modo que no podría seguir a una persona que no deja una *huella* detrás de sí.

Un perro sigue el *rastro* de la pieza. No quiere decirse que sigue las *pisadas*, porque en la *pisada* no hay más que pie; no sigue tampoco las *huellas*, porque en la *huella* no hay más que impresión, memoria, recuerdo, recuerdo y memoria que un animal no puede seguir; sigue el *rastro*, la señal, el indicio, hasta el olor que la pieza deja al rozarse con una mata.

La *pisada* es como un grabado sin arte.
La *huella* es un símbolo, una metáfora, una poesía.
El *rastro*, una señal.
Una *pisada* nos detiene; una *huella* nos impresiona; el *rastro* nos guía.
La palabra más noble es *huella*.
Tanto pertenece a la filología como a la lógica y a la estética.

Pisar, pisotear

Pisar expresa un término positivo.
Pisotear, un término frecuentativo.

En el mismo caso se hallan los verbos que vamos a notar, como por vía de ejemplo.

Golosear, golosinear.
Charlar, charlatanear.
Rasgar, rasguear.
Escribir, escriborrotear.
Babear, babucear.
Estrapar, estrapajar.
Palmear, palmotear.
Chupar, chupetear.
Chispear, chisporrotear.
Ferrar, ferretear.
Picar, picotear.
Fanfarrear, fanfarronear.
Papelear, papelonear.
Holgar, holgazanear.
Correr, corretear.
Chismear, chismosear.
Socaliñar, socaliñear.
Emplumar, emplumajar.
Topar, topetear.
Besar, besuquear.
Bribar, bribonear.
Forcejar, forcejear.

Placer, alegría, gusto, gozo, alborozo, satisfacción

Antes de entrar en la sinonimia de estas voces, diremos dos palabras acerca de su origen.

Placer se deriva del latín *placeo, places, placere*, que tiene el mismo significado.

Hay quien cree que *alegría* procede del hebreo *allelu-iah*, aleluya, que significa alabad al Señor; pero semejante etimología es más erudita que probable.

Gusto viene del latín *gustus*, y *gustus* se origina de *guttur*, la garganta, porque los hombres creían a la sazón que la garganta era la que nos daba la sensación de los sabores. De este origen vienen las voces gutural, deglución, gola, garguero, etc.

Gozo viene de *gaudium*, de donde se

originan nuestras voces *gaudeamus*, goce, gozar, regocijo, regodeo, etc.

Satisfacción se compone de dos voces latinas, *satis* y *facere*, que significa *hacer bastante*.

La *satisfacción* hace que el hombre crea que ha hecho bastante, lo que debía hacer, por cuyo motivo queda tranquilo en su conciencia.

El nombre *placer* significa la idea general de todo aquello que produce sensaciones agradables, así en nuestro cuerpo como en nuestra alma. Tal es la razón por que empleamos aquella palabra en todos los órdenes de nuestras facultades: *placeres* del mundo, *placeres* del campo, *placeres* de la imaginación, *placeres* de la mesa, *placeres* del amor, *placeres* honestos, *placeres* lúbricos, etc.

Medite el lector un instante sobre la significación de la voz *placer*, y se convencerá de que puede emplearse en todos sentidos, tanto para significar impresiones gratas de la materia como del ánimo. ¿Por qué sucede esto? Porque el hombre necesita de voces que le expresen la generalidad de las cosas, su sentido completo, tan general y tan completo como la sustancia o la naturaleza de las cosas mismas, pues de otro modo no llegaría al conocimiento de los principios, al conocimiento de las grandes series, de los sistemas. Los principios no son otra cosa que universalidades; lo que llamamos universalidades, o sea conceptos que se aplican a diversas cosas.

¿Qué es *placer*? Placer es el término de una idea general, generalísima; el término de una naturaleza, de un principio, de una sustancia, una sustancia que se llama sensación o emoción agradable. El hombre notó que cuando comía bien se impresionaba agradablemente, y dio a esta impresión grata el nombre de *placer*. Ya tenemos un primer *placer*.

Notó del mismo modo que cuando bebía lo que necesitaba, sentía algo recreativo. Aplicó la idea de la comida a la idea de la bebida, y ensanchó el círculo de aquella idea primordial. *Placer* sintió comiendo, *placer* sintió bebiendo. Ya tenemos un doble *placer*.

Salió el hombre al campo, se vio entre selvas, entre flores, entre arroyos; las aves cantaban; la luz brillaba sobre su frente; el cielo estaba puro y tranquilo; sintió una emoción agradable, y extendió la idea de las impresiones que le agradaban. Lo que era *placer* cuando bebía, era también *placer* cuando estaba en el campo. Emoción agradable sintió en el primer caso, emoción agradable sintió en el segundo, emoción agradable sintió en el tercero, y dio a estas impresiones generales un signo general; dio a estos sentimientos comunes un nombre común: *placer*. Ya tenemos un triple *placer*.

Se enamoró de una mujer; pensó en ella; su pecho late cuando la halla; se ve turbado cuando la saluda; siente una impresión agradable y confusa cuando la mira, y agrandó la esfera de las impresiones que le halagaban. Lo que era *placer* cuando comió, lo que era *placer* cuando bebió, lo que era *placer* cuando estaba en el campo, vino a ser *placer* cuando amaba. Ya tenemos un cuarto *placer*.

Se une con la mujer a quien tenía amor; llega el momento de ser padre y, al ver a su hijo, siente una cosa parecida a la que sentía cuando estaba prendado de la mujer. La impresión que le causa el hijo le absorbe y preocupa como la impresión que le causó la madre; ama a la madre como ama al hijo; ve en estas impresiones un algo idéntico, un algo idéntico como es idéntica la naturaleza, como es idéntica la emoción, como es idéntica la sensibilidad; en una palabra, vio un hecho solo, porque una sola es la facultad general de sentir, y dilató el recinto de sus sensaciones primeras. Lo que es *placer* estando en una selva, bebiendo, comiendo, amando, fue *placer* también siendo padre. Ya tenemos un quinto *placer*.

Advirtió luego que cuando pensaba y comprendía una verdad se impresionaba bien, se apoderaba de su ánimo cierto sentimiento agradable, misteriosamente agradable, y extendió el límite de las agradables impresiones. *Placer* es lo que siente cuando come, cuando está en el campo, cuando bebe, cuando ama, cuando es padre, cuando piensa. Ya tenemos un sexto *placer*.

Modela una estatua, escribe un poema, pinta un cuadro; y al mirar traducido al lienzo, al papel y a la piedra aquel ideal invisible que él acariciaba en su mente, en su fantasía y en su corazón; al mirar allí retratado su espíritu, un espíritu que él amaba sin conocerlo, siente algo: Siente aquel hombre lo que el hombre siente cuando se agranda; lo que siente el padre cuando se ve agrandado por el hijo; lo que siente el hombre cuando se ve agrandado por el amor que tiene a su mujer; el artista siente, siente un algo remoto de lo que sintió la omnipotencia creadora en el momento de la creación universal; en aquel momento sublime en que la catarata de cien mundos brotó de los arcanos de un pensamiento y de un albedrío. El artista siente, volvemos a decir, y al ensanchar el hombre la línea de sus sentimientos y de sus ideas, ensancha necesariamente la línea del lenguaje. Lo que era *placer* contemplando la selva, comiendo, bebiendo, amando, pensando y siendo padre, es *placer* de la misma manera viendo su pintura, su poesía, su estatua. Ya tenemos un séptimo *placer*.

Posee mucho, vive espléndidamente, esto le *place*, se siente halagado, y da un nuevo ensanche al espacio de las impresiones que le halagan. Ya tenemos un octavo *placer*.

Manda a los hombres, se siente enaltecido por aquel poder, por aquella prerrogativa; siente en su interior otra vida, otro mundo, otra nueva creación; esto le impresiona agradablemente, le *place*, y aquí tenemos otro *placer*.

El concepto público le favorece, la opinión le acaricia; esto es un goce; siente este goce, este bienestar, este nuevo *placer*, y he aquí un *placer* nuevo.

Llega un instante en que el hombre necesita silencio, reposo, contemplación; en que necesita conversar con la naturaleza, con los montes, con los mares, con las nubes, con el cielo. Llega un instante en que necesitamos la compañía de la soledad, que es la última compañía. Pues supongamos que en aquel instante vamos a un desierto: allí hablamos con nosotros mismos, con nuestra conciencia, con nuestra memoria, con nuestra esperanza; allí nos vemos entre montes de arena y celajes; tal vez descubrimos alguna palmera de mil años, único testigo entre Dios y nosotros; el corazón del hombre se ensancha y suspira; allí respiramos, lloramos o reímos con toda holgura; aquello nos *place*, nos *place* en sumo grado; acaso es el momento de la vida en que somos capaces de más creación, de más virtud y de más belleza; acaso es el momento en que llegamos a descubrir la última línea de la existencia universal, en que más cercanos estamos a Dios, porque vemos a Dios en su propio espejo; el mundo, la hechura de sus manos. Aquello nos *place*, repetimos, y aquí tenemos un nuevo *placer*.

Inútil fuera continuar. Llamando *placer* a todo aquello que lo impresionaba agradablemente, el hombre conoció los *placeres* de la comida, los *placeres* del campo, del amor, de la paternidad, de la familia, del pensamiento, de la imaginación, de la fama, de la riqueza, de la soledad, de los honores, del gobierno o del mando. El hombre creó de este modo, no una forma, no un signo, no una cualidad, sino una sustancia, un principio, una naturaleza que se denomina sensación agradable, *placer*. Este nombre, que significa una naturaleza, un principio, una sustancia, es lo que llamamos un nombre genérico. Por lo tanto, el nombre *placer* es una palabra genérica, universal. Este nombre *placer* es la base de todos los nombres que expresan gradaciones del sentimiento humano; la base de todas las voces que expresan hechos de nuestra sensibilidad, y lo mismo se advierte en los demás órdenes de nuestras facultades. Lo que significa el vocablo *placer* en el orden del sentimiento, significa la palabra *verdad* en el orden de la inteligencia, la palabra *belleza* en el orden de la fantasía, la palabra *virtud* en el orden de la conciencia, y así en los demás órdenes.

Pero pasado ese período en que los hombres se dirigen al conocimiento de los sistemas; ese período en que a todo lo análogo dan un nombre, como el niño llama papá a toda persona que se parece un poco a su padre; verificada la creación del género, el hombre se encamina a la creación de la especie, y, por último, a la creación del individuo, que es la más larga, la más difícil, la más costosa, la última también. El hombre que más sabe es el que, partiendo del conocimiento del sistema, logra conocer más individuos.

En este período analítico empezamos a distinguir las formas, a clasificar las ideas, a dar su expresión, su matiz, su carácter a cada hecho, a cada ley, a cada persona, por decirlo así. Entonces vemos que las impresiones que nos halagan pueden halagarnos de varias maneras, en grados diversos, por diversas causas y razones; vemos que pueden influir sobre facultades distintas, y aquí da comienzo una operación en que deshacemos lo que antes hicimos. Así como antes era *placer* todo aquello que nos *placía* de cualquier modo, ahora vamos descomponiendo aquella idea universal, aplicándola a las ideas individuales, concretas, distintas, y dándolas un nombre propio, como propia y característica es la relación que descubrimos. Antes formamos un principio, una naturaleza, una sustancia; pues ahora vamos deshaciendo esa sustancia y la referimos a cada una de sus cualidades; vamos deshaciendo aquel principio, y lo referimos a cada una de sus leyes; vamos deshaciendo aquella naturaleza primitiva, y la referimos a cada una de sus formas. Antes teníamos una palabra, símbolo de un principio, símbolo de un sistema: la palabra *placer*. Ahora tenemos muchas palabras, signos de muchas formas. ¿Cuáles son estas formas? Demos a conocer algunas.

El hombre notó que la idea general de *placer* se verificaba de muchos modos, y alcanzó a comprender la existencia de muchas relaciones; vio que había un *placer* físico, como el de la comida, el de la bebida, el de la procreación, y a este *placer* lo llamó *gusto*. He comido con mucho *gusto*. Tal manjar me *gusta* en extremo. No estaría tan bien dicho: he comido con mucho *placer*; tal manjar me *place* en extremo.

Ya tenemos una diferencia, una relación, un carácter: el *placer* físico se llama *gusto*.

Vio que había *placeres* de sentimiento, de corazón, y a esta clase de *placer* la llamó *alegría*.

Ya tenemos otra diferencia, otro individuo: el *placer* afectivo se llama *alegría*.

Vio que esta *alegría* podía ser mayor o menor, y tuvo que discurrir palabras que expresaran la varia extensión de aquella *alegría* general. La *alegría* exaltada se denominó *gozo*. Este *gozo* es una *alegría* de segundo grado. Cualquier suceso, cualquier chiste, nos pone *alegres*. La venida de nuestro padre nos pone *gozosos*. Ya tenemos otra relación, otro conocimiento analítico: la exaltación de la *alegría* se llama *gozo*.

Pero este *gozo* puede exaltarse, como se exalta la *alegría*. La venida de nuestro padre nos pone *gozosos*; pero si nuestro padre se nos presentara cuando le conceptuábamos muerto; si el buque en que nuestro padre venía hubiese naufragado, según todas las pruebas posibles, y el buque apareciera luego en el puerto sin menoscabo alguno, nuestro *gozo* se exaltaría; sentiríamos una emoción más grande que el *gozo*; un *gozo* casi arrebatado, parecido al tumulto, al alboroto; he aquí el *alborozo*, porque parece realmente que la idea de alboroto entra en el nombre mencionado. Al conocer el buque en que venía nuestro padre, en cuya cubierta vemos a nuestro padre que nos saluda con la mano, no sentimos *gozo*, sentimos más: sentimos *alborozo*. De manera que el *alborozo* es la exaltación del *gozo*, como el *gozo* es la exaltación de la *alegría*. Ya tenemos otro individuo, ya tenemos otra cualidad de aquella sustancia primera. El *gozo* exaltado se llama *alborozo*.

El hombre notó que hay un *placer* vicioso, sensual, casi disoluto: he aquí el *deleite*. El *deleite* es el *placer* impuro de los sentidos, un placer que relaja y destruye. Así decimos: los *deleites* consumieron la vida de Espronceda.

No diríamos con la misma propiedad: los *placeres* consumieron la vida de Espronceda, porque hay *placeres* puros y elevados, como los *placeres* del pensamiento, del retiro, de la contemplación, y estos *placeres* imaginativos, estos bellos *placeres* de la vida no pueden consumir la vida de nadie. Fuera absurdo decir: los gustos, las alegrías, los gozos, los alborozos, consumieron la vida de Espronceda, porque esas impresiones regulares de los sentidos y del corazón no gastan ni consumen la existencia del hombre. Ya tenemos otra noción particular: el *placer* sensual, relajado, vicioso, se llama *deleite*.

Luego advirtió que hay un *placer* fantástico, por decirlo así; un *placer* ideal, como el del poeta, el del pintor, el del filósofo, el del ermitaño; un *placer* de imaginación: vio la necesidad de distinguirlo para poder dar a entender lo que concebía, y aplicó el *gusto* de los órganos materiales a las creaciones de la belleza. Así decimos: tal sujeto tiene mucho *gusto* en elegir colores; mucho *gusto* por la contemplación, por la poesía, por la pintura, por el claustro. No podríamos usar equivalentemente ninguna de las otras voces del artículo. Ya tenemos una relación más. El *placer* imaginativo, el *placer* del arte, de la belleza, de los libros, de las pinturas, de las estatuas se denomina también *gusto*.

Conoció después que hay un *placer* que toca a la conciencia, así como hay *placeres* que se refieren a los sentidos, al corazón y a la fantasía. Conoció que existe un *placer* que es el premio de la virtud, el dulce premio de la caridad, y este *placer* fue denominado *satisfacción*.

Ya hemos visto cómo la palabra genérica *placer* se ha ido descomponiendo y tomando las formas que hemos analizado, y muchísimas otras que pudieran analizarse. El procedimiento es evidente. El que quiera continuarlo puede hacerlo.

Sentadas las explicaciones anteriores, nada más trivial que deslindar la significación de cada una de las voces que van al frente de este artículo.

Placer es el término genérico, universal.

Alegría es el placer del alma.

Gozo es la exaltación de la alegría.

Alborozo, la exaltación del gozo.

Deleite es el placer de los sentidos, de la sensualidad.

Gusto es el placer de los órganos y de la fantasía.

Satisfacción es el placer del sentimiento del bien y del mal.

De manera que el *placer* es sintético.
La *alegría*, el *gozo* y el *alborozo* son afectivos.
El *deleite*, voluptuoso.
El *gusto*, orgánico e imaginativo.
La *satisfacción*, moral.

Playa, costa

Playa se deriva del latín *platus*, que significa chato, aplastado, plano, del griego *platos*, que equivale a llano, ancho, corrido. *Playa* significa literalmente: terreno llano como un plato.

Costa es un derivado de *costado* o *costilla*, de donde se originan las voces *coste*, *costo, costar, costal, a cuestas, acostarse*. *Costear* un mar o un río no es otra cosa que seguir su *costado*.

Costa es lo que el mar bate, lo que el mar inunda, porque se supone que la tierra está allí *acostada*, como si dijéramos echada a los pies del mar, y que el mar azota sus espaldas; es decir, su *costilla*, su *costa*. La tierra tiene *a cuestas* el mar.

La *playa* es llanura *planicie*, espacio franco, de donde viene el verbo *explayar*, que es dar al ánimo nuevos horizontes en que extenderse y solazarse.

La *costa* significa cercanía, proximidad, porque lo que está a nuestro *costado* tiene que estar cerca de nosotros.

El océano puede retirarse de una *playa*, porque la *playa* no dejará de serlo si permanece siendo un espacio *plano* y corrido.

El océano no puede alejarse de una *costa*, porque la *costa* no puede serlo sino estando al *costado*; es decir, próxima, junto al mar.

Plegar, doblar, arrugar

Lo que se *plega*, se adereza.
Lo que se *dobla*, se ajusta.
Lo que se *arruga*, se desluce.
Plegar es primor; *doblar*, conveniencia; *arrugar*, menoscabo.
Se *plega* una camisa; se *dobla* un frac; se *arruga* el cutis.

Plétora, plenitud

Ambas voces provienen del latín *plenus*, lleno.
La *plétora* es sangre.
La *plenitud*, medida.
La *plétora* es exceso, vicio.
La *plenitud* es colmo, abundancia, excelencia.
Plétora de poder, *plenitud* de poder.
Plétora de poder quiere decir que el poder ahoga, que las venas no pueden ya con tanta sangre, que se va a poner apoplético, porque también hay apoplejías de poder.
Plenitud de poder significa que aquel poder está en su lleno, en toda su fuerza, en todo su brío.
La *plétora* es débil como la enfermedad.
La *plenitud* es poderosa como la salud.
Muchos buscan la *plétora* creyendo que es la *plenitud*. La ciencia consiste en saber buscar la *plenitud* sin dar en la *plétora*.

Poder, potestad

Ambas voces proceden del latín *possum, potes*, compuesto de *pos* y *sum*; soy potente.
El *poder* está en relación con la fuerza.
La *potestad* está en relación con el dominio.
El *poder* lleva.
La *potestad* manda.
Un caballo tiene *poder*.
Un monarca tiene *potestad*.
El *poder* nos viene de la naturaleza.
La *potestad*, de la política.

Podre, podredumbre

Podre es una *podredumbre* determinada; la de una llaga, la de una úlcera. *Podredumbre* es una *podre* indefinida, general; no es la de una úlcera o la de una llaga, sino la de todas las úlceras, la de todas las llagas, la de todas las cosas que puedan tener *podre*, sean como quieran, estén en donde estén.

Poeta, vate, bardo, trovador

Poeta es el calificativo general de esos hombres privilegiados que deben al cielo el alto don de la *poesía*. Así se dice: el *poeta* Homero, el *poeta* Virgilio, el *poeta* Quintana. Sería absurdo decir: el *trovador* Homero, el *bardo* Virgilio, el *vate* Quintana.

Poeta viene de una voz griega que quiere decir: «el que inventa, el que hace de nuevo.» El *poeta* es el hombre a quien Dios ha dado el sumo poder de crear pensamientos bien redondeados en el terreno literario.

Vate significa adivino; es decir, *vaticinador*. Todos los profetas del Antiguo Testamento fueron grandes *vates*.

Bardo fue el nombre dado a los poetas druidas, los cuales iban cantando versos en las fiestas de su religión. Esta religión duró en Francia hasta después del siglo VIII de nuestra era, como se ve en las *Capitulares* de Carlomagno, cuyo emperador prohíbe las ceremonias de aquel rito bajo las penas más severas.

Trovadores fueron llamados primitivamente los poetas provenzales, y de aquí tomaron su nombre todos los cantores de la Edad Media; esos romeros de la poesía popular que, con la espada al cinto y el laúd al brazo, cantaban sus pendencias y sus amores bajo el pórtico de un convento o al pie de un castillo feudal. El nombre *trovador* viene de que el verbo encontrar era *trouver* en habla provenzal; y habiendo hecho aquellos poetas ciertos descubrimientos en sus expediciones; habiendo encontrado, es decir, *trouvado*, se les denominó *trovadores*, que es como si dijéramos *encontradores* o *descubridores de hallazgos*.

El *trovador* era una mezcla de *poeta*, de caballero, de soldado y de peregrino; era entonces, es ahora y será siempre, uno de los caracteres más graciosamente novelescos de ese feudalismo que nos espanta con sus barbaries y nos hechiza con sus historias.

El *poeta* es creador, fecundo, ardiente, impetuoso; el *vate*, inspirado, solemne; el *bardo*, religioso; el *trovador*, aventurero, valeroso, galante.

El *poeta* canta: es una epopeya.
El *vate* anuncia: es una profecía.
El *bardo* ora a su manera: es una religión.
El *trovador* festeja: es una aventura.

Ponderar, exagerar

Ponderar viene del latín *pondus*, peso. Es sinónimo etimológico de pesar, estimar, deliberar (deliberar viene de libra), tasar, apreciar, etc. La idea de peso, *pondus*, se exageró después, y la palabra *ponderar* fue adquiriendo el sentido hiperbólico que hoy tiene.

Exagerar se compone de *ex* y *agere*, infinitivo del verbo *ago*, obrar. *Exagerar* es hacer más de lo que se debiera, llevar las cosas más allá del verdadero límite.

Las voces de este artículo se distinguen en que *ponderar* puede emplearse en buen sentido, mientras que *exagerar* se emplea siempre en mala parte.

Un orador dice: no *ponderaré* nunca bastante las virtudes de este insigne varón.

La *ponderación* encarece.
La *exageración* adultera.
El que *pondera*, elogia.
El que *exagera*, desfigura.
Pondera el orador.
Exagera el contrario.

Poseer, tener

Tener viene de *teneo, tenes*, de donde se originan tenencia, teneduría, pertenecer, pertenencia, impertinencia, impertinente, etc.

Poseer se deriva de *possideo*, compuesto de *pos* y de *sedeo*, que equivale a sentarse.

Lo que ahora *tenemos* podemos dejar de *tenerlo* dentro de un instante. Ahora *tenemos* una naranja, nos la comemos y dejamos de tenerla.

Por el contrario, la *posesión* envuelve la idea de una *tenencia* estable, de *asiento*, porque de *asiento* viene *posesión*.

Así diremos, repitiendo el ejemplo de antes: *tenemos* la naranja en la mano.

La *tenemos* en la mano, porque allí está, porque allí la habemos.

No la *poseemos* en la mano, porque la *posesión* no es un estado, sino un acto, una acción, un disfrute, un derecho, y los derechos no pueden tenerse en la mano.

De lo que *tenemos* podemos usar.

Lo que *poseemos* podemos venderlo y comprarlo.

Tenemos alma, no la *poseemos*.

La *tenemos*, porque existe en nosotros, y porque con ella nos movemos, sentimos y pensamos.

No la *poseemos*, porque no la hemos comprado, ni heredado, ni adquirido, ni podemos comprarla, venderla, heredarla o adquirirla.

Tenemos lo que disfrutamos.
Poseemos lo que adquirimos.
Tener es natural.
Poseer es civil.

Tener es más, infinitamente más que *poseer*, porque *tener* representa la naturaleza, mientras que *poseer* se relaciona con el derecho humano.

Sin *poseer* podemos vivir, pues el mendigo *vive* y no *posee*.

Por el contrario, vivir no es posible sin *tener*, puesto que nadie puede vivir sin *tener* vida.

Poseemos una casa.
Tenemos un Dios.

Posesión, propiedad

La *posesión* consiste en un acto: poseo.

La *propiedad* consiste en un título: debo poseer.

El título de la *posesión* es muchas veces la posesión misma.

El título de la *propiedad* ha de consistir en un documento o en una costumbre.

Un tribunal falla que tales bienes pertenecen a Pedro: hay *propiedad*.

El mismo tribunal sentencia que no entre a *poseer* sus bienes hasta que se practiquen las convenientes liquidaciones: no hay *posesión*.

Muchos tienen lo que no es suyo: no hay *propiedad*.

Pero la usurpación no se averigua o se consiente: hay *posesión*.

El hombre toma *posesión*.
La ley discierne la *propiedad*.
Poseer consiste en un hecho evidente.
Ser *propio* o ajeno da continuamente lugar a mil litigios.
Posesión, significa goce.
Propiedad, derecho.
La *posesión* dice: disfruto.
La *propiedad* dice: es mío.

Postura, actitud

Actitud es uno de los derivados del latín *agĕre; agō, ageìn*, en griego, que significa, obrar, hacer.

Postura se origina de *positum*, supino de *pŏnĕre*, que quiere decir *poner*.
Actitud significa, pues, ademán, movimiento, *acto* o *actividad*.
Postura significa *posición*.
Así decimos: en *actitud* de hablar, de beber, de partir.
No puede decirse: en *postura* de hablar, de partir, de beber.
Estaba en cuclillas cuando entró mi padre y me cogió en aquella *postura*.
No puede decirse, para expresar la misma idea, que me cogió en aquella *actitud*.
¿Por qué razón no puede decirse en *postura* de hablar, de beber, de partir? Porque la *postura* no expresa otra idea que la de situación, y la situación es un hecho mudo. La palabra *postura* no significa sino el modo como estamos *puestos*, y al hablar de beber o de partir, tenemos precisión de una palabra que signifique un ademán que esté en relación con el hecho de partir y beber.
¿Por qué puede decirse: en *actitud* de hablar? Porque la palabra *actitud* significa *acción, actividad, acto, agencia*; y es tan lógico que digamos en *actitud* de hablar, como sería lógico que dijéramos: estando practicando un *acto* que se llama hablar, beber, partir; como es lógico y natural que digamos: en *acción* de gracias, que es como si dijésemos: en *actitud* de dar las gracias.
La voz *postura* no expresa más que *posición*, y por esto no es propia para significar acto o ademán.
La voz *actitud* significa ademán o *acto* y por eso no es propia para significar *posición*.
La *actitud* habla: revela espíritu.
La *postura* es muda: es sólo del cuerpo.

Práctica, aplicación

Práctica se deriva del griego *prattō, prassō*, que significa obra, como compuesto de *ageìn*, hacer, obrar prácticamente, de donde trae su origen el verbo latino *ago, agere, egi, actum*, y nuestras voces *acto, acción, actitud* y otras muchas.

Aplicación es un derivado del latín *plicare*, derivado de *plica*, pliegue o doblez, cuya etimología es admirablemente ingeniosa, porque lo que se *aplica* tiene, en efecto, una doble cara, una doble faz; es decir, un doblez, un pliegue, como si dijéramos una arruga. Al *aplicar* la cosa, al realizar su *aplicación*, no hacemos más que desplegarla, desdoblarla, darle el ensanche que debe tener.

La práctica lleva en sí propia su complemento; tiene una significación positiva, absoluta: *practico* obras de piedad, *practico* diligencias, *practico* las leyes.

El lector comprende cuán diverso fuera el sentido de las citadas locuciones valiéndonos de la otra palabra del artículo: *aplico* obras de piedad, *aplico* diligencias, *aplico* las leyes.

Pero además de ser diferente el sentido de las locuciones o frases anteriores, carecen realmente de significación, el concepto no está expresado, porque no se dice a qué objetos, a qué interés, a qué forma *aplica* las leyes, las diligencias, las obras de piedad.

La idea significada por el verbo *aplicar* tiene que buscar otro término que la complete: *aplico* la química a las artes; *aplico* las leyes al estudio de la economía social.

Claro es que no puede decirse, porque sería construcción viciosa: *practico* las leyes al estudio de la economía social; *practico* la química a las artes.

Practicar es hacer.
Aplicar, referir.
Quien *practica*, obra, ejecuta, se mueve.
Quien *aplica* se extiende, se agranda, se difunde.
En último término hallaremos que *practicar* es ejecutar una teoría.

Aplicar es como abrir campo a nuevas *prácticas*.

Prasología, ética

Prasología viene del griego *prassō*, que significa practicar, realizar la teoría.

Ética se deriva del griego *ethos*, que equivale al *mos, moris* de los latinos y a nuestra costumbre.

Se diferencian estas dos voces en que la *ética* se refiere más bien al sentimiento del bien y del mal, a la conciencia, al fuero interior.

La *prasología* se refiere particularmente a los hechos reales, positivos, prácticos.

La *ética* da reglas sobre las costumbres.

La *prasología* da reglas sobre la *práctica*, sobre el proceder.

La *ética* es más escolástica.

La *prasología* es más social.

La *ética* lleva en sí la idea de precepto: manda.

La *prasología* parece inclinarse a la idea de conducta: guía.

Precaución, cautela

La *precaución* es una de las reglas más universales y más necesarias de la vida, la gran moral del mundo.

La *cautela* es casi el ardid de la suspicacia.

La *precaución* obra en virtud de la sensatez y de la experiencia.

La *cautela* parece rodearse de la duda, de la impaciencia, de la zozobra, casi del miedo.

La *precaución* observa y aprende.

La *cautela* teme y desconfía.

La *precaución* es reparada.

La *cautela* es maliciosa.

El hombre sensato tiene *precaución*.

El viejo abrumado por el peso de los desengaños acude a la *cautela*.

El ser prudentemente *precavido* es tan bueno como es malo el ser exageradamente *cauteloso*.

En una palabra, la *precaución* es una especie de previsión o de prudencia.

La excesiva *cautela* es una especie de excepticismo, pues denota poca confianza en Dios.

Preciso, menester

Llamamos *preciso* a lo necesario, a lo indispensable para cualquier fin: *menester* viene a indicar igualmente la necesidad de la cosa; pero advertiremos entre ambas expresiones esta diferencia, que lo *preciso* es el resultado, la consecuencia de una necesidad, de un deber, de una obligación: lo *preciso* es forzoso.

Menester es más libre, pues a veces depende de nuestra conveniencia, de nuestra utilidad, de nuestra voluntad. Esta diferencia se nota en el uso común de las frases.

Para ir a América *es preciso* embarcarse, es forzoso, no se puede prescindir: nada influye en ello la voluntad. *Es preciso* morir, porque la muerte es inevitable. En ninguno de estos casos se dirá tan propiamente *es menester*. Mas sí nos valdremos de esta expresión cuando tenga mayor o menor influjo la voluntad. *Es menester* que cada uno lleve su cruz en esta vida. Para ganar *es menester* trabajar. Para saber *es menester* estudiar.

Precoz, prematuro

Precoz viene del latín *prae*, antes, y *coctus*, cocido. Es lo cocido antes de tiempo: *prae-coctus*.

Prematuro se compone también de *prae*, y de *maturus*, maduro. Es lo que ha madurado antes de sazón: *prae-maturus*.

Excusado fuera decir cuánto distan hoy estas palabras de su origen etimológico, de su primitiva *barbarie*, no empleándose, como ordinariamente no se emplean, más que en sentido figurado.

Talento *precoz*, talento *prematuro*.

Veamos cuál es el valor real y verdadero de estas dos frases.

Al hablar de un talento *precoz*, hablamos de un talento temprano, de un talento feliz, de un talento que se manifiesta mucho antes que los demás talentos. Un talento *precoz* es un hombre que despierta antes que los demás hombres a la vida del pensamiento, de la ciencia, del espíritu.

Al decir talento *prematuro*, damos a entender que es un talento no sazonado, que no tiene el temple del estudio, el ajuste de la experiencia, el sabor natural de los frutos que *maduran*. Talento *prematuro* es un talento que carece de punto, si así puede decirse.

Hallamos, pues, un caso en que lo *precoz* indica un arranque de la naturaleza, en tanto que lo *prematuro* indica un defecto de conducta. Lo *prematuro* es siempre extemporáneo, inoportuno, impertinente.

Lo *precoz* anuncia.
Lo *prematuro* desarregla.

Lo *precoz* vive poco, porque poco vive la flor que, teniendo un aroma muy sutil, se evapora presto.

Lo *prematuro* vive mal, porque mal vive todo aquello que se precipita y se impacienta.

Bien mirado este particular, no debe anhelarse lo *precoz*; pero debe temerse lo *prematuro*.

Pregón, edicto

Pregón, del latín *praeconium*, es un derivado de canto.

Edicto viene de *dictum*, supino del verbo *dicere*, decir.

El *pregón* anuncia.
El *edicto* previene.
El *pregón* es para que se sepa.
El *edicto* es para que se cumpla.

Prender, capturar

Prender viene del latín *prendere*.

Capturar, de *capere*, que significa coger, tomar.

Prendemos desembarazada y directamente.

Capturamos de un modo *capcioso*.

Se *prende* a quien delinque: es una justicia.

Se *captura* a quien no se puede *prender*: abiertamente, es un ardid, una *capciosidad*.

Prerrogativa, inmunidad

Prerrogativa se compone de *prae*, que significa superioridad o preeminencia, y de *rogativa*, del verbo *rogare*, rogar, pedir con ruego. Supone la idea de una autoridad superior al *ruego* de otro, de manera que puede negar o conceder, según su arbitrio. *Prerrogativa* significa, pues, arbitrio supremo.

Inmunidad se deriva del nombre latino *inmunitas*, que equivale a exención.

La *prerrogativa* es mando.
La *inmunidad* es privilegio.
La *prerrogativa* dispone, ordena.

La *inmunidad* es el goce de privilegios especiales concedidos a ciertas personas públicas o privadas. Por ejemplo, la *inmunidad diplomática*, que es concedida a los representantes de otras naciones.

La *inmunidad parlamentaria*, que se concede a los miembros de las asambleas legislativas.

La *inmunidad religiosa* de que gozan los representantes acreditados de religiones reconocidas por el Estado.

Es también una palabra que se emplea en patología y medicina desde que la ciencia descubrió los bacilos que producen enfermedades y el modo de destruirlos; y muy particularmente a los que se *inmunizan* por anticipado de alguna posible enfermedad por medio de la vacunación.

De modo que los príncipes tienen *prerrogativas*.

Los embajadores, los diputados y los religiosos tienen *inmunidades*.

La *prerrogativa* es una facultad autoritaria.

Las *inmunidades cívicas* son un goce de privilegios.

La *inmunidad* patológica es la prevención de enfermedades.

Presbítero, clérigo, capellán, sacerdote

Presbítero, presbyter en latín, se deriva del griego *presbyteros*, que significa antiguo, anterior, como voz derivada de *presbys*, que equivale a viejo. De aquí se originan las voces preste, arcipreste (el cabeza de los presbíteros), presbiterio, presbiteriano, etcétera.

Clérigo, clerigus en latín, viene del griego *klēros*, que significa suerte, herencia, porción. El *clero* es la parte de la herencia del Señor, o la porción del pueblo cristiano que está consagrada a su servicio de un modo total.

Capellán viene de *caput*, cabeza, como capítulo, cabildo, cabo, caporal, capitán, caudillo.

Sacerdote en las iglesias scatólico-romanas es el que cuida de las cosas *sagradas*. En las iglesias evangélicas, sólo existen pastores, ancianos y diáconos.

En las naciones de tradición evangélica, los que atienden los asuntos religiosos en hospitales, cárceles y cuarteles reciben el nombre de capellanes, tanto católicos como evangélicos.

Presbítero significa anciano.
Clérigo, porción.
Capellán, jefe.
Sacerdote, hombre del templo.

Presentimiento, pronóstico

Presentimiento es sentir lo futuro.
Pronóstico es conocerlo.

De modo que *presentimiento* es afectivo.

Pronóstico es intelectual.

Ambas palabras expresan la idea de apoderarse del porvenir; pero el *presentimiento* se apodera del porvenir con el corazón y el *pronóstico* con la cabeza.

Ya hemos dicho que *pronóstico* se deriva de *conocer*, como *noción*.

Preso, prisionero, cautivo

Preso supone delito; *prisionero*, guerra; *cautivo*, agresión.

La justicia *prende*; el soldado *aprisiona*; el moro *cautiva*.

Se liberta el *preso*; se canjea el *prisionero*; se redime el *cautivo*.

Préstamo, empréstito

Préstamo es privado.
Empréstito es público.

Un banquero me hace un *préstamo*.
El mismo banquero hace un *empréstito* a la nación.

Los *préstamos* han causado muchas ruinas.

Los *empréstitos* han producido muchos tumultos.

Presto, pronto

El ventero, altercando con Don Quijote sobre que debía llevar consigo algún paje, camisas, dineros, ungüentos e hilas, le dice: «y por esto le daba por consejo, pues aún no se lo podía mandar como a su ahijado, que tan *presto* lo habría de ser.»
«Todo se lo creyó Don Quijote, y dijo que él estaba allí *pronto* para obedecerle.»
Presto significa ligereza, proximidad. *Pronto*, aptitud o disposición.
Voy *presto* quiere decir: voy inmediatamente.
Voy *pronto* significa: voy con voluntad, con gusto y en poco tiempo.
Digo a mi criado que corra, y corre: va *presto*. La *presteza* está en los pies.
Digo a un padre que su hijo peligra, y va *pronto*. La *prontitud* está en el ánimo.
El uso general no conoce la ciencia que hay dentro de estas prácticas; pero la sigue de una manera prodigiosa.
Se *apresta* un buque; se *apronta* una persona.

Pretensión, solicitud

La *pretensión* implica derecho; la *solicitud* busca la gracia.
La *pretensión* obra con sistema, con plan; la *solicitud*, con diligencia y con cuidado.
Quien *pretende*, pide; quien *solicita*, insta, apremia.
La *pretensión* es una demanda; la *solicitud*, una súplica.
En resumen: los grandes y los ricos *pretenden*; los pobres y los débiles *solicitan*.

Previo, anterior

Previo se compone de *prae*, antes, y de *vía*, camino.
Anterior significa la relación de prioridad o de origen, como anciano, antiguo.
Previa censura, *anterior* censura.
Veamos qué significarían estas dos frases, en el caso de que se usaran corrientemente.
Previa censura significa, de un modo absoluto, que se trata de la censura por la que pasa un escrito antes de darse a luz.
Anterior censura significaría que se trataba de la censura que un escrito sufría antes de que se diera a la estampa, por contraposición a la censura que debería sufrir después, y que se llamaría *posterior*.
De modo que *previo* significa el hecho de un modo absoluto.
Anterior lo expresa de un modo relativo.
Lo *previo* es lo que anda antes el camino: es acción.
Lo *anterior* es lo que acontece con anterioridad: es tiempo.
Lo *previo* es un aviso.
Lo *anterior* es un dato.
Recado *previo*, citación *previa*.
Conducta *anterior*, datos *anteriores*.

Primero, primitivo, primario

Lo *primero* expresa la prioridad respecto del número: el *primer* hombre.
Lo *primitivo* significa la misma idea de prioridad respecto de la sucesión de las épocas: los tiempos *primitivos*.
Primario expresa la misma idea respecto de la esencia o de la sustancia: el orden *primario* del universo; las fuerzas *primarias* de la creación.
Lo *primero* es guarismo; lo *primitivo*, tiempo; lo *primario*, sistema.
Un artífice hace su *primera* obra; un sabio estudia la historia *primitiva* de la humanidad; un creyente admira el orden *primario* que nos inspira el sublime pensamiento de un Dios.

Principio, comienzo

Comienzo de un libro, *principio* de un libro.

El *comienzo* de un libro está en la primera letra de la portada.

El *principio* está en donde empieza la exposición de la materia, o la demostración de las verdades que el libro contiene.

El *comienzo* se refiere a la letra.

El *principio*, a la doctrina.

El *comienzo* puede ser un *principio* ignorante.

El *principio* es siempre un *comienzo* sabio.

El escrito de un loco tiene *comienzo*; no tiene *principio*, porque no tiene fin; es decir, porque no tiene objeto, un propósito deliberado, una intención discreta; esa intención que no se concibe sin un pensamiento y una moral.

No hay tomo sin *comienzo*.

¡Cuántos y cuántos tomos corren por el mundo y hacen en él fortuna sin tener *principio*!

Quien *comienza*, concluye; quien *principia*, acaba.

Principio, origen, causa

Principio viene de *principium*.

Origen, de *origo, originis*, derivado del griego *orō*, que significa dar el primer impulso.

Causa, de *causa, causae*.

Todos tres vocablos equivalen a nacimiento, manantial o raíz de alguna cosa.

Veamos las diferencias que tienen en nuestro idioma.

Todas tres palabras convienen en que significan igualmente atributos de Dios. Dios es a un mismo tiempo el *principio*, el *origen* y la *causa* de todo lo creado. Difieren en que cada una expresa una relación particular, como vamos a ver, consultando el uso.

Decimos: «los *principios* de las ciencias.» Esto quiere decir: las verdades *primeras* de las ciencias, de donde se deducen todas las demás.

«El alma racional es el *principio* que distingue al hombre del bruto.» Esto quiere decir: es el atributo *primordial* que distingue al hombre.

No puede decirse en este sentido: los *orígenes* de las ciencias, las *causas* de las ciencias. No puede decirse tampoco: el alma racional es un *origen* o una *causa* que distingue al hombre del bruto.

Decimos: «todavía se ignora el *origen* de las ideas.» No puede decirse: todavía se ignora el *principio* o la *causa* de las ideas.

Pecado *original*. No puede decirse: pecado *causal*, pecado *primitivo*, porque estas dos frases significarían otra cosa.

Se dice: «la relajación que da secuaces a Catilina, no la invasión del Norte, fue la *causa* de la extinción del pueblo latino.» «La acción de los astros es la *causa* del flujo y reflujo.»

No podría decirse con igual eficacia y propiedad, queriendo expresar la misma idea: la relajación que da secuaces a Catilina, no la invasión del Norte, fue el *principio* u *origen* de la extinción del pueblo latino. La acción de los astros es el *origen* o el *principio* del flujo o reflujo.

Comprendida la intención del uso, que da a cada una de las tres palabras sus acepciones particulares, nada más fácil que averiguar su distinta significación.

El mundo tuvo que empezar en un instante. Este instante primero es el *principio*.

Todos los hechos particulares tienen que provenir de un hecho universal. Este hecho único, este universal continente, este cáliz que contiene todas las gotas, este abuelo de todas las familias, es el *ori-*

gen, cuya palabra tiene la misma etimología que la voz *oriundo*.

Toda acción supone un agente, como todo hijo supone una madre.

No se concibe ningún fenómeno que no tenga su razón de ser en una fuerza que lo haya podido producir. Esta matriz de todos los hijos, este agente de todas las acciones, este laboratorio de todos los hechos creados, se llama *causa*.

Ahora podremos explicarnos con seguridad la razón del uso.

No puede decirse: las *causas* de las ciencias, los *orígenes* de las ciencias, en equivalencia de la palabra *principios*, porque no se trata de la fuerza anterior y activa que ha *producido* las ciencias, en cuyo caso tendría aplicación la palabra *causa*, ni se trata tampoco del hecho anterior de donde las ciencias *proceden*, en cuyo caso tendría aplicación la palabra *origen*, sino de las primeras verdades científicas, de cuyas verdades primitivas se derivan las secundarias, sin lo cual no sería posible la ciencia, porque no sería posible la demostración, y por esta razón nos valemos de la voz *principios*.

No puede decirse: el *principio* o la *causa* de las ideas, en equivalencia de la palabra *origen*, porque no se trata de averiguar cuándo *principiaron* a ser las ideas, en cuyo caso tendría aplicación la palabra *principio*, ni qué fuerza oculta y misteriosa las produjo, en cuyo caso podría emplearse la palabra *causa*, sino que se trata únicamente de saber de dónde *proceden*, de qué idea común se derivan, de qué manantial emanan, por cuya razón tiene lugar la palabra *origen*.

No puede decirse: la relajación que da secuaces a Catilina, no la invasión del Norte, fue el *principio* u *origen* de la extinción del pueblo latino, en equivalencia de *causa*, porque no queremos significar el primer instante en que tuvo lugar aquel suceso histórico, en cuyo caso nos debimos valer de *principio*, ni de la anterioridad o procedencia del mismo suceso, en cuyo caso debimos emplear *origen*, sino de expresar que la extinción del pueblo latino fue producida, fue *causada* por la relajación que da secuaces a Catilina, no por la invasión de los bárbaros, por cuya razón nos valimos de la voz *causa*. La extinción de la raza latina es un *efecto*; queremos saber quién lo ha producido, y nadie puede producir *efectos* sino las *causas*.

Relación de prioridad: *principio*.
Relación de procedencia: *origen*.
Relación de producción: *causa*.

Privación, abstinencia

Privaciones quiere decir necesidades.
Abstinencia quiere decir abnegación, sacrificio espontáneo.
Toda *privación* es una estrechez.
Toda *abstinencia* es una gran virtud.
La *privación* nos hace codiciosos e impacientes.

La *abstinencia* nos hace señores de nosotros mismos. Es una de las más grandes heroicidades de la vida. Mucho más ánimo se necesita para reducirnos a una *abstinencia* que para asaltar un castillo. Cualquier soldado temerario hace esto último; muy pocos hombres tienen el valor de conciencia que es menester para hacer lo primero (Proverbios 18:24).

Proceder, conducta

Un hombre me hace una promesa, arreglamos un trato, me empeña su palabra de honor y cumple religiosamente lo pactado y lo prometido. Yo debo decir que este hombre ha *procedido* bien, que ha tenido un excelente *proceder*.

Sin embargo, este hombre se embriaga algunas veces, juega y es adúltero. Yo

debo decir que tiene muy mala *conducta*.
Por consecuencia, con mala *conducta* podemos tener buen *proceder*.

Otro hombre no es adúltero, no juega, no se embriaga jamás; ama a su esposa, atiende a su casa y ajusta sus acciones a la moral más exigente. Yo debo decir que tiene una inmejorable *conducta*.

Pero este hombre me empeña una palabra y no me la cumple; sabe un secreto mío y me vende; oye sin reserva a mi enemigo y me difama. Yo debo decir que este hombre ha *procedido* mal, que ha tenido muy mal *proceder*.

De modo, que con mal *proceder* podemos tener buena *conducta*, como con mala *conducta* puede tenerse buen *proceder*.

La *conducta* se refiere más bien al sistema de vida, al arreglo de nuestras acciones morales, con relación a la conciencia.

El *proceder* tiene relación con el trato de gentes, el comercio del mundo, con las leyes de la honradez, de la justicia y del decoro, en relación a las costumbres de la sociedad en que vive.

Conducta quiere decir costumbre.
Proceder quiere decir comportamiento.
La buena *conducta* consiste en actos virtuosos constantemente.
El buen *proceder*, se aplica a ocasiones definidas.
La *conducta* es mirada, escrupulosa.
El *proceder* es recto, desinteresado, generoso.
No hay nada más común que hallar hombres de buena *conducta*.
No hay nada más difícil que hallar hombres de un elevado y noble *proceder*.

Producto, fruto

Fruto viene del latín *fruor*, *frueris*, que significa *disfrutar*, hacer uso, aprovecharse, de donde procede el vocablo *fruición*.

Producto se compone de *pro*, más allá, y de *duco*, *ducis*, conducir: significa, pues, conducido más allá, sacado de su origen, de su madre, dado a luz, nacido. En efecto, el hijo es una creación colocada después del padre, puesta más allá, situada en un término más lejano del tronco.

Para *disfrutar* una cosa, para sacarla *fruto*, basta hacer uso de ella, obtener provecho.

Para *producirla* hay que derivarla de su raíz, hay que sacarla fuera, darla a luz, hacer que nazca: en una palabra, hay que trabajar.

El *fruto* es goce, regalo, *disfrute*.
El *producto* es trabajo, elaboración.
Un árbol tiene *frutos*.
Una fábrica tiene *productos*.
El *fruto* nos lleva al placer, a la *fruición*.
El *producto* nos lleva a la riqueza.
El *fruto* se come.
El *producto* se vende.
El *fruto* es natural, pues el árbol lo cría naturalmente.
El *producto* es fabril, puesto que los hombres tienen que elaborarlo con su industria.

Progenie, estirpe, linaje

Progenie se deriva de *genere*, como género, generación, genuino, generoso.

Estirpe viene de *stirps*, *stirpis*, que equivale a raíz.

Linaje no tiene etimología segura; pero puede afirmarse que quiere decir clase.

Progenie significa *gente* anterior, *género* antiguo, *generación* que viene de atrás.

Estirpe significa origen, tronco, cepa, principio.

Linaje significa categoría.

Las familias antiguas, aunque no sean nobles, tienen *progenie*.

Las familias que tienen su genealogía deslindada, que saben de dónde proceden, que pueden demostrar cuál es su raíz, tienen *estirpe*.

Los dignatarios y poderosos, aunque no sean antiguos ni nobles, tienen *linaje*. El *linaje* es la *progenie* particular del oro, del talento, del acaso, de los honores, de la privanza.

Supongamos que un rey no viene de una *generación* anterior, de *gente* antigua: este rey no tendrá *progenie*.

Supongamos que no se sabe de qué tronco nace su familia, cuál es su raíz, su principio: este rey no tendrá *estirpe*.

Pero este rey, que no tiene *estirpe* ni *progenie*, es rey, es la primera jerarquía, la primera clase, la condición primera del país, tiene *linaje*, el primer *linaje* de todos.

Ascendencia, *progenie*.
Origen, *estirpe*.
Condición, *linaje*.

Pronunciar, articular

La diferencia entre *pronunciar* y *articular* es evidente.

El que *articula*, produce sonidos en una serie definida; el que *pronuncia*, hace saber.

El que *articula*, emite sonidos; el que *pronuncia* emite ideas.

La *articulación* se refiere al órgano; la *pronunciación*, al espíritu.

Articula el animal; *pronuncia* el hombre. El loro articula palabras con su garganta.

La *articulación* es la mecánica del lenguaje; la *pronunciación* es la ciencia infinita de la palabra.

Propiedad, atributo

Se da el nombre de *propiedad* a toda cualidad característica, como el pensar en el hombre, el relinchar en el caballo, el mugir en el buey, el cacarear en la gallina. Luego que hallamos una cualidad que distingue a un ser de los demás seres de la creación, la denominamos *propiedad*.

La *propiedad*, pues, no es otra cosa que una cualidad distintiva.

Pero esta cualidad distintiva que toma la denominación genérica de *propiedad*, cuando consideramos esta *propiedad* con relación directa al objeto o cosa que la tiene, muda de nombre cuando la referimos a nuestra inteligencia, porque ya no se trata de la cualidad que hemos hallado en el objeto, sino de una cualidad en que ahora piensa nuestra alma, a la que damos un nuevo sentido, el sentido intelectual.

El relincho, considerado como cualidad característica del caballo, con relación al caballo mismo, es una *propiedad* material.

Por el contrario, llevada a nuestro entendimiento la idea del relincho, trasladado al alma aquel efecto material, no será ya materia, será espíritu, porque ya no es una *propiedad*, sino el pensamiento de una *propiedad*. Aquel relincho del caballo se ha convertido en un juicio de nuestra mente.

El relincho es físico: la idea del relincho es intelectual.

Pues bien; la cualidad característica, considerada como hecho físico, se llama *propiedad*.

Esta *propiedad* material, considerada como idea de nuestra alma, convertida en propiedad intelectual, se llama *atributo*.

¿En qué consiste la razón ideológica de un hecho que parece tan raro? Consiste en lo siguiente: cuando las cosas comparecen ante nuestra razón; cuando las vestimos con el traje de nuestro pensamiento, no las miramos a la cara para ver el color que realmente tienen, sino que cerramos los ojos para ver qué color les da nuestra alma; esto es, cerramos los ojos para meditar acerca del color que las debemos *atribuir*, según las cualidades que nos han enviado los sentidos.

He aquí el *atributo*.

Así sucede (y esto lo explica todo) que cuando personificamos un ser abstracto no lo revestimos de cualidades ni de propiedades, sino de *atributos*. ¿Por qué? Porque al idear aquellas personificaciones, no las revestimos de formas que vemos, sino de formas que nosotros *atribuimos*, que *atribuye* nuestra inteligencia. No son formas que ven los ojos, porque tales formas serían cualidades o propiedades, sino formas que ve nuestro espíritu, que nuestro espíritu *atribuye* a los seres que personifica, y que por esto son *atributos* de aquellos seres.

La suma sabiduría, el sumo poder y la suma bondad son los *atributos* de Dios. No puede decirse: son las *propiedades* de Dios, porque no son cualidades vistas, sino pensadas; no son cualidades halladas, sino *atribuidas*.

La trompeta es un *atributo* de la fama.
La blancura es el *atributo* de la candidez.
La paloma blanca es el *atributo* del Espíritu Santo.

De modo que la cualidad característica, vista en el objeto, se llama *propiedad*.

La propiedad, vista en el alma, luego que nuestra alma le *atribuye* sus modos lógicos de ser, se llama *atributo*.

Por consecuencia, la *propiedad* es un hecho real.

El *atributo* es un hecho lógico.

Propiedad, facultad

Propiedad es todo aquello que distingue a una cosa de otra que tiene la misma naturaleza.

Cuando a la idea de distinción se une la idea de poder o de ejercicio, la *propiedad* se llama *facultad*.

Así decimos que el alma humana es una *facultad*, en virtud de la cual nos movemos, sentimos, queremos y pensamos.

Empleamos la palabra *facultad* porque no se trata de una *propiedad* puramente distintiva, sino de una *propiedad* que es un agente activo y poderoso, una *propiedad* que nos hace mover, querer, sentir, pensar.

Por el contrario, cuando no asociáramos la idea de potencia y de acción; cuando no quisiéramos decir que en virtud del alma se mueve el hombre, quiere, siente y piensa, sino que nos propusiéramos expresar que el alma humana es un principio diferente del cuerpo humano, no nos valdríamos de la palabra *facultad*, sino de la palabra *propiedad*.

El alma racional es una *propiedad* del hombre por la cual se distingue de los cuerpos.

Propiedad quiere decir distinción.

Facultad, potencia. Viene de *facio, facere*, hacer.

Prosélito, secuaz, partidario, parcial, sectario, satélite

Prosélito, del griego *proselytos*, significó primitivamente la idea de advenedizo o de extranjero. Después se aplicó al que abandonaba un dogma o una secta, para profesar otra secta u otro dogma.

Secuaz, del latín *sequor*, seguir, es el que sigue temerariamente las órdenes del que le manda. Es un esclavo de la autoridad.

Partidario es el que pertenece a un partido, a una facción, a una bandería organizada; es decir, a un bando.

Parcial es el que hace la parte de alguno, sin otra razón que motivos privados de amistad, de familia o de amor propio.

Sectario es el que profesa una filosofía o

una religión contraria a la religión y a la filosofía generalmente reconocidas.

Satélite, del mismo origen que *secuaz*, es el esclavo de su ignorancia, de su crueldad o de su avaricia; un esclavo de su idiotismo, que vende su alma y su cuerpo al que le da dinero por sus servicios.

Al *prosélito* se le catequiza, se le enseña.
Al *secuaz* se le ordena.
Al *partidario* se le exhorta.
Al *parcial* se le halaga.
Al *sectario* se le convence.
Al *satélite* se le paga.
El *prosélito* es apasionado.
El *secuaz*, obediente.
El *partidario*, valeroso.
El *parcial*, injusto.
El *sectario*, protesta y argumenta en favor de su creencia.
El *satélite*, sirve, es obediente.
De modo que el *prosélito* supone doctrina.
El *secuaz*, mando.
El *partidario*, causa.
El *parcial*, persona.
El *sectario*, creencia.
El *satélite*, tiranía.

Próspero, feliz

Feliz, del latín *felix*, *felicis*, supone la idea de producción, como término derivado del verbo *feo*, que significa producir, de donde proceden *feto*, *fecundo*, *femenino*; es decir, propio de la mujer, *femina* en latín, aludiendo a que es la que pare, la que produce.

Próspero se compone de *pro*, delante y de *spes*, *spei*, esperanza; *pro-spe*, que tiene la esperanza delante, que recibe aliento del porvenir.

Lo *feliz* fecunda, produce, da a luz.
Lo *próspero* se espera.
Lo *feliz* es un hecho.
Lo *próspero* es un ideal.
Ingenio *feliz* es el que crea mucho.
Noticia *próspera* es la que nos promete la ventura.

Prostituta, meretriz

La *prostituta*, propiamente hablando, se distinguía en que vendía sus favores a toda hora; la *meretriz* solamente de noche.

Protagonista, héroe

Ya dijimos que *antagonista* se llamó en Grecia al que se presentaba armado y en disposición de pelear, como término derivado de *agōn*, que significa lucha, de donde se origina nuestra voz *agonía*, que no es otra cosa que un combate en que luchan la vida y la muerte.

La partícula inicial *pro* añade la idea de provecho, ventaja, excelencia, superioridad, como puede verse en *progresión*, *prohombre*, *prominente*, y esto explica que el vocablo *protagonista* signifique: el que combate en primer término, el jefe de la lucha. Después pasó a significar la idea general de supremacía, y así es que hoy llamamos *protagonista* al que desempeña el primer papel en cualquier aventura o lance, aunque el uso lo emplea más frecuentemente con relación a las producciones dramáticas. Y como acontece que quien lleva la voz en cualquier asunto es naturalmente el que ejecuta los hechos más notables —es decir, más *heroicos*—, de aquí la significación de *héroe* que tiene la voz *protagonista*, a pesar de ser términos distintos, tanto por razón de su etimología como por el uso del lenguaje.

Héroe significa personaje ilustre, digno de veneración y alabanza, que pasa a la historia, que debe proponerse a los hombres como modelo de valor y de lealtad.

El *héroe*, propiamente hablando, es una creación del gentilismo, un mito griego, una proeza convertida en fábula, una fábula convertida en ídolo, un semidiós.

Supongamos que un hombre, encargado de un papel secundario en cualquier aventura, ejecuta una acción *heroica*.

Desempeñando un papel secundario, no es *protagonista*, porque el *protagonista* desempeña siempre el papel primero, como *prototipo* de la acción.

Ejecutando una acción *heroica*, es *héroe*, porque *héroe* es aquel que lleva a cabo una *heroicidad*, como es poeta el que hace poesías.

De modo que podemos ser *héroes* sin ser *protagonistas*.

Supongamos, por el contrario, que el hombre encargado de representar el primer papel en una acción, no ejecuta nada que merezca la pena de mencionarse; es decir, nada *heroico*.

Representando el primer papel, es *protagonista*.

No ejecutando nada *heroico*, no es *héroe*.

Luego podemos ser *protagonistas* sin ser *héroes*, así como podemos ser *héroes* sin ser *protagonistas*.

Y si quisiéramos buscar ejemplos en el uso corriente, hallaríamos que las definiciones anteriores tenían una evidente realidad en la práctica de la lengua.

No hay drama que no tenga su *protagonista*; pero ¿cuántos dramas tienen *héroe*? Y si fueran *héroes* los *protagonistas* de nuestros dramas y comedias, ¡qué *héroes* tendría el siglo XX!

El *protagonista* es carácter; el *héroe* es hazaña.

Al *protagonista* corresponde la acción; al *héroe*, el triunfo.

El *protagonista* de hoy es vulgo; el *héroe* de siempre, aunque esto sea una tradi-

ción de la barbarie, representa valor y gloria.

Protervo, procaz

Protervo viene de *protere*, pisar.
Procaz, de *procare*, pedir.
Protervo es el que pisa, el que huella, el que comete una tropelía.
Procaz es el que pide, el que insta, el que apremia, el que acosa.
El *protervo* es rebelde.
El *procaz* es desvergonzado.
El *protervo* atropella.
El *procaz* se descara.
El *protervo* puede llegar al crimen.
El *procaz* no pasa de la insolencia.

En nuestro siglo son más comunes los *procaces* que los *protervos*; es decir, son más comunes los que *piden* que los que *atropellan*.

Prueba, experimento

Se *prueba* una escopeta, un buque, un caballo, un metal.
Un amante pone a *prueba* su amor.
El martirio es la *prueba* de la fe.
El infortunio es la *prueba* universal de la vida.

Hallamos que la *prueba* es física en el metal, en el caballo, en la escopeta.
Es afectiva en el amante.
Es religiosa en el martirio.
Es moral en el infortunio.

Todo se *prueba* en este mundo, porque en todo buscamos una seguridad y una garantía. La *prueba* viene a ser la *cala* y *cata* que hacemos en las cosas para certificarnos de lo que son, de lo que valen y de lo que sirven. Es como la patente de que cada cual se provee, consultando sus necesidades, su juicio y su gusto.

El lector comprende cuán absurdo fuera decir que el amante hace el *experimento* de su amor, que el martirio es el *experimento* de la fe, que la desgracia es el *experimento* de la vida. Con esto significaríamos que la desgracia, la fe y el amor se introducían en una máquina, en un horno o en alambique para hacer la experiencia material de aquellas cosas.

El *experimento* es físico.
La *prueba* es genérica.
Como ya dijimos, todo está sometido en este mundo a *prueba*.
Sólo la física tiene *experimentos*.

Puchero, cacharro

Llámase *puchero* porque servía para hacer *puches*.

Llámase *cacharro* porque se supone que es el pedazo de una cosa rota, un *cacho*, de donde viene la palabra *cachivache*.

El *puchero* puede ser nuevo.
El *cacharro* tiene que estar roto.

Pudor, rubor

Pudor, en latín *pudor*, *pudoris*, viene de *pudere*, que significa tener vergüenza, en el sentido de cortedad, vergüenza inocente; y es muy probable que *pudere* nazca de *puer*, *pueris*, que equivale a muchacho, porque la infancia es la edad más propia para sentir *pudor*. Pasado el período de la virginidad y de la inocencia, se tiene más bien vergüenza o sonrojo, no *pudor*, porque el *pudor* es el sonrojo particular de la candidez, la vergüenza del que adivina que puede pecar, porque se lo dice su corazón, pero que todavía no ha pecado, porque su conciencia no le echa nada en cara.

En confirmación de que *pudor* venga de *puer* (niño) hay muchos testimonios, así en latín como en castellano. Desde luego tenemos las palabras *púber* y *pucela*, que expresan el tiempo de la virginidad, el tiempo del *pudor*, y que equivalen a doncel y doncella. De este origen proceden muchas voces castellanas, como púdico, pudoroso, pubertad, púdicamente, pudencia, pudicicia, pudendo, impúdico, impudencia, impudicicia, impudendo, impúber, etc.

Rubor viene del nombre también latino *rubor*, *ruboris*, y expresa el color *rojo*, la llamarada que nos sube al semblante cuando experimentamos vergüenza, que también llamamos *bochorno* con una propiedad admirable.

A la serie de *rubor* pertenecen ruboroso, rubio, rubicundo, rojo, enrojecer, rubí, etc.

De manera que el *pudor* es un sentimiento hijo de esa honestidad o modestia que consigo llevan los pocos años.

El *rubor* no es más que el color que sale a la cara.

El *pudor* está en nuestro ánimo.
El *rubor*, en nuestro semblante.
El *pudor* es la causa.
El *rubor* no es más que el efecto.

Pugna, riña

Pugna viene de *puño*, en latín *pugnus*. No puede aplicarse sino a los que luchan con la mano cerrada, con el *puño*, lo cual es un atributo del hombre.

Supongamos que dos personas se vienen a las manos, que pelean sin armas, y que están luchando y reluchando durante una hora.

Luego diremos que la *pugna* de aquellos dos hombres duró una hora.

No sería tan propia la palabra *riña*, porque puede *reñirse* con sable, con espada, con florete, con navaja, con palo, con puñal, y con nada de eso *reñían* aquellos hombres. Riñeron con los *puños*: *pugnaron*.

Dos gallos pelean, se acometen, se ceban, se encolerizan, se combaten, se hieren: *riñen*.

No tienen manos; no teniendo manos no las pueden tener cerradas; no teniendo manos cerradas no pueden tener *puños*; no teniendo *puños* no pueden andar a *puñetazos*, no pueden *pugnar*: no *pugnan*.

Tan poderosa es la razón por que el verbo *impugnar* se aplica a los hechos de la inteligencia, significando disputar, juzgar o argüir en contra.

Tal diputado *impugnó* el proyecto.

Tal filósofo *impugnó* la escuela de Hobbe.

Nada más absurdo que decir: tal diputado *riñó* el proyecto; tal filósofo *riñó* la escuela de Hobbe.

Este modo de hablar fuera tan ridículo como si dijéramos que un león *impugnó* a una hiena, o que una hiena *impugnó* a un tigre.

Todos los que pelean encolerizándose, *riñen*.

Sólo los que pelean con el *puño*, *pugnan*.

Riñen los gallos, las panteras, los leones, los perros.

Pugnan los hombres.

Pulsos, sienes

Se ha dado a esta parte de la cabeza el nombre de *pulsos*, porque es el sitio en que la arteria *pulsa* o late.

Se la llama *sienes*, porque es lo que encanece antes anunciando la *senectud*.

Punto común, punto de intersección, punto de contacto

Muchos geómetras dan el mismo sentido al PUNTO *común* y al *de intersección*; pero, en realidad, no son sinónimos.

Todo PUNTO *de intersección* de dos líneas es un PUNTO *común*; pero los PUNTOS de tangencia son PUNTOS *comunes*; mientras que no lo son de *intersección*.

La *intersección* y la tangencia son dos propiedades que se excluyen mutuamente; y, sin embargo, ambas engendran PUNTOS *comunes*. De aquí proviene la dificultad que los principiantes encuentran cuando oyen decir que la tangente es una secante que, girando sobre uno de los puntos de contacto, hace que coincidan en uno solo dos PUNTOS *de intersección*. Cuando esto sucede, la secante desaparece y se convierte en una línea nueva; es decir, en una tangente. Por consecuencia, lo que aquí explicamos, más que la naturaleza de la tangente, es la generación de la tangente misma.

En resumen; el PUNTO *de intersección* corresponde únicamente a las secantes; el PUNTO *de contacto*, a las tangentes; el PUNTO *común*, a unas y otras.

Puñal, cuchillo

Puñal es un arma ofensiva que el hombre agita o blande con el *puño*. Por esto se la llama *puñal*.

Cuchillo viene de *culter, cultri*, nombre latino que significa recto. La frase latina *in cultro collocare*, vale tanto como decir colocar perpendicularmente.

Un *puñal* puede ser algo corvo, puesto que siendo corvo puede blandirse con el *puño*, y esto basta para que sea *puñal*.

Un *cuchillo* corvo no sería *cuchillo*, porque lo corvo está torcido, y el *cuchillo* ha de ser derecho. Decir *cuchillo* corvo sería tan absurdo como si dijésemos *curva recta*.

Por el contrario, un *cuchillo* puede no tener *empuñadura*, sentado lo cual no podrá agitarse o blandirse con el *puño*, y no pudiendo blandirse con el *puño* no será *puñal*.

Pero sin tener *empuñadura*, sin poder blandirse con el *puño*, sin ser *puñal*, puede tener la hoja derecha, lo cual bastará para que sea *cuchillo*.

De manera que un instrumento puede ser *puñal* sin ser *cuchillo*, así como *cuchillo* sin ser *puñal*.

El *puñal* es un instrumento homicida.
El *cuchillo* es un instrumento privado.
El *puñal* mata.
El *cuchillo* sirve.
El *puñal* es un arma.
El *cuchillo* es un instrumento.

Pupilo, huésped

Pupilo viene del latín *puer*, niño.
Huésped, también del latín *hospes*.

Al *pupilo* se le asiste, se le advierte, se le encamina.

Al *huésped* se le ampara, se le obsequia; es decir, se le ofrece *hospitalidad*, *hospicio*, acogida, pero no se le dirige ni enseña. Es un hombre o mujer independiente de nuestros cuidados.

El *pupilaje* es un cuidado, casi una dirección.

El *hospedaje* es un albergue, casi una gentileza.

Q

Quejarse, lastimarse

Quejarse supone perjuicio.
Lastimarse, dolor.
Los ejemplos siguientes nos lo harán ver.

En la orilla del Tigris un camello
se queja de que tiene largo el cuello,
mientras que en la otra orilla un sapo absorto
se queja de que tiene el cuello corto.
Ten, querido lector, yo te lo encargo,
el cuello ni muy corto ni muy largo.

Tisbe, la donosa esclava,
–por todo bien y consuelo–
a las estrellas del cielo
llorando se lastimaba.

El camello y el sapo se *quejan* porque se creen perjudicados, como si se hubiera hecho con ellos una injusticia.

Tisbe se *lastima* porque se cree desgraciada, porque siente penas.

Hagamos que el camello y el sapo se *lastimen* y que Tisbe se *queje*, y bastardearemos la filosofía, la propiedad y la viveza de aquellas frases. ¿Por qué? Porque daremos al camello y al sapo un dolor que no sienten, y pondremos en boca de la esclava un cargo que no hace.

Quejumbroso, pelilloso, vidrioso, caviloso, melindroso

Quejumbroso es el que de todo se queja.
Pelilloso, el que en todo repara.
Vidrioso, el que de todo se ofende.
Caviloso, el que de todo saca un caramillo.
Melindroso, el que de todo hace dengues y ascos.

Las viudas y las viejas son, por lo ordinario, *quejumbrosas*.

Los niños mal criados, *pelillosos*.

Los que más tienen el tejado de *vidrio*, suelen ser los más *vidriosos*, porque nadie habla tanto como aquel que debe callar.

Las mujeres que de la cocina pasan al estrado, son indudablemente las más *melindrosas*; es decir, afectadas o con demasiada delicadeza en acciones y palabras.

Quemar, arder

Quemar se origina del latín *cremare*, de donde se formó *crepare*, que significa *rechinar*, aludiendo a esa especie de chirrido que hace el combustible que se quema. De este mismo origen, o de origen análogo, deben proceder los verbos latinos *tremere*, temblar; *trepidare*, vacilar; *strepere*, hacer ruido, expresando de esta manera el estrépito y el temblor de la materia que se pone sobre el fuego. Todos estos verbos son imitativos, y querer explicarlos fuera de la armonía es hacer imposible el estudio del lenguaje humano. El *cremare* de los latinos, de donde viene nuestro *quemar*, es la copia exacta del *cre cre* que hace el leño o astilla que se *quema*. Es el remedo de aquel *crujido*, porque *crujido* no tiene tampoco otra etimología que el *cru cru* que hace lo que *cruje*. Medite el lector un momento, y se convencerá de que es cierto lo que decimos. *Cremare* viene de *cre cre*, como *deglutir* viene de *glu glu*, y como *garlar* viene de *gar gar*, y *trinar* de *tri tri*, *gorrino* de *gorr gorr*, que hacen los cerdos; etc.

Arder se origina de *ardere*, formado de *urere*, cuyo supino es *ustum*, de donde proceden nuestras voces ustión, combustión, combustible, incombustible, holocausto, como si dijéramos *holos-usto*: *holos*, todo; *usto*, quemado; todo quemado.

La diferencia entre *quemar* y *arder* es la siguiente:

Lo que se *quema* se reduce a cenizas.
Lo que *arde*, luce.
Los combustibles que el fuego consume en las entrañas de la tierra se *queman*, no *arden*, porque nosotros no sentimos su *ardor*.
Se *quema* el carbón.
Arde la hoguera.
Lo que se *quema*, muda de forma.
Lo que *arde* se siente y se ve.

Quieto, tranquilo

Quieto, del latín *quietus*, supone la idea de reposo.
Tranquilo, de *tranquillus*, supone la idea de sosiego, de calma, de satisfacción.

El *quieto* no obra.
El *tranquilo* obra sin sobresalto.
Quieto tiene algo de inmóvil.
Tranquilo tiene algo de plácido.
Por esto sucede que lo *quieto* no se aplica más que al movimiento, a la materia, mientras que *tranquilo* tiene aplicación a los hechos morales. Así decimos: conciencia *tranquila*, *tranquilidad* de espíritu, mientras que sería absurdo decir conciencia *quieta*, *quietud* de espíritu.
El cadáver permanece *quieto*.
El ánimo del justo permanece *tranquilo*.
La *quietud* es inercia.
La *tranquilidad* es virtud.
Invirtiendo los términos, podemos decir que la *quietud* es la *tranquilidad* del cuerpo, y la *tranquilidad* es la *quietud* del alma.

Quijada, mandíbula

«*Quijar* o *quijada*, dice el doctor Rosal, es como *chiliar* de *chilōs* o *chilē*, que en griego es el pasto, cebo o mantenimiento. Y de allí *chileo* significa pacer o comer, y así *chiliar*, porque es instrumento de comer, como *quijar* o *quijada*, por lo cual el latín la llama *mandíbula*, de *mandere*, que es comer.»

En efecto, estudiadas etimológicamente las voces de este artículo, no se halla otra diferencia sino que *quijada* es de origen griego, mientras que *mandíbula* es de origen latino, como mascar, masticar, etc.

Sin embargo, el uso de la lengua establece hoy una diferencia evidente.

Quijada es el hueso en que están encajadas las muelas, que por esta razón se denominan también *quijales*.

La *mandíbula* es el instrumento, por decirlo así, con que se *masca* o se *manduca*.

Cuando por efecto de enfermedad se

corta a uno el *quijar*, no diremos nunca que se le ha cortado la *mandíbula*, sino la *quijada*.

Cuando no podemos mover la *mandíbula*; es decir, cuando no podemos *masticar*, no diremos nunca que no podemos mover la *quijada*, sino que hablaremos de la *mandíbula*.

La *quijada* es órgano.
La *mandíbula* es ejercicio.

Quimérico, imaginario, ilusorio

Quimérico viene del latín *chimaera*, *chimaira*, en griego, nombre de un monstruo fabuloso que arroja llamas por la boca, que tiene cabeza de león, cola de dragón y cuerpo de cabra.

La *quimera*, pues, no es otra cosa que una creación de la fantasía de los griegos.

Lo *imaginario* viene de una facultad que existe en el hombre. El filósofo de espíritu más reparado y más severo ha de tener indispensablemente sus *imaginaciones*, porque imaginar es tan natural en el ser humano como el pensar, el querer y el sentir.

Lo *ilusorio* es como el don recreativo que tiene el hombre de soñar estando despierto. Es esa esperanza risueña y volátil con que triunfamos de la realidad que nos espina. Un sabio dijo que la *ilusión* era una especie de imbecilidad, sin la que no podríamos vivir, y dijo una bellísima sentencia.

La *quimera* es poética.
La *imaginación*, humana.
La *ilusión*, inventora.
Lo contrario de lo *quimérico* es lo verdadero.
Lo contrario de *imaginario*, real.
Lo contrario de *ilusorio*, positivo.
La *quimera* nos lleva a la fábula.

La *imaginación*, al arte.
La *ilusión*, al placer.

Quinta, granja

Quinta era antiguamente la tenencia o posesión agrícola cuyo colono pagaba al señor la *quinta* parte de los frutos.

Granja quiere decir laboreo o cultivo. *Granjear* una tierra no era otra cosa que beneficiarla, hacerla producir. Pero como luego se notó que *granjeando* los terrenos ganaban los hombres y se hacían ricos, de *granja* salió *granjería*, que significa utilidad o lucro. De modo que abono pasó a significar beneficio; cultivo quiso decir provecho; como de guadañar, que era manejar la guadaña o la segur, salió guañar, que era obtener utilidades, porque se advirtió que quien manejaba la hoz, ganaba su jornal; es decir, se advirtió que quien *guadañaba*, *guañaba*. Por la misma razón, de comida salió alimento, puesto que quien come se alimenta; y de casos análogos sobran los ejemplos.

Guañar es una palabra típicamente catalana, que al pasar al castellano perdió la *u*, y cambió la *ñ* por *n*, sin embargo, permanece en el castellano la palabra *gañán*, que significa mozo del campo.

El segundo sentido que tomó la palabra *granja*, el de utilidad o provecho, es tan evidente que no tiene otra significación el verbo granjear. *Granjearnos* el aprecio de una persona no significa que cultivamos su amistad o su trato, sino que nos hemos *ganado* su estimación. No domina la idea de *cultivo*, sino de *ganancia*. Cuando decimos que nos hemos *granjeado* el afecto de alguien, es porque suponemos que el afecto de aquella persona nos puede *valer*, y esto explica el que nunca nos *granjeemos* la amistad de un mendigo, porque semejante amistad no sería un provecho; es decir, una *granjería*.

Y la voz *granjería*, que en un principio significó el beneficio que se sacaba de *granjear* o de abonar las tierras, se aplicó después, no sólo a toda utilidad, sino a toda manera de vivir, como puede verse por la siguiente redondilla de nuestro Baltasar de Alcázar, en que da el nombre de *granjería* a la industria de recoger trapos.

*En un muladar un día
una vieja sevillana,
buscando trapos y lana,
su ordinaria* granjería, etc.

En *quinta* entra la idea de renta de gabela, casi de feudo.

En *granja*, la de campo o cultivo.

La *quinta* era renta. Hoy ha perdido este significado y se aplica más bien a una casa hermosa, edificada en despoblado.

La *granja*, labor.

R

Rabadán, zagal

Rabadán viene del árabe *rabbi*, que equivale a maestro.

Zagal se deriva de *zaga*, porque es el que va a la *zaga* del mayoral, el que va detrás de él, el que le sigue.

Ateniéndonos a la etimología, *rabadán* es el jefe, el maestro, el que dirige los movimientos del rebaño.

Zagal es el criado, el que obedece.

Rabo, cola

Todos los días oímos que el amo de un caballo dice a un trasquilador: córtele usted la *cola* hasta el *rabo*.

Jamás dice: córtele usted el *rabo* hasta la *cola*.

De manera que, según el uso, *cola* y *rabo* son objetos distintos.

¿Qué significa la expresión: «córtele usted la *cola* hasta el *rabo*?» Significa que le corte las caídas de pelo que en el rabo tiene, el pelo que le sirve de abrigo y de ornato.

¿Qué significaría la otra locución: «córtele usted el *rabo* hasta la *cola*?» Significaría que le cortase desde el nacimiento de la rabadilla hasta el punto en que comienza el pelo que cae, el pelo largo; es decir, la *cola*, porque cola es el pelo que cae o que cuelga. Semejante operación de cirugía animal, por decirlo así, no debía encomendarse a un trasquilador, sino a un veterinario, porque no se trata de cortar pelo, sino de cortar carne.

Ya tenemos un indicio seguro para averiguar lo que sucede en los demás casos.

Siendo el *rabo* el órgano que parte de la *rabadilla*, podremos deducir que sólo el animal que tenga *rabadilla* podrá tener *rabo*.

Efectivamente, tiene *rabo* el perro, el lobo, el pollino, el camello, el caballo, la vaca, el buey, la oveja, y en general, todos los cuadrúpedos.

Siendo la *cola* el pelo que cuelga o que cae, podremos deducir que sólo tendrán *cola* aquellos animales que tengan cabellera en el *rabo*.

Por esto sucede que el caballo tiene *rabo* y *cola*.

¿Por qué tiene *rabo*? Porque tiene el órgano que parte de la *rabadilla*.

¿Por qué tiene *cola*? Porque tiene una mata de crin que casi llega al suelo.

Por esto sucede también que las aves no tienen *rabo*, puesto que no tienen *rabadilla*, sino *cola*, puesto que tienen plumas, abrigo, aderezo. Así decimos: la *cola* del pavo real. Nada más extraño que decir: el *rabo* del pavo real. ¿Por qué? Porque no se trata de un órgano, de una parte anatómica, sino de un ornato, de una gala, de una belleza, porque una belleza y una gala es la *cola* del pavo real.

De manera que el *rabo* es una parte del organismo, una especie de gobernalle o de timón que la Providencia ha dado al animal.

La *cola* viene a ser el abrigo y el adorno del *rabo*.

Un caballo sin *rabo* es mutilado.

Un caballo sin *cola* es feo, pero no mutilado, pues la *cola* de pelos largos volverá a crecer, el *rabo* no.

Ración, porción

Ración se deriva de *razón*.

Porción, de parte.

Al pedir mi *ración*, hablo de la porción que *racionalmente* se ha calculado que necesito.

Al pedir mi *porción*, hablo de la parte que me han designado, sin que haya precedido cálculo prudente.

La *ración* viene a ser la medida de mis necesidades.

La *porción* es la cantidad que me toca.

La *ración* es intelectual.

La *porción* es física.

Si a todos se nos diera nuestra *ración*, se transformaría el mundo.

Razón, racionalidad

La *razón* es la facultad superior que obra en el hombre.

La *racionalidad* es el atributo que lo distingue de los animales.

La *razón* es principio.

La *racionalidad*, carácter.

La *razón* nos define.

La *racionalidad* nos diferencia.

Razón se deriva de *reor*, *ratus*, que equivale a creer, juzgar, afirmar. ¡Qué etimología más profunda! ¿Qué es la *razón*? La afirmación universal, el ser.

Razón, razonamiento, raciocinio, silogismo

Razón, como ya dijimos en otro lugar, es la nobilísima facultad en cuya virtud razonamos.

Razonamiento es la práctica intelectual, el ejercicio lógico de aquella facultad.

Raciocinio es una de las formas mentales que se da al *razonamiento*.

Silogismo es la forma exterior, la expresión oral del raciocinio.

De modo que el *silogismo* es la fórmula hablada o escrita del *raciocinio*, no del razonamiento ni de la razón.

El perro, si vale creer en aventuras casi escolásticas, es capaz indudablemente de *raciocinio*, no de razón ni de razonamiento.

Cuando hablamos de la política, de la moral, de la ciencia, de la historia, del arte, del comercio, de la industria, solemos decir que son los frutos de la *razón* humana.

Nada más fuera de propósito que decir que son los frutos del razonamiento, del raciocinio o del silogismo humano.

En último término encontraremos lo siguiente:

La voz *razón* significa fuerza, principio.

La *razón* obra luego en la esfera intelectual, y se llama *razonamiento*.

El *razonamiento* obra a su vez, se formula, se concreta de cierto modo; es decir, se convierte en forma mental interior, y se denomina *raciocinio*.

El *raciocinio* se expresa después con articulaciones o con caracteres, y toma el nombre de *silogismo*.

Por consecuencia, el *silogismo* es la práctica del *raciocinio*.

El *raciocinio*, la práctica del *razonamiento*.

El *razonamiento*, la práctica de la *razón*.

La *razón* es.
El *razonamiento* obra.
El *raciocinio* juzga.
El *silogismo* habla.

Refiriendo cada palabra al orden a que pertenece, encontraremos lo siguiente.

La *razón* es humana: constituye carácter.

El *razonamiento*, psicológico: es una síntesis.

El *raciocinio*, lógico: es un análisis.

El *silogismo*, gramatical: es una locución.

Razonar, raciocinar

Razonar es ejercitar la razón. Cuando *razonamos* dirigimos el pensamiento a sus fines más elevados y superiores. El que *razona* ejerce el más alto ministerio de la vida, porque usa bien del sagrado depósito con que le ha enaltecido su Creador: el depósito de un alma inmortal.

Raciocinar es más bien una forma de escuela que una virtud de nuestro discurso. Así como el juicio compara dos ideas o atributos para sacar una afirmación, el *raciocinio* compara los juicios para deducir un juicio tercero.

Por ejemplo: no puede haber hechura sin Hacedor; es así que el universo es una hechura, luego el universo debe tener un Hacedor.

El acto mental en que discurrimos de este modo se llama *raciocinio*. La fórmula hablada o escrita con que lo expresamos se llama *silogismo*, como la fórmula oral o escrita del juicio toma el nombre de proposición.

De esto se infiere que *raciocinar* es uno de los actos elementales del entendimiento, mientras que *razonar* es una función universalísima, la más universal, la más fecunda, la más noble del espíritu humano. Se *razona* acerca de la ciencia, de la moral, del arte, del derecho, del dogma; es decir, acerca de los intereses más trascendentales de la humanidad. Puede caber absurdo en el pensar, en el discurrir, en el raciocinar, en todas las funciones del alma; en *razonar*, no.

Esta palabra nos habla siempre del espíritu en cuanto se encamina a la verdad, a la virtud, a la justicia y a la belleza.

Muchos *raciocinan*.
Muy pocos *razonan*.

Raciocinando se turbó el pensamiento y se embrollaron las escuelas.

Razonando se organiza y se salva el mundo.

Real, efectivo

Real se deriva del latín *res*, *rei*, que significa cosa. Es lo que existe en la naturaleza o en los accidentes de la cosa.

Efectivo viene del verbo *efficio*, cuyo supino es *efectum*, derivado de *facio*, hacer, facer en habla antigua.

Lo *real* existe en la naturaleza o en la forma del hecho; está encarnado en él; constituye parte de la existencia del hecho mismo.

Lo *efectivo* existe en la acción, en la obra, en el resultado, en el *efecto*.

Vive *realmente*; es decir, la vida está en la cosa de que se trata; la vida es una *realidad* de aquella cosa; el principio que se llama vida forma parte del objeto en cuestión.

Estuvo a visitarme *efectivamente*; es decir, *efectuó* el hecho de visitarme, hizo *efectiva* aquella acción.

Hallamos, pues, que lo *real* es lo que existe.

Lo *efectivo* es lo que se hace, lo que se *efectúa*.

El hombre sensato atiende más a lo *real* que a lo *efectivo*.

El vulgo tiende más a lo *efectivo* que a lo real.

Lo *real* es mérito.

Lo *efectivo* es la recompensa.

Lo *real* no nos engaña nunca.

¡Cuántas y cuántas veces no nos engaña lo *efectivo*!

La ciencia y la moral del mundo no consisten sino en que lo *efectivo* sea una práctica genuina de lo *real*.

El hombre más sabio y más bueno es aquel que hace *efectivas* más cosas *reales*.

Real, positivo

Real envuelve la idea de existencia. Es *real* todo lo que existe en la creación.

Positivo envuelve la idea de certeza. Es *positivo* todo lo que existe de un modo cierto y averiguado.

Substancias *reales*. No puede decirse substancias *positivas*.

Noticia *positiva*, datos *positivos*. No puede decirse en la misma significación noticia *real*, datos *reales*, porque esto significaría que eran datos y noticias del rey, aunque muchos confunden los dos términos y los emplean indistintamente.

La palabra *positivo* se diferencia además en que el uso la ha atribuido una relación de utilidad o goce que no conviene a la otra palabra de este sinónimo.

Fulano está por lo *positivo*. No puede decirse con la misma propiedad y fuerza: Fulano está por lo *real*.

Las cosas son o no son *reales* en virtud de una ley de la naturaleza. Lo que es *real* aquí, lo que aquí existe realmente, sería *real* en todas partes.

En lo *positivo* entran las ideas, las creencias y las costumbres de los hombres. Lo que aquí es *positivo*, puede dejar de serlo en la China. Lo que es *positivo* para unos no lo es para otros. Éste mira lo *positivo* en el dinero; aquél, en el mando; el otro, en la honra, y ninguna escuela ha conseguido todavía establecer una opinión acorde y unánime sobre estas maneras de pensar y sentir.

Lo *real* es necesario. Está en la naturaleza.

Lo *positivo* es contingente. Está en el modo de ver y de obrar de cada individuo.

Lo contrario de *real* es imaginario.

Lo de *positivo*, quimérico.

Real, regio

Ambas palabras vienen de *regir*, como regla, reglamento, régimen, regimiento, corregir, regimentar, etc.

Real se aplica al título o dignidad de *rey*.

Regio se aplica al rey como persona, como inteligencia y como sentimiento; es decir, como espíritu. Por esto la palabra *regio* es mucho más noble que el vocablo *real*.

Así decimos: *real* patrimonio.

Sería absurdo decir: *regio* patrimonio. ¿Por qué? Porque el patrimonio es materia, y lo *regio* significa conciencia.

Decimos también prerrogativa *regia*, *regio* agrado.

No expresaríamos la misma idea diciendo *real* prerrogativa, *real* agrado. ¿Por qué? Porque la prerrogativa de que se habla es el derecho de la clemencia, el sumo y sagrado derecho del perdón; esa prerrogativa es alma, mientras que lo *real*, que se aplica al título, al hecho exterior, es cuerpo, y el cuerpo y el alma no se avienen cuando se juntan por los hombres, sin duda para que los hombres acaten y veneren la ciencia de Dios. *Real* prerrogativa quiere decir que la prerrogativa de que se trata puede ser un hecho material, lo cual desvirtúa completamente aquella palabra, porque la despoja de su sentido lógico y de su sentido poético.

Por el contrario, diciendo *regia* prerrogativa significamos que la prerrogativa en cuestión es una preeminencia de la persona que se llama rey; pero puede ser usada como figura para significar una acción muy noble; así podemos decir que lo *real*, en un sentido metafórico, ennoblece, y concluiremos con que:

Lo *real* caracteriza.
Lo *regio* enaltece.
Lo *real* es un título.
Lo *regio* es una gloria.
Lo *real* es ser rey.
Lo *regio* es ser héroe.

Rebaño, grey

Rebaño, en hebreo *rabbá* y *rabbim*, significa montón, manada, hato. *Rebaño* viene de *rabbi*, que era el maestro que gobernaba y dirigía a una muchedumbre; es decir, a una manada, que es como si dijéramos en hebreo *rabbá*.

Grey, del latín *grex*, equivale a cuadrilla, bando, junta, comunión, por lo cual significó en lo antiguo estado o república, y hoy significa la universalidad de los fieles, pues es una palabra usada en todas las denominaciones o grupos cristianos.

Así decimos: *grey* espiritual.
Nada más absurdo que decir: *rebaño* espiritual.
El *rebaño* implica docilidad.
La *grey*, grupo religioso.
El *rebaño* se guía.
La *grey* espera.
El *rebaño* admite maestro: no pasa de la idea moral.

La *grey* se refiere a Dios: implica una idea religiosa.

Usadas estas voces en el sentido metafórico, podemos decir que todos los hombres son ovejas que pertenecen a un *rebaño*; es decir, a una familia, a un domicilio, a un pueblo; mas no todos los hombres pertenecen a una *grey*; es decir, a una comunión, a una iglesia, a un dogma.

Recapacitar, reflexionar

Recapacitar es querer recordar. No consiste tanto en el recuerdo como en el propósito. Acaso no conseguirá recordar; pero lo quiere, lo desea, y no cesa un momento de llamar las sensaciones, cuya memoria necesita. *Recapacitar* es una amalgama de voluntad, de juicio y de reminiscencia.

Reflexionar tiene otra extensión, otra importancia, otro sentido. Consiste en hacer que el alma se *refleje* sobre las ideas adquiridas, pudiendo juzgar de las cosas sin ayuda de los sentidos corporales.

Por ejemplo, el individuo más rudo sabe que los moradores de España son personas como él; oye decir que los habitantes de Italia, de Francia, de Prusia, son personas como los de España; aprende que los hijos del Polo son personas como los de Prusia, y su alma dice: yo pienso, quiero, siento, calculo, imagino y obro; si esas personas que pueblan el mundo son como yo, deben pensar, querer, sentir, imaginar y obrar como yo mismo. Si soy un hombre, esas personas serán hombres también. Si todos tenemos una naturaleza, seremos semejantes, constituiremos un género, formaremos una familia, una comunidad, una grey. De manera que yo tengo algo del género humano, y el género humano tiene algo de mí, como el eslabón es semejante a otro eslabón y entre todos forman una cadena. Yo seré un género humano en pequeño, y el género humano será un individuo en grande. Convertirse un *hombre en humanidad*, ésa es la *reflexión*.

Reflexionar no es otra cosa que universalizar nuestras concepciones sin otro poder que la acción del espíritu que se *refleja* sobre las ideas que ya tiene, ideas recibidas de los sentidos corporales. De estas ideas ya recibidas, de estas verdades acumuladas, de estos pensamientos retenidos, saca nuestra mente el germen vario y casi infinito de nuevas ideas, de nuevos pensamientos; de nuevas, luminosas, desconocidas e inmensas verdades. Éste es el oficio de la *reflexión*.

La materia tiene su sensibilidad; el espíritu tiene también la suya. Esta sensibilidad del pensamiento, si así puede decirse, se denomina *sentido íntimo*. La *reflexión* no es otra cosa que la práctica, la actividad de ese sentido; es ese mismo sentido que obra y se realiza en su grande y misteriosa esfera de acción; ese mismo sentido oculto, esa exquisita sensibilidad del espíritu humano, ese tacto sublime del alma, esa luz de Dios, que se *refleja* sobre las sensaciones materiales y que arranca de esas tinieblas vivísimos y eternos fulgores.

La *reflexión* es el gran milagro que trastorna el mundo material, que revoluciona la creación entera.

Recapacitar es un acto; *reflexionar* es un gran carácter y una inmensa prerrogativa.

Todo el mundo *recapacita*: sólo los hombres pensadores *reflexionan*.

EJERCICIO INDISPENSABLE SOBRE ESTE ARTÍCULO. — Nuestra alma es capaz de dos estados cuando elabora sus ideas. O bien recibe estas ideas de los objetos materiales por conducto de los sentidos, o bien funciona sobre las ideas recibidas, independientemente de las sensaciones; es decir, obrando por su propia virtud, abstrayéndose de los sentidos corporales. En el primer caso, obran los órganos sobre ella; en el segundo, obra ella sobre sus mismas concepciones.

El objeto material se dibuja primero, si así puede decirse, en nuestros sentidos. Este primer dibujo se llama sensación. La sensación se dibuja después en el entendimiento. Este dibujo se llama idea. Esta idea se dibuja en nuestra razón, en nuestra mente, y con aquel modelo el espíritu dibuja a su modo y crea los dibujos y los modelos que le hacen falta para completar la parte más alta de su obra. Este último dibujo se llama *reflexión*.

La *reflexión* es una idea esencial; una operación del espíritu que piensa en nosotros.

La idea que nace de la sensación es como la llama envuelta en humo.

La idea que nace de la *reflexión* es la llama que se ha alejado de la hoguera, que sube al espacio.

Cuando recibimos una idea de los sentidos materiales, tenemos simplemente conciencia del objeto que motivó la idea.

Cuando la recibimos de nuestro espíritu, tenemos conciencia de que se llama *refleja*, porque parece que nuestra alma se está *reflejando* sobre sí misma, como si tuviera su órgano propio, su sentido particular. Un ejemplo hará más que todas las explicaciones. Nosotros escribimos en este momento, y nuestra alma lo sabe. Nuestra alma sabe que movemos la pluma sobre un papel, que trazamos ciertos caracteres, que ejecutamos una operación que se llama escribir. Pero, ¿por qué lo sabe? Porque los sentidos se lo han comunicado. Sin tacto y sin vista no podríamos escribir. La vista y el tacto son dos sentidos; luego los sentidos son aquí los motores, los primeros agentes, los artífices originales de las ideas que el alma tiene sobre la operación que ejecutamos.

Pues bien; ahora podemos decir que tenemos conciencia de que escribimos, conciencia simple. A nuestra alma se lo han dicho, y lo sabe. Le han puesto delante el dibujo de un hecho, y nuestra alma ve aquel dibujo. Nada más.

Poco después cierra los ojos (personificando nuestra alma), se niega al tacto, vuelve la cara a las sensaciones materiales, se recoge en sí misma, funciona sobre ideas que son ya suyas, mira los dibujos que tiene delante; su propio sentido, el sentido espiritual, hace brotar sensaciones nuevas y superiores, sensaciones que no se tocan, que no se gustan, que no se oyen, que no se ven; sensaciones que son un prodigio, que no pueden ser otra cosa, siendo un prodigio de Dios, el sabio obrero, o sea, el alma, el ser espiritual, que trabaja por su cuenta, y la materia no sabe nada de aquella obra ni de aquellos instantes de divina creación. El alma dice entonces: *conozco que hace poco escribía.*

Este *conozco* es una idea de sentido íntimo, una idea puramente espiritual. En el orden de la materia, en todo el universo conocido, no existe un objeto de sensaciones; luego el alma no ha recibido, no ha podido recibir nunca aquella idea de la sensación de los órganos. Aquella idea es una *reflexión*, una sensación impalpable del espíritu.

Ahora diremos que tenemos conciencia *refleja* de que verificamos una operación que se llama escritura. Esta conciencia *refleja*, pura, verdaderamente espiritual, es lo que se llama *reflexión*.

Sentados los datos anteriores, nada más fácil que determinar el sentido propio de las dos palabras del artículo.

Recapacitar es querer recordar.
Reflexionar es universalizar las ideas.
La *reflexión* es la gran pobladora del mundo.

Recurrir, apelar

En los tiempos de la república romana no se conocía otro medio contra las decisiones judiciales en materia civil que acudir a la autoridad de los tribunos del pueblo, los cuales estaban revestidos de poderes ilimitados. Estos tribunos, ejerciendo el *veto* (prohibición, del verbo *vetari*, prohibir, de donde viene nuestro *vedar*) podían impedir la prosecución de los litigios y hasta impedir que se ejecutase la sentencia dada. Acudir al tribuno era lo que se llamaba *appellare*, del verbo *appello*, llamar, de donde viene la palabra *apellido*, pues con el *apellido* se nos nombra, se nos llama, se nos *appellat*.

Recurrir se compone de *re*, que significa repetición, y del verbo *currere*, correr: *recurrere*, *re-correr*, correr de nuevo, muchas veces, indicando así la idea de la tribulación, de la zozobra, del conflicto. De *recurrir* viene *recurso*, y ésta es la verdadera definición del vocablo que nos ocupa: *recurrir* es buscar un *recurso*, pedirlo, demandarlo.

La *apelación* es un llamamiento: decir *apelo* es decir llamo.
El *recurso* es ayuda, favor, auxilio.
La *apelación* invoca.
El *recurso* pide.
La *apelación* es un procedimiento, un trámite.
El *recurso* es una apretura, una necesidad.
Hay que contestar al que *apela*.
Hay que auxiliar al que *recurre*.
Recurrir significa más que *apelar*, por más que llamar es pedir.

Referir, narrar

Referir se compone de *re*, y de *fero*, contar, *llevar* noticias. Significa, pues, volver a contar.

Narrar procede del latín *narrare*, cuyo verbo está compuesto del adverbio negativo *non* y del adjetivo *ignarus*, de donde viene nuestra voz *ignorar*. El que *narra* es

non-ignarus, no *ignorante*, o como si dijéramos, *gnarus*, que sabe, que conoce.
Referir es relatar para que el hecho conste.
Narrar es exponer para que el hecho sea conocido.
El que *refiere*, anuncia.
El que *narra*, enseña.
La *referencia* es dato.
La *narración*, doctrina.
La *referencia* es maquinal.
La *narración* es sabia.
Todo hombre *refiere*.
El historiador *narra*.

Refutar, confutar

De *fundere*, fundir o derramar, formaron los latinos *futare*, verter a menudo, poco a poco; y de *futare* formaron *refutare* y *confutare*, de donde derivamos nuestros *refutar* y *confutar*.
La diferencia de estas dos voces es evidentísima.
Refutar es rechazar el cargo.
Confutar es volverlo a la parte contraria.
El que *refuta* se defiende.
El que *confuta* ataca.

Registrar, inspeccionar

Llámase *registrar* porque en los *registros*, dice Quintiliano, se escribían o se anotaban las cosas hechas: *res gestas*. De *res gestas* vienen *registro* y *registrar*.
Llámase *inspeccionar* del griego *skōpeo*, *spicere* en latín, que significa contemplar, ver detenidamente.
El *registro* anota.
La *inspección* mira o examina.
El *registro* es un dato.
La *inspección* es una vigilancia.
Los carabineros *registran*.
Los delegados superiores *inspeccionan*.

Regla, precepto

La *regla* educa el entendimiento y ajusta los hábitos; el *precepto* educa la conciencia y ajusta las costumbres.
La *regla* enseña; el *precepto* moraliza.
La *regla* se aprende; el *precepto* se acata.
La *regla* se da; el *precepto* se impone.
Cualquiera es dueño de no aprender las *reglas*; nadie está autorizado para desoír los *preceptos*.
Aquel que no aprende las *reglas* es inhábil; el que no acata los *preceptos* es malo.
Tal es la razón por que decimos: *reglas* de aritmética, *reglas* de arte; *preceptos* de religión, *preceptos* de moral, que significa mucho más que *reglas* de religión o *reglas* de moral; pero, a pesar de que significan lo mismo, la expresión *precepto* tiene un sentido más elevado, que parece salir de las reglas o instituciones humanas y elevarse a lo infinito, a lo sublime, al temor de Dios y a la fe.

Regla, régimen

Regla se deriva de *regir*.
Régimen, de *regimentar*. Por consecuencia, ambas palabras son oriundas del *regere* latino.
La *regla* es privada. Todo lo que nos rige en la práctica de una cosa es *regla*.
El *régimen* es público, social. Todo lo que el Gobierno funda y hace para la administración de un país es *régimen*.
La *regla* se sigue.
El *régimen* se establece.
La *regla* es guía, enseñanza.
El *régimen* es ley, estatuto, organización.
Las *reglas* del arte, las *reglas* del buen gusto, la *regla* de un convento.

Régimen social, *régimen* político, *régimen* administrativo, económico, judicial.

Regla, reglamento

La *regla* es privada.
El *reglamento* es público.
La *regla* es un hecho intelectual, casi mecánico.
El *reglamento* es un hecho civil, una *regla* autorizada, solemne, que tiene la sanción del Gobierno; una *regla* de Estado, por decirlo así.
La *regla* sirve de pauta al individuo.
El *reglamento* sirve de pauta a la sociedad.
El que falta a las *reglas* no delinque.
El que falta a los *reglamentos* tiene marcado su castigo.
Faltar a las *reglas* es faltar.
Faltar a un *reglamento* es infringir.
Reglas de esgrima, de baile.
Reglamento de justicia, de estudios, de teatros, de caza, de pesca, de esta o de la otra sociedad.

Reinar, dominar

Reinar supone dinastía.
Dominar supone señorío; viene de *dominus*, que significa señor.
Se *reina* dentro de un sistema.
Se *domina* sin otro límite que la voluntad.
Quien *reina*, manda.
Quien *domina*, dispone.
Reinar es representar un principio.
Dominar es ser dueño.
Derecho: he aquí el *reinado*.
Albedrío: he aquí el *dominio*.
Diciendo, por ejemplo, que Isabel la Católica *reinó* en el siglo XV, significamos que era una jerarquía, una dignidad, un prestigio histórico, una casta.

Diciendo que *rigió*, significamos un hecho, un sistema, un *régimen*.
En el primer caso, valiéndonos del ejemplo anterior, decimos que fue.
En el caso segundo decimos que obró.

Reinar, regir

Reinar es ser rey; supone casta, elección o herencia.
Regir es gobernar, llevar las *riendas*, porque el vocablo *rienda* viene indudablemente del mismo origen.
Reina el espíritu: es un derecho.
Rige la mano: es un sistema.
Para *reinar* basta nacer.
Para *regir* es necesario organizar.
Reinar es ser.
Regir es obrar.
La voluntad *reina*.
El brazo *rige*.
Reina la historia.
Rige el hombre.
Hay muchos hombres que no *rigen* y *reinan*.
Hay otros que no *reinan* y *rigen*.
Rey que *reina* y no *rige* es un medio rey.
Rey que *rige* y *reina* es un rey completo.
Cuando queremos expresar el día en que nos hallamos, solemos decir: *a tantos del que rige*. ¿Es propia esta manera de expresarnos? Contestamos que propia, natural, castiza y sabia, porque el tiempo contiene al hombre, lo lleva a su destino, lo guía hacia Dios; es decir, lo conduce como por las *riendas*, lo gobierna, lo *rige*. El tiempo es el *gerente* universal de la Providencia. ¿Podríamos decir a tantos del que *reina*?
Nos parece que con lo dicho anteriormente, los lectores menos versados en materia de ideología y de lenguaje podrán explicarse en qué estriba lo absurdo de aquella locución, pues sería confundir el

tiempo con Dios, o en otras palabras, el servidor con el amor.

Relación, referencia

El que *refiere*, expone; el que *relata*, especifica.
Referir equivale a traer noticias; *relatar*, a traer pormenores.
Los historiadores *refieren*; los cronistas *relatan*.
Generalmente hablando, *refiere* el hombre; *relata* la mujer, pues suelen hacerlo aportando más detalles.
Por esto se llama *relator* al que apunta todos los incidentes de una causa.

Remedio, medicamento

El *medicamento* es fórmula; el *remedio*, eficacia.
El *medicamento* se administra.
El *remedio* cura, cambia las cosas en el sentido natural como así también en el moral. De ahí que se use precisamente en el terreno figurado.
El *medicamento* pertenece a la materia médica; el *remedio* toca a la ciencia, a la religión y a la moral.
Sólo el que padece una dolencia, debe tomar *medicamento*: todos los hombres, aun los más sanos y robustos, deben acudir al *remedio* de la educación, de la prudencia, del trabajo, de la economía y de la virtud para conocer lo que necesita ser alterado, cambiado o remediado.

Reñir, regañar, reprender, increpar

Reñir supone enojo.
Regañar, mal humor.
Reprender, autoridad y celo.
Increpar, pasión.
Se *riñe* para castigar una falta.
Se *regaña* para afear una impertinencia.
Se *reprende* para corregir.
Se *increpa* para vindicarse.
Se *riñe* gritando.
Se *regaña* refunfuñando.
Se *reprende* con gravedad.
Se *increpa* con calor.
Una madre *riñe* a su hijo.
El viejo *regaña* al muchacho.
El superior *reprende* al subalterno, el maestro *reprende* al discípulo.
Un orador *increpa* a su adversario, una asamblea *increpa* a un ministro.

Reo, delincuente, criminal

Para que seamos *reos* basta que exista contra nosotros una demanda ante la justicia.
El demandante se llama *actor*, *petitor* o *prosecutor*, en latín.
El demandado se llama *reo*, derivado de *reus*.
Para que la palabra *reo* tenga otro sentido; más claro, para que signifique culpabilidad, es necesario que se exprese, como cuando decimos: *reo* de lesa patria, *reo* de lesa majestad, *reo* de Estado, el *reo* que está en capilla. De otro modo no significa más que lo que hemos dicho: la persona que está llamada a comparecer ante un juez, en virtud de queja que contra ella se ha producido.
Delincuente viene del verbo latino *delinquere*, que significa abandonar, porque el que comete un delito, abandona, en efecto, el camino de la virtud. Para que seamos *delincuentes* basta que cometamos una infracción cualquiera de las leyes establecidas.
Criminal es aquel que con mala inten-

ción, con voluntad dañada, con deliberación profunda, impulsado por pasiones ruines, sin lucha, tal vez sin pesar, hace daño a sus semejantes, lastimando su vida, su hacienda, su honra. La alevosía, el incendio, el robo, la violación, el homicidio, son *crímenes*, generalmente hablando.

Para que haya un crimen es necesario que haya mala intención, porque la conciencia influye tanto en dar carácter a nuestras acciones, que apenas habrá mancha que no baste a lavar una voluntad recta y fervorosa.

La ley prohíbe que nos abramos una arteria, porque prohíbe que nos matemos. Sin embargo, veamos a la cabecera de Mirabeau, entre las sombras de un aposento mortuorio, al reflejo de una luz indecisa; veamos a un joven pálido y tembloroso, abriéndose una arteria y haciendo filtrar su sangre generosa en las heladas venas del célebre orador francés. ¿Quién se atrevería a castigar al joven en cuestión, en aquel momento de verdadera magnanimidad, de verdadero y sublime sacrificio?

Reputación, nombre

Reputación es una de las voces más sabias que tiene nuestra lengua. Viene del latín *pūto*, *pūtas*, *putāre*, *putāvi*, *putātum*, que equivale a juzgar; es decir, a sentenciar con el entendimiento. Y como nuestra fama o nuestro crédito personal es una cosa que se juzga todos los días por el público, se añadió a *putāre* la partícula *re*, que significa reiteración, y así se formó *reputar*.

Reputar, pues, es juzgar repetidamente a una persona, o volviendo a la idea anterior, es sentenciarla todos los días ante el tribunal de la moral pública.

Por consecuencia, *reputación* no significa sino el juicio que merecemos al concepto público.

El juicio puede ser bueno, y aquí tenemos la *reputación* buena.

Puede ser malo, y aquí tenemos la *reputación* mala.

Nombre se origina seguramente de *nosco*, como noción, nota, notable, conocimiento, noticia, notorio, pues no es en realidad otra cosa que el atributo por el cual somos *conocidos*, la *noción* que nos caracteriza, esa *nota* pública por la cual se hacen nuestras familias *notorias*.

La palabra *nombre* no puede originarse sino de donde se origina la palabra *notable*, pues el *nombre* es el hecho *notable* que hay en todo individuo, aunque sea del origen más obscuro y dudoso.

De modo que el *nombre* viene a ser nuestra fama particular, una fama que nos distingue, puesto que nos da a conocer individualmente, y dándonos a conocer de una manera personal, nos diferencia de las demás personas.

De aquí se infiere con entera seguridad que el *nombre* significa menos en sentido moral, mucho menos, que la *reputación*.

El *nombre* nos da a conocer como individuos.

La *reputación* nos da a conocer como seres morales.

El *nombre* nos distingue: se refiere a nosotros.

La *reputación* nos sentencia: se refiere a la sociedad.

Muchas veces mudamos de *nombre*.

En ningún caso nos es dado variar de *reputación*.

Requerir, requisar

Quien *requiere*, busca; quien *requisa*, indaga.

Se *requiere* para encontrar; se *requisa* para aprehender.

El *requerimiento* tiene algo de diligencia; la *requisa* se parece al registro.
La ley *requiere*; el fisco *requisa*.

Resarcimiento, compensación, remuneración

Se *resarce* al que ha sufrido un perjuicio.
Se *compensa* al que ha trabajado.
Se *remunerá* al que ha servido.
Resarcimiento viene a significar indemnización.
Compensación, paga.
Remuneración, premio.

Resarcir, indemnizar

Los latinos tienen el verbo *sarcio, sarcis, sarcire, sarsi, sartum*, que equivale a coser, de donde nosotros derivamos nuestras voces *sarta, ensartar, sastre, zurcir*, etc. *Zurcir* no es otra cosa que la corrupción arábiga de *sarcire*; es como si dijéramos *sarcir*.

De *emo, emis*, comprar, formaron los latinos *demo, demis*, que expresa la idea de coger, agarrar, apoderarse uno de lo que no es suyo, llevárselo. De *demo* derivaron el nombre *damnum*, daño. De modo que el daño consistió primitivamente en la usurpación o en el despojo. De *damnum* formaron *damno, damnas*, que significa condenar, imponer pena, la pena necesaria para reparar el *daño* inferido. Del *damno, damnas* latino sacamos nosotros *damnificar*, que es causar *daño* a otro. Si ahora diéramos a este verbo la forma negativa, tendríamos *indamnificar*, o sea, reparar los daños causados. Pues bien, *indemnizar* es una corrupción de *indamnificar*, y entendido esto así, no podemos abrigar dudas acerca del significado de esta palabra.

Resarcir significa literalmente *rezurcir*, componer, arreglar. Se supone que algo se ha roto o descosido y hay que coserlo nuevamente. Es un remiendo que se echa en la tan remendada estofa de nuestras culpas.

Indemnizar es pagar el daño inferido, reparar lo *damnificado*.

Resarcir supone desperfecto, deterioro en los intereses.

Indemnizar puede suponer deterioro en la persona.

Uno quema un sembrado mío, y me *resarce* el perjuicio que me ha ocasionado.

Otro me hiere con mala intención, y me *indemniza* de los gastos y quebrantos que me ocasionó la herida.

En *resarcir* entra la idea de lo devastado.

En *indemnizar* puede entrar la idea del mal sufrido; el dolor se tasa en cierta manera, porque el dolor es *daño*, y la *indemnización* se propone *indamnificar*.

Bien analizado este sinónimo, tal vez hallaremos que la diferencia que existe entre *resarcir* e *indemnizar* es la misma que hay entre perjuicio y daño.

El perjuicio está en relación con la hacienda, porque un perjuicio puede arruinarnos.

El *daño* está en relación con la vida, porque un daño nos puede matar.

Diremos, pues, que *resarcir* es *indemnizar* un perjuicio, mientras que *indemnizar* es *resarcir* un daño.

Resbaladizo, escurridizo

Lo que *resbala*, nos hace caer.
Lo que se *escurre*, se nos escapa de las manos.
Cuando se dice en sentido figurado: Fulano se *escurrió*, quiere decirse que se escapó, que se fue de las manos, como se nos va de las manos una langosta.

Cuando se dice: Fulano se halla en una pendiente *resbaladiza*, se quiere expresar que va a caer, que va a precipitarse, no que se va a escapar, no que se va a *escurrir*, porque si se escapara no le vendría daño; y al decir nosotros que se encuentra en una pendiente *resbaladiza*, afirmamos positivamente que está en peligro.

Es *resbaladiza* la greda, el lodo.

Es *escurridiza* la piel de una anguila.

Rescatar, redimir

Rescatar viene de *catare*, catar, probar, gustar, y de la partícula reiterativa *re*, a la cual se añadió una *s* para que *rescatar* no se confundiera con *recatar*. De este origen proceden cata, catadura, etc.

Redimir se compone del mismo *re* y del verbo *emere*, que equivale a *comprar*. *Redimo* es como si dijéramos *reemo*, compro nuevamente.

Rescatar es *catar* otra vez, gustar, probar, tener el disfrute de lo que anteriormente se tenía.

Redimir es comprar de nuevo.

Supongamos que nuestros enemigos se apoderan de un fruto nuestro, que les acometemos súbitamente y que recobramos el fruto perdido. Hemos *rescatado* el fruto, puesto que volvemos a su disfrute, podemos probarlo o *catarlo* otra vez.

Sin embargo, no podemos decir que lo hemos *redimido*, puesto que no ha tenido lugar una segunda compra.

Se *rescata* una prenda perdida o usurpada.

Se *redime* un censo: se vuelve a comprar.

Se *redime* un cautivo: se da precio por su libertad obtenida.

Se *redime* al género humano: el Redentor *compra* los pecados del mundo a precio de dolor y de sangre, a precio de martirio.

Disfrutar nuevamente, eso es *rescatar*.

Redimir, es *re-comprar*, lo cual puede hacerse en favor de uno mismo o en favor de otros. Lo rescatado vuelve a su dueño, lo redimido queda libre.

Cristo nos rescató y redimió, ambas cosas a la vez, y ambas expresiones las usamos indistintamente cuando hablamos de su obra expiatoria en la cruz, pues Cristo nos rescató para devolvernos a Dios nuestro Señor y dueño legítimo, y nos redimió, para hacernos libres de la esclavitud del pecado y de Satanás.

Respuesta, contestación, réplica

Respondemos a todo el que pregunta. Es cuestión de buena crianza.

Contestamos a lo que necesita aclararse.

Replicamos a lo que debe controvertirse.

La *respuesta* es una obligación social.

La *contestación* es casi una disputa.

La *réplica* es una discusión.

El sujeto urbano *responde*.

El hombre querellista *contesta*.

El filósofo y el orador *replican*.

Saber *responder* es saber algo.

Saber *contestar* es saber mucho.

Saber *replicar* es saber del todo.

Resultado, éxito

De *salto*, bailar, formaron los latinos *resulto*, que es como si dijéramos *resalto*. *Resulto*, *resultas*, *resultare* significa en latín rebotar, echar hacia atrás, resurtir, y de aquí viene nuestro *resultar*.

De *eo*, *is*, *ire*, formaron *exeo*, cuyo supino es *exitum*, y que significa salir, ir fuera. De aquí procede nuestro *éxito*.

El *resultado* es lo que resalta, lo que rebota, lo que resurte de los hechos.

Éxito es lo que sale fuera, lo que ve la luz, lo que halla salida, lo que se logra. Así es que la palabra *éxito* lleva en sí la idea de buen *resultado*, porque alcanzar un *éxito* es como alcanzar una salida, una puerta.

Lo que *resulta*, lo que resurte de los hechos, puede sentar bien o sentar mal.

Todos los hechos tienen un *resultado*, que puede ser favorable o desfavorable, por lo tanto, la palabra *resultado* necesita siempre un adjetivo. En cambio, si decimos *éxito* expresamos un resultado favorable.

Las cosas de opinión tienen sus *éxitos*.
Un mal *resultado* puede matarnos.
Un mal *éxito* puede deslucirnos.

Retazo, pedazo

Retazo, como si dijéramos *restazo*, viene de *resto*.

Pedazo, de *pie*, porque el pie es una especie de metro antiguo.

Veamos qué significan las dos frases siguientes: *retazo* de tela, *pedazo* de tela.

Retazo de tela quiere decir que era la última porción, el *residuo*.

Pedazo de tela quiere decir que tenía la extensión de un *pie*, poco más o menos, aun cuando fuese lo primero que se despachara de la pieza.

Retazo es resto, reliquia, parte de un trozo o pieza anterior.

Pedazo es medida, extensión no mucho mayor de un pie.

Revelación, dogma, religión, rito, culto

Ante todo conviene decir dos palabras acerca de la etimología de *dogma*. Esta voz, tomada literalmente del griego, significó, en su origen, opinión, parecer, como derivada de *dokeō*, que quiere decir opinar, afirmar, discurrir; de donde los latinos sacaron, sin duda, su verbo *doceo*, *doces*, *docere*, *docui*, *doctum*, que equivale a instruir o enseñar, correlativo de *discĕre*, aprender. De este origen son oriundas nuestras palabras *documento*, *docto*, *doctor*, *doctrina*, *doctrinal* y otras varias.

El cristianismo aplicó luego la palabra *dogma* a significar punto de doctrina en materia de religión, y desde entonces significa la idea de una opinión que se considera superior a la razón humana, puesto que se refiere a la verdad divina. Y no pudiendo el hombre discutir acerca de hechos que se conceptúan superiores a su razón, de aquí vino que la palabra *dogma* significó punto incontrovertible, verdad perfecta. El *dogma* es el axioma de la religión.

Veamos ahora las diferencias que el uso establece entre las cinco voces del artículo.

Revelar es descorrer el velo.

Dogma significa doctrina sagrada.

Religión equivale a vínculo. La *religión* es el mandamiento, el canon, la ley que instituye dentro del tiempo y del espacio la creencia del hombre en una causa providente y universal.

Rito es regla que marca el orden de las festividades, las costumbres o ceremonias de un grupo cristiano determinado.

Culto es homenaje. Así como por medio del comercio social *cultivamos* el trato de las gentes, por medio del *culto* religioso *cultivamos* el trato con Dios. Y como no es posible tratar a Dios sin adorarle, la palabra *culto* tiene que expresar necesariamente obsequio y reverencia.

Dios se anuncia a los hombres: he aquí la *revelación*.

Considerada la *revelación* como verdad indiscutible, superior a nuestras nociones, a nuestra voluntad y a nuestros derechos, puesto que es superior a nuestra razón, se llama *dogma*.

Considerada como precepto que liga el mundo a la divinidad, se llama *religión*.

Considerada como solemnidad que se regimenta exteriormente, toma la denominación de *culto*.

De modo que *revelación* quiere decir anuncio o comunicación de Dios. *Dogma* significa verdad absoluta para los fieles de una religión determinada. *Religión* es mandato y tiene como objetivo *re-ligar*, o sea, unir al individuo humano con su Creador.

Rito es régimen de ceremonias.

Culto es la adoración que se practica en todas las religiones, y puede ser falso o verdadero, según su origen y razón de ser.

Si se medita un poco sobre el enlace necesario de estas palabras, se comprenderá inmediatamente que, sin el pensamiento de una Causa Suprema, no hubiera podido verificarse la *revelación*, porque no se concibe una *revelación* sin la existencia de un ser que *revela*.

Revolver, remover, trastornar

Revolver es doméstico.
Remover, mecánico.
Trastornar, privado y político.

Se *revuelve* una casa, un cajón, un cofre, una mesa.

Se *remueve* una mole, un obstáculo.

Se *trastorna* una familia, un gobierno, un sistema, un país.

Ridículo, risible

Don Nicasio Álvarez de Cienfuegos, al tratar este artículo, dice lo siguiente:

«*Ridículo* es lo que debe hacer reír, que no puede dejar de mover la risa.

»*Risible* es lo que puede hacer reír; pero puede no mover la risa.»

Esto se verifica al contrario. Lo *risible* es lo que mueve necesariamente la risa, y lo *ridículo* es lo que puede no hacer reír, porque hay *ridículos* muy serios y muy graves. Así decimos: tal ministro, tal diputado, tal personaje, cayó en un *ridículo* espantoso. Cuando una persona cae en un *ridículo* espantoso, no hace reír, sino palidecer o compadecer al afectado.

En virtud de una ley de nuestra natural limitación, todos los extremos se tocan, y por esto acontece que lo *ridículo* está muy cerca de lo sublime, lo cual hace que el *ridículo* tenga cierta expresión profunda y solemne que no sienta bien de ningún modo a la voz *risible*.

Nuestro arquitecto Churriguera copió a Miguel Ángel; pero exageró aquella arquitectura y cayó en el *ridículo*. El arte desdichado de Churriguera no es otra cosa que la exageración del arte rico, creador y bello de Miguel Ángel.

Nada más contrario al espíritu de nuestra lengua que el decir que nuestro arquitecto cayó en lo *risible*, porque la lastimosa profanación de un arte grande, de un arte fecundo, de un arte inmenso, no es cosa propia para hacer reír. No es *risible* porque no causa risa; pero es *ridículo*, porque lleva en sí el despropósito, la extravagancia, la *ridiculez*.

La oratoria y la poesía establecen sus reglas para el *ridículo*.

No establecen regla ninguna para lo *risible*, ni semejantes reglas pueden establecerse.

La ironía y el sarcasmo son dos armas tremendas contra el *ridículo*.

La ironía y el sarcasmo no se cuidan de lo *risible*.

Lo *risible* está en la familia o entre los amigos muy íntimos.

Lo *ridículo* es el mundo.

Lo *risible* es el individuo.

Lo *ridículo* puede ser una enseñanza.
Lo *risible* es siempre una befa.
Lo contrario de lo *ridículo* es lo sublime.
Lo contrario de lo *risible* es lo grave.

Rima, consonancia

Rima, como *ritmo*, viene del griego *rymos*, que equivale a número, orden.

Consonancia se compone de *con* y de *sonare*; significa *sonar* con otro, expresando así la idea colectiva del sonido, la armonía, el acorde, la cadencia igual.

Los versos libres tienen orden y número; tienen un número de sílabas y su orden de acentos. Por consecuencia, podemos decir que tienen su *rima*.

Sin embargo, los versos libres no tienen la misma cadencia, no *suenan* armónicamente unos con otros: no tienen *consonancia*.

El airoso y difícil romance castellano tiene también orden y número: tiene su *rima* particular.

Sin embargo, el romance español se compone de pies *asonantes*, y la *consonancia* no es la *asonancia*.

Para que los versos sean *asonantes*, basta que tengan unas mismas letras vocales, desde el acento hasta la conclusión de la palabra, como tierra y piedra.

Para que sean *consonantes*, es necesario que todas las letras sean las mismas, contando desde aquella en que caiga el acento, como *tierra* y *sierra*, hombro y asombro.

Queda demostrado que puede haber *rima* sin *consonancia*, como puede haber cantidad de sílabas sin cadencia igual; luego las palabras *consonancia* y *rima* son diferentes.

La *rima* es ajuste, número, orden, medida, cantidad.

La *consonancia* es cadencia, armonía, oído, dejo.

Riña, motín, asonada, sedición, rebelión, tumulto

Reñir es pelear, así entre hombres como entre animales. *Riña* de mujeres, de viejos, de niños, de gallos, de gatos, de perros.

Motín viene de *motus*, y significa movimiento.

Asonada quiere decir bullicio. Así decimos: habrá una que será *sonada*.

Sedición es una especie de *seducción social*. Supone la asistencia de uno que incita a los demás para que se levanten contra el jefe, que en latín es *dux, ducis*, de donde viene el nombre de *duque*, de que hablamos en otro lugar.

Rebelión supone la idea de subalternos que se insubordinan. Por eso la palabra *rebelión* se aplica casi siempre a las sediciones militares.

Tumulto se deriva de dos voces latinas: *timor multus*, que quieren decir gran temor, gran espanto.

Las relaciones que dominan en cada uno de los vocablos de este artículo son las siguientes:

En *riña*, la de lucha.
En *motín*, la de agitación.
En *asonada*, la de ruido.
En *sedición*, la de un cabecilla.
En *rebelión*, la de rebeldía.
En *tumulto*, la de terror.

Ristra, sarta

La *ristra* es material.
La *sarta* es metafórica.
Ristra de ajos.
Sarta de disparates.

Ritmo, cadencia

Ritmo, *rhymos* en griego, significa orden, proporción, simetría.

Cadencia, del latín *cadĕre*, significa sonoridad.

La prosa poética tiene *cadencia*, no *ritmo*.

Tiene *cadencia* porque es sonora, porque *cae* agradablemente.

No tiene *ritmo* porque no tiene cantidad métrica, número poético.

Por el contrario, hagamos un verso bien medido, pero que no tenga armonía, fluidez, sonoridad: este verso tendrá *ritmo*, no tendrá *cadencia*.

Tendrá *ritmo* porque tiene medida, simetría, orden.

No tendrá *cadencia* porque no es *cadencioso*, porque no nos halaga al oído, porque no *cae* bien.

De modo que hay *ritmo* sin *cadencia*, y *cadencia* sin *ritmo*.

El *ritmo* es regla, arte.
La *cadencia* es efecto, melodía.
El *ritmo* se enseña.
La *cadencia* se siente.
Verso sin *ritmo* es verso sin arte.
Verso sin *cadencia* es un verso sin poesía.

Robo, hurto, latrocinio

La etimología de estas palabras nos dará mucha luz para averiguar la distinta significación de cada una.

No faltan etimologistas que derivan la palabra *robo* del latín *rumpere*, romper, aludiendo al hecho de que los ladrones han de *romper* puertas para robar.

Creemos que semejante etimología es de todo punto inadmisible, y tenemos por cosa cierta que *robo* viene de *rapere*, que significa quitar violentamente, por fuerza, arrebatar, cuyo verbo tiene por aumentativo *raptare*, de cuyo doble origen vienen nuestras voces arrebato, rapacería, rapacidad, rapiña, rapiñar, rapto, raptor, ratero, ratería, rapar y otras muchas.

Creemos que *robar* no es otra cosa que una corrupción de *rapar*, o que al menos procede de la misma familia etimológica, porque es imposible desconocer la afinidad entre *robo* y *rapto*, y *rapto* viene de *raptare*, frecuentativo de *rapere*, cuyo supino es *raptum*.

Hurto, furto en lo antiguo, viene del *fur, furis* latino, *phōr* en griego, que significa espía o ladrón.

Latrocinio viene del latín *latro, latris* en griego, en cuyo idioma significa servidor o criado, porque criados fueron los primeros ladrones que hubo en el mundo; al menos los primeros a que dio albergue la familia.

«El nombre latino *latro* está sincopado, según dice juiciosamente Monlau, y es lo mismo que *latero*. *Latro* significó originariamente un soldado mercenario de la escolta del rey; de ahí *latrocinari*, servir en el ejército. Habiéndose introducido la desmoralización entre los *laterones*, propasáronse muy luego a asaltar y robar a los pasajeros en los caminos; de ahí vino el dar igual nombre a todo el que robaba en despoblado o en los caminos. Los *ladrones*, pues, o *laterones*, fueron así llamados porque se apartaban del *lado* de quien debían seguir, o también porque en el camino salen por el *lado* de los pasajeros.»

Dicho esto, el presente sinónimo no puede ofrecer la más mínima dificultad.

El *robo* despoja a mano airada: *arrebata*.

El *hurto* despoja sin que lo advierta el despojado.

El *latrocinio* se apropia lo ajeno, escudado tras el respeto de la autoridad.

El *robo* consiste en la violencia.

El *hurto*, en hacerlo a *hurtadillas*, de un modo *furtivo*.

El *latrocinio*, en la injusticia, en un abuso del poder.

El *hurto* fía en sus mañas.

El *robo* va a presidio.
El *latrocinio* suele tener coche.

Rollizo, robusto

Robusto se deriva del latín *robur*, que significa encina.
Rollizo se deriva de *rueda*.
Lo *robusto* es duro como el *roble*.
Lo *rollizo* es *redondo* como una *rueda* o como un *rollo*.
La *robustez* es fuerza.
Lo *rollizo* es gordura.

Romero, peregrino

Llámase *romero* al que viaja con un fin devoto.
Peregrino significa extranjero, por cuya razón los latinos consideraban este término como sinónimo de *exterus*, *externus*, *extraneus*, *extrarius*, *alienigena*, *advena* y *hospes*.
El *romero* va a *Roma*, porque de *Roma* viene el nombre de *romero*.
El *peregrino* anda por toda la tierra: es un huésped del mundo.
La *romería* es siempre devoción, porque se hace siempre en virtud de un voto.
La *peregrinación* es muchas veces un misterio.
Pocos son los *romeros*.
Todos somos *peregrinos*.

Ronda, patrulla

Ronda viene de *rueda*, como rollo, rotar, rotundo, rondeña. Llámase *rondeña*, porque se toca o canta *rondando* por las calles.
Patrulla se deriva de *pie*, como paso, pasear, pata, patalear, pataleta, patizambo.
Llámase *ronda* porque gira en *redondo*, porque va dando vueltas en forma de *rueda*.
Llámase *patrulla* porque *pasa*, porque *pisa*, porque da quehacer a las *patas*.

Ronda, vuelta

Toda *ronda* es *vuelta*; pero toda *vuelta* no es *ronda*.
Ronda es un derivado de *rueda*.
Vuelta, de *verto*, volver.
Basta que un camino se *vuelva* en cualquier sentido para que haya *vuelta*.
Es necesario que dé la vuelta *alrededor*, formando *redondel*, para que sea *ronda*.
Así se dice: las *vueltas* del camino.
Nada más absurdo que decir: las *rondas* del camino, lo cual equivaldría a decir la *redondez* o el circuito del camino.
Así se dice del mismo modo: la *ronda* de una ciudad.
Nada más fuera de propósito que decir: la *vuelta* de una ciudad, lo cual querría decir que la ciudad había *vuelto* de alguna expedición.
La *vuelta* es conversión.
La *ronda* es circuito.

Rondón, sopetón (de)

Rondón viene de *rueda*.
Sopetón, de *súbito*.
Entrar de *rondón* quiere decir que entran como entra la *ronda*, una patrulla, la justicia; sin pedir licencia, sin cumplido, sin fórmula.
Entrar de *sopetón* quiere decir que entra de repente para causar *sorpresa*.
El que entra de *rondón* allana.
El que entra de *sopetón* sorprende.

Rudimentos, elementos

Rudimento viene de *rudis et rude*, que quiere decir áspero, tosco, *rudo*, y esta voz debe provenir de *rus, ruris*, que significa el campo, de donde vienen rústico, rusticidad, rústicamente. *Rudo* y *rústico* tienen una analogía tan manifiesta, que ha de proceder necesariamente del mismo origen. Para nosotros queda sentado que ambas voces vienen de *rus, ruris*, el campo, la vida campestre.

Los *rudimentos* de una enseñanza no son otra cosa que las nociones preliminares, las menos elevadas o *eruditas*; es decir, las más toscas, las más *rudas*.

La voz *elemento*, según Schmalfield, es el nombre de las letras líquidas *l, m, n*, con la desinencia o terminación *to*, equivalente a nuestro *a, b, c*, de que nos valemos para significar las primeras nociones de una cosa. Fulano está en el *a, b, c*, quiere decir que está principiando; como si dijéramos: está en la *l, m, n*; esto es, en los *elementos*.

Por *elemento* se entiende lo simple, lo que no ha entrado en ninguna combinación, y esto explica también (y es una explicación más filosófica) que llamáramos *elementos* a las primeras nociones de una ciencia o arte; porque, realmente, siendo aquellas nociones las primitivas, no pueden ser compuestas; no siendo compuestas, han de ser simples; siendo simples, no han podido entrar en ninguna elaboración o combinación sucesiva, y no habiendo entrado en ninguna combinación, son *elementales*.

Dando a la palabra *elemento* el sabor científico que ha tenido hasta ahora; considerándola como una expresión de lo simple, de lo fundamental, es muy superior, infinitamente superior, a *rudimento*.

Los *rudimentos* no comprenden sino la primera enseñanza de un ramo.

Los *elementos* son la enseñanza primordial y necesaria de todo ramo, de todo arte, de toda ciencia, de cuanto se aprende y se sabe en la inmensa esfera de los conocimientos humanos.

Los *rudimentos* son comienzos.
Los *elementos* son principios.

Rudo, rústico

Ambas palabras se derivan del latín *rus, ruris*, el campo, como las anteriores.

Rústico es lo que participa de la naturaleza del campo, lo que tiene aquel modo de ser, lo que es campestre.

Así decimos: hombre *rústico*, casa *rústica*.

Con esto queremos decir que la casa y el hombre son como las cosas del campo, agrestes.

Nada más contrario al buen sentido que decir en equivalencia: hombre *rudo*, casa *ruda*.

Lo *rudo* se aplica a las disposiciones mentales. Hombre *rudo* es el que no aprende, el que no sale de los *rudimentos*, el que no es *erudito*, porque *erudito* tiene el mismo origen que *rudo*, y significa la idea contraria por medio de la *e* negativa con que empieza, cuya *e* equivale a *in*: *in-rudito*, lo contrario de *rudo*.

El hombre que nace y se cría en el campo es *rústico*, como el que nace y se cría en una corte es cortesano.

Pero aquel hombre que se cría entre árboles y montañas puede tener un gran talento natural, puede tener un clarísimo entendimiento, un espíritu privilegiado y, dado este caso, no será *rudo*.

Por el contrario, el hombre que nace y que vive en una corte, en una ciudad culta; el hombre urbano, no es *rústico*.

Pero este hombre, que no es *rústico*; este hombre, que es urbano, puede tener una inteligencia tardía, una mente turbia, un espíritu nebuloso; puede no aprender, puede ser *rudo*.

De modo que podemos ser *rústicos* sin ser *rudos*, así como ser *rudos* sin ser *rústicos*.

Los *rústicos* pueblan las campiñas.
Los *rudos* pueblan las ciudades.
Puede haber sabios sin civilidad: he aquí lo *rústico*.
Puede haber idiotas muy urbanos y amables: he aquí lo *rudo*.

Ruego, súplica

Rogar, del latín *rogare*, es pedir por favor.
Suplicar, del latín *plicare*, plegar, es someterse.
El que *ruega*, pide.
El que *suplica* se dobléga; es decir, se *plega* según dice admirablemente la etimología.
Ruega todo el mundo: *rogar* es vivir.
Suplican el débil, el enfermo, el menesteroso: *suplicar* es merecer. ¡Bienaventurado el que *suplica* a Dios con fe, porque de él será el reino de los cielos!

Ruido, rumor

Entre *ruido* y *rumor* hay una diferencia muy parecida a la que existe entre *sonido* y *son* y entre *color* y *colorido*.
Ruido no comprende más que relaciones materiales. El *ruido* del viento, el *ruido* de la lluvia, el *ruido* de la llave en la puerta.
Rumor comprende dos sentidos: el poético y el figurado.
El *rumor* de la brisa, el *rumor* de las hojas. He aquí el sentido poético. No se trata de un *ruido* cualquiera, sino de un *ruido* melodioso, un *ruido* bello, por decirlo así. El *rumor* de la brisa entre las hojas de los árboles es una especie de canción, de poesía, de arte.
El uso metafórico de esta palabra es muy extenso.
A través del *ruido* de la lluvia percibí el *rumor* de personas que hablaban. El *rumor* de personas que hablan, que pueden hablar cosas muy graves, cosas en que vaya la vida y la fama del que escucha, no es un *ruido* físico, sino moral, un *ruido* humano. Tan filosófica y tan evidente es la razón, porque en este sentido la palabra *rumor* expresa accidentes de opinión, de honra, de intereses públicos, de misterio. Circula el *rumor* de que el Gobierno cae, de que el rey abdica, de que tal banquero intenta quebrar, de que tal dama no se casa por ciertos motivos ocultos.
Claro es que no podría decirse: circula el *ruido* de que tal dama no se casa por ciertos motivos ocultos.
En *ruido* no hay más que órgano.
En *rumor* hay conciencia, fantasía y sentimiento.
Dicho de otro modo: en *ruido* no hay más que física.
En *rumor* hay moral y estética.

Ruina, escombro

Ruina se deriva de *ruo*, *ruere*, que significa caer precipitadamente, como cae el edificio que se desploma. La *ruina* saca su nombre del *rumor* que causa lo que se *derrúe*.
Escombro es el cascote o el desecho que queda de un edificio arruinado.
Ambas palabras expresan accidentes: la *ruina*, el accidente del *ruido*.
El *escombro*, el accidente del embarazo, como si dijéramos, del *escollo* o de la obstrucción.
El edificio *arruinado* se desploma.
El paraje lleno de *escombros* es intransitable.
La *ruina* es destrucción.
El *escombro*, embargo.
Genio de las *ruinas*. Nada más absurdo que decir: genio de los *escombros*.
¿Por qué los *escombros* no tienen ge-

nio? Porque el *escombro* es el cascote, la piedra caída que nos impide andar, y una piedra no tiene genio.

¿Por qué puede decirse el genio de las *ruinas*? Porque la *ruina* destruye, devasta, aniquila las cosas; la *ruina* es la aniquilación del tiempo, el azote invisible de ese formidable poder; la *ruina* significa exterminio, y se conoce el genio del exterminio o de de la destrucción como se conoce el genio del mal.

El *escombro* no es más que un montón de cal y canto.

La *ruina* es una figura, un ente metafísico, un ser poético.

Rustiquez, rusticidad

Ambas palabras vienen de *rus*, *ruris*, el campo.

Rustiquez es falta de cultura, de civilidad.

La *rusticidad* es casi fiereza.

El pastor que no sale del bosque tiene *rustiquez*, aunque fuera un genio en cualquier sentido. No saliendo del campo, del *rus*, tiene que ser *rústico*, como si se criara en el agua tendría que ser acuático.

El cortesano brusco, áspero, armado de púas como el erizo, tiene *rusticidad*, aunque viva en la corte más culta del mundo.

La *rustiquez* es necesidad, casi naturaleza.

La *rusticidad* es un vicio de temperamento, de carácter, de educación, acaso de orgullo, porque puede influir la insolencia de la fortuna.

No me asombra la *rustiquez*, a veces la venero, porque puede ser noble, ingenua, valerosa y honrada.

Me dan lástima y miedo ciertas *rusticidades*.

En este sentido puede decirse que en las cortes hay muchos más *rústicos* que en el campo, amén de ser *rústicos* más temibles.

S

Sabido, notorio

Sabido es lo que obra en nuestra inteligencia.
Notorio, lo que corre de boca en boca.
Lo *sabido* se calla y se reserva muchas veces.
Lo *notorio* tiene siempre que circular.
Para lo *sabido* necesitamos estudiar y aprender.
Para lo *notorio* basta oír.
Lo que más se aproxima a *sabido* es conocido.
Lo que más se acerca a *notorio* es público.
Ignorado es lo contrario de *sabido*.
Reservado es lo contrario de *notorio*.
Es cosa *sabida* que mañana amanecerá, como de costumbre.
Es cosa *notoria* lo que se anuncia a voz de pregonero.
Sabido viene de *sapere*; *notorio*, de *noción*; del latín *nosco, noscis, gnosco, ginosko*, en griego, que significa conocer, de donde viene la palabra *notario*.
Lo *sabido* nos da la idea.
Lo *notorio* nos da la noticia.
La *noción* es fama.
La *sabiduría* es inteligencia.

Sabor, gusto

Entre *sabor* y *gusto* hay la misma diferencia que entre *olor* y *olfato*.
El *sabor*, en latín *sapor*, es lo que está en las substancias naturales, como para anunciarnos su índole.
El *gusto*, *gustus* en latín, es una disposición de nuestra sensibilidad, la cual nos hace conocer la varia índole de los *sabores*.
La substancia tiene su sentido, por decirlo así: éste es el *sabor*.
El animal tiene también el suyo: este es el *gusto*.
Al animal *gustan* o no *gustan* las substancias que prueba, según el *sabor* con que le impresiona; o lo que es lo mismo, el *sabor* de las cosas nos agrada o no nos agrada, según nuestro *gusto* particular. Por esto sucede que el *gusto* de los individuos es muy vario, tan vario y distinto como distinto y vario es el *sabor* de las innumerables substancias de la naturaleza.

El *sabor* de las frutas.
El *gusto* de los consumidores.

Saca, extracción

Saca significa literalmente que se lleva en *saco*. Así es que no se emplea el nombre *saca* sino con relación a las cosas que se pueden llevar en costales. *Saca* de trigo, *saca* de granos.

Nada más ridículo que decir: *saca* de vino, *saca* de licores.

Extracción se compone de *ex*, que significa lejanía, separación, y del verbo latino *traheře*, de donde se formó *tractare*, tratar, hacer tratos. *Extracción* significa literalmente la acción de llevar fuera, de *extraer* géneros.

La *saca* es una operación manual.
La *extracción* es una operación mercantil.

Se *sacan* granos.
Se *extrae* toda suerte de mercancías.

Sacar, extraer

Sacar es quitar una cosa del puesto que antes ocupaba.

Extraer es sacarla con esfuerzo.

Cuando *sacar* envuelve la idea de profundidad, *extraer* envuelve la idea de una profundidad mayor.

Sacar muelas; *extraer* raigones.

Se *extrae* mineral de un filón; se *saca* a la boca de la mina.

Extraer viene de *traheře*.

Sacerdote, clérigo

La diferencia que distingue a estas dos palabras es evidentísima.

El *sacerdote* representa al ministro de Dios en sus relaciones con el templo, con la creencia, con la fe.

El *clérigo* representa al ministro de la fe en sus relaciones con el mundo.

Así decimos: alto *clero*, bajo *clero*; *clero* catedral, *clero* colegial, *clero* parroquial.

Nada más absurdo que decir: alto *sacerdocio*, bajo *sacerdocio*; *sacerdocio* parroquial, colegial, catedral.

¿Por qué puede decirse alto y bajo *clero*? Porque el *clero* entra en el régimen político, en la organización social; es una clase, una categoría, y puede decirse *clero* alto y bajo, como puede decirse alta y baja *clase*, *clase* noble, *clase* plebeya, *clase* media, *clase* proletaria.

¿Por qué no se puede decir alto y bajo *sacerdocio*? Porque el *sacerdocio* no entra en la constitución de un Estado, porque no es clase o categoría, sino una idea, una tradición, una metafísica, una dignidad, y claro es que no puede existir una dignidad baja.

El *sacerdocio* se instituye, el *clero* se organiza.

El *sacerdocio* es religión: toca al dogma; el *clero* es una institución: toca al Estado, pues es sostenido por éste.

Cuando se modifica la organización de un país, se modifica necesariamente la organización del *clero*, porque el *clero* tiene sus rentas, sus derechos, sus exenciones, sus inmunidades.

Aun cuando se redujeran a ceniza todos los países del mundo, no se alteraría en lo más mínimo el *sacerdocio*, porque el *sacerdocio* es la religión como pensamiento, y no puede alterarse.

Clérigo quiere decir hombre; *sacerdote* quiere decir espíritu.

Nada más fácil que ser *clérigo*; nada más difícil que ser *sacerdote*.

Esto es lo que escribía el catedrático católico liberal Roque Barcia, persona esencialmente cristiana, aunque sin haber llegado a su conocimiento la luz evangélica de la Reforma religiosa, que irrumpió en la Cristiandad (por diversos conductos) en los siglos XV y XVI, que había pugnado por aparecer desde los primeros siglos de la fe cristiana. Por esta razón, el catedrático Roque Barcia vinculado a la Iglesia Romana prevaleciente en España, escribe como tal.

Puede, empero, notarse que, bajo la luz espiritual que había obtenido de las Sagradas Escrituras (por él bien conocidas), establece una bien marcada distinción entre las palabras sacerdocio y clero (*sacerdote* y *clérigo*) que revela sus sentimientos más íntimos acerca de la verdad evangélica.

Los cristianos iluminados por la Reforma sabemos que el único y suficiente sacerdote «Mediador» entre Dios y los hombres, es Jesucristo (1.ª Timoteo 2:5-7).

Respecto a los creyentes, mientras peregrinamos sobre la tierra, la Palabra de Dios no establece diferencias clericales, aunque la palabra profética sí nos anuncia y anticipa que hemos de ser un día «sacerdote» del Altísimo en el Universo (Apocalipsis 1:6 y Efesios 3:10); pero entre tanto estamos en esta primera etapa de nuestra vida no somos más que servidores de Dios, «atalayas» a los que viven lejos de él, y ministros suyos hacia nuestros hermanos, según los dones que Dios nos ha dado para mantener y edificar su fe, mas sin ningún cargo del cual podamos gloriarnos, pues Cristo no estableció ninguna organización para su Iglesia militante, y todo lo que describe el anterior artículo es referido a las jerarquías establecidas por los hombres sobre la tierra.

Ésta es la verdad de la doctrina cristiana en cuanto a la organización de sus fieles, tal como se deduce de las palabras de Jesús: «Donde están dos o tres reunidos en mi nombre, allí estoy yo en medio de ellos» (Mateo 18:20); sin embargo, la misma libertad en que dejó Jesucristo a los grupos de creyentes adoradores suyos y del Padre, en el Espíiritu Santo, ha dado lugar a que muchos hayan imitado el sistema católico-romano en múltiples detalles, tanto de organización como de ornato, y otros, en cambio, hayan escogido una simplificación que parezca irreverente; pero la obra del Espíritu de Dios en unos y otros demuestra que para el Todopoderoso y Omnipresente nada valen las apariencias, sino la auténtica piedad y sinceridad del corazón.

Saco, costal

Llámase *saco* porque con él se *sacan* y conducen, de un lugar a otro, diversas clases de grano.

Llámase *costal* porque se lleva a *cuestas* o sobre el *costado*.

El *saco* contiene.
El *costal* se lleva.
El *saco* es medio.
El *costal* es carga.

Sacrificar, inmolar

Sacrificar era consagrar o hacer *sacras* las cosas, destinarlas al culto o *sacrificio* de los dioses.

Inmolar no era otra cosa que derramar sobre la cabeza de la víctima la salsa *mola* de los rituales paganos, con el fin de hacerla aceptable; esto es, de hacerla sagrada.

El *sacrificio* era un homenaje, un culto, una religión.

La *inmolación* era más bien un requisito, una formalidad.

Yendo unida a las dos palabras del artículo la idea de sangre, puesto que el *sacrificio* supone víctima, ambos términos pasaron a los idiomas neolatinos, conservando la significación de un hecho costoso, de una acción cruenta, pero atempe-

rándose al espíritu de la gran civilización cristiana.
El *sacrificio* es moral o interior.
La *inmolación* es social o heroica.
Sacrificarse es reprimir una pasión.
Inmolarse es morir por una causa.
Nos *sacrificamos* por la virtud.
Nos *inmolamos* por nuestro país.
El *sacrificio* es el martirio en la conciencia.
La *inmolación* es el martirio de las hogueras y de los tormentos.
Se *sacrifica* el santo.
Se *inmola* el héroe.
El que se *inmola* es más famoso.
El que se *sacrifica* es más grande.
¿Qué diferencia hay entre el *sacrificio* gentil y el cristiano?
La misma que hay entre el cristianismo y el gentilismo, entre el Evangelio y la mitología, entre Jesús y César.
Los idiomas son la historia viva de la civilización de los pueblos.
El *sacrificio* gentil era externo, visible, material.
El *sacrificio* cristiano es interior, espiritual, profundo, inefable.
Ha habido, empero, algunos grandes cristianos que, además de santos, han sido héroes, pues amén de sacrificar su persona en el sentido espiritual, moral y finalmente también físico, a causa de las persecuciones, privaciones e injusticias que han sufrido al final han estado dispuestos a *inmolarse*, o sea, dar su vida por sus convicciones y su fe, por amor a Dios y a lo que ellos han creído ser su voluntad. Los tales han sido los más dignos de admiración en la tierra y creemos que lo serán también en el Reino venidero, prometido por Jesucristo.

Sacro, sagrado, santo

Sacro es una abreviatura de sagrado, que significa literalmente separado y dedicado al servicio de Dios. Los utensilios del Tabernáculo hebreo eran *sagrados*, porque estaban exclusivamente dedicados al servicio de Dios.

Santo es aquello que puede considerarse libre de pecado, y en absoluta propiedad, no es atribuible sino a personas. El apóstol llamaba santos y fieles en Cristo Jesús a los creyentes de ciertas iglesias a quienes escribía, a pesar de que no eran perfectos literalmente, pero lo eran a la vista de Dios por haber entregado sus vidas a Jesucristo.

Ambas palabras se confunden empero, y así decimos: «Los santos Evangelios o la Santa Biblia» en vez de «La Sagrada Biblia o los sagrados Evangelios», pero la palabra *santo* expresa más: declara una excelsa virtud perteneciente a Dios y a su servicio; mientras que la palabra sagrado, por el abuso que se ha hecho de ella, tiende a ser considerada como algo establecido por decreto humano, aunque se refiera a Dios.

Lo *sacro*, refiriéndose a cosas, es un destino o dedicación especial para Dios.

Lo *santo*, refiriéndose a personas, es un título divino dado por Dios mismo a quienes se acogen con toda sinceridad a los méritos de Jesucristo, el santificador.

Lo *sagrado* existe, son cosas materiales.

Lo *santo* es hecho por Dios por medio de su Espíritu, que lleva el nombre de santo por antonomasia, y se refiere a quienes no resisten su acción santificadora.

«Sed santos, porque yo soy santo», dice el Señor.

Salario, sueldo, soldada, emolumento, estipendio, derechos, honorarios

Salario viene del latín *sal*, *salis*, *sal*, en castellano, *háls*, en griego, porque los antiguos romanos pagaban con *sal* a sus criados. Por lo tanto, el *salario* es paga doméstica.

Sueldo viene del antiguo nombre francés *soulde*; hoy *sou*, de donde se originan las palabras *soldado* y *soldada*, según mencionamos en otro lugar.

Se ha dicho que *estipendio* es el que se paga a las personas que tienen empleo o dignidad por el Estado.

Esto no está justificado por la etimología, ni por el uso discreto de nuestra lengua. Lo que se da a las personas que tienen empleo o dignidad por el Estado es *sueldo*.

Así decimos: se va a bajar el *sueldo* de los empleados.

Los ministros de la corona tienen tal o cual *sueldo*.

Nadie dice, ni puede decir en castellano, que se va a bajar el *estipendio* de los empleados, o que los ministros tienen tal o cual *estipendio*.

Diremos, pues, que *sueldo* es paga oficial.

Soldada se empleó en lo antiguo como voz sinónima de remuneración, y así es que vemos en las *Partidas* que se prohíbe a los clérigos «tomar *soldada* por la enseñanza de ciertas materias.»

Hoy no se aplica sino con relación a ciertas y determinadas ocupaciones agrícolas, como pastores, gañanes y mozos de labor.

Emolumento es lo que *aumenta* nuestro haber, lo que hace crecer nuestros bienes. Expresa la idea de sobresueldo o gaje, como término opuesto de menoscabo o de detrimento, conservando la misma significación que tenía entre los latinos.

Estipendio es lo que se pacta, lo que se *estipula*. Por consecuencia, toda paga *estipulada*, se llama *estipendio*.

Supongamos que un químico vende cierto ungüento para que nazca el pelo, con la condición de no recibir el precio convenido de la untura hasta que se prue- be su virtud. Obtenido el buen resultado de la composición, el químico recibirá la suma convenida, la cantidad *estipulada*: éste es el *estipendio*.

Ahora se verá más a las claras el error del sinonimista, que dice: «que el *estipendio* es lo que se paga a las personas que tienen empleo o dignidad por el Estado.»

Las personas que tienen empleo o dignidad por el Estado no contratan, no ponen condiciones, no regatean, no *estipulan* con el Estado que les da el empleo. Por esto no pueden recibir *estipendio* alguno. El Estado les da el empleo o la dignidad según el mérito del individuo o según el buen parecer del Estado; tasa aquellos méritos en numerario, en monedas, en *sueldo*, y por esto se llama *sueldo* lo que del Estado se recibe.

Derechos son pagas especiales, determinadas por arancel; es decir, determinadas por las leyes, por los códigos, por el *derecho* escrito.

Así se explica que esta palabra no tenga uso sino en el orden de las cosas judiciales. *Derechos* del notario, del abogado.

Honorario es como el *salario* distinguido, *honroso*, que se da a los profesores académicos por sus trabajos particulares. Viene a ser el *sueldo* con que la sociedad remunera los servicios de la escuela, de la profesión, del talento o de la fortuna.

Honorarios del maestro, del médico, del químico.

De modo que el *salario* es casero.
El *sueldo*, público.
La *soldada*, rústica.
El *emolumento*, voluntario.
El *estipendio*, convenido.
Los *derechos*, forenses.
El *honorario*, liberal.

Salterio, arpa, lira, laúd, cítara

Diremos algo sobre la propiedad de estas palabras, a fin de evitar el horrible abuso de que ellas hacen los poetas copleros. Nada más común que ver a un trovador de nuestro siglo acudir al *arpa* para cantar unas endechas a su novia, o a la *lira*, para cantar un villancico de Nochebuena, o al *laúd* para evocar la memoria de un muerto entre los cipreses de un camposanto, o bien a la *cítara* para entonar un himno a la guerra de África.

Si el asesinar a un vocablo fuera un delito que se castigara con la pena del talión, ¡cuántos irían a la horca!

La *lira* es el instrumento más antiguo que conoce la historia y el más universal también.

La de lo griegos se llamó *lyra*; la de los hebreos, *kinnor* o *chinnor*, y se tocaba con el *plectro*, que significa arco; la de los chinos, se llamó *kin* y *khê*, y la de los árabes, *kinnar*, de donde hay quien cree que es oriunda nuestra *guitarra*, aunque otros la derivan del latín *cithara*, *kithara* en griego, cuya etimología parece más probable.

El *salterio* viene de salmo, *psalmus*, en latín, voz derivada del griego *psallō*, que significa tocar un instrumento y cantar.

La *cítara* ha perdido entre nosotros su significación histórica, y es hoy un instrumento popular, casi tan popular como la guitarra. Los lectores saben que es instrumento griego, y una simple variación de la *lira*, lo mismo que *chelys*, *barbytos* y *phorminx*, pues de todos estos modos fue llamada la *lira* griega.

El *salterio* nos lleva a David. Es un instrumento de iglesia.

El *arpa* nos lleva a Jerusalén. Es el instrumento de la inspiración religiosa, que pulsaban ls vírgenes de Sión. Por este hecho histórico y dogmático, el *arpa* pertenece a los hebreos, sea cual fuere su origen.

La *lira* nos lleva a Píndaro y Homero. Es un canto.

El *laúd* a los tiempos feudales. Es un galanteo.

La *citara*, a los regocijos del pueblo. Es una fiesta.

Así, pues, el *salterio* es el instrumento de la plegaria.

El *arpa*, el del himno.
La *lira*, el de la oda.
El *laúd*, el de las endechas.
La *cítara*, el de las bodas.
El *salterio* y el *arpa* son hebreos.
La *lira*, griega.
El *laúd*, provenzal.

Según esto, para cantar amores deberá el poeta acudir al *laúd*; para evocar la memoria de un muerto entre los cipreses de un camposanto, al *arpa*; para cantar la lucha de Marruecos, a la *lira*; para celebrar unas bodas, un convite, un festín, un regocijo público, a la *cítara*; para entonar una plegaria, para anunciar una profecía, al *salterio*.

De modo que el *salterio* es religioso.

El *arpa*, casi celestial por hallarse referida en el Apocalipsis.

La *lira*, heroica.
El *laúd*, amoroso.
La *cítara*, festiva.

Salto, pirueta

Saltar es brincar hacia arriba, hacia lo alto.

La *pirueta* es un salto en redondo, describiendo un circuito, como si dijéramos: *girueta*.

En efecto, *pirueta* viene de *girar*, *girare*, en latín; *gyroō*, en griego, que equivale a dar vueltas.

El *salto* se parece más bien a brinco.
La *pirueta*, a giro.

Salvaje, bárbaro

Para ser *salvaje* basta vivir en una selva.
Para ser *bárbaro* hay que obrar de un

modo opuesto a lo que establece la civilización.
El que mora en una ciudad no puede ser *salvaje*.
El *bárbaro* es tan *bárbaro* en una corte como en una montaña.
El *salvaje* puede ser ingenuo, valiente, hospitalario.
El *bárbaro* es siempre irracional, agresivo, duro, insufrible.
Hay *salvaje* que vale más que una ciudad entera.
No hay *bárbaro* que pueda resistirse.
Los *salvajes* pueblan los bosques.
Más de un *bárbaro* puebla las ciudades.
El *salvaje* es el bárbaro de la urbanidad.
El *bárbaro* es el salvaje de la cultura.

Satanás, Lucifer

Satanás viene del hebreo *Chaitan*, genio enemigo de Dios.
Lucifer se deriva de luz, *lux, lucis*, en latín *lukē, lukēs* en griego, derivado de *leucos*, que significa blanco; es un ángel caído por la soberbia; un ser de luz que fue apagada por su caída en el pecado. También recibe los nombres de Diablo, Demonio, Satán y muchos otros nombres simbólicos como Dragón, Serpiente antigua, etc.
Diablo significa adversario, diablo de *diábolos*, calumniador... Jesús lo llama príncipe de este mundo, porque parece que por algún tiempo Dios le ha concedido un poder que sólo emplea para el mal y que ha de serle retirado y castigado severamente al fin de los tiempos.

Sayón, alguacil

Sayón tiene el mismo origen etimológico que *ensayar*; ambas voces vienen del godo *saio*, que significa explorador, casi espía.
Alguacil se compone de dos palabras árabes: *al*, que significa él, y *guacil*, corrupción de *huarid*, que significa amparo o defensa, como término derivado de *huad*, mano, *iad* en hebreo, según hemos dicho repetidamente.
El *sayón* explora, espía, denuncia.
El *alguacil* defiende, ampara; es como el *guardián* de la justicia.
A este mismo artículo corresponden los nombres *ministril, golilla, corchete, galafate*, que no necesitan explicación, puesto que no ofrecen dificultad alguna.

Secreción, destilación

La *secreción* es un hecho constante, determinado, que tiene sus períodos marcados por la naturaleza, como la *secreción* del hígado y del cerebro.
La *destilación* es un hecho anómalo, producido por circunstancias accidentales, como la *destilación* que se verifica en un catarro.
Sin *secreción* no podríamos vivir.
La *destilación* es un desarreglo de las funciones de la vida.
La *secreción* es una función importante.
La *destilación* es un vicio, una enfermedad.
La *secreción* es fisiológica.
La *destilación* es patológica.

Secreto, misterio

Secreto es lo que no se sabe.
Misterio, lo que no se puede saber.
Lo que me oculta mi mujer es un *secreto*.
La esencia de las cosas es un *misterio*.
El *secreto* es humano.

El *misterio* es sagrado, religioso, *místico*.

La etimología de estas voces nos explicará más distintamente su vario sentido.

Secreto viene del verbo latino *secernere*, cuyo participio pasivo es *secretus*, y que significa separar, porque el *secreto* parece ser cosa separada, puesta aparte, que no forma serie o sistema; más claro, que no está entre las cosas sabidas.

Misterio viene del griego *mysterion*, derivado de *myēo*, que quiere decir iniciar en las cosas sagradas. *Myēo* se deriva de *myō*, que significa: yo cierro, yo callo, «porque los iniciados deben cerrar la boca y guardar silencio acerca de las cosas santas.»

Ménage dice que viene del hebreo *misthar*, cuya voz significa el lugar en que uno se oculta, formada del verbo *sāthar*, que quiere decir ocultarse, mantenerlo oculto.

De modo que el *secreto* es lo que está separado.

El *misterio*, lo que está escondido.

Las cosas ocultas de los hombres son *secretos*.

Las cosas ocultas de Dios son *misterios*.

Es *secreto* el misterio humano.

El *misterio* es el secreto divino.

Segregar, separar

Lo que se *segrega* se arranca.

Lo que se *separa* se aleja.

Lo *segregado* queda incompleto; pierde su integridad; la integridad que no puede menos de existir en todo conjunto, en toda *grey*.

Lo *separado* no pierde la entidad absoluta que tenía antes de unirse, porque no se refiere al todo, sino a la *parte*.

En la *segregación* entra la idea de unidad.

En la *separación* entra la idea de espacio.

Una hoja se *segrega* de un libro.

Un miembro se *separa* de una corporación.

No puede decirse: una hoja se *separa* de un libro; un miembro se *segrega* de una corporación, porque hablando así, daríamos a entender que el miembro se arrancaba de la corporación, y que la hoja se desviaba simplemente del libro, cuando nuestro objeto es significar que la hoja se arranca del libro y que el miembro se aleja o se desvía de la corporación.

El libro a que falta una hoja es un libro incompleto; no es un libro.

La *corporación* de la cual se ha separado un miembro, es tan corporación como antes, porque la corporación es una entidad, y las entidades viven en el espíritu, en la metafísica, en la abstracción, no en los indivíduos o en las partes.

Segundar, secundar

Segundar es dar segunda vez.

Secundar es prestar toda clase de ayuda para la realización de una idea común.

El que *segunda*, insiste.

El que *secunda*, coopera.

No bien le acababa de dar un golpe, cuando le *segundó*; es decir, cuando le dio otro. No puede decirse equivalentemente: cuando le *secundó*.

Las buenas causas encuentran siempre ánimos generosos que las *secunden*. No puede decirse, para expresar la misma idea: ánimos generosos que las *segunden*.

Segunda el brazo; *secunda* el espíritu.

Segundo, secundario

Segundo es un nombre ordinal.

Secundario, un nombre adjetivo común.

El primero expresa orden, serie, sucesión: Felipe *segundo*.

El *segundo* expresa cualidad: causa *secundaria*.

Lo *segundo* significa serie aritmética.

Lo *secundario* significa una inmensa serie filosófica.

Lo *segundo* es lo contrario de primero.

Lo *secundario*, de primitivo.

Seguro, cierto

El hombre que ve claramente la relación que existe entre las cosas y los juicios que de ellas ha formado, tiene *certeza*; está *cierto* de que ha juzgado bien.

Sé el color que tiene la grana; veo después muchas guindas en un árbol; comparo el color de aquel fruto con la idea que tengo del otro color, hallo una perfecta relación de analogía y digo: el color de esa fruta se parece al color de la grana. Estoy *cierto* de la semejanza de ambos colores.

De modo que la voz *certeza* expresa un hecho que pertenece al orden intelectual: es un nombre lógico.

Estar *cierto* es ver claramente con los ojos de la inteligencia.

Ahora llega uno y dice a aquel hombre: ¿te atreves a jurar, bajo la responsabilidad de tu alma, que el color de la grana y el de esa fruta son muy parecidos?

Aquel hombre calla, fija la vista, se pasa la mano por la frente, se restrega los ojos, tartamudea, y al cabo responde: «me parece que esos colores son semejantes, casi juraría; pero, mediando el alma, no me atrevo a jurarlo.»

Esto quiere decir: estoy *cierto*, pero no estoy *seguro*.

Hallamos, pues, que el hombre en cuestión tiene *certeza*; y, sin embargo, no tiene *seguridad*.

Está *cierto* de su juicio.

No está *seguro* de que su juicio no pueda caer en error, como suele caer con harta frecuencia.

Sabe que ha juzgado; le parece que ha juzgado bien, y está *cierto*.

No tiene el sentimiento irresistible de aquella verdad; no está convencido de que es infalible; no se siente tranquilo en su fuero interior; hay en su interior cierta alarma, y no está *seguro*.

Más claro, su inteligencia afirma, y el hombre no duda.

Su conciencia calla, y el hombre vacila.

Dudar y vacilar: he aquí la verdadera y única distinción de estas dos palabras.

Lo contrario de dudar es estar *cierto*.

Lo contrario de vacilar es estar *seguro*.

De modo que lo *cierto* pertenece a la mente, mientras que lo *seguro* pertenece a la conciencia.

Cierto quiere decir verdad.

Seguro quiere decir virtud.

Para estar *cierto* se necesita un raciocinio claro: saber juzgar.

Para estar *seguro*, se necesita convicción poderosa, firmeza de carácter, fuerza de voluntad, conciencia probada, resolución firme.

Terminaremos con un ejemplo.

Palabra *cierta*; palabra *segura*.

¿Qué quiere decir palabra *cierta*? Quiere decir que es una palabra en que no hay error, en que no hay mentira.

¿Qué quiere decir palabra *segura*? Quiere decir que es una palabra formal, solemne, que se cumplirá sin defecto alguno; una palabra en que no hay ni puede haber engaño.

El hombre que dice cosas *ciertas* puede hablar de un modo indiscreto y comprometer a todo el mundo.

El que dice cosas *seguras* mide sus palabras antes de hablar, mide sus fuerzas antes de ofrecer, mide sus pasos antes de salir, y, llegada la hora de la tribulación o del peligro, es el primero que se compromete y se sacrifica.

Resumamos lo expuesto.
Estar *cierto* es una virtud lógica.
Estar *seguro* es una gran virtud moral, religiosa y política.
Lo *cierto* es un filósofo.
Lo *seguro* es un santo.

Semblante, fisonomía

Semblante se deriva de *símil*. Es el *símil* o la alegoría de nuestra alma.

Fisonomía se compone del griego *physis*, naturaleza, y de *gnōmōn*, indicador, índice, muestra. Es el índice de la naturaleza del individuo.

Apenas se concibe que puedan inventarse dos definiciones más sencillas, más evidentes y más sabias.

Supongamos que a un hombre se le ha muerto su padre, y que le aflige un gran dolor. La expresión de este gran dolor que oprime su alma, ¿tocará al *semblante* o a la *fisonomía*?

Hemos dicho que el *semblante* es el *símil* o la *semblanza* de nuestro espíritu; es así que de nuestro espíritu viene todo dolor moral, como el ocasionado por la muerte de un padre; luego la expresión de este dolor corresponde al *semblante*, no a la *fisonomía*.

Supongamos que un hombre tiene una índole dañada, una naturaleza pervertida y viciosa. ¿Quién nos anunciará esas inclinaciones perversas de aquel individuo, la *fisonomía* o el *semblante*?

Hemos dicho que la *fisonomía* es como el índice o la muestra de la índole con que nacemos; es así que buscamos quien nos anuncie la índole perversa de aquel hombre; luego debemos acudir a la *fisonomía*, puesto que esta *fisonomía* es el indicador de la naturaleza, y naturaleza es la índole con que venimos a la vida.

Esto explica la profunda filosofía del uso, que dice: el dolor estaba impreso en su *semblante*; aquel hombre tiene mala *fisonomía*.

El *semblante* revela el alma.
La *fisonomía* revela el instinto.
El *semblante* dice lo que siento.
La *fisonomía* dice lo que soy.

Para ver si somos desgraciados o felices, si estamos tristes o contentos, debemos mirar al *semblante*.

Para ver si somos buenos o malos, si deseamos bien o mal, debemos mirar a la *fisonomía*.

El *semblante* viene a ser un espejo.
La *fisonomía* es casi una ciencia.

Semblante, rostro, fisonomía, cara

1. *Sentido etimológico*. *Rostro* quiere decir extremo, punta, pico, espolón; es como el espolón del cuerpo humano.

Cara, raíz de *carácter*, está en relación con el genial, con la conciencia, con las costumbres, con la educación; es el sello del ánimo, la estampa del espíritu.

El *semblante* representa la similitud o semblanza de todos los hombres; es un retrato que tiene cierto aire de todos los retratos del mundo.

La *fisonomía* se refiere a las propiedades originarias del organismo; es la marca de la constitución o del temperamento individual.

2. *Sentido figurado*. El *rostro* es línea; la *cara*, indicio; el *semblante*, efigie; la *fisonomía*, naturaleza.

El *rostro* nos anuncia una virgen; la *cara*, un hombre de bien o un facineroso; el *semblante*, un individuo sano o enfermo; la *fisonomía*, un hombre de genio o un idiota.

El pintor busca un *rostro*: la sociedad se fija en la *cara*; el médico mira al *semblante*; el frenólogo consulta la *fisonomía*.

La *fisonomía* se estudia; el *semblante* se altera; se da la *cara*; se oculta el *rostro*.

El *semblante* es una especie de *mecánica*; el *rostro*, arte; la *cara*, moral; la *fisonomía*, misterio.

Semejanza, semblanza

Ambas palabras vienen del *similis* latino, voz derivada del adverbio *simul*, que significa al mismo tiempo, en la misma razón, en circunstancias *semejantes*.

La *semejanza* es el rostro del cuerpo.
La *semblanza* es el rostro del ánimo.
La *semejanza* se revela por el *semblante*.
La *semblanza* se revela por el genio; es decir, por el *semblante* del espíritu.
Un pintor busca la *semejanza*.
Un crítico busca la *semblanza*.
Semejanza de los retratos.
Semblanzas de los hombres políticos de Europa.

Nada más contrario al sentido de las dos frases que decir equivalentemente: *semblanzas* de los retratos; *semejanzas* de los hombres políticos de Europa.

La *semejanza* es una especie de biografía por fuera.
La *semblanza* es una verdadera biografía por dentro.

Sempiterno, eterno

Eterno se compone de *aevum* (*aeviternus*) que significa perpetuidad.

Sempiterno quiere decir *siempre eterno*, y, sin embargo, expresa mucho menos que la voz primitiva.

La diferencia de estas dos voces (tantas veces equivocadas y confundidas) es la siguiente:

Lo *sempiterno* dura siempre dentro del espacio.

Lo *eterno* dura siempre en la infinitud; es decir, en la perpetuidad simple, completa, acabada, absoluta.

Lo *sempiterno* viene a ser la medida del tiempo.

Lo *eterno* es como la medida de la inmensidad del espacio y del tiempo, que no tienen fin.

Lo *sempiterno*, como indica la misma estructura del vocablo, significa lo que dura siempre, pero sin entrar en el misterio de la eternidad.

Lo *eterno* representa el ser.
El sistema del mundo es *sempiterno*.
La luz de los astros es *sempiterna*.
Dios es *eterno*.
Es *eterno* el espíritu.

Senador, prócer

Senador es un individuo derivado de *senex*, anciano, porque ancianos tenían que ser los *senadores*.

Prócer es palabra latina, derivada de la misma raíz que *procella*, borrasca, de donde proviene nuestro vocablo *proceloso*. De *procella* se formó *procello*, que significa conmover, agitar, dar vaivén a las cosas, como la borrasca o lo *proceloso* da vaivén a los mares. Esto nos demuestra que la voz *prócer* significó primitivamente la idea de movimiento, de gerencia, de dirección. Los *próceres* eran los agitadores de los pueblos, los promovedores o instigadores de los pensamientos y de las empresas, la inteligencia activa y poderosa que impulsaba a los demás hombres. El *prócer* era el elemento *proceloso* (conmovedor) de la sociedad primitiva. Después pasó a significar cabeza, jefe, dignatario, magnate, porque los que se ponen delante de los pueblos son ordinariamente los que le gobiernan; es decir, los que se hacen grandes y señores. Así es que *proceritas* significa en latín longitud, forma larga, grande estatura, elevación y del mismo origen nace *procerus*, que expresa la idea de lo alto, de lo grande, de lo extenso; de modo que para significar los latinos que daban pasos largos, extendidos, decían *proceri passus*. Pues bien, *proceritas* no es otra cosa que la expresión de las cualidades que tocan al *prócer*, que equivale a si el castellano dijera *proceridad*.

No cabe duda, pues, que *prócer* significa dignatario, magnate, grande, señor.

La diferencia de las dos palabras no puede ser más definida.

Senador quiere decir anciano.

Prócer, cabeza, jefe.

Sencillo, cándido, ingenuo, inocente

Sencillo es aquello que no tiene doblez, aliño, aparato. Es como la naturaleza lo ha hecho; el mundo no ha puesto nada.

Cándido significa la relación de castidad, blancura, pureza.

Ingenuo, la de sinceridad, buena fe; habla con el corazón en la mano, no tiene secretos. Si pudieran poner un cristal en su alma, nadie vería más que sin cristal.

Inocente es aquello que no tiene argucia, que no sospecha, que no supone que hay maldad en el mundo, porque lo ignora.

De modo que *sencillo* es lo contrario de doble.

Cándido, lo contrario de impuro.

Ingenuo, de solapado.

Inocente, de malicioso.

La vida del campo es *sencilla*.

La castidad es *cándida*.

La franqueza, *ingenua*.

La niñez, *inocente*.

La *sencillez* está en una pastora.

La *candidez*, en una virgen.

La *ingenuidad*, en una madre.

La *inocencia*, en su hija.

La *sencillez* se oculta en un bosque.

La *candidez* se vela en un claustro.

La *ingenuidad* busca un asilo en el amor de la familia.

La *inocencia* duerme en una cuna.

Nada tiene el mundo en esos cuatro seres benditos. Todos cuatro se sientan en el hogar de Dios.

Conviene que digamos dos palabras sobre la etimología de estos nombres.

Cándido viene de *candidus*, sinónimo de *albus*, en latín. *Candidus* expresa una *blancura* bella, fulgente, limpia; la *blancura* de una virgen pura y hermosa; es decir, una *blancura* virtuosa, poética, espiritual, como la *candidez* entre nosotros.

Albus era lo blanco de la naturaleza.

Candidus era lo blanco del sentimiento, de la conciencia y de la fantasía. Así dice Servio en sus comentarios sobre Virgilio: *aliud est* candidum; *id est quandam nitendi luce perfussum esse; aliud* album, *quod pallori constat esse vicinum*. Lo cual quiere decir que lo *cándido* arroja luces nítidas; esto es, resplandores puros y brillantes; mientras que lo *albo* se aproxima a la palidez.

Ingenuo quiere decir que conserva el carácter de su *género*, que es castizo, que no ha bastardeado; en una palabra, que no se ha corrompido.

Inocente quiere decir que no es *nocivo*. Viene de *noceo, nocis*, que significa dañar, de donde fueron originadas las voces anticuadas *nocir, nocimiento*, y las actuales *nocivo, nocible* y *nocivamente*. Lo que dañaba era *nocente*, e *inocente* lo que no hacía daño. Luego se aplicó a los hechos morales, y se llamó *inocente* al que no tenía culpa, como trasladada la idea de veneno a las afecciones del alma, se dijo que el odio era el *veneno* del corazón.

En este sentido, *innocens* era sinónimo de *innoxius*, y se diferenciaban en que *innocens* se refería al hecho, mientras que *innoxius* hacía relación a la conciencia: *in-*

nocens re; innoxius ánimo *dicitur*. Inculpabilidad en la cosa, *innocens*; inculpabilidad en el ánimo, *innoxius*.

Esto explica, dice Barrault, el porqué *nocens* (lo contrario de *inocens*) designa con mucha frecuencia un criminal; y *noxius* (lo contrario de *innoxius*) designa siempre un condenado; esto es, un reo convencido, un reo de conciencia.

Nosotros nos valemos de la voz *inocente* para significar tanto la inculpabilidad de hecho como la del ánimo, y este doble sentido de aquella palabra es una laguna de nuestra lengua. Un hombre *inocente*, según las pruebas, puede ser un malvado en su corazón; puede tener la mayor de las culpas, la de una intención pervertida; mientras que un culpado en el hecho puede ser *inocente* en el fuero sagrado de su alma. Los latinos fueron mucho más filosóficos teniendo dos palabras para significar dos relaciones tan diferentes.

De modo que, si atendemos al origen de las cuatro palabras de este artículo, su significación es la siguiente:

Sencillo quiere decir simple: *cándido*, puro; *ingenuo*, castizo; *inocente*, inofensivo.

Sencillo, sincero

Sincero (¡quién lo había de pensar!) quiere decir *sin cera* (*sinecerā*); es decir, miel que se ha separado del panal, de la cera, de la parte leñosa; miel pura, miel limpia, sin mezcla ni aparato.

Veamos en qué se diferencian las dos palabras del artículo.

Lo *sincero* no puede aplicarse más que a las personas, puesto que expresa las ideas morales de ingenuo, de leal, libre de mixtura, de mancha, de impureza.

Lo *sencillo* se aplica igualmente en sentido físico y en sentido moral. Lo mismo se dice tela *sencilla*, real *sencillo*, que hombre *sencillo* o mujer *sencilla*.

El lector comprende cuán disparatado sería decir: real *sincero*, tela *sincera*.

He aquí, desde luego, una diferencia real y positiva que distingue a las voces en cuestión.

Consideradas en sentido moral, hallamos también diversidad en las relaciones que cada una significa.

La *sinceridad* se parece a pureza, candor.

La *sencillez* se inclina a humildad, llaneza.

El *sincero* no engaña.

El *sencillo* puede ser engañado.

Lo contrario de lo *sincero* es lo fraudulento, lo solapado.

Lo contrario de lo *sencillo* es lo doble o la doblez.

La *sinceridad* es una virtud más excelente que la *sencillez*, porque en lo *sincero* entra la probidad del sentimiento y de la conciencia, y en la *sencillez* puede entrar falta de entendimiento y de trato.

Los hombres muy *sinceros* son muy honrados, muy leales, muy puros, muy dignos.

Los hombres muy *sencillos* son débiles, irresolutos, pusilánimes.

Sensibilidad, sentimiento, sensación, emoción

Un hombre se quema y arroja un grito.

Ese mismo hombre se acuerda de su madre y llora.

En ambos casos *siente*; pero cuando se quema y arroja un grito, *siente* en su cuerpo; cuando se acuerda de su madre y llora, *siente* en su alma.

La aptitud natural, que tiene el hombre, de experimentar impresiones en sus órganos, se llama *sensibilidad*.

La aptitud, infinitamente más grande y más noble, de experimentar impresiones en su alma, se llama *sentimiento*, cuya excelencia sobre el otro principio está expresada por la palabra facultad. Así decimos: el hombre está dotado de la *facultad del sentimiento*, mientras que no puede decirse de la facultad de la *sensibilidad*, porque a esta palabra no conviene tanto la idea de principio, de causa, de esencia.

De modo que la *sensibilidad es el sentimiento* del cuerpo.

El sentimiento es la sensibilidad exquisita del alma.

De aquí se deduce que toda materia organizada está dotada de *sensibilidad*, mientras que el *sentimiento* es un carácter superior del hombre, uno de esos grandes caracteres que pertenecen a la alta jerarquía del espíritu.

No hay más que una *sensibilidad*: la *externa*. Conviene a todas las organizaciones, desde el pólipo hasta el cuerpo humano.

Hay cinco *sentimientos*: *sentimiento* afectivo, cuya primera idea es el *amor*.

Sentimiento moral, cuya primera idea se llama bien, virtud.

Sentimiento estético, cuya expresión más elevada se llama belleza.

Sentimiento político, cuya expresión más general es la justicia.

Sentimiento religioso, significado por la palabra creencia o fe.

La *sensibilidad* es del mundo físico.

El *sentimiento* nos revela los profundos misterios del arte, de la ciencia, del derecho, de la moral y de la religión. El *sentimiento* es el fuego escondido que calienta el mundo y le hace andar; la profecía que le hace esperar y gemir; el arcano augusto que le hace llorar y creer.

El *sentimiento* es un resplandor de la mente divina.

Movimiento y reproducción: ésa es la *sensibilidad*.

Dios, amor y arte: ése es el *sentimiento*.

La *sensibilidad* se realiza por medio de las sensaciones.

El *sentimiento*, por medio de las emociones o de los afectos.

Sensitivo, sensual

Ambas voces expresan la idea de *sentido*; pero se diferencian en que *sensitivo* la expresa con relación a los *sentidos* corporales, mientras que *sensual* se refiere a la *sensibilidad* interior.

Lo *sensitivo* es sensación.

Lo *Sensual* es sensación y sentimiento, por cuya razón los animales son *sensitivos*, no *sensuales*; tienen la sensibilidad orgánica, la *sensibilidad* del cuerpo animado, no el *sentimiento* del espíritu, no el sentimiento de la razón.

Lo *sensitivo* es facultad.

Lo *sensual* es deleite.

Lo *sensitivo* es naturaleza.

Lo *sensual* es vicio.

Lo *sensitivo* corresponde a la ciencia.

Lo *sensual* toca a la moral.

De lo *sensitivo* no respondemos. Dios nos lo ha dado.

De lo *sensual* nos piden cuentas la religión, las costumbres, el mundo. Es un abuso nuestro.

En una palabra, lo *sensitivo* es organización.

Lo *sensual* es concupiscencia.

Hay una planta que se llama la *sensitiva*.

Nada más absurdo que llamarla la *sensual*, porque esto sería convertirla en un ser dotado de conciencia, de conducta, de ánimo.

Lo *sensitivo* nos da una vida.

Lo *sensual* nos consume otra.

Sentencia, proverbio, adagio, refrán

Sentencia es todo dicho breve que lleva en sí un buen pensamiento, ora sea en ma-

teria moral, ora en materia religiosa, filosófica o política.
«El perdón es la mejor venganza.»
«No es más sabio aquel que más sabe, sino aquel que sabe mejor.»
Éstas son dos *sentencias*.

Proverbio es un dicho breve y agudo, pero necesariamente moral; es decir, que puede tener aplicación a nuestras costumbres, aunque no ilustre nuestro entendimiento. En esto se distingue de la *sentencia*:

«*Quien comienza en juventud
a bien obrar,
señal es de no errar
en senectud.*»

Adagio es un dicho que encierra un pensamiento filosófico, pero expresado de un modo vulgar, con malicia, con chiste picaresco, sin dejar de tener la sabiduría de la experiencia. La llaneza de la expresión lo distingue de la *sentencia* y del *proverbio*.

«*Más vale regla que renta.*»
«Al que madruga, Dios le ayuda.»
«Casar y compadrar
cada cual con su igual.»

El *refrán* consiste en un dicho ingenioso, truhanesco, picante, pero que ha de encerrar necesariamente alguna alegoría; es decir, una comparación que forme imagen, de tal manera, que quien lo oye tenga que pensar para entender lo que quiere decir. El ser metafórico distingue al *refrán* de la *sentencia*, del *proverbio* y del *adagio*.

«*Si quieres saber cuánto cuesta un ducado,
pídelo prestado.*»
«*¡Sancha, Sancha!
bebes el vino y ¡dices que mancha!*»

«*Camino de Roma,
ni mula coja, ni bolsa floja.*»
«*En lugar de señorío
no hagas tu nido.*»

La *sentencia* es sabia.
El *proverbio*, moral.
El *adagio*, agudo.
El *refrán*, alegórico.
La *sentencia* es un filósofo.
El *proverbio*, un mentor.
El *adagio*, un viejo.
El *refrán*, todo el mundo.

El *refrán* es la ciencia, la literatura, la poesía del vulgo y del sabio; una erudición y una belleza que no tienen igual.

Los *refranes* son indudablemente la primera gloria del habla castellana; uno de los misterios del libro más grande que en su género han escrito los hombres. Quitemos los *refranes* al *Quijote* y desaparecerá una gran parte de aquel inmenso libro.

Fray Luis de León y santa Teresa de Jesús tienen *sentencias*.
El marqués de Santillana, *proverbios*.
Las viejas, *adagios*.
Sancho Panza, *refranes*.

Sentir, parecer, dictamen, opinión

El hombre privado expresa *su sentir*.
El hombre docto manifiesta *su parecer*.
El hombre público extiende *su dictamen*.
El hombre político sostiene *su opinión*.
El amigo dice *su sentir*.
El filósofo, *su parecer*.
El jurisconsulto, *su dictamen*.
El diputado, *su opinión*.
El *sentir* pertenece al orden afectivo.
El *parecer*, al orden intelectual y moral.
El *dictamen*, al orden oficial.
La *opinión*, al orden político.

El *sentir* debe ser franco, ingenuo.
El *parecer*, sensato y prudente.
El *dictamen*, imparcial y justo.
La *opinión*, leal y valerosa.

Seña, señal, signo

El *signo* revela; la *seña* advierte; la *señal* indica.

Un *signo* representa una letra, una inscripción, un jeroglífico, un epitafio, porque el epitafio no es otra cosa que el *signo* de un sepulcro, como el jeroglífico no es más que el *signo* o la escritura de una pirámide.

Una *seña* es un ademán, una mirada, un gesto, una sonrisa.

Una *señal* es una nube, una piedra, un árbol, una raya.

Un *signo* nos hace mudar de pensamiento; una *seña* nos hace mudar de propósito; una *señal* nos hace mudar de camino.

La *señal* tiene algo de marca; la *seña*, de aviso; el signo, de emblema, de cifra, de misterio.

La *seña* toca a la familia; la *señal*, al mundo; el *signo*, a la ciencia, a la historia, a la moral y a la religión.

La palabra *signo* tiene hoy un sentido cristiano que no pudo tener el *signo* gentil, puesto que una cruz es el *signo* augusto de la salvación de la especie humana.

Señorial, señoril

Créese que *señor* se deriva del latín *senex*, que significa anciano, porque los ancianos eran antiguamente los señores. Todo ha tenido su reinado en el mundo; la edad también.

Realmente, el comparativo de *senex* es *senior*, y parece imposible que de este origen no venga *señor*.

Señorial se aplica a las cosas y a las personas en buena parte; majestad *señorial*, tierras y fueros *señoriales*. Sería absurdo decir: tierras y fueros *señoriles*, majestad *señoril*.

Señoril se aplica a los hechos morales, o lo que es lo mismo, a las personas; pero en mal sentido: vanidad *señoril*, humos *señoriles*.

No expresaríamos la misma idea diciendo vanidad *señorial*, humos *señoriales*.

Lo *señorial* es una tradición, una dignidad, una honra.

Lo *señoril* es una pequeñez, una desgracia, una miseria.

Cuando los que tienen muchas riquezas y mucho poder tienen poca alma, son también mendigos.

La voz *señoril* toca a esa familia de los ricos pobres.

Sepultura, sepulcro, tumba, túmulo, mausoleo

Toda fosa en que es enterrado un cadáver se llama *sepultura*.

Sepultura quiere decir profundidad, excavación, enterramiento.

Toda *sepultura* del pasado se llama *sepulcro*. El *sepulcro* es una *sepultura* antigua, venerable, misteriosa.

Tumba es la *sepultura* que está en alto. Esto explica el que antiguamente se llamase *tumba* la parte superior de la *sepultura*, la losa. Propiamente hablando, *tumba* es la piedra funeraria en que el cariño, el deber, el respeto o la fama ponen un epitafio.

Túmulo es una *tumba* que supone mayor elevación, más riqueza, más gala. Es una *tumba* artística.

Mausoleo fue el *túmulo* que la reina Artemisa levantó a su esposo *Mausolo*, rey de Caria. Tenía veinticinco codos de altura; rodeábanle treinta y seis columnas, y se cuenta entre las siete maravillas del mundo.

La *sepultura* abriga nuestro polvo, porque es como la casa de la muerte, la mansión del descanso, la última caridad del mundo: la caridad que da un hogar a nuestras cenizas.

El *sepulcro* consume.

La *tumba* recuerda.

El *túmulo* honra.

El *mausoleo* eterniza el recuerdo.

Todo ser humano tiene derecho a una *sepultura*.

Toda ruina nos habla de un *sepulcro*.

Muchos hombres adquieren en vida la propiedad temporal o perpetua de sus *tumbas*.

Los ricos y los héroes tienen *túmulos*.

Los reyes, los magnates, los poderosos, tienen *mausoleos*.

De manera que la *sepultura* es un monumento de la religión. Tiene por toda arquitectura la santa poesía y el arte sublime de una cruz.

El *sepulcro* es un monumento de la historia. Tiene por ornato el arcano del tiempo.

La *tumba* es un monumento de familia. Tiene por trofeo un saludo, una corona y una inscripción.

El *túmulo* es un monumento de arte, en que entran las estatuas y los pórticos.

El *mausoleo* es el monumento de la magnificencia, de la pompa, de la casta; una apoteosis del orgullo humano. El *mausoleo* hace grande en muerte al que acaso fue muy pequeño en vida. Es una venganza con que la vanidad quiere engañar a la impotencia.

Cien y cien déspotas hallaron en el mundo *mausoleos*. Cien y cien sabios, cien y cien apóstoles, cien y cien mártires, cien y cien de esos hombres a quienes llama Dios para que sirvan de testigos en el testamento de la historia, no hallaron en la tierra una *sepultura*.

¡Dichoso aquel que la merece pura y honrada, aunque no la deba al olvido idiota de la humanidad!

La significación natural y propia de las cinco palabras del artículo es la siguiente:

Sepultura quiere decir entierro.

Sepulcro, consunción y misterio.

Tumba, losa.

Túmulo, altura.

Mausoleo, maravilla.

¿Cuál es la mejor *sepultura*? La que tiene un hoyo en la tierra, un dosel en el cielo, y en la Tierra un ejemplo de amor y de fe.

Sequedad, seca, sequía

La *sequedad* es una propiedad elemental de los cuerpos. Hay cuerpos *secos* como hay cuerpos húmedos.

La *seca* es un estado accidental, producido por las disposiciones de la atmósfera.

La *sequía* no se refiere a una propiedad de los cuerpos, como la *sequedad*, ni a un estado atmosférico, como la *seca*, sino que se aplica a la falta de lluvias, con relación al campo, a las plantas.

La *sequedad* es saludable, porque lo húmedo es malsano.

La *seca* es causa de enfermedades y de pestes.

La *sequía* esteriliza los terrenos.

De modo que la *sequedad* es amiga del hombre.

La *seca*, enemiga de la sociedad.

La *sequía*, enemiga del labrador.

Lo contrario de la *sequedad* es la humedad.

Lo contrario de la *seca*, la mojadura.

Lo contrario de la *sequía*, la lluvia abundante.

Séquito, cortejo

El *séquito* no expresa más que un acto, una acción. Muchos hombres caminan detrás de un ataúd, lo *siguen*: ése es un *séquito*.

Cortejo lleva en sí la idea de obsequio y de solemnidad. Es un homenaje que se tributa a una memoria; una especie de honor que se hace al muerto, una fiesta fúnebre; más claro, una *cortesía*.

Apenas hay cadáver que no lleve *séquito*.

El *cortejo* es el privilegio de ciertas exequias.

Ser, vivir, existir

Ser, *esse* en latín, es la primera idea simple. Sólo conviene a Dios.

Vida abraza la idea de alma y de cuerpo.

Existencia comprende todos los demás órdenes de la creación universal. Todo *existe*, hasta la nada.

Dios *es*.
El hombre *vive*.
El universo *existe*.
El *ser* es un misterio.
La *vida*, un principio.
La *existencia*, una forma.

Serenarse, aclararse, despejarse

Se *serena* lo que estaba revuelto; se *aclara* lo que estaba turbio; se *despeja* lo que estaba nublado.

Se *serena* el mar.
Se *aclara* la atmósfera.
Se *despeja* el cielo.

Sigilo se parece mucho a *silencio*, pues ambas palabras vienen de *silere*, que significa no hacer rumor, callar.

De modo que *obrar con sigilo* quiere decir obrar a cencerros tapados, a la chita callando, oculta y silenciosamente.

Obrar con *reserva* significa bastante más.

La *reserva* consiste en estudiar las personas y los sucesos, recatándose, no para que no la vean, sino para que no la conozcan. No oculta la cara, sino el pensamiento.

El *sigilo* se esconde.
La *reserva* mira, aprende y calla.
El *sigilo* es casi un secreto.
La *reserva* es una conducta.
El criminal es *sigiloso*.
El hombre prudente es *reservado*.

Significar, expresar

Significar es expresar por *signos*, como enseñar.

Expresar es significar por medio de *expresiones*, como *expresivo*.

El *signo* es material, insensible.
La *expresión* es tierna, afectuosa.
Signo equivale a muestra.
Expresión equivale a presente.
Nos *significamos* para que nos entiendan.
Nos *expresamos* para que nos amen.
El filósofo *significa* su idea.
El amante *expresa* su deseo.
Significando, hablamos.
Expresando, sentimos.
La razón *significa*: es lógica.
El arte *expresa*: es estético.

Silbo, silbido, crujido, estallido, estampido, zumbido, chasquido, zurrido, chirrido, rechinamiento

Silbo es el ruido que hacemos frunciendo los labios y arrojando el aire por la boca.

Silbido es el *silbo* que se hace con el silbato, y por analogía, con todo aquello que pueda despertar en nosotros la sensación de un rumor semejante. Así es que se llama *silbido* al ruido que hacemos soplando en el hueco de una llave, metiéndonos los dedos en la boca, así como al *silbo* particular del viento, al de las serpientes y al de las balas. De modo que el *silbo* es un efecto natural, mientras que el *silbido* es artificial, puesto que el *silbido* de las balas, el del viento y el de las culebras se representa en nuestra imaginación como hechos artificiales, casi fantásticos.

Crujido es el rumor que causan las maderas, los cristales, así como las cáscaras de las frutas, poco antes de romperse o en el momento en que se rompen.

Estallido es el ruido que produce un pistón que se aplasta de un golpe violento, el de una piel que se hincha y revienta; el de un arco que se dobla y salta, y, en general, el de todo lo que se hace pedazos con ímpetu. Para que una cosa *estalle* es necesario que sus partes se rompan y se desvíen, como cuando revienta un canuto lleno de pólvora.

El *estampido* supone *explosión*, como el *estallido* supone separación violenta de las partes que constituyen la cosa que estalla; produce *estampidos* el trueno, pues el ruido que produce se parece a una explosión.

Zumbido es el estrépito especial que produce el golpe del badajo en la campana. Todo rumor que causa el aire en un espacio cóncavo, es un *zumbido*. Así es que *zumba* todo cuerpo agujereado cuando se le arroja con fuerza.

Chasquido es el ruido del látigo.

Zurrido, el que produce el golpe que se da con un cuerpo flexible, como una correa.

Chirrido es el ruido precipitado, confuso y *chillón* que se oye cuando en una sartén, en donde hay aceite hirviendo, caen algunas gotas de agua. También produce el mismo rumor el frote de dos cuerpos metálicos, como cuando echamos el cerrojo; y se da el mismo nombre a la algarabía que produce la voz de ciertos pájaros.

Rechinamiento es el ruido particular que oímos, cuando se pasa cualquier cuerpo duro sobre una superficie vidriosa, como si frotamos la punta de un clavo sobre un plato fino.

El *silbo* es del hombre.

El *silbido*, del silbato, del viento, de las balas, de las culebras, de los oídos.

El *estampido* es un disparo de cañón.

Todo látigo ue se agita en el aire produce *chasquidos*.

Estalla una bomba.

Zumba una bala agujereada.

Se *zurra* con una correa o disciplina.

Chírría la gota de pringue que cae en las ascuas.

Rechinan los dientes.

Simiente, semilla

Ambas palabras se derivan de *serere*, verbo latino que equivale a *sembrar*.

A pesar de esto, la diferencia que el uso atribuye a los dos vocablos es evidente.

Supongamos que un agricultor elige el mejor grano para sembrar sus tierras, y que por efecto de circunstancias desgraciadas recolecta poco. Este agricultor podrá decir: sin embargo de la buena *simiente*, ha sido mal año de *semillas*.

Esto nos demuestra que la *simiente* lleva en sí la idea de germen o principio; la *semilla* se refiere al grano.

La *simiente* es lo que se *siembra*.

La *semilla* es lo que nace, lo que grana, lo que se recoge.

En una palabra, la *simiente* es *semen*.

La *semilla* es *sementera*, algo que se puede sembrar.

Simple, elemental, esencial, fundamental, primordial, originario, absoluto, necesario, perfecto

Simple es todo aquello que no tiene partes. No teniendo partes, no se puede descomponer; no pudiendo descomponerse, no puede destruirse, y no pudiendo destruirse, constituye el todo más acabado, más universal, más permanente.

Considerado lo *simple* como el término o la unidad que entra en todas las combinaciones posibles, toma el nombre de *elemental*.

Considerado como causa interior, de donde proceden todos los fenómenos sensibles que se verifican en la naturaleza, se llama *esencial*.

Considerado como base de todos los hechos, se denomina *fundamental*.

Considerado lo *simple* como un principio que no ha tenido tiempo anterior, toma la denominación de *primordial*.

Considerado como hecho que no procede de ninguna causa superior, puesto que él es su propio origen, toma el nombre de *originario*.

Considerado como conjunto acabado en sí mismo, que de nadie depende, que de ningún poder necesita, toma la nueva denominación de *absoluto*.

Considerado como inteligencia indispensable para la universal armonía, como gobierno de la creación, sujeto a leyes inmutables y eternas, se llama *necesario*.

Considerado como ente moral, como bondad suprema, como santidad suma, toma, por fin, el nombre de *perfecto*.

Lo *simple* se refiere a la sustancia, al espíritu, al ser.

Lo *elemental* está relacionado con las composiciones sucesivas. Es la gran química del Hacedor, si se nos permite esta manera de expresarnos.

Lo *esencial* se aplica a ese orden oculto y misterioso, a esa naturaleza íntima, impenetrable, milagrosa, que todo lo explica con su propio misterio, que tiene por sublime razón su propio arcano.

Lo *fundamental* es la primera piedra.
Lo *primordial* es el primer día.
Lo *originario*, la primer cuna.
Lo *absoluto*, el primer complemento.
Lo *necesario*, la primera ley.
Lo *perfecto*, la primera virtud.
Sin lo *perfecto* no habría bondad.
Sin lo *necesario* no habría sistema.
Sin lo *absoluto* no habría nada acabado.
Sin lo *primordial* no habría tiempo.
Sin lo *originario* no habría procedencia.
Sin lo *fundamental* no habría base.
Sin lo *elemental* no habría combinación.
Sin lo *esencial* no habría naturaleza externa, como no hay cualidad sin sustancia, como no hay luz sin astros, como no hay fragancia sin aroma.
Sin lo *simple* no existiría el espíritu, el ser, Dios.

Alteremos el significado de una sola de las anteriores palabras, y es bien seguro que no existe un sabio que pueda explicarnos la existencia y el concierto de la creación.

Lo contrario de *simple* es compuesto.
Lo contrario de *elemental*, combinado.
Lo contrario de *fundamental*, sucesivo.
Lo de *primordial*, secundario.
Lo de *esencial*, modal.
Lo de *originario*, derivado.
Lo de *necesario*, contingente.
Lo de *absoluto*, relativo.
Lo de *perfecto*, imperfecto.

Simulación, disimulo

Las cosas se piensan y se hacen, se combinan y se ejecutan. Antes de la práctica está la teoría, como antes del olor de la flor está la flor que huele.

La *simulación* es pensar.

El *disimulo* es hacer.

Supongamos que formo la intención de engañar a uno. La *simulación* da principio desde el momento en que hago aquel propósito, en que concibo aquella idea. Todo lo que invente y discurra después para organizar y dar temple a mi pensamiento es *simulación*.

Pero una vez discurrido el engaño, verificado ya el engaño espiritual, engañada ya mi conciencia, porque el que engaña es el verdaderamente engañado, empiezo a engañar a mi víctima. El *disimulo* da principio en el primer paso que yo intente para realizar mi propósito, para efectuar lo que mi alma ha *simulado*, para conseguir que se convierta en hecho la *simulación*.

La *simulación* está en el ánimo: concibe.

El *disimulo*, en la conducta: practica.

La *simulación* es traidora.

El *disimulo*, astuto.

Hay hombres de una grande inventiva para discurrir medios de engañar. Pero estos hombres, que tienen el talento de la invención, el talento infeliz de hacer que su conciencia goce y se explaye en el deseo, casi en la ambición de maquinar contra la honra y el bienestar de sus semejantes, no tienen cautela, no tienen sigilo, no conocen el arte de practicar lo que en su mente *simularon*, y la *simulación* no se efectúa.

Los hombres de que hablo tienen *simulación*, no *disimulo*.

Por el contrario, hay otros hombres que tienen un tacto especial en saber ocultar sus sentimientos, sus intenciones, sus ideas; hombres que dan a sus acciones cierto contorno cauteloso, confuso, sombrío, incomprensible; que están dotados del instinto de que nadie penetre en la red de lo que practican, pero que no tienen el don de discurrir, el don de inventar y de urdir la trama. Saben hacer, no saben combinar. Saben ejecutar, no discurrir; tienen *disimulo*, no *simulación*.

Para que haya *simulación* basta que discurramos.

Para que haya *disimulo* es indispensable que ejecutemos.

Síndico, personero

Síndico se compone del griego *sin*, que significa *con*, y de *dike*, que equivale a proceso; vale tanto como decir *con proceso*; esto es, que tiene causas o litigios.

Personero se deriva de *persona*, cuya voz se compone de *per* y de *sonus*, que es como si dijéramos que hace mucho ruido, que influye, que gestiona, que hace sentir su acción.

El *síndico* aboga por los intereses generales.

El *personero* se *persona* en todas partes, y todo lo mira y lo observa.

Síndico significa abogado.

Personero, procurador.

Siniestro, adverso

La palabra *siniestro, sinister* en latín, significó primitivamente el lado izquierdo, la mano zurda. Pero la idea de lo izquierdo o de lo zurdo entró después en la designación del espacio para los augurios, y la voz *siniestro* adquirió una significación religiosa que conserva aún en los idiomas neolatinos. Mas debe notarse una curiosidad, y es la siguiente: los augures romanos, para las ceremonias del rito, dividían el cielo de modo que lo que era mano izquierda para ellos era mano derecha para los dioses. Suponían que los dioses estaban delante del mundo, al frente de los hombres, y la situación que ocupaban era diametralmente contraria a la nuestra. Tal es la razón por que lo *siniestro* se consideraba como favorable entre los latinos. Lo *siniestro* estaba a la *diestra del numen*, y significaba para ellos lo contrario de lo que significa para nosotros. Por esto dice Cicerón que las cosas *siniestras* parecían mejores a los romanos: *nobis sinistra videntur meliora*.

Pero los griegos, al designar el espacio celeste para la observación de los presagios, obraron al revés que los latinos. Los dioses griegos debían estar detrás del mundo, guardando la espalda de los hombres, y lo que era *siniestro* para Roma, fue *diestro* para Atenas. Nosotros seguimos el rito de los griegos.

Adverso se compone de *ad* y de *verso*, de *verto*, que equivale a volver. Lo *adverso* es lo que se vuelve contra nosotros, lo que se torna en nuestro *adversario*.

La distinción de las dos palabras es evidente.

Lo *adverso* es un revés, una contrariedad.

Lo *siniestro* es más bien un anuncio, una agorería, una superstición.

Lo *adverso* se aplica al presente.

Lo *siniestro* se refiere al porvenir.

Para los malos todo es *adverso*.

Para los fatalistas todo es *siniestro*.

Contra lo *adverso* hay una medicina: obrar bien, no hacer daño a nadie.

Contra lo *siniestro* hay otra: tener fe, creer en Dios.

Sintaxis, construcción

Sintaxis se compone de dos voces griegas: *sin*, que equivale a *con*, y *taxis*, que quiere decir *tasa, taxa* en latín; significa literalmente *con tasa*.

Construcción se compone de dos voces latinas: *con*, que expresa compañía, y *struere*, edificar; significa la acción de edificar con otro, de arreglar, de poner en orden. Refiriéndose, naturalmente, a literatura.

La *sintaxis* no admite más que reglas; es entendimiento.

La *construcción* admite las pasiones y las imágenes: es inteligencia, sentimiento y fantasía.

Así decimos: *construcción* natural, *construcción* figurada.

Nada más absurdo que decir *sintaxis* natural, *sintaxis* figurada, porque la *tasa*, la medida, no admite figura, puesto que la figura es lo contrario de la medida y de la *tasa*.

La *sintaxis* es lógica.

La *construcción* es imaginativa.

La *sintaxis* ordena, dispone, mide, es ciencia.

La *construcción* imita, crea, se engalana; es arte.

Sistema, método

Sistema se compone de dos términos griegos: *syn*, que significa junto, y del verbo *hístēmi*, que quiere decir poner o colocar.

Expresa, pues, la idea de un objeto que está colocado junto a otro, formando orden, sucesión, conjunto. El que quiera confirmarse con más seguridad en esta opinión, note la evidentísima analogía que se echa de ver entre *sistema* y *síntesis*, cuya palabra significa composición, ordenamiento, ajuste, armonía.

Método viene del griego *hódos*, que equivale a camino, de donde es oriunda la voz latina *exodus*, *éxodo*, en español, que es como si dijéramos *ex-hodos*, fuera de camino, fuga o salida, por cuya razón se llama *Éxodo* al segundo libro de Moisés, en donde se narra la salida o la fuga de los hebreos de Egipto.

De este origen proceden las voces *período*, *peri-hodos*, alrededor del camino, vuelta, circuito que se hace *cerrando* la esfera, por lo cual *período* significa *cláusula*; *sínodo, sin-hodos*, por todos los caminos, dando la idea de una reunión a que se llega de todas partes, que es lo que entendemos por concilio o asamblea.

Según esto, la palabra *método* quiere decir camino, vía, medio, conducto.

Los filólogos que han opinado que esta palabra era capaz del sentido espiritual, trascendente y profundo que conviene a *sistema*, han caído indudablemente en error.

Toda serie, todo ordenamiento, toda sucesión, es *sistema*. Así decimos: *sistema* político, *sistema* filosófico, *sistema* métrico.

Esto equivale a si dijéramos: orden político, serie filosófica, conjunto de pesos y medidas.

Nada más absurdo que decir: *método* político, *método* métrico.

También se dice con mucha propiedad: la ciencia es un *sistema* de verdades; la filosofía es un *sistema* de opiniones; la moral es un *sistema* de preceptos; la metafísica es el *sistema* de las abstracciones; la creación es el *sistema* universal.

Nada más absurdo que decir: la ciencia es un *método* de verdades; la filosofía es un *método* de opiniones; la moral es un *método* de preceptos; la metafísica es el *método* de las abstracciones; la creación es el *método* universal.

Otro ejemplo hará que resalte con más evidencia la verdad de esta teoría. Decimos: los Alpes son un *sistema* de montañas.

El lector comprende cuán desatinado fuera decir: los Alpes son un *método* de montañas.

Toda regla que pueda guiarnos en la práctica de una cosa; todo medio, todo conducto, toda vía por donde podamos llegar al punto a que nos dirigimos, es *método*. Así decimos: *método* de escribir, *método* de leer, *método* de estudiar, *método* de alimentarse, *método* de canto, *método* de piano, *método* analítico, *método* sintético.

Nada más repugnante a la filosofía y al uso discreto de nuestra lengua, que decir: *sistema* de leer, *sistema* de escribir, *sistema* de piano, *sistema* sintético, *sistema* analítico.

Reflexionando un poco, no puede menos de comprenderse con una perfecta lucidez la razón del uso.

¿Por qué no se puede decir *sistema* analítico? Porque siendo el análisis un procedimiento por partes, fuera contradictorio aplicarlo a *sistema*, que es un procedimiento por series. Decir *sistema* analítico es tan repugnante como decir *conjunto parcial* o *pluralidad singular*.

¿Por qué no puede decirse tampoco *sistema* sintético? Porque siendo el *sistema* una síntesis, aplicar la idea de *síntesis* a *sistema* fuera un ripio lógico tan manifiesto como llamar *total* a un *todo*. Si es *todo*, ¿no ha de ser *total*? Si es *sistema*, ¿no ha de ser *síntesis*? Más claro; si es término *compuesto*, ¿no ha de ser *composición*?

Sistema es encadenamiento.
Método es regla.
Sistema es orden y sabiduría.
Método es proceder.
Sistema es el misterio.
Método es el modo de adivinarlo.
Sistema es el término del viaje.
Método es el camino por donde llegamos a ese término.

El *sistema* de cosas más mecánicas tiene algo científico, trascendental, profundo, sabio, porque ha de tener la ciencia natural e inevitable de la correlación, del concierto, de la fuerza y de la armonía.

El *método* más filosófico tiene algo manual, exterior, porque ha de tener la trivialidad de la forma y del modo, el servilismo de un procedimiento material, de una regla mecánica.

Sistema (espíritu de) espíritu sistemático

El *espíritu de sistema* consiste en la disposición a considerar las nociones imaginadas como principios demostrados.

El *espíritu sistemático* consiste en la disposición a observar un método constante en las experiencias, en los procedimientos, en las concepciones; de tal suerte, que resulte una serie de concepciones, de procedimientos y de experiencias perfectamente análogos.

El *espíritu de sistema* es siempre un absurdo, porque es siempre la sinrazón de una especie preconcebida sin el necesario fundamento.

El *espíritu sistemático* puede llegar a ser un gran método, una gran ciencia, una verdadera sabiduría, como la de Copérnico o la de Newton.

No hay fanático sin *espíritu* de sistema; no hay sabio alguno sin más o menos espíritu sistemático.

Soba, tunda, zurra, meneo, vapuleo, solfeo, manta

Soba viene de *sobar*, que es suavizar una cosa a fuerza de manosearla, como sucede al que *soba* una piel.

La *soba*, en ciertas casas, es un artículo de primera necesidad. Es la única diversión, el único recreo que ciertos maridos dan a las mujeres. Mujer hay que dejaría de amar a su marido, y novia que dejaría de amar a su novio, si el novio y el marido estuviesen una semana entera sin darles una *soba*.

Tunda viene de *tundir*, y equivale casi a paliza. Si todo el que da *tundas* fuese *tundidor*, este oficio sería el más común de todos.

Zurrar significar dar con un *zurriago*.

Sin embargo, una *zurra* es una *soba* cariñosa.

Meneo viene de *manear*, que es mover la mano. Y como que para dar golpes con ella es indispensable *manear* e *menearla*, como decimos hoy, de aquí la significación hostil que tiene actualmente la palabra *meneo*. *Meneo*, pues, no es otra cosa que golpear con la *mano*.

Vapulear es azotar con disciplinas.

Solfeo es una tunda acompasada, musical. Los maridos notaron, sin duda, que aquel que *solfea* va *dando golpes*, como para indicar la medida o extensión de las notas; les hubo de parecer bien la operación, y se metieron a *solfear*.

Manta es el vapuleo que se da en los colegios y seminarios a los estudiantes novicios. Esta *soba* consiste en coger una *manta* por las cuatro puntas; en meter dentro al condenado, y en agitar la manta con toda fuerza, de manera que el pobre novicio sube y baja en una confusión diabólica, cayendo sobre la manta ora de un lado o de otro. Es lo que llamaríamos una broma pesada.

La *soba* es casera.

La *tunda* puede ser masculina.

La *zurra* es muchas veces un cariño de nuestras madres; lo que se llama una *azotina*.

Meneo tiene una aplicación más general. No sólo se usa en significación de *soba*, sino en significación de silba, de censura, de ataque. Anoche se estrenó tal comedia y el público le dio un buen *meneo*. ¡Gran *meneo* ha dado la prensa a tal o cual discurso! ¡Soberbio *meneo* sufrió el Gobierno ayer en las Cortes!

Vapuleo es un meneo escolástico.

El *solfeo*, acaso por lo agradable del origen, se va extendiendo más de la cuenta. El *solfear* dentro de casa es ya un estilo de personas decentes.

La *manta* es colegial. El prohibir semejante absurdo sería una acción cristiana.

Hay pobre novicio que queda baldado para ocho días.

A este mismo artículo corresponden las voces siguientes: zurribanda, tollina, voleo, julepe, pavana, paliza, leña, felpa, solfa, culebra, y las locuciones: batir el cofre, cascar las liendres, dar para el camino, dar castañas, atizar y otras infinitas.

Sobreponerse, ponerse sobre sí, estar puesto sobre sí

Sobreponerse significa superioridad. Se *sobrepuso* al enemigo.

Ponerse sobre sí significa rehacerse, cobrar aliento, volver por lo perdido. El enemigo me llevaba de calle; pero *me puse sobre mí*, y no le dejé dar un paso.

Estar sobre sí vale tanto como decir estar alerta, sobre aviso. Creyó sorprenderme; pero no sabía que yo *estaba sobre mí*.

El transgresor se *sobrepone* a las leyes.

El hombre que se ve en un aprieto *se pone sobre sí*.

El que teme un peligro *está sobre sí*.

Estas tres metáforas son preciosísimos modos de hablar.

Sobrio, parco, frugal

El que no se excede en beber, es *sobrio*.
El que no se excede en comer, es *parco*.
El que se alimenta de frutas, es *frugal*.
La *sobriedad* es reparada.
La *parquedad* es comedida.
La *frugalidad* es menesterosa.
El hombre prudente es siempre *sobrio*.
El hombre templado es siempre *parco*.
El campesino es *frugal* por costumbre.
Lo contrario de *sobrio* es ebrio.
Lo contrario de *parco*, guloso.
Lo contrario de *frugal*, suculento.

El que quiera tener buena salud y larga vida, que dé carta de vecindad a los vocablos de este artículo.

Socolor, pretexto

Socolor significa intención hipócrita, superchería.

Pretexto es más bien un ardid.

Socolor de religión, quitan la piel al mundo.

Con *pretexto* de venir a verme, habla con mi hermana.

Sofocar, ahogar

Ambos verbos vienen de *fauces*, porque *sofocar* y *ahogar*, por *afogar*, significaban primitivamente estrangular, oprimir las fauces o la gola. Estrangular viene de *guttur*, que equivale a garganta, de donde se deriva la palabra *gustus*, gusto, porque los antiguos creían que con la garganta se gustaba.

Los dos términos del artículo se diferencian en lo siguiente:

Ahogar supone falta de respiración.
Sofocar supone arrebato.
Nos *ahoga* el agua.
Nos *sofoca* el calor.
El que se *ahoga* está pálido.
El que se *sofoca* está encendido.
El ahoguido es falta de aire, falta de aliento.
La *sofocación* es un movimiento de sangre.
El ahoguido es asfixia.
La *sofocación* es acceso.

Soldado, militar

Soldado significa hombre que sirve a *sueldo*; esto es, a salario, porque *sueldo* es una moneda; de donde viene la voz *soldada*, que se aplicó después a expresar el *sueldo* que se daba por otros oficios, y que hoy se conserva todavía con relación a pastores, gañanes y criados. De manera que la voz *soldado* significó en lo antiguo lo que hoy expresamos diciendo: *gente mercenaria*.

Militar viene del número *mil*, porque los grupos de hombres de guerra o las cohortes se componían de *mil* plazas, y de aquí fue el llamar a cada *soldado miles*, *militis*, tomando la parte por el todo. Sea de esta etimología lo que fuere, lo cierto es que la voz *militar* significó después la profesión o la carrera de las armas.

El *soldado* viene a ser un oficio.
El *militar*, un arte.
El *soldado* sirve, trabaja: es el menestral de la guerra.
El *militar* tiene el sentimiento de la patria, de la justicia, del valor, hasta de la gloria. Es verdad que tiene por ciencia un cañón; una ciencia terrible, pero es el cañón que anuncia muchas veces un pensamiento.

Así decimos glorias *militares*. Nada más grotesco y repugnante que decir: glorias *soldadescas*, que es como si dijéramos: glorias *mercenarias*.

Solicitar, pretender

Solicitar tiene por objeto una gracia.
Pretender tiene por objeto una razón.
Solicitamos a una mujer.
Pretendemos un empleo, un título, una dinastía.
En favor de un amigo desgraciado obramos con afectuosa *solicitud*.
Convencidos de nuestro derecho, mantenemos con entereza nuestra *pretensión*.
Solicitamos con cortesías y palabras dulces.

Pretendemos con antecedentes, con argumentos y hasta con guerras.
No hay hombre que no *solicite*; mas no todos los hombres *pretenden*.

Solio, trono

Trono significa altura.
Solio, de *suelo*, expresa la idea de solidez.
De manera que el *trono* es alto.
El *solio* es seguro.
En nuestro siglo los *tronos* son más *tronos* que *solios*.

Solo, exclusivo, único

Solo significa una relación de aislamiento. El anacoreta vive *solo* en las llanuras de la Tebaida. La misma significación conserva en el sentido metafórico. El desgraciado vive *solo* en medio del bullicio del mundo.

Exclusivo expresa la misma significación de aislamiento, pero asociando ideas morales. Todo rival es *exclusivo*. El señorío de Roma tocaba *exclusivamente* a Julio César.

A la idea de *único* va unida la de una superioridad o excelencia que no tiene igual en su línea. Sansón era el *único* que podía derribar un templo. Jesucristo es el *único* digno de ofrecerse como cordero expiatorio de nuestros pecados. Dios es el *único* en perfección.

El que está *solo* busca generalmente la compañía.
El *exclusivista* no la quiere.
El que es *único*, no la halla.

Solo, solitario

Hay quien cree que *solo*, *solus* en latín, viene del griego *hólos*, que quiere decir cosa entera, un todo, un conjunto, como nos lo prueba la expresión latina *in solidum*, que nace de este origen, y que significa por entero, *solidariamente*; es decir, de una manera idéntica, porque no puede haber nada tan entero como la identidad. La palabra *solo* expresa, en efecto, la idea simple, porque una cosa no puede estar *sola* sin que exista por sí, sin que esté aparte, de un modo independiente; porque si está subordinada a otro hecho, si es parte de un todo, si depende de alguna relación, no está *sola*, sino en compañía del conjunto o de la relación de que depende. Para que esté *sola*, para que pueda estarlo, ha de constituir una unidad, una cosa entera, cabal en sí misma, que lleve en sí su principio y su complemento; por cuya razón lo *absoluto*, lo acabado, es lo único que realmente puede estar *solo*. Así diremos que Dios es el *solo* que puede existir por virtud de su esencia. Dentro de su esencia está *solo*, porque en los arcanos de su espíritu nadie le *acompaña*, ni aun su propio arcano, porque no hay arcanos para Dios.

De modo que si la etimología en cuestión es verdadera, la palabra *hólos* nos revela una profunda y admirable sabiduría. El pueblo que comprende *ideas tan altas* es, en verdad, una generación eminentemente filosófica.

Vamos al sinónimo.

Solo es el término opuesto de acompañado.

Solitario, el término opuesto de asociado.

El hombre que está *solo* en su casa puede vivir en una aldea, en una ciudad, en una corte. En una corte, en una ciudad, en una aldea, puede estar *solo*.

El *solitario* ha de tener necesariamente por vivienda la *soledad*. Si no vive en la *soledad* no es *solitario*, como si no viviera en la tierra no sería terrestre.

El hombre a quien los desengaños y las traiciones han agotado la fe de su alma es un *solitario* en medio del bullicio del mundo. ¿Por qué? Porque aquel hombre ve en el mundo un desierto; porque vive en el mundo como el anacoreta en la *soledad*.

El *solitario* que tiene genio para admirar la creación, no vive *solo* entre las arenas del desierto. ¿Por qué? Porque en aquella *soledad* tiene por compañeros una naturaleza y un Dios. Vive en la *soledad*, y por esta razón es *solitario*; tiene dos grandes compañías: viven con él un Dios y un universo, y por esta razón no está *solo*.

De manera que se puede estar *solo* sin ser *solitario*, y se puede ser *solitario* sin estar *solo*.

Solventación, solvencia

Solvencia significa la facultad de quedar *solvente*.

Solventación expresa el hecho que lo realiza.

Por consiguiente, *solvencia* es aptitud.

Solventación, práctica.

Un rico que quiere pagar se halla en perfecta *solvencia*; pero si el hecho de pagar no se ha verificado, puede afirmarse que la *solventación* no ha tenido lugar.

Somatén, alarma

Somatén se compone de dos palabras catalanas: *som attens* (estamos atentos).

Alarma no es otra cosa que el grito de guerra ¡al arma!; es decir, cojamos las armas, de donde se originan las voces alarmar, alarmante.

Alarma significa agitación, impaciencia, tumulto.

Somatén significaba, en sus días, estar atentos para ayudar a la justicia a perseguir un malhechor.

Sombrío, umbrío

La *sombra* tiene dos sentidos; es decir, hay dos clases de *sombra*, y natural es que cada sombra tenga su palabra.

La primera sombra equivale a tiniebla, y así decimos: las *sombras* de la noche; las *sombras* del infierno; las *sombras* del crimen.

La segunda sombra viene a expresar la idea de protección, de amparo, de albergue, casi de caridad, casi de amor. Así decimos: a la *sombra* del poderoso, a la *sombra* de una floresta.

La primera *sombra* es obscura, medrosa, terrible: he aquí lo *sombrío*.

La segunda sombra es cariñosa, dulce, fresca, apacible: he aquí lo *umbrío*.

Los dos pasajes que copiamos nos lo harán comprender más fácilmente. En un romance antiguo se dice de un moro:

> No es mozo, pero es amante,
> cano está, pero es altivo,
> y en los ojos de ella clava
> el torvo mirar sombrío.

En la égloga de Batilo se lee:

> ¡Oh soledad sabrosa!
> ¡Oh valle! ¡Oh bosque umbrío!
> ¡Oh selva entrelazada! ¡Oh limpia fuente!
> ¡Oh vida venturosa!

Busca lo *sombrío* el que está triste.

El que quiere calma y descanso, busca lo *sombrío*.

Lo *sombrío* es un misterio y una amenaza.

Lo *umbrío* es una sonrisa y una promesa. La sombra de lo *umbrío* es poética, imaginativa, espiritual, deleitosa; es un árbol cubierto de flores; es un corazón lleno de esperanzas; es un amor lleno de suspiros; es la virgen de la alegría, que huye del mundo y se guarece allí.

Someter, avasallar, subyugar

Someter es reducir a la obediencia. Supone enseñoreamiento, dominio; pero puede haber generosidad.

Avasallar es casi hacer esclavos.

Subyugar es hacer de los hombres bestias.

El que *somete* a otro le impone condiciones.

El que *avasalla* manda como amo.

El que *subyuga* manda como déspota.

El que *somete*, triunfa.

El que *avasalla*, impera.

El que *subyuga*, oprime y envilece.

Un caudillo *somete*.

Un rey absoluto *avasalla*.

Un tirano *subyuga*.

Apenas hay hombre que pueda evitar que le *sometan*.

El hombre de conciencia y ánimo firme no debe consentir que le *avasallen*.

Todos los hombres deben morir decididamente antes que tolerar que les *subyugen*.

Sometido, sumiso

En el *sometido* obra la fuerza.

En el *sumiso* obra la voluntad.

El *sometido* gime.

El *sumiso* inclina la cabeza.

Sometido quiere decir violentado.

Sumiso significa humilde y reverente.

Si pudiera apurarse la verdad de las cosas, tal vez resultaría que el número de los *sumisos* no es tan crecido como parece. La *sumisión* es un cuerpo con muchas llagas, pero a nadie falta un harapo para ocultar la suya.

Ambos nombres expresan la idea de *estar debajo*, *sub-missum*.

Sonante, sonoro

Sonante es lo que suena. Expresa un hecho elemental.

Sonoro es el que suena bien. Es un hecho poético.
Lo *sonante* hiere el oído.
Lo *sonoro*, lo halaga.
La caña es *sonante*.
La brisa, entre las hojas de los árboles, es *sonora*.
Entre *sonoro* y *sonante* hay la misma diferencia que entre son y sonido, rumor y ruido, colorido y color.
Los unos representan la naturaleza.
Los otros, el arte.

Sonar, hacer ruido

Sonar envuelve la idea de uso; el uso natural para que sirve la cosa que *suena*.

Hacer *ruido* supone un fin particular, un propósito determinado.

Sonar es un hecho.

Hacer *ruido* revela una intención.

Suena la campanilla; se cumple el objeto, el uso a que la campanilla está destinada.

Hizo *ruido* con los pies. ¿Con qué fin? Con el fin de despertar al que dormía, o de infundir miedo al que escuchaba, o de prevenir al que está descuidado.

El que una campanilla *suene* es un hecho ordinario, natural, elemental casi.

El hacer *ruido* con los pies es una señal, un aviso, una cita o un antojo.

Sonar es la naturaleza.

Hacer *ruido* es el artificio.

¡Cuántos *hacen ruido* en el mundo, no debiendo hacer otra cosa que *sonar*!

Sonido, son

Sonido es un efecto natural e inevitable de todos los cuerpos cuyo choque se deja oír.

Así se dice de una moneda que tiene buen o mal *sonido*.

En la voz del loro no hay más que *sonidos*; es decir, no hay más que la parte orgánica de la palabra, esa parte de articulación necesaria para que el oído se impresione.

Dice la filosofía que todos los hechos elementales representan ideas simples, reflejos de la unidad suprema, tales como la idea de tiempo, de espacio, de sabor, de color, de *sonido*, etcétera.

En ninguno de los casos antecedentes podría aplicarse con propiedad la palabra *son*.

El *son* es un sonido acompasado, de cierta melodía, de cierta cadencia.

Me dormí al *son* de la corriente; esto es, al *sonido* armonioso, al murmullo de la corriente.

No podría decirse: al *sonido* de la corriente.

Mi madre me cantaba en la cuna; yo me dormía al *son* de su canto. Los ángeles entonan alabanzas al Señor, al *son* de las arpas del profeta. El herrero canta al *son* del martillo.

El *sonido* se oye.

El *son* se oye con placer.

El *sonido* es un efecto natural.

El *son* es un efecto métrico.

Ese algo musical que hay en la palabra *son*, la hace entrar en frases y modismos en que la palabra *sonido* sería completamente impropia.

Se entró en mi casa sin ton ni *son*; esto quiere decir: se entró a tontas y a locas, atropelladamente, sin *compás*, sin *medida*. Claro es que no podía decirse: *sin ton ni sonido*.

Soplo, delación, denuncia, acusación

El *soplo* supone fraude.

La *delación*, noticias secretas, revelaciones de interés social.

La *denuncia*, daño público o privado.
La *acusación*, delito.
Se da *soplo* de que tal día, a tal hora, por tal sitio, pasará un contrabando.
Se *delata* al conspirador.
Se *denuncia* una casa que se arruina, el daño que hace la res en un sembrado, el desperfecto que se causa en un monte.
Se *acusa* a un reo, se *acusa* también al inocente, pero suponiéndole criminal; es decir, con *causa* o motivo para ello.
Da *soplo* un envidioso, un contrario, un vecino.
Delata un traidor.
Denuncia un perito, un arquitecto, un guarda.
Acusa un fiscal.
El *soplo* es doméstico.
La *delación*, política.
La *denuncia*, civil.
La *acusación*, judicial.

Soportar, suportar

Tanto *soportar* como *suportar* implican la idea de un objeto que está debajo de una carga, de un peso, el peso propio de lo que lleva o *porta*; pero se diferencia en que *suportar* no se emplea actualmente sino en sentido recto; es decir, con aplicación a hechos materiales, mientras que *soportar* se usa en sentido figurado.
El *suportar* indica pujanza.
El *soportar* significa paciencia.
El animal *soporta* la carga.
El hombre *soporta* el frío y el calor.
El marido prudente *suporta* ciertos gastos de su mujer por amor a la paz.
El subordinado *soporta* las extravagancias de su jefe.
Muchas veces hemos de *soportar* el mayor insulto.
Suportar es un hecho.
Soportar es una grande prueba, una de las primeras necesidades de la vida y una inmensa historia.

El que *suporta*, puede.
El que *soporta*, aguanta, sobrelleva, resiste, lucha, sufre.
Suporta el cuerpo.
Soporta el alma.

Sostener, sustentar

Quien *sostiene*, resiste; quien *sustenta*, ayuda.
Sostenemos lo que está sujeto a caerse; *sustentamos* lo que es capaz de arraigo y fundamento.
El zòcalo *sostiene* la columna; el cimiento *sustenta* la casa.
Los Polos *sostienen* la esfera; la razón oculta del universo *sustenta* los Polos.
Se *sostiene* una idea, un raciocinio, un argumento, una pretensión, un antojo; se *sustenta* un principio, una causa, una tesis.
Sostiene el cuerpo; *sustenta* el alma.

Suceso, ocurrencia, acontecimiento, acaecimiento

La *ocurrencia* supone óbice; el *acaecimiento*, casualidad; el *suceso*, serie; el *acontecimiento*, admiración.
Toda desgracia que nos turba en nuestra manera de vivir, como si nos cerrara el camino, es una *ocurrencia*.
Todo hecho imprevisto merece el nombre de *acaecimiento*.
Todo lo que está en el orden lógico de la materia y del espíritu, en el giro moral y natural del tiempo, en el desarrollo continuo de la vida, según las leyes inmutables que la gobiernan, merece el nombre de *suceso*.
Toda acción grande, natural o inventada, sabia o bella, verdad o virtud, amor o fe; todo hecho que despierta en el ánimo el sentimiento de lo maravilloso, como si

reuniese algo de prodigio y de arte, de gloria y enigma, merece el nombre de *acontecimiento*.

La *ocurrencia* toca a la familia; el *acaecimiento*, al mundo; el *suceso*, a la historia; el *acontecimiento*, a la epopeya.

Ocurre una muerte, *acaece* un lance, *suceden* los siglos, *acontece* la Redención.

Sudorífero, sudorífico

Sudorífero es lo que tiene la virtud de hacer sudar, lo que *lleva* en sí aquella virtud por su propia naturaleza.

Sudorífico es lo que hace sudar; lo que presentemente realiza aquella virtud.

Si un *sudorífero* no hace sudar a una persona, no será *sudorífico* para ella; así como si se le hace sudar, no teniendo virtud especial para ello, será *sudorífico* sin ser *sudorífero*.

Sugestión, instigación

La *sugestión* tiene algo de amonestación y de consejo.

La *instigación*, algo de alarma y de rebeldía.

La *sugestión* indica.

La *instigación* agita.

La *sugestión* está en relación con la conducta.

La *instigación*, con el movimiento.

Sugerimos para que se piense y se resuelva.

Instigamos para que se obre y no se vacile.

Se *instiga* al perezoso.

Se *sugiere* una idea al ignorante.

Quien *sugiere* discurre.

Quien *instiga* estimula.

Todos son capaces de *instigar*.

No todos son capaces de *sugerir*.

La *instigación* es siempre violenta, ruda, peligrosa.

La *sugestión* de un pensamiento optimista y alentador puede ser un principio de salud.

Sulfúrico, sulfuroso

Sulfúrico es lo que participa de la naturaleza del azufre.

Sulfuroso es lo que tiene mucho azufre.

Gas *sulfúrico*.

Miasma *sulfuroso*.

Superficial, somero

Superficial es lo contrario de profundo.

Somero, lo contrario de hondo.

Lo *superficial* está en la constitución de las cosas, porque no hay cosa que no tenga su superficie.

Lo *somero* es una relación creada por nosotros; es una superficie acomodada a nuestra manera de ver las cosas.

Capa *superficial*.

Capa *somera*.

Capa *superficial* quiere decir que es la capa que pisamos, la que forma el pavimento de la tierra, si así puede decirse; lo que está sobre la haz o *faz* del terrreno: *superficie*.

Capa *somera* significa que no profundiza, que no está honda, que se encuentra cerca de la *superficie* del objeto.

Se diferencian además estas dos palabras en que *superficial* tiene un uso general y frecuente en el lenguaje figurado, mientras que *somero* no ha salido del sentido propio.

La poca slluvia que cayó la semana pasada produjo una humedad somera en la tierra.

Hombre *superficial*, ideas *superficiales*. No puede decirse hombre *somero*, ideas *someras*.

Superlativamente, superiormente

Estos dos adjetivos expresan igualmente una relación de supremacía; pero *superlativamente* la significa en número, y *superiormente* en excelencia.

Superlativamente bueno quiere decir que es bueno en *grado* sumo.

Superiormente bueno quiere decir que es de una *calidad* inmejorable.

La gramática explica lo *superlativo*.

La experiencia, el sentimiento de la vida, la filosofía y el arte nos explican lo *superior*.

De modo que lo *superlativo* es una fórmula.

Lo *superior* es una perfección, una bondad, una belleza.

Suposición, hipótesis

Sentamos una *suposición* para establecer una regla de conducta o para prever un suceso que pudiera venir.

Sentamos *hipótesis* para inferir verdades de un orden elevado, para remontarnos a la teoría de los principios, tal vez para fundar grandes sistemas.

Supongamos que mañana llueve: ¿vendrás?

Sentemos la *hipótesis* de que Dios no existe: ¿cómo se creó el universo?

Suposición es una palabra de estilo llano.

Hipótesis es una voz culta, filosófica, casi científica.

Ésta, o muy análoga diferencia, concurre en infinitas voces que se consideran como sinónimas; por ejemplo:

Calamidad, catástrofe.
Cambio, metamorfosis.
Trastorno, cataclismo.
Exageración, hipérbole.
Cima, vértice.
Impotencia, agenesia.
Debilidad, atonía.

Hagamos que un paleto nos diga que espera una *catástrofe*, que ha sufrido una *metamorfosis*, que teme un *cataclismo*, que llegó al *vértice* de la montaña, que la *atonía* le consume o que su novia le ha dicho una *hipérbole*, que toca ya al período de la *agenesia*, y no podremos menos de echarnos a reír.

Susceptible, capaz

Capaz se refiere a los atributos con que el hombre nace.

Susceptible está en relación con las impresiones que el hombre recibe.

La *capacidad* es naturaleza.

La *susceptibilidad* es percepción.

La organización, el temperamento, el secreto de la existencia, ese espíritu indefinible que da sus propiedades a la vida, determina la *capacidad*.

La educación, el trato, el tiempo, el clima, la experiencia, influyen poderosamente en la *susceptibilidad* de cada individuo.

El hombre es *capaz* de pensar, de creer, de sentir.

El ignorante es *susceptible* de todo lo malo.

Suspender, levantar

Se *suspende* una cosa para que no toque en el suelo.

Se *levanta*, para que esté como corresponde.

Se *suspende* una saca de arroz con el fin de pesarla.

Se *levanta* una silla con el fin de que esté derecha, de que esté como debe estar, de que sirva para lo que debe servir.

Levantamos a un hombre del suelo con el fin de que pueda caminar.
Suspendemos lo que es inerte.
Levantamos lo que está caído.
Suspender es casi mecánico.
Levantar revela propósito, intención, caridad, virtud.
En sentido metafórico *levantar* equivale a concluir.
Suspender significa interrumpir, cortar.
Se *suspende la sesión*. Esto significa que se ha interrumpido por un rato, pero volverá a convocarse más tarde.
Se *levanta* la sesión. Esto significa que se ha terminado, por lo menos por aquel día.

Sustituir, reemplazar

Reemplazar se compone de *re*, que significa repetición, y de *emplazar*, que significa en este caso ocupar una *plaza* o puesto. Quiere decir, pues, ocupar una plaza nuevamente.
Sustituir se compone de *su*, por *sub*, y del verbo *stare*, que equivale a estar. Significa literalmente *estar debajo*.
Un ministro *reemplaza* a otro ministro; ocupa nuevamente, ahora, aquella plaza que estaba vacante. No hay subordinación o inferioridad.
Un ministro *sustituye* a otro. Esto quiere decir que está bajo su autoridad, que es subalterno, suplente, *sustituto*.

Reemplazar es suceder, ocupar la *plaza* no ocupada. *Sustituir* es estar al servicio de alguien superior.
Reemplazar es una función.
Sustituir, una dependencia: *estar sub*.

Sutileza, agudeza

La *sutileza* es el resultado de la educación, del ingenio, de la experiencia.
La *agudeza* es una inspiración natural, un talento que nos da Dios.
El palaciego es *sutil*.
El villano es *agudo*.
Lo *sutil* consiste en la forma.
Lo *agudo*, en la idea.
Un discurso grosero no será nunca una *sutileza*.
Frases muy toscas pueden encerrar sentencias muy *agudas*.

Sutilizar, aguzar

El hábito de argumentar *sutiliza* el entendimiento.
La necesidad lo *aguza*.
El dolor es *sutil*.
El estudiante pobre es *agudo*.
El que *aguza* vence siempre al que *sutiliza*.
Un ignorante hambriento sabe más que diez doctores hartos.

T

Taciturno, silencioso

Taciturno, como *tácito*, viene de *tacere*: significa que no habla.

Silencioso viene de *silere*, que en latín significa no hacer ruido.

Siendo el hombre la única criatura que habla, sólo al hombre puede aplicarse la voz *taciturno*, puesto que solamente aquel que habla es quien puede callar, como solamente el que tiene razón es quien puede volverse loco.

Siendo muchas las cosas que pueden ser causa de ruido, a todas esas cosas es aplicable la voz *silencioso*.

Cara *taciturna*, aspecto *taciturno*.
Bosque *silencioso*, noche *silenciosa*.
Sería absurdo decir: aspecto *silencioso* o noche *taciturna*.

Tajar, cortar

Puede *cortarse* con tijera, navaja, cuchillo, espada, puñal, hoz, hasta con los dientes.

No puede *tajarse* sino con el tajo.

Corté a Fulano, querría decir que le hice una cortadura; y en sentido figurado, que le hice callar; *tajé a Fulano*, significaría que le hice pedazos.

Se *corta* una pluma; se *taja* un pernil.

Tajo tiene la misma etimología que *tasa*, porque al dividir las cosas en partes o fracciones, parece como medirlas y *tasarlas*.

Talante, talento

Talante representa una forma de *talento*, en el sentido de voluntad, que fue el primer figurado que tuvo en el romance. Así lo demuestra incontestablemente el francés *maltalent, mal talent*, sinónimo de malignidad, de negra envidia, y el italiano *maltalento, mal talento, talento* malo, odio, rencor: *rancore, mala voglia*; rencor, mala voluntad.

Por consiguiente, *talante* significa *talento*; en el sentido de intención, de ánimo, de espíritu, dando a espíritu una de sus más profundas significaciones: la significación moral, el sentimiento de la conciencia.

El *talante* es el *talento* de la voluntad y del corazón, como el *talento* es el *talante* de la inteligencia, de la meditación, del raciocinio.

Hay un *talento* que reflexiona: es el *talento*; hay otro *talento* que siente: es el *talante*.

Talento, genio

Se ha dicho que el *genio* se diferencia del *talento* en que el *genio* crea y el *talento* comprende.

Hubo un tiempo en que nosotros participamos de la misma opinión; pero habiendo meditado más sobre el asunto, hoy somos de distinto parecer.

Hoy opinamos que, si el *talento* no consistiera en otra cosa que en la facultad de abrazar ideas sintéticas o universales, porque esto es lo que se entiende por comprender, se llamaría comprensión o comprensibilidad, no *talento*.

Opinamos que el *talento* crea como el *genio*, y que no se distingue del *genio* sino en que es diferente la esfera de su creación.

El *genio* crea con el sentimiento y la fantasía.

El *talento* crea con la mente.

El *genio* crea imágenes, figuras, tipos.

El *talento* crea concepciones, sistemas, inventos.

El *genio* fascina: es encanto.

El *talento* convence: es demostración.

El *genio* viene a ser como el rey del arte.

El *talento* es el rey de la ciencia.

Ambas palabras arrastran al mundo; pero el *genio* lo arrastra con el espíritu de la belleza; el *talento*, con el espíritu de la verdad.

Talle, cintura

Talle es lo que anuncia la *talla*, y de aquí nacen tallar, que es dar contorno o *talle* a lo que se graba o esculpe; *tallo*, troncho de las legumbres que indica la *talla* o la estructura de la planta; *taller*, oficina en donde se *talla*, etc.

Cintura es lo que se *ciñe*, y de aquí provienen nuestras voces cinta, cinto, cíngulo, ceñidor, ceñir, recinto, cincha, cincho, cinturón, cintarazo, etcétera.

Conocemos a todo el mundo por el *talle*.

A nadie conocemos por la *cintura*.

El *talle* es garbo, moldura, contorno.

La *cintura* no es más que esbeltez.

Tapete, tapiz

Estas dos voces son de origen persa, según Nodier. El historiador griego Jenofonte las emplea para designar cierta especie de tejido que los persas usaban, y que no tenía equivalente entre los griegos. De donde se debe inferir que el *tapete* era persa, al igual del vocablo *sátrapa*, que el propio historiador tomó de aquella lengua.

El latín llama al tapete *tapes*, *tapetis*, del griego *tapes*, de donde proceden nuestras voces tapar, tapada, tapia, tapiar, tapujo, etc.

El *tapete* cubre.

El *tapiz* engalana.

Quien dice *tapete* dice cobertera.

Quien dice *tapiz* dice alfombra.

El *tapete* es decencia.

El *tapiz* es lujo.

Tapia, pared, muro

Créese que *tapia* viene de *obstipo*, *obstipas*, que equivale a cerrar o cubrir, como si dijéramos *tapir*.

Pared se origina de *paries*, *parietis*, nombre derivado de *par*, *paris*.

Muro viene de *munire*, fortificar, como *munición* y *muralla*.

Llámase *tapia* porque *tapa*.
Llámase *pared* porque las *paredes* están *pareadas*.
Llámase *muro* porque fortifica o defiende.
La *tapia* es valladar.
La *pared*, ángulo.
El *muro*, fortaleza.

Tardo, tardío

Tardo es lo que se mueve con lentitud.
Tardío, lo que viene tarde.
Tardo se refiere al movimiento.
Tardío, a la sazón.
Hombre *tardo*, fruto *tardío*.
Lo contrario de *tardo* es ligero.
Lo de *tardo*, temprano.

Tartamudear, balbucear

Tartamudear es un vicio orgánico.
Balbucear puede venir de falta del necesario desarrollo, como sucede en las criaturas, o bien de una impresión moral, como sucede al que recibe una sorpresa.
Articular las voces interrumpidamente por un defecto de los órganos, es *tartamudear*.
Articular interrumpidamente por circunstancias accidentales, es *balbucear*.
Así es que conocemos a muchos *tartamudos*, mientras que no podemos conocer a ningún *balbuciente*.

Tasa, medida

Tasa viene del griego *taxis*, que tiene la misma significación.
Medida se deriva de *modus*, de donde los latinos sacaron *mos, moris*, la costumbre, y de donde provienen nuestras voces moral, moralidad, moralmente, modo, molde, modelo, moderación, medir, mesura, etc.
La *tasa* es regla.
La *medida* es precepto.
La *tasa* conviene a la salud.
La *medida* conviene a la conducta.
Para vivir mucho se necesita vivir con *tasa*.
Para vivir bien se necesita vivir con *medida*.
En una palabra, la *tasa* es conveniencia.
La *medida* es moralidad.

Teatro, coliseo

Teatro, theatrum en latín, *theatron* en griego, viene del verbo *theaomai*, que significa contemplar, porque desde el *teatro* contemplamos el espectáculo que se representa.
Coliseo viene del griego *kolossos, colossus* en latín, que equivale a grandeza.
De modo que *teatro* significa contemplación.
Coliseo significa coloso.
El *teatro* nos distrae.
El *coliseo* nos asombra.
Esto demostrará la falta de juicio con que usamos de estas dos palabras. Decimos *teatro* Real y *coliseo* del Príncipe: al revés.

Techo, techumbre

Figurémonos que estamos en un monte, desde el cual vemos los tejados de una ciudad. ¿Podemos decir que desde aquella altura divisamos el *techo* de la población? De ningún modo. Si dijéramos que veíamos el *techo* de la población daríamos a entender que veíamos una sola vivienda, un solo hogar, porque una vivienda es la que tiene un *techo*. Hablando de este modo, no expresaríamos nuestra idea, porque lo que queremos decir, al ver una ciudad desde un monte, es que divisamos un *techo* indefinido, múltiple, general; una serie de *techos*, puesto que divisamos una serie de casas, y cada casa tiene su techado.

¿Podemos decir que divisamos la *techumbre* de la ciudad? Indudablemente. ¿Por qué? Porque la voz *techumbre*, como casi todas las voces de la misma terminación, significa ideas colectivas, grupo, sistema.

La *techumbre* es el *techo* múltiple, indefinido, general, de que hablamos antes; es la serie o el sistema de *techos* que realmente descubrimos cuando vemos a una ciudad desde un alto, y por esta razón podemos decir la *techumbre* de una ciudad.

Esto explica también que no llamamos *techo celeste*, sino *celeste techumbre*, a la bóveda en que alumbran los astros. Si la denominásemos *techo*, significaríamos que nos cubría parcialmente, que *techaba* una parte del mundo, porque hablar de un *techo* es hablar de una casa, y el lector comprende que no hay similitud entre una casa, que es el amparo de una familia, y la bóveda del firmamento, que es el amparo de toda la tierra.

El cielo no es un *techo* parcial, sino universal, universalísimo, y por esto se le llama *techumbre*.

Tedio, fastidio

Ambas palabras se derivan del latín *taedeo*; pero en la composición de *fastidio* entra el adverbio *fatim*, que significa abundantemente, como si fuera una forma de *satis*, bastante. *Fastidio* se compone de *fatimtaedeo*: mucho *tedio*, *tedio* abundante.

De modo que *tedio* es un término positivo.

Fastidio es un término aumentativo.

El que vive en la cárcel siente *tedio*.
El que vive con una vieja impertinente siente *fastidio*.
El *tedio* es una desventura.
El *fastidio* es una desesperación.
El amor, la familia y la diligencia son los remedios únicos contra esas terribles enfermedades de nuestro espíritu. Otro remedio se conoce, pero es de imposible consecución: *no tratar con tontos*.

Teja, tejo

Teja, tegula en latín, viene de *tergo, tergis*, de donde nacen *techo, techumbre, techado*, palabras todas que expresan la idea de cubrir.

Teja es lo que forma el *tejado*, lo que cubre, lo que nos guarda de la intemperie, de donde procede la idea de amparo, significada por las palabras *proteger, protector, protectorado, protección, protegido*. En efecto, *proteger* no significa más, etimológicamente hablando, que cubrir, *techar*, poner *tejas* en nuestro *tejado* para estar resguardados y seguros.

Tejo tiene la misma procedencia, y es una *teja* redondeada con que los muchachos ejecutan el juego que lleva el mismo nombre.

La *teja* cubre.
El *tejo* se arroja.

Temblar, estremecerse

Al ver a su contrario, *tembló*.
Al dar el verdugo la última vuelta, el ajusticiado se *estremeció*.
Vino la noche y *temblé* de frío.
Un calambre eléctrico me corría por toda la espalda, y me *estremecí*.
Temblar de indignación, de soberbia, de furia.
Estremecerse de espanto.

Este último verbo expresa un movimiento más concentrado, más profundo, más superior a nuestra voluntad.
El que *tiembla* sabe que tiembla.
El que se estremece no sabe nada.

Temblón, trémulo, tembloroso

Temblón supone vejez o enfermedad.
Trémulo, impaciencia o cólera.
Tembloroso, dolor o espanto.
Viejo *temblón*, mano *trémula*, acento *tembloroso*.

Temperatura, clima

Temperatura viene de tiempo, como intemperie.
Clima viene del griego *klima*, que significa grada, peldaño, escalón, porque efectivamente es como la grada de las estaciones que nos lleva al calor o al frío.
La *temperatura* **es privada, local, fortuita**.
El *clima* es geográfico, natural, inmutable.
Así decimos: la *temperatura* del café.
Nada más absurdo que decir: el *clima* del café.

Templanza, temperancia

La *temperancia* expresa relación a los sentidos: la *templanza* se refiere más bien a los sentimientos y a los caractéres.
La *temperancia* es un bien para el cuerpo: la *templanza*, un bien para el ánimo.
Nos *temperamos* con el fin de estar saludables; nos *templamos* con el fin de ser comedidos.
La *temperancia* es casi higiene; la *templanza* es moral.
Quien quiere vivir mucho sin dolores, se *tempera*; quien quiere vivir mucho sin remordimientos, dejando memoria y ejemplo de sí, se *templa*.
En una palabra, la *temperancia* es la *templanza* de la sensualidad; la *templanza* es la *temperancia* del genial, del trato, de la educación, de las costumbres.
La vida del hombre tiene dos talismanes: *temperancia*, en el régimen; *templanza*, en la conciencia.

Templo, iglesia, catedral, basílica

En un libro de sinónimos escrito por el ilustrado y celoso D. Pedro María Olive, académico de la lengua y de la historia, leemos que *templo* se emplea únicamente cuando consideramos estos edificios como habitados particularmente por la divinidad.

Nosotros contestamos que el *templo* puede consagrarse a seres y virtudes que no son Dios, como si levantáramos *templos* a la gloria, a la ciencia, a la fama, al genio, al valor, a la guerra, y claro es que no siendo edificios consagrados a la divinidad no podríamos considerar que la divinidad los habitaba particularmente.

Nos parece que en la definición anterior no se comprende bien el sentido especial de la palabra *templo*.

«*Templo*, dice la misma obra, expresa altuna cosa más augusta que *iglesia*.»

Nosotros creemos al revés que el *templo* pertenece a las antiguas civilizaciones, porque es el mármol amontonado por la idolatría que quemó incienso a Belo, Júpiter, Minverva, Jano, Venus, Apolo y cien otras deidades o mitos fabulosos.

Por el contrario, *iglesia* es el nombre de un monumento de nuestra fe.

Esto es lo que dice el catedrático español Roque Barcia, católico fervoroso, y fiel creyente y de mente abierta. Hasta aquí nosotros lo suscribimos, pero la Biblia nos ofrece mucha más luz, tanto sobre la etimología como sobre el significado de todas estas palabras seudónimas.

Para millares de personas, *templo* e *iglesia* se confunden, pero la Biblia las define con toda exactitud y claridad.

Templo, en la Biblia, es sinónimo de tabernáculo, y se refiere a la habitación simbólica que Dios mandó construir a Moisés en el desierto, como centro de adoración de los creyentes de aquella época antigua, a pesar de que por ser Dios Espíritu infinito, no habita en templos hechos de manos de hombres; ni de madera y pieles, como aquel que fue erigido en el desierto, ni de piedra, mármoles u oro, como el de Salomón. Este sabio rey decía: «Los cielos de los cielos no te pueden contener; ¿cuánto menos esta casa que yo he edificado?» (1.º Reyes 8:27).

De la palabra Iglesia, el culto catedrático da más adelante una exacta definición que también nosotros podemos suscribir del todo. La iglesia es un conjunto de creyentes congregados en el nombre de Jesucristo, quien ha prometido estar, por su Espíritu, en medio de la tal congregación, sea grande o pequeña.

Pues se da el caso de que el Dios infinito y omnipresente que no cabe en templos materiales, ha prometido hallarse en íntimo contacto con seres creados a su imagen que tienen capacidad para estar en relación espiritual con su Hacedor.

Jesús dijo: «Llega la hora, y ahora es, cuando los verdaderos adoradores adorarán al Padre en espíritu y verdad; porque también el Padre busca tales adoradores que le adoren. Dios es Espíritu, y los que le adoran, es necesario que le adoren en espíritu y en verdad (Ev. de Juan 4:23-24). Y el apóstol Pablo afirma: «¿O no sabéis que vuestro cuerpo es santuario del Espíritu Santo, el cual está en vosotros, el cual tenéis de Dios y que no sois vuestros? Porque habéis sido comprados por precio, glorificad, pues, a Dios en vuestro cuerpo y en vuestro espíritu, los cuales son de Dios» (1.ª Corintios 6:19-20).

Y así continúa diciendo el sabio profesor español:

Parécenos haber demostrado la verdad de que el cristianismo, convirtiendo nuestro corazón y nuestro espíritu en *en templos* de Dios, hizo mucho más que admitir el espíritu de la fábula que había dado *templos* a la hermosura, a la paz, a la guerra, a la fama, a la gloria y al arte.

En cuanto a la palabra iglesia, conviene saber que procede del griego *ekklesia,* que significa ayuntamiento, junta, comunión, como voz derivada del verbo *ekkaleo,* que quiere decir yo congrego, yo llamo; de donde se origina *eclesiarca,* pastor o jefe de una *iglesia,* y *eclesiástico, ekkelesiastikos* en griego, derivado de *ekklesiazein,* que significa yo predico.

Éste es el sentido propio y genuino de la voz *iglesia.*

Advirtiéndonos luego que los fieles se reunían en el santuario, que allí se congregaban, que allí constituían una *ekklesia;* es decir, una comunión, una grey, el nombre *iglesia* pasó a significar el lugar sagrado, tomándose el continente por el contenido, puesto que el santuario contenía a los fieles que allí se congregaban.

Éste fue el primer sentido figurado de la palabra *iglesia.*

Después se aplicó sabiamente a expresar la asamblea de los fieles, la grey cristiana, asociando la idea de dogma y de gobierno, y éste fue otro sentido figurado de la palabra que nos ocupa. Así decimos: la *iglesia* de Cristo, la iglesia universal.

Más tarde se aplicó a significar toda serie, toda división, todo grupo, y esto fue otro sentido figurado que se dio a la palabra en cuestión. Así decimos: la *iglesia* griega, la *iglesia* latina, la *iglesia* de Occidente, la iglesia evangélica.

También se llamó *iglesia* a la reunión de

los fieles que se hallaban bajo el gobierno de una diócesis o de un pastor. Así decimos: la *iglesia* de Astorga, la *iglesia* de Urgel, la de Toledo, la de Mallorca, la de Aragón.

Después se unieron al nombre de *iglesia* las ideas de estado futuro y de santidad que han de dominar necesariamente en el pensamiento de una religión, y se llamó *iglesia* triunfante o la asamblea de los santos en el cielo, por contraposición a la *iglesia* militante, que era la asamblea de los cristianos en la tierra. Este sentido teológico, esta jerarquía dogmática, fue otro sentido figurado que se dio a la voz de que hablamos, sin contar otros muchos cuya enumeración no es necesaria.

Nótese que la raíz de *templo* es la misma que la de *tiempo*, puesto que el tiempo se conseró por los antiguos como un corte de la duración absoluta, o como si dijéramos una división de la eternidad.

El *templo*, aún espiritualizado por la santa moral evangélica, es una herencia de la idolatría y del politeísmo.

La *iglesia* puede ser pequeña lo mismo que grande, alta como baja, gótica como bizantina, toscana o griega o evangélica o mil nombres más que se han aplicado a cada grupo cristiano.

La *iglesia* no saca su sentido de la forma, como el *templo* que significa división, que significa forma, porque dividir o cortar es dar formas nuevas: la *iglesia* no saca su sentido de la arquitectura, de la piedra, del espacio, del arte, como el *templo*, sino de su destino, de sus memorias, de sus creencias, de sus martirios y de sus dolores.

La *iglesia* no es mármol, es hogar.

La *iglesia* no es pompa, es homenaje.

La *iglesia* es el pensamiento cristiano que hace una grey de la gente cristiana, aunque sea entre las tinieblas de las catacumbas, porque las catacumbas fueron las *iglesias* primitivas, porque las catacumbas son también buenas para entonar un himno y morir por la fe.

La *iglesia* es Jesucristo, es el Evangelio, es el Gólgota, es la redención, es la segunda humanidad, es la humanidad del espíritu.

Y ¿con qué fundamento se dice que la palabra iglesia no se emplea más que en sentido propio? ¿Pues qué son estos modos de hablar sino figuras? ¿Qué es el nombre *iglesia* sino la figura movible de la cruz, que viaja por todo el mundo y llena la historia? ¿Qué es el nombre *iglesia* sino la figura colosal e inspirada del mundo cristiano? ¿Qué es la *iglesia* sino la figura visible de las horas sagradas del Monte Calvario?

De una sepultura nace otra creación. Y ¿qué es la *iglesia* de los cristianos sino la figura triunfante de aquella creación maravillosa? Y ¿podrá decirse que *templo* significa alguna cosa más augusta que *iglesia*?

Imploramos mil veces la indulgencia de los distinguidos escritores a quienes tenemos el honor de aludir, sobre todo cuando nos consta que algunos de ellos son ya inviolables, porque inviolable es toda memoria custodiada por la Providencia en el silencio de un sepulcro; pedimos mil perdones a las cenizas de los que han muerto, y a la hidalguía de los que viven; pero no hemos hallado en todo el artículo *templo* e *iglesia* una sola palabra que tienda a descifrar el sinónimo, puesto que no hemos hallado una sola palabra que tienda a distinguir y caracterizar aquellas voces.

Catedral viene del griego kathedra, que equivale a *cadira*, silla, sede o asiento.

La *catedral* es como la *sede* o la *cadira* de las demás *iglesias*; la metrópoli, la iglesia canónica.

Basílica viene de *basiliscus*, diminuto de *basileus*, que significa rey. De manera que puede ser considerado como habitación del Rey de reyes.

Por lo tanto, *basílica* significa casa real, y por extensión *templo* principal, suntuoso, rico, jerárquico. La *basílica* es un magnate que da a Dios su alcázar.

Explanadas así las cosas, nos parece que la distinción de las cuatro voces del artículo no debe ofrecer dificultad alguna.

La *iglesia*: nos habla de un poema de nuestra alma; es un poema que se llama oración.

El *templo* nos asombra.
La *iglesia* nos recoge.
En el *templo* se ve la magnificiencia del mundo.
En la *iglesia* se ve la magnificiencia del espíritu.
El *templo* es edificio.
La *iglesia* es familia.
El *templo* es arte.
La *iglesia* es religión.

En donde quiera que haya cuatro paredes, un techo y algunos corazones llenos de fe, de amor de reverencia y espíritu de adoración al Creador y a su enviado supremo y Salvador de los hombres, Jesucristo, es una *Iglesia*.

El *templo* es grande.
La *iglesia*, creyente.
La *catedral*, dogmática.
La *basílica*, regia.
De manera que el *templo* admira.
La *iglesia* adora.
La *catedral* impone.
La *basílica* deslumbra.

El Panteón de París, dedicado a la memoria de los grandes hombres de aquella nación, es un *templo*.

La *iglesia* de Toledo, de Sevilla, de Córdoba, de Santiago, es una *catedral*.

La *iglesia* de San Pedro en Roma es una *basílica*.

Terminamos diciendo que la significación etimológica de las cuatro voces del artículo es la siguiente:

Templo quiere decir división, separación de un lugar para ser dedicado a Dios.

Iglesia, asamblea.
Catedral, asiento de un maestro.
Basílica, palacio de un Rey.

Temporal, temporero

Ambas palabras se derivan del griego *temno*, que significa dividir, porque el *tiempo* se divide en épocas, edades, siglos, años, meses, quincenas, décadas, semanas, días, horas, minutos y segundos. El *tiempo* es la gran división de la vida.

Temporal se refiere al *tiempo* considerado como un término opuesto a la eternidad.

Temporero se refiere al tiempo considerado como oportunidad, como parte, como limitación, como elemento de trabajo.

Así decimos: en donde termina la vida *temporal* da principio la vida eterna.

Nada más absurdo que decir: en donde principia la vida *temporera* da principio la vida eterna.

Así decimos del mismo modo: guarda *temporero*, trabajadores *temporeros*, que son los que trabajan durante una estación, la estación propia de la industria de que se trata.

Nada más repugnante que decir: guarda *temporal*, trabajadores *temporales*, porque trabajadores *temporales* somos todos los hombres.

Lo *temporal* es un período, una sazón, una *temporada*.

Temporal se origina de *tiempo*, de donde nace *temporalmente*.

Temporero se origina de *temporada*, de donde nace *temporeramente*.

Tenaz, terco

Lo *tenaz* está en el carácter; lo *terco* en la conducta.

El hombre que *alterca* por temperamento o por disposición de su ánimo; el hombre que nace con esa propensión, con ese hábito de su voluntad, si así puede decirse, es *tenaz*.

El hombre que *alterca*, el que ejecuta un hecho que se llama *altercado*, es *terco*.

Supongamos que un individuo tiene el instinto de *altercar*, que ha recibido esa especie de achaque de su naturaleza; pero que por respetos a un superior, a un padre, a una mujer amada; acaso por enfermedad o tristeza, no lleva adelante un *altercado*.

Teniendo la disposición natural e inevitable de altercar, es *tenaz*.

No llevando adelante un *altercado*, no es *terco*.

Por el contrario, un hombre que no *alterca* por carácter o por instinto, se ofusca una vez y no ceja por cuanto hay en su *altercado*.

No siendo *altercador* por carácter, por una necesidad de su espíritu, no es *tenaz*.

No cejando en el *altercado*, es *terco*.

De modo que los hombres pueden ser *tercos* sin ser *tenaces*, así como *tenaces* sin ser *tercos*.

La disposición los hace *tenaces*; la conducta los hace *tercos*.

La *tenacidad* es naturaleza; la *terquedad* es hábito.

Teológico, teologal

Ambas palabras se componen de dos voces griegas: de *Theós*, que significa Dios, y de *lógos*, que equivale a razón, discurso, verbo, palabra, obra, tratado.

El *Theós* griego entra en muchos nombres de nuestro idioma, tales como ateo, ateísta, apoteosis, entusiasmo, panteón, panteísmo, politeísmo, teocracia, teogonía, teodicea, teosofía. También entra en diferentes nombres propios, como en Teobaldo, Teodoro, Doroteo, Timoteo, Teófilo, Teodosio.

El *lógos*, de donde procede el verbo *loquor, loqui* de los latinos, entra también en muchas voces nuestras, como apología (discurso laudatorio), analogía, etimología, fisiología, coloquio, locución, diálogo, monólogo, logia, lógica, logogrifo (palabras enigmáticas), paralogismo (discurso o raciocinio vicioso), prolegómeno (preliminar, lo que se dice antes), silogismo, etc.

De manera que así *teológico* como *teologal* significan discurso o tratado acerca de Dios.

Sin embargo de la identidad del origen y aun de la formación material, la diferencia entre ambas palabras es evidentísima.

Consultemos el uso ante todo. Decimos disputas *teológicas*; no decimos jamás disputas *teologales*.

A las tres virtudes religiosas, fe, esperanza y caridad, las llamamos siempre *teologales*, nunca las llamamos *teológicas*.

Nadie llama tampoco mandamientos *teológicos* a los mandamientos del Decálogo; sin embargo, muchas personas eruditas los llaman mandamientos *teologales*.

Esto es lo que nos dice la práctica constante de nuestra lengua. Procuremos ahora explicar la razón del uso.

¿Por qué puede decirse disputas *teológicas*? Porque lo *teológico* es lo que pertenece a la teología; la teología es pensamiento, raciocinio, demostración, y la demostración, el raciocinio y el pensamiento admiten disputas, debates, controversias.

Puede decirse disputas *teológicas* por la misma razón que se puede decir disputas filosóficas o políticas.

¿Por qué no podemos decir disputas *teologales*? Porque lo *teologal* no se refiere a la *teología* como lo *teológico*, sino a nuestro soberano Hacedor. Lo *teologal* no es teoría humana, no es criterio lógico, sino mandato, obligación, fe, y la fe, la obligación y el mandato se acatan, no se controvierten.

No podemos decir disputas *teologales*, por la misma razón que no podríamos decir disputas reveladas, inviolables, divinas.

Podemos prescindir del estudio de lo *teológico*, porque podemos prescindir de enriquecer nuestro entendimiento con una doctrina luminosa.

A nadie es lícito prescindir de la observancia de lo *teologal*, porque a nadie es lícito mostrarse rebelde con los divinos mandamientos.

No hay una ley que nos mande ser sabios, y por esto se nos permite prescindir de los estudios *teológicos*.

Hay una ley que nos preceptúa el ser buenos, creyentes, religiosos, cristianos, y por esto no se nos permite prescindir de los mandamientos *teologales*.

De modo que quien no estudia lo *teológico* podrá ser ignorante.

El que no guarda y cumple lo *teologal*, será mal creyente.

Aquél no falta.

Éste peca.

Aquél podrá perjudicar al mundo con su ignorancia.

Éste ofende a Dios con su rebeldía o con su negligencia.

Parécenos haber descubierto un medio fácil y seguro de distinguir las dos palabras del artículo.

Lo *teológico* es ciencia.

Lo *teologal* es moral y dogma.

Lo *teológico* se aprende.

Lo *teologal* se observa.

Lo *teológico* ilustra, es verdad.

Lo *teologal* obliga, es precepto.

El hombre establece lo *teológico*.

La revelación y la tradición establecen lo *teologal*.

La diferencia que hemos marcado a las dos veces del artículo tiene una teoría tan natural como comprensible.

Al pensar el hombre en la ida de un Supremo Hacedor, su pensamiento experimenta la necesidad de conocerlo, porque el hombre es capaz de conocer.

Cuando meditamos en la grandeza de aquel Ser infinito y en los inmensos bienes que le debemos, nuestra gratitud y nuestra admiración experimentan la necesidad de obedecerlo y de reverenciarlo, porque los hombres somos capaces de obedecer y de reverenciar.

Conocer a Dios, eso es lo *teológico*.

Reverenciarlo y obedecerlo, eso es lo *teologal*.

En último resultado hallaremos que *teológico* quiere decir sabiduría.

Teologal significa perfección.

Nadie tiene la obligación de ser *teólogo*, de ser sabio; nadie tiene la obligación de inmortalizarse en el mundo, y por esto podemos prescindir de lo *teológico*.

Todos tienen la obligación de ser buenos, de ser morales, de ser religiosos, de ser fieles; todos tienen la obligación de acatar y obedecer a Dios; todos tienen la obligación de salvar su alma, y por esto no nos es permitido prescindir de lo *teologal*.

Esto nos acabará de explicar por qué dijimos que lo *teológico* era doctrina, raciocinio, demostración, ciencia; mientras que lo *teologal* era mandamiento, vínculo, religión, dogma.

Más claro; lo *teológico* va del hombre a Dios.

Lo *teologal* viene de Dios al hombre.

Por consecuencia, lo *teológico* es humano.

Lo *teologal* es divino.

Ternura, terneza

La *terneza* está en los cuerpos; la *ternura*, en las almas.

La *terneza* es una propiedad; la *ternura* es una virtud.

El tacto nos da a conocer la *terneza*; las madres nos hacen sentir la *ternura*.

Puede decirse que la *terneza* es la *ternura* de los sentidos, como la *ternura es la terneza* del sentimiento.

Terráqueo, terrestre, terrenal terreno, terroso

Terráqueo se aplica a la tierra, *terra* en latín, *ge* en griego, considerada como globo, por contraposición a la esfera celeste. Así decimos globo *terráqueo*.

Fuera impropio decir globo *terrestre*, porque con esto significaríamos que existía un globo marítimo, lo cual no es exacto, y excusamos manifestar cuán absurdas serían las expresiones de globo *terrenal*, globo *terreno*, globo *terroso*.

Terrestre se aplica a la tierra considerada, no como planeta, no como globo, sino como elemento: es el elemento contrario del mar.

Fuera absurdo decir hombre *terráqueo*, *terrenal*, *terreno*, *terroso*.

Terrenal considera la tierra como una morada de delicia. Así decimos paraíso *terrenal*.

Nada más repugnante que decir paraíso *terroso*, *terreno*, *terrestre*, *terráqueo*.

Terreno considera la tierra como la morada de lo perecedero, de lo vicioso, de lo desgraciado.

Así decimos miserias *terrenas*.

Fuera un despropósito decir: miserias *terráqueas*, *terrestres*, *terrenales*, *terrosas*.

Terroso se dice con aplicación a las cosas en que abunda la *tierra*. Así decimos carbón *terroso*, materia *terrosa*.

El lector comprende cuán disparatada fuera carbón *terreno*, carbón *terrenal*, carbón *terrestre*, carbón *terráqueo*.

Lo *terráqueo* es esfera.
Lo *terrestre*, continente.
Lo *terrenal*, goce.
Lo *terreno*, miseria.
Lo *terroso*, mixtura.

Tesis, tema

Ambas palabras vienen del griego *tithemi*, que significa colocar, poner. Es curioso notar que del mismo verbo se origina la voz griega *theke*, que equivale a cajón para guardar las cosas, lo cual prueba que *tesis* debe tener algo de aquel sentido. Según esto, la *tesis* sería considerada como un arca de la inteligencia en donde se guarda un pensamiento, lo cual está en perfecta armonía con su sentido filosófico. La *tesis* es juicio, raciocinio, proposición, y todo juicio viene a ser como el aposento de una idea.

Veamos ahora las diferencias que el uso establece entre las dos palabras del artículo, emanadas del mismo origen.

La *tesis* se refiere a la constitución de la cosa; a sus partes intrínsecas; es decir, a su substancia.

Por *tesis* se entiende toda disertación escrita sobre un punto científico.

Tema se refiere al asunto, al motivo, al objeto. La idea de aplicación entra capitalmente en esta palabra.

No hay *tesis*, no hay proposición que no tenga alguna tendencia, algún fin. Esto quiere decir que no hay *tesis* que no gire sobre algún asunto, que no verse sobre algún motivo; he aquí el *tema*.

No hay *tesis* sin *tema*, como no hay proposición sin objeto.

Supongamos que al escribir sobre cualquier motivo nos olvidamos del asunto que nos propusimos tratar. Dado este caso, podremos decir que nos olvidamos del *tema* de la *tesis*, lo cual equivale a si dijéramos que nos habíamos olvidado del motivo de la disertación.

Supongamos también que un predicador se sale del punto capital sobre que versaba su sermón. También en este caso podría decirse que olvidó la idea de su discurso, el argumento de su prueba, el motivo de lo que dice, el *tema* de la *tesis*.

Hallamos, pues, que sin *tema* no hay *tesis*; que en la *tesis* entra forzosamente el *tema*.

Pero luego decimos: *tema* musical.

Nada más absurdo que decir: *tesis* musical. ¿Por qué? Porque la música es una bella arte, no una disertación filosófica, no una prueba científica. Las bellas artes tienen sus motivos, se desarrollan dentro de sus varios asuntos, y por esto la *música* sigue *temas*; pero no se proponen demostrar pensamientos, no son escuelas de raciocinio, y por esto la música no puede tener *tesis*.

También decimos: cada loco con su *tema*.

El lector comprende cuán disparatado fuera decir: cada loco con su *tesis*, porque siendo la *tesis* ciencia y filosofía, el suponer *tesis* a un loco sería tan extravagante como suponer ciencia a la locura.

Antes hemos hallado que el *tema* entra necesariamente en la *tesis*, y ahora encontramos que la *tesis* no entra en el *tema*.

Esto es tan lógico y tan natural como decir que el asunto de cualquier materia, el motivo de cualquier cosa entra en la cosa misma, mientras que la cosa no entra en el motivo. La parte entra holgadamente en el todo; pero el todo no puede entrar de ninguna manera en la parte.

Cuando yo medito, algún fin pretendo realizar; pero este fin que me propongo meditando es una parte de mi meditación, está dentro de ella; mi meditación no está dentro del fin. Lo que me propongo al meditar va dentro de la esfera de lo que medito, como lo que medito está dentro de la esfera del alma.

El fuego quema, pero el fuego no está dentro de la propiedad de quemar, sino que la propiedad de quemar está dentro del fuego; y así sucede que cuando no hay fuego no nos quemamos, y que siempre que nos quemamos es porque hay fuego.

Pues bien, el *tema* entra en la *tesis* como entra en el fuego la propiedad que el fuego tiene de quemar; como el fin de mi meditación entra en lo que medito; pero la *tesis* no entra en el *tema*, como mi meditación no puede estar dentro del fin que me propongo meditando, como el fuego no puede estar dentro de la propiedad que tiene de quemar.

La *tesis* es inteligencia, pensamiento, verdad.

El *tema* es asunto, motivo, objeto.

La *tesis* es sabia.

El *tema* es vulgar.

Acaso no hay un hombre en el mundo que no tenga sus *temas*.

Únicamente los filósofos, los letrados, los eruditos, son capaces de escribir *tesis*.

Testamento, albacea

Testamentario viene del latín *testis*, que quiere decir *testigo*. El *testamento* es como el *testimonio* o el *atestado* de la voluntad del difunto. Y se cree que *testigo* viene de *testa*, porque ha de estar como a la *testa*, o a la cabecera del que habla para poder oír y *atestiguar* su dicho.

Albacea viene del árabe *aluaseia*, que quiere decir precepto, mandato, de donde salió *aluasei, albacei, albacea, testamentario*.

Testamentario se refiere más bien al *testimonio*, al *testamento*, a lo que resulta escrito en el papel.

El *albacea* se refiere particularmente a la voluntad del difunto, a sus palabras, a sus mandatos, a sus preceptos, aunque por un olvido del notario no apareciesen en el escrito.

El *testamentario* es legal, jurídico, puesto que saca su carácter y su autoridad de un instrumento público y solemne, de una escritura garantida y guardada por la ley, por el derecho.

El *albacea* es moral y hasta religioso, porque participa del espíritu de un hombre que ha muerto y que pertenece, por lo tanto, a los juicios y a los misterios de la Providencia.

El *testamentario* es un testigo y un ejecutor del *testamento*.

El *albacea* es un amigo y un encargado del *testador*.

Aquello es hecho, oído, práctica.

Esto es espíritu, tradición, memoria.

Tiento, cuidado

Tiento viene del latín *tangere*, como tentar y tienta. Es la expresión aumentativa o reiterativa de tocar. El que *tienta* toca muchas veces para enterarse de lo que toca.

Cuidado viene del latín *curo, curas, curare, curavi, curatum*, de donde se originan nuestras voces *cura, curar, cuita, curato, curador, curadoría*, etc.

Tentamos el vado con el fin de ver si tiene mucha hondura.

Cuidamos de no caer en su corriente para no exponernos a un lance.

El *tiento* es registro, exploración, tasa.

El *cuidado* es obligación, cariño, gratitud.

Obramos con *tiento*.
Sentimos *cuidado*.
El *tiento* es obrar.
El *cuidado* es sentir.
El cuerpo organizado *tienta*.
El alma racional *cuida*.
Ejercicio sobre este artículo:
Uno dice: he dado un *tiento* a la bota del vino. ¿Qué quiere decir con esta expresión? Quiere decir que ha *tocado* la bota, que la ha *tentado*, que ha bebido.

Nada más absurdo que decir he dado un *cuidado* a la bota de vino, porque la bota no es capaz de *cuitas*.

El *tiento*, por más que se traslade al orden moral, no puede expresar una relación superior a la de aplomo, prudencia, medida; mientras que el *cuidado* puede significar las más grandes virtudes, hasta virtudes religiosas como la caridad, porque la caridad no es otra cosa que el *cuidado* que nos tomamos por nuestro prójimo, en cumplimiento de un deber religioso y moral.

Así decimos: cura de almas. Esto no quiere darnos a entender que *cura* las almas como el médico *cura* los cuerpos; no quiere darnos a entender que sana el espíritu, sino que *cuida* de él, que se *cura* o que se *acuita* por la salvación de las almas encomendadas a su ministerio. *Cura* de almas quiere decir que tiene el *cuidado* de aquella grey espiritual.

El lector comprende cuán disparatado fuera decir: *tiento* de almas, porque claro es que las almas no se pueden tocar.

El *tiento* es toque, prevención, cautela.

El *cuidado* es al mismo tiempo una gran virtud y una gran misión.

Tentamos con un palo.
Cuidamos con nuestra conciencia.
Tientan todos los hombres.
No todos *cuidan*.

El *tentar* es mucho más común que el *cuidar*. Si el *cuidar* no fuera mejor que el *tentar* sucedería al revés.

Tiento, tacto

Tiento, del latín *tangĕre*, tocar, significa aviso, cuidado, reposo.

Tacto, del griego *taktos*, derivado de *tassō, taxein*, expresa la idea de pericia, de medida, de orden, de prudencia. Decir *taxein* en griego era como decir *tasar* en español, *taxare* en latín, *taxer* en francés, *tassare* en italiano.

Se anda con *tiento*.
Se obra con *tacto*.
Los que no ven acuden al *tiento*.
Los que se empeñan en asuntos difíciles acuden al *tacto*.
Así decimos: vayámonos con *tiento*; es decir, con aplomo, con calma, puestos sobre aviso.
No expresaríamos la misma idea diciendo: vayámonos con *tacto*, porque si esta expresión fuera corriente, significaría: vayámonos con pericia, con habilidad, con orden; es decir, con *táctica*.
Decimos igualmente: *tacto* médico.
Nada más absurdo que decir: *tiento* médico.
El *tiento* sirve para tentar.
El *tacto* sirve para medir.
Con el *tiento*, de donde viene la palabra *tienta*, se sondan las profundidades de la naturaleza, de la vida y del espíritu.
El *tiento* es más bien un sentido.
El *tacto* es un instinto y una conducta.

Tierra, terreno

La *tierra* fue para los antiguos uno de los cuatro elementos.
Para los egipcios fue una divinidad.
Para los astrónomos es un planeta.
Para los físicos, un globo.
Para todos los hombres, el gran teatro de la vida, la escena del mundo.
El *terreno* es la misma *tierra* acomodada a la limitación del hombre, a sus trabajos, a sus necesidades, a sus usos.
La *tierra* es extensa, sólida, divisible.
El *terreno* es grande o pequeño, llano o montuoso, fecundo o estéril, arcilloso o calizo.
De la *tierra* habla la geología.
Del *terreno* habla la agricultura.
El *terreno* se compra y se vende.
Nada más absurdo que comprar y vender la *tierra*.

Cualquiera inundación se lleva un *terreno*.
El diluvio universal no se llevó la *tierra*.

Tiniebla, obscuridad, opacidad, sombra

Tiniebla viene del latín *tendĕre*, *teindein* en griego, que equivale a *tender*. *Tiniebla*, pues, no significa etimológicamente sino la idea de un objeto que se *tiende* o se *extiende*.
Obscuridad, del latín *obscuritas*, expresa la idea de una cosa turbia, confusa, enmarañada, nebulosa.
Opaco viene del latín *operio*, cerrar, formado de *ob*, que significa contrariedad, y de *pario*, parir: *opaco* equivale a no *parido*, no dado a luz, escondido, oculto.
Sombra, del latín *umbra*, es el resultado de la no presencia del astro del día.
Tiniebla es falta de luz.
Obscuridad, falta de claridad.
Opacidad, falta de brillantez, de diafanidad, de transparencia.
Sombra, falta de sol.
Donde no hay sol hay *sombra*.
Donde no hay diafanidad, espacio abierto, hay *opacidad*.
Donde no hay claro hay *obscuro*.
Donde no hay luz hay *tinieblas*.

Tipo, modelo

Un escultor se fragua en su mente el bello ideal de una matrona. Luego imita las formas de una mujer para realizar el bello ideal que se imaginó.
El bello ideal de la matrona es el *tipo*.
Las formas de la mujer son el *modelo*.
El *tipo* es indispensable al *modelo*.
El *modelo* no es necesario al *tipo*.
El *tipo* pertenece a la fantasía: consiste en imágenes.

El *modelo* existe en la naturaleza: consiste en formas.
El *tipo* se crea; el *modelo* se imita.
El *tipo* es puro, interior, imaginativo, espiritual, creador, bello.
El *modelo* es plagiario, sensual, exterior, industrioso, casi mecánico.
El *tipo* es un símbolo de nuestra alma, creado por el sentimiento del arte.
El *modelo* es una matrona, copiada acaso de una mujer impura.
El *tipo* es una belleza imaginada; el *modelo* es una hermosura vendida.
Las grandes creaciones son *tipos*, no *modelos*, porque no se han copiado de ninguna parte.
El *tipo* es griego; el *modelo* es romano.

Tirar, arrojar

Etimológicamente hablando, *tirar* es lo contrario de *traer*, término radical de la palabra del artículo. Quien *tira* hace lo contrario del que *trae*.
El verbo *tirar* supone desprecio.
Arrojar envuelve la idea de temeridad; es decir, de *arrojo*.
Tirar la basura.
Arrojar el guante es iniciar el desafío. Actualmente se usa sólo en sentido figurado, y significa «decirle cuatro verdades» o «hablarle con claridad».

Tocar, tentar, palpar

Tocando, realizamos un sentido; *tentando*, realizamos una intención; *palpando*, cumplimos un propósito.
Se *toca para saber que la cosa existe; se tienta* para conocer de qué modo existe; se *palpa* para convencernos de las propiedades y accidentes de su existencia.
Tocar corresponde a la sensibilidad exterior; *tentar*, a la conciencia simple; *palpar*, a la conciencia refleja.
Son tres operaciones que parten del sistema nervioso y acaban en el sentido íntimo. ¡Tan grande es el espacio que recorren esos tres vocablos en la lengua humana!

Tolerancia, tolerantismo

Tolerancia expresa el hecho: una virtud humana.
Tolerantismo expresa el principio: un sistema social, moral y religioso.
En caso idéntico se halla un sinnúmero de vocablos de nuestra lengua. Sirvan de ejemplo los siguientes, a fin de que puedan guiar a la juventud estudiosa.
Dualidad, dualismo.
Vitalidad, vitalismo.
Sociedad, socialismo.
Terror, terrorismo.
Puridad, puritanismo.
Razón, racionalismo.
Protesta, protestantismo.
Fatalidad, fatalismo.

Tolerar, consentir, aguantar, sufrir

Tolerar es llevar con paciencia.
Consentir es no protestar.
Aguantar es seguir la corriente.
Sufrir es resignarse.
La *tolerancia* lleva en sí la idea de mansedumbre.
El *consentimiento*, la de conformidad.
En el *aguante* hay algo de impaciencia.
El *sufrimiento* no se concibe sin abnegación, sin paciencia, sin fe.
Se *tolera* una secta o un abuso.
Se *consiente* un fallo.
Se *aguanta* una broma.

Se *sufre* una injusticia, una desgracia, un dolor, una injuria; se *sufre* la miseria; se *sufre* el martirio.

Todos debemos *tolerar* las faltas de nuestros semejantes.

El que no quisiera *consentir* ningún desafuero, no podría vivir en el mundo.

Conviene saber *aguantar* para no ser objeto de burla.

No hay cosa mejor que obrar bien para no *sufrir*, ni otro recurso que saber *sufrir* todos los males que no podamos prever ni evitar.

La *tolerancia* es una escuela, un sistema, una moral.

El *consentimiento* es muchas veces un abandono; otras veces una necesidad; otras, una política.

El *aguante*, en el valeroso, es prudencia; en el pusilánime, es debilidad y cobardía.

El *sufrimiento* es en todos los hombres la virtud más indispensable y más universal de este mundo. ¿Por qué? Porque es a la vez una heroicidad y una recompensa, un dolor y una palma.

Tomar, coger

Tomar expresa una acción pasiva; *coger*, una acción activa.

Tomo lo que me dan. Lo *cojo* de otras manos.

Cojo lo que me acomoda. Lo *tomo* yo.

Tomar es la necesidad de muchos.

Coger es el arriesgado privilegio de pocos de poder elegir.

Más vale *coger* con una mano que *tomar* con las dos.

Esto dicen unos. Otros dicen: más que *coger* con las dos manos vale *tomar* con una.

Los lectores verán lo que les parece mejor. Nosotros entendemos que se debe *coger* con tino y *tomar* con cautela.

Tomo, volumen

Tomo viene del griego *tomos*, parte de un todo, derivado de *temnō*, que significa división.

Volumen envuelve la idea de *valumba*, como *envoltorio*.

Cuando decimos obra en un *tomo*, cometemos un contrasentido etimológico, porque *tomo* significa parte, y si la obra no tiene más que un *tomo*, este *tomo* único constituye el todo de la obra. De manera que diciendo obra en un *tomo* convertimos en todo la parte.

La obra que tiene un solo *tomo* no es verdaderamente *tomo*, sino *volumen*.

El *tomo* divide.

El *volumen* abulta.

El *tomo* entra en la distribución racional del tratado.

El *volumen* no se refiere más que a la forma.

De manera que el *tomo* es libro.

El *volumen* es bulto.

Excusado parece decir que el escribir *volúmenes* es más general y más fácil que escribir libros de valor.

Tonto, necio, fatuo

Tonto es el que no comprende.

Necio, el que no sabe.

Fatuo, el que habla sin tino.

El *tonto* trabaja, come, duerme.

El *necio*, por no saber nada, no sabe que no sabe, y cree saber. De aquí viene que todo *necio* dice las mayores vaciedades con el mayor orgullo.

El *fatuo* se reputa un Demóstenes y articula palabras sin hablar, o habla sin decir, o dice lo contrario de lo que debiera expresar. Cuéntase que el Narciso de la fábula se enamoró de su hermosura; el *fatuo* es un Narciso enamorado de su fatuidad.

El *tonto* suele ser malicioso. No comprende y malicia. Éste es su único talento.
El *necio* es un *tonto* presumido.
El *fatuo* es un *necio* insufrible.
El *tonto* da pena; el *necio*, risa; el *fatuo*, enojo.

Toque, tañido

Ambas voces se derivan del latín *tango, tangis*, tocar.

Toque de la campana, *tañido* de la campana.

Veamos qué idea significan estas dos locuciones.

El *toque* de campana es el golpe que da el badajo en el metal.

El *tañido* de la campana es el sonido, el tono de la misma campana.

El *toque* es ceremonia, solemnidad: la campana se nos presenta como un lenguaje de la religión.

Así decimos *toque* de oraciones, *toque* de vísperas, *toque* de misa, *toque* de difuntos.

Nada más extraño ni más desatinado que decir: *tañido* de oraciones, de misa, de vísperas; *tañido* de difuntos o de muertos, porque hablando así daríamos a entender que los muertos, las vísperas, las misas y las oraciones tienen la facultad de *tañir*.

El *tañido* de la campana, que oí a lo lejos, me trajo a la mente la memoria de mis padres, de mis hermanos y de mis amigos.

Aquí no hablamos del choque del badajo en la campana; no hablamos de la acción de *tocar*, sino de aquel acento misterioso, de aquella música triste y solemne, de aquella severa melodía que viene a herir nuestro corazón. No es un dogma, es un arte; no nos habla del porvenir ni de nuestras creencias, nos habla el pasado, de nuestras desdichas.

De modo que, en sentido propio, el *toque* es contacto.

El *tañido* es cadencia.

En sentido moral, el *toque* es rito: un idioma de nuestra fe.

El *tañido* es más bien sentimiento: un idioma de nuestras pasiones.

El *toque* nos hace acudir.

El *tañido* nos hace suspirar.

Torcer, doblar

Se *tuercen* varios hilos para hacer un cordel.

Hecho el cordel, se *dobla*.

Se *tuercen* los hilos del cordel para que el cordel tenga consistencia.

Se *dobla* el cordel hecho para que ocupe menos espacio.

El *torcer* es una operación, un oficio, una necesidad.

El *doblar* es comodidad o conveniencia.

Casi todo el mundo sabe *doblar*.

Sólo el que aprende ciertos oficios sabe *torcer*.

Me torcí un pie; esto significa que me hice daño.

Doblé un pie; esto significa que no hice otra cosa que encorvarlo, acomodarlo a una situación.

Torcer expresa siempre una acción más rápida, más eficaz, más violenta que *doblar*.

Doblar un papel es hacer de modo que ocupe menos superficie, sin arrugarlo ni deslucirlo.

Torcer un papel equivaldría a decir que se le había estrujado.

Ambos verbos han pasado al sentido metafórico.

Doblé expresa lo contrario de sencillo o sincero.

Torcido, lo contrario de recto o bien encaminado.

Intención *torcida* significa que no se camina derechamente.

La intención *doble* puede no ser mala; la intención *torcida* no puede ser buena.

Fui a verle con la *doble* intención de saber lo que pasa.

Fui a verle con la *torcida* intención de saber lo que pasa.

La primera frase puede significar el deseo curioso de penetrar un secreto inocente.

La segunda frase supone el propósito deliberado de causar un mal.

Tornar, volver, regresar

Parto al Escorial, y *tornaré* esta noche.

Puesto que no está en casa, *volveré* luego a visitarle.

Está en París y no *regresará* hasta octubre.

Torna el que vuelve.

Vuelve el que ha estado.

Regresa el que se fue.

Torpe, rudo

Se cree que la palabra *torpe* viene del latín *talpa*, que significa *topo*. Lo cierto es que llamamos *torpe* al que no se sabe mover, al que todo lo estropea y lo desluce.

Rudo viene de *rus, ruris*, el campo, de donde se originan nuestras voces rural, rústico, rusticidad, rudez, rustiqueza y otras varias.

El *torpe* es inhábil.

El *rudo* es inculto.

Torpeza se refiere a la falta de maña.

Rudeza se aplica más bien a la falta de educación.

En las ciudades hay muchos hombres *torpes*, no *rudos*.

Los aldeanos son *rudos*, no *torpes*.

Lo contrario de *torpe* es listo.

Lo contrario de *rudo* es erudito.

Torre, campanario

Llámase *torre* porque es fuerte y sólida, como los *torreones* (torres grandes) que sirven de defensa a una plaza.

Llámase *campanario* porque es la parte del edificio en que están las campanas.

La *torre* es fortaleza.

El *campanario* es templo.

Tostar, torrar

El que *torra*, tuesta una vez; el que *tuesta*, torra muchas veces.

Se *torra* el grano que se seca; se *tuesta* el cuerpo que se abrasa.

Trabajo, hacienda, quehacer, faena, tarea

El *trabajo* es la profesión universal del hombre, porque es el empleo natural de nuestras fuerzas y aptitudes. *Trabaja* el sabio, *trabaja* el ignorante, *trabaja* el rico, *trabaja* el pobre. Todo aquel que hace algo útil en este mundo, *trabaja*. Decimos algo útil, porque hacer cosas malas o inútiles no es hacer, y no hacer equivale a no *trabajar*.

El hombre, cometido el pecado original, fue condenado, no a la *hacienda*, ni a la *faena*, ni a la *tarea*, ni al *quehacer*, sino al *trabajo*.

Hacienda fue el primer trabajo que tuvo el hombre, el trabajo de campo, y por esto significa con especialidad los quehaceres agrícolas. El hombre *hacendado* de los primeros tiempos no era el que tenía mucho caudal, sino el que tenía mucho *quehacer*; es decir, el que tenía mucha *hacienda*. Pero habiéndose visto después que la *faena* estaba en relación con la ganancia y con la propiedad; habiéndose advertido que *tanto trabajo* equivalía a *tanta riqueza*, la palabra *hacendado*, que al principio significó *quehacer*, pasó luego a significar la idea de acaudalado o de pudiente en que hoy se emplea.

Pero además del *trabajo* de campo, la palabra *hacienda* supone un *quehacer* doméstico, interior, de puertas adentro, por decirlo así. Expresa el *trabajo* de la familia, el *quehacer* de la casa, un *quehacer* laborioso, sencillo, rústico, en armonía con las tradiciones de los primeros tiempos, esos primeros tiempos, esa edad inocente y tosca que está todavía reflejada en la vida de las aldeas.

Un ama de casa nos dice: tan pronto como pestañeo no puedo con la *hacienda*. La muerte del muchacho me tiene atrasada toda la *hacienda*; es decir, me tiene atrasados mis *trabajos* caseros.

El *quehacer* es la hacienda ordinaria y corriente del hombre, el jornal de todos los días. Así decimos: cada cual tiene que atender a sus *quehaceres*.

La *faena* es un *trabajo* activo, fuerte. Así decimos: las *faenas* del campo. Cuando el pescador tira sus redes, o cuando el marinero leva un áncora, no habla de *hacienda*, ni de *quehacer*, ni de *tarea*, sino de *faena*. Esta voz tiene algo de la palabra *afán* o *afanoso*. Entran en ella una parte de fuerza material y otra parte de impaciencia y deseo.

Tarea expresa una serie más elevada de trabajos. Es el *trabajo* de la ciencia y del ingenio. Así decimos: *tareas* científicas, *tareas* literarias, *faenas* científicas, *quehaceres* científicos o literarios.

¿Por qué? Porque no siendo la ciencia y la literatura trabajos agrícolas o domésticos, sino universales, no puede aplicárseles el nombre de *hacienda*; no siendo trabajos de fatiga corporal, sino de atención, de raciocinio y de fantasía, no puede llamárseles *faena*; y no siendo un trabajo común, ordinario, casi manual, sino interior, difícil, trascendente, no podemos llamarlo *quehacer*.

De modo que el *trabajo* es universal; equivale al jornal del hombre.

La *hacienda* es campesina y doméstica.
El *quehacer*, ordinario.
La *faena*, laboriosa.
La *tarea*, científica.

Trabajo, trabajos

Trabajo es ocupación.
Trabajos son apuros y penas.
Muchos viven sin *trabajar*.
No creemos que nadie viva sin *trabajos*.
El *trabajo* se lo busca el hombre.
Los *trabajos* nos los manda Dios, no porque Dios quiere, sino porque nuestras culpas se lo piden, o Él quiere aumentar nuestra posición en la Eternidad (2.ª Corintios 4:16 y 1.ª Pedro 1:7).

Traer, acercar

Traer es conducir hacia donde estamos; supone acción, movimiento, *trajín*, porque *trajín* viene de *traer*.

Acercar es hacer que esté en torno nuestro, que nos *circuya*: supone proximidad.

El hombre *trae*: es un oficio.
El tiempo *acerca*: es una ley de Dios.
Me *traen* lo que pido.
Se *acerca* una hora que no llamo.
La muerte se *acerca*, no se *trae*.
Se *trae* arroz de la India, no se *acerca*.
Lo contrario de *traer* es llevar.
Lo contrario de *acercar* es alejar.

Traidor, traicionero

Hay dos alevosías: la del alma y la del cuerpo.

El *traidor* es la alevosía del alma.
El *traicionero* la alevosía del cuerpo. Así es que no puede decirse intención *traicionera*, mientras que decimos con mucha propiedad y eficacia: intención *traidora*.
Por la misma razón puede decirse brazo *traicionero*, puesto que el brazo es corporal.

Trajinero, arriero

Trajinero viene de *trajín*, y *trajín* se deriva de *traer*, como ya dijimos.
Arriero viene de *arrear*, *agein* en griego. Es muy probable que nuestra palabra *arriero* no tenga otro origen que la armonía imitativa, que los griegos llamaron onomatopeya. *Arre* es el sonido que hacemos con la boca para lograr que anden las caballerías.
Lleva y *trae*, y por esto se llama *trajinero*.
Arrea a los animales que conduce, y por esto se llama *arriero*.

Transitorio, pasajero

Transitorio es lo que se va para no volver. Así es que el *pasaje* de la vida a la muerte no se llama *pasaje*, sino *tránsito*.
Pasajero es lo que va y viene, porque tanto *pasa* al ir como al volver; más claro, tanto mueve el *paso* a la ida como a la vuelta. Y no solamente es *pasajero* lo que viene y va, sino que damos el mismo nombre al espacio por donde vamos y venimos.
Vida *transitoria*, porque no torna.
Camino *pasajero*, porque la gente viene y va.

Tratamiento, título, dignidad

El *tratamiento* se refiere a la comunicación civil: es la sociedad.
El *título*, a la autorización: es la ley.
La *dignidad*, a la jerarquía: es el Estado.
El *tratamiento* es una etiqueta.
El *título*, un diploma.
La *dignidad*, una condición.
Se apea el *tratamiento*.
Se renuncia el *título*.
Se exonera de la *dignidad*.

Trato, asistencia

Tratar a las gentes al vivir en sociedad es una cosa indispensable.
Asistir supone caridad, obligación, ciencia o afecto.
El *trato* es siempre una necesidad, algunas veces pasa a ser molestia; no pocas veces raya en carga y en sacrificio.
La *asistencia* es convenio o virtud.
Todos nos *tratamos*: pocos, muy pocos, nos *asistimos*.

Trato, contrato, contrata, convenio

Trato es el convenio que tiene lugar entre dos o más individuos, sin otra garantía que el dicho de las partes interesadas.
Contrato es el convenio en que entra como solemnidad y como sanción la garantía de la fe pública. El *contrato* es el *trato* que se hace con el escribano, con la ley, por lo cual no es *trato*, sino *contrato*.
Contrata lleva en sí la idea de un acuerdo de grande monta, verificado entre una nación o una ciudad y los particulares, como la *contrata* de la sal, del tabaco, del azogue, del vestuario, del ejército, del empedrado, del riego y otras por el estilo.
Convenio es el acuerdo entre naciones.
Dos conocidos hacen sus *tratos*.
El escribano extiende *contratos*.

Los gobiernos conceden *contratas* de servicios públicos a grandes empresas, y *convenios* con otros países.
El *trato* es social, casi doméstico.
El *contrato* es forense.
La *contrata* es administrativa.
El *convenio*, internacional.

Traza, señal

Traza viene de traer; *trahĕre*, en latín.
Señal, de signo, *signum*, en el mismo idioma, derivado del griego *stigmē*, que significa estigma o marca.
Traza, en lo antiguo, era toda raya o señal que se hacía en la tierra o en otra parte para que sirviera de gobierno, de donde viene el nombre *trazo*, que equivalía a renglón, como se ve por el refrán que dice:

> En mujer y en trazos
> por dentro hay que mirallo.

Lo cual quiere decir que no se ha de mirar la letra de las líneas o renglones, sino el espíritu de la letra, como en la mujer no hay que ver el cuerpo, sino el alma. De este origen vienen los modismos *trazar* rayas, renglones, letras, señales, líneas, y el sentido sabio de plan o diseño que hoy tiene la voz *traza*.
Después se advirtió que la manera, el aire con que hacemos las cosas, era una señal característica de cada individuo, y la palabra *traza* pasó a significar inhabilidad o destreza, y así decimos de una persona que se da buena o mala *traza* para hacer algo, en equivalencia de buen o mal arte.
Por fin, se echó de ver que nuestra cara o nuestra presencia era otra señal que nos distingue a unos de otros, revelando aptitudes del alma, y la voz *trazas* significó cara o aspecto, y así decimos que tal sujeto tiene buenas o malas *trazas*, para expresar que es persona ordinaria o distinguida,
de buenas o de malas cualidades. Es persona de buenas *trazas*, equivale a decir: según las señales, es persona de condición y de bondad.
De este modo la antigua *traza*, la humilde *traza*, llegó a significar todas las disposiciones del ánimo que se dibujan en nuestro semblante y en nuestras maneras; y así decimos: Fulano tiene *trazas* de hombre de talento, de hombre distinguido, de hombre de bien, de artista, de valiente.
Traza, pues, expresa dos ideas capitales: planta y aspecto.
Por el contrario, la palabra *señal*, de cualquier modo que se la mire, no significa más que muestra, presunción, vehemencia, anuncio; esto es, *signo*.
La *señal* indica; la *traza* revela.
Por una *señal* no se juzga a nadie; por la *traza* se juzga a todo el mundo.
Vamos a terminar con un ejemplo.

> «Visitaba una huerta un cortesano
> y un grande melón ve, ¡soberbia traza!,
> cógeme aquel melón, buen hortelano:
> Gran señor, no es melón, que es calabaza.»

Pongamos en lugar de *soberbia traza* soberbia *señal*, y no sabremos qué se quiere decir.

Trepar, subir

Trepar se deriva del griego *trepo*, que significa girar o dar vueltas, de donde viene *tropo*, que no es otra cosa que el giro o la vuelta de las palabras.
Subir se compone de *sub*, bajo, abajo, debajo, y del verbo ir: *sub-ir, ir de abajo para arriba.*
Subir a un monte, *trepar* a un monte.
Subir a un monte significa que partimos de abajo y que llegamos a la cumbre.
Trepar a un monte, o mejor dicho, *trepar* por un monte, significa que vamos *gi-*

rando o dando *vueltas*, caminando *alrededor* de las peñas y riscos, haciendo circuitos; es decir, haciendo *tropos*, tomada esta palabra en significación material.

Subimos por una vereda, por un sendero, por un camino.

Trepamos por malezas, por vericuetos, por quiebras y peñascos.

Triunfo, ovación

Triunfo, en latín *triumphus*, viene del griego *thriambos* o *thriambeuō*, triunfar.

Ovación se origina del latín *ovis*, que significa oveja.

El *triunfo* era la entrada solemne del héroe en Roma, en carroza espléndidamente adornada, seguida de los prisioneros y del botín. El *triunfo* era el festejo público con que se celebraba una victoria decisiva y grande.

La *ovación* era la solemnidad destinada a victorias menos importantes, y si vale creer en el testimonio de Plutarco, no era un honor tributado a la guerra, sino a las conquistas obtenidas por la persuasión; es decir, las conquistas del talento y de la palabra.

El emperador iba a pie, con pantuflos o chinelas, entre el clamoreo de las flautas, y se sacrificaba con aquel motivo una *oveja*, en latín *ovis*, de donde viene el nombre de *ovación*. El sacrificio de la oveja debe referirse a los sacrificios que desde el principio de la historia ordenó Dios a los seres humanos para simbolizar el *sacrificio* redentor de Cristo, «El Cordero de Dios, que quita el pecado del mundo».

El *triunfo* es heroico, pomposo, solemne.

La *ovación* es pacífica, cariñosa, humilde.

Un autor, terminada la primera representación de su obra, es llevado a su casa entre los vítores y las antorchas de un gentío inmenso: he aquí el *triunfo*, la festividad de la gloria.

Un autor, terminada la representación de su obra, es llamado a las tablas, en donde recibe el saludo de los espectadores: he aquí la *ovación*, una caricia del halago público.

No hay *triunfo* sin demostración ruidosa.

No hay *ovación* sin un sentimiento afectuoso.

El *triunfo* es un personaje muy temible, porque hace lo que el Saturno de la fábula: devora a sus hijos. Apenas hay *triunfo* que no mate al héroe: hoy, el Capitolio; mañana, la roca Tarpeya; o como dijo un orador célebre: «¿Triunfáis hoy? Pues no preguntéis a los sabios: moriréis mañana.»

La *ovación* deja satisfecho un corazón humilde, generoso y puro.

Tronzar, tronchar

Tronzar se aplica a *tronco*, como el de una encina.

Tronchar, a *troncho*, como el de una col.

Se *tronza* una rama.

Se *troncha* un tallo.

Tropel, ruido

Ruido es todo lo que suena con estrépito, todo lo que hace *ru, ru*, de donde es muy posible que proceda el latín *rumpere*, romper, porque casi todo lo que se *rompe* hace *ruido*.

Tropel viene de *tropa*. Es el ruido del movimiento, de la turbulencia, de la turba.

El huracán viene con *ruido*, porque suena estrepitosamente.

La muchedumbre causa *tropel*, porque

viene atropelladamente, en tumulto, en *tropa*.
El *ruido* se oye.
El *tropel* asusta.

Tropelía, desacato

Tropelía viene de *tropel*, palabra derivada de *tropa*, como queda dicho en el artículo anterior.

Desacato se compone del prefijo *des*, que significa negación, y del verbo *acato*, acatar. *Des-acato: no acato*.

Tropelía es todo lo que se hace de *tropel*; toda demasía de la *tropa*, de la soldadesca, de la turba, del tumulto, de la multitud.

Desacato es toda falta de reverencia, de subordinación, de disciplina, de *acatamiento*.

Un saqueo es una *tropelía*, porque se hace en *tropel*, por la turba, por la *tropa*.

Desobedecer a una autoridad es un *desacato*, puesto que es falta de homenaje y de respeto: el que desobedece a sus superiores no les *acata*: les *desacata*.

Tropezón, tropiezo

Ambos términos se derivan de *pie*, y significan igualmente la idea general de *impedimento*.

Se diferencian en que *tropezón* es material, mientras que *tropiezo* es figurado.

Se da un *tropezón* con el pie.

Se da un *tropiezo* con el juicio o con la conducta.

Hay *tropezones* que nos hacen caer.

Hay *tropiezos* que hacen que no nos podamos levantar.

Un amante decía que más frecuentes son los *tropiezos* que los *tropezones*.

Nosotros no sabemos si son más frecuentes; pero no ignoramos que son mil veces más temibles.

Trovar, versificar

Trovar es hacer *trovas*, ser *trovador*, ser aventurero. *Trovar* es correr por el mundo como los poetas provenzales, como los *trovadores* de la Edad Media.

Versificar es hacer versos; es decir, rayas pareadas.

Trovar es una galante tradición de los tiempos medios.

Versificar es escribir con rima.

Para *trovar* hay que ser galante, misterioso, romántico.

Para *versificar* basta ser poeta de más o menos calibre.

Turba, canalla

Turba tiene la misma etimología que turbio, turbión, turbar, perturbar, conturbar, turbulento, tumulto, tumultuoso.

Canalla es un derivado de *can*, como la voz *cínico*, que equivale a *canino*.

Un solo hombre no puede ser *turba*, porque un individuo no lleva en sí la idea de turbio, de turbión, de turbulencia.

Un solo hombre puede ser *canalla*, si obra de un modo *cínico*; es decir, si tiene partidas perrunas, que es como si dijéramos *caninas*.

De modo que podemos ser *canalla* sin ser *turba*: por consecuencia, estas dos palabras son diferentes.

Para ser *canalla* nos basta la propia ruindad.

Para ser *turba* necesitamos el concurso de otros hombres o mujeres ruines que nos secunden.

Turbado, confuso

El que está *turbado* no sabe qué hacer.
El que está *confuso* no sabe qué pensar.

Al uno le falta la acción; al otro el discurso.

La *turbación* toca al sentimiento; la *confusión*, a la inteligencia.

Se *turba* el niño; se *confunde* el más sabio.

Un mar borrascoso está *revuelto*.

Ese mismo mar, cuyas aguas aparecen mezcladas con arenas, está *turbio*.

Tal vez pueda decirse que lo *turbio* es una consecuencia natural y necesaria de lo *revuelto*.

Turbio, revuelto

Turbio, como turbión, turba, turbulencia, nos da la idea de una cosa que se mezcla, que se confunde, que se hace impura.

Revuelto da la idea de objetos que chocan, que se agitan, que están dando *vueltas* sin cesar.

Lo *turbio* no se deja ver: es confuso.

Lo *revuelto* no puede parar: es agitado.

Tutor, curador

Curador viene de *curo, curas*, que equivale a cuidar.

Tutor se deriva de *tueor, tueri*, que significa defender.

El *curador* cuida del pupilo.

El *tutor* lo ampara.

Tutor significa más que *curador*, como defender significa más que cuidar.

U

Ufano, orgulloso

Acerca de la etimología de *orgullo* andan muy discordes los etimologistas, aunque no fuera de buen sentido.

El Dr. Rosal dice: «Orgullo es del verbo griego *orgaō*, que significa desear con extremo y hacer señales de tal deseo, o de *orgyzō, orguzō*, que significa alborotarse y concitarse, y así llamamos *orgilos* al mismo *orgullo*.»

Con la anterior etimología concuerdan los que sacan *orgullo* de *orgilos*, cólera, el propenso a encolerizarse, formado de *orgé*, que equivale a furor, de donde procede nuestra voz *orgía*, aludiendo al furor o al entusiasmo con que se celebraban las *orgías* o fiestas de Baco.

Otros autores derivan la palabra en cuestión del latín *erigi, erigor*, erguirse, alzarse, ponerse tieso, rígido, como si dijéramos entumecerse de soberbia. Según esta etimología, *orgulloso* es el que se *erige* en tirano de los demás.

Por fin, Ménage y Roquefort la derivan del griego *orgaō*, que significa estar hinchado, hincharse, porque el *orgullo* es como el henchimiento del corazón. Esta etimología tiene en su abono la gran autoridad de San Agustín, que a los *orgullosos* los denomina *inflatos*; es decir, hinchados o henchidos.

Este último origen nos parece más aceptable, no porque sea más racional, pues todas las etimologías expuestas son muy racionales, sino porque está más de acuerdo con la filosofía de la palabra. Realmente, con dificultad puede inventarse una definición que más cuadre al *orgullo* que decir: el *orgullo* es una hinchazón de nuestra alma. El hombre *orgulloso* está efectivamente hinchado de amor propio y de vanidad. Es una enfermedad que el hombre lleva en su corazón.

Ufano se deriva del latín *offa*, que significa torta.

Ufano es el hombre que se esponja, que se ahueca, que se hincha, como la *offa* (torta) que se pone en agua.

Pero la *ufanía* se diferencia del *orgullo* en que la hinchazón o el engreimiento del *ufano* no es la hinchazón de la soberbia y de la altanería, no es el entumecimiento del *orgulloso*, sino una mezcla hidalga y airosa de alegría, de apostura y donaire. El hombre que se *ufana* es bueno, porque es capaz de emulación, de virtud, de entusiasmo y de lealtad.

La *ufanía* busca ocasiones en que poder galantear y lucir.

El *orgullo* busca ocasiones en que poder oprimir y rebajar a otros.

La *ufanía* es vida del alma.

El *orgullo* es uno de los muchos harapos con que cubren sus llagas la soberbia y el egoísmo.

Ujier, portero

Ujier viene inmediatamente de la voz francesa *huissier*, derivada de *huis*, puerta, de donde procede la expresión adverbial de nuestros vecinos: *a huis-clos*, que significa a puerta cerrada.

El *huissier* francés viene del italiano *uscio*, equivalente también a puerta, de donde se origina el verbo *uscire*, que en el mismo idioma significa *salir*, porque por la puerta se sale. Es como si nosotros, para significar que salimos y entramos por la *puerta*, dijéramos *portar*.

El italiano *uscio* nace del latín *ostium*, sinónimo de *ianua, diathirum, thiroma, foris* y *porta*.

El *ujier* pasó a ser un criado de palacio, que tiene a su cargo varios oficios o servidumbres. Antiguamente se denominaba *ujier* de armas al que cuidaba de las armas del rey. En la actualidad se llama *ujier* de cámara al que asiste en la antecámara real para tener cuidado de la puerta, *ujier* de saleta al que está en la pieza contigua a la antecámara, *ujier* de sala y de vianda al que acompaña el cubierto, sopa y vianda de los reyes.

Para ser *portero* no se necesita otra cosa que saber pasar un recado y abrir la puerta, y ni aun saber dar un recado se necesita, porque *porteros* hay que ni la puerta saben abrir.

Para ser *ujier* se necesita entender ciertas cosas.

El *portero* es un simple oficio.

El *ujier* es más bien un empleo.

Los *ujieres* son agraciados.

Ultraje, injuria

Ultraje presenta la idea de un agravio violento, de un verdadero insulto. Significa literalmente dicho o palabra que va más allá de la regla o de la medida.

Injuria presenta la idea de vilipendio público. Es un agravio que lastima nuestra reputación, nuestro concepto, nuestra fama, esa fama que las leyes amparan y custodian. *Injuriar* es obrar contra el *ius, iuris*, que en latín significa derecho; por consecuencia, es obrar contra el código, contra la ley, contra toda la sociedad, porque es obrar contra la moral de todo el mundo.

Uno viene a mi casa y me insulta vilmente. Esto es un *ultraje*.

Basta que me insulte de un modo grosero; basta que vaya más allá de lo admitido, para que yo pueda decir que me ha *ultrajado*; mas no podré decir que me ha *injuriado*, porque aquel *ultraje* no fue público, porque no se tuerce contra mi fama, contra mi crédito; porque no tiene la solemnidad que la ley necesita para estimarlo como acción *justiciable*. Las leyes me imponen la obligación precisa de probar la *injuria*, y yo no tengo pruebas, puesto que el *ultraje* que recibí en mi casa fue un hecho privado.

De modo que puede haber *ultraje* sin haber *injuria*.

Por el contrario, a una mujer perdida se le llama en público ramera; y esto no es un *ultraje*, no es un insulto, no es un oprobio, no es un atropello moral, puesto que se le dice lo que realmente es; aquella mujer no pierde su honra, puesto que la tiene perdida; pero si la ramera se queja al juez y prueba el dicho, la persona que la llamó ramera será castigada, puesto que pronunció públicamente un vocablo no permitido, un vocablo penado. Dado el caso anterior, habrá *injuria* sin haber *ultraje*.

De modo que sin haber *ultraje* puede haber *injuria*, así como puede tener lugar la *injuria* sin que tenga lugar el *ultraje*, según hemos visto más arriba.

En el *ultraje* hay afrenta, ignominia, deshonra.

En la *injuria* hay desacato, desafuero.

El *ultraje* mira el agravio con relación a nuestra conciencia y a las opiniones.

La *injuria* lo mira con relación a la pauta pública, a las leyes.

Para el desagravio de un *ultraje* acudimos a nuestros recursos.

Para el desagravio de una *injuria* acudimos a la autoridad.

El *ultraje* se afea; la *injuria* se castiga.

Nos parece que, saliendo de aquí, no hay talento humano que sea capaz de explicar satisfactoriamente estas dos palabras.

El llamar fea a una mujer hermosa se puede reputar como un *ultraje*, puesto que se puede reputar como una grosería que rebaja, que ofende, que desdora; pero nadie que conozca el sentido de la voz *injuriar* podrá llamarlo *injuria*, puesto que el adjetivo *fea* no es una palabra prohibida, no es término de código; no siendo palabra de ley, no puede querellarse a la justicia, y no pudiendo querellarse a la justicia no es *injuria*, porque *injuria* equivale a decir *injusticia*.

En resumen, el *ultraje* es contra nuestro honor.

La *injuria* es contra nuestra fama.

El *ultraje* es moral, interior, privado.

La *injuria* es pública, notoria, *jurídica*.

El *ultraje* quiere decir insulto.

La *injuria* quiere decir delito.

Unión, unidad

La *unión* es el medio.
La *unidad* es el resultado.

De la *unión* de los palos de una silla resulta la *unidad* de la silla.

De la *unión* de muchas casas, de muchas ciudades, de muchos provincias, resulta la *unidad* del Estado.

De la *unión* de los partidos políticos resulta la *unidad* política.

La *unión* es un procedimiento.
La *unidad*, una síntesis.
La *unión* es fuerte.
La *unidad*, indivisible.

Unto, ungüento

Unto es todo lo que *unta*.
Ungüento es un *unto* medicinal.
El *unto* es grasa.
El *ungüento* es bálsamo.
El *unto* suaviza.
El *ungüento* cura.

Unto, untura

Ambas palabras vienen de *ungir*, en latín *ungere*, de donde provienen nuestras voces unción, ungüento, enjundia, etc.

Unto es la substancia.
Untura es la acción.
El *unto* se hace.
La *untura* se da.

Mando traer *ungüento* para que me den una *untura*. Esto confirma lo que hemos dicho en artículos anteriores.

Untura es la substancia.
Untura es la acción.

Urbanidad, civilidad

La *urbanidad* dice relación al trato de gentes.

La *civilidad* se refiere al estado social.

Así decimos: maneras *urbanas*, no maneras *civiles*.

También decimos: derechos *civiles*, no derechos *urbanos*.
Esta misma diferencia existe en latín entre los nombres *urbs* y *civitas*.
Urbs es un pueblo culto.
Civitas, un pueblo político.

Urbanidad, cortesía

Urbanidad viene del latín *urbs, urbis*, como quien dice *orbis*, el orbe, cuya palabra quería decir la ciudad por antonomasia. Roma, la civilización, la cultura, el emporio del mundo, el capitolio. Capitolio significa cabeza.

Cortesía viene de *corte*, residencia del soberano.

La *urbanidad* es el trato que debe emplearse en un pueblo civilizado; en una ciudad culta, no entre gente extranjera, advenediza, bárbara, soez.

La *cortesía* es el trato que debe emplearse en una *corte*, entre reyes, dignatarios, magnates.

La *urbanidad* es buena crianza.
La *cortesía* es reverencia.

Así decimos: hizo una *cortesía*, para significar que hizo una genuflexión política.

Nada más fuera de sentido que decir equivalentemente: hizo una *urbanidad*.

La *urbanidad* es decorosa, atenta, cumplida, educada.

La *cortesía* es ficciosa, galante, rendida.

La *urbanidad* no falta.
La *cortesía* lisonjea.
La *urbanidad* es trato.
La *cortesía* es un arte.
La *urbanidad* nos hace agradables y bien vistos.
La *cortesía* nos hace favoritos, dignatarios, magnates, opulentos.
La *urbanidad* es para todos los hombres.
La *cortesía* es más para los *cortesanos*.

Usar, emplear

Uso botas de charol o de becerro, sombrero de castor o de felpa, cadena de plata o de oro. No puede decirse: *empleo* cadena de plata o de oro, sombrero de castor o de felpa, botas de charol o de becerro.

Empleo mis capitales en tierras, en fincas, en acciones de banco o de ferrocarriles. No puede decirse: *uso* mis capitales en acciones de banco, en fincas, en tierras.

No me pongo ese frac, porque no se *usa*. No puede decirse: porque no se *emplea*.

A pesar de haber *empleado* todas mis influencias, nada he conseguido. No puede decirse: sin embargo de haber *usado* todas mis influencias, no he conseguido nada.

La razón de estas prácticas constantes de nuestro idioma consiste en lo siguiente:

Uso se aplica a los objetos de que hemos menester para nuestro servicio privado.

Usamos aquello que necesitamos para nuestros goces personales, como si fueran los *utensilios* o los *útiles* de nuestra casa.

Empleo se aplica a los elementos que necesitamos para obrar en todas las esferas. *Empleamos* aquello que nos hace falta para nuestras operaciones y negocios.

Uso quiere decir aplicación, provecho, pues de *uso* viene *utilidad*.

Empleo quiere decir inversión.

Usamos las cosas de que nos servimos. *Empleamos* las cosas de que nos valemos.

Uso es casi goce; *empleo* es casi negocio.

Ejercicio sobre este artículo:

¿Por qué se dice *usos* y costumbres de una nación, y no puede decirse *empleos* y costumbres? Porque entre *empleo* y costumbre no existe analogía ninguna. El *empleo* es social, casi mercantil; la costumbre es moral. El *empleo* revela nuestro cálculo, nuestra actividad, nuestras facultades, nuestra riqueza, nuestro crédito. La costumbre revela nuestro modo especial de vivir, nuestras inclinaciones, nuestros sentimientos, nuestras ideas.

Son dos hechos absolutamente distintos, y por esta razón no pueden juntarse como hechos análogos. Por el contrario, entre *uso* y *costumbre* hay una conveniencia tan grande, que casi se confunden aquellas dos palabras.

En efecto, ¿qué es el *uso* sino la costumbre personal, doméstica, reservada?

Yo *uso* o no *uso* cadena de oro, como doy o no doy limosna a los pobres, por ejemplo.

El *uso* revela mi afición, mi capricho, mi gusto, como la *costumbre* revela mi sentimiento, mi intención, mi moralidad.

El *uso* es un estilo de mi fantasía, como la costumbre es un estilo de mi conciencia.

Ambos nombres son un secreto de mi vida. Yo puedo *usar* cosas que nadie sabe, como puedo tener una *costumbre* que todo el mundo ignora, mientras que el *empleo* no es un secreto mío, sino que toca a la sociedad. El *empleo* es un forastero en mi casa; el *empleo* vive en donde está *empleado*; el *empleo* puede necesitar matrícula, tener tienda abierta y pagar su contribución.

Recordaremos las diferencias anteriores.

El *uso* es privado; el *empleo*, público; la *costumbre*, moral.

Uso, estilo

Uso significa servicio material de una cosa. *Usar* de algo equivale a servirse materialmente de ello, como queda dicho.

Estilo se refiere más bien a las creaciones del ingenio. Tiene su casa al *estilo* oriental. Viste al *estilo* persa, al *estilo* griego, al *estilo* escocés. Esto quiere decir que, al montar su casa, y al proveerse de traje, ha seguido la *moda* de Oriente, de Persia, de Grecia o de Escocia. No se trata del empleo físico de una cosa, de su servicio real y presente, sino de un capricho de fantasía, de una creación poética, por decirlo así.

Por esto no puede decirse con tanta propiedad: viste al *uso* escocés, al *uso* griego, al *uso* persa; tiene su casa al *uso* asiático.

El *estilo* se distingue además del *uso* en que significa el gusto especial de los oradores y poetas; esa especie de instinto literario que refleja el carácter y el genio del que habla o escribe. Así se dice: *estilo* de Cervantes; *estilo* de Rioja; *estilo* de Herrera. No puede decirse: *uso* de Cervantes, de Rioja, de Herrera. Esto procede de que el punzón con que escribían los antiguos se llamaba *estilo*, y este instrumento vino a simbolizar la literatura o la escuela de cada escritor, como sucede hoy con la palabra *pluma*. Antes se decía (y aun hoy): hombre de buen o mal *estilo*, como ahora se dice: hombre de bien o mal *cortada pluma*, para significar la habilidad o la impericia de cada escritor en materia de gusto literario; de gusto, no de ciencia. Si un sabio, por más sabio que sea, escribe muy mal, será un escritor de *mal cortada pluma* o de *mal estilo*.

Uso quiere decir *servicio, aplicación* real de una cosa.

Estilo significa moda y escuela.

El *uso* es hijo de la necesidad material. El *estilo* viene del sentimiento de la forma.

El *uso* es físico; el *estilo* es estético.

Utilidad, ventaja, ganancia, provecho, lucro

Uno de los sinonimistas españoles, citado en este tomo, dice que un mueble tiene su *utilidad*.

Nosotros decimos que un mueble tiene su *utilidad* en el caso de que sea *útil*; porque si fuera *inútil* no podría sernos de *utilidad* alguna.

Un mueble que sirve nos es *útil*, como nos es útil todo aquello de que podemos hacer *uso* para satisfacer nuestras necesidades.

Referir la idea de *utilidad* a una serie precisa de hechos es empequeñecer y anular aquella palabra.

En *utilidad*, antes que una voz, antes que un hecho, debemos mirar un sistema, un principio, un orden de cosas humanas. En este mundo hay un orden político, un orden civil, un orden religioso, un orden administrativo, un orden judicial.

Por esto se dice: la gran conquista de la filosofía de Sócrates fue hermanar lo *útil* con lo honesto.

Esto equivale a si se dijera: la gran conquista de la filosofía de Sócrates fue hermanar la materia con el espíritu, la física con la metafísica, la naturaleza con Dios.

La *utilidad* es la naturaleza, toda la creación, el universo entero, en cuanto se presta a los *usos* del hombre para satisfacer las necesidades con que el hombre ha nacido.

Esto explica de paso por qué llamamos *útiles* a los instrumentos de que nos valemos en nuestras faenas. Los llamamos *útiles*, porque los *usamos*, y porque a su vez nos facilitan el *uso* y el servicio de las cosas.

Repetimos que circunscribir la idea de *utilidad* a un mueble casero es anular completamente aquella universalísima palabra.

Sin las ventajas, sin las ganancias, sin los beneficios, sin los provechos y sin los lucros, podemos vivir, porque sin todo eso vive el mendigo.

Sin la *utilidad* no se concibe que subsistamos, porque no se concibe que subsistamos sin tomar alimento, y tomar alimento no es más que *usar* las cosas con que nos podemos alimentar o nutrir.

El *uso* es el hecho, la causa.
La *utilidad* es el resultado, el efecto.
Por consecuencia, todo el que *usa* de algo recibe una *utilidad* acomodada al *uso*.

Ya tenemos la clave del artículo, por decirlo así.

Cuando obtenemos una *utilidad* mercantil, una *utilidad* que es la consecuencia de los cambios, la idea genérica de *utilidad* toma un nombre concreto: he aquí la *ganancia*.

Por esto decimos: Fulano *gana* tanto de jornal.

En este caso nos valemos del verbo *ganar*, porque el jornal no es otra cosa que un simple cambio, en que el trabajo hace las veces de mercancía. El trabajo del menestral y el dinero que por él recibe son una verdadera operación mercantil.

Cuando la *utilidad* hace que progresemos; es decir, cuando adelantamos en cualquier línea, la *utilidad* toma otro nombre: he aquí la *ventaja*.

El sinonimista arriba mencionado dice que la *ventaja* nace del honor o de la comodidad que uno encuentra.

Nosotros decimos que el honor y la comodidad son dos *ventajas*, como es *ventaja* estar saludable, tener talento, ganar mucho y bien, vivir prósperamente; como es *ventaja* adelantar a otro en la carrera, en el ingenio, en la cortesía, en la educación, en los amores, en la fuerza, en todo.

El mismo autor dice que una casa grande tiene sus *ventajas*. Con la misma razón podríamos decir que tiene sus *ventajas* el ser conde, el ser duque, el ser pontífice. Una casa buena tiene sus *ventajas*, como las tiene un buen cortijo o un buen buque; como las tiene el trato de una persona de instrucción y de probidad.

La voz *ventaja* es uno de los infinitos derivados del prefijo *ante*. Por consecuencia, todo suceso que nos *anticipe* en el logro de una cosa; todo lo que haga que vayamos *adelante*, será una *ventaja*.

Para que los lectores lo entiendan mejor, deberemos decir que de la misma etimología que *ventaja* son los nombres avanzar, avanzada, avante, delante, delantero, vanguardia y otros muchos.

Cuando en *utilidad* domina la idea de una ganancia virtuosa, que no hace a nadie perjuicio, que es de buen origen, se denomina de otro modo: he aquí el *provecho*.

Provecho es una *ganancia* que nos hace bien, que nos hace *pro*; el *pro* de las cosas buenas y justas.

Cuando la *utilidad* tuerce el buen camino, cuando es usurera, egoísta, toma distinta denominación: he aquí el *lucro*.

El *lucro* es el abuso, casi el delito de la *utilidad*.

Así es que Tácito dice que Valens se había infamado por sus *lucros*. *Valens ob* LUCRA *et quaestus infamis*.

Todos buscamos la *utilidad*.

El hombre de talento y de ambición busca la *ventaja*.

El comerciante, la *ganancia*.

El hombre de bien, el *provecho*.

El usurero, el *lucro*.

Por lo tanto, el *lucro* disfama.

El *provecho* honra.

La *ganancia* enriquece.

La *ventaja* progresa.

La *utilidad* llena la vida.

Lo contrario de la *utilidad* es la inutilidad.

Lo contrario de *ventaja*, atraso.

Lo contrario de *ganancia*, pérdida.

Lo contrario de *provecho*, daño.

Lo contrario de *lucro* es tener un alma cristiana dispuesta a administrar el dinero como un préstamo de Dios.

V

Vacilar, dudar

Vacilar viene de *bacillum*, báculo. *Dudar*, de *dubitare*.
Vacilar es no estar seguro, como el que camina tanteando con un palo.
Dudar es no distinguir la verdad.
La *vacilación* se refiere al hecho.
La *duda*, a la idea.
El que *vacila* no obra.
El que *duda* no raciocina.

Vagabundo, gallofo

La voz *gallofo*, de donde procede *galopo*, tiene su historia. Por lo que vemos en los escritores antiguos, el *gallofo* era un peregrino trashumante, como lo denomina acertadamente Monlau; un peregrino que convertía la peregrinación en modo de vivir y triunfar; un peregrino que no buscaba el santo sepulcro, sino a sí propio, y por dicha suya siempre se encontraba en la largueza del vulgo crédulo. «Y como la mayor parte son franceses, dice Covarrubias, que pasan a Santiago de Galicia, y por otro nombre les llaman *gallo* (*galos*), los dijeron gallofos.»

A lo dicho falta añadir que los *gallofos* eran portadores de reliquias, amuletos y prodigios, cuya verdad no era más que una rareza. La tal palabra tiene algo de lo que hoy decimos *embustero*. Y esto explica que haya actualmente provincias en España en donde *gallofa* equivale a mentira. De este origen proceden *bazofia*, por *gazofia* o *gallofa*, que era la comida que en Santiago daban a los *gallofos; gallofear, gallofero, galopo*, etc.

El *vagabundo* no implica otra idea que la de correr.
El *gallofo* implica la idea de pedir.
El *vagabundo* tira a holgazán.
El *gallofo* tira a pordiosero.
El *vagabundo* es el holgazán de la sociedad.
El *gallofo* era el pordiosero de la religión.

Réstanos advertir que *vagabundo* viene de *vago*, como la palabra lo indica, y que *vago* viene del verbo etrusco *iduare*, que significa dividir o partir en dos, de donde los latinos sacaron *viduare, vacuare, vacare, viduus, vacuus, vacans*, origen de nuestros vocablos vacar, vacante, vacación, vacía, vaciar, vaciedad, vacuidad, vaciero. De la misma etimología nace la voz *viudo*, que equivale al *viduus* latino, y que significa *vacío*. Esta etimología deberá parecer muy bien a las mujeres. De modo que *vago*, corrupción de *vacuo*, es la persona que está *vacía* de quehaceres; es decir, que no está *ocupada*.

Valer, costar

Ambas palabras significan el precio de las cosas; pero las relaciones de cada una son enteramente distintas.

Valer viene del latín *valeo*, que significaba estar bueno, tener salud, vigor, servir, ser propio para algo.

Costar se deriva de *costado*.

Para un rey *vale* mucho el pan que come, puesto que le alimenta, que le sirve, que le da vida, y la vida es lo que más *vale*.

No le *cuesta*, le *cuesta* poco, porque no lo gana con su sudor, con su trabajo, con su fatiga.

Por el contrario, al pobre que vive de un oficio penoso, le *vale* el pan porque lo mantiene; pero le *cuesta* aún más que le *vale*, porque vive a su *costa*; aquel pan le sale del *costado* o de las *costillas*.

De modo que *valer* se refiere a la naturaleza y al uso del objeto.

Costar se refiere a la persona.

Lo que *vale* se vende caro.

Lo que *cuesta* se adquiere con fatiga.

Entre las rarezas que han tomado carta de vecindad entre los hombres, la más notable acaso es la siguiente: lo que más *vale* es lo que menos *cuesta*.

Lo que más *cuesta* es lo que menos *vale*.

Valer, valía, valimiento

Cuando el *valor* es un *valor* moral, intrínseco, humano; cuando es un *valor* de pensamiento, de conciencia y conducta; cuando existe en el interior de la cosa, en su espíritu, en su esencia, en su verdad, se llama *valer*.

Cuando consiste en crédito, en reputación; más claro, cuando el *valor* se funda en el parecer favorable de los demás, en esa fe pública que llamamos fama, entonces lo denominamos *valía*.

Cuando consiste en una razón de poder o de autoridad, toma el nombre de *valimiento*.

Un sabio, un santo, un héroe, aunque pidan limosna, aunque la humanidad les escupa al rostro, aunque mueran hambrientos y miserables, tienen *valer*.

Un hombre reputado tiene *valía*.

Un favorito tiene *valimiento*.

Por consecuencia, *valer* es mérito; *valía*, opinión; *valimiento*, privanza.

Todos acatamos la *valía*.

Todos debemos esquivar ciertos *valimientos*.

Todos debemos emular la ciencia, la virtud, el don de *valer*.

La *valía* nos viene de la sociedad; el *valimiento*, de un palacio; el *valer*, de la Providencia.

Valor, coraje

Valor viene del verbo latino *valere*, estar bueno, servir, aprovechar. Hombre *valeroso* es el que *vale*, el que sirve, el que aprovecha. Bien se conoce que esta palabra fue creación de los tiempos *gentiles*; quien dice gentiles, dice guerreros.

Coraje se compone de dos voces latinas: *cor, cordis*, corazón, y *agere*, infinitivo de *ago, agis*, obrar: *core-agere*, o *cor-agere*, obrar con corazón.

Esto demuestra la mala inteligencia de los eruditos, que creen que la voz *coraje* es galicismo, como traducción literal de la voz francesa *courage*. No hay tal cosa. Los franceses han tomado su palabra *courage* de donde nosotros hemos tomado el *coraje* español: del latín *actio cordis*, acción del corazón.

En el *valor* entra la prudencia.

En el *coraje* entra la cólera.

El *valor* se alimenta con el sentimiento de nobilísimas virtudes, como el honor, la emulación, el heroísmo, la familia, la patria, el amor, hasta la fe.

El *coraje*, que tiene más de sangre o de materia, busca motivos menos elevados, más materiales, más propios del vulgo.

La justicia nos inspira *valor*.

Una injusticia nos da *coraje*.

El *valor* es una virtud de conciencia que tienen muy pocos.

El *coraje* es un sentimiento natural, un sentimiento que todos tienen, puesto que todos tienen sangre en las venas.

El *valor* es humano.

El *coraje* es casi animal.

Valor, precio, estima

Pongamos un ejemplo que presente la varia acepción de las tres voces del artículo.

Nuestra madre nos deja un pedazo de oro, del peso de un adarme, con la condición de que lo hayamos de conservar siempre en nuestro poder.

Si aquel oro no nos proporciona ningún goce; si no nos satisface necesidad alguna; si no se presta a ningún uso; si para nada sirve; si para nada *vale*, será un objeto sin *valor*.

Siendo una reliquia de nuestra madre; siendo un legado de su amor, tendrá para nosotros una *estima* inmensa.

De manera que el adarme de oro, en el caso propuesto, es una prenda de ningún *valor*, de escaso *precio* y de una grande *estima*.

Supongamos también que nos vemos en una isla desierta, y que allí encontramos muchos diamantes, una azada y un relicario de metal.

Si no podemos dar a los diamantes ningún empleo provechoso; si nos son inútiles, no tendrán *valor* de ningún género.

No habiendo allí persona que los compre, ni perito que los evalúe o que los *aprecie*, no tendrán tampoco ningún *precio*.

Pero conociendo nosotros que aquellas piedras son objetos finos y preciosos; sintiéndonos, por otra parte, halagados con sus reflejos y sus prismas, no podremos menos de atribuir a los diamantes cierto *precio* moral; es decir, el *precio* de nuestros sentimientos y de nuestras ideas. Este *precio* moral, este *valor* de nuestra alma, es la *estima*.

Hemos hallado, pues, que los diamantes merecen nuestra *estima*, que allí no tienen *precio* y que carecen completamente de *valor*.

Lo contrario acontecerá con la azada.

Siendo muy corto su *valor* en venta, su *valor* mercantil, corto será también su *precio*.

No reconociendo en la azada ningún mérito particular; no viendo en ella nuestro ánimo ningún pensamiento, ninguna memoria que le dé un interés de conciencia, de sentimiento o de juicio; no existiendo en aquel objeto un motivo que lo haga digno de nuestra *estimación*, no deberá tener para nosotros ninguna *estima*.

Por el contario, siéndonos útil para beneficiar la tierra; para sembrar las plantas, para hacer hoyos y excavaciones; sirviendo para procurarnos medios de vivir; *valiéndonos* mucho para no morirnos de hambre, aquella azada de escaso *precio* y de ninguna *estima* será de un inapreciable *valor*.

En caso distinto se hallará el relicario de metal.

Debiendo ser muy poco lo que por él nos dieran, caso de que quisiéramos enajenarlo; siendo muy pequeña la cantidad en que lo tasara un *perito*, su *precio* será de poca monta.

No sirviéndonos para nada práctico; no siendo útil en el sentido de aplicación, su *valor* será nulo.

Trayendo a nuestro pensamiento el recuerdo de las oraciones que nuestras madres nos enseñaban cuando éramos niños; haciéndonos pensar en la cruz, en el Calvario, en Jesucristo, en la Redención; llenando nuestro espíritu con la memoria de nuestros padres, de nuestros hermanos, de nuestros amigos, de nuestro pueblo y de nuestra fe, aquel relicario que no tiene *valor*, que apenas tiene *precio*, será para nosotros una prenda de imponderable *estima*.

Esto demuestra que en la *estima* entran los pensamientos, las memorias, las opiniones, las creencias, los amores, las esperanzas; es decir, todo lo que nos llama, lo que nos obliga, lo que nos atrae; y como lo que más nos atrae es lo que nos ha hecho llorar, resulta que aun las lágrimas entran en el vocablo que nos ocupa.

De modo que las cosas *valen* por lo que sirven.

Se *aprecian* por lo que se tasan.

Se *estiman* por lo que se recuerdan.

El *valor* es utilidad; el *precio*, tarifa; la *estima*, pensamiento.

El que va a emplear una cosa, atiende a su *valor*.

El que va a comprarla, atiende a su *precio*.

El que ha de deshacerse de ella, atiende a su *estima*.

En el mundo sucede que se da mucho *precio* a lo que no tiene ningún *valor*; y que, por el contrario, no se da *valor* a lo que debía merecer mucho *precio*. También sucede con harta frecuencia que damos *estima* a lo que nos debía dar vergüenza.

La ciencia consiste en dar *estima* a lo virtuoso, en no sujetar el *valor* al *precio*, sino el *precio* al *valor*, y en llamar *valor* a lo que es útil, a lo que sirve, a lo que aprovecha, a lo que *vale*.

Valor, valentía

El *valor* es una superior virtud del ánimo, por la cual despreciamos los peligros que pueden oponerse al cumplimiento de nuestros deberes o a la satisfacción de nuestros generosos instintos. Así se dice: nadie disputa a tal o cual caudillo la gloria del *valor*. No podría decirse con igual propiedad: la gloria de la *valentía*.

La *valentía* es un valor menos humano, más personal, discrecional casi. Así se dice: Fulano hizo anoche una *valentía*. No puede decirse: *hizo un valor*.

El *valor* es sensato, prudente, circunspecto, reflexivo, inalterable; es el nobilísimo abogado de las buenas causas.

La *valentía* puede ser frívola, voluble, indiscreta, temeraria, agresiva, cruel; es muchas veces la patrocinadora de necios alardes.

La honra, la justicia, los principios, las opiniones, las leyes, la patria, son los grandes motivos del *valor*.

Las pasiones, el antojo, el amor propio, pueden servir como de resortes a la *valentía*.

El *valor* es una proeza; la *valentía* ha sido muchas veces un despropósito, un atentado, un crimen.

En el *valor* encontramos siempre abnegación y convencimiento.

En la *valentía* hallamos muchas veces temperamento, hábito, vicio, indiscreción.

El *valor* es la *valentía* del alma; la *valentía* es el *valor* del cuerpo.

Todos esos hombres a quienes nuestro idioma llama matones, jaques, barateros, ternejales, perdonavidas, espadachines, camorristas, duelistas y pendencieros, suelen ser *valientes*.

Sólo el hombre de honor, de conciencia y carácter es *valeroso*.

Hay hombres que sólo son *valientes* en una orgía.

El hombre *valeroso* desprecia los peligros, siempre que la moral y su convicción se lo manden.

Hay otros hombres que no son *valientes* sino cuando hay quien los mira, como el hipócrita no es caritativo sino cuando la gente lo ve.

El *valeroso* lo es en todas partes, porque lleva el valor en su corazón y en su conciencia.

Venero al *valeroso*, le busco y le amo.

Temo al *valiente*, le esquivo y le contemplo de reojo.

Valla, barrera

Valla viene de *varda*, que significa guarda, de donde se origina vallado y valladar.

La *valla* es lo que nos resguarda o nos guarece.

Barrera significa la idea de obstáculo.

La *valla* defiende.

La *barrera* impide.

Esto explica que *valla* se usa con más frecuencia y propiedad en el sentido figurado.

La moral y la religión son las dos grandes *vallas* del mundo.

No estaría tan bien dicho: son las dos grandes *barreras* del mundo.

¿Por qué? Porque al decir que la moral y la religión son las dos grandes *vallas* del hombre, no queremos significar la idea de impedimento, en cuyo caso emplearíamos bien la palabra *barrera*, sino que queremos expresar la idea de amparo, de seguridad, de custodia, de *garantía*. Queremos decir que la moral y la religión son dos *valladares* que rodean la vida, que la guardan, que la ponen a salvo.

No hablamos de impedir, y por esto no usamos la palabra *barrera*.

Hablamos de amparar y de guarecer, y por esto empleamos el nombre *valla*.

Los toros saltaron la *barrera*.

¿Podría decirse con igual propiedad: los toros saltaron la *valla*? De ningún modo. ¿Por qué razón? Porque al decir que saltaron la *valla* no se quiere significar que saltaron un parapeto, un obstáculo físico; esto es, una *barrera*, sino que saltaron una defensa, una seguridad; la seguridad y la defensa son nombres abstractos, son relaciones metafísicas, y las relaciones metafísicas no pueden saltarse. De modo que al decir: el toro saltó la *valla*, hablamos en sentido figurado. Si lo dijésemos en sentido propio, diríamos un desatino, porque daríamos a entender que el toro saltó una garantía, una custodia; es decir, una *guarda*.

La *barrera* es estorbo: impide.

La *valla* es resguardo: defiende.

El mar tiene *barreras*.

La vida tiene *vallas*.

La *barrera* es materia.

La *valla* es pensamiento.

Variedad, variación

Variedad supone multitud de objetos diferentes.

Variación no se refiere sino al cambio de formas.

Vamos a un jardín y vemos lirios, rosas, claveles, azucenas, dalias, amarantos: hay *variedad* de flores.

Notamos después que las glorietas tienen otra forma, que los surtidores tienen otras figuras, que el invernadero está en otro sitio: hay *variación* en los grupos del jardín.

Así decimos: la *variedad* en los objetos

de la creación es el gran secreto de la causa hacedora.

Claro es que no puede decirse la *variación* de los objetos creados, porque los objetos no *varían*. El sol es siempre el sol, el cielo es siempre el cielo, las estrellas son siempre las estrellas.

Luego decimos: las *variaciones* atmosféricas son la causa de mi enfermedad.

Sería un despropósito decir las *variedades* atmosféricas son la causa de mi enfermedad, porque no hay *variedad* de atmósferas; es decir, multitud de atmósferas diferentes.

La *variedad* es rica, bella, inagotable, prodigiosa. La *variedad* es la inmensa poesía de Dios, el arte supremo y la suprema ciencia.

La *variación* es una ley en la marcha natural de las cosas y un trabajo calculado y frío en las elaboraciones del hombre.

En una palabra, la *variedad* no puede dejar de ser un gran sistema; la *variación* puede ser un capricho, acaso una perfidia, tal vez un crimen.

Vaso, taza

Vaso significa continente.

Hablando del sistema sanguíneo se dice: grandes *vasos*, pequeños *vasos*. Esto quiere decir: grandes continentes o receptáculos, pequeños receptáculos o continentes de la sangre.

Nada más fuera de buen sentido que expresar esta idea diciendo: grandes *tazas*, pequeñas *tazas*.

Taza viene de *tasa, taxa* en latín, porque el vino se bebía en *taza* antiguamente, y era como la medida o la *tasación* de lo que se debía beber.

Y ahora no decimos *vaso* de caldo, sino *taza* de caldo, porque es la porción que el médico *tasa* al enfermo.

El *vaso* contiene.

La *taza* mide.

En *vaso* deberíamos beber el amor al prójimo.

En *taza* deberíamos beber el egoísmo y la soberbia.

Vecino, contiguo

Vecino es el morador del *vico*, que era las hileras de casas por donde pasaba la *vía* o camino, de donde viene el nombre *villa*.

Contiguo se compone de *con*, que significa compañía, y del verbo latino *tenere*. Significa, pues, *tener* con otro, expresando así cercanía, unión, proximidad.

Vecino se aplica a la persona.

Contiguo, a objetos materiales.

La casa inmediata es la *contigua*.

El que la mora es el *vecino*.

Lo *contiguo* es espacio.

Lo *vecino* comprende la idea de sociedad.

No tengo deberes personales con las cosas *contiguas*.

Tengo grandes deberes de conciencia, de caridad, de religión y de política para con los *vecinos*.

En una palabra, *contiguo* quiere decir cercano.

Vecino, prójimo.

Vehemente, eficaz

Eficaz viene del verbo *facere*, como factor, fácil, eficiente, fábrica, efectuar y otras muchas palabras de nuestra lengua.

De manera que es *eficaz* todo lo que es apto para *hacer*, para gestionar, para conseguir, o lo que tiene virtud específica en cualquier sentido. Así decimos: remedio *eficaz*.

Nada más repugnante a nuestro idioma que decir remedio *vehemente*.

Vehemente, vehemens en latín, es aquello que nos impresiona de tal manera, que nos pone fuera de nosotros mismos; que hace que no seamos dueños de nuestra *mente*, de nuestra razón. Así decimos: pasión *vehemente*, deseo *vehemente*.

Nada más repugnante tampoco que decir pasión *eficaz*.

Lo *eficaz* es acción.
Lo *vehemente* es sentimiento.
Lo *eficaz* hace.
Lo *vehemente* impresiona.
Cualquier planta tiene una virtud *eficaz*.
Sólo el hombre tiene afecciones *vehementes*, porque sólo él está dotado de un principio mental.

Vela, candela

La *vela* de que aquí hablamos no debe confundirse con la *vela* del buque, la cual se deriva del latín *vehere*, llevar, porque la *vela* lleva al buque.

La *vela* de este artículo es la que nos alumbra en la *vigilia*.

Candela viene de *calere*, calentar.

Si en la luz de que usamos privadamente vemos un objeto que nos sirve para *velar*, se le llama *vela*.

Si vemos un objeto que da *calor*, se le llama *candela*.

Veloz, rápido

Veloz viene de *velo*, cuya palabra puede ser contracción de *vehulum*, formado de *veho*, llevar.

Rápido, del latín *rapio, rapere, raptum*, de donde se formó el aumentativo *rapto, raptare*, que significa *arrebatar*.

Veloz es el cuerpo que se mueve con facilidad.

Rápido, lo que es arrebatado o empujado con fuerza.

Un águila es *veloz*: sus alas la *llevan*.
Una bala es *rápida*: la explosión de la pólvora la *arrebata*.

Vencer, rendir

El *vencido* puede quedar soberbio y rebelde.

El *rendido* queda postrado.

Catón, *vencido* en Útica, resiste aún, puesto que se mata.

Vencida Numancia, resiste también, puesto que enciende fuego y todo arde.

La plaza que se *rinde* se entrega.

Vencer es poder.
Rendir es dominar.
El que *vence* triunfa.
El que *rinde* avasalla.

Así es que Don Quijote, al poner mientes en las aventuras de gigantes que aguardaba de un momento a otro, no se contenta con *vencer*, sino con *vencer* y *rendir*.

«Y le derribo de un encuentro (a un gigante), o le parto por la mitad del cuerpo, o finalmente le *venzo* y le *rindo*.»

Vencer, superar

La locución *vencer* obstáculos, *vencer* dificultades, no es pura; al menos, no es etimológica, lo cual equivale a decir que no es sabia.

Vencer supone la existencia de un enemigo personal; supone lucha física, empleo de fuerza; y las dificultades y obstáculos con que tocamos al dar cima a nuestros pensamientos no son *enemigos* personales; no son *fuerza* animada, lucha material.

Para significar la idea de vencimiento en las luchas del alma; para expresar los triunfos del espíritu en las lides del mundo, esas infinitas heroicidades que no se escriben en la historia, sino en el corazón y en la conciencia de cada hombre, el lenguaje tiene otra palabra: *superar*.

No podemos *vencer* sino al que pelea, al que se agita, al que se mueve.

Superamos, por una ley de la naturaleza, todo lo que es inferior a nosotros.

El *vencimiento* puede ser un acaso feliz.

La *superioridad* es siempre un don nuestro.

Alguna vez sale *vencedor* el que debiera ser *vencido*.

El que *supera* no debe ser nunca *superado*.

La ayuda ajena puede hacernos *vencer*.

¡Cuántos no son llamados héroes por victorias que otros alcanzaron! ¡Cuántos no se ven coronados con laureles que otros merecieron!

Nuestra propia virtud, nuestro propio ánimo, es el único influjo de la tierra que pueda hacernos dignos de *superar*.

Vencemos al contrario, al rival, al contrincante, al enemigo.

Superamos los odios, las calumnias, las envidias, las adversidades, las miserias.

Vence el héroe. Su ciencia le ayuda.

Supera el santo. Le ayuda el espíritu de Dios.

Hay dos clases de lides: la de los campos y la del alma.

La lid de los campos es *vencer*.

La lid del alma es *superar*.

Vendedor, comprador, regatón

Vendedor es el que vende al menudeo.

Comprador es el que compra cosas pequeñas o grandes, smuebles o inmuebles.

Regatón es el que *regatea*.

Vendo al por menor, soy *vendedor*; pero fijo el precio de la mercancía: no *regateo*, no soy *regatón*.

Vendedor se parece a mercader.

Comprador, a comerciante o agente de empresa constructora que precisa materiales.

Regatón se inclina a gitano o avaro, tanto de un lado como de otro.

Ver, visar

El que *ve* percibe.

El que *visa* inquiere.

El que *ve* conoce una forma.

El que *visa* conoce una serie, un sistema.

La *vista* es sentido.

La acción de *visar* es estudio, pensamiento, examen.

Veraz, verídico

Lo *veraz* está en la intención.

Lo *verídico* está en la palabra.

Un hombre que hace propósito de decir verdad puede equivocarse y decir mentira.

Aun habiendo hecho el propósito de ser *verdadero*, puede no ser *veraz*.

Por el contrario, un hombre dice la verdad, habiendo hecho propósito de no ser *verdadero*; es decir, habiendo hecho propósito de ser mentiroso.

Diciendo verdad, es *verídico*.

Habiendo hecho propósito de ser mentiroso, puede ser *verídico*, contra su voluntad.

Por consecuencia, podemos ser *veraces* sin ser *verídicos*, del mismo modo que *verídicos* sin ser *veraces*.

Lo *veraz* está en la conciencia, en el espíritu.

Lo *verídico* está en la boca, en la palabra.

Por esto sucede que no puede aplicarse el nombre *veraz* a lo que no es capaz de libre albedrío. La expresión *noticias veraces* sería absurda, mientras que decimos perfectamente *noticias verídicas*.

¿Por qué no se puede decir noticias *ve-*

races? Porque lo *veraz* está en la intención, en el deseo, en el alma, según hemos dicho, y las noticias no tienen alma, no tienen deseo, no tienen intención.

¿Por qué puede decirse noticias *verídicas*? Porque lo *verídico* es un hecho, una relación, una cualidad; la cualidad que tienen las cosas de ser conformes a lo verdadero; y esta cualidad cuadra perfectamente a toda noticia *verdadera*.

La noticia no tiene albedrío, no tiene ánimo, y por eso no puede ser *veraz*.

Pero tiene la circunstancia de ser conforme a la verdad, y por eso es *verídica*.

Lo *veraz* es moral: una virtud.

Lo *verídico* es casi mecánico: un hecho.

Quiero el trato de hombres *veraces*, aunque me digan una mentira.

No tengo por *verídico* a todo el que dice la verdad.

Entre *veraz* y *verídico* existe la misma diferencia que entre feraz y fértil, y entre tenaz y terco, de donde deberemos deducir que la terminación latina *ax* en los adjetivos expresa aptitud o disposición.

Verdugo, ejecutor

Verdugo se deriva de *verga*, porque con la *verga* azotaba, como *vergante*.

Ejecutor viene del latín *executor*, que envuelve sabiamente la idea de seguir, porque la ejecución *sigue* al pensamiento que se ejecuta, como el efecto *sigue* a la causa que lo produce.

Etimológicamente hablando, el *verdugo* azota; es decir, agita la *verga*.

El *ejecutor* realiza la sentencia del juez: *ejecuta* la justicia.

Verdura, verdor

Verdura es una voz abstracta que se ha sustantivado, y significa substancias reales. *Verdura* es todo objeto que reverdece.

Se diferencia de *verdor* en que no expresa la cualidad que tienen ciertos cuerpos de ser verdes, sino los cuerpos mismos.

Así decimos: soy muy aficionado a las *verduras*, no a los *verdores*, porque los *verdores* no se pueden comer.

Dormimos deliciosamente sobre la *verdura*; es decir, sobre hierbas que estaban *verdes*, no sobre el *verdor*, porque sobre el *verdor* no se puede dormir.

¿A quién no encanta el *verdor* de la primavera? No la *verdura* de la primavera, porque no hablamos de una substancia *verde*, sino de la cualidad graciosa y poética de ser verde, que conviene a la primavera, por alusión a las flores que cría.

Verdor, pues, es un sustantivo abstracto, metafísico.

Verdura, un sustantivo concreto, real.

Vestíbulo, portal

Se llama *portal* por ser el espacio de la casa que sigue a la puerta.

Se llama *vestíbulo*, porque era el lugar en que los gentiles tenían encendido el fuego sagrado de *Vesta*.

Portal es un vocablo.

Vestíbulo es una tradición religiosa pagana.

Vestido, traje

Traje se deriva del verbo *traer, trahĕre* en latín, porque es la ropa que ordinariamente se *trae*.

Vestido viene del latín *vestis*, derivado de Vesta, diosa del fuego sagrado, del griego *hesta, hestia*, que significa hogar, fuego, dios doméstico, de cuyo origen nacen nuestras voces fiesta, festividad, festín, festejo, festejar, festonear, festón, vestal, vestíbulo, etc.

Voy a ponerme un *traje* quiere decir: voy a ponerme el *traje* que ordinariamente me pongo.

Voy a *vestirme* significa: voy a componerme, voy a engalanarme; envuelve la idea de aderezo, de aliño, de adorno.

El *traje* sirve para todos los días.

El *vestido* sirve para los días de fiesta; es decir, de *Vesta*.

El *traje* cubre: es decoro.

El *vestido* compone: es ornato.

Vez, turno

Vez es un derivado del latín *verto*, volver. Significa vuelta.

Turno es la rotación o el movimiento del *torno*. Significa *vuelta* también.

Pero el uso ha diferenciado estas voces aplicando *vez* a expresar número, mientras que *turno* expresa alternativa.

He estado en tu casa una, dos, tres, mil *veces*.

No puede decirse: he estado en tu casa, uno, dos, tres, mil *turnos*.

Por el contrario, la palabra *vez* no expresa tan castizamente la relación de alternativa, de sucesión: he de esperar que me llegue el *turno*. A todos nos llega nuestro *turno* en esta vida. Esto quiere decir: a todos nos llega una hora en que nuestro *torno* se mueve.

Guarismo: *vez*.

Alternativa: *turno*.

La *vez* suele ser inocente, pacífica.

Hay en este mundo *turnos* terribles.

Vía, ruta

Vía se deriva del latín *vehĕre*, como hemos dicho repetidamente.

Ruta, de *rumpere*, romper.

La *vía* se anda.
La *ruta* se rotura.

Viaje, expedición

Viaje es un derivado de *vía*, puesto que por la *vía* se viaja.

Expedición es un derivado de *pie*.

Marcho por la *vía*, hago un *viaje*.

Pero voy a caballo o en coche: no hago una *expedición*.

Marcho a pie: hago una *expedición*.

Pero no camino por la *vía*, voy por senderos no conocidos ni trillados: no hago un *viaje*.

De modo, que podemos hacer una *expedición* que no sea *viaje*, así como podemos hacer un *viaje* que no sea *expedición*.

Vianda, comida

Vianda viene de *vida*, no de *vía*. Es lo que hace vivir.

Comida viene de *comes*, compañero, porque a la hora de *comer* se reúnen todos los individuos de la familia.

La *vianda* es un alimento.
La *comida* es una comunión.
La *vianda* nutre.
La *comida* nutre y solaza.

Vice, sub

Ambas voces convienen en que significan una dignidad inmediata a otra superior.

Digo dignidad, porque tratándose de industrias y de oficios, no nos valemos de *vice* y de *sub*, sino de *contra* y *sota*.

Así decimos: virrey, que es como si dijéramos *vice*rrey, *vice*presidente, *vice*cónsul, *sub*teniente, *sub*delegado.

Luego decimos: *contra*maestre, *sota*patrón.

Vice es voz latina, derivada de *vices, vicis*, que significa *vez*, de donde viene *visisitud*.

Sub es también voz latina, y significa dependencia.

*Vice*presidente, *vice*almirante, quiere decir que hace las *veces* del almirante y del presidente.

*Sub*delegado, *sub*teniente, quiere decir que están *sub*ordinados, que son *sub*alternos del teniente y del delegado.

Vice expresa turno, vez, vicisitud.
Sub significa sumisión.
Lo primero enaltece.
Lo segundo sujeta.

Víctima, mártir

Víctima, nombre latino, era la ofrenda viva que se mataba en honor de alguna deidad o en celebración de algún gran suceso. Quien dice *víctima* dice sacrificio. No sería extraño que la palabra *víctima* trajese su origen del verbo *vincere*, cuyo participio es *victus*, porque los vencidos han sido *víctimas* en todos tiempos. Creemos que esta etimología de Oviedo es exacta.

Mártir, del griego *martyr*, quiere decir testigo. No es posible inventar un significado más profundo, más filosófico y más bello. Realmente, el *mártir* es un testigo de todas las generaciones, un testigo de Dios en el gran proceso de todos los pueblos y de todos los siglos.

Somos *víctimas* de un engaño.
Somos *mártires* de un pensamiento, de una esperanza, de una fe.

La *víctima* se refiere al mundo, que siempre ha tenido víctimas.

El *mártir* (más escaso) entra en la historia por ser digno de honra merced al sufrimiento padecido por algún gran ideal, político o religioso.

Vid, viña, parra

Vid se deriva del latín *vitis*, cuyo nombre procede del verbo *vieo, vies, viere*, que significa atar con junco o con ligadura flexible, aludiendo a que así se atan los sarmientos para hacer emparrados.

Viña viene del latín *vinea*, sobrentendiéndose *terra*: *terra vinea* (tierra plantada de *vid*).

Parra tiene un origen muy extraño: viene de *párrafo*, contracción del parágrafo de los antiguos, derivado del latín *paragraphus, paragraphē* en griego. El *paragraphē* griego se compone de *para*, cerca, y del verbo *graphō (grafō)*, que equivale a yo escribo. Significa, pues, la idea de un signo que se pone cerca de la escritura.

La *parra* producía más que la *vid* podada cerca del suelo, y la llamaron *párrafa* o parra; de aquí se formaron los nombres párrafo, en escritura, y también como instrumento tostador, la palabra *parrilla*, por estar sus alambres tendidos y aparrados, armados a modo de *parral*.

La relación propia de las tres voces del artículo no puede ser más clara y definida.

Vid significa ligadura flexible.
Viña significa tierra que produce la *vid*.
Parra significa tijereta.
Vid se refiere a las gavillas.
Viña, al terreno que produce.

Vida, existencia

La *vida* conviene a todo ser que está dotado de materia organizada y que, por lo mismo, es capaz de movimiento y de reproducción. Así se dice: *seres vivientes*.

La *existencia* conviene a todos los demás objetos de la creación, ora sean substancias reales, ora substancias figuradas.

Existen los astros, los mares, la tierra, los polos, los elementos. Existen las sombras, los sepulcros, las cenizas, el vacío, la nada, el absurdo, todo existe. *Existe* todo lo que se refleja en nosotros bajo cualquier forma, todo aquello que ocupa un lugar en la creación, todo lo que imprime algún matiz en ese gran cristal de la Providencia.

Viven el hombre, el animal, la planta.

Existen todos los demás seres de la naturaleza.

Propiamente hablando, sólo *vive* lo que tiene alma y cuerpo, vigor y sensibilidad.

Existe todo lo que tiene una entidad cualquiera.

Vigilar, velar

Vigilar se aplica a todas las acciones en que entra la idea de costumbre: es decir, de moralidad o conducta.

Velar se emplea con relación a todos los grandes intereses de la familia, de la sociedad y de la religión.

Un padre *vigila* a su hijo para que no sea malo.

Vela día y noche por su porvenir, para que sea venturoso.

El sumo pontífice *vigila* las costumbres de los clérigos que le rodean.

El pastor de almas *Vela* por la propagación de la fe y por el posible crecimiento espiritual de sus feligreses.

Puede darse dinero para que se *vigile*: hay que infundir deseos para que se *vele*.

Podemos *vigilar* por oficio: no podemos *velar* sino en fuerza de grandes sentimientos y de altos y supremos deberes.

Quien *vigila* no pega los ojos; el que *vela* no da reposo al alma.

Vigir, valer

La palabra *vigir*, o estar vigente, significa la idea de estar en boga, conservar su fuerza y *vigor*, tratándose de reglamentos y de leyes.

Valer, en un principio, significó tener salud, porque se hubo de notar que el enfermo no aprovechaba; esto es, no *valía*. Así es que los latinos decían: *valeo*, como nosotros decimos hoy: *estoy bueno*.

Después se hizo extensivo a los demás hechos, así del orden físico como moral, adquiriendo el doble sentido en que hoy empleamos la palabra *valer*.

Expresando la idea de aprovechar o de servir en sentido físico, significó lo útil.

Expresando esa misma idea en sentido moral, significó lo lícito o lo honesto.

Tengo un cortaplumas que no corta, y digo que mi cortaplumas no *vale*: esto quiere decir que no es útil.

Nos hacen una fullería en el juego, y decimos que aquella jugada no debe *valer*: esto quiere decir que no es lícita.

Nada más absurdo que decir que mi cortaplumas no *vige*, o que no *vige* la jugada fullera, porque ni la jugada, ni mi cortaplumas son disposiciones que se tuvieron y guardaron como ley, y que posteriormente fueron abolidas.

Una ley *vigente* puede no servir; puede no aprovechar; puede ser inútil e ilícita, en cuyo caso no *valdrá* sin embargo de estar *vigente*.

Por el contrario, una ley abolida puede ser buena y provechosa, útil y honesta, en cuyo caso no estará *vigente*, pero *valdrá*.

Lo que *rige* está en boga.

Lo que *vale* es útil y lícito.

Las leyes *rigen* mientras las apoya el Gobierno.

Se alaban y se reverencian, por lo que *valen*.

Regir puede ser un absurdo y una tiranía.

Valer es siempre un mérito y una razón.

¡*Valgan las cosas*, aunque no *rijan*, pero que no *rijan* si no *valen*!

Esto quiere decir que triunfe el mundo, si con el mundo ha de triunfar Dios; pero que triunfe Dios, aunque el mundo haya de ser vencido.

Vigor, fuerza, fortaleza, robustez

El muy digno escritor Jonama, hablando de la *fuerza*, de la *fortaleza* y de la *robustez*, dice: «*forzar* una trinchera es rendirla; *fortificar* una plaza es ponerla en estado de defensa.»

Nosotros contestamos que el verbo del nombre *fortaleza* es *fortalecer*; que el señor Jonama nos habla de *fortificar*, cuya forma sustantiva es *fortificación*; y que cuanto se diga de *fortificación*, no tiene que ver absolutamente con *fortaleza*, porque son palabras tan distintas, que ningún español las puede confundir.

Luego añade: «la apariencia o el exterior de la *fortaleza* es lo que se llama *robustez*».

Esta definición, contestamos nosotros, dista infinito de la etimología y del uso cuerdo de nuestra lengua.

Robustez viene del latín *robur*, que significa encina, de donde procede nuestra voz *roble*.

Por consecuencia, aquella palabra no se refiere al exterior o a la apariencia de las cosas, sino a la idea de lo sólido, de lo consistente, de lo *duro*. Y como se notó que las constituciones fornidas, los cuerpos bien formados, eran los que más resistían, los que más *duraban*, se aplicó la palabra *robustez* a toda cosa bien constituida. Pero esta significación secundaria de la voz *robusto* es una consecuencia que el hombre ha deducido; es un sentido lógico que ha creado nuestro entendimiento. Vista la palabra en su origen, estudiada en su etimología no quiere decir cosa bien formada, sino cosa dura.

Lo fornido es causa; lo duro es efecto, y la voz *robustez* expresa el efecto, no la causa.

De modo que el cuerpo que no sea duro, que no sea sólido, que no sea resistente, como el *roble* o la encina, no es *robusto*.

Jonama continúa: «el grueso de una columna constituye su *robustez*: su *fortaleza* depende de la materia.»

Nosotros contestamos que si el grueso de la columna constituyese su *robustez*, la *robustez* no sería *robustez*, sino grosor.

«La *robustez* animal, consiste en el grueso de la musculatura, en lo apretado de las carnes y en el aparente buen estado de los humores; para que haya *fortaleza* es menester que la máquina tenga verdadera resistencia, cosa que no siempre acompaña a la *robustez*. Hay hombres de mucha *robustez* que resisten muy poco, así como puede haber una columna de corcho más *robusta* que otra de mármol.»

Nosotros contestamos que el aparente buen estado de los humores», lo apretado de las carnes y el grueso de la musculatura, podrán ser cosas que se refieran más o menos a la idea de temperamento o de complexión; pero que son completamente extrañas y peregrinas a la idea de *robustez*.

Contestamos que concebir una *robustez* sin resistencia; concebir hombres de mucha *robustez* que resisten poco; concebir columnas de corcho más *robustas* que otras de mármol, sería una rareza tan curiosa como concebir la existencia de una encina blanda o de un *roble* tierno. Cuando haya en la naturaleza *robles* tiernos y encinas blancas, habrá en el mundo columnas de corcho más *robustas* que otras de mármol; hombres de mucha *robustez* que resisten poco, y una *robustez* sin resistencia. Pero mientras que la encina sea consistente y el *roble* duro, la *robustez* tendrá forzosamente resistencia; los hombres de mucha *robustez* resistirán mucho, y toda columna de mármol será más *robusta* que otra de corcho, caso de que la palabra *robusto* pueda aplicarse lógicamente en este orden de hechos.

Contestamos, por fin, que el señor Jonama confundió lo *robusto* con lo *rollizo*.

Por lo que hace a la palabra *fortaleza* sólo tenemos que reparar que no la saca del orden físico, despojándola de su trascendencia y de su importancia.

Estudiemos ahora con reposo las cuatro palabras del artículo.

Examinado bien este punto, encontraremos que *vigor* no significa expresamente una cualidad de nuestro cuerpo, ni de nuestra alma, sino que se aplica al consorcio de nuestras fuerzas físicas y morales, a esa íntima y misteriosa comunicación que existe entre el espíritu y la materia.

El *vigor*, lo mismo que la vida, tiene algo de materia y algo de espíritu. Manda en la idea y obedece en la organización. Mueve en la voluntad y es movido en el cuerpo.

El *vigor*, lo mismo que la vida, es cuerpo y alma.

El *vigor* es el soplo *vital*, y estamos seguros de que *vigor* y *vida* tienen un mismo origen. Ambas palabras significan la idea de una potencia originaria, de una fuerza esencial, divina; es decir, de la fuerza por excelencia.

Fuerza es la expresión o el signo de un gran elemento natural: la acción, el movimiento.

Todo lo que se mueve, todo lo que obra, todo lo que influye, todo lo que hace, nos da la idea de *fuerza*. O la tiene en sí, o a ella cede.

La *fuerza* es el motor universal; una especie de voluntad indeclinable y necesaria que Dios ha dado a la naturaleza. El impulso que recibió la materia desde la Creación.

Fortaleza se aplicó primitivamente a los hechos físicos; y así se dice: paño *fuerte*, plaza *fuerte*, la *fortaleza* del diamante.

Después pasó a expresar cualidades morales y es uno de los términos que significa con más energía y plenitud, con más elevación y magnificencia, el señorío de nuestra alma, el señorío de ese eterno huésped que, teniendo por casa las débiles paredes de nuestro cuerpo, reina en todos los siglos, inunda todos los sepulcros, habita en todos los alcázares, ocupa todo el globo, llena todo el espacio, rompe las nubes, mide las estrellas y acaba, en fin, por explicarnos la milagrosa obra de Dios, siendo el pintor sublime de la historia.

Los gentiles, fuerza es confesarlo, tuvieron una nobilísima y alta noción de la palabra que nos ocupa, de tal manera, que la santa y profunda ciencia del Evangelio apenas ha tenido que espiritualizarla.

La *fortaleza*, dice el inspirado Cicerón, es despreciar deliberadamente los peligros y llevar adelante los trabajos: FORTITUDO *est considerata periculorum susceptio, e laborum perpessio*.

La *fortaleza*, dice en otro lugar, consiste en el desprecio de los dolores y de las fatigas: FORTITUDO *est dolorum laborunque contemptio*.

Cuando la virtud, añade, por fin, resiste a los males que la amenazan, toma el nombre de *fortaleza*; cuando soporta y sufre el mal presente, se llama paciencia: *virtus quae venientibus malis obstat,* FORTITUDO, *quae quod iam adest tolerat et perfert, patientia*.

Cuando oímos hablar de este modo, nos sentimos como halagados por la ilusión de que estamos oyendo a un gran filósofo cristiano.

¡No parece sino que la aurora que debía brillar en el cielo de Jesucristo se anticipó al día de Belén y alumbró con sus rayos los últimos días de la gentilidad! ¡Sueño sublime de la historia!

La *fortaleza* es el poder del alma, como la *fuerza* es el poder del cuerpo. La una hace en la materia lo que hace la otra en el espíritu. Cada cual en su esfera, es la palanca de la vida que mueve y empuja.

En cuanto a la última palabra, *robustez*, ya hemos dicho que viene de *robur*, nombre latino de la encina, de cuyo origen viene la voz *roble*.

Propiamente hablando, la *fuerza* es un principio de los cuerpos.

La *robustez*, una cualidad de la materia.

El *vigor*, una virtud de nuestra voluntad.

La *fortaleza*, un heroísmo de nuestro ánimo.

La *fuerza* mueve. La *robustez* dura; el *vigor* alienta; la *fortaleza* arrostra. De modo que *forzar* es cometer una violencia.

Fortalecer es dar confortación.

Vigorizar, dar brío.

Robustecer, dar consistencia.

Una organización poderosa es *robusta*.

Sansón fue *forzudo*.

El hombre denodado es *vigoroso*.

El mártir es *fuerte*.

La *fortaleza* es morir por un pensamiento, por una verdad, por una esperanza, por una fe, y no hallar luego una sepultura en la tierra. Los héroes más grandes son los que no ve el mundo. ¡Castigo supremo con que el cielo confunde nuestra soberbia!

Con harta frecuencia se dice que en nuestros tiempos no hay almas *fuertes*. Esto es adular al pasado. En todos los pueblos y en todas las edades, aun en las épocas de más relajación, de más olvido, de más abandono, hay hombres que nacen al mundo trayendo en su espíritu el soplo divino de la *fortaleza*. Y esto no acontece en virtud de una ley de los hombres, sino en virtud de una ley de Dios, porque Dios ha querido que los lirios se críen en los eriales y que las palmeras nazcan en los desiertos.

Recordaremos las ideas anteriores para que no se olviden.

La *fuerza* es impulso; la *robustez*, dureza; el *vigor*, aliento; la *fortaleza*, espíritu.

Vilipendio, ludibrio, contumelia

Vilipendio se compone de *vilis*, vil, y del verbo *pendo, pendis*, pesar, y consecuentemente avalorar, estimar en mucho: *vilis-pendere*: estimar una cosa de un modo vil; *pesarla* bajamente en nuestro ánimo.

Ludibrio se deriva de *ludus*, que significa juego.

Contumelia se deriva de *contemnere*, que significa tener en menos, no hacer caso.

Las tres etimologías expuestas marcan perfectamente la gradación que guarda el sentido de cada término.

La *contumelia* humilla.

El *vilipendio* rebaja.

El *ludibrio* ofende.

La *contumelia* se parece a desprecio.

El *vilipendio*, a denigración.

El *ludibrio*, a escarnio.

La *contumelia* nos convierte en nulidad.

El *vilipendio*, en vileza.

El *ludibrio*, en juguete.

Un ánimo esforzado, una conciencia entera, un espíritu valeroso, podrá soportar la *contumelia*; podrá tener lástima del *vilipendio*; difícilmente tendrá fuerzas para ser superior al *ludibrio*.

Recordaremos las relaciones anteriores.

La *contumelia* nos desprecia.

El *vilipendio* nos envilece.

El *ludibrio* juega con nosotros.

Violento, arrebatado

Violento es el que atropella, el que *viola*, el que abusa de la fuerza, que se llamaba *vis* entre los latinos.

Arrebatado significa más bien aturdido.

El *violento* no se contiene; el *arrebatado* no oye.

La *violencia* es coacción: un atentado; el *arrebato* es vértigo: una especie de frenesí.

Mejor dicho, la *violencia* es moral; el *arrebato* es más bien fisiológico.

Obrando con cierta templanza y discreción, puede sobrellevarse al hombre *arrebatado*: no hay prudencia humana que baste a librarnos del hombre *violento*.

Víscera, entraña

Hay quien cree que *víscera*, nombre puramente latino, se origina de *vis*, que significa fuerza, porque en las *vísceras* están concentradas las *fuerzas* capitales del organismo, de tal manera, que dejando de existir una *víscera* deja de existir el sujeto. Las *vísceras*, pues, no son otra cosa que los grandes órganos: los órganos *vitales*, y por esta razón no estimamos enteramente desacordada la etimología que hemos mencionado. Según ella, *víscera* y *vida* tienen un origen común, puesto que *vida*, como *vigor*, viene del *vis* latino, que quiere decir fuerza elemental y necesaria, la fuerza substancial y primitiva con que nacemos y *vivimos*.

Entraña significa la idea de cosa *interior, íntima*, profunda. Las *entrañas* son como el centro de la existencia.

Así decimos: le tengo que arrancar las *entrañas*; es decir, le tengo que arrancar lo más *íntimo*, lo más *interior*, lo más profundo de su vida; que es como si dijéramos: he de arrancarle el corazón, el alma.

Nada más repugnante ni más extraño que decir: le tengo que arrancar las *vísceras*.

Así también dice una madre: hijo de mis *entrañas*.

Nada más contrario a la índole de nuestra lengua que decir: hijo de mis *vísceras*.

Diciendo la madre: hijo de mis *vísceras*, diría la verdad, porque hijo de sus *vísceras* es, porque sin *vísceras* no podría ser madre, porque una *víscera* es la matriz; pero la madre que no es sabia no quiere hablar de hechos que toquen a lo *íntimo*, a lo *interior*, a lo profundo de su vida, a su placer y a su dolor, que son los divinos secretos de su conciencia. Por esto habla de las *entrañas* al hablar de su hijo. Hablando de *entrañas* habla del corazón, de las pasiones, de lo que ella siente; habla de ella, y así se explica que pueda decir: hijo de mi alma, de mi corazón, de mi vida, como dice hijo de mis *entrañas*.

La *víscera* es anatómica.
La *entraña* es afectiva.
La *víscera* toca a la escuela.
La *entraña* toca al mundo.
Quien vive tiene *vísceras*.
Quien siente tiene *entrañas*.
Tener *entrañas* no es tan general como tener *vísceras*.

Viso, vislumbre

Viso viene de *ver*.
Vislumbre, de *luz*.

Así decimos: persona de *viso*; es decir, que se deja *ver, visible*, notable. Nada más absurdo que decir: persona de *vislumbre*.

Decimos también: no penetraba en la habitación ni *vislumbre*; es decir, ni una gota de claridad. Nada más fuera de propósito que decir: no penetraba ni *viso*.

Lo que tiene *viso*, se nota.
Lo que tiene *vislumbre*, brilla.

Vivo, viviente, vividor

Vivo es lo contrario de muerto. Se aplica al sujeto que actualmente vive.

Viviente es el que tiene organización propia para vivir: es lo contrario de inanimado.

Vividor es el que tiene disposición natural para vivir mucho. En sentido figurado se llama persona *vividora* a la que tiene chispa para sortear los sucesos y vivir bien.

De modo que *vivo* expresa un hecho.
Viviente, una facultad.
Vividor, una aptitud.

Volatilizarse, evaporarse, exhalarse, disiparse, desvanecerse, desvirtuarse, desubstanciarse

Lo que se *volatiliza*, desaparece al contacto de la luz. No se ve.

Lo que se *evapora*, va menguando y perdiendo la parte esencial. Humea.

Lo que *exhala*, no disminuye el volumen o la cantidad aparente del objeto. El olor que *exhala* la rosa no hace que la rosa se torne pequeña. Además, todo lo que se *exhala* se aspira.

Lo que se *disipa*, no deja señal.

Lo que se *desvanece*, pierde en intensidad; es decir, se hace *vano*, lo cual quiere decir que se hace *leve*, como el celaje que se va extendiendo hasta transparentarse.

Lo que se *desvirtúa*, pierde su eficacia.

Lo que se *desubstancia*, pierde su nutrición, su jugo.

Se *volatilizan* los espíritus.
Se *evaporan* las infusiones.
Se *exhalan* los perfumes.
Se *disipan* las nubes.
Se *desvanecen* las tormentas.
Se *desvirtúan* los medicamentos.
Se *desubstancian* los manjares.

Voluble, variable

Variable se refiere a la naturaleza. Varía todo aquello que debe variar, según el orden fundamental de la creación.

Voluble se refiere al hombre. Somos *volubles* por carácter, por hábito, por antojo, tal vez por nuestros vicios.

Lo *variable* está sujeto a leyes fijas; es lo más *invariable* de la existencia.

La ley de lo *voluble* es el capricho humano.

Son *variables* las épocas, las creencias, las costumbres, los sistemas, las instituciones, hasta los climas.

El amante es *voluble* con su amada.
El amigo es *voluble* con el amigo.

Volumen, libro

La etimología de la voz *libro* es bastante extraña, y vamos a decir dos palabras sobre ella, ya que se trata de un personaje tan ilustre, porque un ilustre personaje histórico es el *libro*.

Los griegos dieron a la corteza el nombre de *lepos* o *lepis*, y se cree que de aquí formaron los latinos su *liber, libri*, de donde es oriundo nuestro *libro*. *Liber* significaba la corteza interior de los árboles, y como que esa capa interna era blanca, el vocablo *liber* expresó al principio la idea de blancura. Después sucedió que aquella corteza servía de papel o de pergamino para escribir, y la materia en que se escribía dio su nombre a la cosa escrita, viniendo a ser el antiguo *liber* una voz sinónima de *volumen*, tomo, obra o tratado. ¡Quién había de decir a la primitiva corteza, al primitivo *liber*, que su destino era mudar la faz del mundo con el sublime invento de Juan Guttenberg! ¡Quién había de decir al antiguo *liber*, a la ruda corteza de los árboles, que su destino era salvar al mundo con un *libro* llamado Evangelio!

El *volumen* es un agregado de hojas, la colección de páginas, un bulto de papeles impresos; antes tenía la forma de rollo.

El *libro* es la moral, el dogma, el derecho, la ciencia, la historia.

El *volumen* es una masa.

El *libro* es una inteligencia, el grande y maravilloso poder de la vida, el poder del hombre, que es el que más se acerca al poder de Dios.

El *volumen* es una cosa.

El *libro* es la humanidad.

Lo diremos todo, el *libro* es respecto de *volumen* lo que *principio* respecto de *comienzo*, lo que la mente respecto de la letra, lo que el humo respecto de la llama. Es el espíritu de aquella materia, un alma de aquel cuerpo, un misterio de aquel jeroglífico, un jeroglífico de aquellas eternas pirámides.

El *volumen* ocupa espacio.

El *libro* revoluciona al mundo.

¡Patria de Guttenberg, sol de Maguncia, salud!

Voluntad, deseo

Por *voluntad* se entiende la fuerza motriz que mueve el cuerpo.

El *deseo* es un sentimiento que mueve el alma.

Por la *voluntad* quiero.

Por el *deseo* amo.

Querer es vivir.

Desear es vivir en todas partes.

Volver, virar

Volver es tomar la dirección opuesta a la que actualmente llevamos.

Virar es una corrupción de *girar*.

El que *vira* da vueltas.

Voz, palabra

Huerta dice: la diferencia que se percibe entre estos términos es que *voz* se refiere más comúnmente a la composición material y a las circunstancias gramaticales, y *palabra* a la pronunciación y circunstancias en que tienen parte la pronunciación y el oído.

Nuestro insigne hablista confunde los dos términos del artículo, de modo que, al definirnos la *palabra*, nos da la más perfecta definición de *voz*.

En efecto, la *voz* es la que se refiere a la pronunciación y a todas las demás circunstancias en que tienen parte la pronunciación y el oído.

Nada de esto conviene a la *palabra*, porque la palabra no tiene nada de oído, nada de material, nada de orgánico, nada de oído, nada de boca.

Palabra (*parábola* en latín) viene del griego que llama *parabolē* a la comparación o símil, y porque en públicos razonamientos se usa mucho de estas parábolas o semejanzas, la tomó el castellano por la razón y plática común que hoy decimos *sermón* y *oración*, y de allí por la menor *palabra*. Esto es lo que discreta y concienzudamente dice el doctor Rosal.

Palabra es parábola, metáfora, figura, fábula, apólogo.

La *voz* puede ser un sonido inarticulado, porque hasta las campanas tienen su *voz*.

La *palabra* puede llegar a ser revelación, belleza, armonía, sublimidad.

La *voz* es canto.

La *palabra* es genio.

La *voz* viene de un órgano.

La *palabra* viene de un espíritu.

La *voz* es el bruto.

La *palabra* es el hombre.

Voz, vocablo

La *voz* es el acento que sale por la boca, tratándose del animal.

El *vocablo* es la misma *voz*, considerada como término de idioma, como lenguaje, como habla.

Las *voces* se componen de sonidos.

Los *vocablos*, de sílabas.

Las *voces* se articulan.

Los *vocablos* se escriben.

Todos los animales tienen *voz*.

Ningún animal tiene *vocablos*.

La ortografía y la prosodia estudian las *voces*.

La sintaxis dispone y construye los *vocablos*.

La *voz* se diferencia también del *vocablo* en que significa rumor público, como cuando se dice: *voz* del pueblo, *voz* del cielo. Nada más absurdo que decir: *vocablo* del pueblo, *vocablo* del cielo.

Vuelta, giro

Vuelta, de volver, viene del latín *verto*.

Giro, en latín *gyrus*, viene del griego *gyros*, voz formada del verbo *gyroō*, ir en torno.

Volver es mudar de dirección, cambiar de frente. Si estoy de costado y me pongo de cara, me *vuelvo*.

Girar es correr todo el *círculo*, dar vueltas *circulares*, volver en redondo. Si estoy de frente y me pongo de espaldas, no *giro*, sino que es necesario que vuelva a ocupar mi posición primera, es necesario que me ponga otra vez de frente.

Vuelta es conversión.
Giro es circuito.
Girar es *volver*.
Volver no es *girar*.

Y

Yantar, comer

Yantar se deriva de *ientaculum*, que significa desayuno, voz derivada de *ieiunium*, que quiere decir ayuno, abstinencia.

Comer se deriva del latín *comes*, que quiere decir compañero.

De modo que *yantar* significa desayunarse.

Comer significa yantar o tomar alimento con otra u otras personas.

Yerro, error, falta, extravío, culpa, pecado

Cuando no acertamos a obrar bien, en cualquier sentido, pero sin relación a un hecho dado, cometemos *yerros*.

Cometer *yerros* es desacertar.

Si el *yerro* consiste en cosas de juicio, se llama *error*.

La falsa doctrina ha llenado el mundo de *errores*, no de *yerros*, porque aquí no se trata de un desacierto cualquiera, sino de un desacierto en materia de raciocinio, un desacierto intelectual.

Cuando el *yerro* consiste en faltar a nuestros deberes, se denomina *falta*.

El hijo que desobedece a su padre, el discípulo que no respeta a su maestro, el hombre que paga un beneficio con una ingratitud, el que vende un secreto de la amistad, comete *faltas*.

Cuando el *yerro* consiste en la liviandad de costumbres, en el desarreglo de conducta, como si la moral no tuviese ya freno para nuestras pasiones, toma la denominación de *extravío*.

Una mujer *extraviada* es aquella que está en el camino de la perdición.

Cuando cometemos el *yerro* en materia dogmática, se llama *culpa*. *Culpa* es toda falta, toda irreverencia, todo descreimiento hacia la idea de Dios. Cuando la *culpa* quebranta alguna regla, algún mandamiento; cuando es *infractora*, se llama *pecado: pecado* capital, *pecado* venial, *pecado* original, los siete *pecados* capitales. No puede decirse: *culpa* capital, *culpa* venial, las siete *culpas* capitales. No puede decirse tampoco: *culpa* original, porque no se trata de la irreverencia del primer hombre hacia la idea de Dios; no se trata de un pensamiento, de un estímulo de conciencia, de un arcano de nuestra alma, de un misterio espiritual, sino de una rebeldía de Adán contra el mandamiento divino; se trata de una *culpa de hecho*, de una *infracción*: ése es el *pecado*.

La *culpa* es un *pecado* moral, como el *pecado* es una *culpa* práctica.

En esto consiste que no hay sabio alguno que tenga noticia de una acción humana que se llame *culpa*, mientras que nada es más sencillo que determinar todas las acciones que pueden llamarse *pecados*.

Quien no ama a Dios sobre todas las cosas *peca*.

Quien jura su santo nombre en vano *peca*, y así en todos los demás mandamientos.

El *yerro* es genérico.
El *error*, intelectual.
La *falta* y el *extravío*, morales.
La *culpa* y el *pecado*, religiosos.
Nos lamentamos de nuestros *yerros*.
Abjuramos nuestros *errores*.

Tenemos remordimiento de nuestras *faltas*.
Nos avergonzamos de nuestros *extravíos*.
Lloramos nuestras *culpas*.
Expiamos nuestros *pecados*.
El *yerro* debe corregirse.
El *error*, rectificarse.
La *falta* y el *extravío*, enmendarse.
La *culpa* y el *pecado*, arrepentirse.

No hay hombre, por sabio y bueno que sea, que no haya cometido muchos *yerros*.

Hay hombres tan sabios y de tal ajuste de ideas, que han cometido muy pocos *errores*.

Apenas habrá un hombre tan santo que no haya cometido algunas *faltas*.

La moral y la religión veneran el nombre de muchos varones que no han cometido ningún *extravío*.

De grandes *culpables* han venido al mundo grandes virtudes, grandes lágrimas, grandes dolores.

De los más obstinados *pecadores* suelen salir los más fervorosos arrepentidos.

Z

Zabullir, chapuzar

Zabullir, como si dijéramos *sub-bullir, sub-bullire* en latín, significa *bullir* debajo.

Chapuzar o *capuzar* es caer de *cabeza*, porque estas voces vienen de *caput, capitis*.

Supongamos que uno cae de costado en el agua y se oculta, moviéndose o *bullendo* debajo; *zabulle*, no *chapuza*.

Supongamos que cae flechado de cabeza, corriendo hacia el fondo derechamente, sin *bullir: chapuza* o *capuza*, no *zabulle*.

De modo que podemos *zabullir* sin *capuzar*, o bien *capuzar* sin *zabullir*.

Zabullir, zambullir

Zabullir y *zambullir* significan *sub-bullir, bullir* debajo, como queda dicho en el artículo anterior.

Zabullir en el agua es meterse debajo, ocultarse.

Zambullir es zabullir haciendo ruido, dando un grande golpe.

El pez que nada por la superficie del mar ve una barca y *zabulle:* se va al fondo.

El hombre que se tira desde la entena de una embarcación, *zambulle*: da un porrazo.

Zabullir es acción.

Zambullir, violencia.

Zafarse, libertarse

Librarse viene del latín *libero*, que quiere decir dar libertad y sacar de daño o peligro, cuya última acepción es la que tiene realmente nuestro *librar*, porque la de dar libertad o soltura está expresada en nuestro idioma, no por *librar*, sino por *libertar*.

Diremos, pues, que nuestra palabra *librarse* no es otra cosa que ponerse a cubierto de daños, de peligros, de apuros, de contrariedades.

Zafarse se origina inmediatamente del inglés *safe*, corrupción del *salvus* latino, que significa *salvo*. De manera que los ingleses corrompieron una voz latina, y nosotros arabizamos una voz inglesa. Ateniéndonos a la etimología, deberíamos creer que *zafarse* equivalía a *salvarse*; pero la práctica de nuestro idioma nos advierte que esto no es así.

Nos *libramos* de la epidemia, de la ruina, de la muerte.

Nada más absurdo que decir que nos *zafamos* de la muerte, de la ruina y de la epidemia.

Nos *zafamos* de nuestros quehaceres, de nuestros negocios, de todo aquello que nos liga, que nos embaraza, que nos engorra, que nos molesta.

Estoy *libre* quiere decir: no tengo compromiso alguno; puedo hacer de mi capa un sayo; no hay quien pida, no hay quien reclame contra mí: estoy exento.

Estoy *zafo* quiere decir: he concluido mi faena, nada tengo que hacer, nada me embaraza, nada me estorba: estoy franco.

Nos parece haber acertado con las palabras.

Librarse es eximirse.
Zafarse es franquearse.

Zagala, moza

Moza significa soltera.
Zagala es la hembra del *zagal*.
La *moza* es muchacha.
La *zagala* es pastora.
La *moza* está en su casa.
La *zagala*, en su aprisco.
La *moza* puede ser mala y fea.
La *zagala* es buena y hermosa. La *zagala* es el campo, la pradera, la fuente, las flores.
La *moza* es realidad, acaso una triste realidad.
La *zagala* es una figura, una poesía.

Zaguán, portal

Llámase *portal* al vestíbulo de las casas particulares, porque es la estancia contigua a la *puerta*.

Llámase *zaguán* porque está cubierto. *Zaguán* quiere decir *subguan* (de *huarid*), lo que está bajo *guarda*, defendido, techado.

De modo que *portal* se refiere a la puerta.

El *zaguán*, al techo.

Zaherir, agraviar

Como se verá en el artículo *zaherir*, la partícula inicial *za* es muchas veces una corrupción de la preposición *sub*, y esto acontece en el caso presente.

Zaherir equivale a *sub-herir*, *sub-ferire*, en latín, que significa herir cautelosamente, con intención dolosa, esto es, *bajo mano*.

Los etimologistas que han dicho que *zaherir* se compone de *faz* y de *herir*, herir en la cara, como si dijéramos *faz-ferir*, no han calculado que la formación de esta palabra es extraña de todo punto a nuestro idioma. No hay un solo caso en nuestra lengua en que un derivado de *faz*, ni aun de *hacer*, convierta el *faz* o el *ha* en *za*, como en *zaherir*; mientras que hay muchos casos en que la partícula *za* hace los oficios de *sub*, como en zabullir, zambullir, zabucar, zambucar y otros varios nombres.

Para nosotros, queda sentado que *zaherir* no es *faz-ferir*, sino *sub-ferir*, o sea lastimar sigilosamente, con segunda intención.

Agraviar equivale a *gravar*; echar sobre uno el peso de una culpa, agobiarle el ánimo.

De modo que el hecho de *agraviar* puede ser franco, explícito, directo, como cuando ofendemos a cualquiera cara a cara.

Por el contrario, *zaherir* supone reserva, traición, dolo. Sonríe delante y hiere detrás.

El que *agravia*, puede ser un contrario valiente, leal, probo.

El que *zahiere*, es un enemigo cobarde, embustero y ruin.

El *agraviar* es una ofensa, quizá una ignominia.

El *zaherir* es un engaño, una superchería, una maquinación.

Podemos dar motivos para que nos *agravien*.

No hay motivo alguno que justifique el que nos *zahieran*.

Esto quiere decir que puede haber razón hasta para el insulto.

No hay nunca razón para la alevosía.

Zahorí, hechicero

Para que se comprenda mejor la significación propia de *zahorí*, así como la de muchas palabras que se hallan en el mismo caso, debe notarse que la partícula inicial *za* es frecuentemente la corrupción árabe de la preposición latina *sub*, de la cual hay multitud de ejemplos en nuestra lengua, según queda dicho.

Zabullir o *zambullir* no es otra cosa que *sub-bullir*; esto es, bullir *debajo*, meterse *bajo* el agua, sumergirse.

Zabucar equivale a *sub-bucar*; esto es, agitar un líquido de modo que lo que está arriba vaya *abajo* y lo que está abajo, vaya arriba.

Zambucarse es esconderse; o lo que a ello equivale, meterse *debajo* de alguna cosa para no ser visto: *sub-bucarse*.

Zahumar es como si dijéramos *subhumar*, poner humo *debajo*.

Zahurda equivale a *sub-hurda*, lugar que está *bajo* tierra.

En caso idéntico se encuentra la voz *zahorí*.

La inicial *za* significa positivamente *debajo*, y *horí* debe venir del árabe, si no es una corrupción del verbo griego *theorēo*, que significa ver, mirar.

De modo que la palabra *zahorí* quiere decir literalmente *ver debajo*, o lo que está *debajo*, cuyo sentido es el que la atribuye Covarrubias: «*Zahorí*, dice este autor, es el que dice *ver* lo que está *debajo* de la tierra, o encerrado en un arca, o lo que otro trae en el pecho, como no tenga algún aforro de grana. Ésta es una muy gran burlería y manifiesto error, pues naturalmente no puede ser.»

Por lo tanto, *zahorí* es un mago que dice tener lo que hoy se llama doble vista magnética.

Hechicero viene del latín *facere*, *facer* en castellano antiguo, y era (como se dijo en otros tiempos) *ome* que *face fechorías* con el diablo.

El *zahorí* ve lo oculto.

El *hechicero* hace cosas sobrenaturales, mediante pacto con el espíritu maligno.

Zahumerio, incienso

Zahumerio quiere decir, *sub-humerio*. Es la acción de echar *humo* por debajo.

Hay una planta que se llama *incienso*.

De modo que el *incienso* es planta.

El *zahumerio* es humo.

Se diferencian además estos términos en que *zahumerio* no tiene aplicación en el sentido figurado, mientras que *incienso* tiene un uso frecuente, demasiado frecuente en significación de lisonja.

Tal dama gusta mucho de que la *inciensen*.

Nada más raro que decir: tal dama gusta mucho de que la *zahumen*.

El *zahumerio* es un perfume, un homenaje, una inocencia.

El *incienso* es un arte profundo, la cábala maravillosa de cien fortunas que sorprenden el ánimo más reposado.

Zahurda, pocilga

Zahurda, como queda dicho, es lugar subterráneo.

Pocilga significa lugar sucio.

De manera que etimológicamente hablando, toda cavidad que está bajo tierra es *zahurda*.

Todo sitio inmundo, esté en dondequiera que esté, es *pocilga*.

Un palacio no puede ser *zahurda* de ningún modo, puesto que un palacio no es una gruta que está bajo tierra.

El alcázar más regio y magnífico puede ser *pocilga* si se ha convertido en un sitio inmundo.

Zalamerías, carantoñas

Carantoñas es hacer gestos y visajes con la cara.

Zalamería viene de *zalá*, nombre de una oración que pronuncian los moros cruzándose las manos sobre el pecho, en señal de veneración. De este origen proceden las voces *zalama*, que significa reverencia o acatamiento; *zalameramente*, *zalamero*, etc.

Las *carantoñas* son muecas, mohínes, gestos y visajes que provocan risa.

La *zalamería* es lisonja, ficción, propósito.

Las *carantoñas* son inocentes, amorosas, infantiles.

La *zalamería* es intencionada, bajuna, ruin.

El novio hace *carantoñas* a la novia para festejarla.

El hijo hace *carantoñas* a su madre para contentarla y tenerla propicia.

El adulador hace *zalamerías* a la persona que quiere ganarse.

Un hombre vil hace *zalamerías* a una mujer rica con el intento de hacerse amo de sus riquezas.

Con las *carantoñas* se alegra: son festivas.

Con las *zalamerías* se engaña: son traidoras.

Las *carantoñas* son una caricia.

Las *zalamerías* son un halago. Decir *halagar* es decir *falagar*, y decir *falagar* equivale a decir ser *falaz*, obrar con *falacia*.

En una palabra, las *carantoñas* pertenecen a la familia.

Las *zalamerías* pertenecen a la moral.

Zamarra, pellico

Así el *pellico* como la *zamarra* son de piel; pero se diferencian en que la *zamarra* puede ser lujosa, mientras que el *pellico* es siempre campestre y pastoril.

La *zamarra* es traje.

El *pellico*, abrigo.

Zanca, pierna

De *zanca* proceden zancada, zancajo, zancudo, zancajoso, zanquilargo, zancadilla, zanquear, zancajear, zancarrón, aludiendo a los huesos de Mahoma que los moros adoran en la Meca.

Pierna se deriva del latín *perna*, voz formada de *pes*, *pedis* en latín, porque continuación del *pie* parece la *pierna*. De este origen proceden las voces *pernear*, *pernil*, etc.

Las *zancas* son las piernas de los pájaros.

Las *piernas* son, por decirlo así, las zancas del hombre.

La *zanca* está en relación con el *zancajo*.

La *pierna* está en relación con el *pie*.

Zanganear, holgazanear

Zanganear viene de *zángano*. Es como si dijéramos: hacer el zangondongo, el zangandullo, el zangarullón, el zanguayo, el zorronglón o la zanguara. Todos estos nombres significan literalmente: *hacerse el tonto para no trabajar*.

No es extraño que tenga nuestra lengua tantas palabras para expresar aquel pensamiento habiendo en España tanto y tanto ocioso.

Holgazanear es andar de *huelga*, vivir en la *holganza*.

Zanganear es un oficio, casi una industria: la industria del *zángano* que engorda a costa de la industria de las abejas.

Holgazanear es un vicio: el vicio del que nada hace, del que en nada es útil.

El *holgazán* no crea, no produce, no elabora.

El *zángano* chupa, saca el jugo, desangra.

El mundo está lleno de *holgazanes*; pero está más lleno todavía de *zánganos*.

Zarcillo, pendiente, aro

Pendiente viene del latín *pendens, pendentis*, del verbo *pendeo*, que equivale a pender o colgar.

Zarcillo se deriva del hebreo *çarçer*, que quire decir cadena, ya porque se aludiese a que la cadena tiene argollas, anillos, cerquillos de hierro, como si dijéramos *cercillos* o *çarcillos*, ya porque se aludiera a que la cadena prende y agarra como el *zarcillo* hace en efecto. Esta última suposición es la que parece más racional, al menos la que tiene más concordancias en nuestro idioma.

Así se dice vulgarmente: ¡no se me ha colgado mal *zarcillo*!, para significar que alguna sanguijuela se nos ha pegado y que no hay manera de despegarla.

El lector comprende cuán lejos estaríamos de significar la misma idea diciendo: ¡no se nos ha colgado mal *pendiente*! ¡No se nos ha colgado mal *aro*!

Al hablar nosotros de *zarcillo*, hablamos de una cosa que sujeta, que amarra; hablamos del *çarçer* hebreo, de la cadena, de donde proceden el latín *carcer, carceris* y el castellano *cárcel*. El *zarcillo* es la cárcel de la oreja.

Creemos que ésta es la etimología aceptable de la palabra que nos ocupa, y que no nos da ninguna luz el que el árabe llame *cercele* o *cericil* al collar o presea, a no ser que el *cercele* o *cericil* arábigo sea oriundo también del *çarçer* hebreo.

Aro es un diminutivo de *arco*, por cuya razón el *arco* es *arcus* entre los latinos, y el *aro* es *arculus*, arquillo. De todos modos, pertenece a la familia etimológica de anillo, año, ano, etcétera. A todas estas voces es común la idea de cerco, de circuito, de círculo, de redondez.

Llámase *pendiente* porque *pende*.

Llámase *zarcillo* porque está sujeto a la oreja.

Llámase *aro* porque es redondo.

Cuelga el *pendiente*.

Agarra el *zarcillo*.

El *aro* es un artificio redondo.

Zarpazo, costalazo, porrazo

A todos tres nombres es común la idea de caída; pero la manera de caer es diferente en los tres casos.

Zarpazo supone que se cae de boca, a plomo, como cae la *zarpa* de un buque en el agua.

Costalazo es caer de *costado*.

Porrazo es caer haciendo el ruido que produce un golpe de *porra*.

El *porrazo* se oye.

El *costalazo* nos hunde una *costilla*.

El *zarpazo* no tiene más defensa que las

zarpas, las manos, puesto que caemos de bruces.

Zarramplín, chapucero

La voz *chapucero* tiene también una historia rara, si hemos de creer (como firmemente creemos) en el concienzudo y discreto testimonio del doctor Cordobés.

«*Chapuceros*, dice Rosal, llaman a los que labran hierros de pretinas y de otras correas y jaeces de caballos. Estos tales hierros fueron llamados *cabos* (palabra derivada de cabeza), y la gente rústica y antigua de Castilla los llamó *cabucos*, y de ahí los oficiales de los cabuceros o *chapuceros*.»

Estos *chapuceros* son los que hoy llamamos *guarnicioneros*, porque hacen arreos, atavíos o *guarniciones* para enjaezar los caballos, habiendo reservado el uso la voz *chapucero* para designar al maestro inhábil, al que hace *chapuces*.

Zarramplín tiene algo del sentido poco aseado y limpio de *zarrapastrón*, *zarrapastroso*.

El *chapucero* es rudo, desmañado, infeliz.

El *zarramplín* es negligente, abandonado, sucio.

Lo que sale de manos del *chapucero* está mal hecho.

Lo que sale de manos del *zarramplín* está manchado, como *zarriento*.

El pobre *chapucero* no tiene el instinto del arte, el sentimiento de la forma.

El descuidado y desidioso *zarramplín* no tiene el sentimiento del aseo.

Esto significa que para ser *zarrapastrón* no se necesita tener *zarrias* en el vestido, sino en el deseo, si así puede decirse.

Lo *zarriento* es un accidente.

Lo *zarrapastrón* es un vicio y una desventura; la desventura que acompaña a todo vicio.

A este artículo pertenece también la palabra *zarrapastroso*, que quiere decir muy *zarrapastrón*.

Zodíaco, zooforo

Zodíaco viene del griego *zōdiacos*, voz derivada de *zōon*, que vale tanto como *animal*. Significa literalmente *zona de los animales*, porque en ella están los doce signos o constelaciones denominadas *aries, tauro, géminis, cáncer, leo, virgo, libra, escorpión, sagitario, capricornio, acuario* y *piscis*, muchas de las cuales son nombres de animales efectivamente. El *zodíaco* es el círculo máximo de la esfera en forma de zona o faja ancha, que divide oblicuamente el ecuador.

Otros dan al *zodíaco* la denominación de *zooforo* o *zoofero*, palabra compuesta de *zōon*, como *zodíaco*, y de *pherein*, llevar, en latín *fērre*, de fero. Significa literalmente el que lleva los animales.

Zodíaco significa hecho.

Zooforo significa acción.

Todo ello es simbólico o imaginario, puesto que no hay animales reales en la posición de las estrellas.

Zoilo, criticastro

Zoilo es el nombre propio del sofista de Amphípolis, que criticó, en hora menguada para él y para la historia, los libros inmortales de Homero, de Sócrates y de Platón. La humanidad, que hace que no mueran los muy sabios y los muy tontos, ha dado a este pobre retórico el castigo de no morir en la lástima de este mundo.

Por analogía se da el mismo nombre a todo *crítico sin crítica*, raza de insectos literarios que tanto abunda. Los denomino insectos o gusanos, porque no saben más que *roer*. Ya que no crean, roen, y así se contentan los menguados.

Criticastro es un diminutivo de *crítico*, como filosofastro de filósofo, sabiondo de sabio, en tono burlesco.
Zoilo es palabra culta, erudita.
Criticastro es voz vulgar.
La historia dice que *Zoilo* floreció por los años 270 antes de la era cristiana. Yo creo que la historia dice muy mal: los *zoilos* no florecen.

Zollipar, sollozar

Sollozar es llorar reprimiendo el llanto.
Zollipar es llorar con *hipo*; es decir, llorar *hipando*.
Solloza el hombre.
Zollipa el niño.

Zona, región

Zona viene del griego *zōnē*, que significa faja, banda o ceñidor, cuyo sentido conserva aún en la geografía. Esta parte de las buenas letras llama *zona* a cualquiera de las cinco bandas en que la esfera se divide.
Región, según queda dicho, es un derivado de *regěre*, regir. Es la porción de territorio sometida al gobierno de un *rey*.
De modo que la *zona* es geográfica.
La *región*, política.
La *zona* nos habla de grados.
La *región* nos habla de hombres.
Las *zonas* se sienten.
Las *regiones* se gobiernan.
Zona es también una enfermedad o irritación de la piel.

Zullarse, zurrarse

Zullarse se deriva de *zulla*, que significa el excremento humano, de donde nacen *zullonear*, que equivale a ventosear; *zullón*, ventosidad expelida sin ruido, que los latinos llaman *flato del vientre*; *zullenco*, que se aplica al viejo poltrón que ventosea, etc.
Zurrarse viene de *zurra*, que equivale a tunda o zamanza, pues todos estos nombres expresan la idea general de batir la piel; y como se advirtió que *zurrando* de duro a cualquiera, el sujeto *zurrado* se iba de cuerpo, por ser un efecto que produce el temor de la muerte, la palabra *zurrar* vino a ser sinónima de *zullar*. Ambas expresan, pues, el hecho de hacer nuestras necesidades, pero por diferentes motivos.
Zullarse no nos da otra idea que la de ir de cuerpo, obrar, regir o deponer.
Zurrarse añade necesariamente la idea de que lo hacemos por efecto de temor, por el miedo de que nos *zurren* o de que nos maten cuando nos *zurran*.
El *zullarse* es sucio.
El *zurrarse* es cobarde.
Podemos *zullarnos* por debilidad o dolencia.
No podemos *zurrarnos* sino por flojedad de ánimo, por falta de entereza y de valor.
En una palabra, *zurrarse* es *zullarse* de miedo.

Zumo, jugo

Zumo es una voz particularísima que no se aplica sino con relación a los vegetales: *zumo* de limón, de naranja, de uva en agraz. No puede decirse para significar la misma idea: *jugo* de limón, de naranja, de uva en agraz. ¿Por qué? Porque con estas frases se daría a entender que no nos referíamos al ácido de aquellas frutas, cuyo ácido se llama *zumo*, sino a la parte líquida elemental que aquellas frutas tienen, y que se llama *jugo*, por cuya razón puede decirse que el limón es un cuerpo *jugoso*, que la naranja es una substancia *jugosa*, mientras que no puede decirse que la naranja es una substancia *zumosa*, que el limón es un cuerpo *zumoso*.

Jugo es una palabra general y técnica: *jugo* de la tierra, *jugos* de los árboles, *jugos* del estómago, *jugos* del cerebro, *jugos* químicos de la digestión. Sería un absurdo decir: *zumo* de la tierra, de los árboles, del estómago, del cerebro, *zumos* químicos de la digestión.

El líquido agrio de las frutas, ese líquido que sirve a nuestros usos particulares, es el *zumo*.

El líquido elemental que aquellas frutas tienen, sea agrio o dulce, sirva o no sirva a nuestros usos particulares, esa parte líquida que entró como substancia, como elemento en la constitución de la cosa, y que estará inalterablemente unida a ella en tanto que la cosa exista, es el *jugo*.

El *jugo* está en todo *zumo*.

El *zumo* no está en todo *jugo*.

El *zumo* es una relación, un modo, un accidente.

El *jugo* es un principio.

Estas dos palabras se diferencian además en que *zumo* no tiene aplicación en el sentido metafórico, mientras que *jugo* tiene un uso frecuente y gracioso en aquel sentido.

Sacar *jugo* de algún empleo, de alguna industria, de alguna ocupación, de alguna tarea.

Aquél saca *jugo* de sus manos: el otro es capaz de sacar *jugo* de las piedras.

Esta frase es una de las infinitas locuciones picarescas, epigramáticas, sabrosísimas, de que tanto abunda nuestro inestimable idioma.

Zupia, zurrapa

Zupia, dice Rosal, es el mal vino, lo mismo que vino de *pie*, pues a lo postrero de la uva exprimida u orujo llaman *pie*; y así *zupia* es *sub-pié, seu-pié, son-pié*, y será vino casi sacado del *pie*, pues es orujo totalmente exprimido.

Zurrapas, dice Covarrubias, son las raspas que salen en el vino de los escobajos, los cuales, poco a poco, se van asentando en lo hondo de la cuba o de la tinaja; y porque tienen forma de pelos, los cuales en vocablo antiguo se llaman *zurras*, se dijeron *zurrapas*.

Hoy se entiende por *zupia* todo licor turbio y revuelto.

Zurrapas, como en el habla antigua, significan hez, sedimento, poso.

Estas palabras se diferencian además en que *zupia* no ha salido del estilo recto, mientras que *zurrapas* tiene más de una graciosa y oportuna acepción en el estilo figurado.

Así decimos: al primer tapón, *zurrapas*; hombre *zurrapiento*; Fulano es hombre de muchas *zurrapas*, con lo cual queremos expresar que es una persona que tiene algo *sentado* en su conciencia; que tiene *posos* en su alma, como los licores que tienen heces. La imaginación más creadora no concebiría una traslación tan natural, tan viva, tan lógica y tan bella. Empleemos las locuciones más escogidas para significar la misma idea, y es bien seguro que no la expresaremos con tanto gracejo, con tanta eficacia, y sobre todo con tan airosa filosofía.

Zurriago, látigo

El *zurriago* se distingue del *látigo* en que es necesariamente de piel, y de la misma raíz proceden nuestros vocablos *zurrar*, curtir las pieles; *zumaque*, substancia para adobar las pieles; *zurrón*, bolsa de piel; *zalea, zamarra, zamarro, zamarrear, zamanza*, tunda que se da con piel o correa, como *zurra, zapato, zandalia* (hoy sandalia), *zapata*, cuero o correa que se pone debajo del quicio de las puertas para que no rechinen; *zambarco*, correa ancha que cruza el pecho de las caballerías de coche para que los tirantes no les hagan daño.

De modo que el *zurriago* tiene que ser de piel, cuero o correa.

El *látigo* puede ser de cáñamo, de esparto, de pita o de seda, porque para ser *látigo* basta que *lata* o dé chasquido.

El *zurriagno* lastima: zurra.

El *látigo* aguija: suena.

Zurrón, morral

Zurrón se deriva de *zurrar*, que es curtir o adobar las pieles, así como *zurriago* y *zurra*.

Morral se deriva de *morro*, que significa labio grueso y redondo, como el de las caballerías. El *morral* es la bola en que dan de comer a los animales, en que el animal mete el *morro*.

Propiamente hablando, *morro* significa cosa redonda, de donde vienen nuestras voces morrudo, morrocotudo, morrillo, mochila, morrión, morcilla, morcillo.

El *zurrón* tiene varias formas.

El *morral* es redondo.

El *zurrón* es de piel.

El *morral* es de tela.

Del *zurrón* lo emplean los pastores de ganado.

El *morral* se emplea para las caballerías.